文成
天縱

"国家重点档案保护与开发"项目

主编 朱璧 李蓉

呼和浩特市档案馆藏

民国时期教育档案汇编

中学教育卷

③

广西师范大学出版社
·桂林·

"国家重点档案保护与开发"项目

《呼和浩特市档案馆藏民国时期教育档案汇编》编辑委员会

主　编　朱　璧　李　蓉

执行主编（按姓氏音序排列）

　　白利格　程利芳　韩　飞　刘沙仁娜　王雪娟
　　武建国

编　委（按姓氏音序排列）

　　班　昕　曹春林　陈　斌　丁红波　高　婷
　　郝　莉　侯文博　黄丽文　李　静　李丽娜
　　刘　宏　刘建军　刘文娟　刘亚君　刘延萍
　　路晨虹　马云霞　娜丽莎　那日莎　石海龙
　　孙丽敏　孙跃翔　王海荣　王耀瑛　武建强
　　闫　庆　云爱霞　云　峰　云新宇　张志勇
　　周丽英

特邀专家　曹惠民　周　娟　李　栋　成欣欣　阿木古楞

特邀评审（按姓氏音序排列）

　　牛敬忠　全　荣　于　永

序　言

　　民国时期的教育是中国教育近代化的一个重要阶段，在中国近现代教育史上起着承前启后的作用。对于民国时期呼和浩特地区教育状况，学界以往研究成果较少。由于地方教育文献史料未能系统整理，造成国民政府边疆教育和日本帝国主义殖民教育在呼和浩特地区具体实施情况的研究缺乏相应的史料支撑。基于这样的状况，呼和浩特市档案馆对馆藏民国时期教育档案进行了系统整理，采用原件影印的方式公开出版《呼和浩特市档案馆藏民国时期教育档案汇编》（以下简称"《汇编》"），"让历史说话，用史实发言"，用翔实的档案资料系统地反映民国时期呼和浩特地区教育发展情况。《汇编》所遴选的档案珍品近两千页，均为首次刊印，史料翔实，内容丰富，是研究地方教育史、学校沿革史等方面的重要史料，是研究国民政府教育制度极为珍贵的文献汇集，是揭露内蒙古中西部沦陷时期日本帝国主义实行奴化教育的有力证据，不仅有利于民国时期呼和浩特地区教育史研究，也能助推边疆少数民族教育状况的深入研究，具有较高的学术价值和应用价值。

　　相较于国内其他地区的教育而言，民国时期呼和浩特地区的教育无论从时间上还是规模上都有较大差距，但也初具本地特色。1931年3月，国民政府教育部实施蒙藏地区教育计划，蒙藏各地限期成立教育行政委员会，对倡办或捐资兴办蒙藏教育的私人和团体均给予特别奖励，明确规定了小学、中学、职业学校、师范学校在成立时间、设置地点、招生区域、经费预算、教材使用等方面的规章制度，边疆教育得到了发展。而呼和浩特地区也借助区位优势，积极开设小学、中学、职业、师范等各级各类学校，学生数量日趋增多，教育质量显著提升。内蒙古中西部沦陷时期，日本侵略者通过其扶植成立的伪蒙疆政权，在当时的内蒙古地区建立了一整套殖民化教育体系。从教育主管部门到教育团体、学校种类、学校学制、教师聘任、课程设置、教材编纂等方面，制定了一整套政策措施，实行奴化、分化教育。而这一时期的呼和浩特地区教育，成为日本在沦陷区内实行殖民教育体系的一个组成部分。抗战胜利后，国民政府实施教育复员计划，研究制定了各项方针政策、措施办法。1945年，教育部公布《边疆初等教育设施办法令》《边疆教育督导员办法令》《收复区各县市国民学校教员登记甄审训练办法》。1946年，又公布《国立各级边疆学校教员服务奖励办法令》。呼和浩特地区陆续恢复了抗战前各级学校和社教机关，接收和整顿日伪教育机关，甄审和培训教师、学生，中小学教育、师范教育、职业教育、社会教育在恢复的基础上均略有发展。但由于社会动荡、经费不足等条件限制，这一时期的教育发展受到了严重影响。

呼和浩特市档案馆藏中华人民共和国成立前档案共19个全宗，13549卷件，为国家重点档案。这批档案于1987年4月由市公安局和市法院接收，大部分保存完整，经重新整理，全文扫描，已编制了机读目录，建立了档案数据库。其中，涉及教育方面的档案分散在各个全宗中，计12000余件，多为汉文档案，偶有日文或英文档案。形式有训令、指令、布告、呈文、批文、报告、函、通知、代电、通告等，内容包括政策法规、教育制度、组织机构、教育活动、调查统计等。具体涉及两个时期的档案：

一是国民政府时期档案。时间为1934年至1937年和1945年至1949年。这些档案内容丰富、资料翔实，涉及地方政府颁布的有关教育的政策、法规、训令、制度，涉及初等教育、中学教育、师范教育、学前教育、职业教育、社会教育等方面内容，对教育领域的行政工作（法规政策、制度、调查统计）、经费管理、总务工作（设施设备、衣食住行）、教务工作（课程、教材、招生）、教师管理（任免、履历）、学生管理（奖惩、花名册）、教育活动以及抗战胜利后教育复员、战时教育文化事业损失的调查统计等进行了详细记录，是系统研究民国教育的原始资料。

二是内蒙古中西部沦陷时期档案。时间为1937年至1945年。包括政策制度、学校行政、学制、教材等内容，涉及学校教育、社会教育和日本语教育等方方面面，对日本侵略者奴化教育活动的政策方针、目的手段、机构设置、表现形式等进行了详细记载，尤其对内蒙古中西部沦陷时期各级各类教育遭受严重破坏，校舍遭到日军占领，教学设备被损坏，学校被迫停止教学、迁移等情况进行了真实记录。此外，档案对日本侵略者的宣传、宣抚活动和学术掩盖下的侵略活动也做了详尽记载：一方面，日本侵略者查禁抗日书刊，建立文化侵略机构，利用报纸、杂志、书籍等出版物和广播电台、电影等媒体进行宣传，并通过举行集会、宣传周、展览会、宣抚班，张贴标语和散发传单等形式，开展宣传、宣抚活动，进行所谓的"日蒙亲善、民族协和、反共反苏"的奴化教育，积极煽动民族分裂；另一方面，日本侵略者以学术研究为名进行了大量调查活动，并且在学术研究的掩盖下进行思想侵略和奴化教育。这些档案都是日本帝国主义侵华罪行的真实记录。

近年来，通过深挖馆藏历史档案资料、出版档案专题汇编，呼和浩特市档案馆加大了档案信息开发利用力度，并收到了良好的社会效益。此部《汇编》是呼和浩特市档案馆承担"国家重点档案保护与开发"项目的成果，是档案工作服务文化建设的一项重要举措。让档案走出库房，让档案激活历史，让历史昭示未来。希望通过本书的编纂出版，能充分发挥馆藏档案的独特优势，展示呼和浩特的历史、人文底蕴，彰显档案工作的社会价值，发挥档案在"存史、资政、育人"方面的独特功能。

呼和浩特市档案馆概述

一、机构沿革

呼和浩特市档案馆（以下简称"档案馆"）成立于1959年4月29日，与呼和浩特市档案管理处为"一套机构，两个牌子"，人员编制5人。20世纪60—70年代，呼和浩特市档案馆同档案管理处一起，经历了几次撤并和恢复。1985年，档案管理处升格为政府直属准局级机关，由市委办公室领导改归市政府领导，档案局、档案馆合署办公。1992年，档案局升格为正局级行政管理机关。档案馆与档案局分设，隶属于市档案局领导，为准局级事业单位，定编18人，内设办公室、保管利用科、技术科、编研科。1995年，档案馆重新与档案局合并，改为事业单位，挂档案局牌子，由市委办公厅管理。1996年机构改革时，档案馆再次与档案局分设。档案馆被定为副处级单位，编制23人，使用事业编制，内设保管利用科、收集整理科、技术科、编研科4个科室。2008年6月，档案馆同市档案局一并列入《中华人民共和国公务员法》管理范围，档案局（馆）为市直属相当正处级事业单位，内设11个科室：办公室、宣传教育科、档案馆室业务监督指导科、经济档案业务监督指导科、法规科、保管利用科、收集整理科、老干部科、技术科、编研科、现行文件中心。经费实行全额拨款，核定事业编制50名。2018年行政单位机构改革，根据呼和浩特市机构编制委员会办公室《关于呼和浩特市档案局（馆）行政职能认定的函》（呼机编办函字〔2018〕60号），呼和浩特市档案局（馆）承担的11项行政职能回归市委办公厅，实行局、馆分设。市委办公厅加挂呼和浩特市档案局牌子，行使档案行政管理职能。市档案馆仍保留为市委直属的正处级公益一类事业单位。2019年3月，按照《呼和浩特市机构改革职责和人员转隶工作实施方案》（呼党办发电〔2019〕6号）要求，原市档案局（馆）人员编制保留在市档案馆。2021年2月，按照事业单位机构改革要求，根据《中共呼和浩特市委办公室关于印发〈呼和浩特市档案馆职能配置、内设机构和人员编制规定〉的通知》（呼党办通〔2021〕10号），呼和浩特市档案馆内设7个机构：办公室、法治宣教科、档案业务指导科、收集整理科、档案信息技术科、保管利用科、资源开发科；并设党支部和离退休人员工作科，事业编制41名。下设两个相当于正科级专业分馆：呼和浩特市城建档案馆由市住房和城乡建设局划入，核定事业编制32名；呼和浩特市艺术档案馆由市文化旅游广电局划入，核定事业编制7名。

二、馆藏档案概述

（一）馆藏档案来源、途径

呼和浩特市档案馆馆藏档案来源、途径主要有以下几个方面：

一是按规定定期接收现行机关的档案，包括市委、市人大、市政府、市政协机关和市总工会、团市委、市妇联等群众团体及各部委办局、直属临时单位移交的档案，这是馆藏的主要来源；二是接收撤并转机构的档案，即中华人民共和国成立以后，因各种原因，如机构改革中撤销、合并、转制的机关、团体、企业、事业单位形成的档案；三是收集历史档案，包括革命历史档案和旧政权档案；四是征集散失在社会组织和个人手中有保存价值的档案；五是档案馆之间互相交换的档案，就是馆与馆之间因行政区划的变动和档案馆结构的变化等，对档案馆馆藏和接收范围进行调整，相互移交档案。

（二）馆藏档案简介

截至2020年底，呼和浩特市档案馆馆藏档案87.6万卷（册），包括文书档案、科技档案、会计档案、专门档案、声像档案、实物档案等，起止年代为1486年至2019年。其中，形成于中华人民共和国成立前的档案计19个全宗，13549卷件。

明清档案汇集于一个全宗，计 17 件。其中明宪宗于成化二十二年（1486 年）册封锁南奔为通慧禅师的敕命，有珍贵的历史和文物价值，是全区综合档案馆现存形成时间最早的档案，为卷轴式缣帛载体。其余 16 件清代档案，为清道光至光绪年间（1821—1908 年）四朝皇帝封授官员及其亲属的诰命、敕命、功牌。

地契档案全宗内有清朝契约 139 件、民国契约 71 件。这些契约种类有官契和民契，内容涉及土地房产租赁契、典当契、买卖契，形式包括"买契""契尾""契式""执照""验契收证""契纸"，有的契约上贴有印花税票，还有少量的清朝和民国连体地契。

民国档案于 1987 年 4 月由市公安局和市法院陆续接收，已经重新整理，共 9978 卷，形成时间为 1912 年至 1949 年，包括归绥市政府、归绥县政府、归绥市警察局、归绥地方法院、归绥市商业联合会、归绥市各区公所全宗汇集，归绥市师范学校及女子师范学校全宗汇集，归绥中学恒清中学恒昌店小学全宗汇集，绥远毛织厂归绥被服厂全宗汇集，绥远省救济院、绥远省电灯面粉股份有限公司、归绥市县联合银行等 12 个全宗，主要反映国民政府时期呼和浩特地区政治、经济、民政、司法、文化教育、社会团体等方面的历史情况。

内蒙古中西部沦陷时期的档案有伪厚和市公署、伪厚和市警察局、伪厚和市屠宰场、伪巴彦县公署等 4 个全宗，共 3297 卷。档案形成于 1937 年至 1945 年，文字有汉文、蒙古文、日文、英文等，包括军事占领、殖民统治、文化侵略、奴化教育等各方面，是研究日军侵占呼和浩特地区历史的重要史料。

革命历史档案是 1985 年从内蒙古自治区档案馆复制并汇集成的一个全宗，共 47 卷，形成时间为 1948 年至 1949 年，内容包括"厚和事件"经过，归绥市军事委员会组织规章、布告，接管归绥市计划及进入归绥城物资草案、工作方案、任务与政策，绥蒙区党委对进入归绥市工作计划、方案的意见及接管归绥市、包头市的决定，绥蒙区党委关于进入归绥后工作情况以及统计调查表等。这批档案数量虽然不多，但是反映了 1949 年归绥市接管工作的具体情况。

中华人民共和国成立后档案包括市级党政机关、人民团体、企事业单位、撤并转机关和临时机构、破产企业所形成的档案。这些档案基本上反映了呼和浩特市政治、经济、文化、科学、教育、体育、卫生、艺术等方面的发展变化情况。从形成时间上，大致可划分为以下几个阶段的档案：

第一，1949 年至 1966 年的档案。主要内容有 1950 年土地改革档案，1951 年至 1954 年形成的归绥市抗美援朝工作档案，1952 年形成的中共呼和浩特市委有关"三反"和"五反"的档案、贯彻党的民族宗教政策档案，1958年"大跃进"档案、人民公社化运动档案、知识青年"上山下乡"运动档案等。其中，人民公社化运动档案数量比较多，主要有呼和浩特市人民公社化运动发展情况、东风区（今新城区）人民公社工作情况、公社生产事业组织建设情况和公社集体福利事业组织情况统计表等；知识青年"上山下乡"运动档案有市委关于呼和浩特市知识青年"上山下乡"工作办公室机构设置的批复、召开动员大会简报、市属各中学知识青年"上山下乡"统计表、宣传提纲等。

第二，1966年至1976年的档案。主要内容有市革委会常委会、市革委会全委（扩大）会、市革委会主任办公会、市委常委会、市委全委（扩大）会议的记录、纪要、议定事项、录音等，市革委会关于各级机构（包括临时机构）成立、撤销、合并、更改名称、启用公章等的决定、通知、请示、报告、批复等，内蒙古自治区、呼和浩特市关于干部调动及干部任免的报告、批复、通知等，关于下达国民经济计划、搞好增产节支和严格审查财政工作、加强财政管理的报告、批复、通知等，关于战备、征兵、民兵工作的命令、意见、报告、通知等，关于贯彻落实全国"工业学大庆、农业学大寨"会议精神和工作安排等。还有2003年从个人手中征集到的1966年至1976年的日记、票证、邮票、书信、明信片、毛泽东主席像章、袖标、唱片、年画、样板戏海报、剪纸、大字报、传单等。

第三，中国共产党十一届三中全会后档案。这个阶段的馆藏以文书档案为主。随着档案事业的发展，科技档案、会计档案、诉讼档案、婚姻档案、声像档案、著名人物和名人字画档案门类更加全面、内容日益增多。文书档案内容主要有市党代会、人代会、政协会议等各种大型会议的文件，市委常委会议、市政府常务会议、办公会议等的记录、纪要、指示及录音磁带等，有关组织、宣传、人事、纪检、监察、政法、统战、民族、宗教、民政工作、机构编制和行政区划方面的规定、指示、报告、批复等，党群、工交、财贸、文教、卫生、农牧林水部门的请示、报告、计划、统计报表及组织发展和人员变动情况，破产企业档案，国有企业退休人员人事档案，呼和浩特市人力资源和社会保障局社保档案等。此外，重大活动档案包括昭君文化节、中国民族商品交易会、中国金鸡百花电影节、"两个文明"现场会、呼和浩特市抗击非典型性肺炎活动、"三讲"教育活动、保持共产党员先进性教育活动、贯彻落实科学发展观、"三严三实"教育实践活动以及呼和浩特市庆祝内蒙古自治区成立六十周年、七十周年活动等档案。此外，名人档案、名胜档案、名产档案，家谱、剪纸、字画等各种门类和载体的档案被征集进馆，极大地丰富了馆藏档案。

（三）馆藏资料简况

呼和浩特市档案馆馆藏资料包括公共图书、报纸杂志、特种载体资料三类，共 39000 余册。

公共图书 19322 册，含清朝乾隆以来编修刊刻的《二十四史》《古丰识略》《蒙古游牧记》《绥远旗志》《归绥县志》《公主府志》等史志类文献，还有内蒙古中西部沦陷时期翻译、编印的《绥乘》（日文）、《"厚和特别市"概况》（日文）、《"蒙疆"天主教大观》（日文）等。另有文件汇编 1986 册，包括各时期政策汇编，组织、宣传、统战等基本情况统计资料。报纸杂志 16946 份，包括中华人民共和国成立前老一辈革命家创刊的杂志合订本《新青年》《工人之路》《湘报》《向导》等，《人民日报》《解放军报》《中国农民报》《光明日报》《经济日报》《工人日报》等报纸合订本 4568 本，还有《红旗》《求是》《实践》《新华月报》《新华文摘》《历史知识》《民国档案》《世界博览》等杂志。特种载体资料 89 件，主要有归绥市国民党部长名戳和蓝底白字徽章、绥远省人民政府工作人员徽章、归绥市人民政府各单位工作人员徽章、归绥市各界代表会纪念章及部分音像资料等。

（四）利用情况概述

呼和浩特市档案馆设有专门的开放档案查阅室和政府政务信息公开公共查阅室，为利用者提供了极大的便利。

多年来，呼和浩特市档案馆通过提供档案原件、档案复制件和档案汇编材料等形式为读者提供服务，采取接待查阅、函电代查等方式，先后为编史修志、学术研究、落实政策、总结经验、工资调级、评定职称、确定工龄、解决各类纠纷以及领导决策提供参考依据。为更有效地开发档案信息资源，更好地满足读者需求，呼和浩特市档案馆编制了一系列检索工具，包括指南、目录、索引等。指南有《档案馆指南》和《全宗指南》；目录有书本式、卡片式和机读目录三种；索引有卡片式、簿册式人名索引，包括人事档案人名索引、评残档案人名索引、历史档案人名索引、诉讼档案人名索引（多按姓氏笔画或汉语拼音音序排列）。呼和浩特市档案馆通过档案专题汇编的形式挖掘馆藏、开发档案价值，为利用者提供了解相关档案的工具书，主要有《1945—1949 年归绥市工商业同业公会档案简况》、日伪统治归绥地区史料专题汇编之《伪蒙疆政权时期的"巴彦塔拉盟"——

呼和浩特市档案局（馆）专题档案概况》《日伪统治时期的归绥——呼和浩特市档案局（馆）专题档案概况》等。近年来，馆内还编制机读目录，建立了档案数据库，录入案卷级、文件级目录 60 余万条供检索，拓宽了档案利用途径，为利用者查全、查准提供了技术保障。

编辑说明

本书采用分类遴选档案并影印的方式，对呼和浩特市档案馆藏民国时期教育档案资料进行专题介绍。编辑过程中，为能全面、准确地反映馆藏档案情况，最大限度地为使用者提供便利，编者进行了相关整理，现说明如下：

一、本书收录的档案图版全部来自呼和浩特市档案馆馆藏，均为首次出版，时间起自 1934 年，止于 1949 年 9 月 30 日。

二、本书依据呼和浩特市档案馆藏民国时期教育档案集中反映的内容，按专题分编为教育总览卷、初等教育卷、中学教育卷、师范教育卷、学前教育卷、职业教育卷、社会教育卷七卷。每一卷均包含本卷档案概述文字资料和相应的档案图版。

三、本书各卷依据档案图版内容分类编排，各类内部以时间为序。因各卷图版所涉内容不同，故分设的类别也有所不同。各类内部又根据内容及内在逻辑，尽可能分成更小的类别，小类别不在目录及标题部分专门标注，每个小类内部均尽可能按照时间顺序排列。

四、档案图版的选择原则为内容适合篇章主题，以清晰且有代表性为主。具体选择时，参照以下原则：

（一）注重内容及事件的连贯性。如报请类呈文，尽量与上级机关的批示同时选用。针对学校教育的相关特点、具体事件，依照发展过程，逐一选择，予以收录。

（二）为保证内容完整，大部分档案尽可能选用全部页面。篇幅较大者，页面择优选用。部分花名册、统计表等以能充分展现原档案内容为主，对原件图片进行节选。

（三）个别档案中涉及部分学校迁往他地并在他地形成的档案资料，也按呼和浩特地区档案进行选择。

五、各图版序号在全书中具有唯一性，主要由三部分构成：卷名、类名、在本类中的位置。现以"图 1-1-1"为例，将图序结构说明如下：

第一个"1"指卷名。如第二条所述，全书共包括七卷，编号依次为 1 至 7。其中，教育总览卷编号为"1"。

第二个"1"指类名。教育总览卷分设"一　政策法规""二　教育制度""三　组织机构""四　教育现状""五　教育动态""六　教育活动""七　调查统计"等七类，另有"附录　内蒙古中西部沦陷时期教育总览档案"，编号依次对应 1 至 7 及"附录"。其中，"一　政策法规"类编号为"1"。不同卷次类号分别从 1 起排。

第三个"1"指出现在"一　政策法规"类中的第一张图。此后序号依次递增，直至本类结束。不同类别内部图序分别从 1 起排。

六、为方便读者查阅，档案名称以呼和浩特市档案馆拟定档案标题为主，对其中存在的缺字现象，采用编者注的方式进行补充，补字部分用六角括号"〔〕"。关于档案形成时间，无法准确判断年份的，以"□年"表示；根据同类档案推测出来的时间加"[ ]"以示区别。

总目录

第一册

教育总览卷 …………………………………… 001

第二册

初等教育卷 …………………………………… 001

第三册

中学教育卷 …………………………………… 001

第四册

师范教育卷 …………………………………… 001

第五册

学前教育卷 …………………………………… 001
职业教育卷 …………………………………… 083
社会教育卷 …………………………………… 145

总目录

分卷目录

中学教育卷

呼和浩特市档案馆藏民国时期中学教育档案概述 …………………………………… 003
一 行政工作 ………………………………………………………………………… 009
    图 3-1-1 教育部第19107号部令公布《县市立中等学校设置办法》（1942年5月19日）
    ………………………………………………………………………………………… 010
    图 3-1-2 绥远省政府为检发《中等学校体育实施方案》给省立归绥师范学校代电（附方案）（1946年12月18日） ……………………………………………………… 012
    图 3-1-3 绥远省政府为转发教育用品免税规则给省立归绥中学的代电（附规则）（1947年2月11日） ………………………………………………………………… 042
    图 3-1-4 绥远省政府为颁发修正绥远省高中以上学校毕业学生回省服务任用办法给归绥市警察局代电（附任用办法）（1948年5月17日） ……… 044
    图 3-1-5 修正收复区中等学校学生甄审办法（包括战时失学自修学生在内）… 046
    图 3-1-6 中等学校训育标准 ……………………………………………………… 047
    图 3-1-7 奋斗中学三周年校庆纪念专刊《私立奋斗学校一览》（节选）（1945年6月14日） ……………………………………………………………………… 052
    图 3-1-8 绥远省政府为转发中等学校行政组织补充办法给省立归绥师范学校代电（附补充办法）（1946年5月9日） ………………………………………… 055
    图 3-1-9 绥远省政府为抄发中等学校行政组织补充办法第六项条文给归绥中学校代

图 3-1-10　绥远省政府为各县市设立县市立中学必须事先请准至已开办之私立中学限期完成立案手续给归绥市政府代电（1949年7月12日） ……… 062

图 3-1-11　绥远省政府为转发三十四学年度第二学期中等教育统计及中等学校一览表式与制表注意事项给省立归绥师范学校代电（附注意事项及表式）（节选）（1946年5月2日） …………………………………………………………… 063

图 3-1-12　归绥市第四区公所为呈送中等学校及专门以上学校肄业生与毕业生调查表致归绥市政府代电（1947年3月10日） …………………… 068

图 3-1-13　绥远省立归绥中学为呈本学期应报表册致绥远省教育厅代电（1948年12月1日） …………………………………………………………… 069

图 3-1-14　绥远省政府教育厅因经费困难无法救济将暑期留校学生名表退还给土默特旗立中学代电（附暑假生活困难学生留校名表）（1949年7月8日） … 070

图 3-1-15　绥远省政府为颁发该校铃记及将启用日期和印模具报备查给省立绥远中学代电（1946年7月22日） ………………………………………… 072

图 3-1-16　绥远省立归绥中学为报启用铃记日期及印模致绥远省政府代电（1946年7月24日） …………………………………………………………… 073

图 3-1-17　绥远省政府为启用铃记日期及印模准予备查致省立归绥中学代电（附印模）（1946年8月1日） …………………………………………… 074

图 3-1-18　绥远省立归绥中学为造送教职员请领身份证表及应交价款致绥远省保安处公函（1946年8月13日） ………………………………………… 076

图 3-1-19　私立正风中学肄业证明书（1946年8月28日） …………………… 077

图 3-1-20　绥远省立归绥中学为报送教职员证章致绥远省保安司令部代电（1946年9月） ………………………………………………………………… 078

图 3-1-21　王守业和王耀斌因毕业证遗失恳请发给学历证明书致绥远省立归绥中学校长阎秉乾的签请（1947年1月3日） ……………………………… 079

图 3-1-22　特种考试税务人员考试北平区考试委员会为检寄学校印鉴及校长名章以便审查应考人学历证件致绥远省立归绥中学公函（1947年5月3日） ……………………………………………………………………… 081

图 3-1-23　绥远省立归绥中学为寄送学校印鉴及校长官印名章致特种考试税务人员考试北平区考试委员会公函（1947年5月12日） ……………… 082

图 3-1-24　绥远省立归绥中学为补习甲乙两班学生毕业证明书加盖厅印致绥远省政府教育厅代电（1947年7月8日） ……………………………… 083

图 3-1-25　归绥中学进修班肄业证明书（1947年7月24日） ………………… 084

图 3-1-26	绥远省政府教育厅为补报收容学生原校学号及享受公费待遇证件给省立归绥中学代电（1947年8月16日） ………………………… 085
图 3-1-27	绥远省立归绥中学为请领新聘教职员身份证致绥远省保安司令部公函（1947年9月21日） ………………………………………… 087
图 3-1-28	绥远省政府教育厅为催呈该校收容国立西北师范学院转学学生张希俊在原校享受公费待遇证件给省立归绥中学代电（1947年10月24日） ……………………………………………………………………… 088
图 3-1-29	私立奋斗中学为换发证章致归绥市警察局公函（1948年3月25日）… 089
图 3-1-30	归绥市警察局关于私立奋斗中学换发证章的代电（1948年3月30日） ……………………………………………………………………… 090
图 3-1-31	绥远省立归绥中学为验印毕业证书致绥远省教育厅呈文 ………… 092
图 3-1-32	绥远省立归绥中学校教员高一峰身份证明书（1948年4月4日）… 093
图 3-1-33	樊自育绥远省立归绥中学校高中毕业证明保结（1948年4月5日）… 094
图 3-1-34	绥远省立归绥中学为换发公教人员身份证致绥远省保安司令部代电（1948年4月16日） ……………………………………………… 095
图 3-1-35	绥远省政府为转发学生保证书及对保证书式样遵照办理具报给省立归绥中学代电（1948年9月15日） ……………………………… 096
图 3-1-36	绥远临时中学为呈学生符号及在学证请予备案致归绥市警察局代电（1948年12月11日） ……………………………………………… 100
图 3-1-37	绥远省政府为发给准备在省垣中学寄读或转学学生所需证件给陕坝私立奋斗中学和私立正风中学代电（1949年3月5日） ………… 102
图 3-1-38	国立绥远中学为请发给学生乘机许可证致归绥市警察局公函（1948年7月26日） ……………………………………………………………… 103
图 3-1-39	绥远省政府教育厅关于高毕二委员及康教育长到市内各中等学校讲话的通知（□年3月24日） ……………………………………… 104
图 3-1-40	绥远省立归绥民众教育馆关于爱民保政敬军协军学生宣传队组织事宜的函（附会议记录和传单）（□年6月17日） ………………… 106
图 3-1-41	绥远省政府教育厅为举行省垣公私立中等学校教师座谈会给省立归绥中学的通知（□年8月21日） …………………………………… 109
图 3-1-42	土默特旗立中学训导会议规程 …………………………………… 110
图 3-1-43	绥远各界庆祝九三胜利第二周年纪念大会筹备会聘请归绥中学出刊壁报的通知（1947年8月29日） ……………………………………… 113
图 3-1-44	绥远省政府为北方中山学校既不履行立案手续又有不法行为应予取缔

　　　　　　给归绥市政府代电（1947年3月31日）……………………………… 114

　　图3-1-45　归绥市政府为取缔北方中山学校给第二区公所代电（1947年4月4日）
　　　　　　…………………………………………………………………………… 115

　　图3-1-46　归绥市第二区公所为奉令迅予停办校务给北方中山学校校长杨在田的
　　　　　　通知（1947年4月11日）………………………………………………… 117

　　图3-1-47　归绥市第二区公所为报告北方中山学校校长杨在田捣乱学校情况致归绥市
　　　　　　政府的情报（1947年6月11日）…………………………………………… 118

　　图3-1-48　归绥市警察局关于通令踩缉奋斗中学被窃案件案犯的训令（附私立奋斗
　　　　　　中学被窃函及被窃物件清单）（1947年5月14日）……………………… 119

　　图3-1-49　绥远省立归绥中学为呈本校中学教育问题调查表致绥远省政府代电（1947年
　　　　　　11月27日）…………………………………………………………………… 123

　　图3-1-50　绥远省政府教育厅为催办三十六年度第一学期中等教育统计报告表
　　　　　　及中等学校一览表给省立归绥中学代电（1948年2月4日）…… 124

　　图3-1-51　绥远省政府教育厅为催报三十六学年度第一学期中等教育统计等表
　　　　　　给省立归绥中学代电（1948年4月13日）………………………………… 125

　　图3-1-52　绥远省立归绥中学为报送三十六年度第一学期中等教育统计报告等表
　　　　　　致绥远省教育厅代电（1948年4月21日）………………………………… 126

　　图3-1-53　平津区铁路管理局员工福利委员会为调查员工子女就读情形致归绥中学
　　　　　　校函（1948年5月27日）…………………………………………………… 128

　　图3-1-54　绥远省立归绥中学为送员工子女就读调查表致平津区铁路管理局员工
　　　　　　福利委员会公函（1948年7月7日）………………………………………… 129

　　图3-1-55　绥远省政府教育厅为迅将学校优良概况列表呈报给省立归绥中学代电（附
　　　　　　优良公立学校概况表）（1948年9月1日）………………………………… 130

　　图3-1-56　绥远省立归绥中学为呈报学校概况表致绥远省政府教育厅代电（1948年
　　　　　　9月20日）…………………………………………………………………… 132

二　经费管理……………………………………………………………………………… 133

　　图3-2-1　绥远省政府为调查教职人员特别办公费支给标准给省立归绥中学代电（1946年
　　　　　　9月18日）…………………………………………………………………… 134

　　图3-2-2　绥远省政府教育厅为转公教人员薪给报酬所得税照原支薪俸课征给省立
　　　　　　归绥中学代电（1946年12月24日）……………………………………… 135

　　图3-2-3　绥远省政府会计处为公教人员定额薪资所得税由四月一日起扣缴给归绥
　　　　　　中学会计室代电（1948年4月30日）…………………………………… 136

图 3-2-4　绥远省政府为知照高初级合办之私立中等学校经费标准致归绥市政府代电
（1948年6月10日） ………………………………………………………… 137

图 3-2-5　绥远省政府为颁发该校三十五年度人员经费编制表给省立归绥中学代电（附编制表）（1946年7月26日） …………………………………………… 138

图 3-2-6　绥远省立归绥中学为呈送请领十月份经常费清册致绥远省政府会计处代电（附清册）（1946年10月13日） ……………………………………………… 141

图 3-2-7　绥远省立归绥中学为报送三十五年度七至十一月份会计报表致绥远省政府会计处代电（1946年12月26日） ………………………………………… 144

图 3-2-8　绥远省政府为编送会计报表务须附送财产增减表及财产目录给归绥中学代电（1948年12月19日） ……………………………………………………… 145

图 3-2-9　绥远省立归绥中学为报修理购置等费估单致绥远省政府教育厅呈（1946年7月29日） ……………………………………………………………………… 146

图 3-2-10　绥远省立归绥中学、善后救济总署晋察绥分署第二工作队关于绥远省立归绥中学平垫校院及运动场工振工程同意书（1946年8月25日）… 147

图 3-2-11　绥远省立归绥中学为请迅予收回被第五六后方医院占用校址致绥远省政府教育厅代电（1946年8月24日） ……………………………………… 148

图 3-2-12　绥远省立归绥中学为校舍接收情形经证明呈报请查照致第五六后方医院公函（1946年9月3日） ……………………………………………………… 149

图 3-2-13　绥远省立归绥中学为呈报第五六后方医院腾出后校舍接收情形致绥远省政府代电（1946年9月3日） ………………………………………………… 151

图 3-2-14　绥远省立归绥中学为请迅予借拨贰千万元以兴修校舍等致绥远省政府代电（1946年9月4日） …………………………………………………… 152

图 3-2-15　私立道德女子小学校董事会为筹募学校基金以兴教育恳请准予备案致归绥市政府呈（附董事会启事及募集基金办法）（1946年7月4日）… 153

图 3-2-16　归绥市第二区公所为接收北方中山中学一切需款可否向富户劝募致归绥市政府代电（1947年5月3日） ………………………………………… 158

图 3-2-17　绥远省政府教育厅为追加的上半年办公购置等费加入上半年经常费内办理报销给省立归绥中学代电（1946年10月17日） ………… 159

图 3-2-18　陶林县政府为调查旅外学生给绥远省立归绥中学公函（附调查表）（1947年2月28日） ……………………………………………………………… 160

图 3-2-19　绥远省立师范学校为送员工子女中等教育补助费调查表致平津区铁路管理局员工福利委员会公函（1948年7月10日） …………………… 161

图 3-2-20　绥远省政府财政厅、绥远省政府会计处为公教人员带眷西迁者每员借给

　　　　　　贰仟元给归绥中学的通知（附借款领据）（1949年1月21日）… 163

　　图3-2-21　私立正风中学为送教职员眷属赁用电灯姓名表致绥远电灯公司公函（1949
　　　　　　年5月12日）……………………………………………………………… 165

　　图3-2-22　私立新绥补习学校为暂予免收电灯费致归绥电灯公司的公函（1949年
　　　　　　5月12日）………………………………………………………………… 166

　　图3-2-23　绥远省政府为收回去年省库借款给归绥中学代电（附归绥中学复电）（1947年
　　　　　　3月3日）…………………………………………………………………… 167

　　图3-2-24　绥远省政府为规定裁减员役名册未呈报者均按照已裁手续办理其三月份
　　　　　　薪补等费均予停发给归绥中学代电（1948年3月24日）……………… 169

三　教务工作……………………………………………………………………………… 170

　　图3-3-1　绥远省政府为本年下半年仍照原编制六班办理给省立归绥中学代电（1947年
　　　　　　7月5日）…………………………………………………………………… 171

　　图3-3-2　绥远省政府为本年度下半年应增班级给归绥中学代电（1948年7月29日）
　　　　　　……………………………………………………………………………… 172

　　图3-3-3　绥远省立归绥中学为自筹增设初中一班致绥远省政府代电（1948年7月
　　　　　　28日）……………………………………………………………………… 173

　　图3-3-4　绥远省政府为准自筹增招初中一班致省立归绥中学代电（1948年8月6日）
　　　　　　……………………………………………………………………………… 174

　　图3-3-5　绥远省政府为检发增班新编制表给归绥中学代电（附编制表）（1948年
　　　　　　8月18日）…………………………………………………………………… 175

　　图3-3-6　绥远省立归绥中学为设补习班致绥远省政府代电（1941年）……… 177

　　图3-3-7　绥远省政府为该校本年下半年应增班级给省立归绥中学代电（1949年7月
　　　　　　28日）……………………………………………………………………… 178

　　图3-3-8　绥远省立归绥中学为呈开学日期及招收高二编级生致绥远省政府代电（1949年
　　　　　　8月11日）…………………………………………………………………… 179

　　图3-3-9　绥远省政府为本年省属各中等学校暑假提前十五日给省立归绥中学代电
　　　　　　（1949年6月24日）……………………………………………………… 180

　　图3-3-10　绥远省政府教育厅为推荐课外书《科学世界》给省立归绥师范学校代电
　　　　　　（1947年4月14日）……………………………………………………… 181

　　图3-3-11　绥远省政府教育厅为转商务印书馆编印《新中学文库》汇购办法给省立
　　　　　　归绥师范学校代电（1947年5月13日）………………………………… 182

　　图3-3-12　绥远省政府教育厅为转介绍采购国立编译馆编辑中学各科教科书之辅导

图 3-3-13　绥远省立归绥中学为送运回图书目录给绥远省立农科职业学校公函（1947 年 6 月 11 日）………………………………………………………… 185

图 3-3-14　绥远省立归绥中学为呈送运回图书目录致绥远省政府教育厅代电（1947 年 6 月 25 日）……………………………………………………………… 186

图 3-3-15　绥远省政府教育厅为图书目录准予备查致绥远省立归绥中学代电（1947 年 7 月 1 日）………………………………………………………………… 187

图 3-3-16　绥远省政府为转教育部关于各级学校所有音乐教材汇呈备核并派员视察密令致省立归绥中学的代电（1947 年 8 月 8 日）…………………… 188

图 3-3-17　绥远省立归绥中学为呈急需图书缮列表单致绥远省政府教育厅代电（1947 年 12 月 5 日）…………………………………………………………… 189

图 3-3-18　归绥市中学进修班为改组成立及招生等事致归绥电灯公司公函（1946 年 4 月 22 日）……………………………………………………………… 190

图 3-3-19　绥远省政府为对于收复区敌伪设立之中等学校学生举行编级试验决定年级分别安插给绥远省立师范学校代电（1946 年 7 月 8 日）…… 191

图 3-3-20　绥远省政府教育厅电发肄业国立二中本省复员学生程进智名册编入相当年级及省立归绥中学无法编入的代电（1946 年 8 月 28 日）……… 192

图 3-3-21　绥远省政府为便利后方还乡转学学生高初中三年级亦可招收转学生给省立归绥中学代电（1946 年 9 月 9 日）………………………………… 194

图 3-3-22　绥远省救济院为介绍贫苦学生王成璞等二名请格外垂怜收录致归绥省立归绥中学公函（1946 年 9 月 23 日）……………………………… 195

图 3-3-23　绥远省立归绥中学为考取学生业经呈报教育厅备案贫苦学生王成璞等二名俟有缺额再行补考致绥远省救济院公函（1946 年 9 月）…… 196

图 3-3-24　绥远省政府为查报从军复学学生及归绥中学无退役复学学生的代电（附名册格式）（1947 年 2 月 8 日）………………………………………… 197

图 3-3-25　土默特旗立中学为呈报招收初中一年级新生并业已开学授课致归绥市警察局公函（1947 年 9 月 22 日）……………………………………… 200

图 3-3-26　绥远省立归绥中学为呈报开学日期致绥远省教育厅代电（1948 年 3 月 2 日）………………………………………………………………………… 201

图 3-3-27　绥远省立归绥中学为呈报开学日期致绥远省教育厅代电（1948 年 8 月 12 日）……………………………………………………………………… 202

图 3-3-28　绥远省政府教育厅为审核收录奋斗、正风两校留归绥学生给归绥中学代电（附登记收录留归绥学生日程表）（1949 年 3 月 5 日）……… 203

图 3-3-29　绥远省立归绥中学初中二十五班毕业考试请派员莅校监考及绥远省政府教育厅准予备查并派监考员的代电（附考试时间表）（1947年6月24日） …… 205

图 3-3-30　绥远省立归绥中学初中二十六班毕业考试请派员莅校监考致绥远省政府教育厅代电（1947年7月16日） …… 208

图 3-3-31　私立恒清中学考试规则 …… 209

图 3-3-32　私立恒清中学考试规程 …… 210

图 3-3-33　私立恒清中学准考证及存根 …… 213

图 3-3-34　绥远省政府为切实推行体育教育致省立归绥师范学校的代电（1946年3月13日） …… 214

图 3-3-35　绥远省政府为各中学招收初中一年级上学期学生应根据小学课程标准命题致省立归绥中学代电（1946年8月23日） …… 215

图 3-3-36　归绥市政府为转呈圣家女子中学附设英文夜班简章致绥远省政府代电（1947年5月10日） …… 216

图 3-3-37　绥远省政府为转发高中及同等学校军事教育计划大纲给省立归绥中学代电（1947年6月24日） …… 217

图 3-3-38　绥远省政府为中等以上学校应加重现颁宪法要义之教学给省立归绥中学代电（1947年7月22日） …… 219

图 3-3-39　绥远省政府教育厅关于转发高中及同等学校军训督导办法的代电（节选）（1937年8月6日） …… 220

图 3-3-40　绥远省政府为催报本年暑期学生作业报告给归绥中学代电（1948年9月11日） …… 225

图 3-3-41　绥远省立归绥中学为呈送本年暑期学生作业报告致绥远省政府代电（1948年9月） …… 226

图 3-3-42　私立恒清中学教导处关于延长自习时间的布告 …… 227

图 3-3-43　绥远省立归绥中学为送学生成绩一览表致武川县政府公函（1947年6月11日） …… 228

图 3-3-44　绥远省立归绥中学为送和林县籍学生成绩表致和林县政府公函（1947年9月21日） …… 229

图 3-3-45　绥远省立归绥中学为送学生成绩分数表致萨拉齐县政府公函（1947年10月20日） …… 230

图 3-3-46　绥远省政府为补送应届毕业生成绩一览表给省立归绥中学代电（1948年12月22日） …… 231

四 总务工作 …… 232

图 3-4-1 绥远省立归绥中学为请饬令五十六后方医院早日觅址迁出以便动土修理复校开课致第七兵站总监部公函（1946年8月）…… 233

图 3-4-2 绥远省政府教育厅为该校现驻五十六后方医院已函请第十二战区司令长官司令部转饬另觅住址致绥远省立归绥中学公函（1946年8月10日）… 234

图 3-4-3 绥远省政府为奉令严禁机关或部队占用校舍致省立归绥中学代电（1947年9月1日）…… 235

图 3-4-4 中国国民党绥远省归绥市执行委员会为迁移新址给归绥中学的代电（1948年12月25日）…… 236

图 3-4-5 绥远省政府教育厅为尽量协助解决察省转进公教人员住宿给省立归绥中学代电（1948年10月25日）…… 237

图 3-4-6 绥远省政府为将校址迁往陕坝给归绥中学训令（1949年2月8日）… 238

图 3-4-7 绥远省政府为学校西迁应行注意事项给归绥中学代电（1949年2月10日）…… 239

图 3-4-8 绥远省政府教育厅为各校暂行停止西迁给省立归绥中学代电（1949年3月3日）…… 240

图 3-4-9 绥远省政府为核示整修校舍工程案给归绥中学代电（1949年8月29日）…… 241

图 3-4-10 绥远省政府教育厅为颁发各学校及社教机关财产目录格式给省立归绥中学代电（1947年6月29日）…… 244

图 3-4-11 绥远省立归绥中学为遵饬呈送整修校舍墙垣及添购教具图书等项估价单敬请鉴核迅予拨款致绥远省政府呈（1947年9月13日）…… 246

图 3-4-12 绥远省政府教育厅为催报三十六年度财产目录给省立归绥中学代电（1947年12月15日）…… 247

图 3-4-13 绥远省立归绥中学为请协助解决学田纠纷致武川县义和乡及第四保的函（1948年4月30日）…… 248

图 3-4-14 绥远省立归绥中学为派张希霖前往办理学田事务致萨县政府公函（1948年7月18日）…… 249

图 3-4-15 绥远省立归绥中学为派张希霖前往办理学田事务致武川县政府公函（1948年8月17日）…… 250

图 3-4-16 绥远省政府为催报现有财产目录给归绥中学代电（1949年8月9日）…… 251

图 3-4-17　绥远省政府为速报现有财产目录如再延期依贻误罪议处给归绥中学代电
（1949年9月17日）…………………………………………………………… 252

图 3-4-18　绥远省立归绥中学为增班所需添购桌凳修建校舍估单业经电呈请早日
核发致绥远省政府代电 …………………………………………………… 253

图 3-4-19　归绥市第二区公所为奉令接办北方中山中学恭请发给桌凳以利教育
致归绥市政府代电（1947年4月12日）………………………………… 254

图 3-4-20　归绥市政府为北方中山中学取缔后该区改办小学请发桌凳碍难照办
给第二区公所代电（1947年4月21日）………………………………… 255

图 3-4-21　教育部总务司为垫发民国三十八年四、五、六、七月份公费生膳费
给绥远中学的函（1949年4—7月）……………………………………… 256

图 3-4-22　国立绥远中学为呈送代交之临时中学学生膳费收据致绥远省政府教育厅
代电（1949年9月10日）………………………………………………… 259

五　教师管理 ……………………………………………………………………………… 260

图 3-5-1　私立恒清中学聘请教职员规约 …………………………………………… 261
图 3-5-2　私立恒清中学每周授课及薪金通知单 …………………………………… 263
图 3-5-3　私立奋斗中学教师聘书（1945年10月1日—1947年8月1日）……… 269
图 3-5-4　绥远省政府教育厅为推选革新委员给省立归绥中学的通知 …………… 272
图 3-5-5　绥远省立归绥中学教员聘书（1946年8月16日）……………………… 273
图 3-5-6　绥远省立归绥中学为呈送教员异动表致绥远省政府代电（1946年12月26日）
…………………………………………………………………………………… 274

图 3-5-7　绥远省立归绥中学为呈送三十五年度十二月份教职员异动表等件致绥远省
政府代电（附教职员异动报告表、保证书）（1947年1月27日）…… 276

图 3-5-8　绥远省政府为核示焦世通等二员任免给归绥中学代电（1947年2月6日）
…………………………………………………………………………………… 279

图 3-5-9　绥远省立归绥中学为呈送三十六年三月份教职员异动表致绥远省政府代电
（附教职员异动报告表、保证书）（1947年3月20日）………………… 281

图 3-5-10　绥远省立归绥中学为遵电具报教员齐全不拟预聘致绥远省政府代电
（1947年5月7日）……………………………………………………… 286

图 3-5-11　绥远省立归绥中学为呈送裁减员役名册致绥远省政府代电（1948年3月）
…………………………………………………………………………………… 287

图 3-5-12　绥远直辖团管区司令部为派张天栋等十四员充任省垣中等学校军事教官
致绥远省政府公函（1948年10月25日）……………………………… 288

图 3-5-13　绥远省立归绥中学为请增设图书管理员一人以司专职致绥远省政府教育厅呈（□年 8 月 8 日） …… 293

图 3-5-14　绥远省政府为人员准予备查并填造详历自传致归绥中学代电（1946 年 8 月 19 日） …… 294

图 3-5-15　归绥市警察局为填报教职员学生姓名住所一览表给归绥中学公函（1947 年 3 月 23 日） …… 295

图 3-5-16　归绥中学为填送教职员暨学生姓名表致归绥市警察局函（节选）（1947 年 3 月 30 日） …… 297

图 3-5-17　绥远省政府教育厅为三十六学年度第二学期教职员一览表准予存转给省立归绥中学代电（1948 年 6 月 25 日） …… 301

图 3-5-18　绥远省政府教育厅为造送三十八年教职员简历册及公役箕斗清册给省立归绥中学代电（附绥远省立归绥中学三十八年度现职人员简历名册）（1949 年 7 月 8 日） …… 302

图 3-5-19　绥远省政府教育厅为转发请假规则给省立归绥中学代电（1949 年 7 月 16 日） …… 305

图 3-5-20　绥远省政府为颁发该校新编制表及造送教职员简历册、工友箕斗册给绥远省立归绥中学代电（1949 年 7 月 29 日） …… 306

图 3-5-21　绥远省立归绥中学为报送教职员简历册致绥远省政府代电（1949 年 8 月 20 日） …… 308

图 3-5-22　绥远省立归绥中学核发身份证教职员名册 …… 311

六　学生管理 …… 312

图 3-6-1　绥远省社会处为送电影院招待中学生暂行办法给归绥中学公函（1948 年 8 月 7 日） …… 313

图 3-6-2　交通部平津区铁路管理局为董耀宏、班效候、高玉山等三名学生参加本路员工子女奖学金考试请准特假致归绥中学函（1948 年 8 月 30 日） …… 315

图 3-6-3　杨文秀因家贫为其子杨富申请休学及绥远省立归绥中学发给休学证明的函 …… 316

图 3-6-4　学生请假规则 …… 318

图 3-6-5　教室规则 …… 321

图 3-6-6　学生自习规则 …… 322

图 3-6-7　学生饭厅规则 …… 323

图 3-6-8　寝室规则 …… 324

图 3-6-9　绥远省政府教育厅为颁发第七兵站总监部奖学金办法给省立归绥中学代电（1946 年 10 月 3 日）……326

图 3-6-10　省立归绥中学为呈送转发学生兵站总监部奖学金名册致绥远省政府教育厅代电（1946 年 11 月 8 日）……327

图 3-6-11　绥远省政府教育厅为转发领受兵站总监部奖学金学生名册准予备查给省立归绥中学代电（1946 年 12 月 16 日）……328

图 3-6-12　绥远省政府教育厅为该校上学期与本学期除名及未到校学生名额准予备查给省立归绥中学代电（1947 年 4 月 19 日）……329

图 3-6-13　绥远省政府为张贴布告并执行布告内第三项处分办法给省立归绥中学代电（1947 年 11 月 25 日）……330

图 3-6-14　归绥警备司令部为正风中学篮球圈失盗为由北平来绥学生刘永寿等捣乱希查办具报给归绥市警察局代电（1949 年 6 月 28 日）……331

图 3-6-15　各级学生收发信件登记簿、学生品行考核簿、失物认领单、请假单式样……333

图 3-6-16　绥远省立归绥中学为转呈学生更改籍贯请示致绥远省教育厅代电（1948 年 3 月 16 日）……337

七　教育活动……339

图 3-7-1　归绥市私立恒清中学为第一届毕业生前往参观致面粉公司函（1947 年 6 月 27 日）……340

图 3-7-2　归绥市税捐稽征处为学生免税观影尚属可行应依省府规定办理给归绥中学代电（1949 年 4 月 3 日）……341

图 3-7-3　绥远省社会处归绥社会影剧院为送达优待学生观影票数及提收款项规定办法给归绥中学校公函（1949 年 5 月 22 日）……342

图 3-7-4　国立绥远中学为自印影票免征娱乐税致归绥市税捐稽征处公函（1949 年 5 月 26 日）……343

图 3-7-5　归绥市税捐稽征处为学生免税观影尚属可行致国立绥远中学公函（1949 年 5 月 27 日）……344

图 3-7-6　绥远省立归绥中学为学生前往旅行请予协助保护致萨县政府和驻兵十三旅公函（1949 年 5 月 13 日）……345

图 3-7-7　绥远省政府教育厅为聘用教职人员务须特别审慎给省立归绥中学密电（1946 年 8 月 23 日）……346

图 3-7-8　归绥市政府为晋北军区城工部派人赴察绥投考各中学暗中活动希即饬属

严密防范致警察局密电（附绥远警备司令部致归绥市政府密电）（1948年
　　　8月10日） ·················· 347
图 3-7-9 绥远省政府为注意防范"共匪"派来绥包工作人员及东去投共学生给省立
　　　归绥中学代电（1949年6月8日） ·················· 349
图 3-7-10 绥远省立归绥中学参加奖学金考试学生报名表（1948年6月10日） ··· 350
图 3-7-11 绥远省直辖团营区司令部为高中学生集训未曾实施者仍应依法征召
　　　致归绥市政府代电（1947年10月3日） ·················· 351
图 3-7-12 绥远省政府教育厅为转发高中学生集训未曾实施者仍应依法征召给省立
　　　归绥中学代电（1947年10月17日） ·················· 352
图 3-7-13 绥远省政府教育厅、绥远省各界教师节纪念暨绥干团第二十五期教育组
　　　结业典礼大会为召开教师节纪念大会给省立归绥中学通知（1946年8月
　　　26日） ·················· 353
图 3-7-14 绥远省政府教育厅绥远省各界三十六年度孔子诞辰及教师节纪念大会
　　　筹备会为孔子诞辰及教师节相关事宜致省立归绥中学函（1947年8月
　　　13日—8月20日） ·················· 354
图 3-7-15 绥远省政府教育厅绥远省各界三十七年度孔子诞辰及教师节纪念大会
　　　筹备会为孔子诞辰及教师节相关事宜致省立归绥中学函（1948年8月
　　　20日） ·················· 359
图 3-7-16 绥远省政府教育厅绥远省各界三十八年度孔子诞辰及教师节纪念大会
　　　筹备会为孔子诞辰及教师节相关事宜给省立归绥中学函（1949年8月
　　　23日） ·················· 361
图 3-7-17 绥远省立归绥中学为举行毕业典礼请莅校致训致绥远省政府主席呈（1947年
　　　7月2日） ·················· 362
图 3-7-18 国立绥远中学为邀请参加成立九周年纪念日活动致归绥中学公函（1948年
　　　6月10日） ·················· 363
图 3-7-19 绥远省政府为颁发本年度教师节纪念办法给归绥中学代电（附纪念办法）
　　　（1948年8月14日） ·················· 364
图 3-7-20 绥远省立归绥中学为呈报纪念教师节各情形致绥远省政府代电（1948年
　　　8月） ·················· 366

附录　内蒙古中西部沦陷时期中学教育档案 ·················· 367
　图 3- 附录 -1 "厚和市"女子中学校设立计划书（1939年12月11日） ······ 368
　图 3- 附录 -2 "巴彦塔拉盟公署"关于设立"天主教立恒清中学校"给"厚和市公署"

　　　　　　　　　指令（1942年1月28日） ……………………………………… 370
　　图3-附录-3　"厚和市公署"关于准予成立"恒清中学校董事会"暨学校立案的
　　　　　　　　　批示（1942年2月19日） …………………………………… 373
　　图3-附录-4　"事变"以前中等学校以上学校调查表 …………………………… 376
　　图3-附录-5　"巴彦塔拉盟公署"关于转发"察南政厅"管内中等学校招生须知
　　　　　　　　　及报名用纸致"厚和市公署"训令（1940年3月2日） …… 377
　　图3-附录-6　"厚和特别市公署"关于转发"察南政厅"管内中等学校招生须知
　　　　　　　　　及报名用纸的训令（1940年3月12日） …………………… 379
　　图3-附录-7　"巴彦塔拉盟公署"关于"大同女子中学校"招生的公函（附招生
　　　　　　　　　简章和学校一览表）（1940年10月31日） ………………… 381
　　图3-附录-8　"厚和特别市公署"关于"大同女子中学校"招生的训令（1940年
　　　　　　　　　11月18日） …………………………………………………… 384
　　图3-附录-9　"亲仁会"关于调查中等以上学校毕业学生职业状况致"厚和市公署"
　　　　　　　　　公函（1943年8月18日） …………………………………… 386
　　图3-附录-10　"巴彦塔拉盟公署"关于"中等学校并临时地方教员训练所"卒业生
　　　　　　　　　调查致"厚和市参事官"公函（附调查表）（1943年3月16日）
　　　　　　　　　………………………………………………………………… 387
　　图3-附录-11　"厚和市公署"为呈报"中等学校并临时教员训练所"卒业生调查表
　　　　　　　　　致"巴彦塔拉盟公署"呈文（附中等学校并临教卒业者调查表）（1943年
　　　　　　　　　4月27日） ……………………………………………………… 390

后　记 ……………………………………………………………………………… 397

中学教育卷

呼和浩特市档案馆藏
民国时期中学教育档案概述

呼和浩特档案馆藏民国时期中学教育档案是该类档案中藏量较多的子类。经过多年文献整理，该卷主要形成了行政工作、经费管理、教务工作、总务工作、教师管理、学生管理、教育活动等 7 类档案格局，其主要形式是电报、信函以及文件等。档案藏量丰富，辐射面较广，具有一定的教育科研价值。中学教育是基础教育最主要的部分，是学校教育制度中的重要一环。因此，整理、研读相关档案，对民国时期呼和浩特地区中等教育进行概述，具有重要的历史和教育意义。

一、中学教育概念界定

中学教育在当代国民教育体制中称作"中等教育"，主要包括初级中学和高级中学。1922 年 11 月，中华民国全国教育会联合会公布《学校系统改革案》，基本上确立了"六三三"的基础教育学校制度。嗣后，全国的学校教育制度皆受其影响。

因而，界定民国时期呼和浩特地区中学及中学教育，具有以下不同维度：

按照《学校系统改革案》的学校制度分，主要包括初级中学和高级中学两个部分。此外，还包括两级师范学校中的中等教育部分。民国初年，中华民国教育部颁布关于师范教育的第一个通令《师范教育令》，文件共 13 条，意义较大。该法令对各级师范学校的学校培养目标、修业年限等做出了详细规定。最重要的是该法令设置了两级师范学校，即师范学校和高等师范学校。其中，师范学校属于中等教育层次。因此，就学校制度层面来看，民国时期的中学教育主要包括以省立归绥中学、归绥师范学校为主体的中学教育。

按照办学主体或法人性质分，主要包括公立中学教育和私立中学教育。公立教育的代表学校是绥远省立归绥中学、归绥师范学校等。私立中学教育是这一时期的特色。民国时期重视教育立法，历届政府不断总结清末以来教育改革的经验，积极吸纳西方教育理念，结合中国教育发展的实际需要，进行了大规模的立法活动，从而建立起较为全面的教育法规体系。法规体系的完备与规范推动了私立教育的发展，20世纪30年代中国的私立高等教育达到了历史最高水平，私立专科以上学校已占全部高等学校数的49.1%。1937年，其数量甚至一度超越公立高校。①民国时期呼和浩特地区私立教育较为发达，其中私立奋斗中学较有代表性。

按照历史时间分，民国时期呼和浩特地区中学教育主要包括民国初年的中学教育、抗日战争时期的中学教育及解放战争时期的中学教育等。从1912年中华民国成立到1919年"五四"时期，这一阶段是呼和浩特地区中学教育的确立期，基本上确立了本地区的中学教育制度。蔡元培任中华民国临时政府教育总长后，主持制定了一系列政策、法规，宣传国内各民族一律平等的教育思想，奠定了民国教育的政策基础，为发展中国新文化教育事业，建立中国资产阶级民主制度做出了重大贡献。同样，此举也有力地促进了边疆少数民族地区教育事业的发展。但这一时期中学教育质量也是严重不足的，1925年"绥区中等教育尚在萌芽时代，以幅员论则较内地各省为大，惟以边塞荒芜，人烟稀少，……缘此本区中学、师范仅各有一所，而学生与经费犹不及内地中学之半数"②。至1926年，仅增加一所绥远区立女子师范学校。抗日战争时期，国民政府和绥远省当局仍然重视边疆地区教育，在中学推行了一系列促进或复学的举措。中学教育总体呈停滞—缓慢发展的状态。抗日战争胜利后，随着局势趋于稳定，呼和浩特地区中学教育得到恢复，中学学校数量和学生数量均得到了前所未有的增加。

---

① 齐廉允：《民国时期私立教育立法特色及其当代启示》，《高教探索》2012年第2期，第97~101页。
② 宋锡瑗：《中等教育事项》，《绥远教育季刊创刊号》1995年第2期，第27页。

二、中学教育概况

民国时期呼和浩特地区中学教育的实践主要包括行政工作、经费管理、教务工作、总务工作、教师管理、学生管理、教育活动等7个方面。

（一）行政工作

1923年，绥远特别区增设绥远全区学务局，作为管理全区教育事业的专门机构。该局即绥远省教育厅的前身，前道尹公署承办的各类教育工作事宜，均交其办理，这是绥远地区设置教育专管官署的开始。1924年春，中央国务会议决定各特别区准仿照各省设置教育厅。同年8月，绥远全区学务局改为绥远教育厅。[①]呼和浩特地区中学的行政管理具有本地特色，实行教育局长、学校校长负责制。具体做法是在中小学校设校长一人，下设教务主任、训务主任及其他管理人员。校长综理校务，并有权任免教员，但须上报所属的地方行政长官。在后期，又实行校长领导下的校务委员会制度。校长主要的职责有行政管理、教学督导和社会联络等工作。校务委员会是学校最高的监督审议机构，可以决定校务方针、审议校务上应兴革事宜、审议预算决算以及学校其他重大事项。[②]另外，在解决安全隐患方面，相关规定也值得注意。如在《私立奋斗中学为换发证章致归绥市警察局公函》（1948年3月25日）中提出用布质肩章代替铁质肩章，消除了一定的安全隐患。在学业管理方面，重视学生多学科发展能力、多元智能发展，甚至对假期作业的监管也有一定的要求。

（二）经费管理

在中学教育经费的管理上，民国时期呼和浩特地区的中学教育经费有着严格的使用程序。在教职员工资待遇上，严格财务报送审核流程，规定薪资扣税标准，明确年度经费编制等。如《绥远省政府教育厅为转公教人员薪给报酬所得税照原支薪俸课征给省立归绥中学代电》（1946年12月24日）中，就详细制定了教职员工薪酬扣税的具体方面。在学校设施维修方面，根据学校工作经费的多寡，既可以向上级教育部门申请经费，也可以向社会（富户）征集募捐，方式多样，手

[①] 阴瑞芬：《民国时期绥远地区师范教育研究》，内蒙古师范大学硕士论文，2014年8月。
[②] 参见王建军"学校管理模式的历史思考"公开课资料。

段灵活。在师生外出开展活动上，也根据实际情况给予一定的工作或生活补助。如《绥远省立师范学校为送员工子女中等教育补助费调查表致平津区铁路管理局员工福利委员会公函》（1948年7月10日）和《绥远省政府财政厅、绥远省政府会计处为公教人员带眷西迁者每员借给贰仟元给归绥中学的通知》（附借款领据）（1949年1月21日）中，就提到给予学校教职员及其子女一定的生活补助费用，用以保障本校教师的切身权益。此外，在学校工作经费的欠款追缴上，档案中也有部分展示。如《绥远省政府为收回去年省库借款给归绥中学代电》（附归绥中学复电）（1947年3月3日）呈现了在工作经费短缺的年代，呼和浩特地区教育事业艰难前进的蹒跚步履。总的来说，绥远省中学的经费管理为该地区中等教育开展办学、培养人才提供了较为坚实的物质基础。

（三）教务工作

在教务工作方面，民国时期呼和浩特地区中学的实践也具有一定的特色，一些管理办法对现代教务工作仍有一定的启示。比如，一是在教科书选用、期刊推荐以及教师参考用书方面都有一定的文件指导。在《绥远省政府教育厅为转商务印书馆编印〈新中学文库〉汇购办法给省立归绥师范学校代电》（1947年5月13日）中，提出选用商务印书馆编印的《新中学文库》。在《绥远省政府教育厅为推荐课外书〈科学世界〉给省立归绥师范学校代电》（1947年4月14日）中，推荐相关期刊作为教师参考资料。在《绥远省政府教育厅为转介绍采购国立编译馆编辑中学各科教科书之辅导书给省立归绥师范学校代电》（1947年6月20日）中，提出教科书、辅导用书的选择建议。二是注重外语、音乐、体育等学科的建设。为适应外语人才培养的要求，提出在一些中学开设英文夜班的建议。在《绥远省政府为转教育部关于各级学校所有音乐教材汇呈备核并派员视察密令致省立归绥中学的代电》（1947年8月8日）中，批判了社会上的庸俗音乐，提出推行适合学生的、能够陶冶情操的高尚音乐。在《绥远省政府为切实推行体育教育致省立归绥师范学校的代电》（1946年3月13日）中，提出了体育教育的重要性，并且规划了具体的实施方案，说明了体育教育的目的，即"增进民族健康"。

（四）总务工作

民国时期呼和浩特地区中学的总务工作，其内涵基本与现代学校的后勤管理相当，总体包括校舍设施、教学器材、学校资产、后勤保障等方面的管理，具有一定的时代意义和地区特色。如《绥远省政府教育厅为颁发各学校及社教机关财产目录格式给省立归绥中学代电》（1947年6月29日），不仅体现了教育厅对各学校及社教机关财产的统一监督管理，也为这一管理提供了范式。

（五）教师管理

民国时期呼和浩特地区中学在教师聘用、考核、培训等方面也有一定的创见。民国时期教师的专业化程度相对较高，教师具有较高的社会威望。教育界人士掌握着教师这一职业的门槛，对职业证书的标准要求比较严格，并且教师还拥有选择工作的自主权。[①]《私立恒清中学聘请教职员规约》中就明确规定了教师的道德品性问题，不仅教师自身要遵纪守法，而且应有一定职务的社会人士作为担保，师德的连带责任对于教师行为规范的约束，具有一定的社会意义。并且，学校教师不得有偿兼职，在教学质量上得以有效保证。请假一周以上实行向校长报告制，即使放假也仍有一定教学服务义务等。由此可见，这一时期教师管理制度较为严格。

（六）学生管理

民国时期呼和浩特地区中学在学生管理方面具有一定的教学实践经验。在招生方面，除满足小学生正常升学，还增加了中学学校数量，以满足日益增多的学生数量的需求。同时，也关注家贫失学青年的复学问题。在一些进修班公函中，明确提出要照顾家贫失学青年，让他们回归校园。在日常管理方面，重视学生安全、及时消除安全隐患。比如，一些中学联合相关行政部门解决宿舍偷盗问题，并专门就一些问题进行了广泛讨论。在《归绥警备司令部为正风中学篮球圈失盗为由北平来绥学生刘永寿等捣乱希查办具报给归绥市警察局代电》（1949年6月28日）中，提出了解决学生捣乱等问题。

（七）教育活动

民国时期呼和浩特地区中学教育活动虽然与当今教育不可同日而语，但在当

---

① 刘海涛、秦霞：《民国时期教师职业探析》，《辽宁教育行政学院学报》2005年第12期，第10～11页、14页。

时，一些有识之士也认识到了开展教育活动对于中学生教育的重要性。如《绥远省政府教育厅、绥远省各界教师节纪念暨绥干团第二十五期教育组结业典礼大会为召开教师节纪念大会给省立归绥中学通知》（1946年8月26日）、《绥远省立归绥中学为呈报纪念教师节各情形致绥远省政府代电》（1948年8月）、《绥远省政府为颁发本年度教师节纪念办法给归绥中学代电》（附纪念办法）（1948年8月14日）等文件，就体现出当时对于教师节及相关活动的重视，以此来培养学生的高尚情操，营造尊师重道的良好社会氛围。

另外，中学以及教育部门也注重学生的娱乐活动。在《绥远省社会处归绥社会影剧院为送达优待学生观影票数及提收款项规定办法给归绥中学校公函》（1949年5月22日）中，规定了影院招待学生观众的办法，提出要优惠观影，影院不得无故拒绝招待学生等。

综上所述，民国时期呼和浩特地区的中等教育理念与实践活动具有一定的积极意义，在行政、教务、总务等工作上，在经费、教师、学生等管理上，在教育活动的开展上，都提出了具有教育学意义的创见，对当今中等教育也仍然具有一定的启示和意义。

一　行政工作

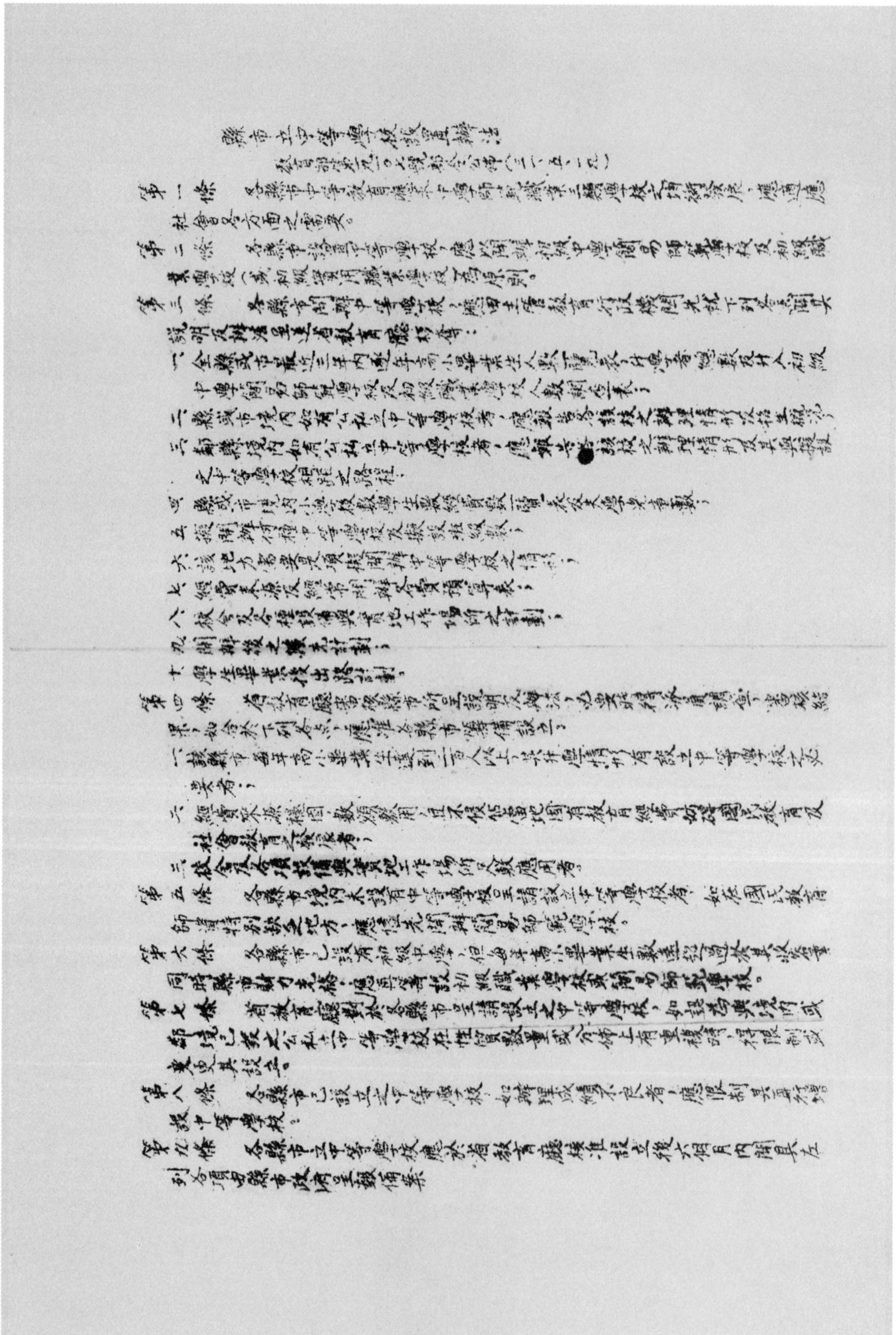

图 3-1-1　教育部第 19107 号部令公布《县市立中等学校设置办法》(1942 年 5 月 19 日)（一）

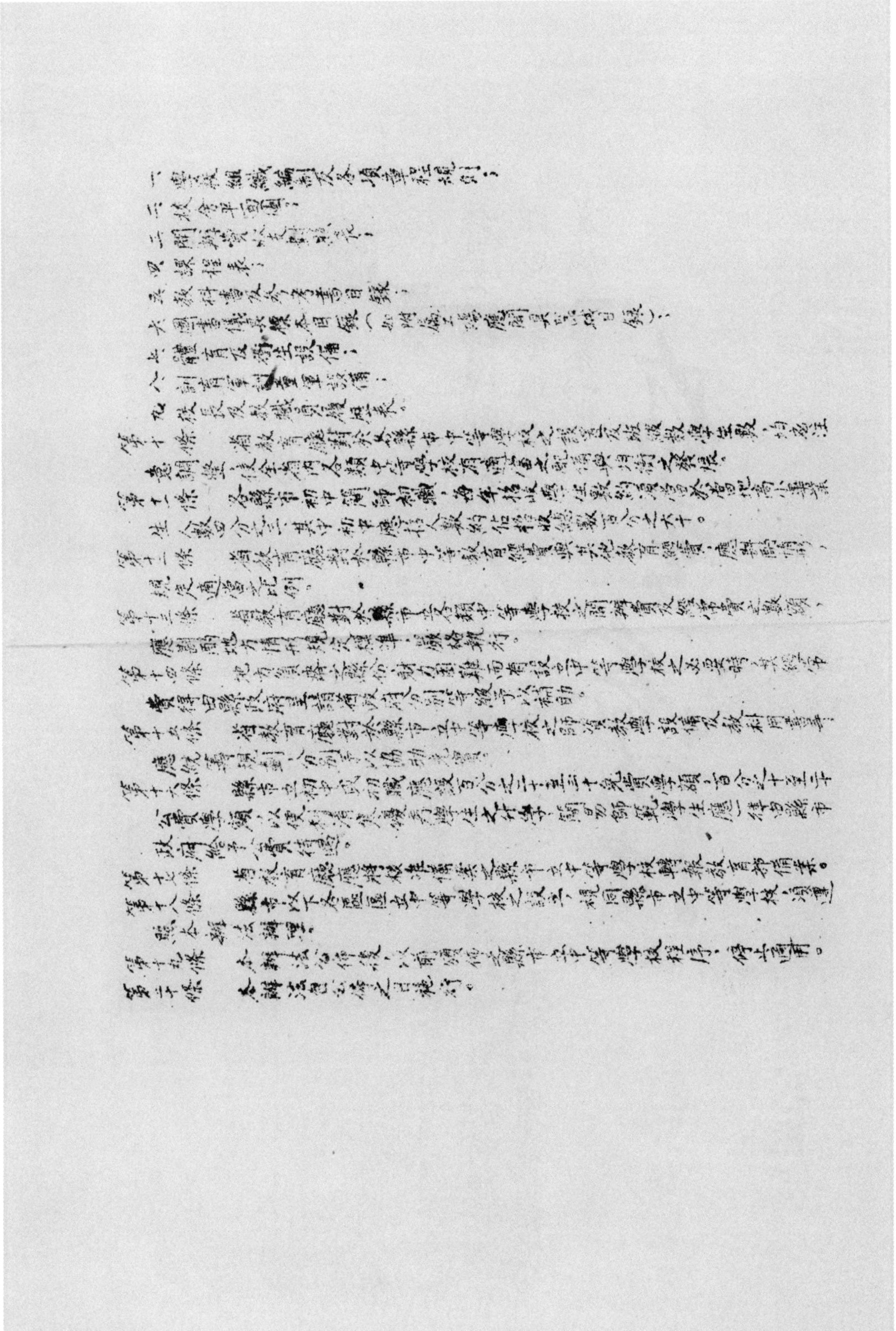

一、學校組織編制及各項章程規則；
二、校舍平面圖；
三、開辦費及支出對照表；
四、課程表；
五、教科書及參考書目錄；
六、圖書儀器標本目錄（如附屬工場應附其設備目錄）；
七、體育及衛生設備；
八、訓育軍訓童軍設備；
九、校長及教職員履歷表。

第十條　省教育廳對於各縣市中等學校之設置及班級數學生數，均應注意調整，使全省內各類中等學校有適當之配備與均衡之發展。

第十一條　各縣市初中、簡師、初職，每年招收學生數約須當地高小畢業生人數四分之三，其中初中應招人數約佔招收總數百分之六十。

第十二條　省教育廳對於縣市中等教育經費與其他教育經費，應斟酌情形，規定適當之比例。

第十三條　省教育廳對於縣市立各類中等學校之開辦費及經常費之數額，應斟酌地方情形，規定標準，嚴格執行。

第十四條　地方貧瘠之縣份，財力困難而有設立中等學校之必要時，其經常費得由縣政府呈請省政府分別等級予以補助。

第十五條　省教育廳對於縣市立中等學校之師資、教學設備及教科用書等，應統籌規劃，分別予以協助充實。

第十六條　縣市立初中及初職應設百分之二十至三十免費學額，百分之十至二十公費學額，以便利清寒優秀學生之升學。簡易師範學生應一律由縣市政府給予公費待遇。

第十七條　省教育廳應將核准備案之縣市立中等學校，轉報教育部備案。

第十八條　縣市以下各區區立中等學校之設立，視同縣市立中等學校，須遵照本辦法辦理。

第十九條　本辦法公佈後，以前頒佈之縣市立中等學校程序，停止適用。

第二十條　本辦法自公佈之日施行。

图 3-1-1　教育部第19107号部令公布《县市立中等学校设置办法》(1942年5月19日)(二)

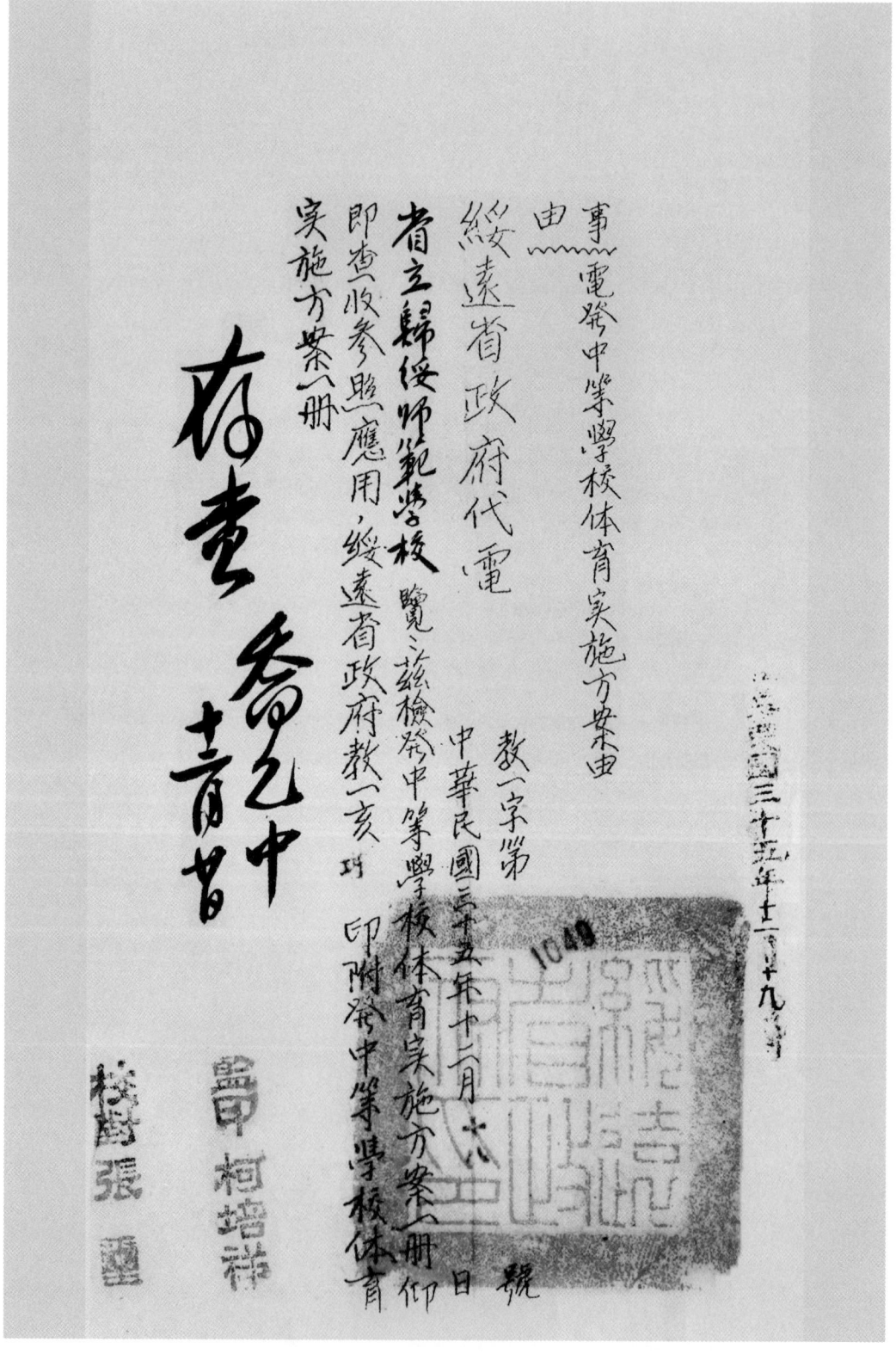

图 3-1-2 绥远省政府为检发《中等学校体育实施方案》给省立归绥师范学校代电（附方案）（1946年12月18日）（一）

中等學校體育實施方案

壹、目標

一、中等學校體育，任適應學生心身及環境之需要，繼小學體育訓練之後，作進一步之合理訓練，其具體之目標如左：

1. 鍛鍊體格，使機體充分發育；
2. 培養公民道德，發揚團體精神；
3. 訓練生活上及國防上之基本技能；
4. 養成衛生習慣及注重衛生之態度。

二、在抗戰時期中，中等學校體育之設施，應針對當前環境之需要，在無背於學生生理心理之原則下，特別注意左列諸點：

1. 國家觀念及民族意識之激發；
2. 後方服務方法（初中）及國防基本技術（高中）之教學；
3. 團體組織及野外生活之訓練；
4. 堅忍，勤勞，忠勇，犧牲等公私品德之培養。

貳、實施綱要

中等學校體育實施方案

图 3-1-2 绥远省政府为检发《中等学校体育实施方案》给省立归绥师范学校代电（附方案）（1946年12月18日）（二）

中等學校體育實施方案

一、各校體育設施，應有合理之行政組織，並依據目標製成整個計劃，聘請合格人員，切實推行。

二、體育經費，應依設施之需要，參照本方案所訂最低限度標準，編製預算，列入整個學校經費預算中，並應以最經濟之使用，獲得最安大之效果。

三、體育場設備，應力求合於部頒標準，其未達標準者，應即擬具擴充計劃，呈請主管機關核准，分期建設，以應體育訓練之需要。

四、體育時間，應以達到本方案之規定為最低限度，可能時，並宜利用空暇時間，作各種體育活動，使體育功能得以充分發揮。

五、中等學校體育訓練方式及其目的分述如左：

　1. 體育正課 為學校課程之一種。其目的在繼小學之後，依照一定之計劃與進度，教學各種合理之體育活動方法，俾學生能於課外依法練習。

　2. 早操 為學校集體活動之一種。其目的在使全校學生同時作適當之操練，獲普遍而最低限度之健身功能。

　3. 課外運動 為學校課外活動之主要部份。全校學生均須在合理之組織與管理下，按時參加。其目的在使體育正課內所授之活動，得充分練習，而發揮其應有之功效。

六、體育表演及運動比賽，應積極提倡，並以培養優良之公民道德及運動精神。每學年擬其整個計劃，按時季之不同，分別舉行，藉以增進運動之興趣，激勵技能之進步，各種運動宜訂立標準，以求普遍之發展。過去發現於比賽中之缺點，尤宜力予糾正與防止。

七、野外集團活動應多予舉行，俾學生得與社會及自然界多所接觸，益增鍛鍊與修養之效能。

八、學生體格及健康檢查，應定期舉行，藉以明瞭各個學生發育及健康情形，作體育設施之根據。檢

二

图 3-1-2　绥远省政府为检发《中等学校体育实施方案》给省立归绥师范学校代电（附方案）（1946 年 12 月 18 日）（三）

查结果，务须加以合理处置，对于身体上之缺点，及疾病徵象，应立予矫治与预防，以维护学生之健康。

九、体育成绩，应有客观而合理之考核方法与评判标准，务期每一学生均能达到标准之体格与能力，完成预期之目标。体育不及格者，不得毕业。

十、体育之设施，应配合学校整个行政及教学，密切联络，藉收相互为用之效。

叁、行政组织

一、中等学校之体育行政，由体育处或体育卫生组主持之。（九学级以上设体育处，下设体育卫生二组；六、八学级以下设体育卫生组。）

二、体育处主任（兼体育组组长）或体育卫生组组长均由体育教员兼任之。

三、体育处（组）应定期举行体育会议，筹议全校体育设施事宜。体育会议章程，由各校订定，呈报主管机关核备案。

四、体育处主任应出席校务、教务、训导、及事务会议，以求行政上之联络合作。

五、各种体育设施计划，应由体育处（组）於每学年之始拟订草案，提交体育会议决定并将一切实施成绩，详细记录保存，以备查考，其重要项目如左：

1. 全年度全校体育实施计划大纲；
2. 全年度体育经费预算；
3. 体育场地设备扩充计划及其经费预算；

中等學校體育實施方案

4. 全年度各班級體育教材進度預定表；
5. 全年度課外運動實施計劃辦法及其成績紀錄與統計等；
6. 全年度體育裝演，及野外集團活動等實施計劃，及其成績記錄與統計等；
7. 健康檢查辦法，紀錄，統計，及其矯治結果等；
8. 體育成績考核辦法，成績標準，及其紀錄統計等；
9. 其他與體育有關事項之計劃，章則，辦法，及實施成績紀錄等；

六、各種體育設施計劃之製定及推行，應依左列各項原則辦理：

1. 應先確定其目的，然後依據目的，訂定實施之方法。
2. 一切設施，應顧及學生之需要，力求適應，例如各種活動實量之支配，組織管理之方法，均須顧及環境，縝密設計。
3. 一切法規，務必嚴格執行，以培養學生守法之精神，並宜用積極獎勵方法，使學生樂於接受。
4. 學生在體育活動時，最易顯示其個性，負領導之責督，務須善用此機會，以陶冶其品性精神與行為態度，勿單以運動技術為重。
5. 中等學校學生，已漸具團體觀念而有合羣之需要，學校應利用此心理，鼓勵其體育活動之團體組織，不特便於管理，抑亦為重要之教育工作。
6. 各種體育活動推行之結果與成績，應隨時紀錄並予公佈，以引起學生之注意與興趣。
7. 各種體育活動推行之意外事項，應預為防止，在各種規約中詳加指示，並作一切必要之準備。
8. 運動上可能發生之意外事件，應設法與其他課程聯繫，對於訓育及童軍與軍訓方面，尤須密切合作，以利推行。
9. 一切活課，

四

图 3-1-2 绥远省政府为检发《中等学校体育实施方案》给省立归绥师范学校代电（附方案）（1946 年 12 月 18 日）（五）

七、中等學校體育教員之資格，應合於中學及師範學校教員檢定暫行規程之規定。

八、各校聘請體育教員，應以學生人數為標準，全校學生滿二百人者，至少須加聘教員二人，於體育處主任或體育衛生組長外，至少須加聘教員一人，學生滿四百人者，至少須加聘教員二人，以後照此比例類推。

九、體育處主任或體育衛生組組長主持一切體育行政事宜，其授課鐘點，每週以十小時為度；體育教員每週授課鐘點，以二十四小時為度，但課外運動及早操，應合作八小時正課計算。

十、女生體育，應由女體育教員擔任，一級女生人數不多者，得聯合他級合班上課。

十一、體育處主任或體育衛生組組長之職責如左：

1. 於學年開始前，擬具本年度體育實施計劃，提交體育會議商決施行。
2. 執行體育會議議決案，處理日常體育及衛生行政事宜。
3. 會同事務處主任編訂全年度體育經費預算，並注意其動支，使與預算符合。
4. 與教務處（組）商洽全校體育正課鐘點之支配與排列。
5. 分配各體育教員工作，並負督促領導之責。
6. 計劃並主持課外運動分組及項目，時間，場地等支配事宜。
7. 計劃及推行校內外運動比賽，體育表演，及野外集團活動。
8. 擬訂每學期各班級體育成績考核項目及標準。
9. 領導組長或組員主持檢查並改進全校衛生及學生健康事宜。
10. 記錄組長或組員工作情形，按月彙編，於體育會議及校務會議時報告之。
11. 指導協助體育教員進修事宜。

10. 隨時利用場地設備及學生力量，推動並輔導附近之民眾，從事體育活動。

中等學校體育實施方案

五

图 3-1-2 绥远省政府为检发《中等学校体育实施方案》给省立归绥师范学校代电（附方案）（1946年12月18日）（六）

中等學校體育實施方案

十二、體育教員之職責如左：
1. 受體育處主任或體育衛生組組長之指示，分別擔任各班級之體育正課，並擬具每學期各課教案，經主任或組長審核施行。
2. 編訂早操教材，並負管理領導之責。
3. 擔任課外運動之指導及管理事宜。
4. 訓練學生小組領袖，協助領導與管理，提高教學效率。
5. 辦理各項運動比賽、體育表演及野外集團活動事宜。
6. 每週統計學生體育正課及早操課外運動之缺席次數，作成續效核之參考。
7. 嚴格舉行體育成績之考核，並詳細填入學生成績報告書。
8. 辦理健康檢查並協助全校衛生推進事宜。
9. 管理一切體育器械及用品。
10. 督促工役按時整理運動場地及設備。
11. 每週記錄其工作情形，送主任或組長彙存。
12. 參致體育書報，自動進修。

肆、經費設備

一、中等學校應根據體育設施之需要，按年度編製體育經費預算，列為學校經常費預算之一項。並不得徵收學生體育費。

图 3-1-2 绥远省政府为检发《中等学校体育实施方案》给省立归绥师范学校代电（附方案）（1946年12月18日）（七）

二、體育經費預算數額，應依學生人數為比例。以每一學生每學年二元為最低限度標準。並應依場地設備擴充程度，逐期增加。

三、體育經費之動支標準如左：

1. 購置費（如球類，田徑賽等消耗品及其他器械用具之修整添置等）約佔總數百分之七十。

2. 事業費（如體育表演，校內外運動比賽之佈置，旅費，招待，獎品等）約佔總數百分之三十。

四、各校應根據體育場地設備擴充計劃，另編臨時經費預算，於年度開始前呈請主管機關核准辦理。

五、各校體育場地，應以能同時容納全校學生作各種運動為原則，最低限度，亦應按照學生人數設置合於左表所列之場地面積及數量；健身房陰雨時上課及課外活動所必需之場所，尤須於最短期間內完成之。

中等學校體育實施方案

場　地 面　積 （平方公尺）	學　　　生　　　數		
	500人以下	501人—1,000人	1,001人以上
操　場	8,000—15,000	15,000—20,000	20,000—30,000
健身房 闊	15.50公尺	18.50	21.50
長	28.50公尺	29.50	30.50
高	6.70公尺	6.70	6.70

七

图 3-1-2　绥远省政府为检发《中等学校体育实施方案》给省立归绥师范学校代电（附方案）（1946年12月18日）（八）

中等學校體育實施方案　　八

項　目	田　徑　場	足　球　場	小足球場	壘　球　場	籃　球　場	排　球　場	遊戲運動場
4,000	—	1	2	1	2	2	—
12,000平方公尺							
300—800平方公尺		1	2	1	5	8	
500—1,000平方公尺							
		2	4	1	4	6	

（附註）

（一）田徑場應包括二百至四百公尺之跑圈及跳坑。

（二）足球場、小足球場等、壘球場等可與田徑場合用，但學校有相當空地者仍以分設為宜。

（三）游戲運動場作游戲舞蹈及其他運動之用。

六、各校體育用具設備，應視學校環境，學生人數，場地多寡，運動項目等條件，設置足敷應用之數量，其標準另訂之。

七、各校體育場地設備之未達部頒標準者，應擬具分期擴充計劃，呈請主管機關核准辦理。

图 3-1-2　绥远省政府为检发《中等学校体育实施方案》给省立归绥师范学校代电（附方案）（1946 年 12 月 18 日）（九）

伍、體育時間

一、中等學校體育之實施，以體育正課、早操、課外運動、三項為主要部份，各項之時間規定如左：

1. 體育正課　各年級每週一律二小時。
2. 早操或課間操　每日十五至二十分鐘。
3. 課外運動　以每一學生每日五十分鐘為原則。

二、體育正課鐘點之支配，應注意左列各點：

1. 倣前倣後一小時內不宜編排體育正課。
2. 各班級體育正課鐘點宜平均分配於一週中，如星期一四，二五或三六兩日，並宜避免與童子軍或軍事訓練同日授課。
3. 各班級體育正課之排列，宜有定時，如某班體育課在星期一排於九至十時者，則星期四亦宜排於九至十時。
4. 早操應於每日早晨升旗時舉行，冬季得改為課間操，於上午第二三兩課間行之。

三、體育正課不宜與課外運動時間啣接，以免過度疲乏。

四、課外運動於每日下午三時以後全體學生同時舉行，但遇事實上有困難時（如場地不敷支配或與其他課程實習時間衝突等）得酌量變通，其辦法另詳「課外運動」章。

五、中等學校學生每日需要三至四小時之戶外活動，故除規定之體育時間外仍須儘量舉行表演，比賽，及野外集團活動，鼓勵學生普遍參加，以滿足其身體發育之需要。

中等學校體育實施方案

九

图 3-1-2　绥远省政府为检发《中等学校体育实施方案》给省立归绥师范学校代电（附方案）（1946年12月18日）（十）

中等學校體育實施方案

陸、體育正課

一、中等學校學生除因身體上之殘廢，經校醫、或學校指定之醫師證明，學校核准，得免除或指定相當輕微之活動代替者外，均須按時參加體育正課。

二、體育正課教材以左列各種為範圍：
1. 醒操
2. 韻律活動
3. 游戲運動
4. 機巧運動
5. 球類運動
6. 競技運動
7. 自編活動
8. 水上運動
9. 冰上運動
10. 其他運動

三、教材之選配，以部編中等學校體育教授細目為標準，但遇特殊環境或需要時，各校得自選適當教材補充，此項自選教材不得超過全部教材三分之一以上。

四、在抗戰時期，體育教材更應針對當前環境之需要，注重左列各項：

10

图 3-1-2　绥远省政府为检发《中等学校体育实施方案》给省立归绥师范学校代电（附方案）（1946 年 12 月 18 日）（十一）

1. 自編教材或改訂原有教材之名稱與方法，以激發學生之國家觀念及民族意識，如「收復失地」、「驅逐倭寇」、「打倒日本帝國主義」等。
2. 採用救護比賽、搬運賽跑、障礙賽跑、擲手溜彈等教材，訓練後方服務及國防基本技術。
3. 舉行緊急集合及露營、遠足、爬山等野外活動，訓練團體紀律與生活。
4. 增加團體比賽及自衛活動（角力棒角等），培養團結、互助、勇敢、奮鬥等精神。

五、體育正課錄課時間之分配標準如左：
（一）準備活動五至八分鐘（全體活動如走步跑步體操等）
（二）主要活動三十至四十分鐘（示範、分組練習、指導矯正、比賽等。）
（三）結束五至八分鐘（集合，討論，解散）

六、體育正課後之教學：
1. 男女同校之學生，男女生應分班上課，一級女生人數過少須數級合班上課者，應按能力分組教學。
2. 凡體育課後，如實行強迫入浴者，並宜提早數分鐘下課，使學生得有沐浴更衣之機會。
3. 各級學生除女生及編入特別班外，再按體能及技術標準分為若干組，（以二至四組為最宜）凡與體能技術相關較大之活動（如競技，球類，機巧運動等），各組授以程度不同之教材，以求適當之發展與進度。
4. 特別班內體能低弱之學生，已有顯著之進步，或有輕微缺陷之學生已經矯治改進時，得歸入原

中等學校體育實施方案

一一

图 3-1-2 绥远省政府为检发《中等学校体育实施方案》给省立归绥师范学校代电（附方案）（1946 年 12 月 18 日）（十二）

中等學校體育實施方案

七、每一年級按照體能技術而分之各組，應分別編製本學期教材進度預定表，使教材分配有一合理系統。

八、體育教員應根據各年級教材進度預定表編訂每週每課之教案，以便作有計劃之教學。

九、體育教員應用合理而有效之教學方法，力求適應中等學校學生身心之需要，以提高教學效能。

十、體育教員對於每課之教學心得及意見，應隨時記錄於該課教案之備註欄內，作為研究資料，並供視察人員之查閱。

十一、遇因氣候關係，室外不能運動時，應在健身房，或其他場所（如飯廳禮堂等）照常上課。其暫無上述場所者，亦必於教室內講授體育常識（由教員編印講義）及運動方法與規則，並作適當之室內體操及遊戲運動，絕對不得停課。

十二、教員對於體育正課之管理，應切實負責，左列各點，尤須注意：

1. 教員於每次上課前，應將需要之設備用品準備齊全，以免臨時佈置，耗費時間。分組練習時，尤應將場地用具，安為支配。
2. 上課時整隊點名，務須敏捷而有秩序。
3. 上課時對於一切規則，務必切實執行，以養成學生守法精神。
4. 全班學生活動機會，宜注意其普遍均等。
5. 隨時利用機會訓練學生組織及自治能力。並選擇優秀學生，施以特殊訓練，俾於分組練習時，能擔任小組領袖，協助領導與管理。
6. 上課時學生必須穿著運動服裝，其式樣由各校自訂。

图 3-1-2　绥远省政府为检发《中等学校体育实施方案》给省立归绥师范学校代电（附方案）（1946 年 12 月 18 日）（十三）

"女生體育正課例假，應有嚴格之規定及詳細之紀錄，以資管理，而維健康。

柒、早操或課間操

一、早操或課間操，以全體學生一律參加為原則，但遇學生離校過遠者得酌量免除早操。
二、早操或課間操教材，應顧及全校男女生及高年級與低年級體能之差異，審慎選擇。
三、教材次序之排列，動作之效能，以及分量之多寡，均須根據生理及教學原則，公為編訂。
四、教材以每月更換一次或二次為原則，務期學生對於每一動作，均能熟練而正確。每次教材均應印發各生，使能明瞭動作之名稱及做法，為將來自習及教導他人之用。
五、冬季早操或課間操得多用跑步。
六、早操或課間操時，由訓導處（組）及體育處（組）職員共負督促管理及稽核缺席人數之責。缺席學生姓名應每週公佈一次，並分別保管備查。
七、學生上早操或課間操時，應一律穿著制服或運動服裝，違者作無故缺席論。
八、學生上早操或課間操，應照緊急集合辦法，迅速到場，若操練動作已經開始，而猶未入隊者，即作無故缺席論。
九、早操或課間操，如能訓練高年級學生輪流領導操練，則教員可得考察學生努力情形及矯正姿勢之機會。師範生並得以此作實習之一部。
十、各校應根據上列原則及體育成績考核辦法中之規定，訂定早操或課間操管理規則，切實執行，以達訓練之目標。

中等學校體育實施方案

圖 3-1-2　綏遠省政府為檢發《中等學校體育實施方案》給省立歸綏師範學校代電（附方案）（1946年12月18日）（十四）

中等學校體育實施方案

捌、課外運動

一四

一、中等學校應實施加強課外運動，全體學生，除因殘廢經學校核准者外，須一律參加，列作體育成績之一部。

二、課外運動之項目，應根據正課教材、學校環境及設備、學生興趣及需要等條件，選擇訂定。女校或男女同校之女生，應多提倡簡易活動。

三、各種運動有非全年可以應用者，如溜冰只於夏秋、冰上運動限於冬季，故擬訂項目時，宜顧及季節與運動之關係，俾分配支配，俾學生有選擇調換之機會。

四、中等學校課外運動項目分列如右：

1. 依運動本身價值而定之主要項目：

（一）水上運動
（二）排球
（三）壘球
（四）足球
（五）籃球
（六）賽跑及越野跑
（七）冰上運動
（八）防禦賽

图 3-1-2 绥远省政府为检发《中等学校体育实施方案》给省立归绥师范学校代电（附方案）（1946年12月18日）（十五）

（九）舞蹈（女生）

（十）墊上運動

（十一）角力摔角

2. 適合某種條件，得選擇採用之項目：

（一）拳術（拳脚及刀槍劍棍等）

（二）小足球

（三）乒乓

（四）射箭

（五）踢毽子

（六）圜網球

（七）網球（高中之有場地設備者）

（八）手球

（九）土風舞及健身舞（男生）

（十）其他

五、課外運動應有完備之組織，下列數種方法，可資各校採用或參考；

1. 學校範圍較大，體育教員不止一人者，可於體育處主任之下，設一課外運動總指導，下設指導員若干人，分負管理及指導之責。指導員之下，按運動項目分為若干組，再按各組參加人數分為若干隊，每隊指定隊長（或幹事）一人，協助指導員推進該隊運動事宜。其組織系統如左：

中等學校體育實施方案

一五

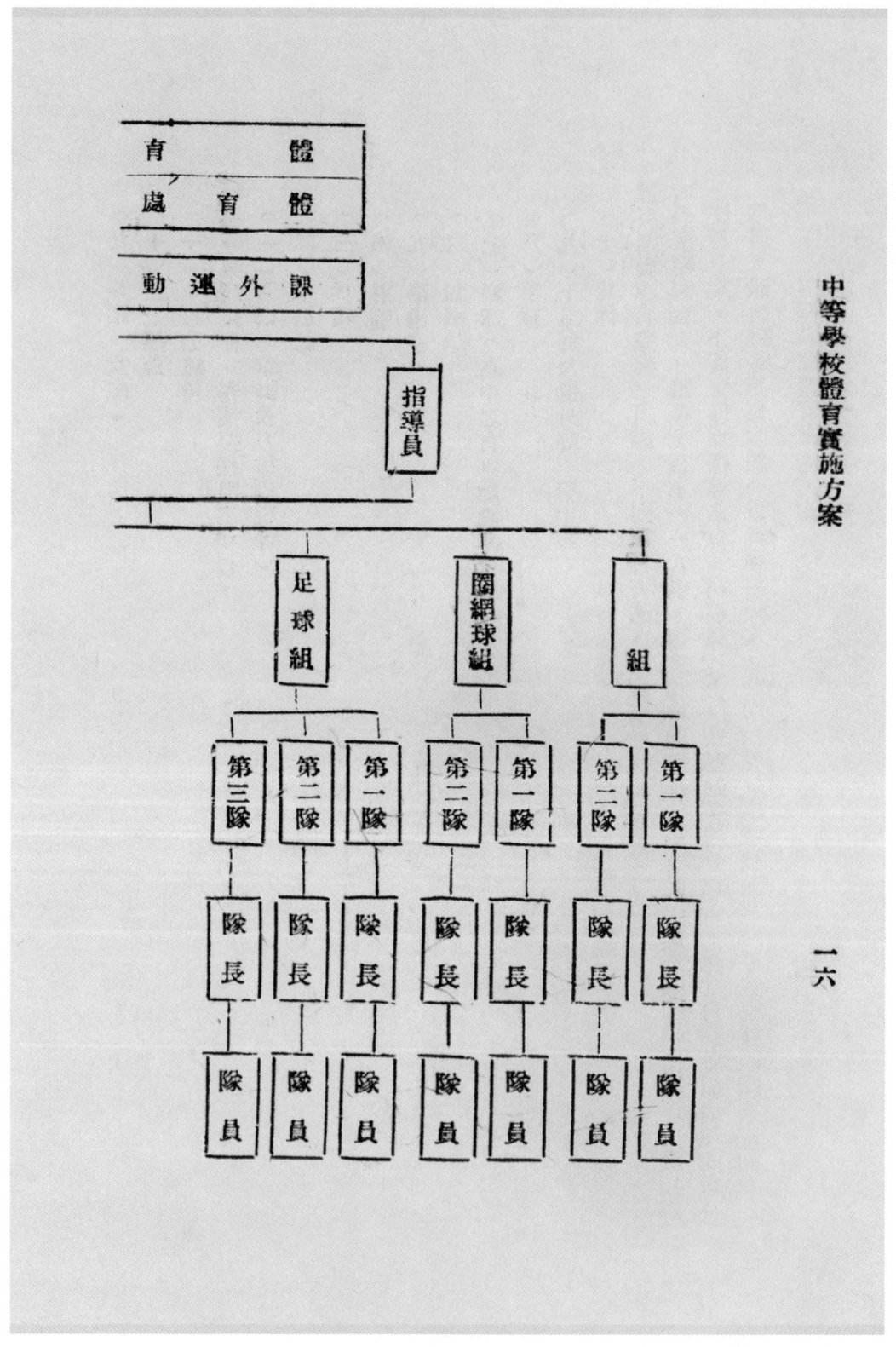

图 3-1-2　绥远省政府为检发《中等学校体育实施方案》给省立归绥师范学校代电（附方案）（1946 年 12 月 18 日）（十七）

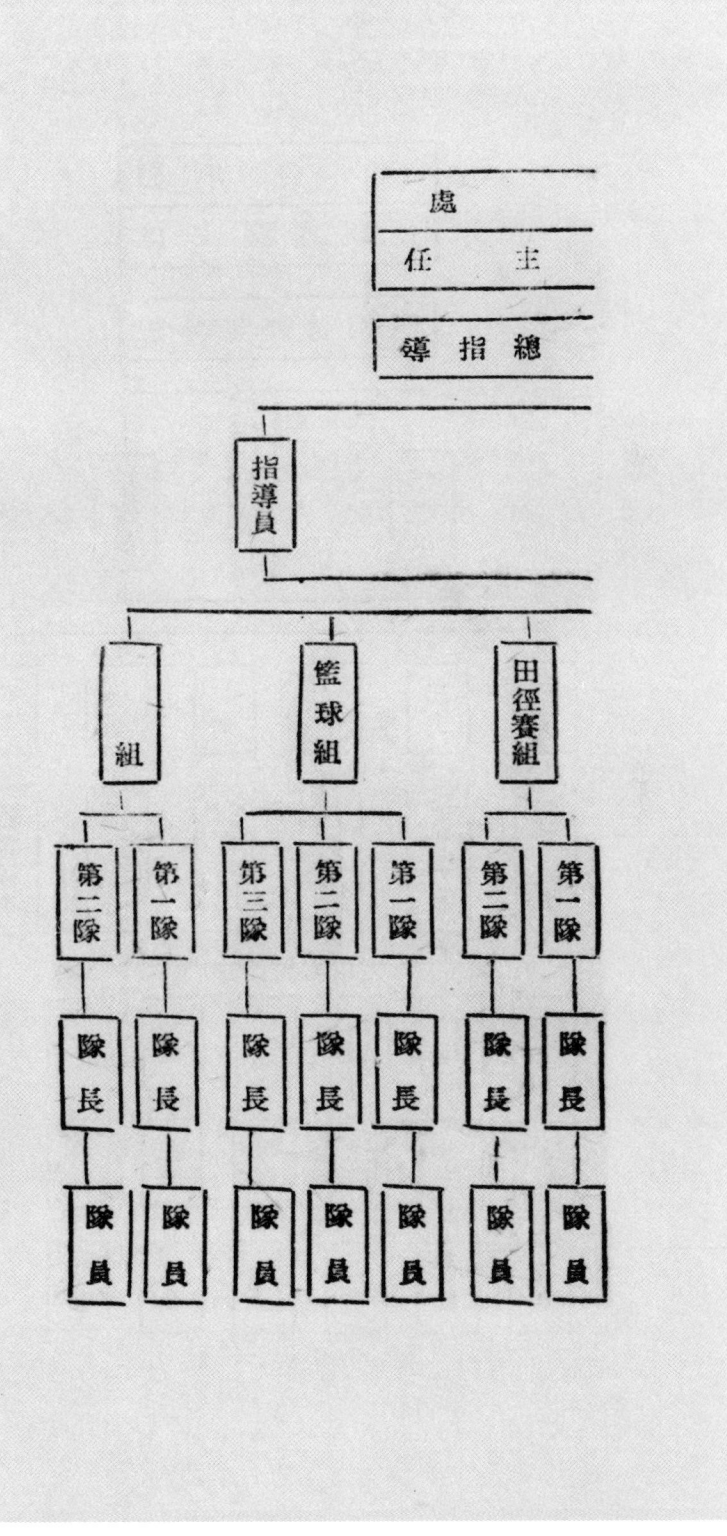

图 3-1-2　绥远省政府为检发《中等学校体育实施方案》给省立归绥师范学校代电（附方案）（1946年12月18日）（十八）

中等學校體育實施方案

2. 課外運動，仍以年級為單位而非混合支配者，可由各班級各推定一人為體育幹事，協助指導員擔任管理事宜，各班級中仍得視運動項目之不同，分隊編制，其組織系統如左：

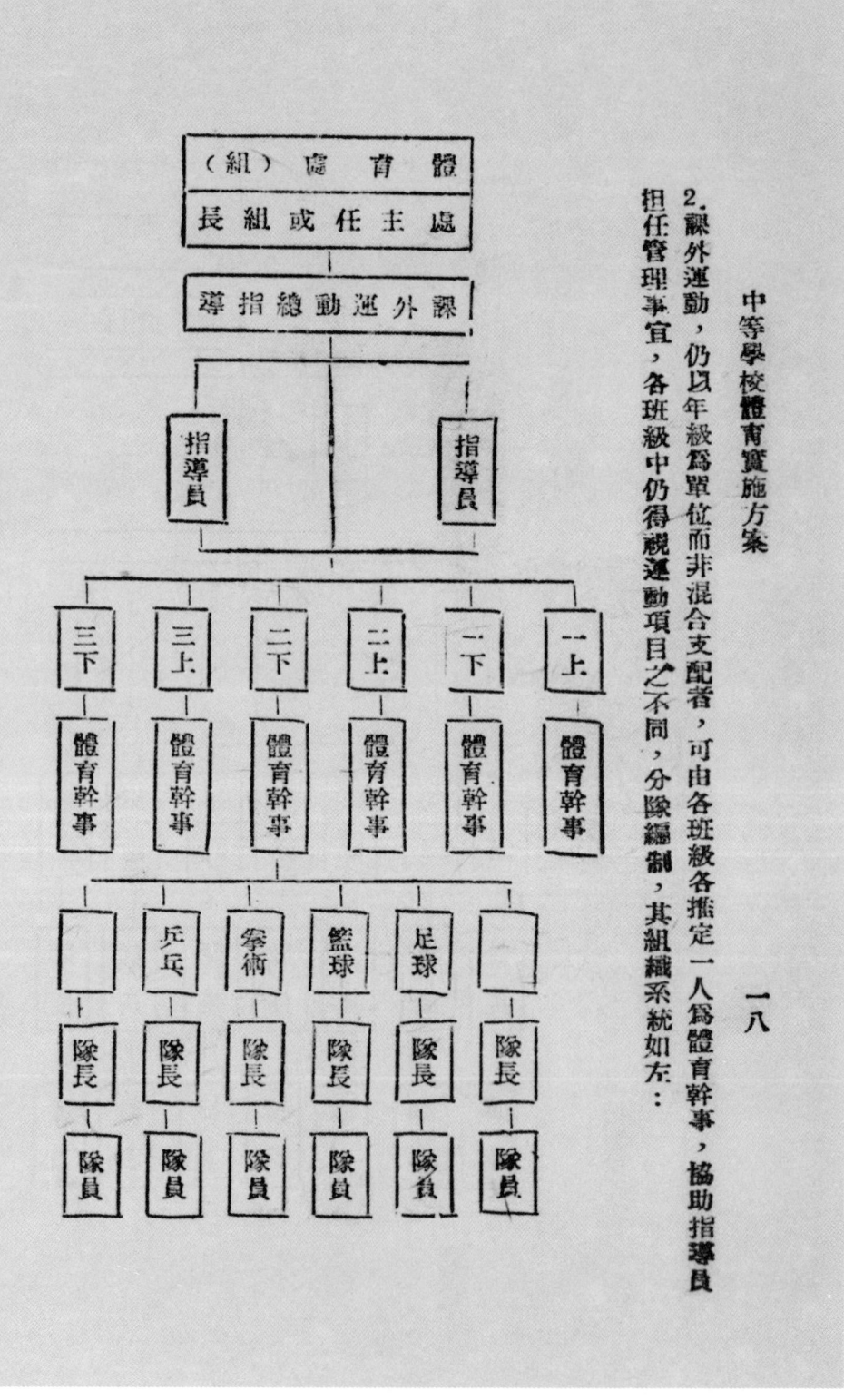

一八

图 3-1-2 绥远省政府为检发《中等学校体育实施方案》给省立归绥师范学校代电（附方案）（1946 年 12 月 18 日）（十九）

3. 範圍較小體育教育不多之學校，可參照以上二種方法，刪去課外運動總指導，在指導員之下，或按運動項目分為若干組，再按各組參加人數分為若干隊，或按班級設體育幹事，再照運動項目分隊。

六、課外運動以由學生自選其參加之項目為原則。體育處（組）應訂定施行辦法，將項目發表時間及參加手續於開學時公佈，並印製報名單分發每一學生，限期填交體育處（組），然後支配場地，推選幹事，指派隊長，於短期內開始實行。

七、採用學生自選運動項目之方法時，宜令每一學生填寫第二志願，以便於某項運動參加人數過多而場地不敷分配等，可分為二期或二部輪流參加，藉免支配上之困難。例如報名參加足球者有一百五十人，而場地不多，時間有限，每日至多僅能容納八十八人，則可分二期，第一期（前半學期）八十人參加足球，已經參加足球之八十人照其第二志願分配於其他項目內；第二期（後半學期）輪由其餘七十人照其第二志願分配於其他項目內，一部每週一三五參加足球，一部每週二四六參加足球，一三五參加第二志願所選項目，二四六參加第二志願。學校於必要時，並得將第二志願加以限制，如照經驗所知，足球籃球為參加人數最多之項目，則可規定選足球者不得以籃球為第二志願，選籃球者不得以足球為第二志願。如是則支配上定可減去不少困難。

八、課外運動之最大困難，在場地不敷分配及人數集中於一二項目，故負責人員宜本其經驗，妥為計劃，凡需要最多之運動場地，必須儘量增設，以求適應。又如提倡新項目，便課外運動時人數不致集中於少數舊項目，亦為有效方法之一。主持者如能循此途徑，在場地及時間上妥為支配，則課外運動之實施，不難達最低限度之標準。

中等學校體育實施方案

九、學校確因事實上困難，不能聽學生自由選擇課外運動項目者，得由體育處（組）指定。但宜定期調換，使學生有普遍參加各種運動之機會。

如左：

1. 將每日課外運動時間分為二節（如三至四時及四至五時）或三節（如三時至三時四十分，四時二十分至五時），使學生分隊輪流練習，則原初每一場地僅能容二十人者，今則可容四十或六十人運動，時間雖較減短，仍能達到每日均有戶外運動機會之目的。

2. 萬不得已時，可減少每週次數。例如按人數或班級分全體學生為二部，一部以每週一三五日為課外運動日期，另一部以每週二四六日為課外運動日期。用此法堪好能以他種課外作業與之配合，如一三五日有課外運動，二四六日必須參加晉樂戲劇等活動；或於無課外運動之日，舉行野外集團活動，以資調濟。

3. 最低限度，當以上列二種方法聯合施行。即一方減少每週次數，一方將每日時間分為二或三節。如是則場地雖少，人數雖多，未有不能支配者，是在各校當局及體育負責人員盡其所能，為學生謀最大可能之活動機會而已。

十、學校因事實上之困難，不能聽學生自由選擇課外運動項目者，得由體育處（組）指定。但宜定期調換，使學生有普遍參加各種運動之機會。

十一、每學期中途（十月底及三月底）得將運動項目更換一部份，令全體學生改選一次（不願改者聽）。前半學期編入第二志願者，此時即可編入其第一志願所選之運動項目，以求滿足。

十二、各項運動之須成隊練習者，可規定人數由學生自行組織，以團體名義報名。其以個人名義報名參加者，應按技術程度分為組織。支配場地時，苟能設法使程度相等之二隊，在同一場上練習，尤屬合理。

二〇

图 3-1-2　绥远省政府为检发《中等学校体育实施方案》给省立归绥师范学校代电（附方案）（1946 年 12 月 18 日）（二十一）

十三、課外運動時，應以穿着運動服裝爲原則。

十四、課外運動出席缺席之考察，及運動用品之領用與歸還，均須訂定規則嚴格執行。

十五、學生在自由活動時，最易表現其個性，教員應利用課外運動之時機，留意觀察，遇有不良品德與行爲之表現，應相機予以暗示，使知警惕，濫犯者嚴予懲誡，勿稍姑息。其有優良表現者，則宜隨時鼓勵，以資激勸。如能養成風氣，則有助於學校訓育者，必非淺鮮。

十六、對於有危險性之運動（如器械操之較難動作，游泳、擲標槍鐵餅等），應隨時注意保護與管理。

十七、男女生應分場舉行。

十八、女生例假辦法與體育正課同。

玖、運動比賽及表演

一、中等學校每年至少應舉行運動會及體育表演會各一次，分於兩學期內舉行，藉以引起學生練習運動之興趣，並檢討平日體育訓練之成績。

二、運動會之內容，以個人及團體競技爲主，其項目由各校自訂。個人競技，應規定每一學生（殘廢及傷病者除外）至少須參加一項，至多四項，以期普及；並應按年齡身長體重指數分組或能力分組，藉增興趣而求公平。團體競技，應以班級或科爲單位，各以百分之八十人數出席比賽，或全體參加，以平均成績定次第。

三、運動會之項目，除田徑賽外，應提倡其他適於生活及環境需要之運動，（如障礙賽跑、攀登、自由車比賽、拔河、角力、舉重、搬運等）務使運動範圍廣闊，而能適應各種不同之程度，俾學生

中等學校體育實施方案

二一

图 3-1-2 绥远省政府为检发《中等学校体育实施方案》给省立归绥师范学校代电（附方案）（1946年12月18日）（二十二）

中等學校體育實施方案

二二

多有參加運動比賽之機會。

四、運動會中之個人競技項目，應顧及學生體格與程度，審慎訂定，對於體格較弱之學生，尤須禁止其參加激烈項目。

五、體育表演會之內容，除平日體育正課所教學之體操、遊戲、韻律活動、機巧運動等項目外，餘如拳術、溜冰、自由車、疊羅漢、以及衛生、童軍、軍訓等活動，均可列入。

六、體育表演會，應以每一學生至少參加一項為原則。

七、除運動會及體育表演會外，各校應利用課餘時間舉行個人及團體之分項運動比賽，（如球類運動、水上運動、競技運動等）以增進體育訓練之效能。此種比賽，每學期至少應舉行三項以上，每一學生至少須參加一項，由體育遠（組）於學期開始時擬訂計劃，將比賽項目、時間及辦法，規定公佈，俾學生有所準備。

八、團體分項運動比賽之組合方式，可酌用左列各種單位：

1. 班級
2. 科別（高中之分科者）
3. 寢室
4. 膳室
5. 自修室
6. 其他組織（如編員、年齡、學會、自由組織等）。

九、各種運動比賽之舉行，在促進體能、訓練技術外，尤須注意品格之陶冶。務使學生明瞭比賽之真義，遵守規則，服從裁判，養成正當之運動態度。至於團結、合作、犧牲、奮鬥、不驕、不餒、

图 3-1-2 绥远省政府为检发《中等学校体育实施方案》给省立归绥师范学校代电（附方案）（1946年12月18日）（二十三）

等精神，更應隨時激發鼓勵，以完成體育教育之整個目標。

十、各校為互相切磋技術聯絡感情計，應聯合本地或外埠同等程度之學校，舉行各種運動會、表演會及分項運動賽比、通訊比賽等，使體育之促進有更大動力，而學生亦得有正當之社交機會。

十一、學校所在地之正式機關或團體舉辦公開體育活動時，各校應鼓勵學生自由參加，或以學校名義參加，藉資提倡。

十二、各校參加校外運動比賽時，對於運動代表之選派與管理，應按部頒「各級學校選派運動代表規程」切實辦理，以樹立運動比賽之良好風氣。

十三、一切運動比賽及表演之結果，應由體育處（組）詳細記錄其成績，並分別統計，比較逐年進步狀況，製表懸掛於適當地點，俾學生隨時瀏覽，以資激勵。

十四、一切運動比賽之獎勵辦法，宜重精神而輕物質。

拾、野外集團活動

一、大團體之野外體育活動，可使學生多與社會及自然界接觸，進而求其社會生活能力之充實，故應多予提倡。

二、活動項目如左：
1. 遠足或郊遊
2. 爬山
3. 露營

图 3-1-2 绥远省政府为检发《中等学校体育实施方案》给省立归绥师范学校代电（附方案）（1946年12月18日）（二十四）

中等學校體育實施方案

二四

4. 野外行軍
5. 自由車旅行
6. 郊外雪戰
7. 海水浴或水上旅行
8. 其他

三、野外集團體育活動之舉行，應由學校行政當局縝密計劃，訂定項目時間及辦法，公佈施行。

四、野外集團體育活動應與學校其他科目聯絡合作，如旅行遠足之與生物標本之探集，露營行軍之與童軍或軍訓實習等。

五、舉行野外集團體育活動時，宜注意民間風俗之探訪，並相機舉行講演宣傳，或作適當之服務，藉增社會教育之力量。

拾壹、健康檢查

一、健康檢查之目的，一方在能明瞭學生發育情形與健康狀況，對於身心缺陷及早期疾病加以矯治與防止。一方在能促進學生注意自身健康之觀念，而養成衛生態度與習慣，故中等學校至少應於新生入學之始，舉行一次詳細而精確之健康檢查，作體育實施之根據。嗣後並宜酌的需要，每年舉行全部或一部份之複查，以維學生健康生活。

二、健康檢查之實施，應由體育教員、衛生教員、校醫、專科醫師、護士等協同辦理，檢查結果，應有詳細之記錄與統計，藉作矯治預防之根據，及比較與研究之資料。

圖 3-1-2　綏遠省政府為檢發《中等學校體育實施方案》給省立歸綏師範學校代電（附方案）（1946年12月18日）（二十五）

三、檢查後對於姿勢不良及體格衰弱或有心臟病之學生，應組織特別班，施以改正運動或輕微和緩之體育活動，以適應其需要。

四、各校除舉行新生入學健康檢查及定期複查外，並應訂定辦法，舉行左列各種事項：

1. 每月測量體重一次，並與各學生正常體重比較，製表公佈。
2. 每月舉行學生衛生習慣致查一次。
3. 每學期舉行姿勢比賽一次。
4. 每學期舉行健康比賽一次。

五、學生衛生習慣之養成與健康生活之維護，有非學校單獨設施所能奏效者，應與家庭及社會取得合作，切實推行。

拾弍、成績攷核

一、中等學校學生體育成績，應有具體之測驗與考查方法，從各觀方面評定之，並須訂定詳細辦法，以資遵循。

二、體育成績之考核，應包含左列各項：

1. 技能測驗……佔總分百分之二十五；
2. 運動精神……佔總分百分之二十五；
3. 出席勤惰……佔總分百分之二十五；
4. 體育常識……佔總分百分之十；

中等學校體育實施方案

二五

图 3-1-2 绥远省政府为检发《中等学校体育实施方案》给省立归绥师范学校代电（附方案）（1946年12月18日）（二十六）

中等學校體育實施方案

三、各項評定及給分標準暫定如左：

1. 技能測驗　此項測驗方法及給分標準，在教育部未決定公佈前，由各校依學生測驗成績自行統計，決定其及格標準及計分表。測驗項目，以每學期五至十種為度，其中應包含跑、跳、擲、攀引、及球類基本運動與機巧運動等。每項均以百分法計算，然後求得其平均分數，再按其應佔百分比計入體育成績總分內。

2. 運動精神　由教員根據平日體育正課、早操、課外運動及運動比賽時學生所表現之態度、行為、精神、紀律等評定之。其分數之計算，可於下述二種方法中擇一試行：

(一) 以百分法計算，按左列標準給予相當分數，然後依其應佔百分比計入體育成績總分內：

甲等……八十五分以上
乙等……七十分以上
丙等……六十分以上
丁等……不滿六十分

(二) 平時記錄學生之不良態度與行為，及精神不振不守紀律等情形，酌量扣除其體育成績總分。

3. 出席勤惰　無論正課或課外運動如有缺席及曠課者，均扣除其體育成績總分，計算方法如左：

(一) 正課缺席每次扣體育總分一分。
(二) 正課曠課每次扣體育總分二分。
(三) 課外運動無故缺席每次扣體育總分半分。

5. 衛生習慣………佔總分百分之十五；

二六

（四）無故早退作曠課論。

（五）遲到二次作缺席一次論。

（註）學生扣分滿十五分時，宜由體育處（組），予以警告，藉資警惕。

4. 體育常識　由教育根據平日講授之體育理論與方法、及運動規則等，擬成問題若干則，舉行測驗，依正誤之多寡給分，先以百分法計算，然後再照其應佔之百分比計入體育成績總分內。

5. 衛生習慣　按學年平日衛生習慣效查及姿勢比賽之成績，以百分法計算，然後再照其應佔之百分比，計入體育成績總分內。

四、體育成績總分以滿六十分者為及格，不及格者不得畢業。但體育成績總分雖滿六十分而出席勤惰一項扣分超過體育總分百分之二十五者，仍作不及格論。

五、平時（非畢業學期）體育成績不及格之學生，應由學校按的情形，令其補習及補行測驗，或用其他合理之方法督促訓練，務期每一學生均能獲得標準之體格與技能，以達成中等學校體育訓練之目標。

六、學生體育成績，應列入學業總成績內計算，並單獨製個人體育成績表，每學期詳細記錄，由體育處（組）保存，以便查攷，及比較各學期進步狀況。

七、學生體育成績，應與學業及操行成績同時報告學生家長。

拾參、職業學校及師範學校體育特殊設施

一、職業學校

中等學校體育實施方案

1. 體育正課時間，以每學期每週二小時爲原則，但農工等科之實習時間較多者，得減爲每週一小時。
2. 早操及課外運動，仍應照普通中學規定辦法舉行。
3. 運動會及體育表演會必須舉行。實習時間較多之職業學校，得酌量減少分項運動比賽。

二、師範學校

1. 各級師範學校體育課程，應以能訓練學生畢業後有擔任小學體育教學之能力爲原則。
2. 各級師範學校，每學期每週體育正課一律二小時，在最後一年中，並應以一年半時間教學小學體育通用之教材。
3. 在每週二小時體育正課外，幼稚師範學校最後一學年增設唱遊教材與教法一課，每週一小時，簡易師範學校及簡易村鄉師範學校四年級上學期增設小學體育概論一課，每週一小時，下學期增設小學體育教學法一課，每週一小時；師範學校及鄉村師範學校二年級下學期，增設小學體育概論一課，每週一小時，三年級上學期增設小學體育教學法一課，每週一小時，下學期增設幼童軍訓練法一課，每週一小時，均爲必修科。
4. 師範學校學生均應有體育試教實習機會，試教時教案應由體育教員審核，並考查其試教成績。
5. 師範學校早操及課外運動，應令高年級學生輪流領導管理，培養其領袖才能，增加其教學經驗，並作爲實習成績之一部。
6. 高中師範體育科之課程及教學綱要另訂之。

图 3-1-2 绥远省政府为检发《中等学校体育实施方案》给省立归绥师范学校代电（附方案）（1946年12月18日）（二十九）

拾肆、附則

一、本方案如有未盡事宜或有修正之必要時，均由教育部以命令補充或修正之。

中等學校體育實施方案

二九

图 3-1-2 绥远省政府为检发《中等学校体育实施方案》给省立归绥师范学校代电（附方案）（1946 年 12 月 18 日）（三十）

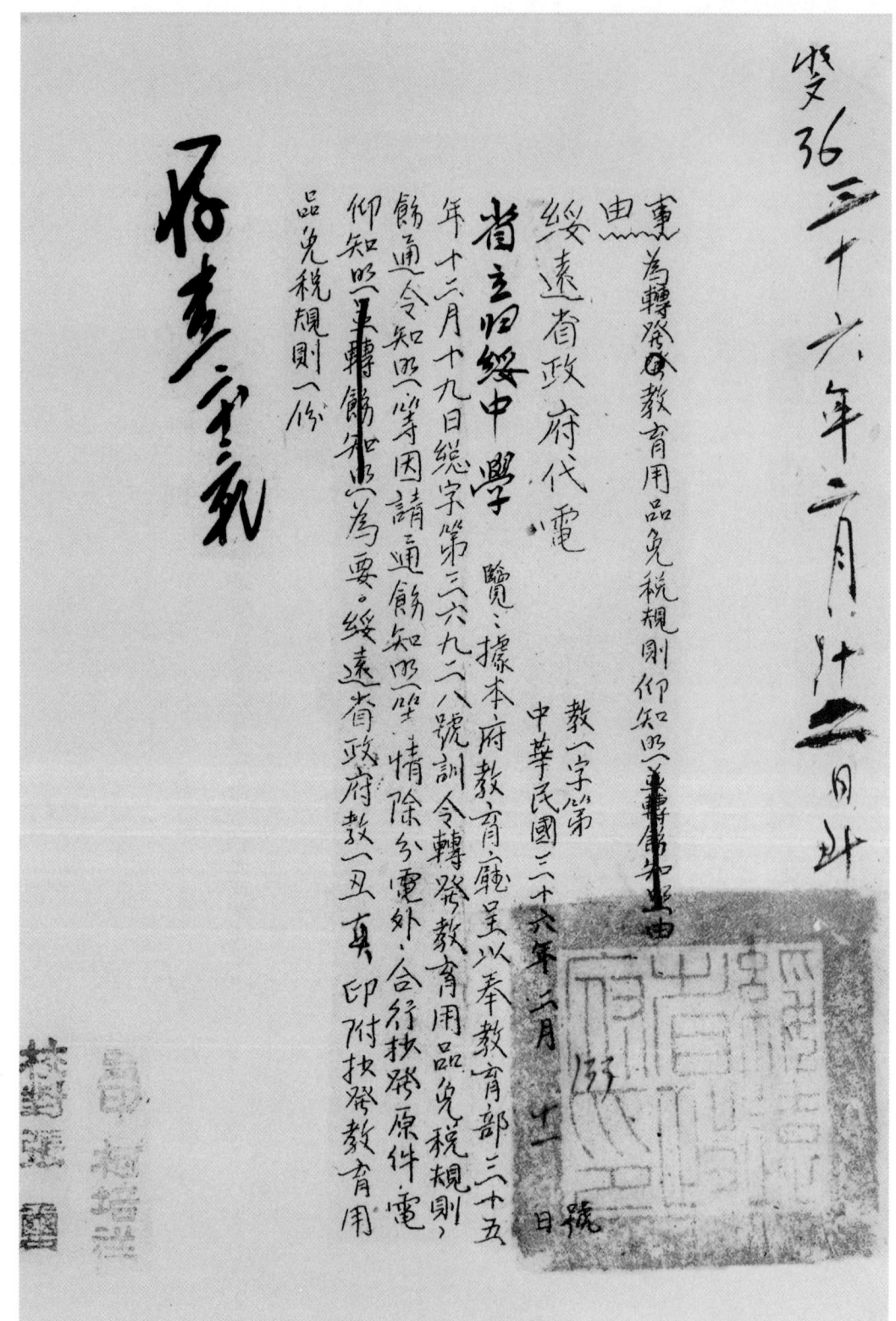

图 3-1-3 绥远省政府为转发教育用品免税规则给省立归绥中学的代电（附规则）（1947年2月11日）（一）

三十六年二月十一日

教育用品免税規則　三十三年六月八日公布

第一條　國內公立及已立案之私立各級學校暨其他教育機關購置教育用品應依本規則之規定免稅

第二條　本規則所稱之教育用品以左列各品為限

甲、供學校或教育機關設立之研究試驗室研究之儀器藥品標本模型及其他材料

乙、前項機關之圖書用品及教學用品

第三條　合於本條規則之學校或教育機關購運教育用品應填具申請書並繳附表所列證明文件呈由該管教育行政機關轉報教育部核辦其屬於軍事教育者呈由軍事機關層轉軍政部核轉教育部核辦

附表　教育用品運銷清單　（略）

第四條　教育用品運銷經核准後應由核辦機關分別令行海關免稅放行並分令財政部及原請機關知照

第五條　前項核放之貨物如經過各關局時應持照經過各關局查照放行

第六條　本規則免稅之教育用品如發現有與申請書所載不相符合或有移作別用等情事應由最後查獲之關局呈送財政部照章補稅並聲報教育部備案

第七條　本規則自呈准行政院公布之日施行

附　運銷教育用品請援照免稅辦法呈請核備表

備 考	大洋	價 值	數 量	名 稱

注意：
一、本表對照原文填寫
二、本表用毛筆楷書填寫
三、國外進口者註明國名
四、國內購置者註明廠名
五、物品用途應詳細填寫
六、本表不敷用時可續用

图 3-1-3　绥远省政府为转发教育用品免税规则给省立归绥中学的代电（附规则）（1947 年 2 月 11 日）（二）

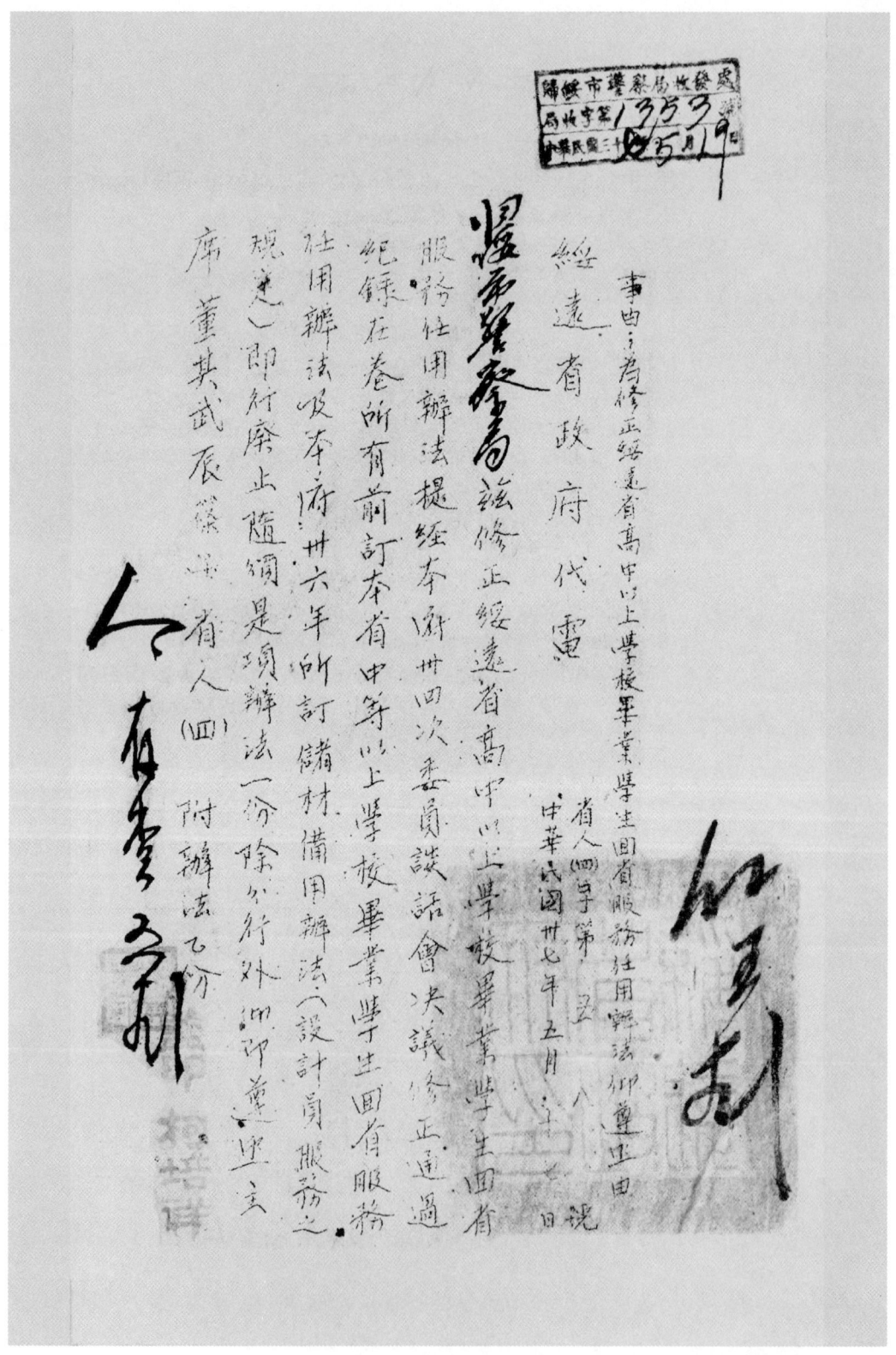

图 3-1-4　绥远省政府为颁发修正绥远省高中以上学校毕业学生回省服务任用办法给归绥市警察局代电（附任用办法）（1948年5月17日）（一）

图 3-1-4　绥远省政府为颁发修正绥远省高中以上学校毕业学生回省服务任用办法给归绥市警察局代电（附任用办法）（1948年5月17日）（二）

修正收復區中等學校學生甄審辦法（包括戰時失學自修學生在內）

一、各省市教育廳局設置收復區中等學校學生資格甄審委員會由廳局長派廳局高級職員並聘定教育專家組織之委員人數定五人至七人由總局長兼任主任委員主持一切甄審事宜

二、區域較大或交通不便之各省得斟酌情形組織分區甄審委員會秉承各該省中等學校資格甄審委員會辦理各分區一切甄審事宜

三、收復區中等學校學生資格甄審委員會之任務如下：

　（一）登記

　（二）規定命題閱卷與錄取標準

　（三）復試甄審成績

　（四）決定及分配錄取學生

　（五）規劃收復區敵偽所設及其他私立中等學校學生之甄審應向各該省市甄審委員會呈繳下列各件

四、指導各分區甄審委員會甄審事宜

五、收復區敵偽中等學校畢業生之甄審應向各該省市甄審委員會呈繳下列各件

　（一）登記表

　（二）學歷證件

　（三）三民主義閱讀報告（高中畢業生至少應作二千字初中畢業生至少應作一千字）

六、甄審之畢業生如成績及格者給予畢業證明書（師範生應於服務期滿後發給之）其不及格者按其成績分發相當年級肄業

七、收復區敵偽所設中等學校經接收後仍繼續辦理者其在校學生由甄審委員會委託學校舉行編級試驗即與學年考試合併舉行但三民主義不及格者不得升級

八、收復區敵偽所設中等學校經甄審合格之師範畢業生一律參加假期講習會

九、凡因戰事失學之學生得由甄審委員會委託編級試驗決定其年級

　前項經甄審合格之師範畢業生應於服務期滿後發給證書

　復員敵偽所設中等學校予以停辦或歸併者其學生得呈驗證件由教育廳局指定學校代為合併辦理

　收復區經敵偽立案之私立中等學校適用本辦法辦理其經甄審未經法定手續立案者應依法定手續辦理立案經核准後免予甄審但自願先行參加甄審者依本辦法之規定辦理之

　案又未經敵偽立案者應依法定手續辦理

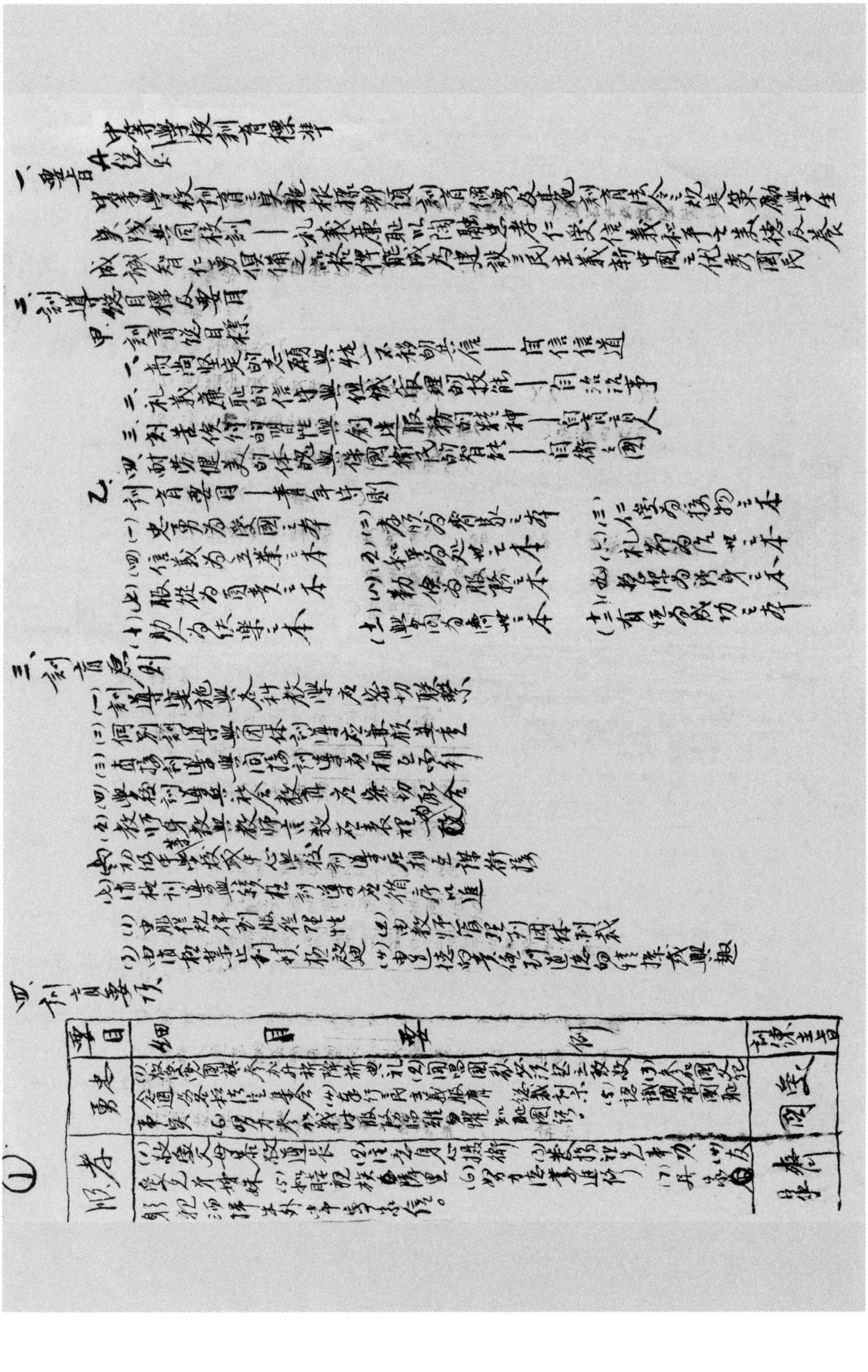

图 3-1-6 中等学校训育标准（一）

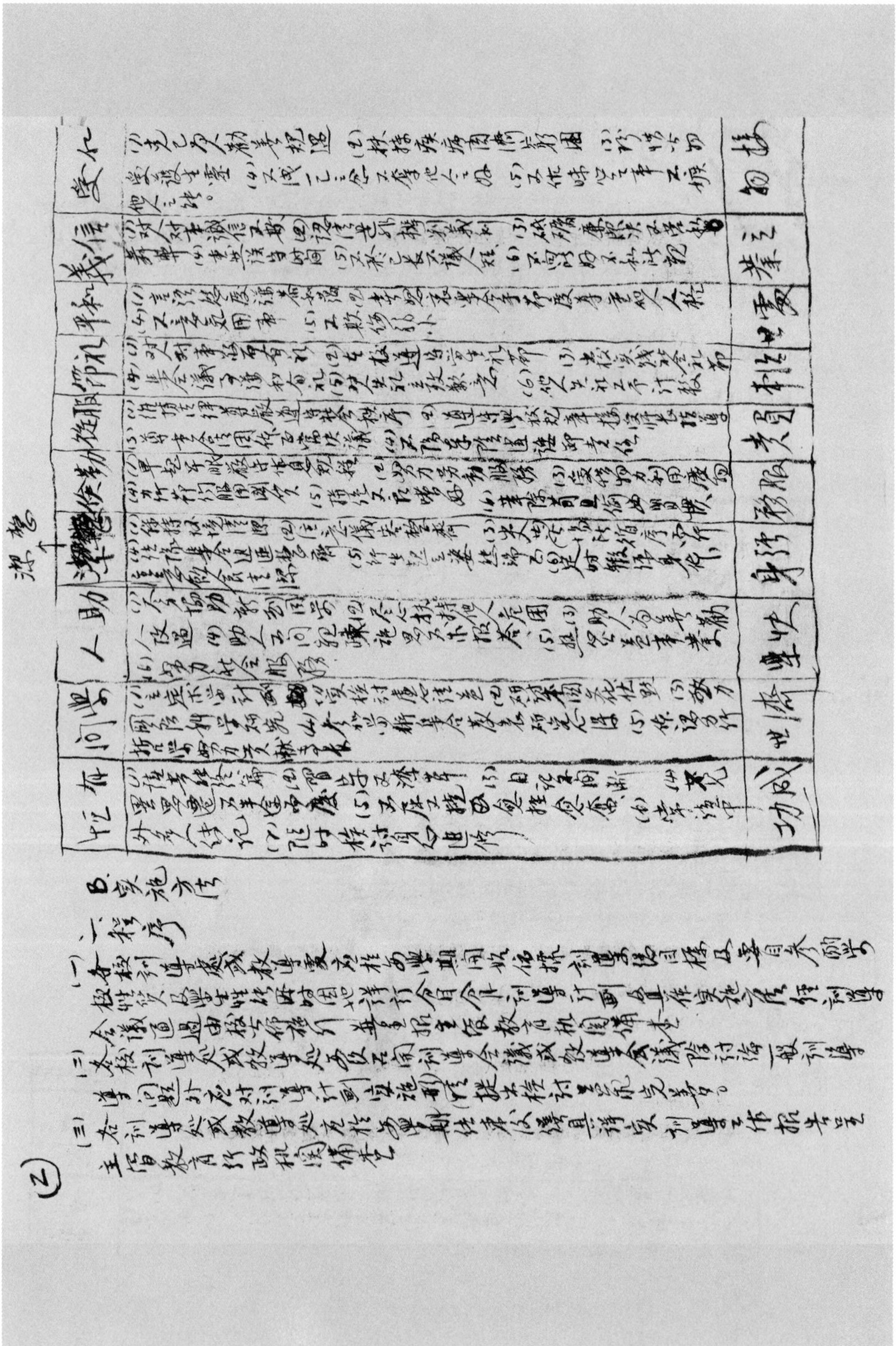

图 3-1-6　中等学校训育标准（二）

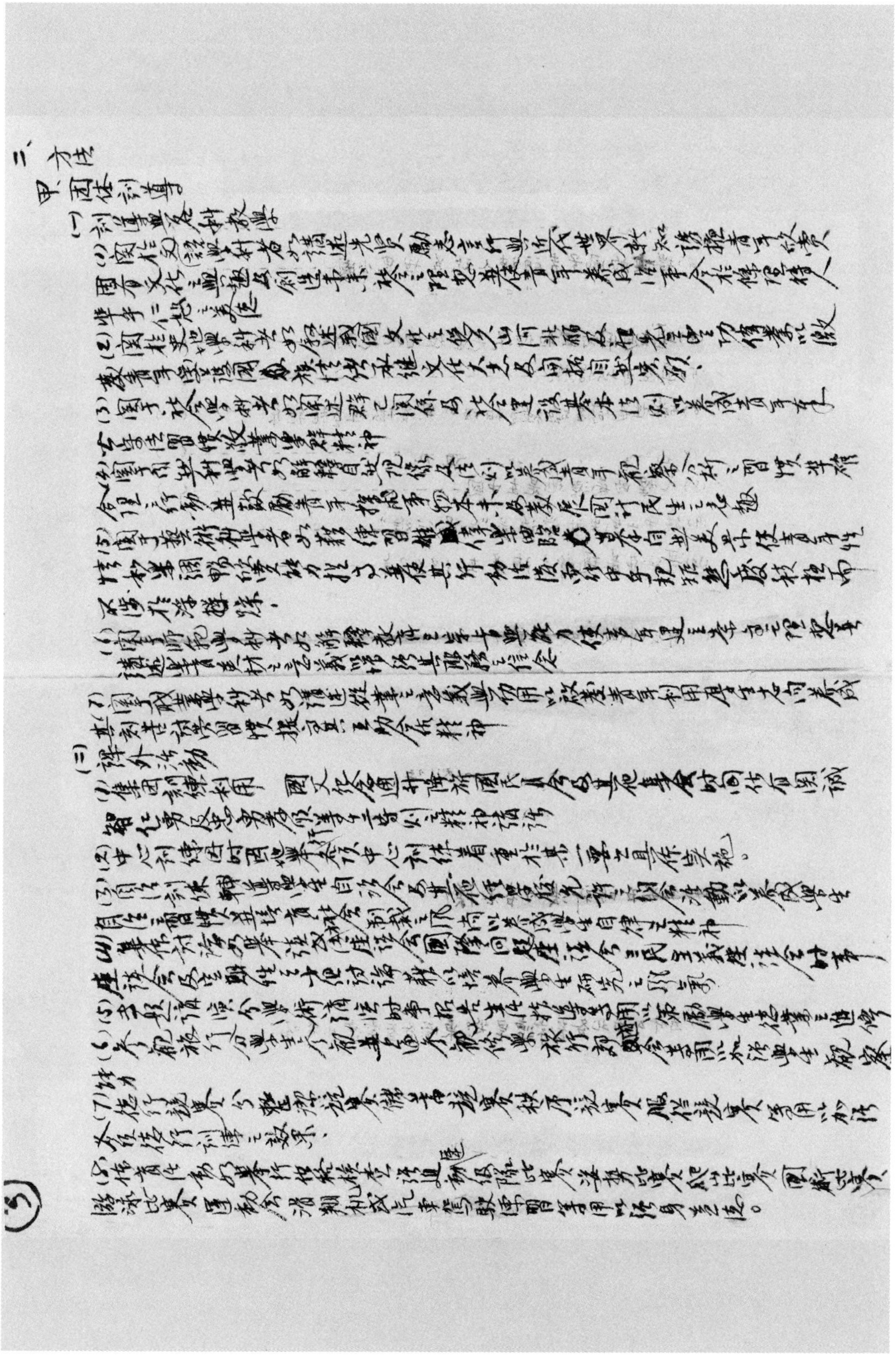

图 3-1-6 中等学校训育标准（三）

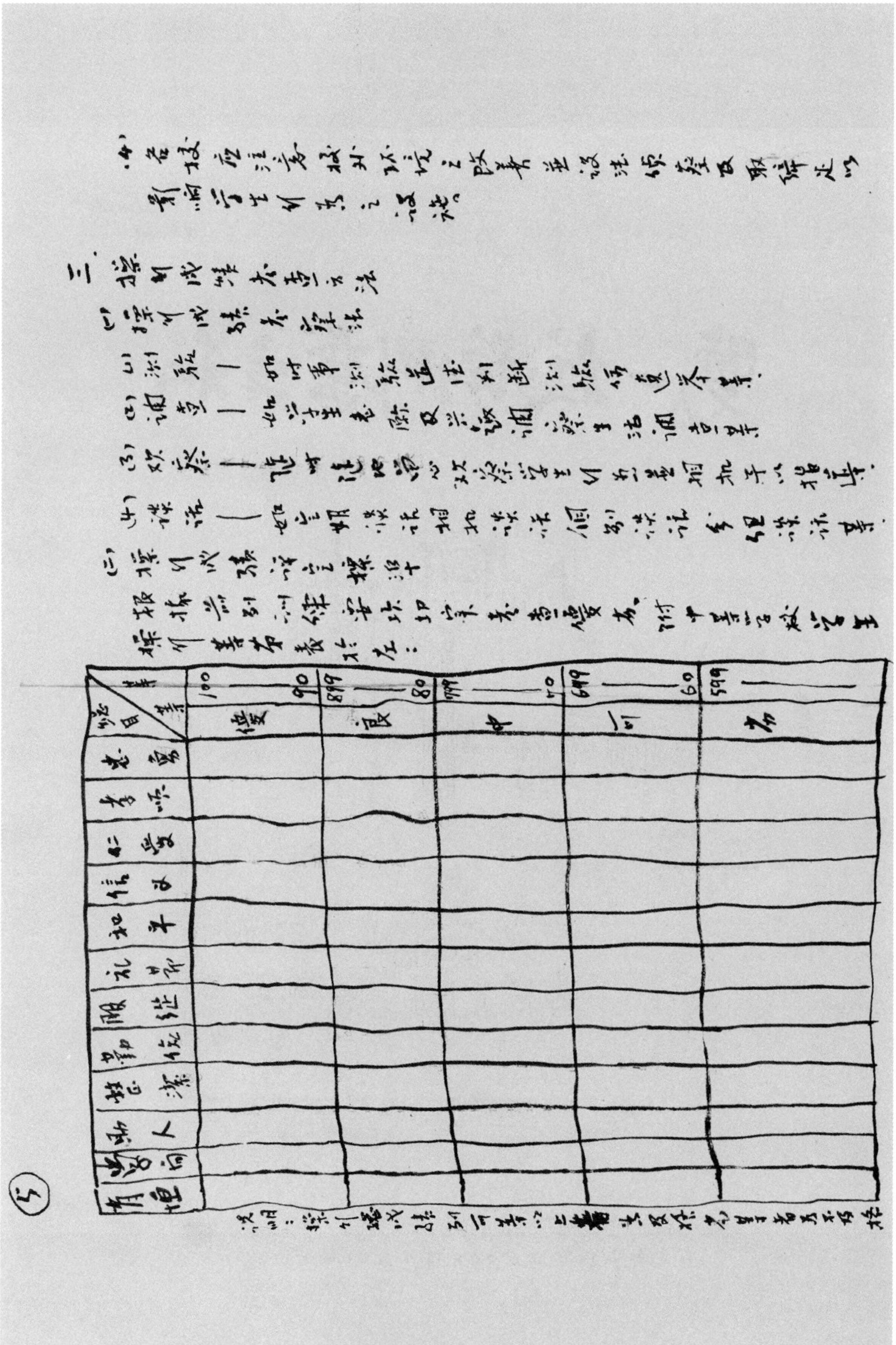

(4) 各校应注意校外环境之改善并设法侦查及取缔足以影响学生行为之设施。

三、操行成绩考查方法

(一) 操行成绩考察法

(1) 测验——如时事测验道德判断测验与选举等。

(2) 调查——如学生家庭及兴趣调查生活调查等

(3) 观察——随时随地留心观察学生行为并相机予以指导。

(4) 谈话——如定期谈话相机谈话个别谈话分组谈话等。

(二) 操行成绩评定标准

根据前列训练要项切实考查优劣，附中等学校学生操行等第表于左：

纲目＼等第	优 100—90	良 89—80	中 79—70	可 69—60	劣 59—
忠勇					
孝顺					
仁爱					
信义					
和平					
礼节					
服从					
勤俭					
整洁					
助人					
学问					
有恒					

说明：操行总成绩列可等以上者为及格，劣等者为不及格

图 3-1-6　中等学校训育标准（五）

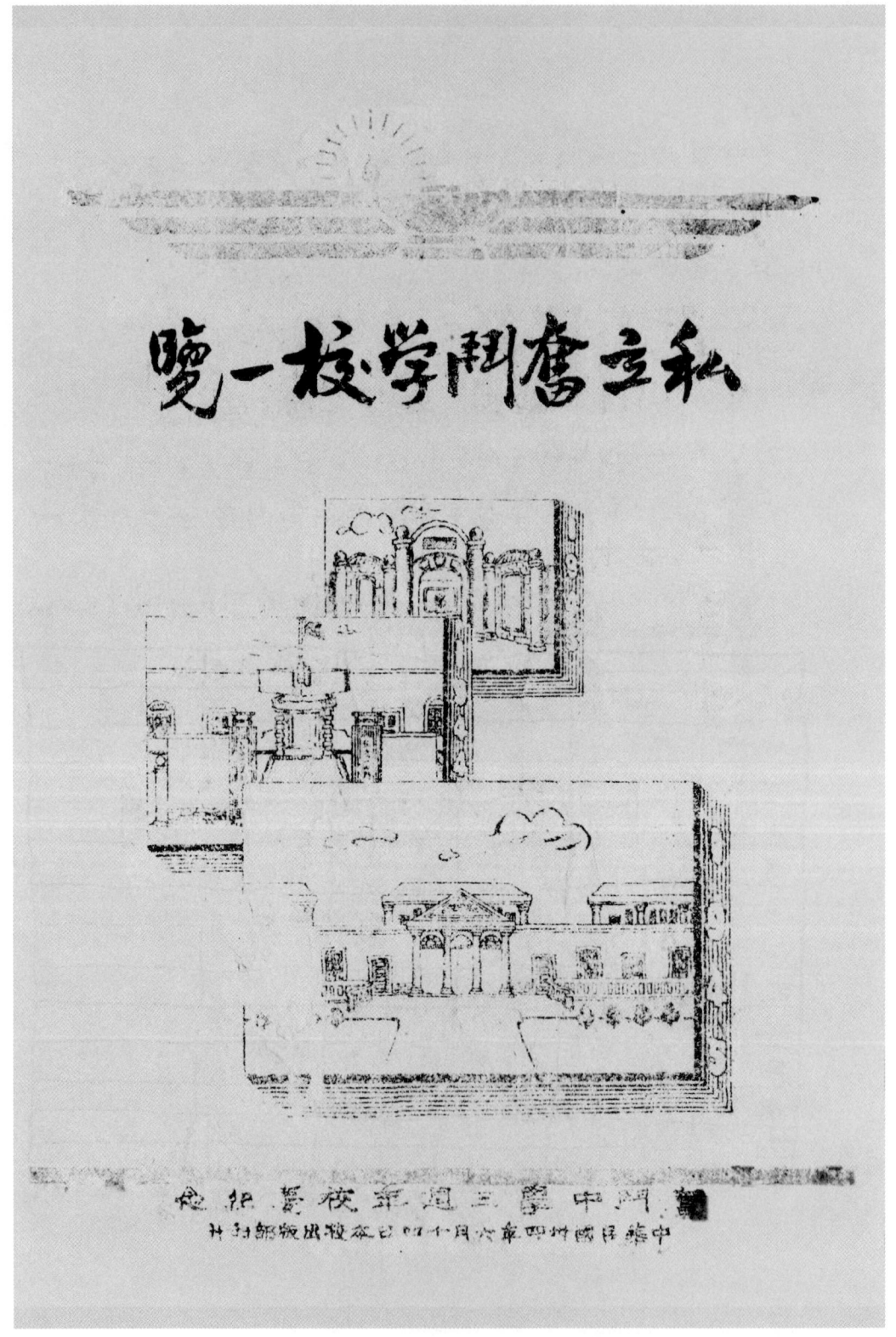

图 3-1-7 奋斗中学三周年校庆纪念专刊《私立奋斗学校一览》（节选）（1945年6月14日）（一）

私立奮鬥學校一覽目錄

總理遺像（附 總理遺囑）
國歌
蔣主席肖像（附青年守則）
傅校長肖像（附校長八訓）
校歌（附校旗樣式）
校徽
本校教育暨訓育之理想（楠白）...（總）1—10
奮鬥中學校舍鳥瞰圖...（總）10
序言...（總）3—6
奮鬥中學校董會章程...（總）7—8
校史...（總）8—9

中學之部
奮鬥中學概況...（中）1—2
甲、沿革
乙、組織與行政
丙、教學部份
丁、事務部份
戊、同人雅集
己、經費及統計
奮鬥中學本學期行政綱要...（中）3—6
奮鬥中學校長期行政綱要...（中）7—12
奮鬥中學學生操行評點表...（中）13—14
奮鬥中學學生會章會則...（中）46—50

甲、自治會修正簡章
乙、自治會班分會組織辦法
丙、自治會班分會權限工作
奮鬥中學教職員簡歷表...（中）50—54
奮鬥中學各年級學生姓名一覽...（中）54—58

小學之部
奮鬥小學概況...（小）1—7
甲、沿革
乙、組織與行政
丙、教學
丁、訓導
戊、同人雅集
己、經費及組別
奮鬥小學教職員簡歷表...（小）8—9
奮鬥小學各年級學生姓名一覽...（小）9—31
奮鬥小學第一期畢業學生一覽表...（小）31—32

統計圖表之部
奮鬥小學統計圖表...×
奮鬥中學統計圖表...×
附記
奮鬥中學大事摘記（楠白）...（小）第33頁之下

图 3-1-7　奮鬥中学三周年校庆纪念专刊《私立奮鬥学校一览》（节选）（1945年6月14日）（二）

私立奮鬥中學大事摘記

民國三十一年：

五月十日：

傅宜生先生感於綏西文化落後，憤學子女急待就學，爰集同志，籌募基金，成立校董會，積極籌辦立校一切事宜。

八月十一日：

一、與陝壩市天主教堂商妥，借屋十餘間，作爲臨時校址。

二十日：

一、開首次校董會決議：（一）學校名稱定爲私立奮鬥中學（二）辦初高中完全中學，逐年發展六年完成（三）採三三制，男女合校，每班以五十人爲原則（四）課程標準，教學時數完全遵照教部規定（五）選聘傅宜生先生担任校長。

二十一日：

招考一年級新生七十二名。

九月二日：

一、補行開學典禮，傅校長以八語訓勉學生：（一）要有科學的頭腦。（二）要有愉快的心情。（三）要有活潑的體態（四）要有健强的身體。（五）要過簡素的生活。（六）要有明白而堅决的認識。（七）造成互助合作的團體。（八）養成說實話做實事的風氣。

十一月二日：

舉行第二次校董會：（一）籌募積資，於四川成都市郊組設永華製革廠一所。（二）於四川灌縣購置水田七十六畝一分一釐。

民國三十二年一月二十日

1、於綏西陝壩市北郊，購置學校基地一頃零九畝。

2、組織校舍建築委員會。

3、由成都四川省立科學儀器研求製造廠，購定初高中及所需之理化儀器及生物標本。並由西安重慶採購圖書多種。

八月二十一日：

招收新生六十三名。

三十一日

新舊生移住之新校舍。

九月一日：

在天主教堂舊址，舉行開學典禮。

十一月四日：

舉行懇親會。傅校長訓示學生：不要壞、不要病、學必會。

五日：

自今日起，每晚點名時，先喊四反：（一）我壞了嗎？（二）我病了嗎？（三）我學會了嗎？（四）我會用了嗎？

二十九日：

下午五時半，在休息室，招待綏西民衆代表二百餘人，除參觀設備報告校況外並散發「私立奮鬥中學設施簡述」。

民國三十三年六月十五日：

本校立案，已得綏遠省政府四三〇七號快郵代電照准。

二十五日：

今日爲本校成立二週年紀念暨校舍落成典禮紀念日，盛大舉行。

七月二十九日：

榜示一年級新生，計錄正取生文德等五十七名。備取生高如男等二十八名。

十一月二十五日：

奉綏遠省政府教二戌養代電轉准教育部昭年十月十四日中字第四九七五八號代電准予備案。

民國三十四年一月十一日：

本校從軍職員李子正、達尚亂；從軍學生郭志仁、趙玉鑫、李文明、杜如蕁、王以忠、祁瑞英、紅鉞齊國等到入營出發。

图 3-1-7　奋斗中学三周年校庆纪念专刊《私立奋斗学校一览》（节选）（1945 年 6 月 14 日）（三）

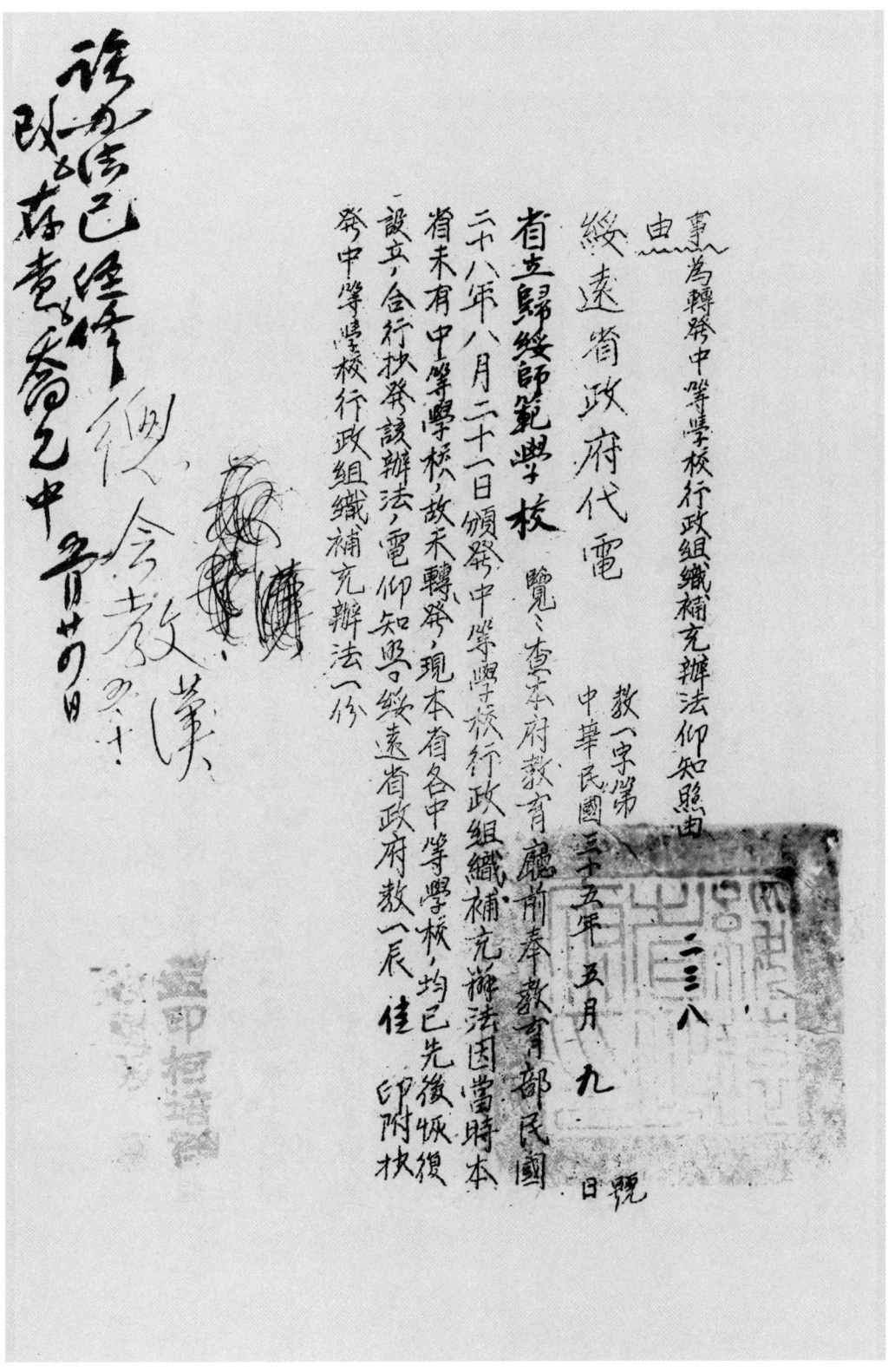

图 3-1-8 绥远省政府为转发中等学校行政组织补充办法给省立归绥师范学校代电（附补充办法）（1946年5月9日）（一）

中等學校行政組織補充辦法

教育部第一九五五號院訓令（二八八〇二一）
教育部第六五一六號代電修正頒發（三〇三一二〇）

查中等學校行政組織之各項人員任修正中學師範及職業學校各規程中，已有規定。惟各部分組織名稱及範圍，尚未規定，以致各校於教導教務、高育學部份，名稱不一，內容繁簡各異，紛歧錯雜，殊難增進效率。茲經規定中等學校行政組織之補充辦法十一項如左

（一）學級以下之中等學校設教導處，其下分設教務、訓導、體育衛生等組，並得酌設事務員。

（二）九學級以上之中等學校得分設教務、訓導、體育、事務四處，教務處分設教學註冊、設備三組，訓導處分設訓育管理兩組，體育衛生處分設體育衛生兩組，如體育衛生合組得附設於訓導處，事務處分設文書、庶務、出納三組。職業學校得添設營業組。

（三）處各設主任一人，各組設組長一人。主任及組長均由專任教員任之，但文書處及出納組得不由教員兼任，不得由教員兼。

（四）訓導處主任（或訓育組長或訓導組長由主任兼任，體育處主任或體育衛生組長由教員兼任或教員兼任，衛生組長由校醫或生理衛生教員兼任，軍訓練組長由軍事訓練教官或童子軍教練員兼任）。

（五）處設組員或幹事若干人，辦繕寫事務。

書記若干人，辦繕寫事務。

(六)八学级以下之中等学校，设会计佐理职会计主任（或会计员）、助理员及雇员若干人，依主计法规之规定办理岁计会计事宜。

公立各等学校之会计人员，分别由其主管之教育行政机关转请主计机关依法委派之。

此各组之职务如左：

1. 教学组掌管教学实施、研究、指导（包括升学就业指导实习指导等。今同训育管体育卫生等组办理）等事（凡本组职掌之指导事项必要时得另行组织办理）。

2. 注册组掌管课表、学籍登记、成绩考查、出席缺席等事项（会同教学训育管理等组办理）。

3. 设备组掌管教学、图书、实习、劳作等设备及整理保管等事项（会同教学训育管理等组办理）

4. 训育组掌管训育实施及学生生活指导等事项（会同训育注册等组办理）

5. 管理组掌管军事管理童军管理等事项（会同训育等组办理）

6. 体育组掌管体育及体格检查事项（会同教学训育等组办理）

7. 卫生组掌管组人卫生、环境卫生、膳食医药治疗等事项（会同训育

图 3-1-8 绥远省政府为转发中等学校行政组织补充办法给省立归绥师范学校代电（附补充办法）（1946 年 5 月 9 日）（三）

管理庶務等組辦理）

8.文書組掌管文書及文件保管事項

9.庶務組掌管校舍校具及庶務事項（會同設備組辦理）

10.出納組掌管現金、票據、契約、證卷之保管及移轉事項

11.營業組掌管工場農場等生產品之登記銷售保管事項（會同各科主任辦理）

(八)前條某組會同某組辦理某項事務僅略為舉例，各項遇有關條事項應密切聯絡，商洽辦理，須避免無謂之書面往返。

(九)在八學級以下之中等學校第七條1至3三組事項由教務組辦理，4、5兩組事項由體育衛生組辦理，8、9、10、11四組事項分別由主管之幹事、東承校長或幹事兼主任辦理

(十)九學級以上之師範學校因輔導地方教育得於教務處下增設輔導組，其組長由教育學科教員兼任，不設輔導組者，此項輔導地方教育事項由教務組，教學組或指導組辦理。

(十一)兩科以上之職業學校，得於教導處或教務處下設置科，科教員兼任。

科主任由各科職學科教員兼任

图 3-1-8 绥远省政府为转发中等学校行政组织补充办法给省立归绥师范学校代电（附补充办法）（1946年5月9日）（四）

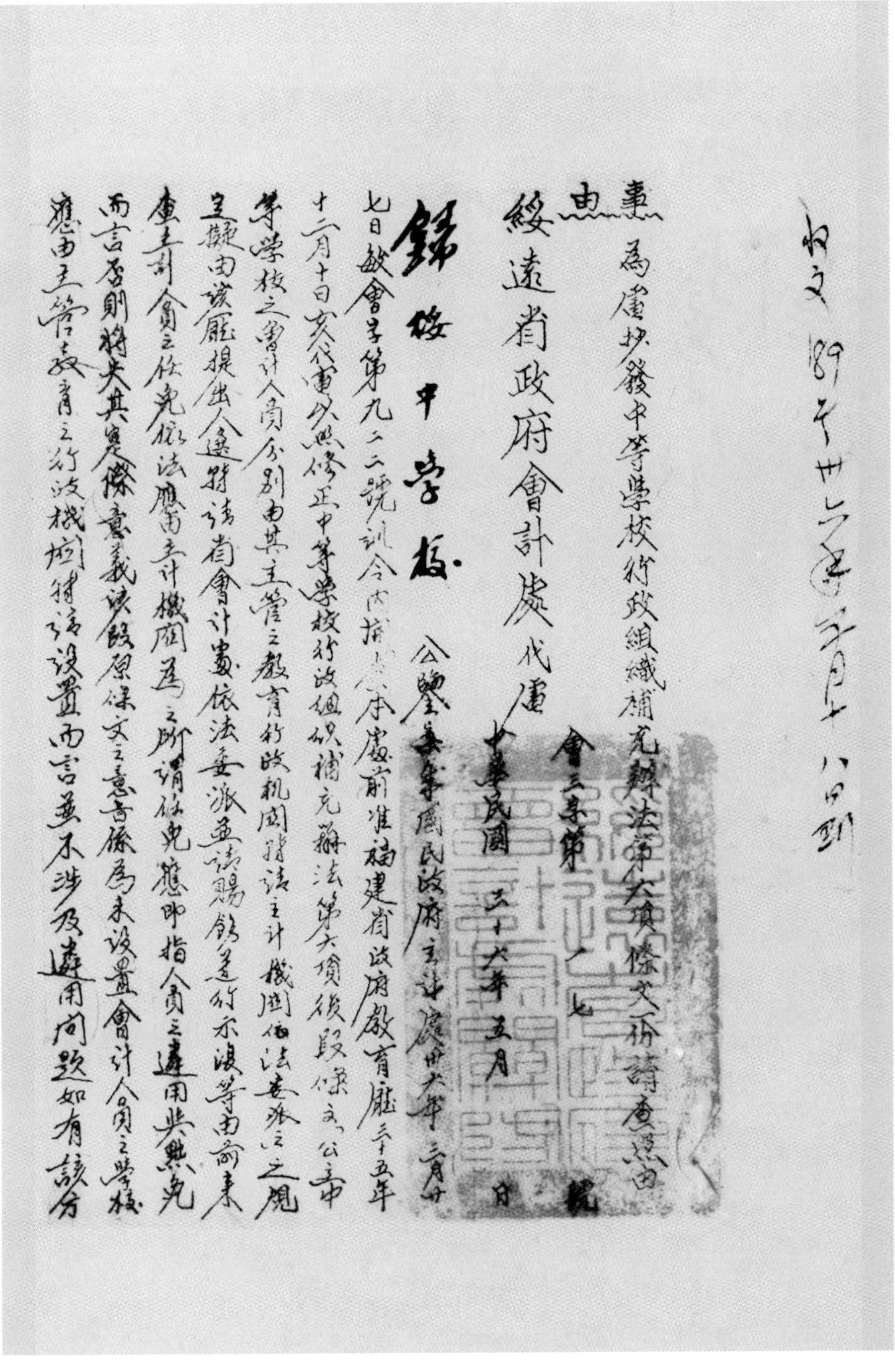

收文 卅六年五月十八日到

事由 為准抄發中等學校行政組織補充辦法第六項條文祈詳查照由

會三字第一七號

綏遠省政府會計處代電

中華民國三十六年五月 日

歸綏中學校：

公鑒：案准福建省政府主計處卅六年三月廿七日敘會字第九二二號訓令內稱：案准本處前准福建省政府教育廳三十五年十二月十日亥代電以照修正中等學校行政組織補充辦法第六項後段條文，公立中等學校之會計人員分別由其主管之教育行政機關請主計機關依法委派之之規定，擬由該廳提出人選請該省會計處依法委派並請賜飭遵行等由前來，查主計人員之任免依法應由主計機關為之，所謂任免應即指人員之遴用與黜免而言，否則將失其真深意義，該段原條文之意旨係為未設置會計人員之學校應由主管教育之行政機關請設置而言，並不涉及遴用問題，如有該分

图 3-1-9　绥远省政府为抄发中等学校行政组织补充办法第六项条文给归绥中学校代电（附修正条文）（1947 年 5 月 18 日）（一）

图 3-1-9 绥远省政府为抄发中等学校行政组织补充办法第六项条文给归绥中学校代电（附修正条文）（1947年5月18日）（二）

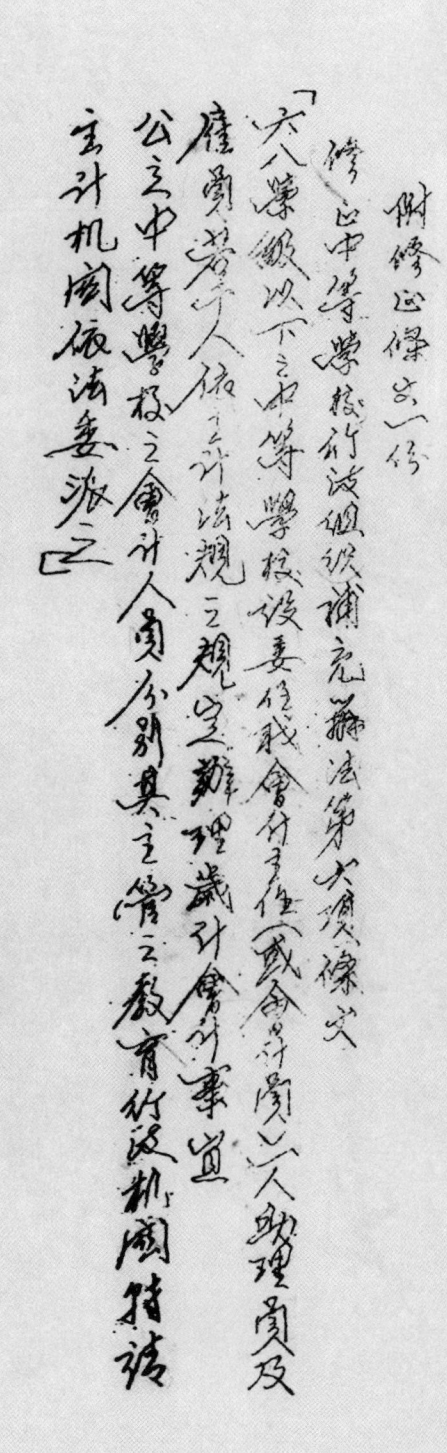

图 3-1-9 绥远省政府为抄发中等学校行政组织补充办法第六项条文给归绥中学校代电（附修正条文）（1947年5月18日）（三）

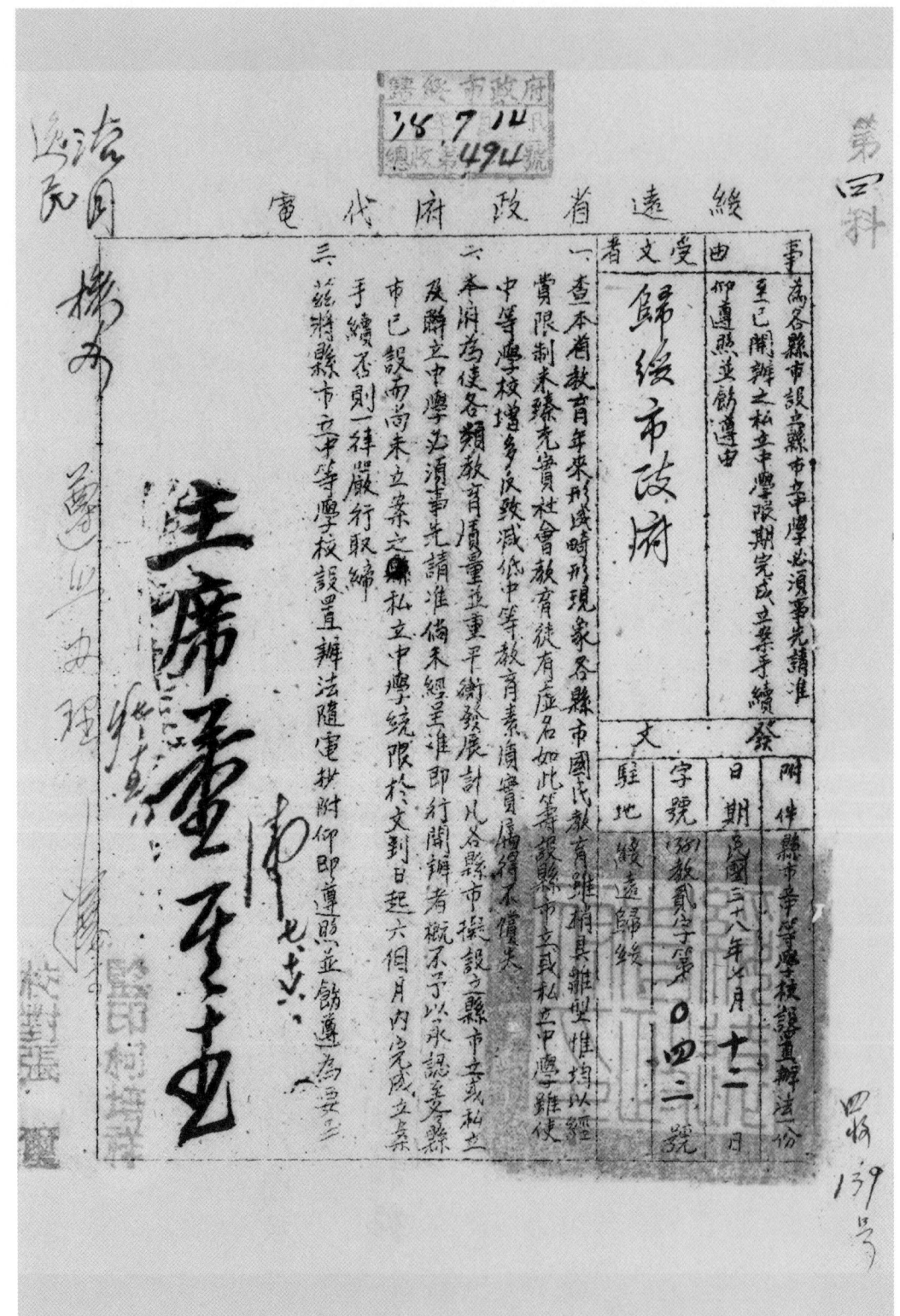

图 3-1-10 绥远省政府为各县市设立县市立中学必须事先请准至已开办之私立中学限期完成立案手续给归绥市政府代电（1949 年 7 月 12 日）

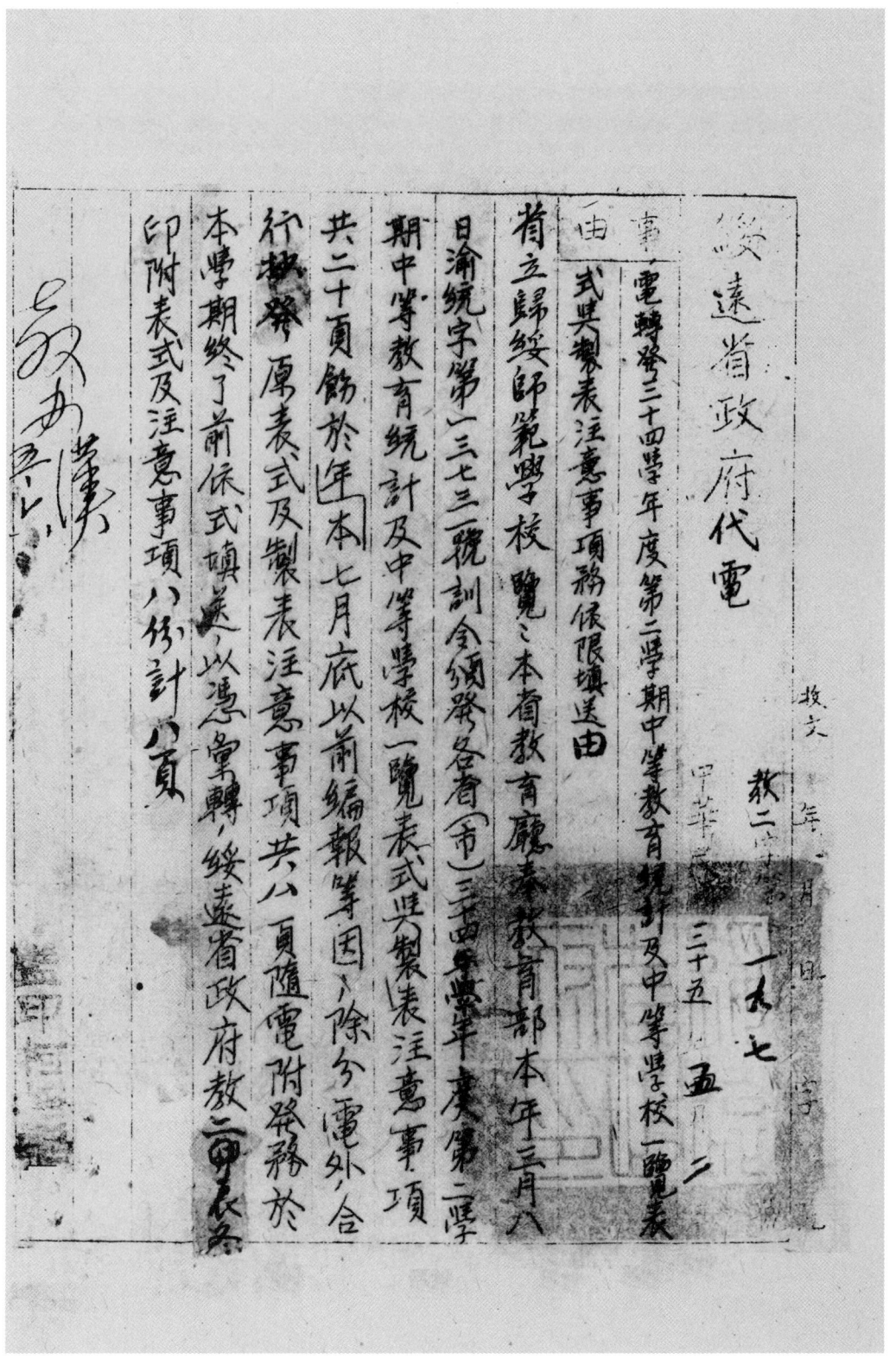

图 3-1-11 绥远省政府为转发三十四学年度第二学期中等教育统计及中等学校一览表式与制表注意事项给省立归绥师范学校代电（附注意事项及表式）（节选）（1946年5月2日）（一）

图 3-1-11　绥远省政府为转发三十四学年度第二学期中等教育统计及中等学校一览表式与制表注意事项给省立归绥师范学校代电（附注意事项及表式）（节选）（1946年5月2日）（二）

图 3-1-11 绥远省政府为转发三十四学年度第二学期中等教育统计及中等学校一览表式与制表注意事项给省立归绥师范学校代电（附注意事项及表式）（节选）（1946年5月2日）（三）

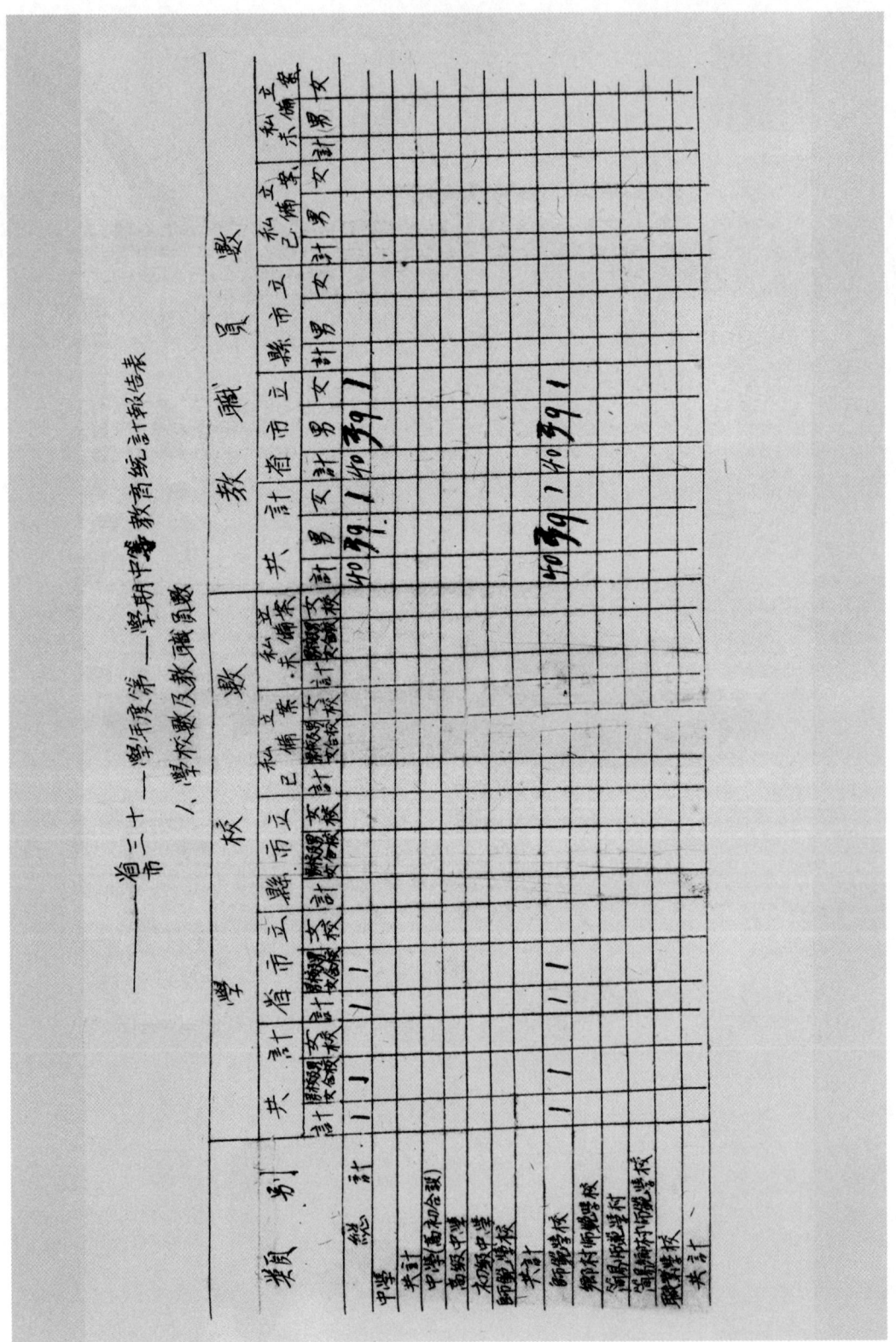

图 3-1-11 绥远省政府为转发三十四学年度第二学期中等教育统计及中等学校一览表式与制表注意事项给省立归绥师范学校代电（附注意事项及表式）（节选）（1946年5月2日）（四）

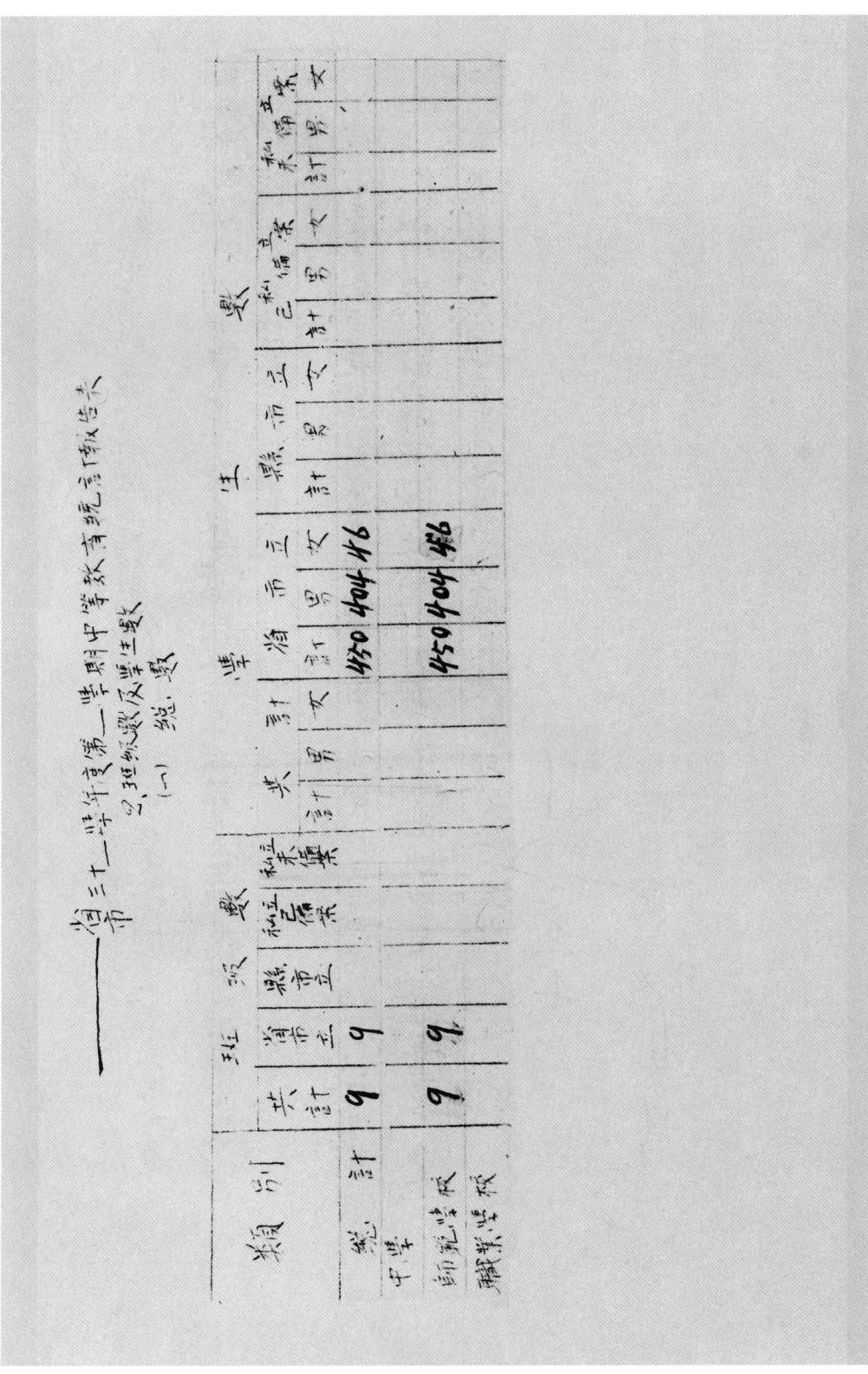

图 3-1-11 绥远省政府为转发三十四学年度第二学期中等教育统计及中等学校一览表式与制表注意事项给省立归绥师范学校代电（附注意事项及表式）（节选）（1946年5月2日）（五）

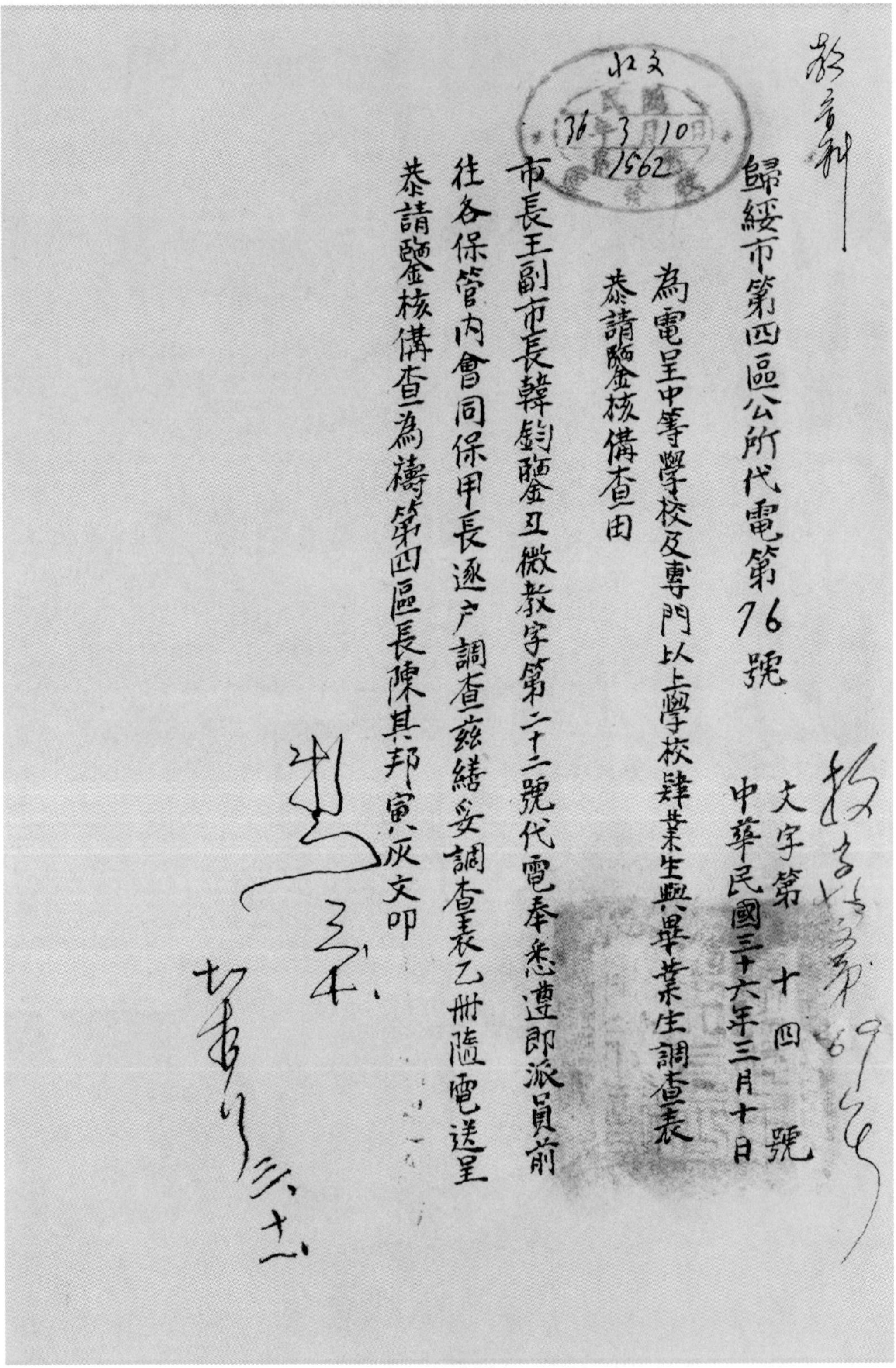

归绥市第四区公所代电第76号

文字第十四号 中华民国三十六年三月十日

为电呈中等学校及专门以上学校肄业生与毕业生调查表恭请鉴核备查由

市长王副市长韩钧据本年二月微教字第二十二号代电奉悉遵即派员前往各保管内会同保甲长逐户调查兹缮妥调查表乙册随电送呈恭请鉴核俯查为祷第四区长陈其邦寅灰文叩

图 3-1-12 归绥市第四区公所为呈送中等学校及专门以上学校肄业生与毕业生调查表致归绥市政府代电（1947年3月10日）

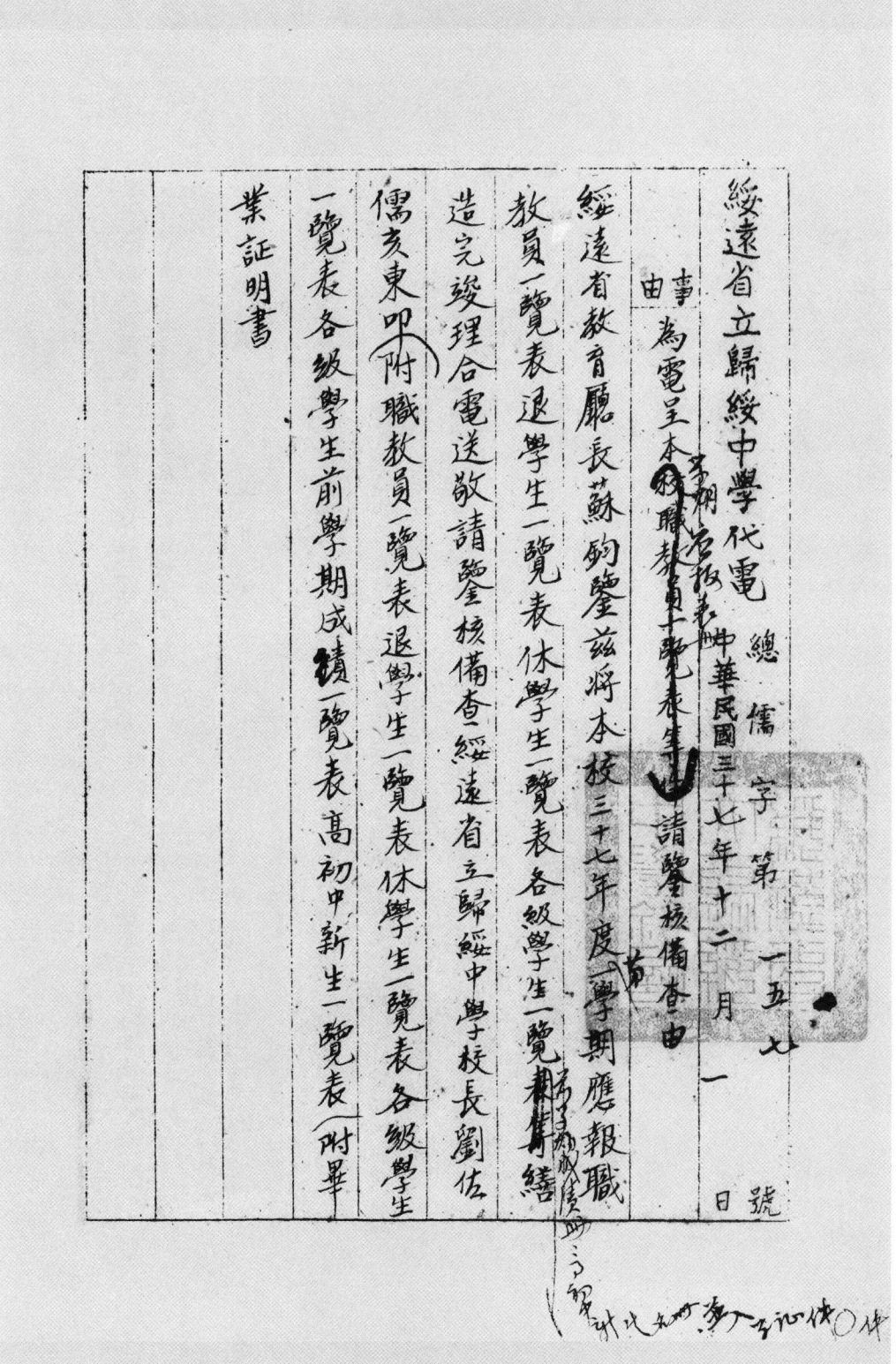

图 3-1-13 绥远省立归绥中学为呈本学期应报表册致绥远省教育厅代电（1948年12月1日）

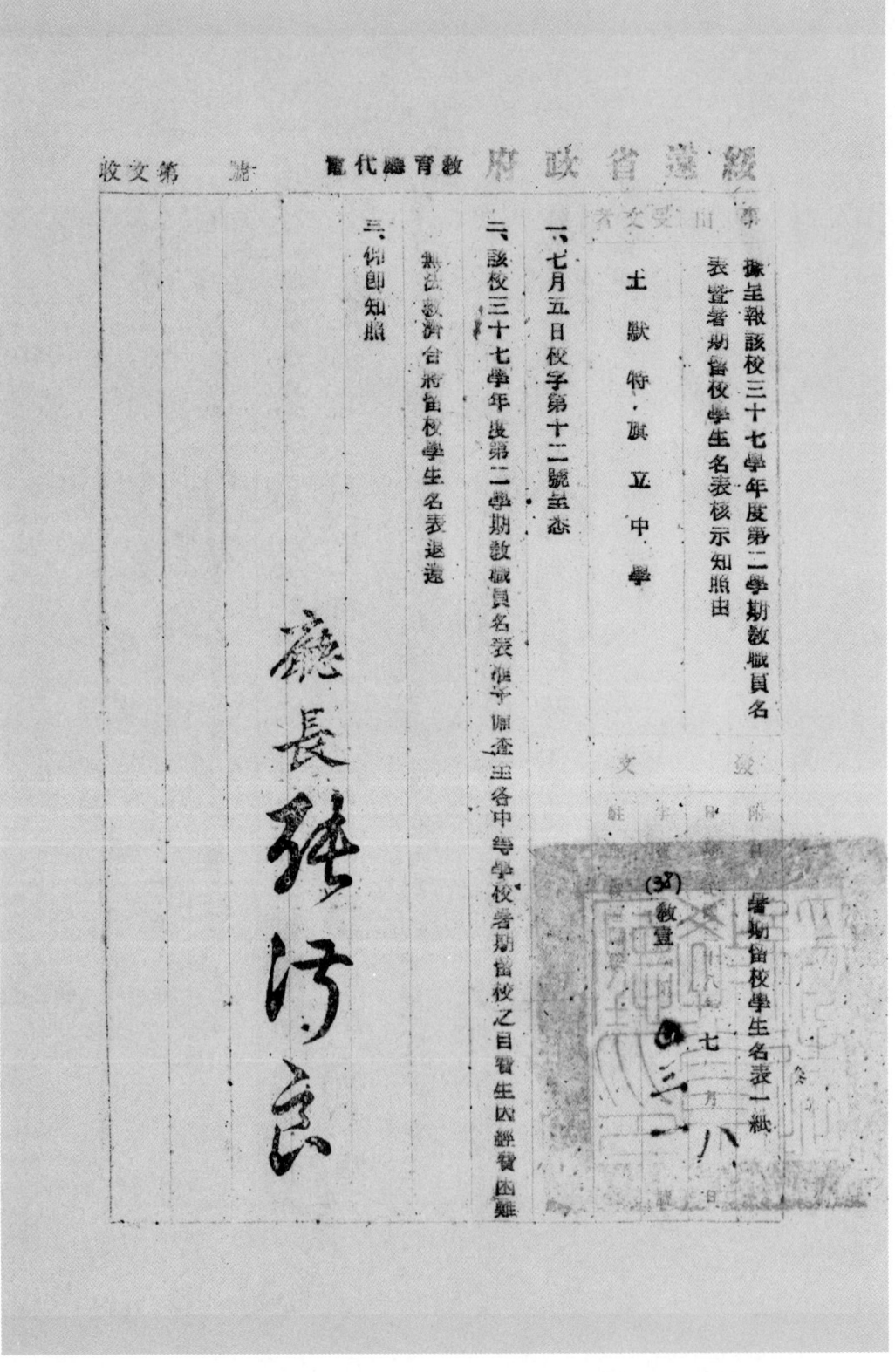

图 3-1-14 绥远省政府教育厅因经费困难无法救济将暑期留校学生名表退还给土默特旗立中学代电（附暑假生活困难学生留校名表）（1949年7月8日）（一）

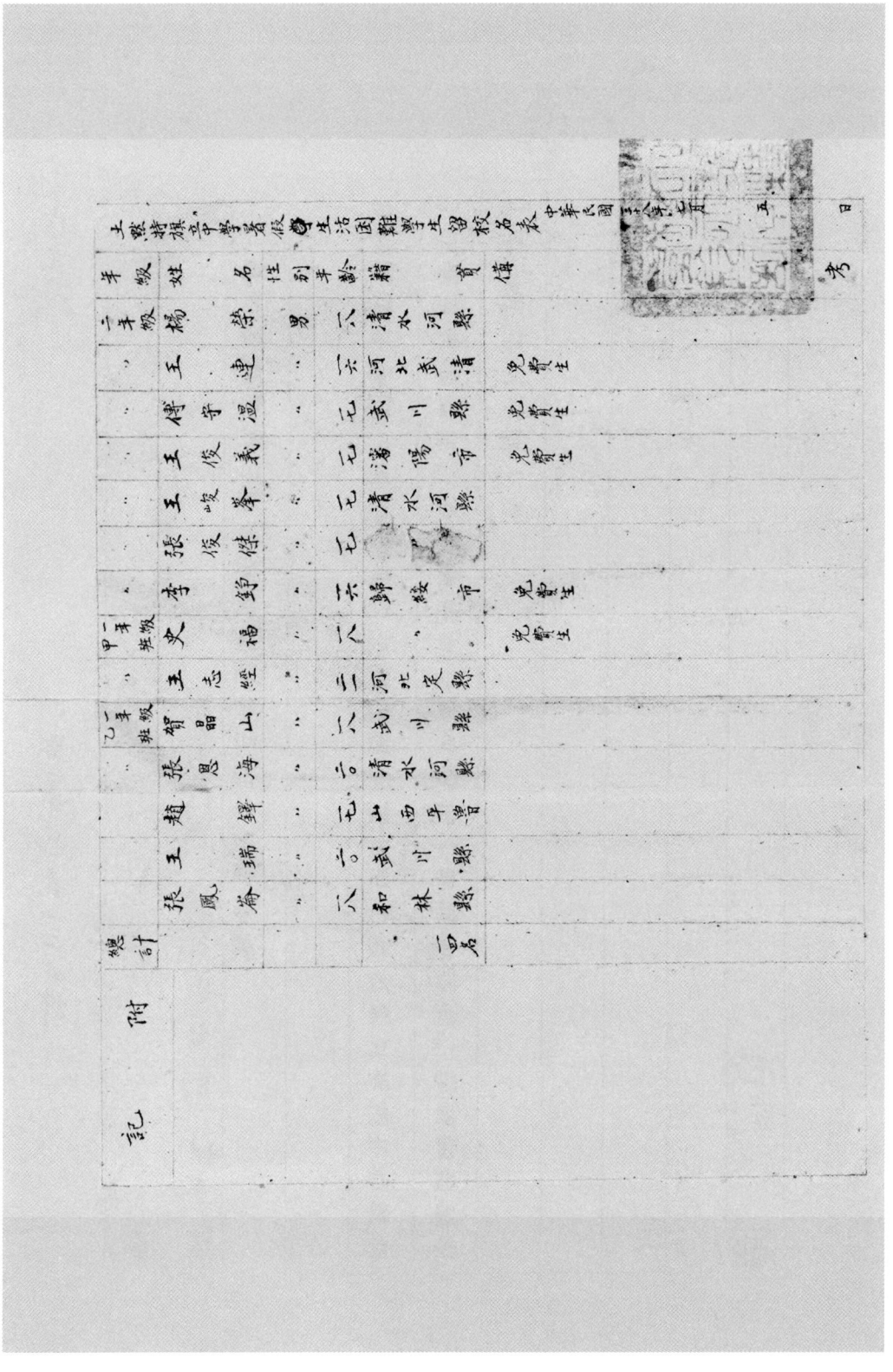

图 3-1-14　绥远省政府教育厅因经费困难无法救济将暑期留校学生名表退还给土默特旗立中学代电（附暑假生活困难学生留校名表）（1949 年 7 月 8 日）（二）

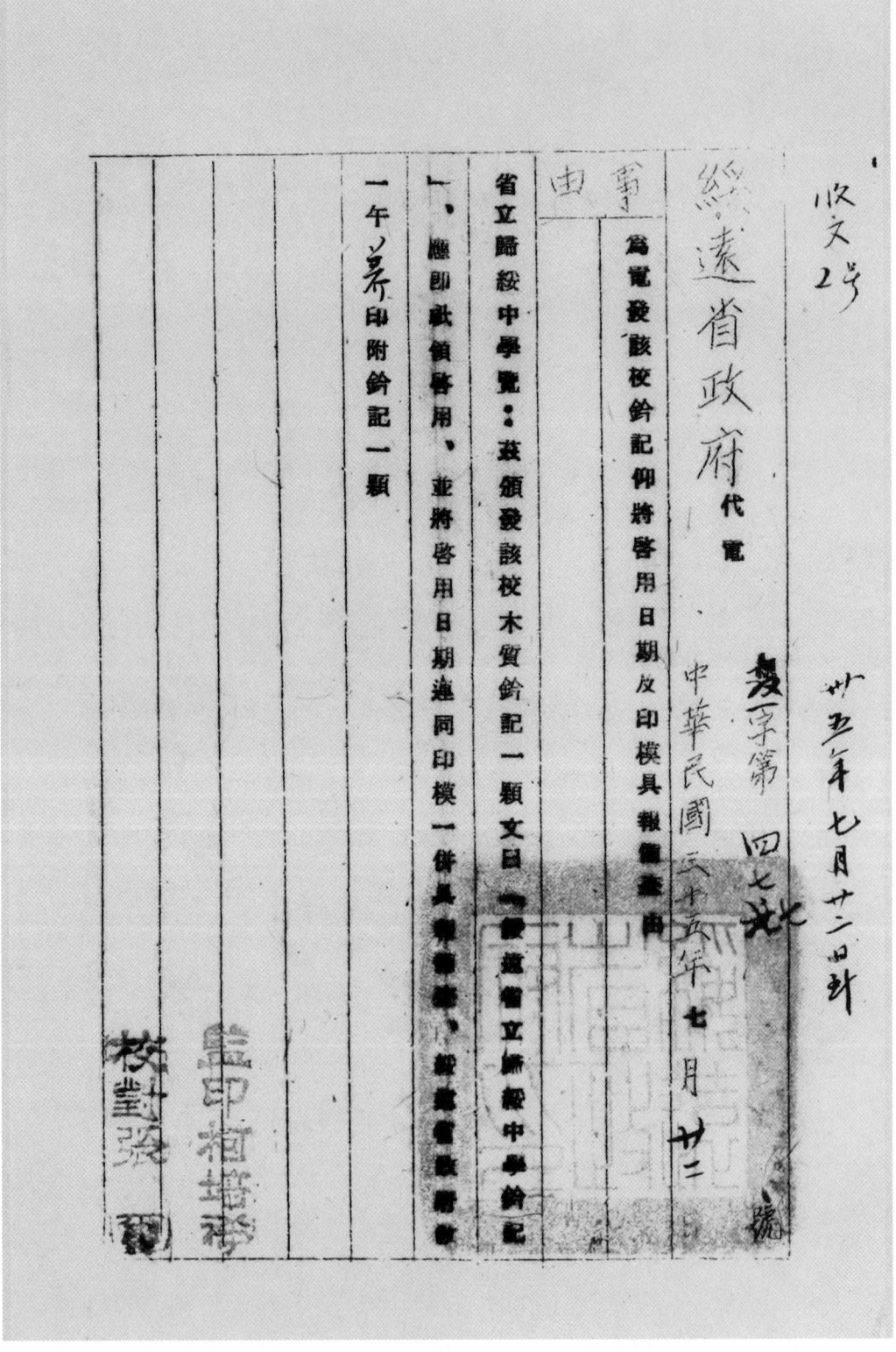

图 3-1-15　绥远省政府为颁发该校钤记及将启用日期和印模具报备查给省立绥远中学代电（1946 年 7 月 22 日）

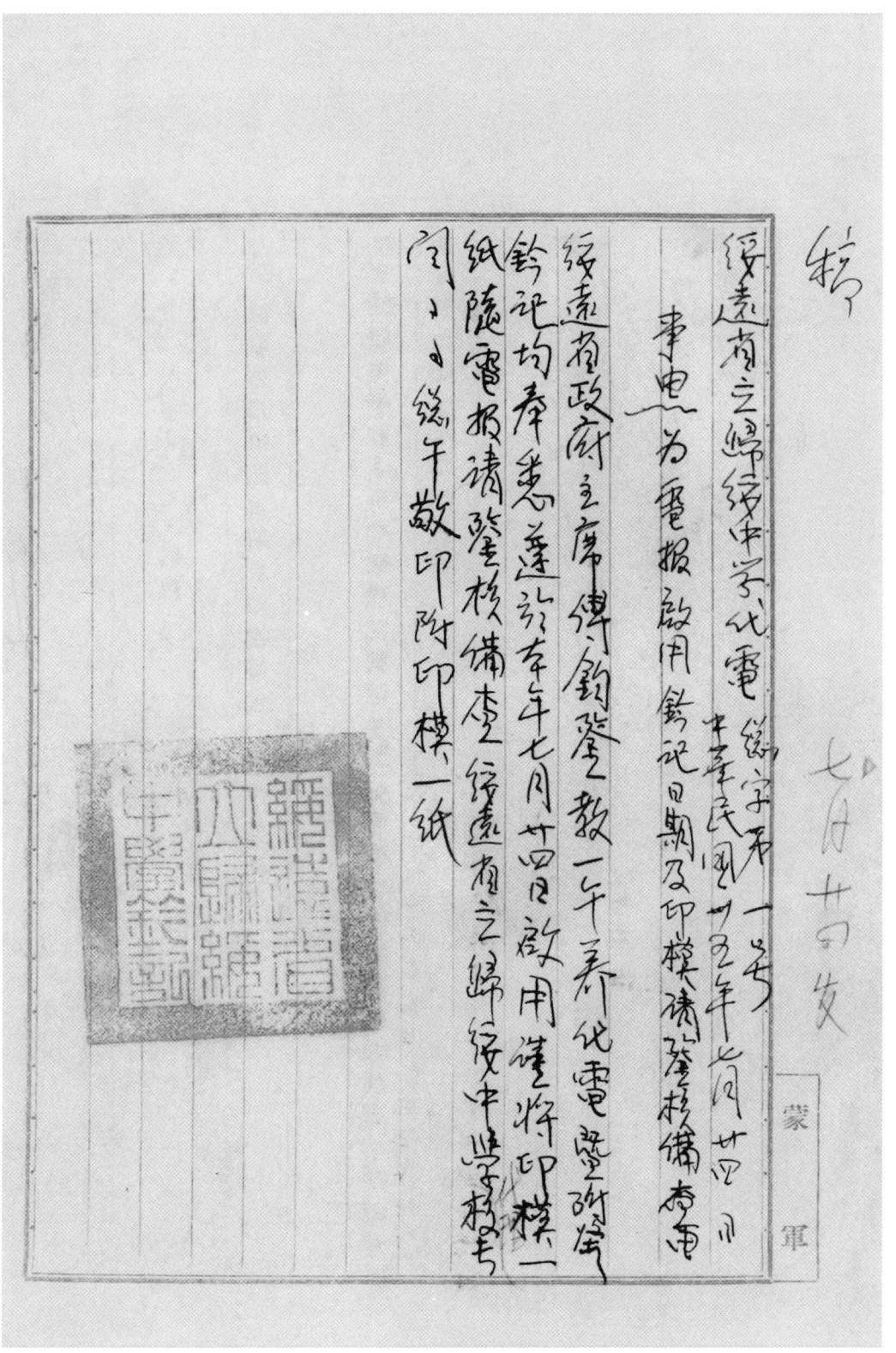

图 3-1-16 绥远省立归绥中学为报启用钤记日期及印模致绥远省政府代电（1946年7月24日）

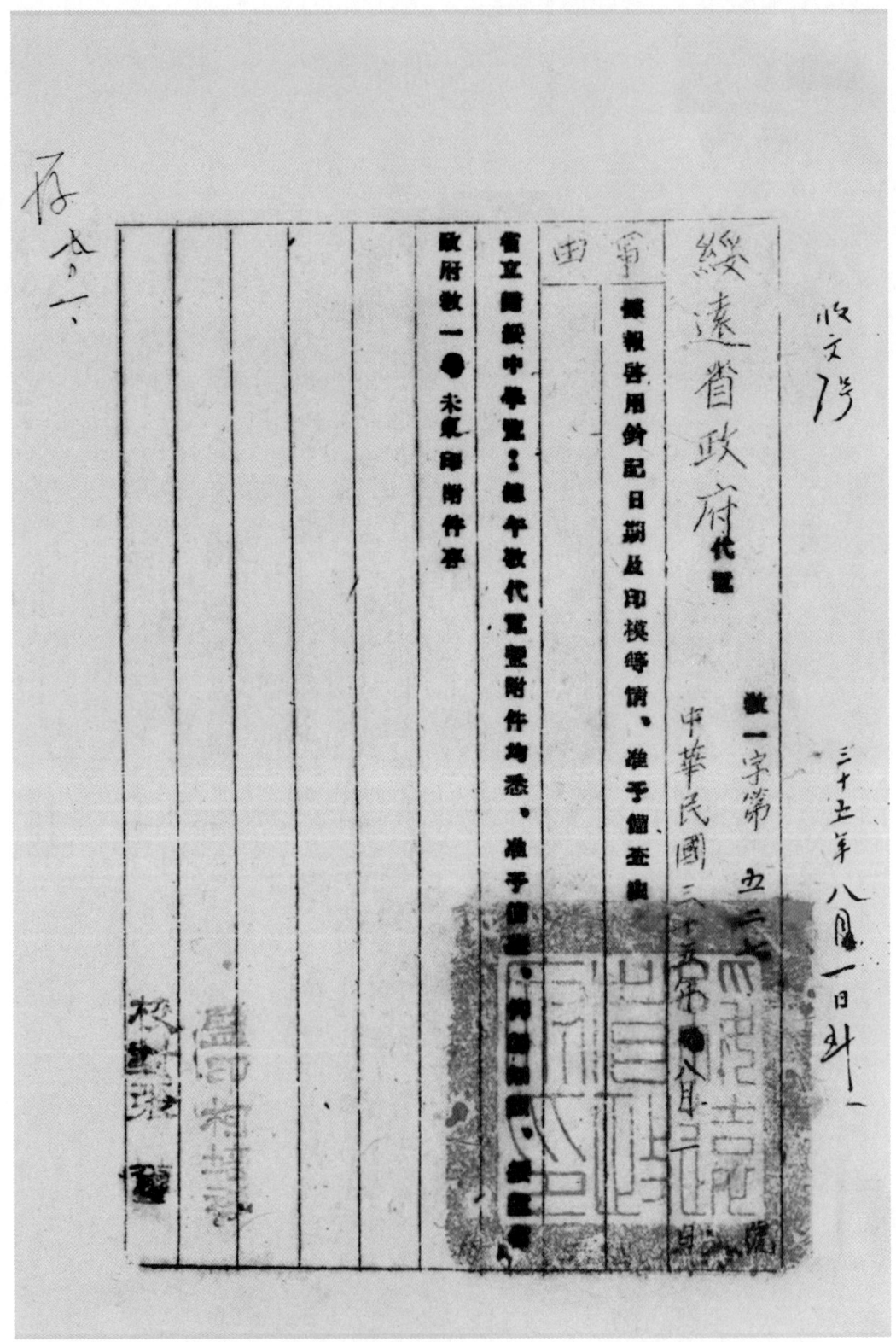

图 3-1-17 绥远省政府为启用钤记日期及印模准予备查致省立归绥中学代电（附印模）（1946年8月1日）（一）

國庫經送分庫直支款項印鑑紙

防

主管長官印鑑
（或授權代理人）

主辦會計人員章

主辦出納人員印鑑

主辦事前稽計人員印鑑

图 3-1-17　绥远省政府为启用钤记日期及印模准予备查致省立归绥中学代电（附印模）
（1946 年 8 月 1 日）（二）

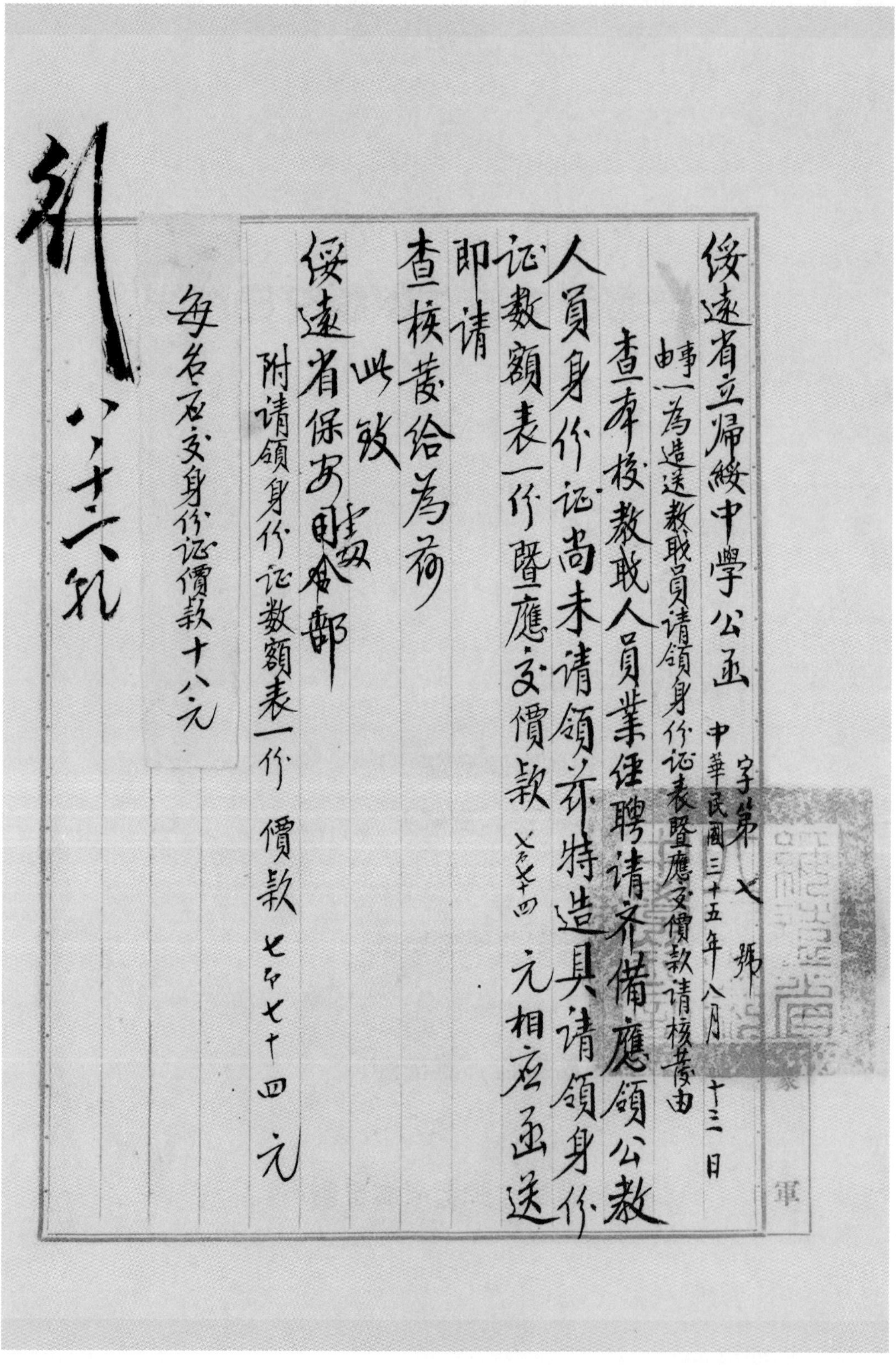

绥远省立归绥中学公函 字第七号 中华民国三十五年八月十三日

事由：为造送教职员请领身份证表暨应交价款请核发由

查本校教职人员业经聘请齐备应领公教人员身份证尚未请领兹特造具请领身份证数额表一份暨应交价款273元 相应函送

绥远省保安处鉴核

此致

查核蒉给为荷

即请

附请领身份证数额表一份 价款七百七十四元

绥远省保安处

（附笺）
每名应交身份证价款十八元

（批注）刘 八十三元

图 3-1-18 绥远省立归绥中学为造送教职员请领身份证表及应交价款致绥远省保安处公函（1946 年 8 月 13 日）

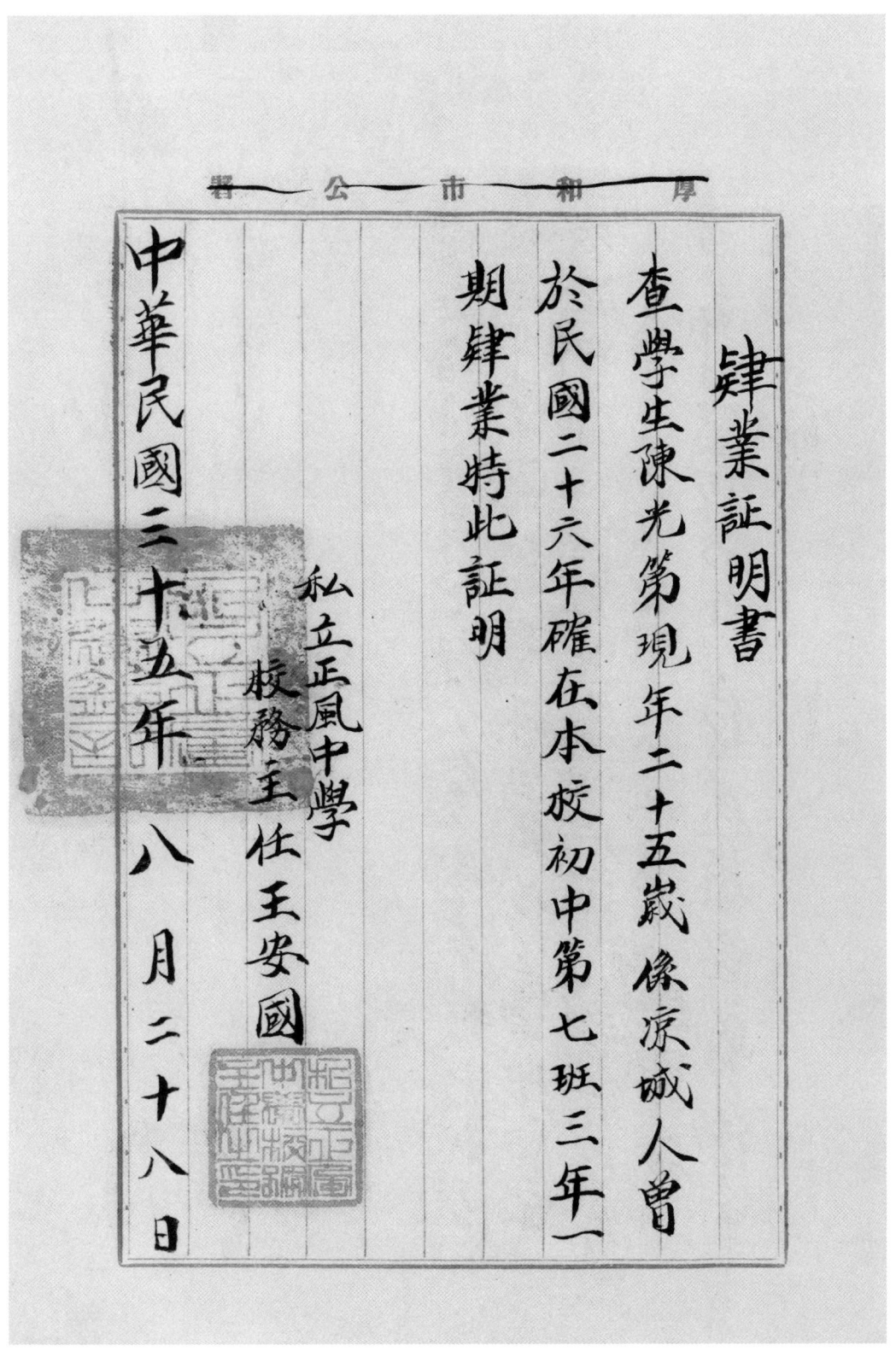

图 3-1-19　私立正风中学肄业证明书（1946 年 8 月 28 日）

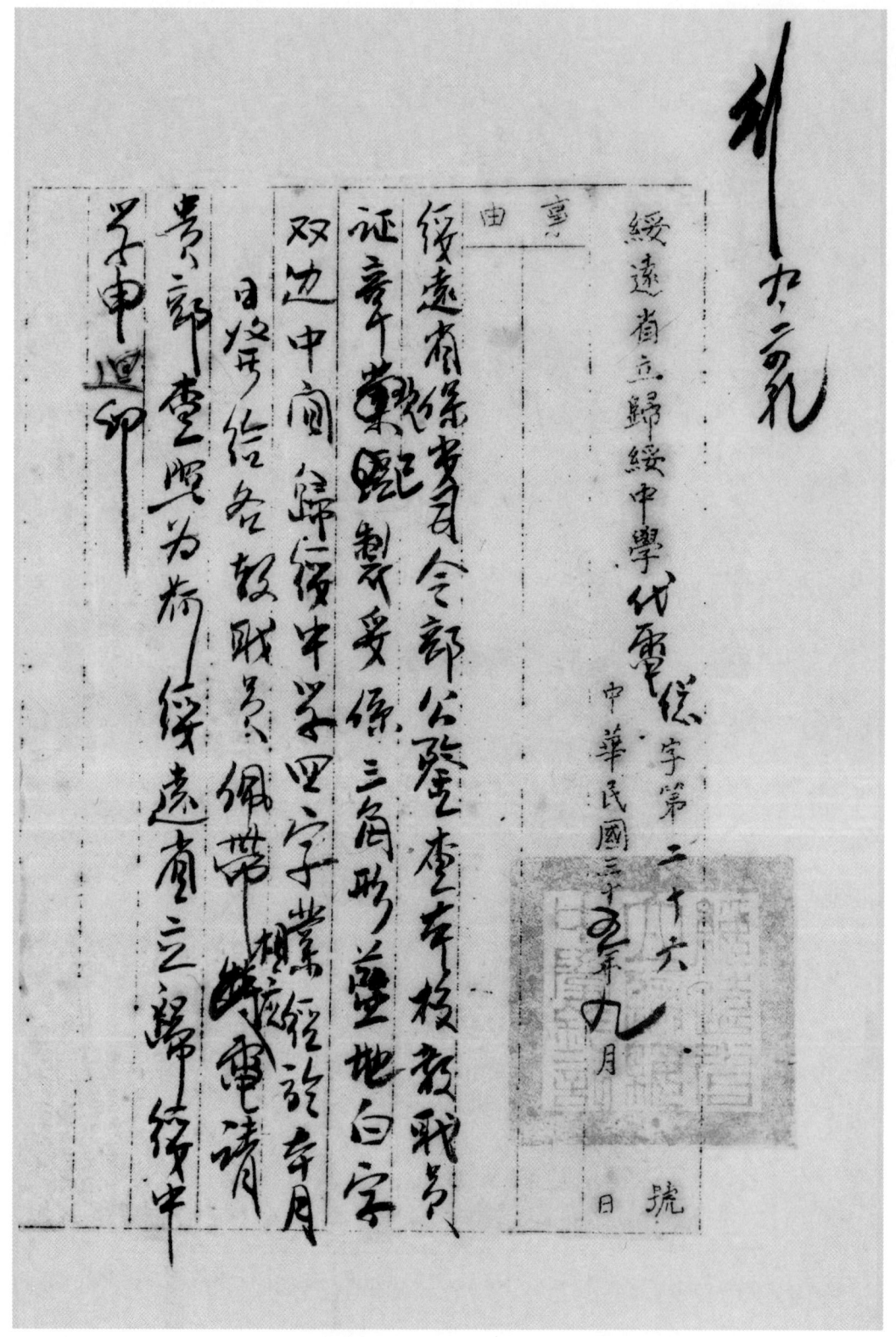

图 3-1-20 绥远省立归绥中学为报送教职员证章致绥远省保安司令部代电（1946年9月）

簽請

為簽請事竊生等係綏遠省涼城縣人曾於民國二十五年在貴校高中第八班畢業當時校長為霍世休先生嗣因七七事變致將所發之証件遺失為此懇請准予發給學歷証明書一紙俾便覓實為德便

謹呈

省立歸綏中學校校長閻

生 王守業 三十二歲
現住歸綏師範學校

王耀斌 三十三歲
現住師範附屬小學

收文1號三十六年一月三日到

36. 1. 3.

图 3-1-21 王守业和王耀斌因毕业证遗失恳请发给学历证明书致绥远省立归绥中学校长阎秉乾的签请（1947年1月3日）（一）

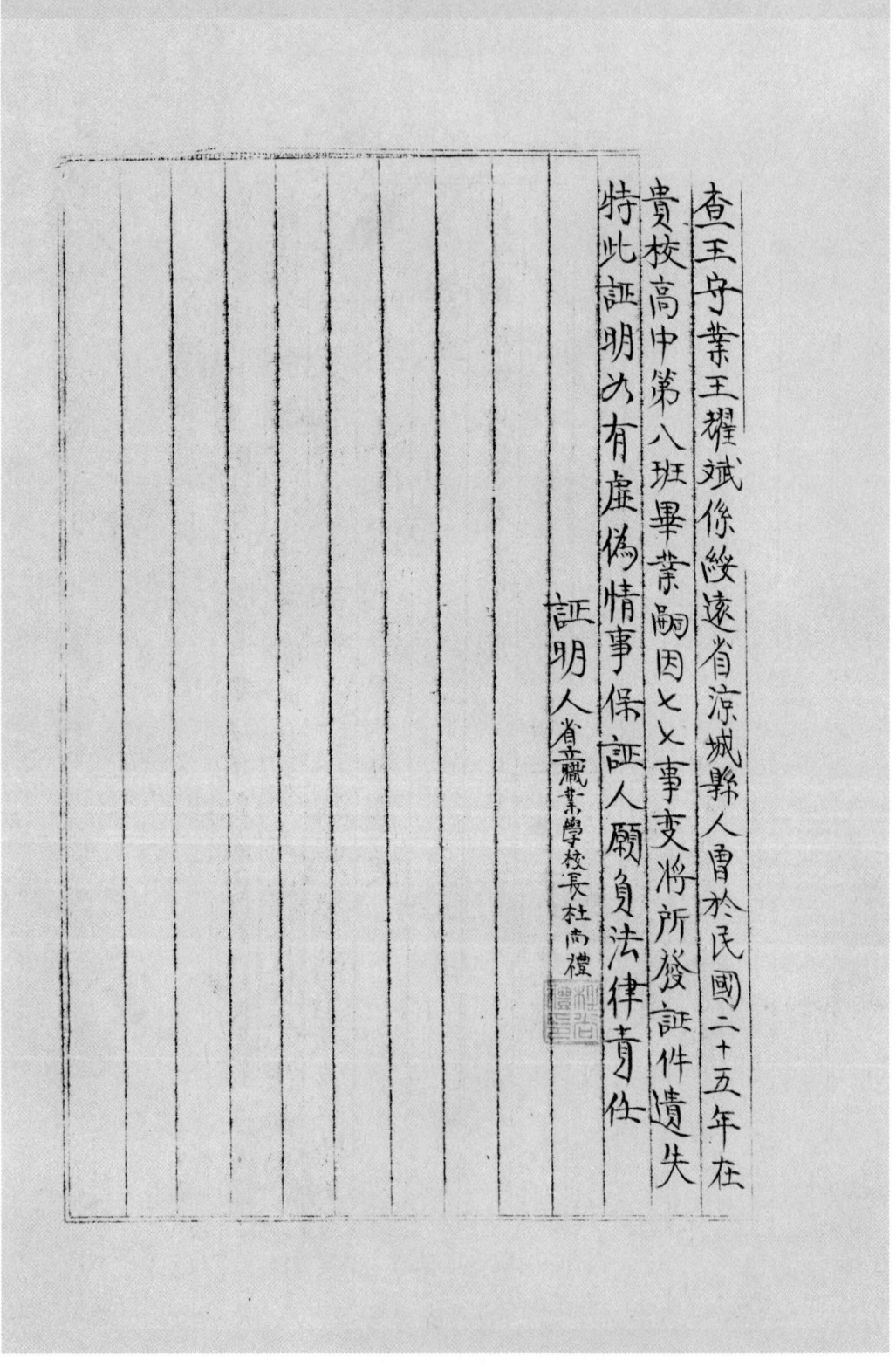

图 3-1-21　王守业和王耀斌因毕业证遗失恳请发给学历证明书致绥远省立归绥中学校长阎秉乾的签请（1947年1月3日）（二）

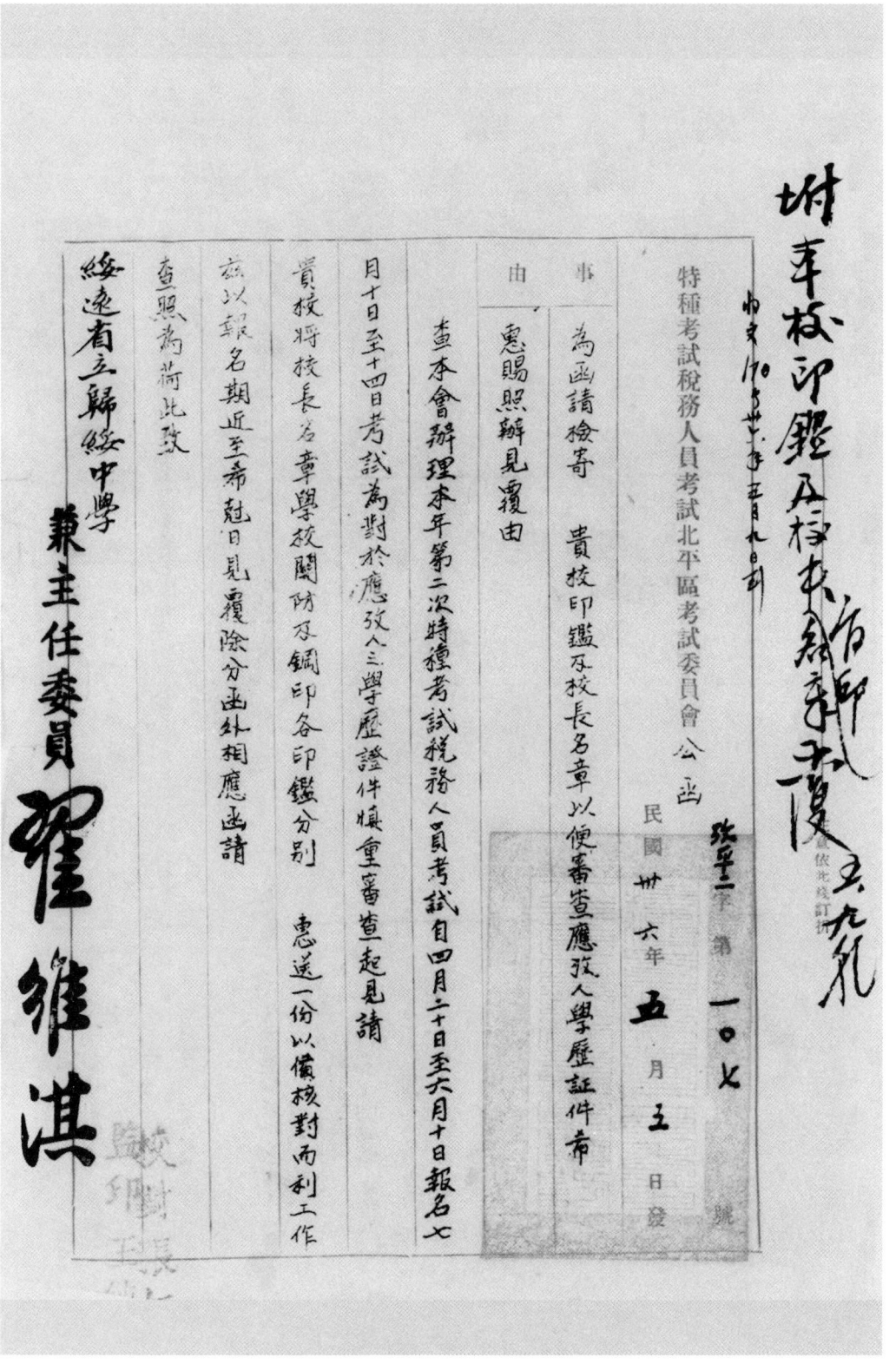

图 3-1-22 特种考试税务人员考试北平区考试委员会为检寄学校印鉴及校长名章以便审查应考人学历证件致绥远省立归绥中学公函（1947年5月3日）

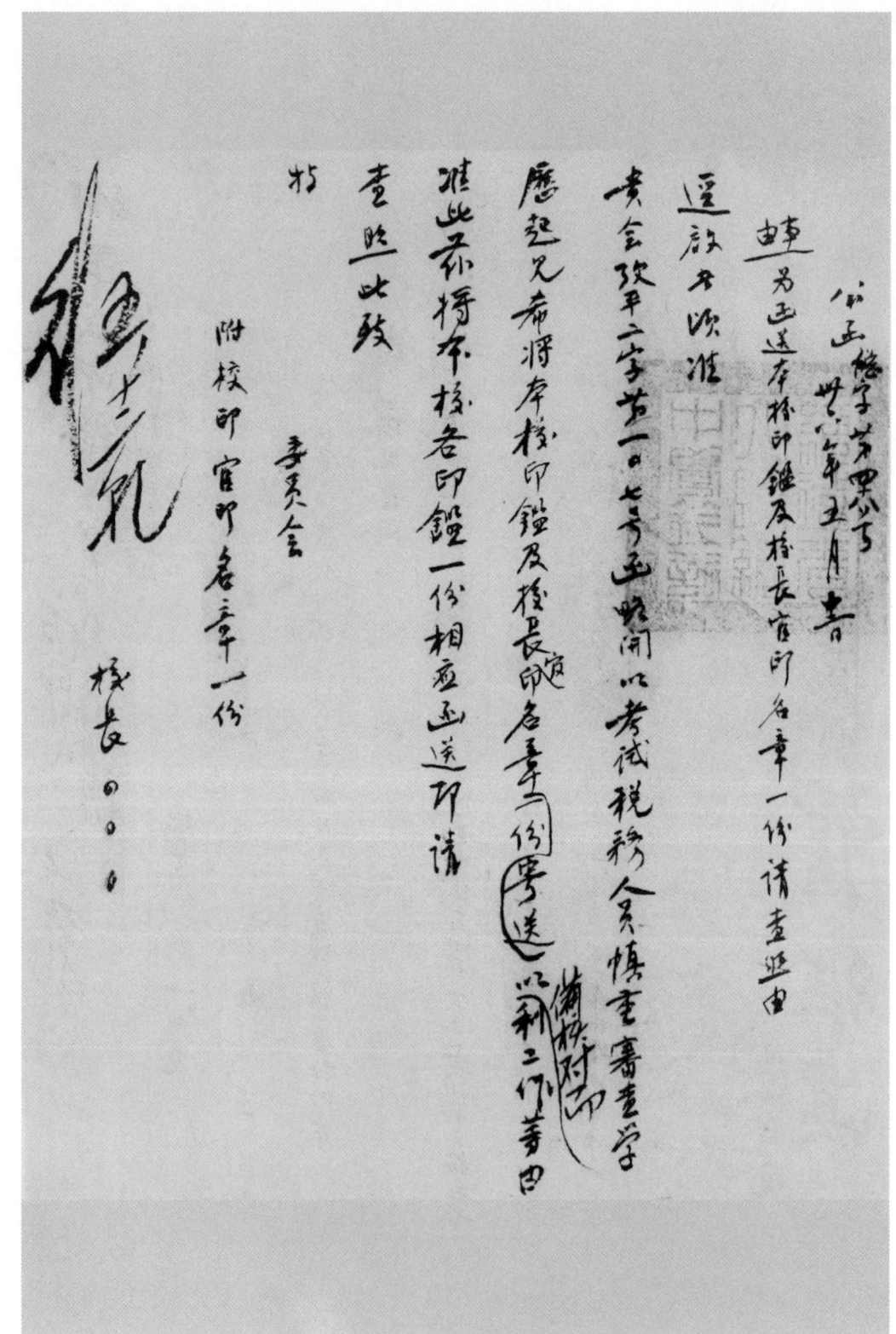

图 3-1-23　绥远省立归绥中学为寄送学校印鉴及校长官印名章致特种考试税务人员考试北平区考试委员会公函（1947 年 5 月 12 日）

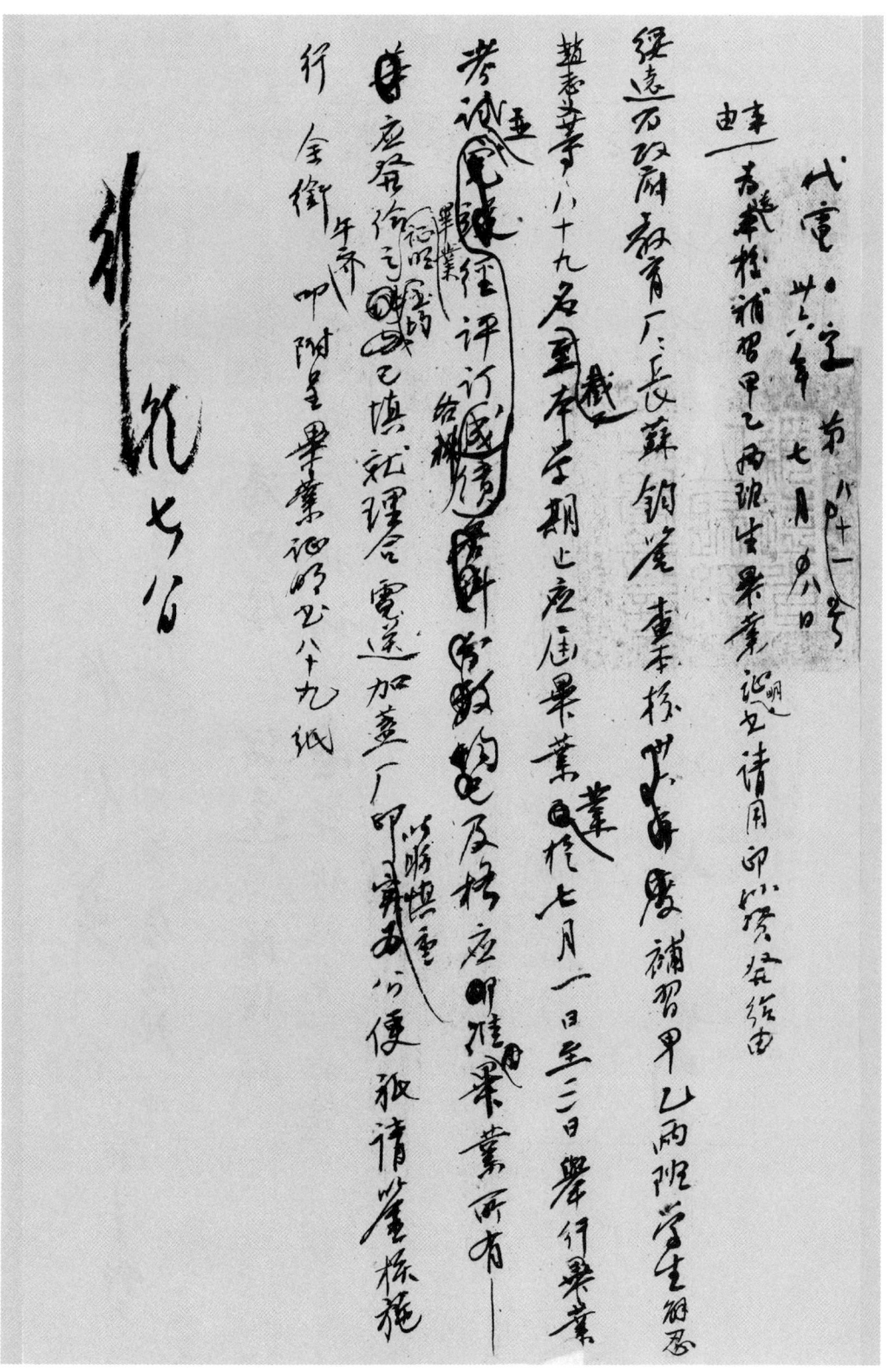

图 3-1-24　绥远省立归绥中学为补习甲乙两班学生毕业证明书加盖厅印致绥远省政府教育厅代电（1947年7月8日）

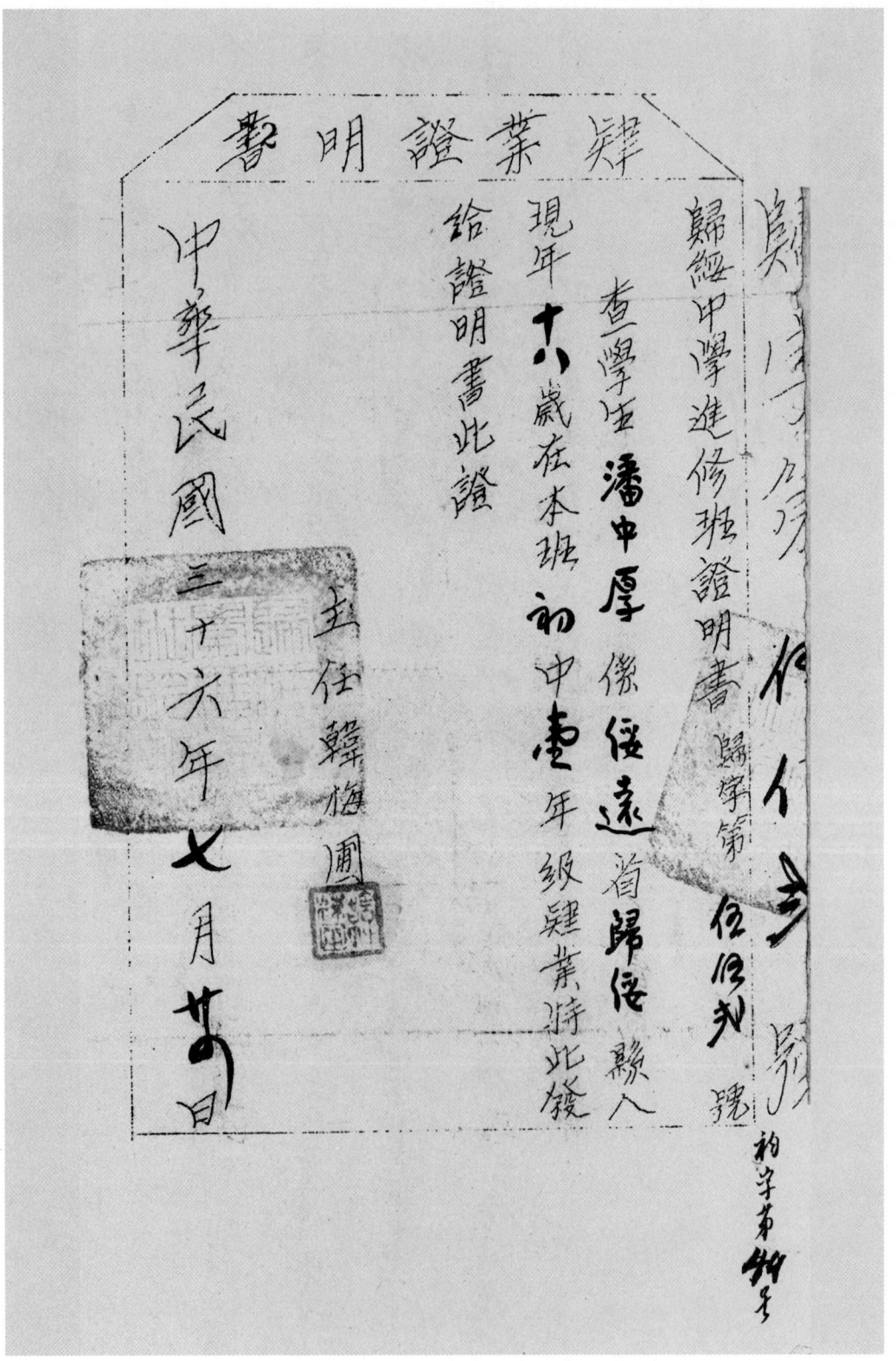

图 3-1-25　归绥中学进修班肄业证明书（1947 年 7 月 24 日）

图3-1-26 绥远省政府教育厅为补报收容学生原校学号及享受公费待遇证件给省立归绥中学代电（1947年8月16日）（一）

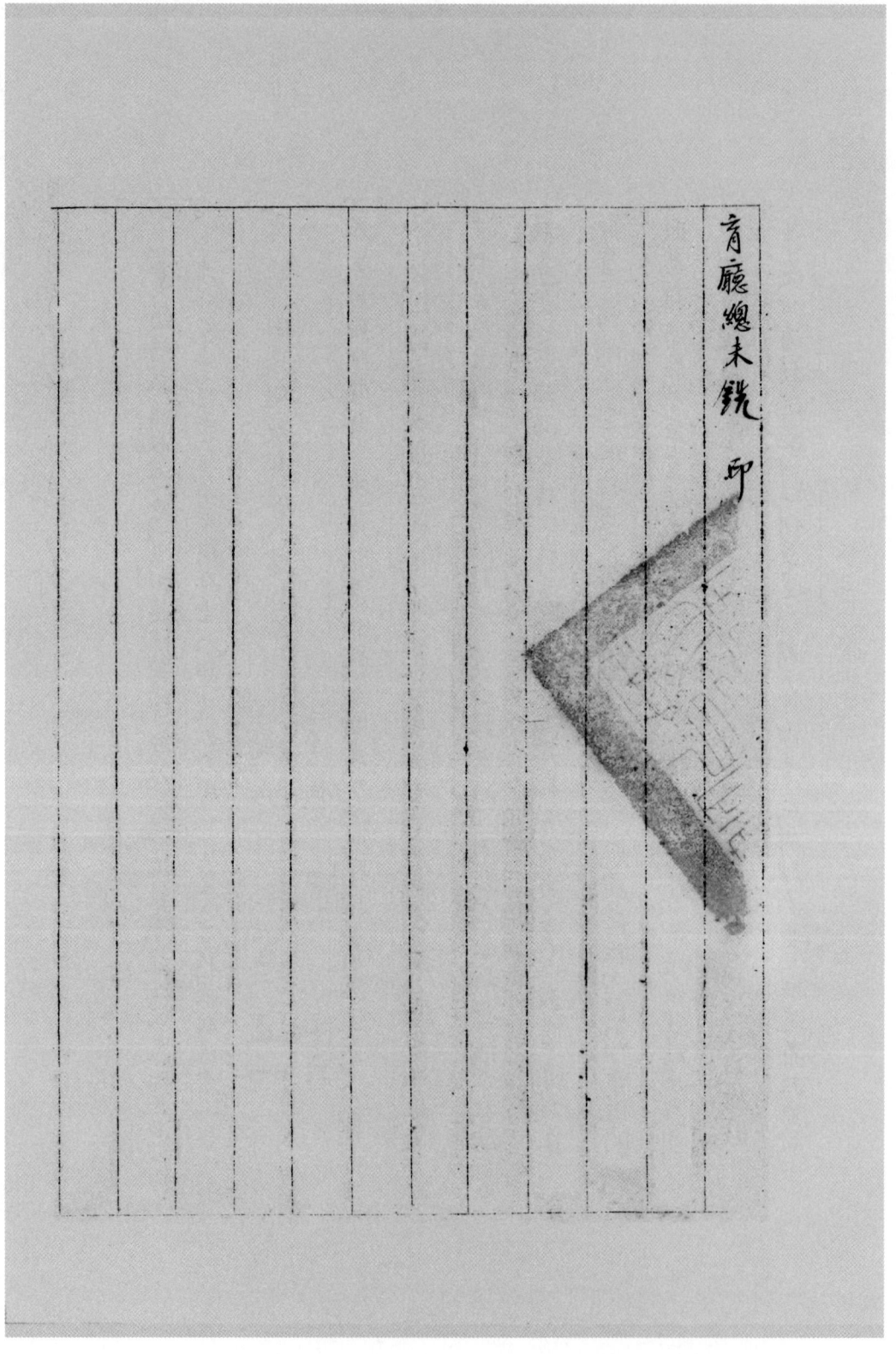

图 3-1-26　绥远省政府教育厅为补报收容学生原校学号及享受公费待遇证件给省立归绥中学代电（1947 年 8 月 16 日）（二）

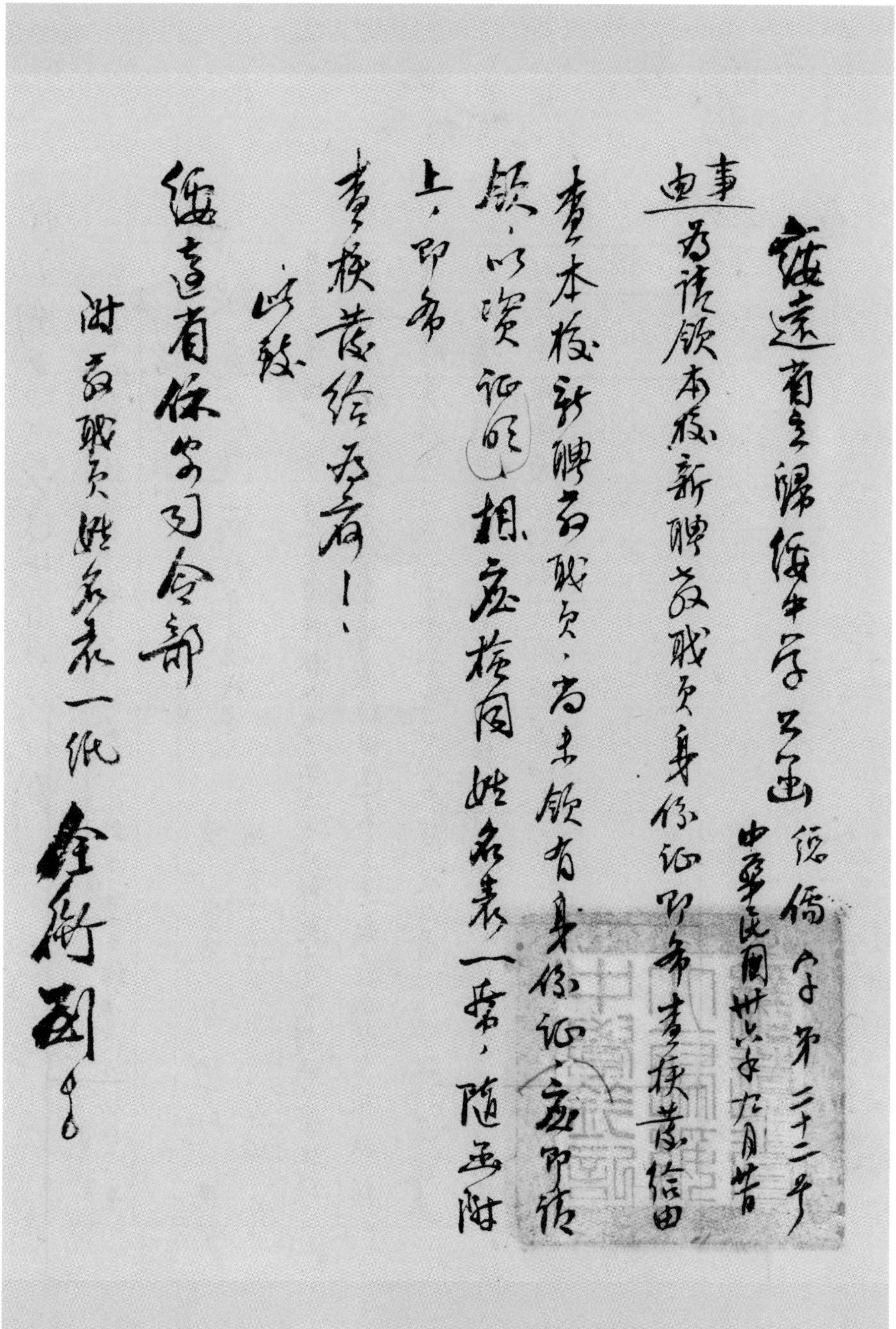

绥远省立归绥中学公函 绥侨字第二十二号
中华民国卅六年九月廿一日

事由 为请领本校新聘教职员身份证即希查核惠给由

查本校新聘各教职员,亟未领有身份证,以资证明,相应检同姓名表一纸,随函附上,即希 贵校惠给为荷!此致

绥远省保安司令部

附教职员姓名表一纸

金衡 副

图 3-1-27 绥远省立归绥中学为请领新聘教职员身份证致绥远省保安司令部公函（1947年9月21日）

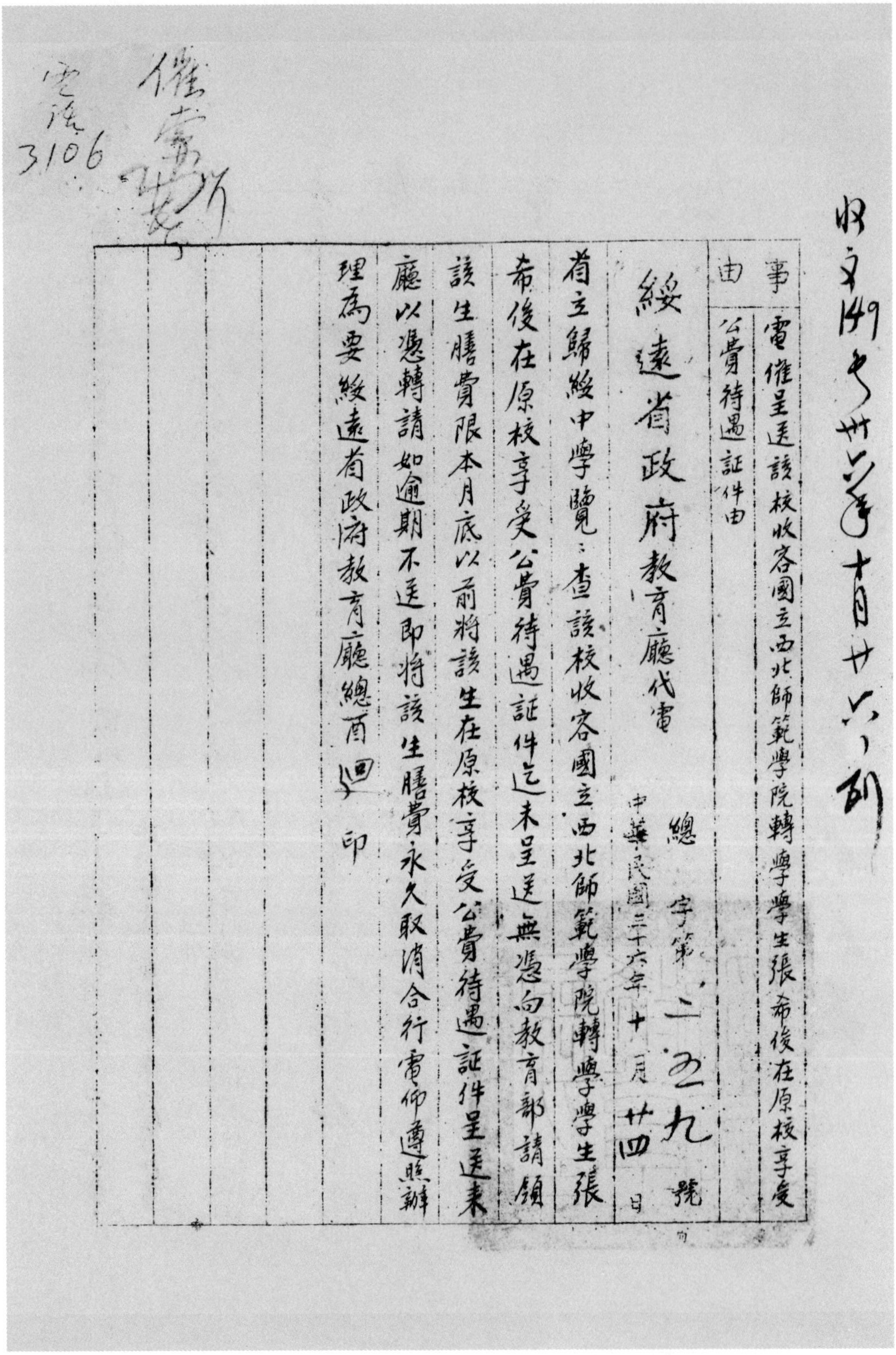

绥远省政府教育厅代电

总字第二三九号　中华民国三十六年十月廿四日

事由：电催呈送该校收容国立西北师范学院转学学生张希俊在原校享受公费待遇证件由

省立归绥中学鉴：查该校收容国立西北师范学院转学学生张希俊在原校享受公费待遇证件迄未呈送，无凭向教育部请领该生膳费，限本月底以前将该生在原校享受公费待遇证件呈送本厅，以凭转请，如逾期不送，即将该生膳费永久取消，合行电仰遵照办理。为要。绥远省政府教育厅总（印）

电发 3106
催蒙

图 3-1-28　绥远省政府教育厅为催呈该校收容国立西北师范学院转学学生张希俊在原校享受公费待遇证件给省立归绥中学代电（1947年10月24日）

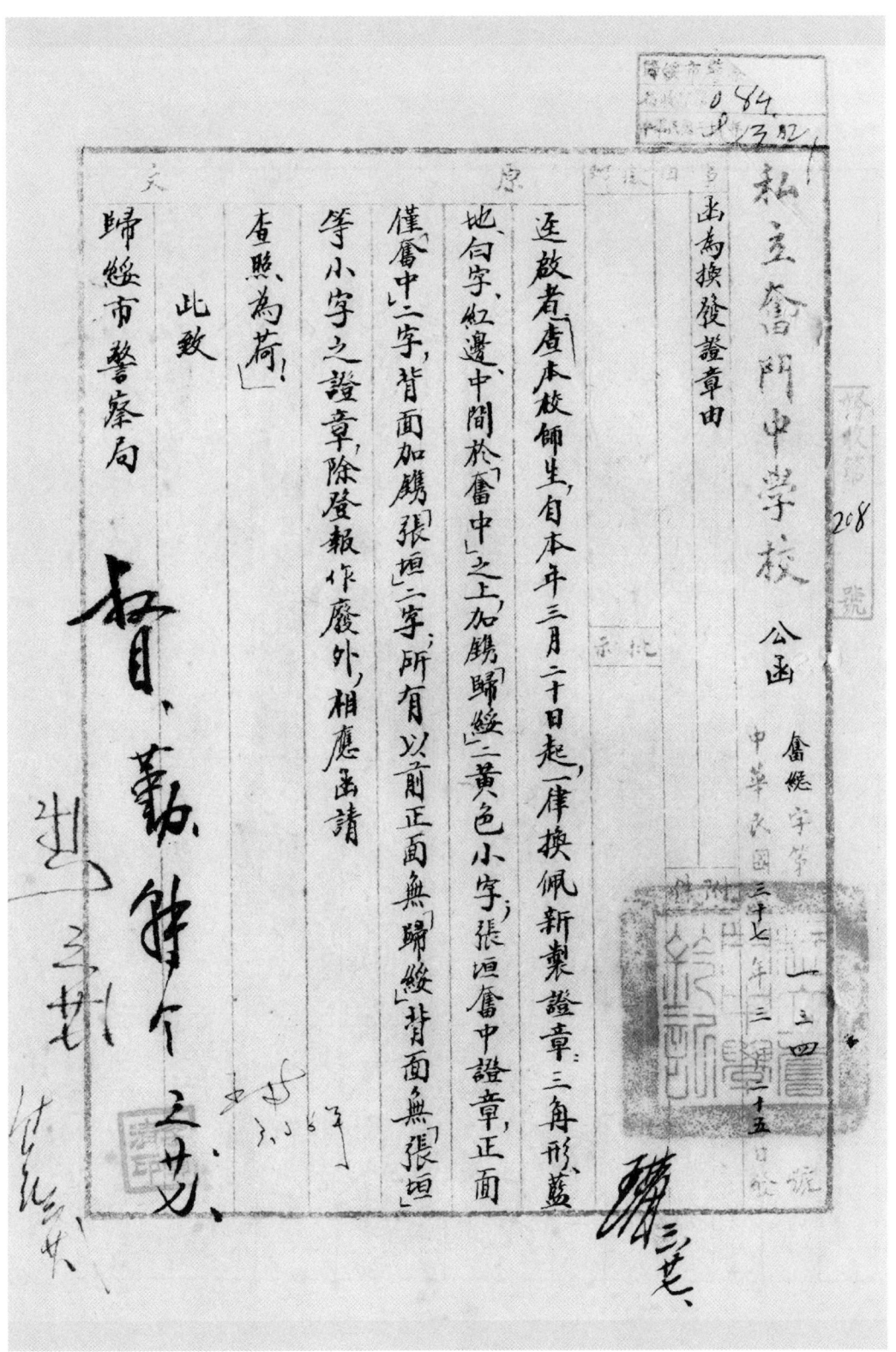

图 3-1-29　私立奋斗中学为换发证章致归绥市警察局公函（1948 年 3 月 25 日）

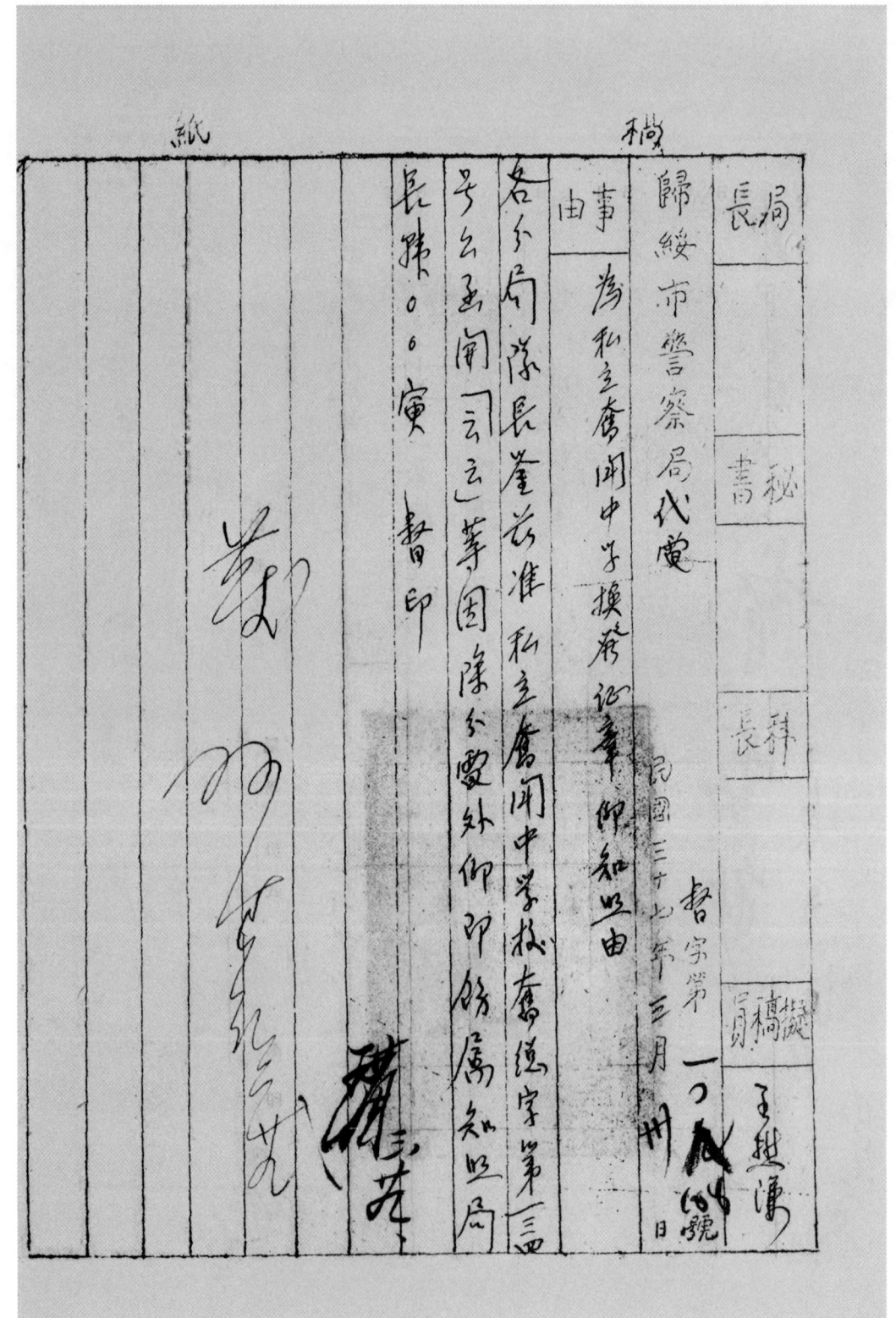

图 3-1-30　归绥市警察局关于私立奋斗中学换发证章的代电（1948年3月30日）（一）

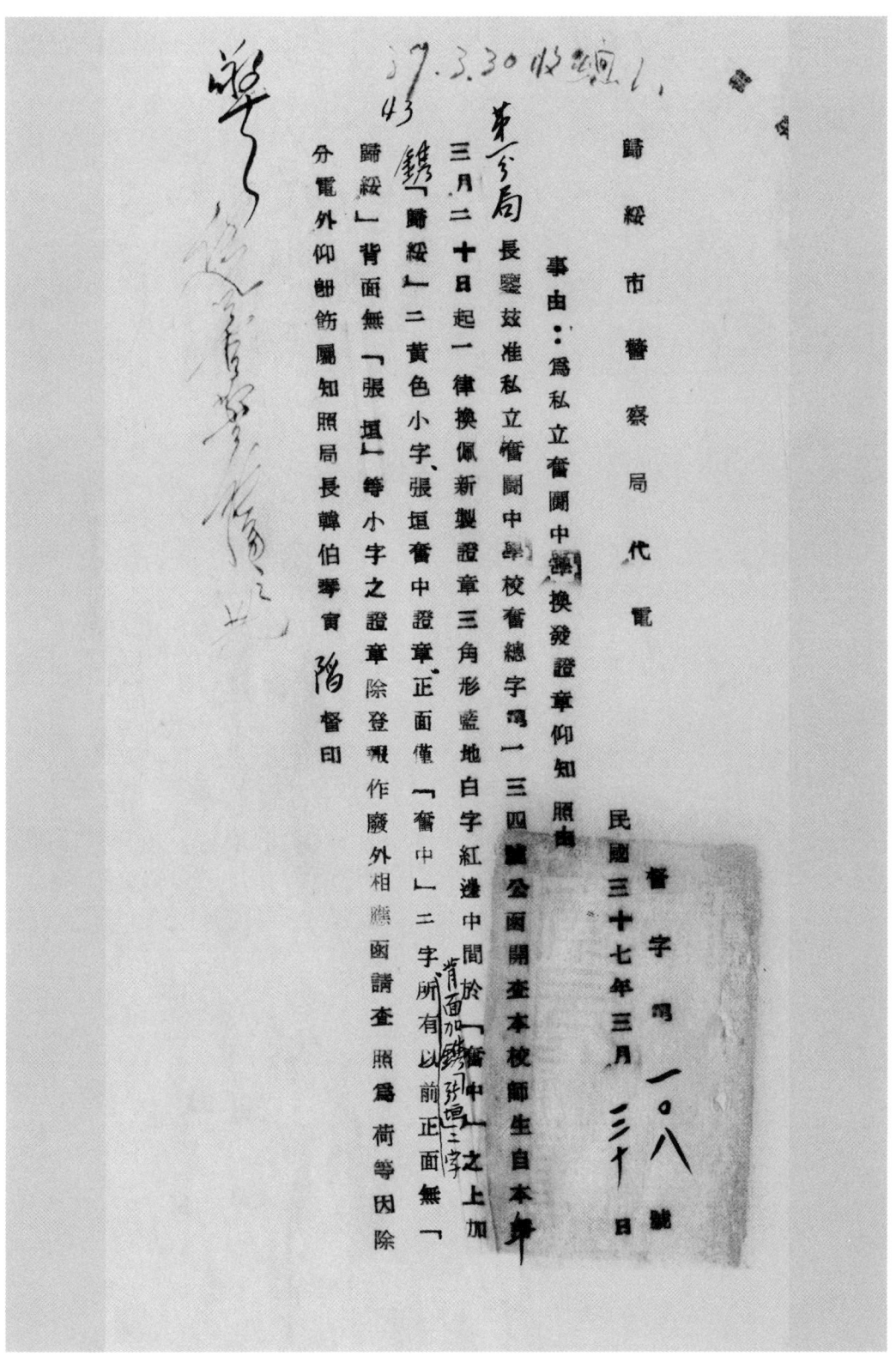

图 3-1-30 归绥市警察局关于私立奋斗中学换发证章的代电（1948年3月30日）（二）

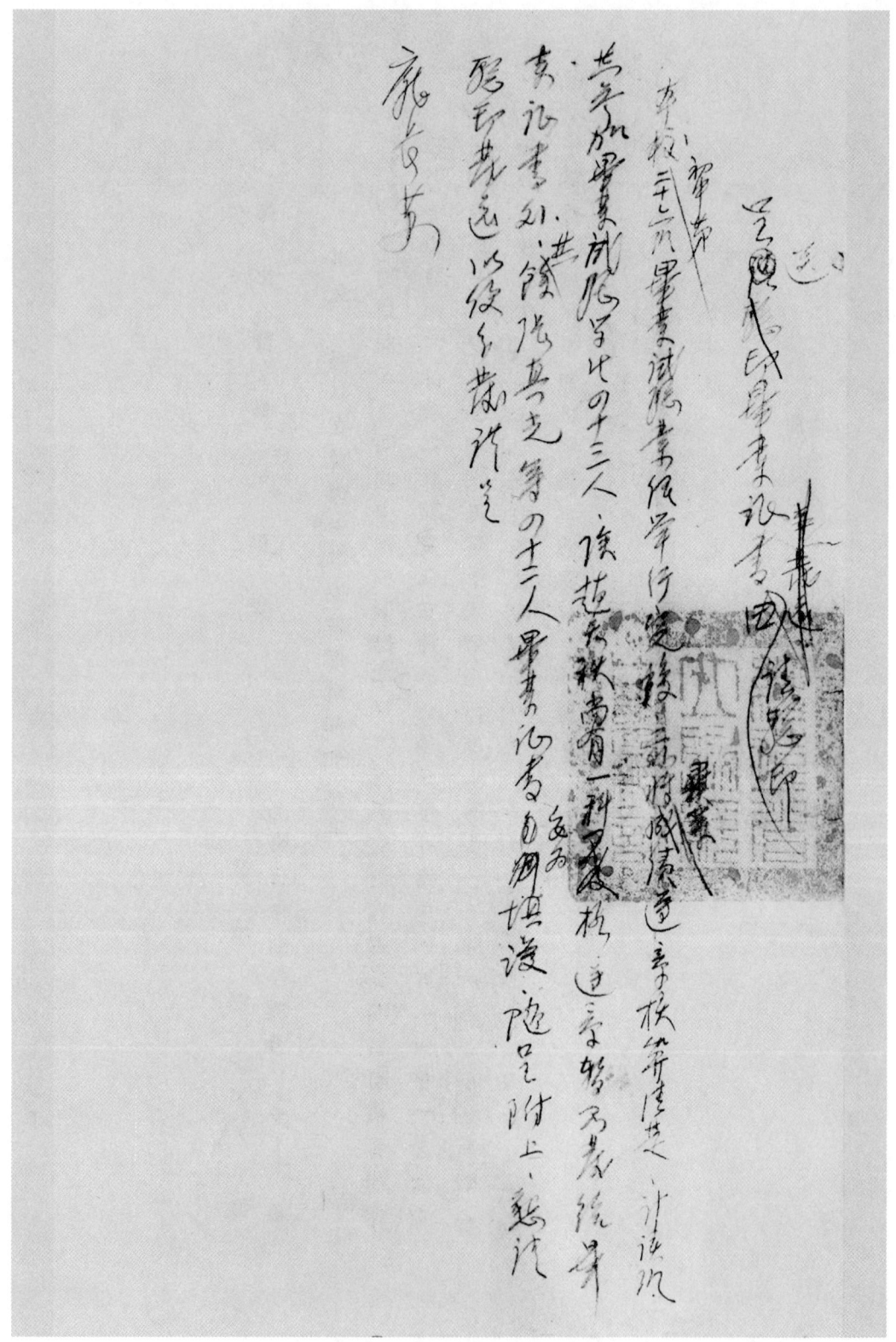

图 3-1-31　绥远省立归绥中学为验印毕业证书致绥远省教育厅呈文

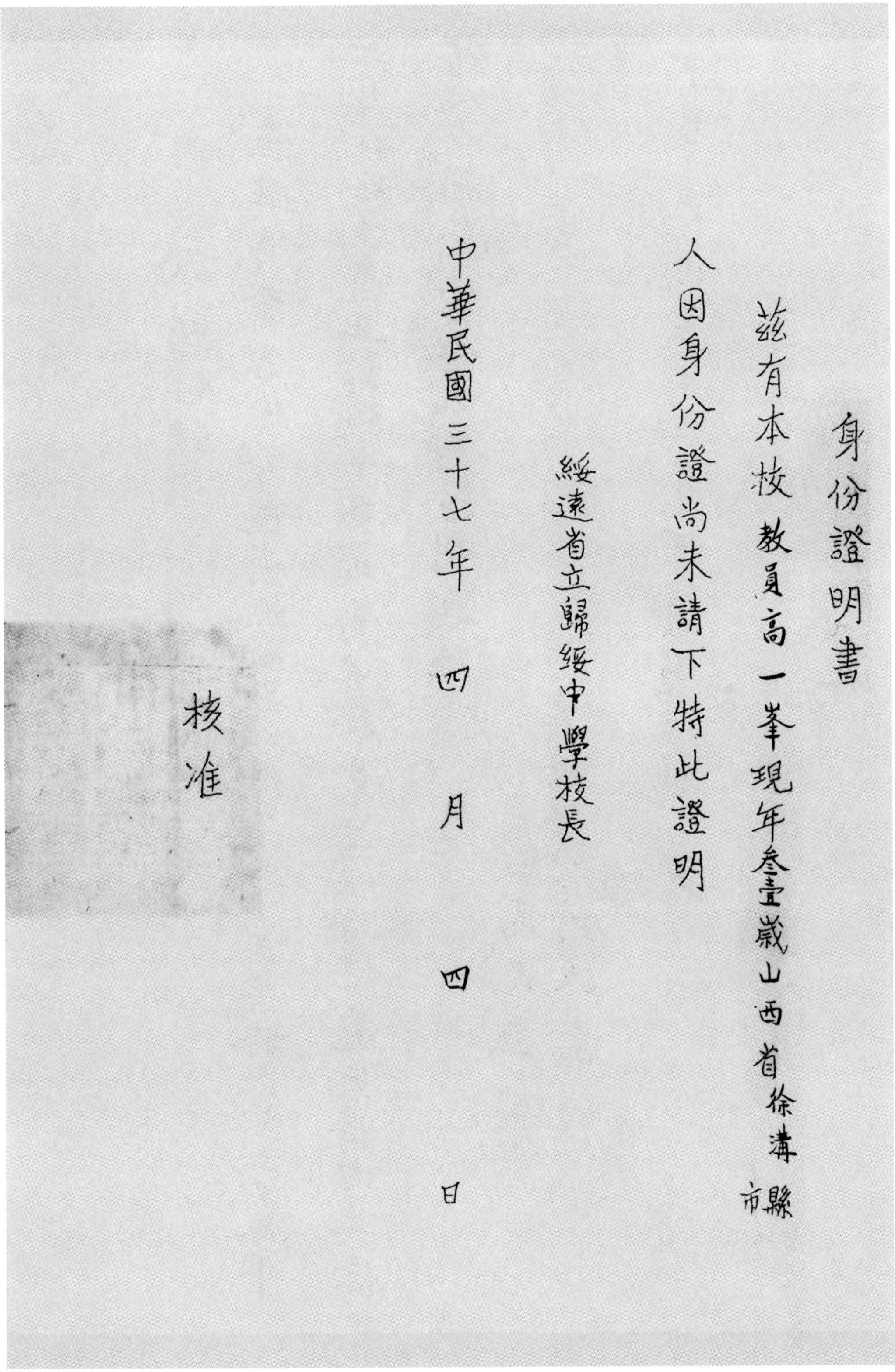

身份證明書

茲有本校教員高一峯現年叁壹歲山西省徐溝縣人因身份證尚未請下特此證明

綏遠省立歸綏中學校長

中華民國三十七年 四 月 四 日

核准

图 3-1-32 绥远省立归绥中学校教员高一峰身份证明书（1948 年 4 月 4 日）

證明保結

查樊自育君係綏遠省涼城縣人現年三十三歲於民國二十五年六月在綏遠省立歸綏中學校高中畢業茲以證件遺失特由具保結人以同學資格代為證明無誤

具保結人 周尚廉
 劉振業

中華民國三十七年四月五日

图 3-1-33 樊自育绥远省立归绥中学校高中毕业证明保结（1948 年 4 月 5 日）

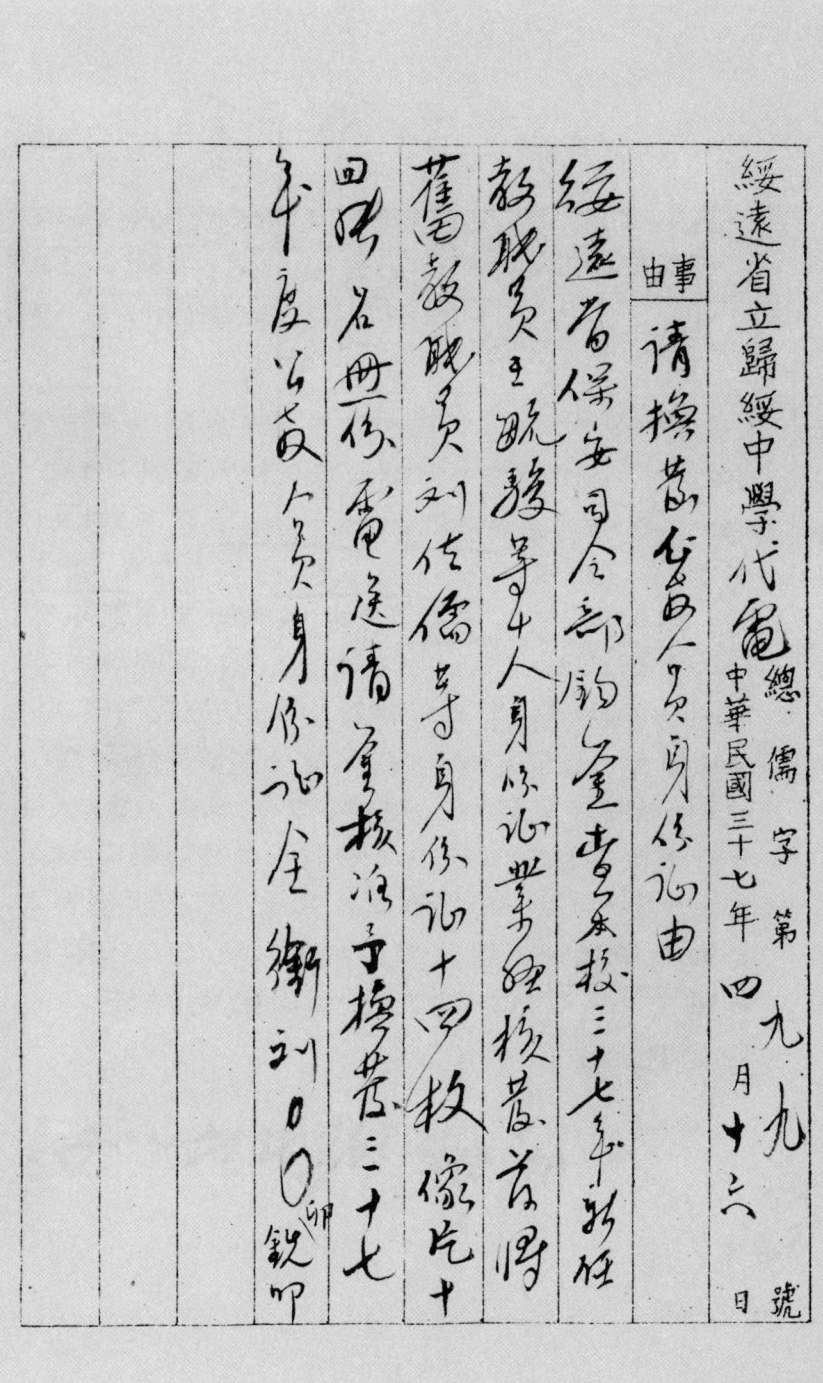

图 3-1-34 绥远省立归绥中学为换发公教人员身份证致绥远省保安司令部代电（1948年4月16日）

图 3-1-35　绥远省政府为转发学生保证书及对保证书式样遵照办理具报给省立归绥中学代电（1948 年 9 月 15 日）（一）

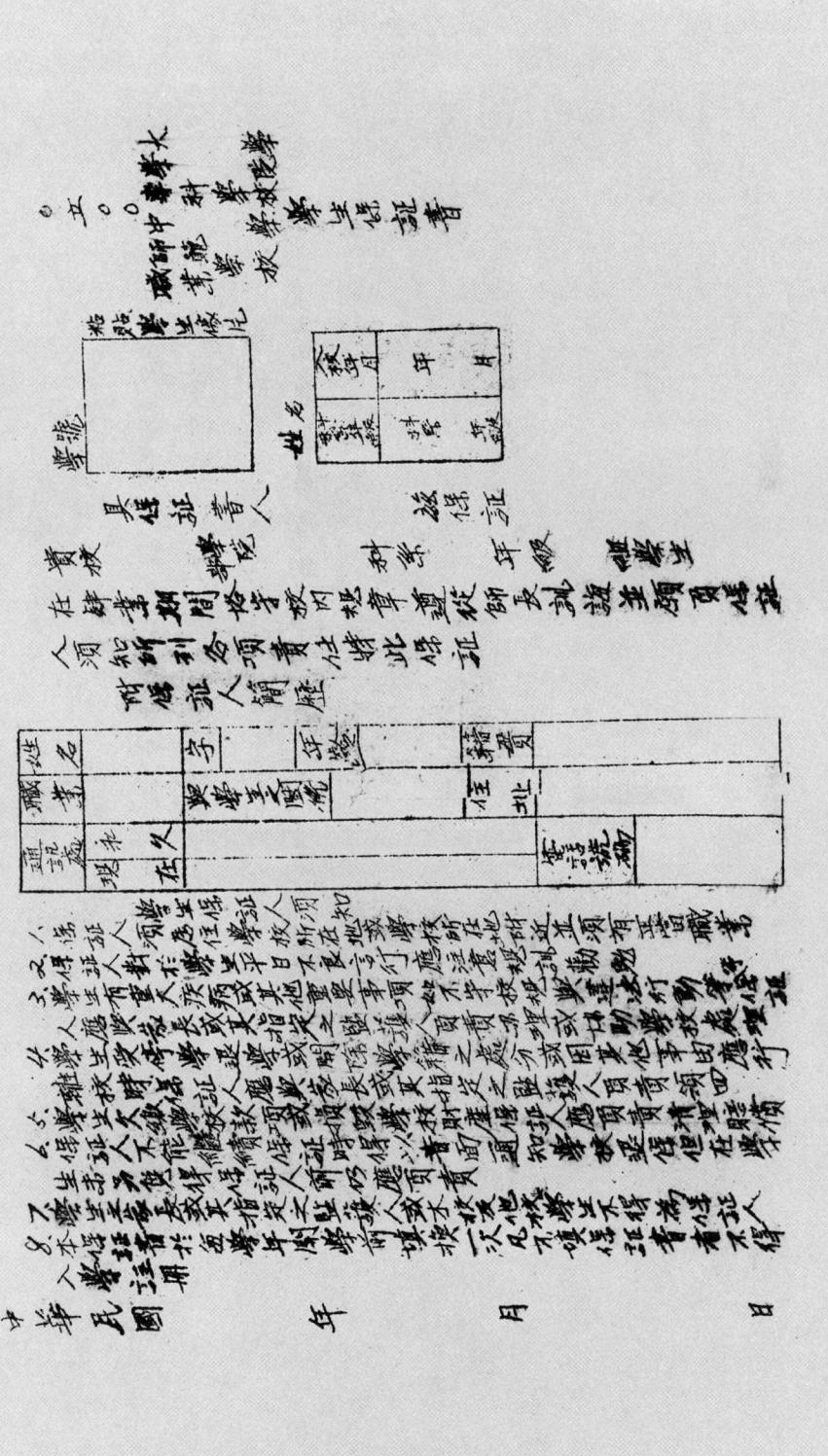

图 3-1-35　绥远省政府为转发学生保证书及对保证书式样遵照办理具报给省立归绥中学代电（1948 年 9 月 15 日）（二）

迳启者查学生　　　　　在本校（院）　　　　　学院
（系）（科）　　　　　年级　　　　　组肄业缘由
合端负责保证本校依照规定应于该生入学前发每学
期举行对保一次以资查核兹附上空白对保证明书一
份即希
查照签盖原印章于　　　　月　　　　日（开学）前送荷荷
此致
　　　　　先生
　　　　　　　　　　　　　　　　大学
　　　　　　　　　　　　　　○○○学院
　　　　　　　　　　　　　　　　专科学校　启
　　　　　　　　　　　　　　　　中学　　　年月日
　　　　　　　　　　　　　　　　师范学校
　　　　　　　　　　　　　　　　职业学校

图 3-1-35　绥远省政府为转发学生保证书及对保证书式样遵照办理具报给省立归绥中学代电（1948年9月15日）（三）

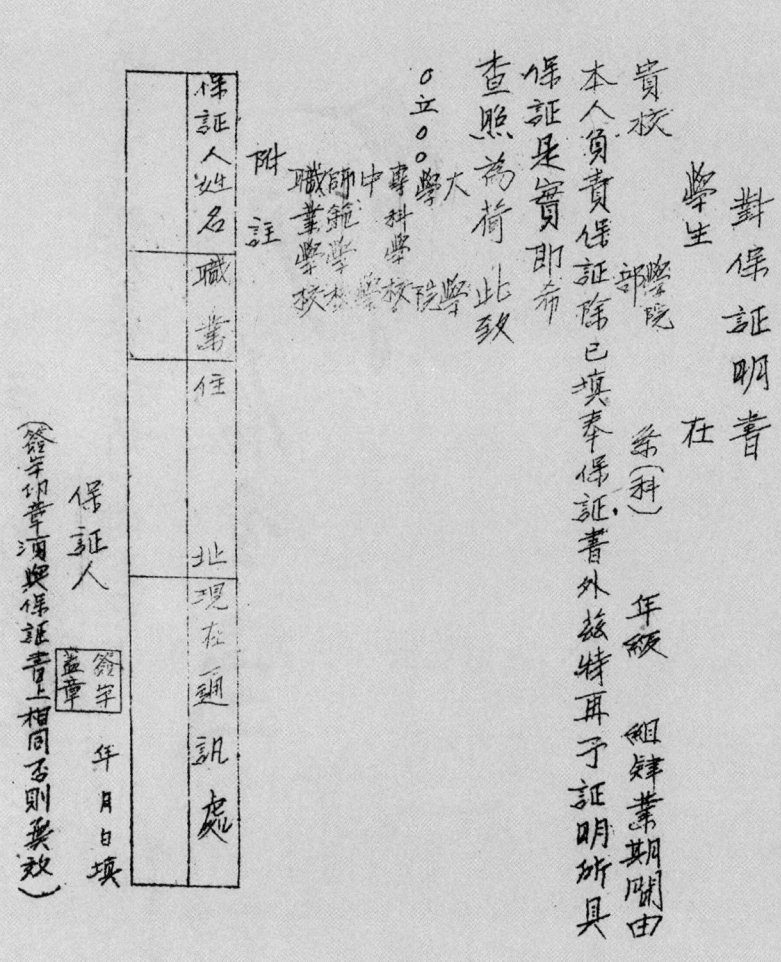

图 3-1-35 绥远省政府为转发学生保证书及对保证书式样遵照办理具报给省立归绥中学代电（1948年9月15日）（四）

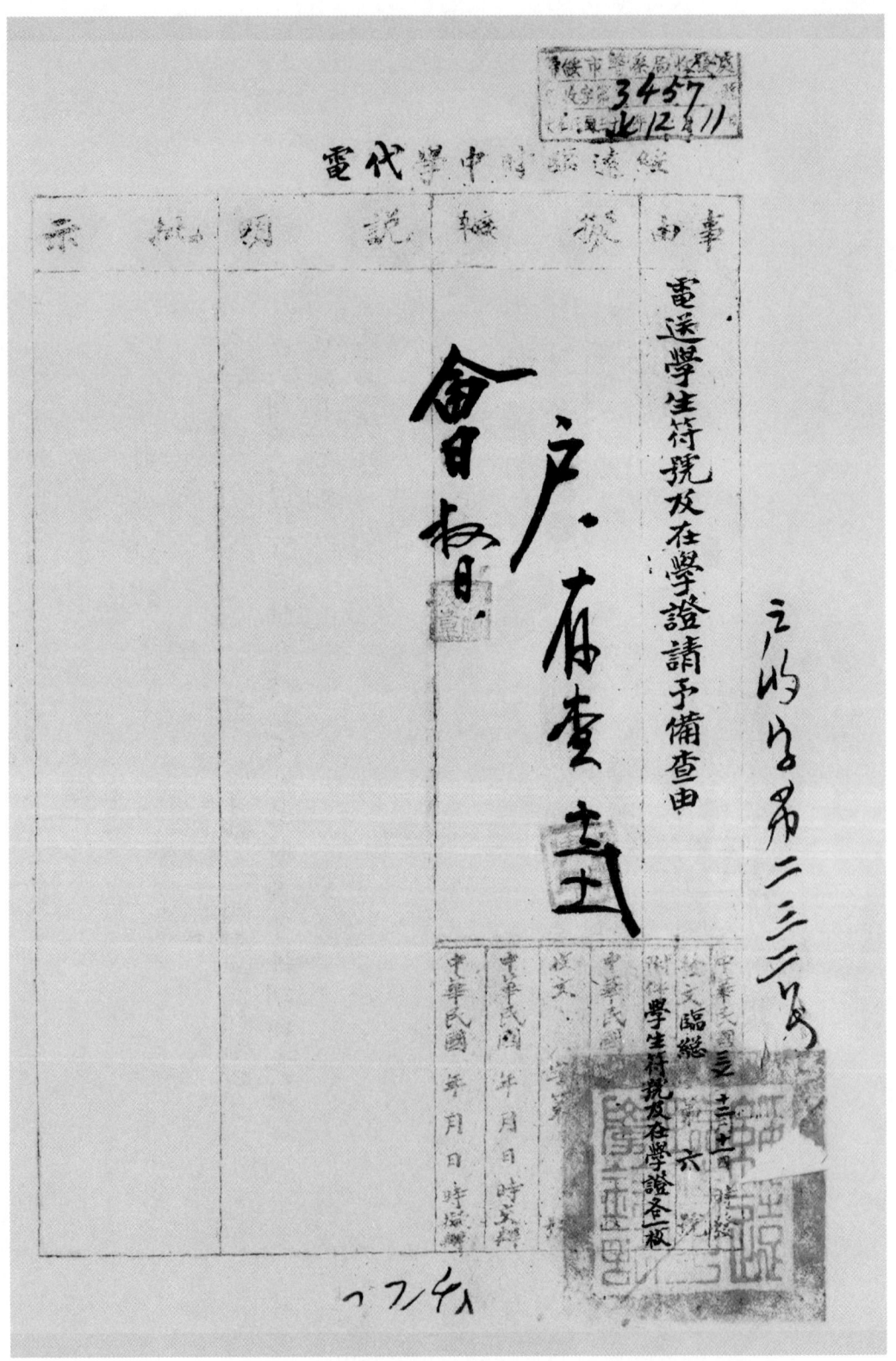

图 3-1-36 绥远临时中学为呈学生符号及在学证请予备案致归绥市警察局代电（1948年12月11日）（一）

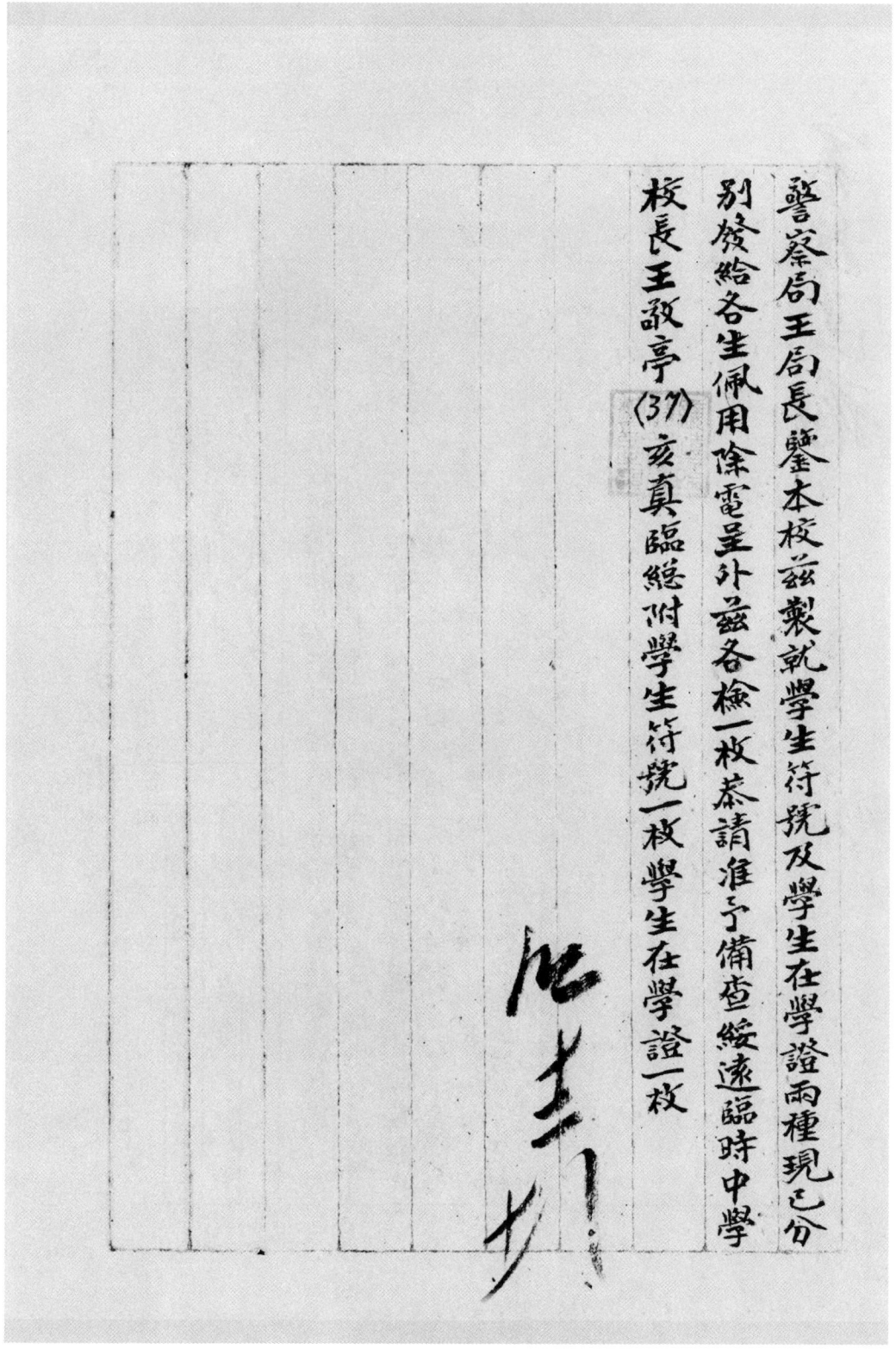

图 3-1-36 绥远临时中学为呈学生符号及在学证请予备案致归绥市警察局代电（1948年12月11日）（二）

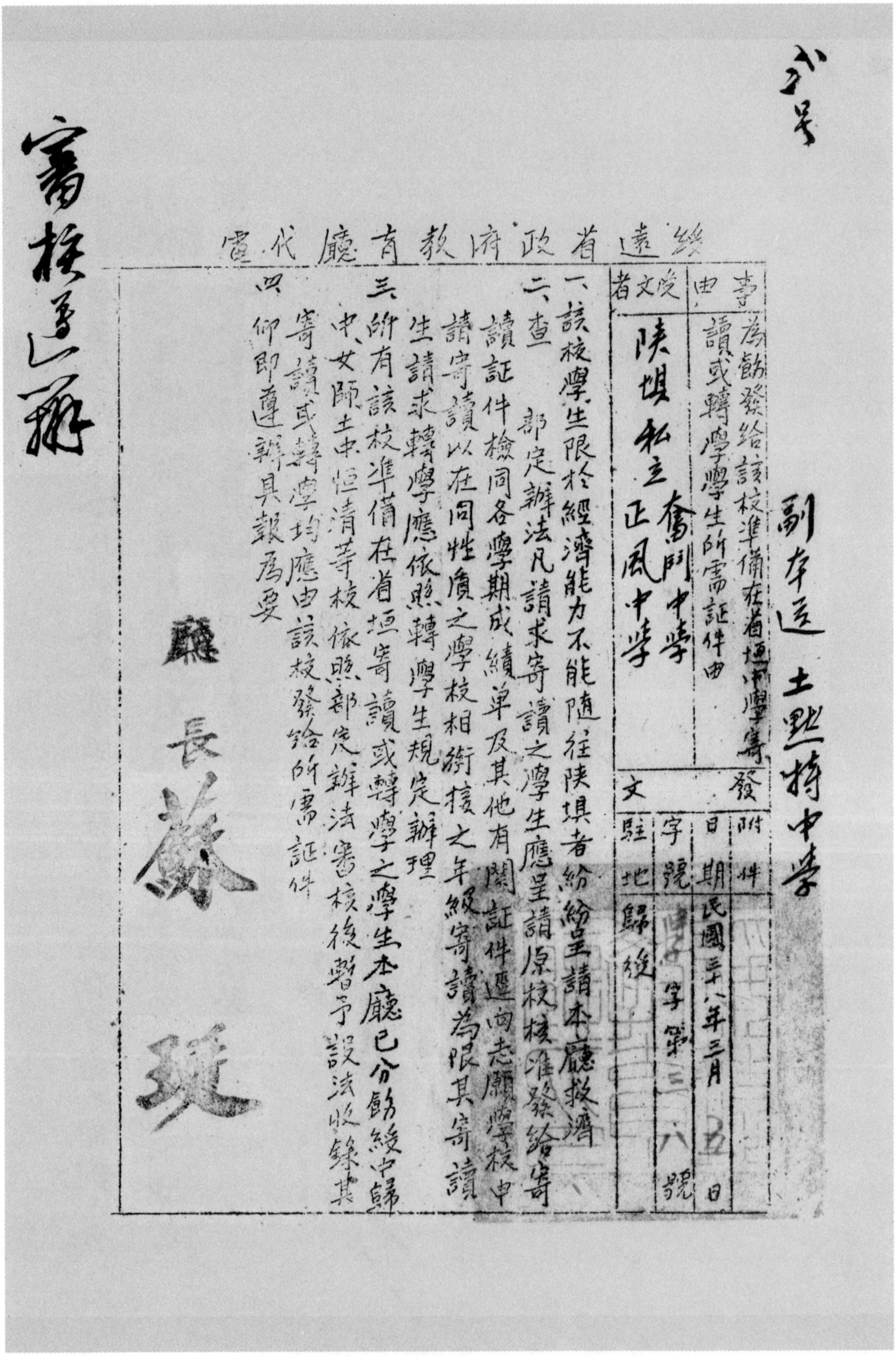

绥远省政府教育厅代电

受文者	陕坝私立奋斗中学 陕坝私立正风中学
事由	为发给准备在省垣中学寄读或转学学生所需证件由
附件	
日期	民国卅八年三月五日
字号	教字第三六八号
驻地	归绥

副本送 土默特中学

一、该校学生限于经济能力不能随往陕坝者纷给呈请本厅救济，
二、查部定办法凡请求寄读之学生应呈请原校核准发给寄读证件检同各学期成绩单及其他有关证件迳向志愿学校申请寄读，以在同性质之学校相衔接之年级寄读为限。其寄读请求转学应依照转学生规定办理，
三、所有该校准备在省垣寄读或转学之学生本厅已分饬绥中归中女师土中恒等校依照部定办法审校后酌予设法收录。其寄读或转学均应由该校发给所需证件，仰即遵办具报为要。

厅长 苏 ⟨印⟩

图 3-1-37　绥远省政府为发给准备在省垣中学寄读或转学学生所需证件给陕坝私立奋斗中学和私立正风中学代电（1949年3月5日）

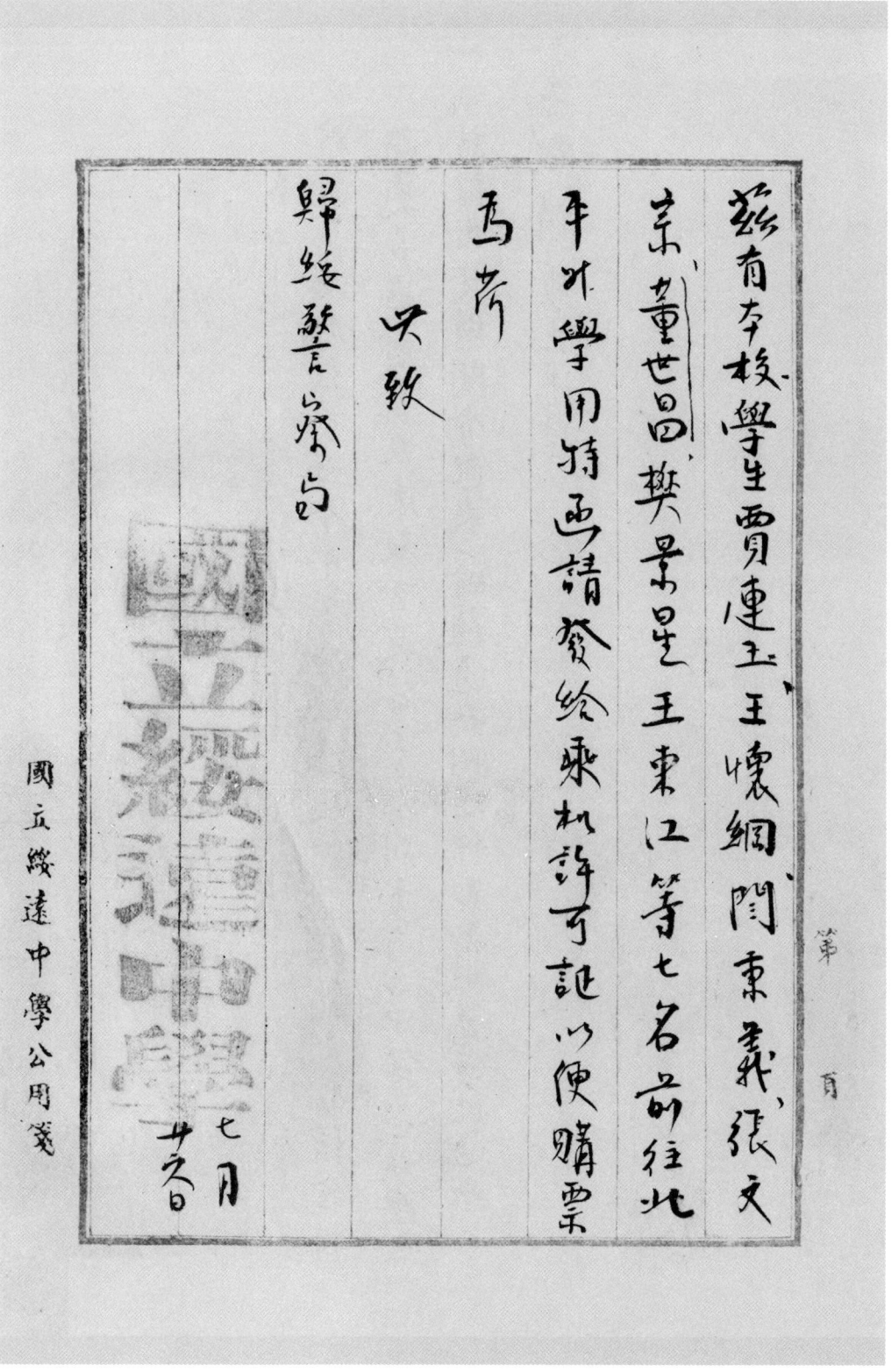

图 3-1-38 国立绥远中学为请发给学生乘机许可证致归绥市警察局公函（1948年7月26日）

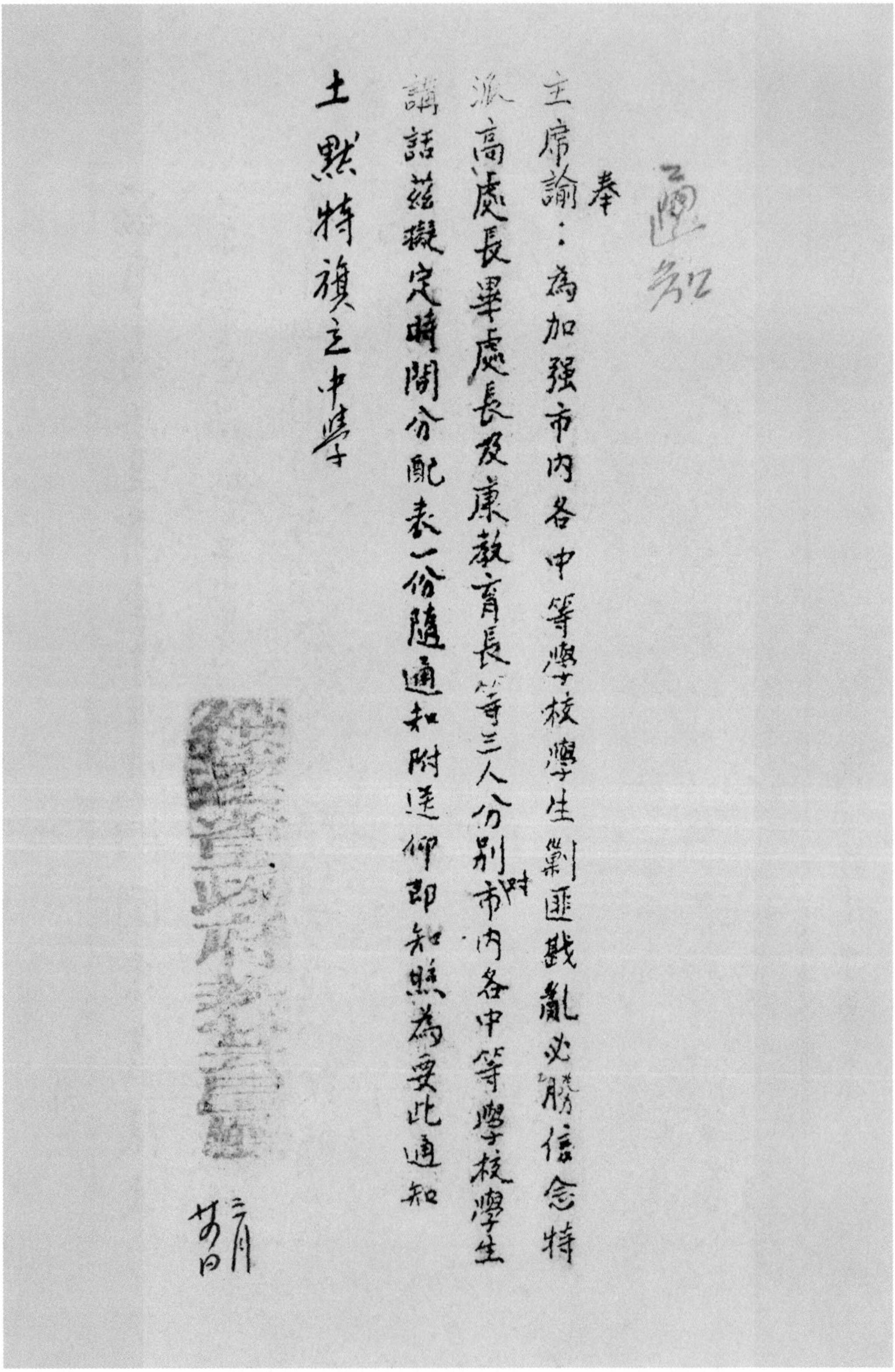

奉
主席谕：为加强市内各中等学校学生剿匪戡乱必胜信念特派高处长毕处长及康教育长等三人分别市内各中等学校学生讲话兹拟定时间分配表一份随通知附送仰即知照为要此通知

土默特旗立中学

图 3-1-39 绥远省政府教育厅关于高毕二委员及康教育长到市内各中等学校讲话的通知（□年3月24日）（一）

高毕二委员及康教育长到市内各中等学校讲话时间分配表

校　名	时　间	讲　话　人	备　考
归绥师范学校	三月二十四日下午四时至六时	康教育长	
归绥农科职业学校	全	右	高委员
归绥中学	全	右	高委员
国立绥远中学	三月二十五日下午四时至六时	高委员	
私立恒靖中学	全	右	康教育长
私立奋斗中学	全	右	康教育长
私立正风中学	三月二十六日下午四时至六时	康教育长	
青年训导班	全	右	高委员
土默特旗立中学	全	右	高委员
归绥女子师范学校	三月二十七日下午四时至六时	高委员	
助产职业学校	全	右	毕委员

图 3-1-39　绥远省政府教育厅关于高毕二委员及康教育长到市内各中等学校讲话的通知（□年3月24日）（二）

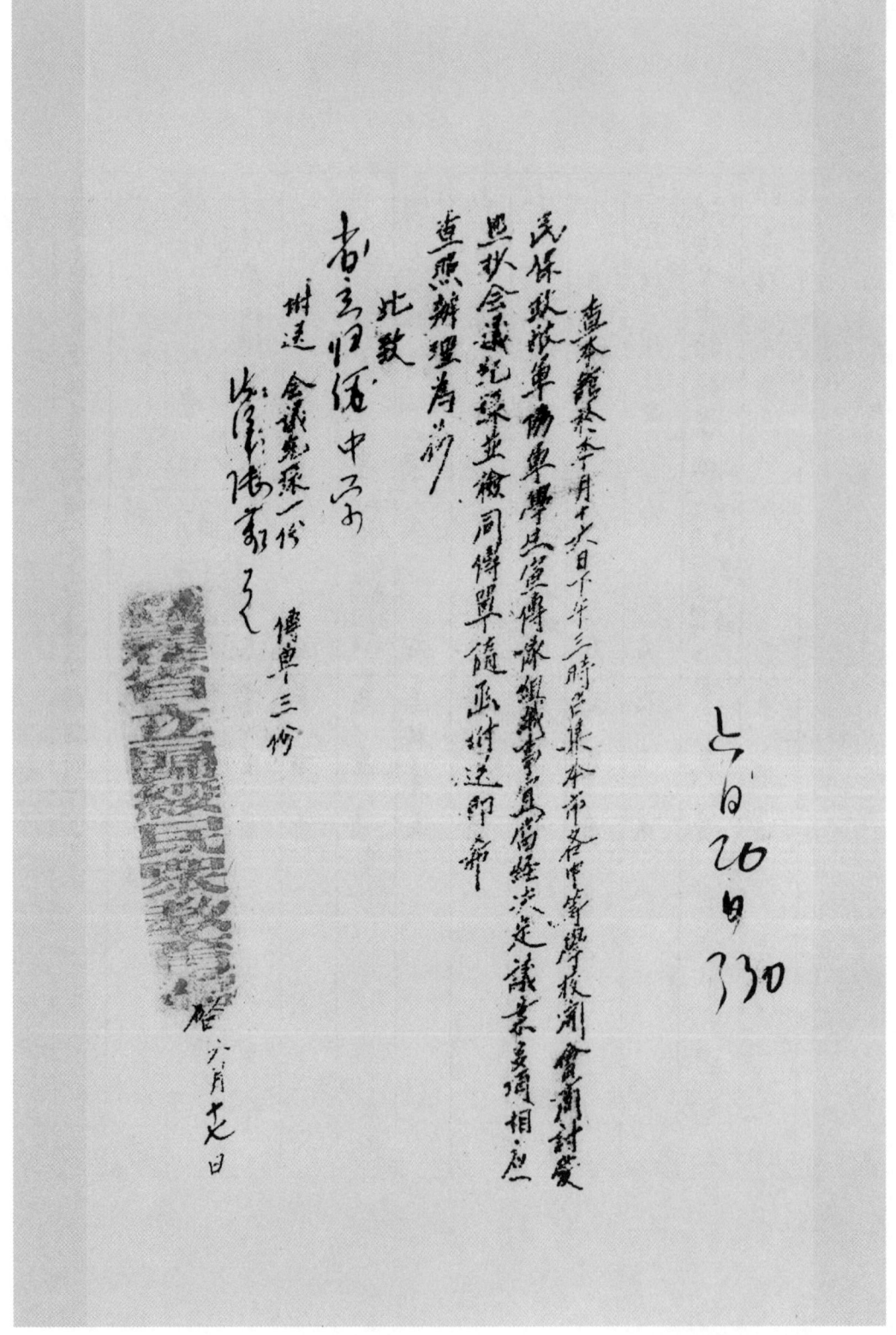

图 3-1-40 绥远省立归绥民众教育馆关于爱民保政敬军协军学生宣传队组织事宜的函（附会议记录和传单）（□年6月17日）（一）

图 3-1-40 绥远省立归绥民众教育馆关于爱民保政敬军协军学生宣传队组织事宜的函（附会议记录和传单）（□年6月17日）（二）

傳單之一

展開「愛民」「保政」運動！

敬愛的將士們：

我們這次剿匪，是為了維護人民利益，保障憲政实施，所以「愛民」「保政」就成為剿匪的兩大目標，軍人是剿匪先鋒隊，所以「愛民」「保政」這兩大任務，就要我們革命軍人勇敢的担當起來。

為什麽要愛民保政呢？

一：我们的父母、兄弟，是老百姓，我们的親戚朋友是老百姓，就是我们自己退伍還家也是老百姓。世間沒有不熱愛他父母兄弟親戚朋友的，何况人民是國家的主人翁，我們吃的人民、穿的人民，怎能不盡心竭力的愛護人民？

二：軍事是政治的手段，我们的政治目的，是要做到政治民主、经济平等。各级政府是推行政治的機構，毛匪為逞他禍國殃民的陰谋，用盡手段来摧毁我各级政府，軍人的天職是保國保民，所以一定要保護政治。

怎樣愛民？如何保政？

一：關於愛民，我们应做到（1）战場上努力殲滅害民的毛賊（2）遵守「十項紀律」絕對避免發生擾民情事（3）帮助人民修堤、築路（4）尊敬父老愛護幼小（5）帮助人民秋收春耕（6）交易要公平，態度要和藹

二：保政方面：總司令指示我们應該「掩護政治開展，保証政治成功，政治需要軍隊協助，軍隊一定要去協助」，我们應盡心保護政府、支援政府，帮助政府推行政令，而不能與政治隔閡，尤其要避免因支應等小問題與地方政府為難。

如上所述，我们能確实發揚愛民保政精神，同時人民也做到敬軍協軍，這樣子由軍愛民、民敬軍，滙聚成一支軍民一體的鉄流去殲滅萬惡的毛匪，剿匪的勝利，一定屬於我们。

綏遠各界愛民保政敬軍協軍宣傳週籌備會印

图 3-1-40　绥远省立归绥民众教育馆关于爱民保政敬军协军学生宣传队组织事宜的函（附会议记录和传单）（□年 6 月 17 日）（三）

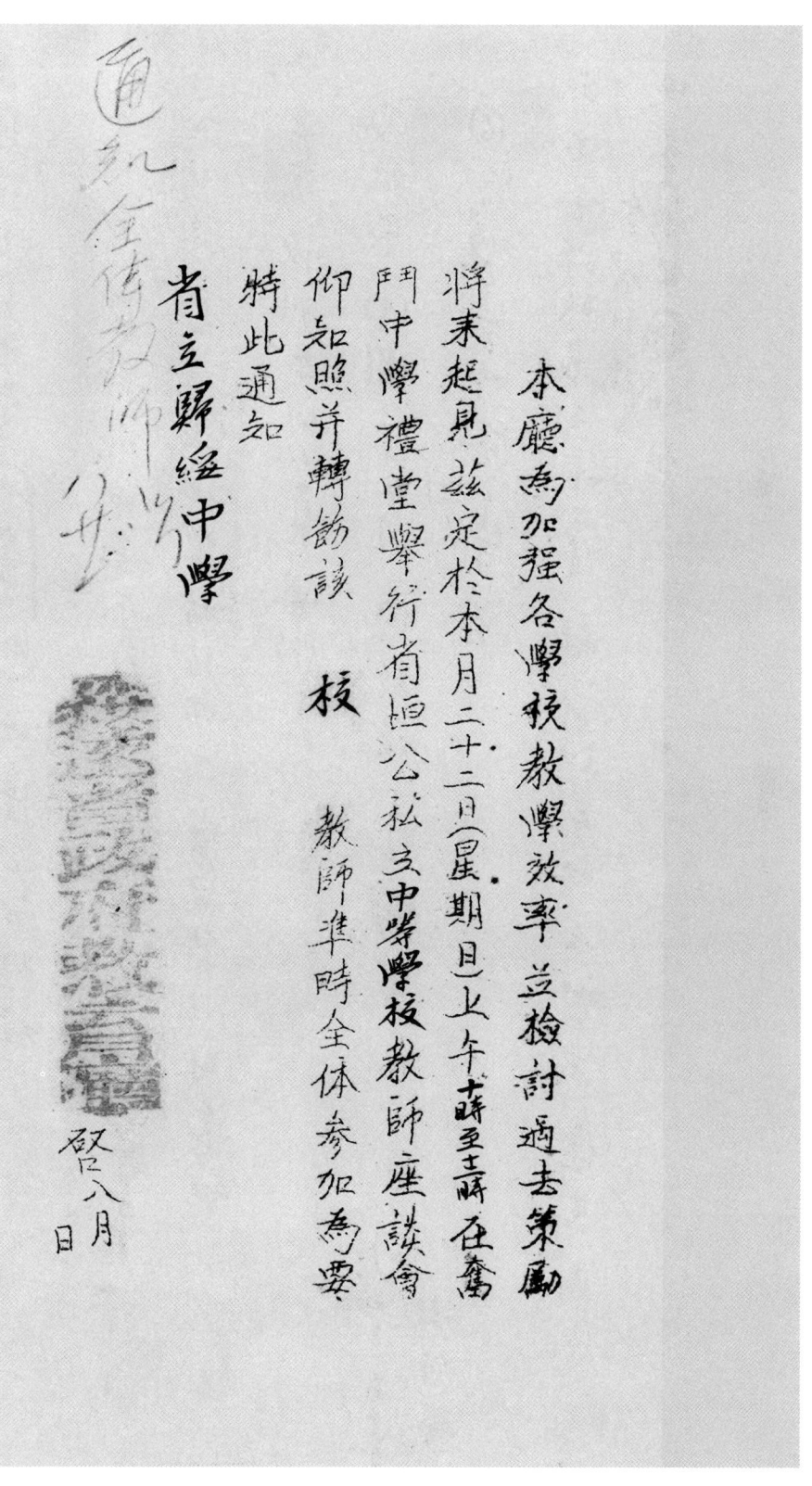

图 3-1-41　绥远省政府教育厅为举行省垣公私立中等学校教师座谈会给省立归绥中学的通知（□年 8 月 21 日）

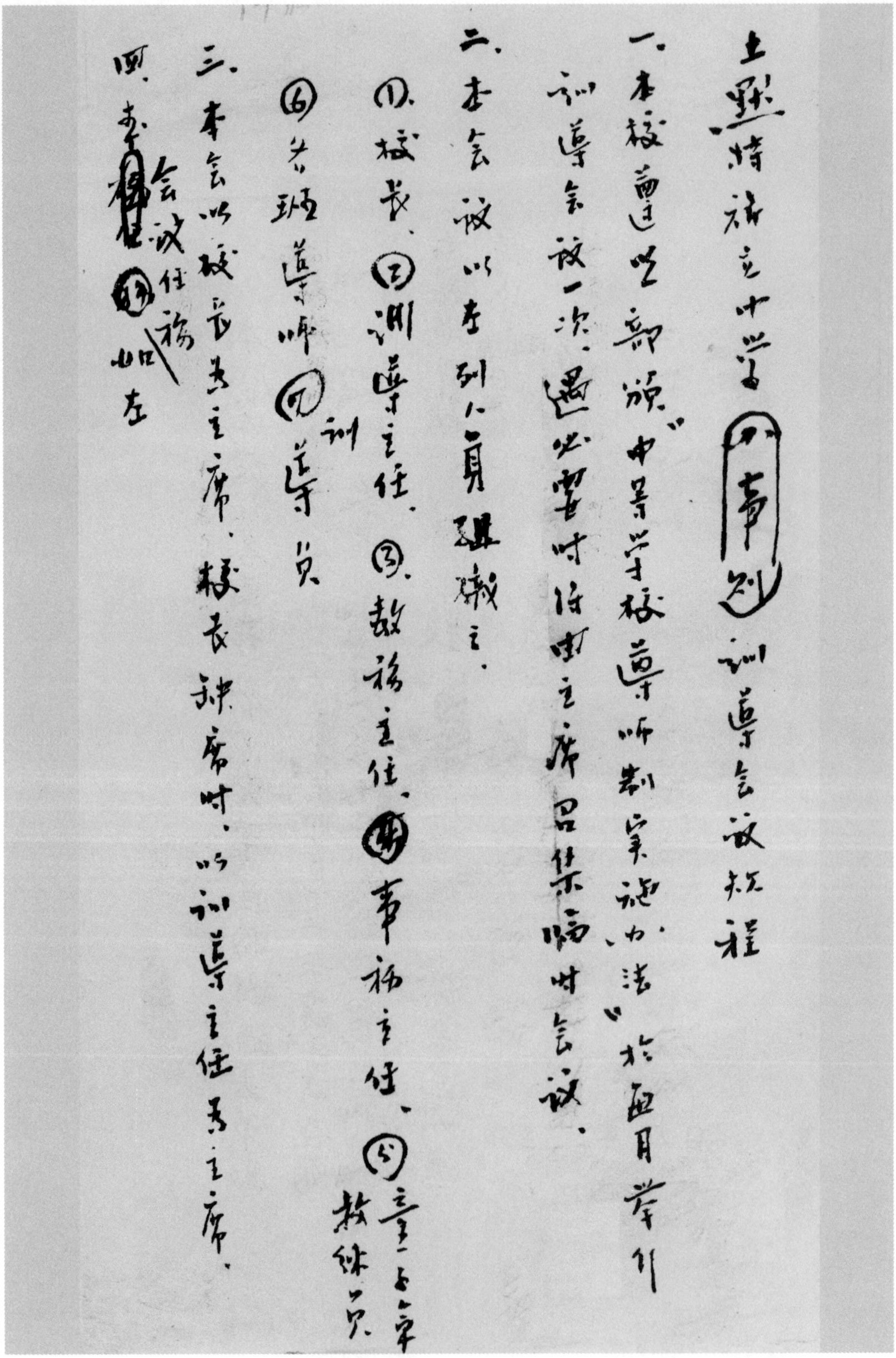

土默特旗立中学训导会议规程

一、本校遵照部颁中等学校训导师制实施办法，於每月举行训导会议一次，遇必要时得由主席召集临时会议。

二、本会议以左列人员组织之：
　校长、训导主任、教务主任、童子军教练员、级长、训育员、教员、训导员、各班导师。

三、本会议以校长为主席，校长缺席时，以训导主任为主席，训导主任缺席时，以教务主任为主席。

四、本会议任务如左：

图3-1-42　土默特旗立中学训导会议规程（一）

小宗审议事项：

(1) 各学期之训导计划
(2) 有关训导之各种章则
(3) 各级学生操行成绩
(4) 其他

乙、商讨事项：

(1) 训导环境之设备向谈
(2) 训导上应兴革事项
(3) 储置有关训导之挂图、表册、格言及其他用具
(4) 学生操行成绩考查办法
(5) 学生操行成绩评定标准

③ 关于训导方法之共同问题
④ 各级导师在训导实施上发生之疑难问题
⑤ 对於特殊学生之个别训导方法
⑥ 其他有关训导各事项

五、本会议须有校会人员三分之二以上出席方得开会。
六、本会议对校导师或其他训导人员训导成绩特优者，许按请校长转请该管教育行政机关核予奖励。
七、本会议未尽事项，由训导主任搞案术件之。
八、本规程如有未尽事宜，许按出校务会议修改之。
九、本规程自经校务会议通过之日施行。

（蒙文：?）

图 3-1-42 土默特旗立中学训导会议规程（三）

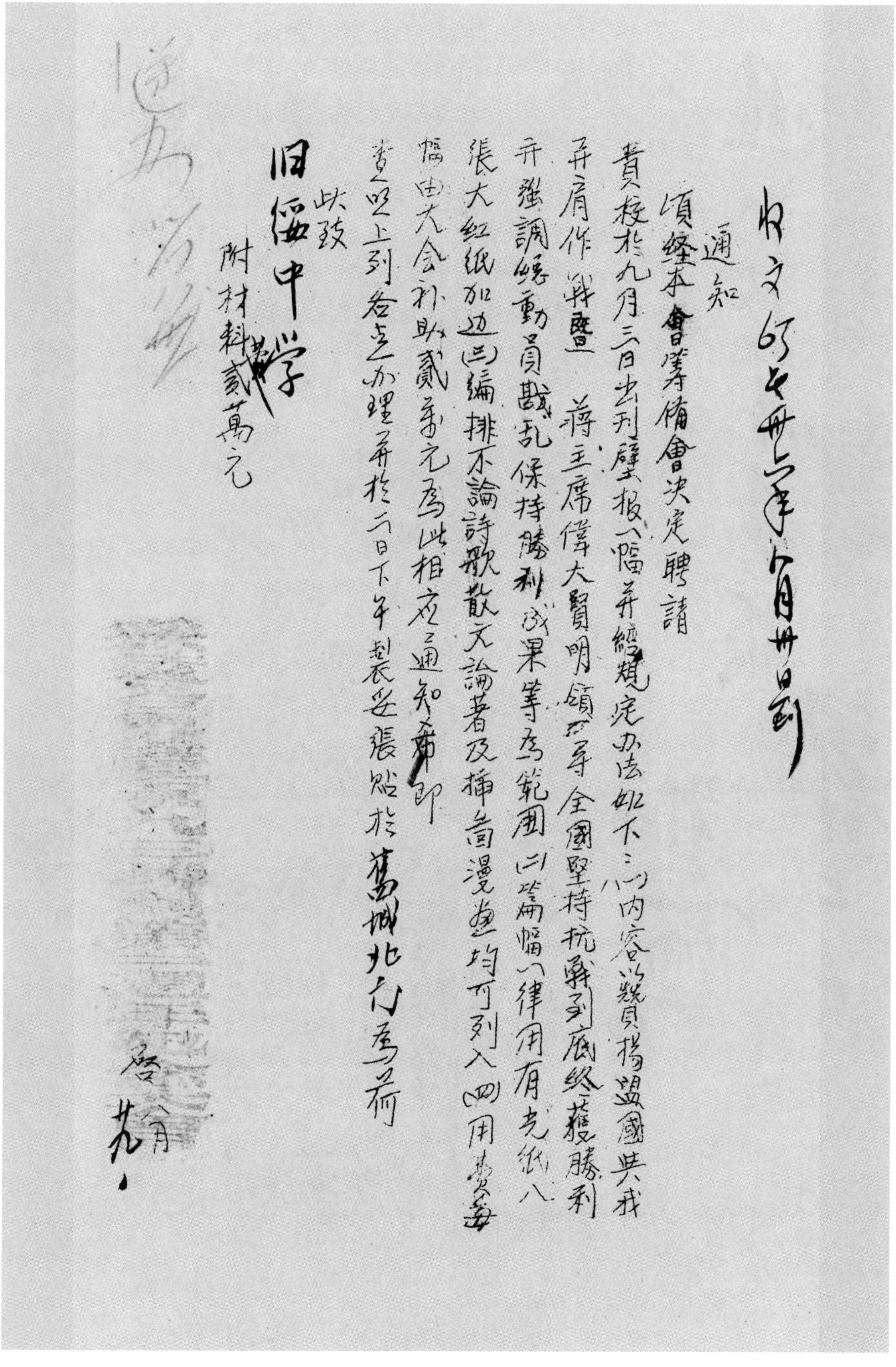

收文677 卅六年八月卅日到

通知

頃經本會籌備會決定聘請
貴校於九月三日出刊壁報一幅並經規定辦法如下：(一)內容以發揚盟國共我
並肩作戰暨 蔣主席偉大賢明領導全國堅持抗戰到底終獲勝利
並強調綏遠動員戡亂保持勝利成果等為範圍(二)篇幅一律用有光紙八
張大紅紙加邊(三)編排不論詩歌散文論著及插圖漫畫均可列入(四)用費每
幅由大會補助貳萬元為此相應通知希即
查照上列各点辦理並於二日下午製表妥張貼於舊城北門為荷

此致

歸綏中學

附材料貳萬元

啟 八月

图 3-1-43　绥远各界庆祝九三胜利第二周年纪念大会筹备会聘请归绥中学出刊壁报的通知（1947 年 8 月 29 日）

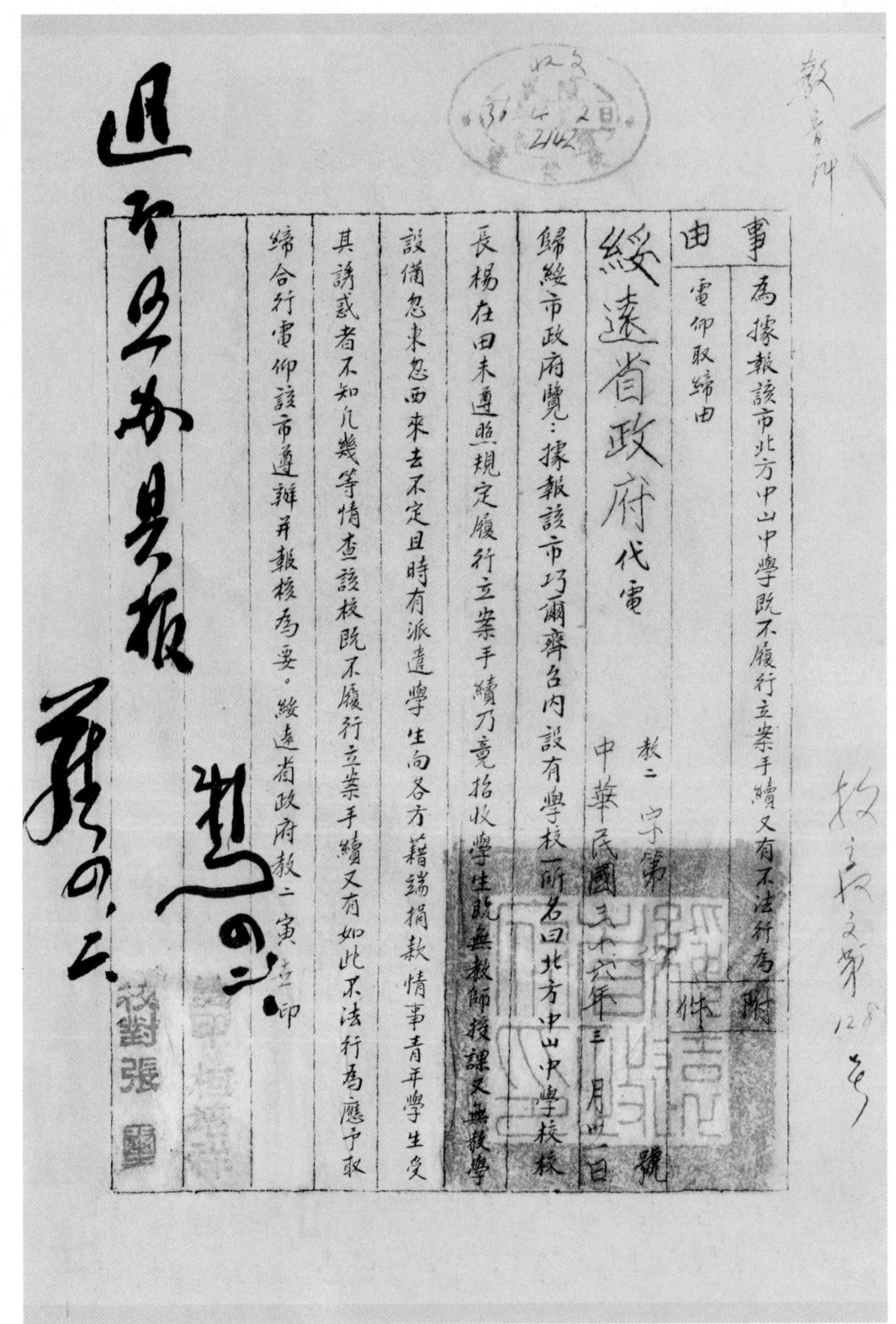

图 3-1-44 绥远省政府为北方中山学校既不履行立案手续又有不法行为应予取缔给归绥市政府代电（1947 年 3 月 31 日）

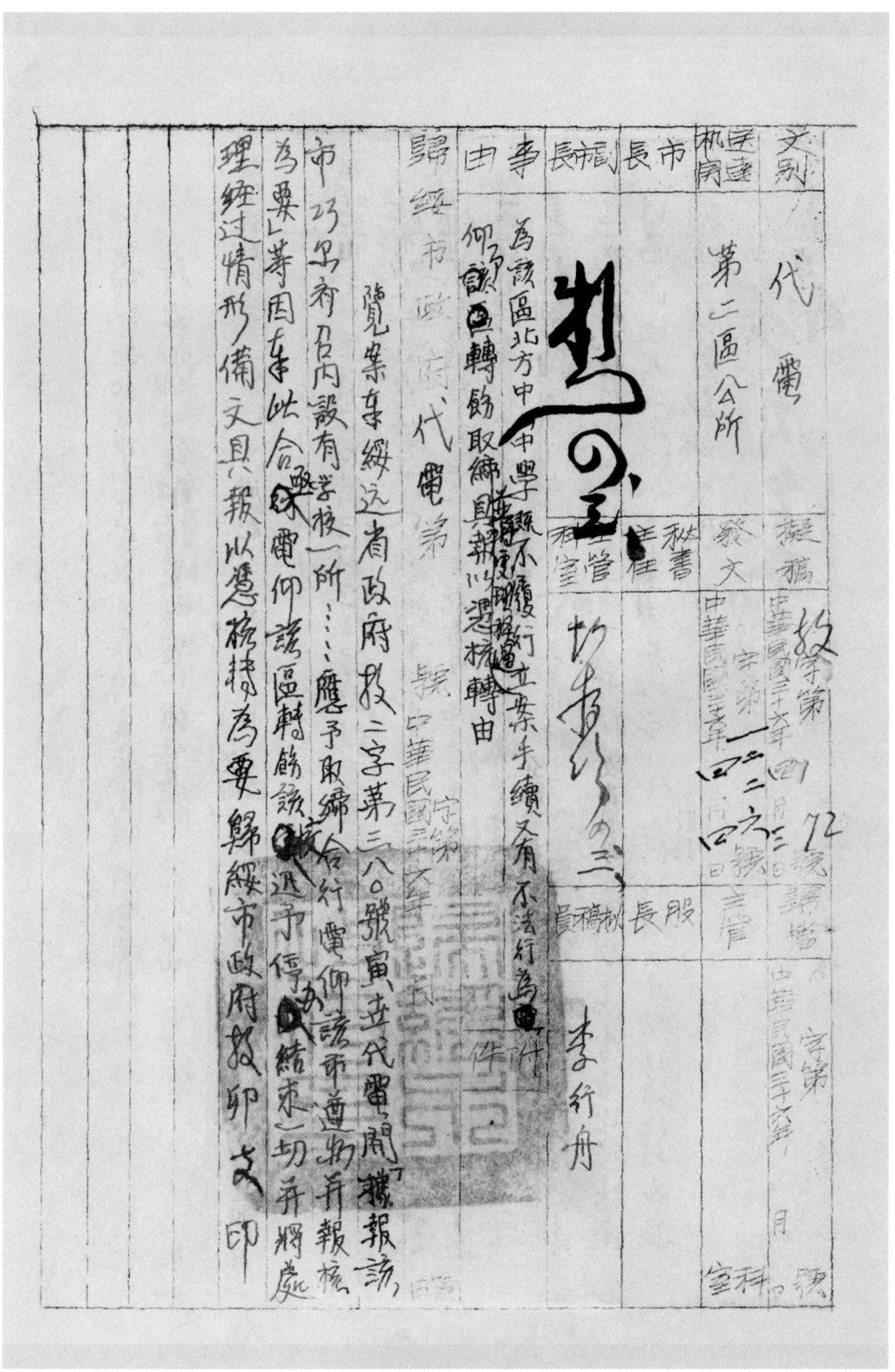

图 3-1-45 归绥市政府为取缔北方中山学校给第二区公所代电（1947年4月4日）（一）

图 3-1-45　归绥市政府为取缔北方中山学校给第二区公所代电（1947年4月4日）（二）

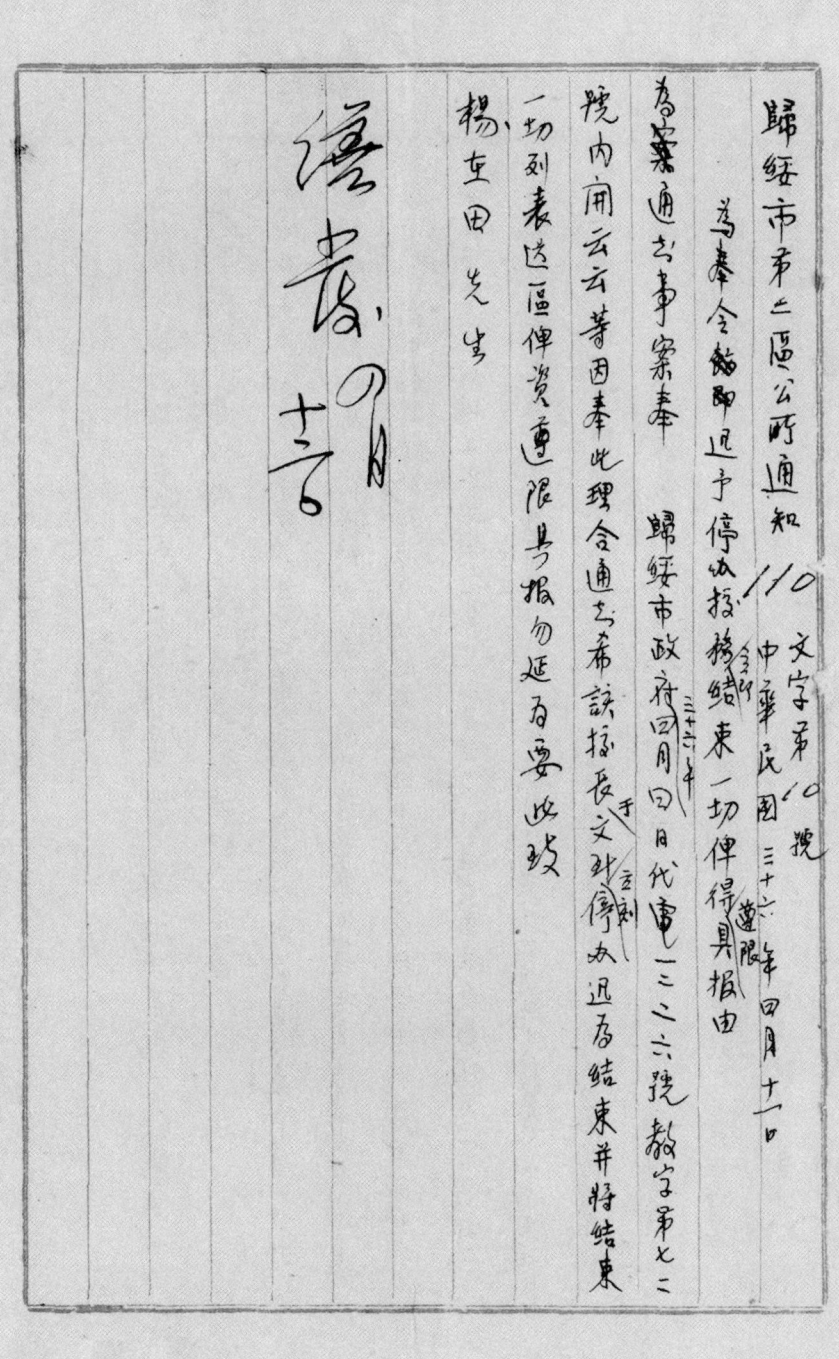

图 3-1-46　归绥市第二区公所为奉令迅予停办校务给北方中山学校校长杨在田的通知（1947 年 4 月 11 日）

情報

中華民國三十六年六月十一日
情報第二收集所

市長主副市長辦鈞鑒查楊在田查前在職匪區巧爾齊各內設有學校一所名曰北方中山中學校祇因其不履行立案手續且有不法行為曾奉鈞府代電第一二六號教字第七二號令轉飭該校停辦結束又奉代電一五四二號教字第九四號令區接辦在案查該校撥瓷原係學生自治會出錢購買誠楊某稱此係公產仍歸學校永遠使用四月十二日接交辦理迄無異言詎六月十日下午一時該楊在田率領其學生二十餘名並其自用教員鄭鴻亮（壯丁以往係商人）蜂踴前來適本區發放救濟物品之際大聲喧嘩擾攘襪亂情況十分緊張似有動武之勢當派警衛幹事偕同二分局警士二名前往排解該楊在田又至教室內大罵特罵後率人離去本日（十一日）早晨諉楊在田使其自用教員陳佩到學生家中恐嚇並聲言特將學生帶走云該校學生恐懼振憤或言躲避或言退學紛紛不安大有不堪維持之狀以上等情理合具報恭請鑒核俯予設法制止為禱

副所長 馬清和 呈

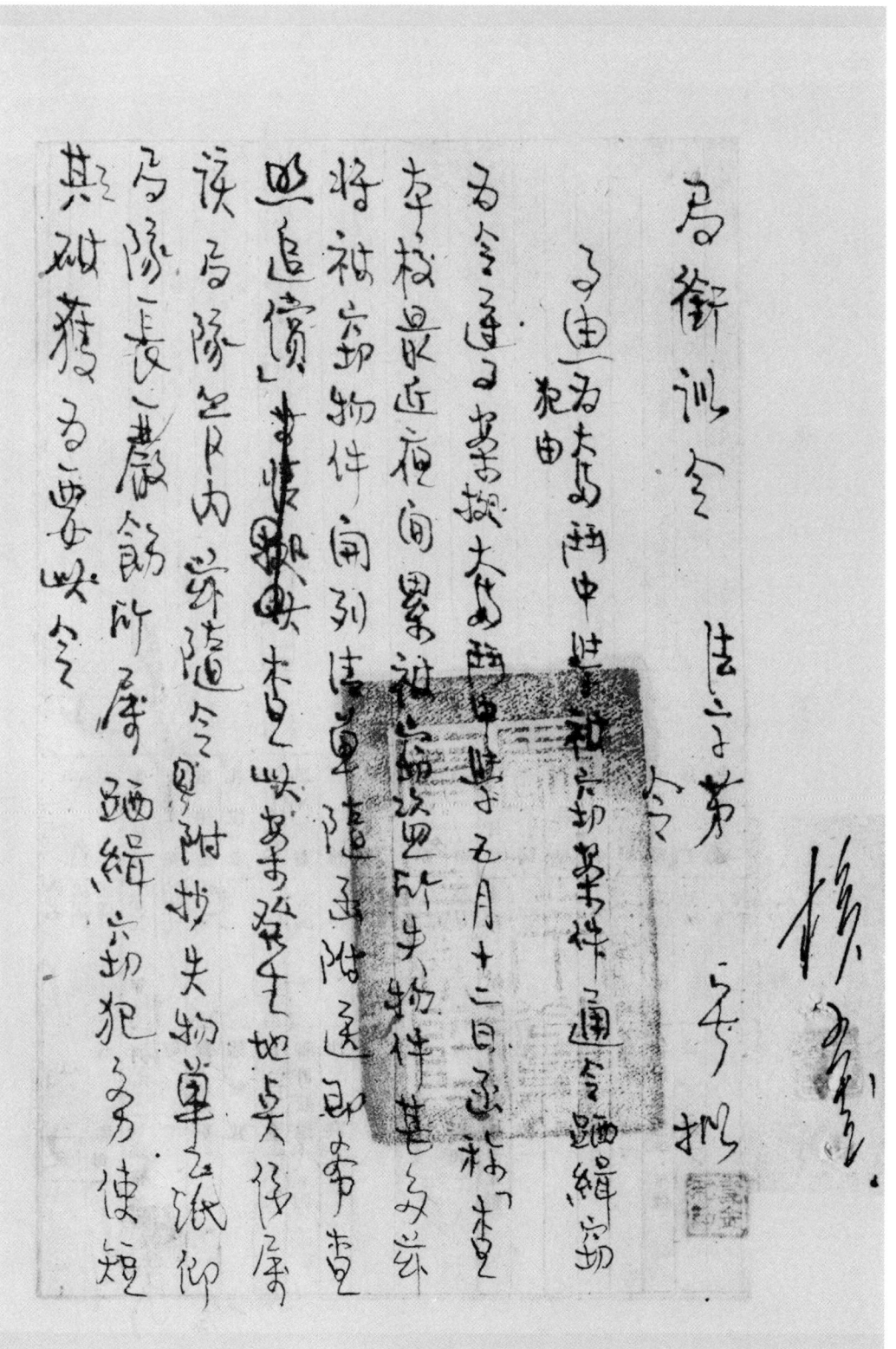

图 3-1-48 归绥市警察局关于通令踩缉奋斗中学被窃案件案犯的训令（附私立奋斗中学被窃函及被窃物件清单）（1947年5月14日）（一）

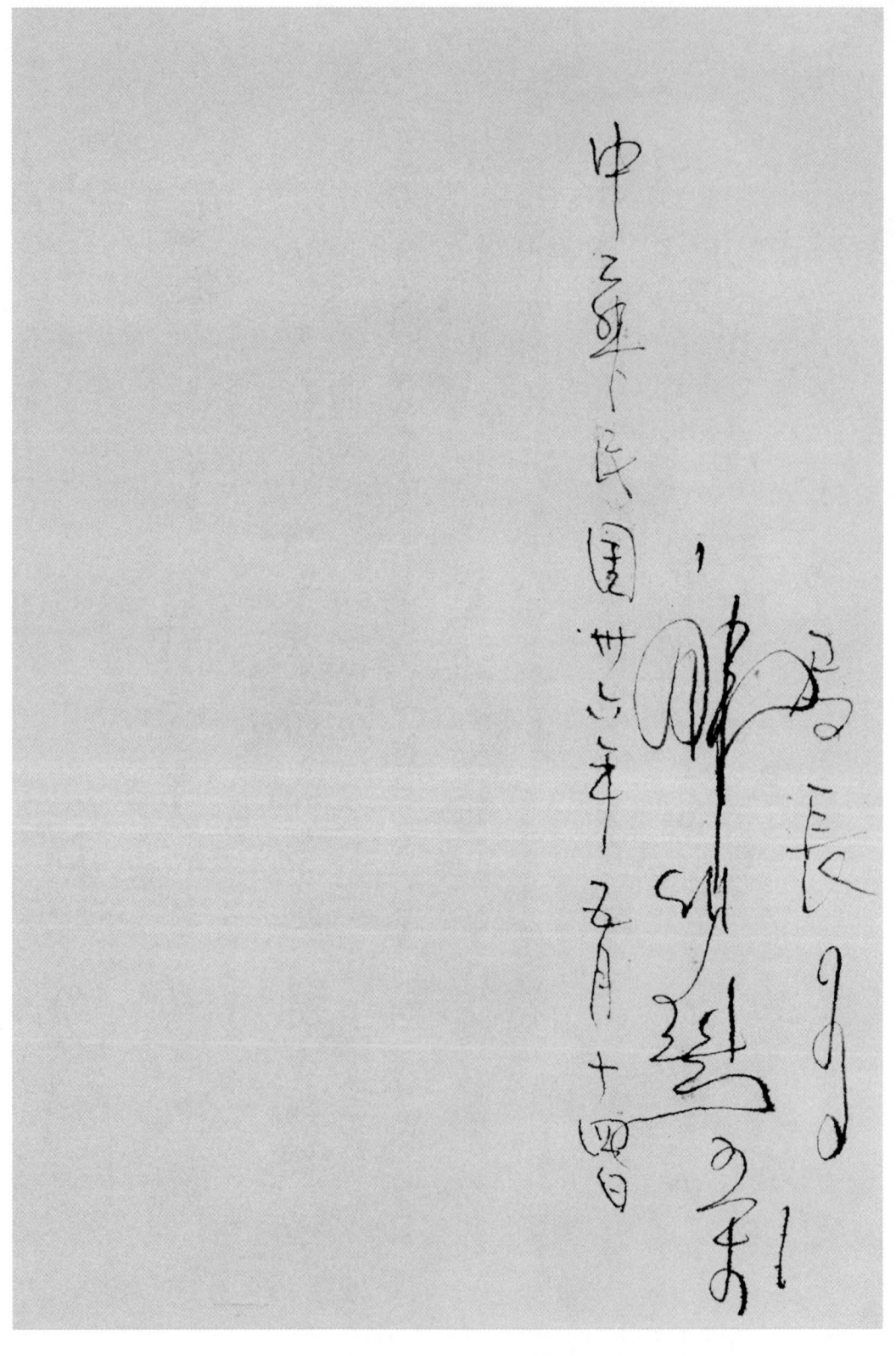

图 3-1-48 归绥市警察局关于通令踩缉奋斗中学被窃案件案犯的训令（附私立奋斗中学被窃函及被窃物件清单）（1947年5月14日）（二）

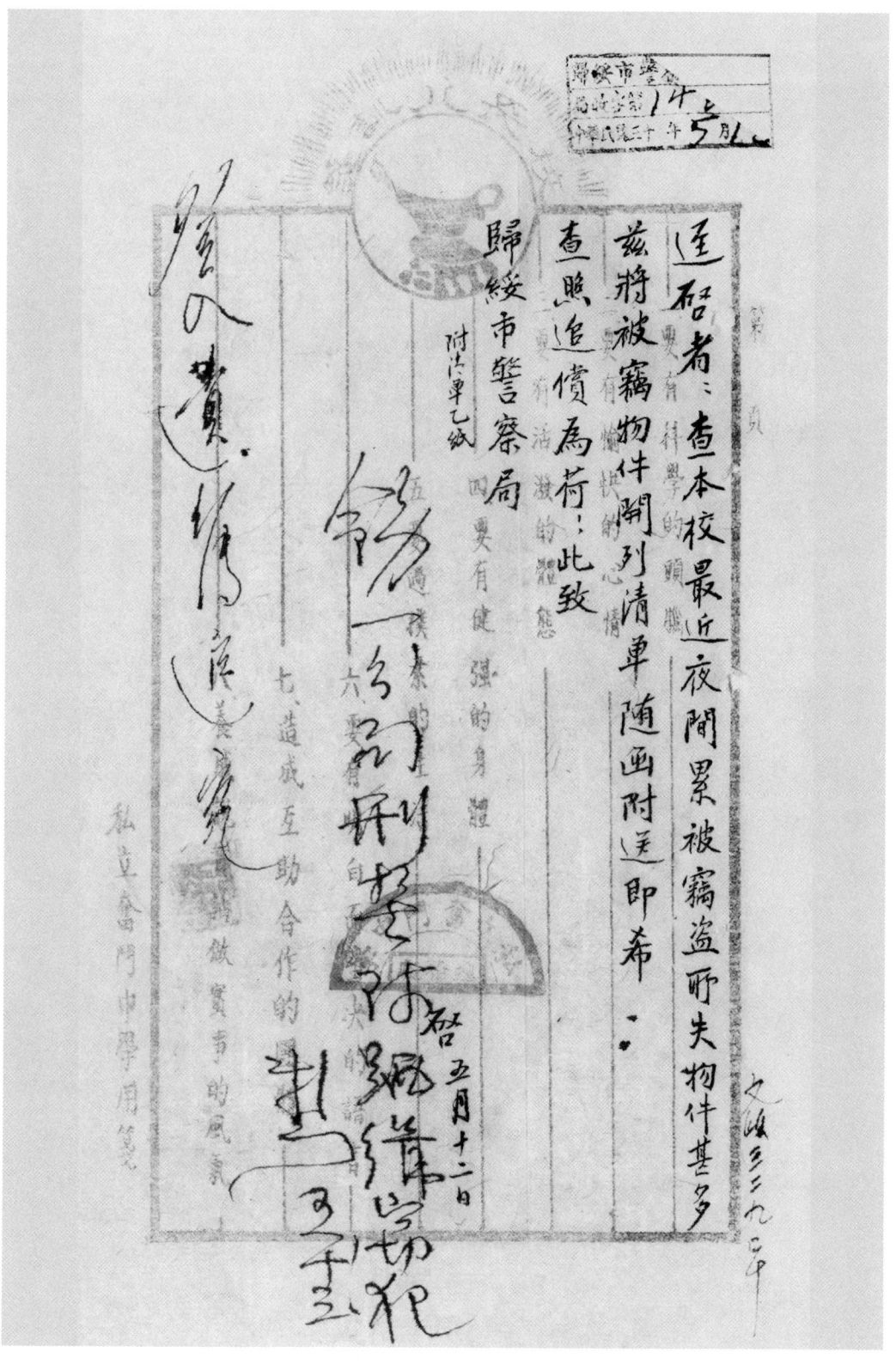

图 3-1-48　归绥市警察局关于通令踩缉奋斗中学被窃案件案犯的训令（附私立奋斗中学被窃函及被窃物件清单）（1947 年 5 月 14 日）（三）

敝校前后被窃物件开列如下：

一、女生青布青布裙裤各乙件，胶皮底鞋拾五双。

二、男友青布衣衫一套。

三、男友青布裤乙条。

四、木匠斧子叁把，铁挂乙把，铁钳乙把，锯子乙个。

五、铁锹乙把，铁镐乙个。

六、大豆约五六斗。

七、学生被子裤子毛衣（停学生被件褥）

此致

警察总局

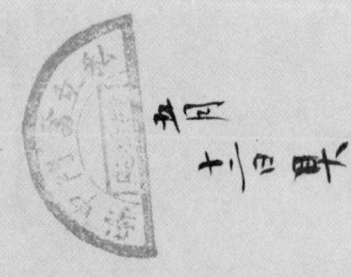

图 3-1-48 归绥市警察局关于通令踩缉奋斗中学被窃案件案犯的训令（附私立奋斗中学被窃函及被窃物件清单）（1947 年 5 月 14 日）（四）

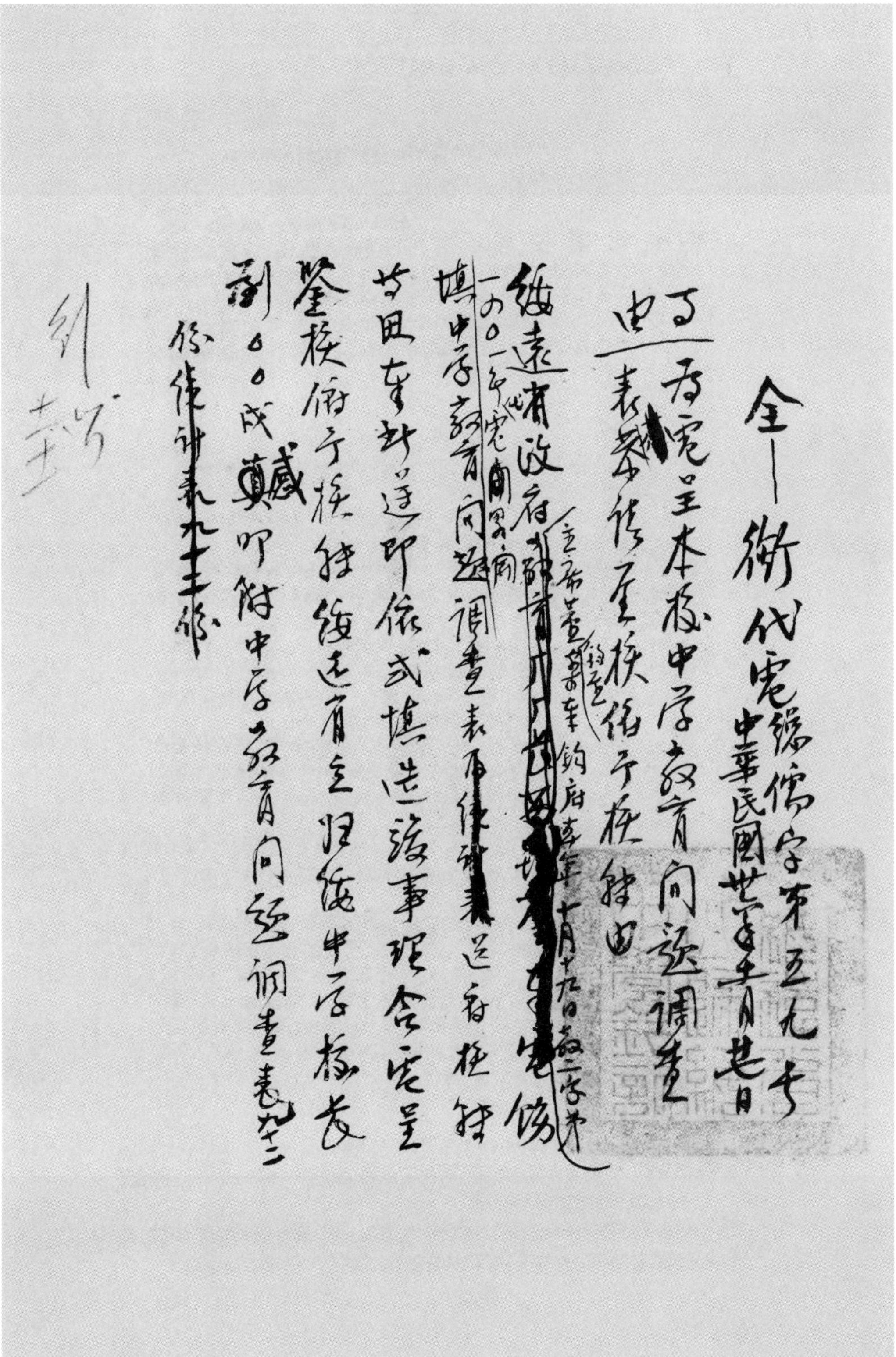
全衔代电绥归中字第五九号
中华民国卅六年十一月廿七日

图 3-1-49　绥远省立归绥中学为呈本校中学教育问题调查表致绥远省政府代电（1947 年 11 月 27 日）

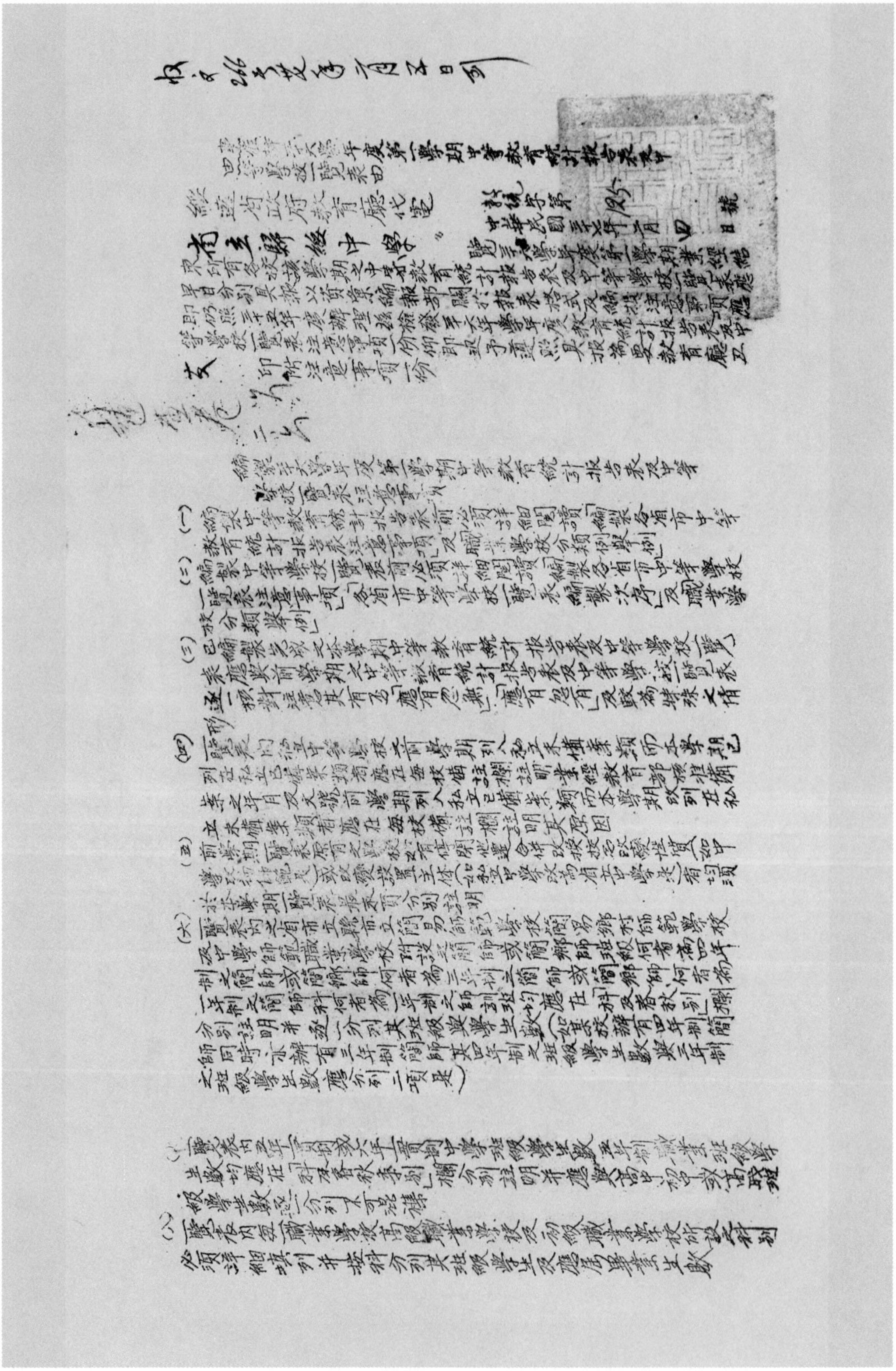

图 3-1-50 绥远省政府教育厅为催办三十六年度第一学期中等教育统计报告表及中等学校一览表给省立归绥中学代电（1948年2月4日）

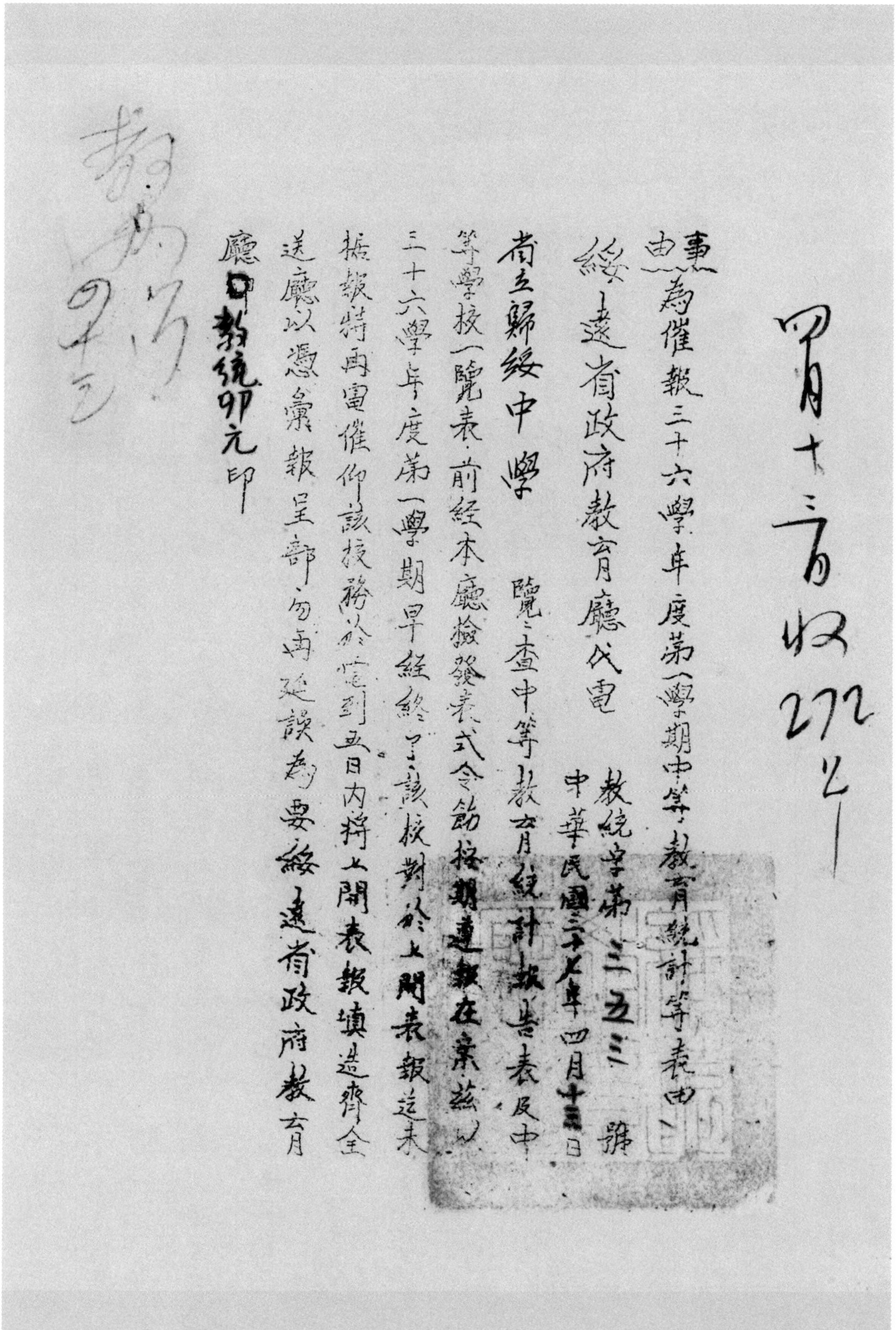

省立归绥中学：

惠为催报三十六学年度第一学期中等教育统计等表由

绥远省政府教育厅代电 教统字第三五三号 中华民国三十七年四月十三日

览查中等教育月统计报告表反中等学校一览表，前经本厅检发表式令饬三十六学年度第一学期早经终了，该校对于上开表报迄未据报，特再寅催，仰该校务于电到五日内将上开表报填造齐全送厅以凭汇报呈部，勿再延误为要。绥远省政府教育厅 印 教统卯元印

图 3-1-51 绥远省政府教育厅为催报三十六学年度第一学期中等教育统计等表给省立归绥中学代电（1948年4月13日）

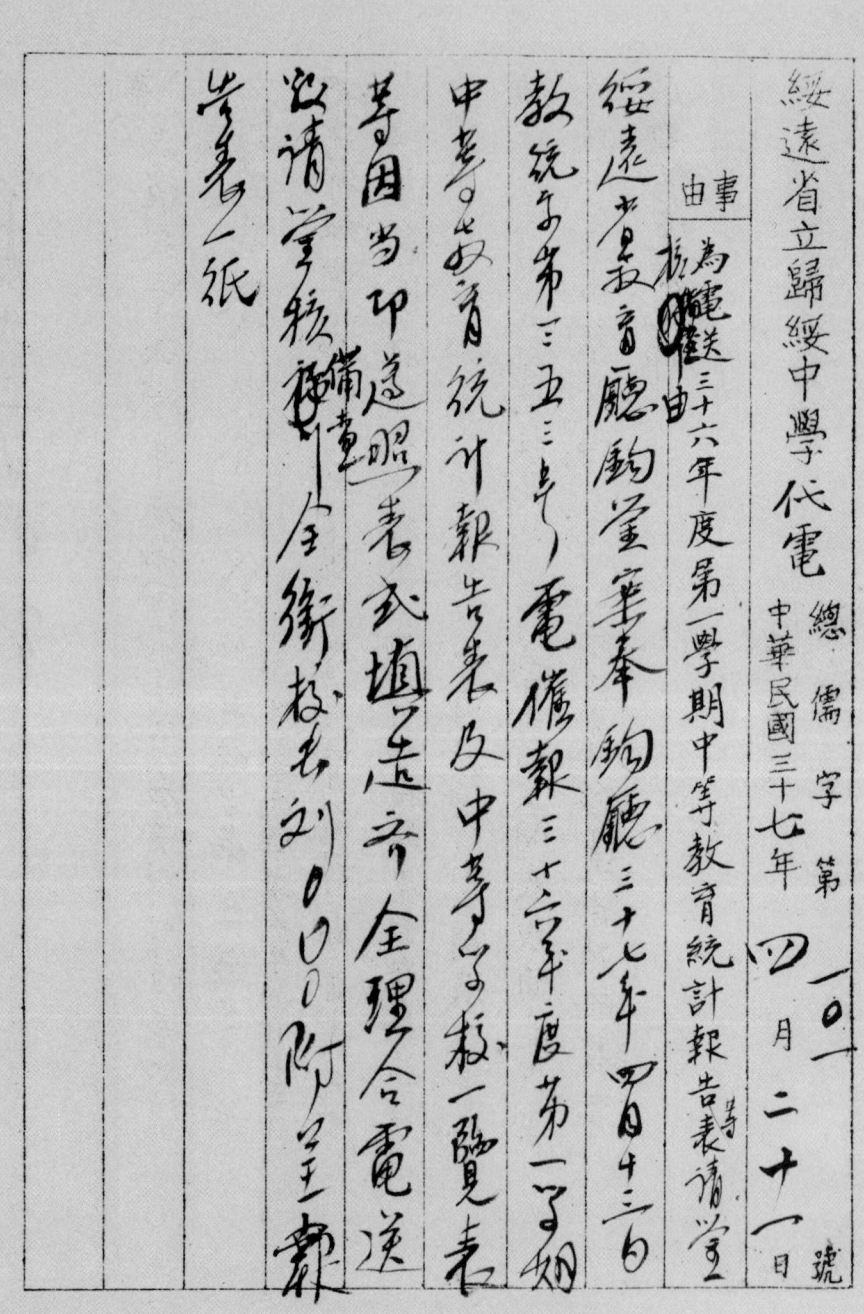

图 3-1-52　绥远省立归绥中学为报送三十六年度第一学期中等教育统计报告等表致绥远省教育厅代电（1948 年 4 月 21 日）（一）

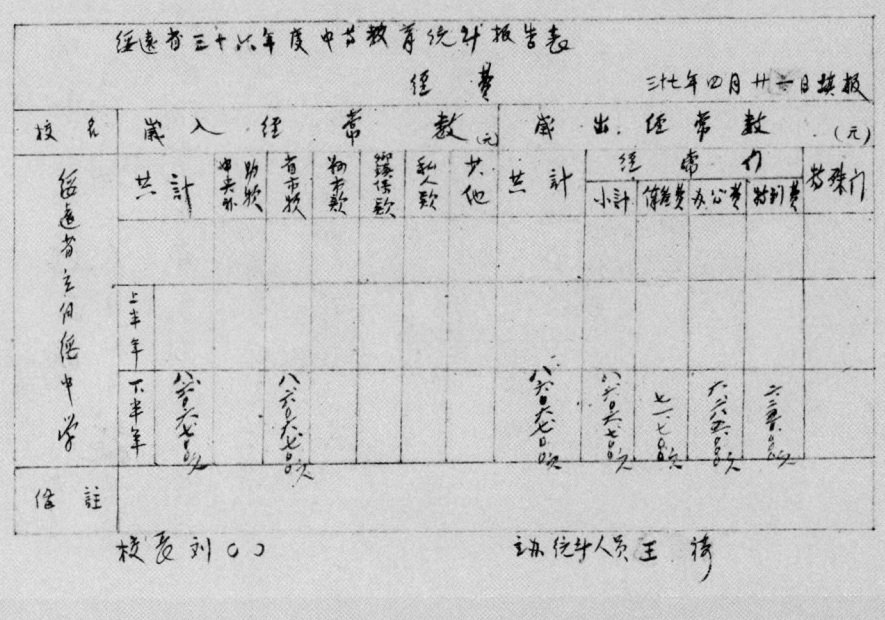

图 3-1-52　绥远省立归绥中学为报送三十六年度第一学期中等教育统计报告等表致绥远省教育厅代电（1948年4月21日）（二）

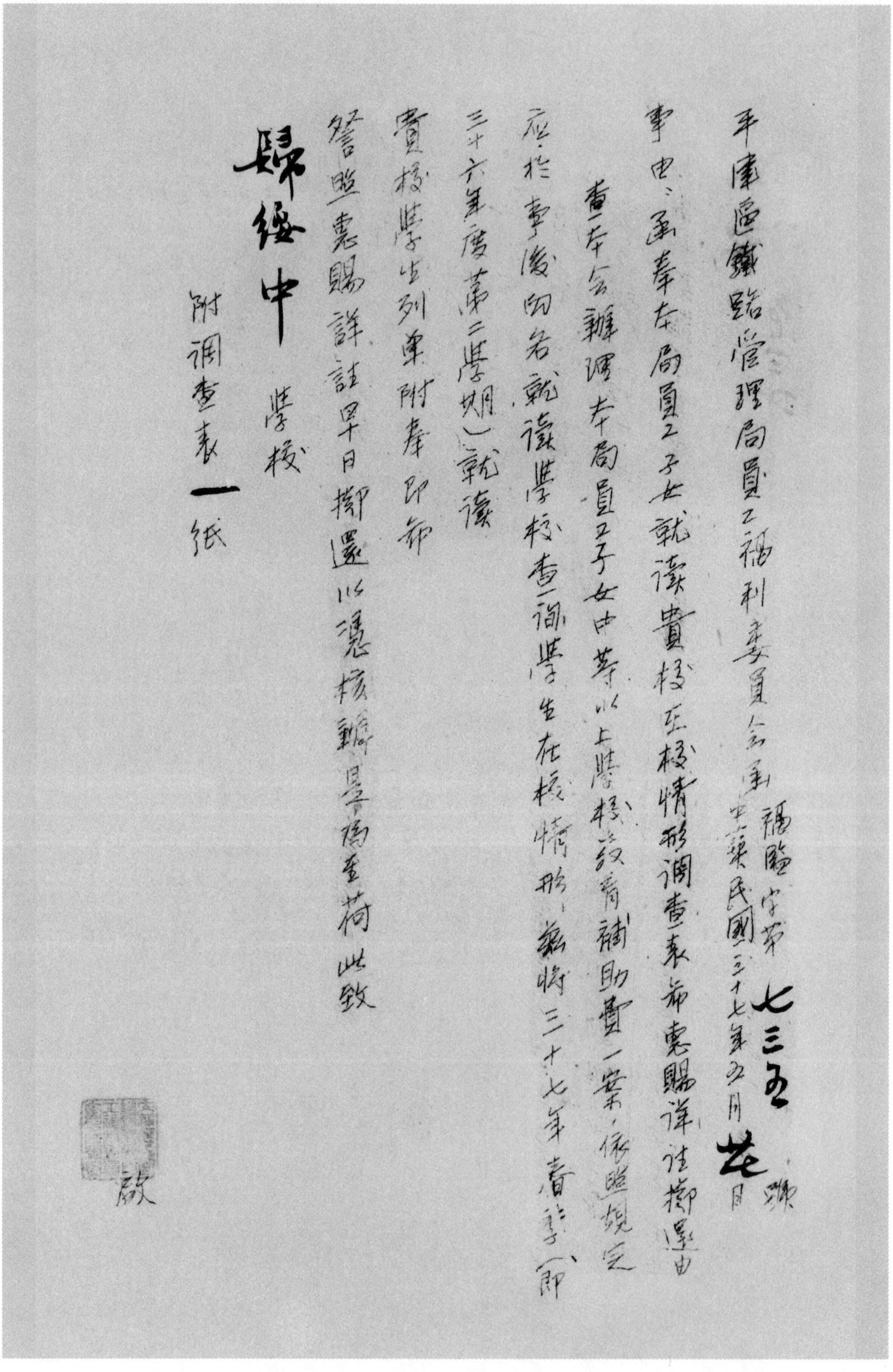

平津區鐵路管理局員工福利委員會函 福臨字第七三五號 中華民國三十七年五月 日

事由：函奉本局員工子女就讀貴校在校情形調查表希惠賜詳註擲還由

查本會辦理本局員工子女由中等以上學校致贈補助費一案，依照規定應於事後向各就讀學校查詢學生在校情形，茲將三十七年春季（即三十六年度第二學期）就讀貴校學生列柬附奉即希

賞校詳列柬附奉即希

鑒照惠賜詳註早日擲還以憑核辦是荷此致

歸綏中學學校

附調查表一紙

图3-1-53 平津区铁路管理局员工福利委员会为调查员工子女就读情形致归绥中学校函（1948年5月27日）

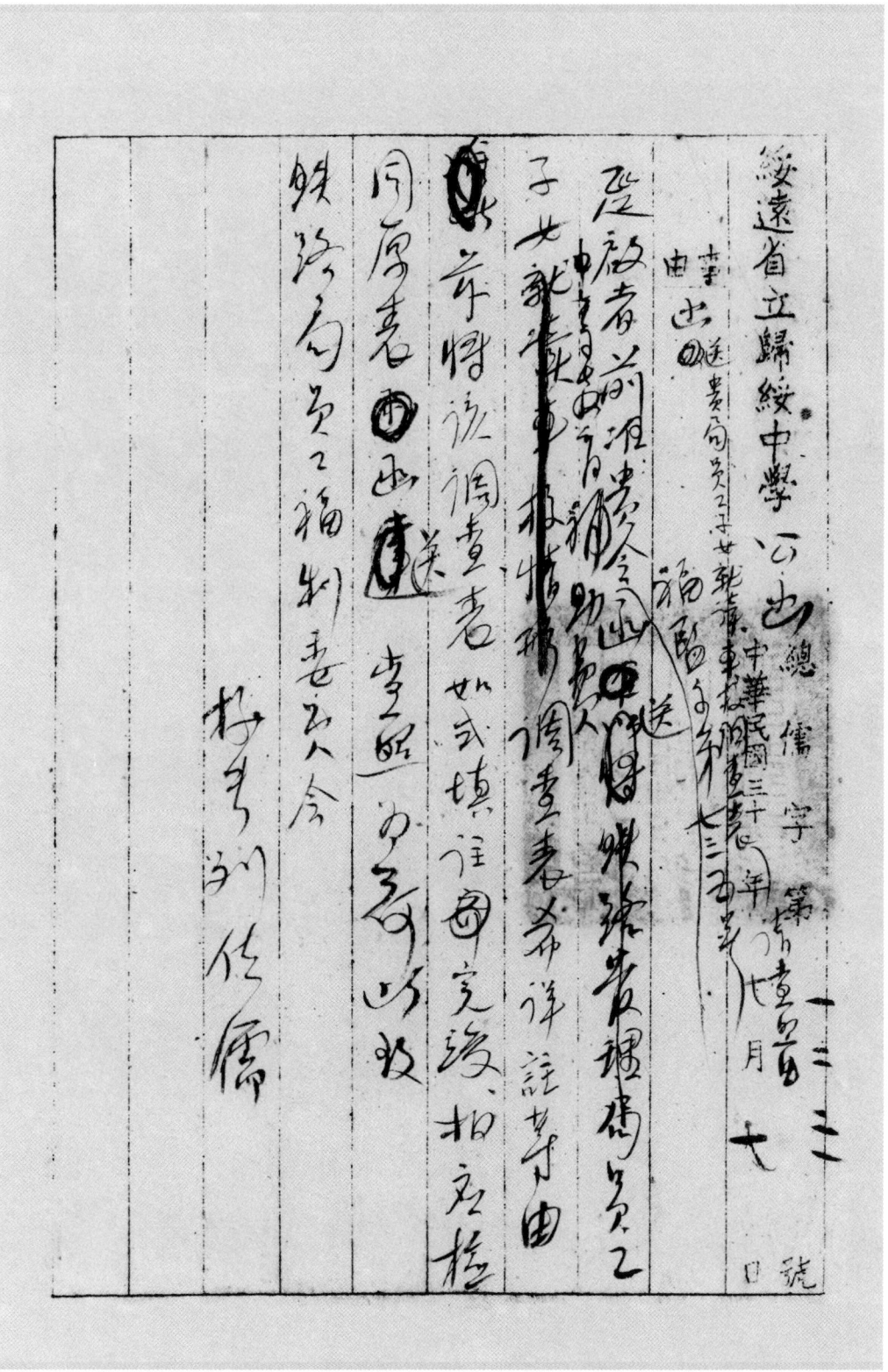

图 3-1-54 绥远省立归绥中学为送员工子女就读调查表致平津区铁路管理局员工福利委员会公函（1948年7月7日）

绥远省政府教育厅代电

学字第　　　号

中华民国三十七年九月　　日

省立归绥中学：

事由：电饬迅将该校优良概况列表呈报以便汇呈由

奉教育部中字四三八〇三号代电开本部为改进中等教育提高中等学校水准亟须调查研究各省市优良之公立中等学校情形该厅就所属公立中等学校选择历史悠久成绩卓著设备充实师资优良之男校女校各一所依照所发优良中等学校概况表所开事项於文到一週内列表徵报部核但即建筑共拜等因奉此查该校历史悠久成绩卓著合行抄原表随电附发令仰该校於文到三日内详细查报以便彙转为要绥远省政府教育厅东印附优良中等学校概况表式一份

图 3-1-55　绥远省政府教育厅为迅将学校优良概况列表呈报给省立归绥中学代电（附优良公立学校概况表）（1948 年 9 月 1 日）（一）

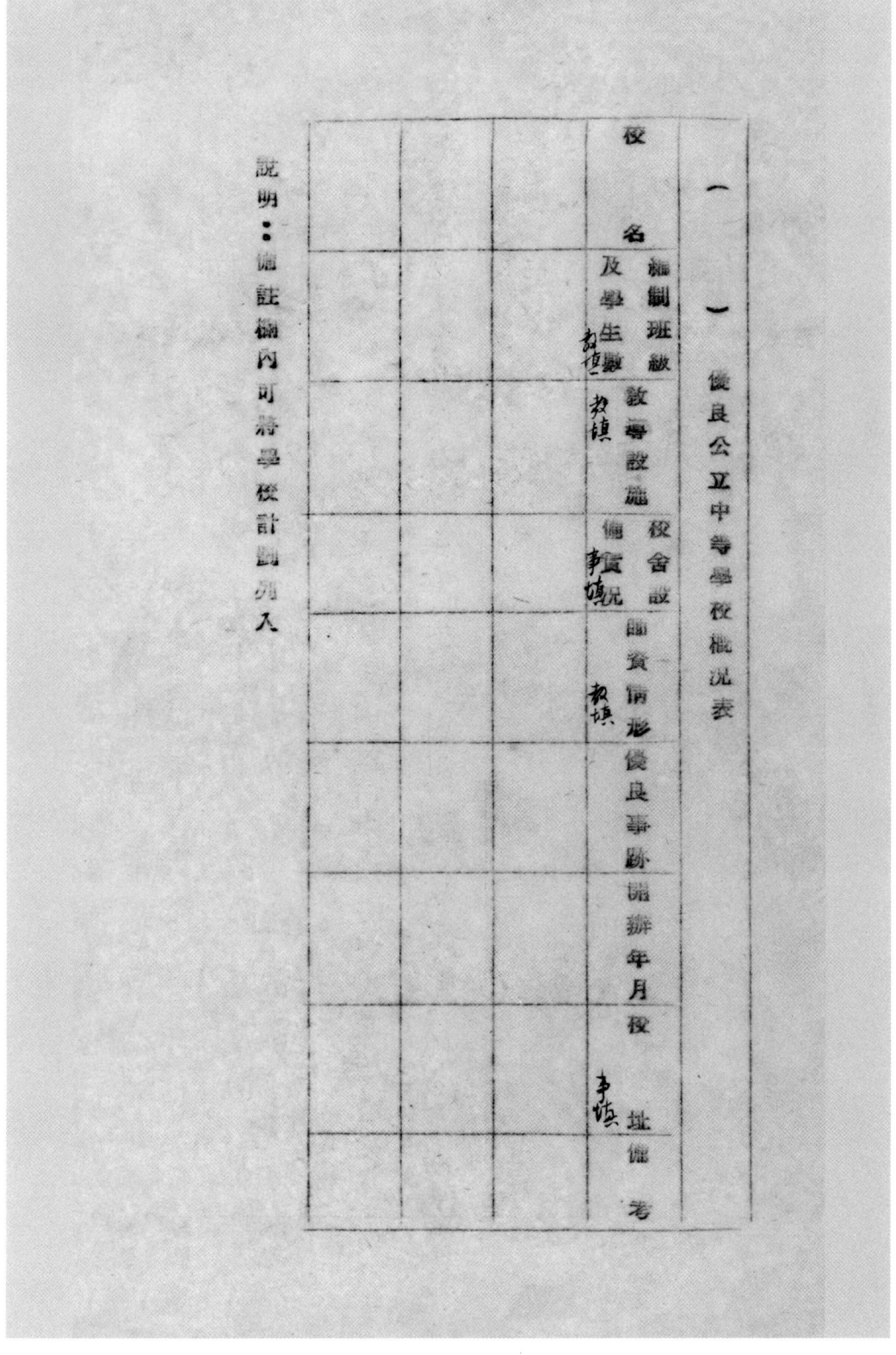

图 3-1-55 绥远省政府教育厅为迅将学校优良概况列表呈报给省立归绥中学代电（附优良公立学校概况表）（1948年9月1日）（二）

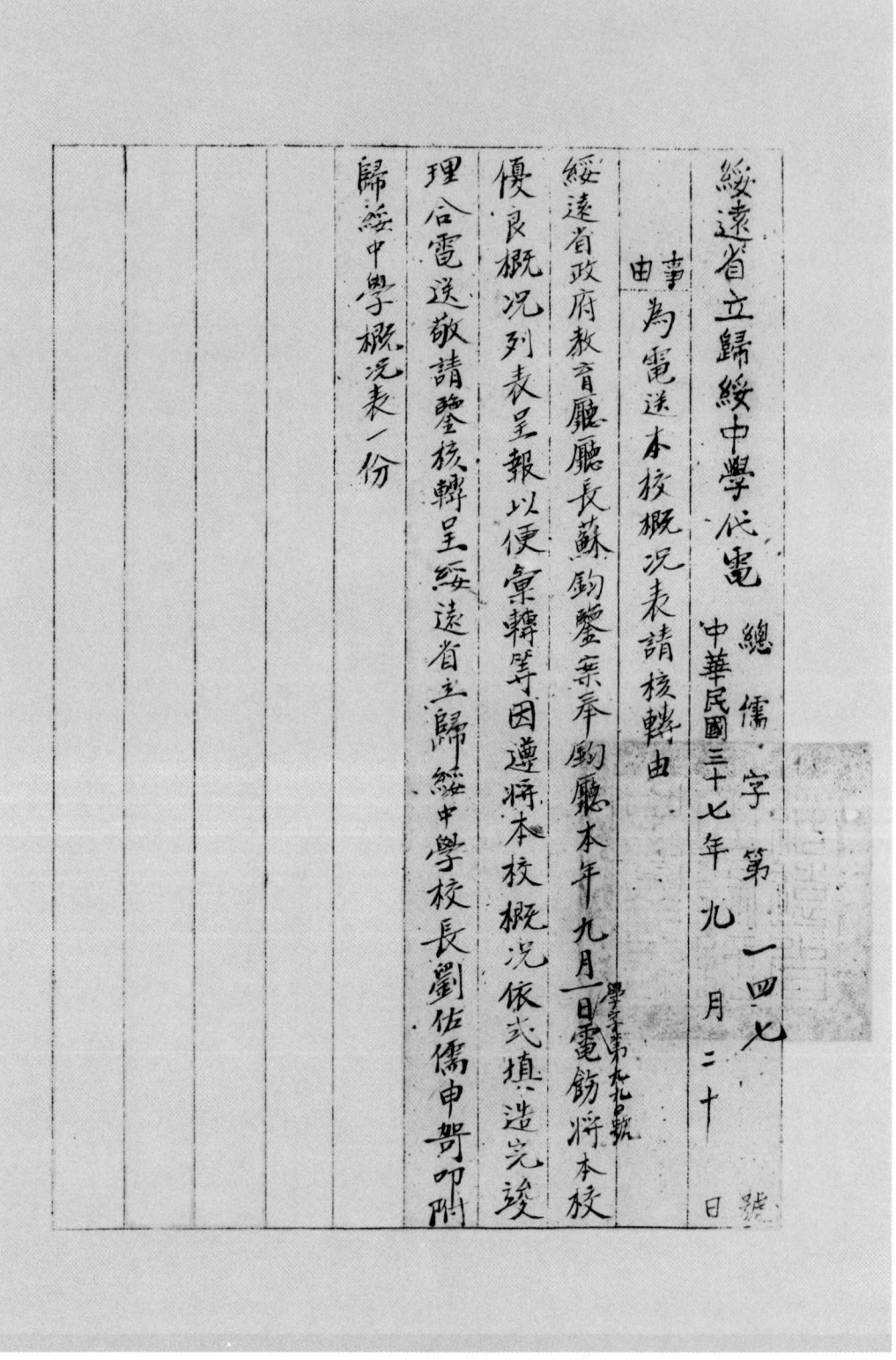

图 3-1-56 绥远省立归绥中学为呈报学校概况表致绥远省政府教育厅代电（1948年9月20日）

二 经费管理

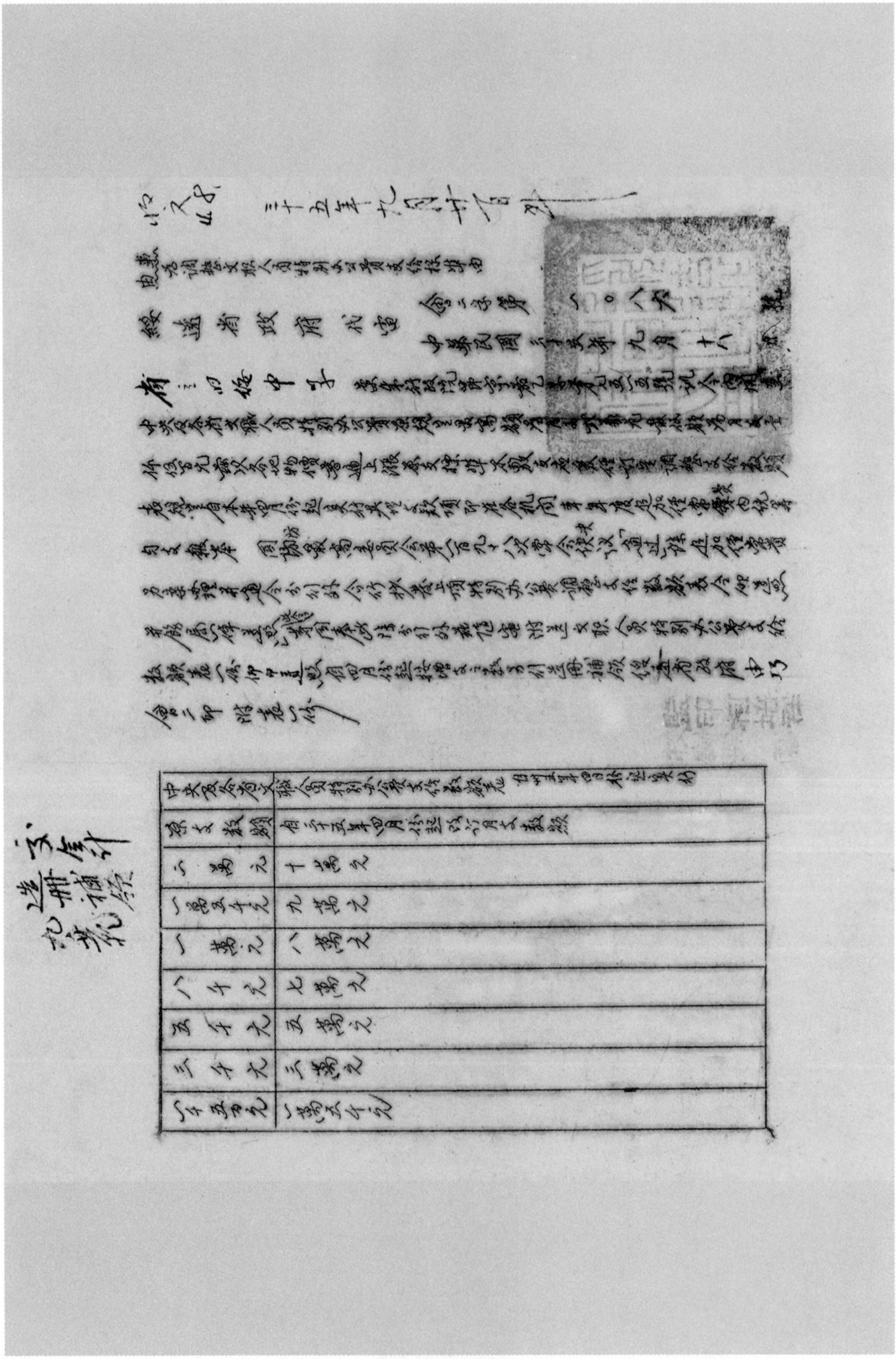

原支数额	自三十五年四月份起改订数额
六万元	十万元
一万五千元	九万元
一万元	八万元
八千元	七万元
五千元	五万元
三千元	三万元
一千五百元	一万五千元

图 3-2-1　绥远省政府为调查教职人员特别办公费支给标准给省立归绥中学代电（1946 年 9 月 18 日）

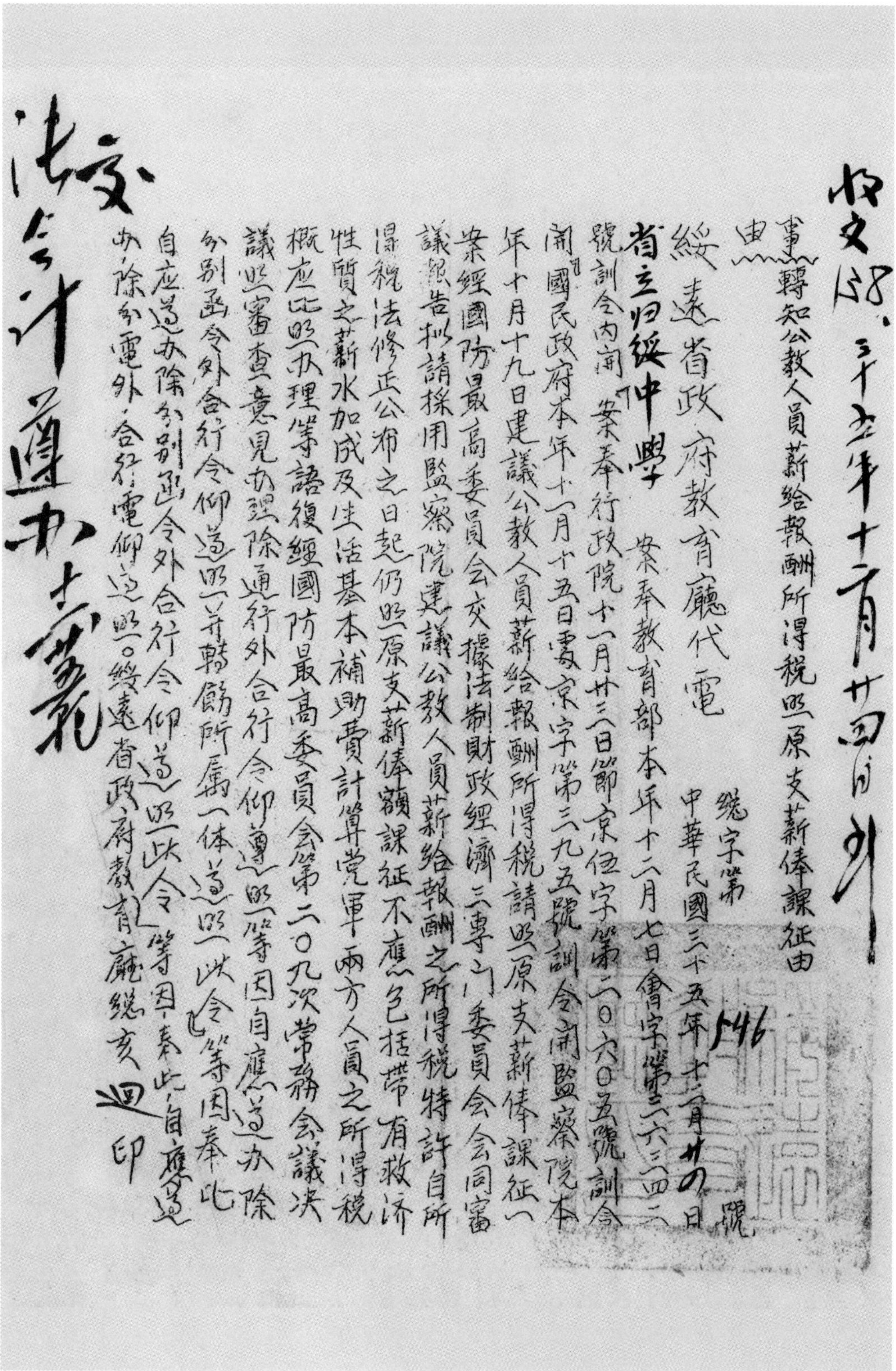

省立归绥中学

案奉行政院十一月廿三日节京伍字第三九五号训令开案奉教育部本年十二月七日会字第二○六○五号训令开奉监察院本年十月十九日建议公教人员薪给报酬所得税请照原支薪俸课征一案经国民政府本年十一月十五日渝京字第三九五号训令内开案经国防最高委员会交据法制财政经济三专门委员会同审议拟请采用监察院建议公教人员薪给报酬之所得税特许自所得税法修正公布之日起仍照原支薪俸课征不应包括带有救济性质之米薪水加成及生活基本补助费计算并党军两方人员之所得税概应照此办理等语复经国防最高委员会第二○九次常务会议决议照审查意见办理除通行外合行令仰遵照等因自应遵办除分别函令外合行令仰遵照等因奉此自应遵办除分别函令外合行令仰遵照等因奉此自应遵办除分别电令外合行电仰遵照。绥远省政府教育厅 继亥 迴 印

图 3-2-2 绥远省政府教育厅为转公教人员薪给报酬所得税照原支薪俸课征给省立归绥中学代电（1946年12月24日）

事由 為公教人員定額薪資所得稅由四月一日起扣繳由

會二字第四四二號

綏遠省政府會計處代電 中華民國三十七年四月卅日

歸綏中學會計室：

查第二類乙項公教人員定額薪資所得稅業經本處會二字第三五號代電通知各機關自本年元月一日起按月扣繳在案茲閱財政部署綏區直接稅局歸綏分局經直一字第〇卷五鴻公告「查第二類乙項公教軍警人員定額薪資所得稅業經本局呈奉財政部本年四月十七日電以此項薪資所得稅准信山月十日起按其實每月金部新津按率課徵等因除扣繳稅率計算公式前經函送外特此公告」等由除扣繳稅率計採公式前經函送外特電達知仰即遵照為要 綏遠省政府會計處（37）卯卅辰 會二印

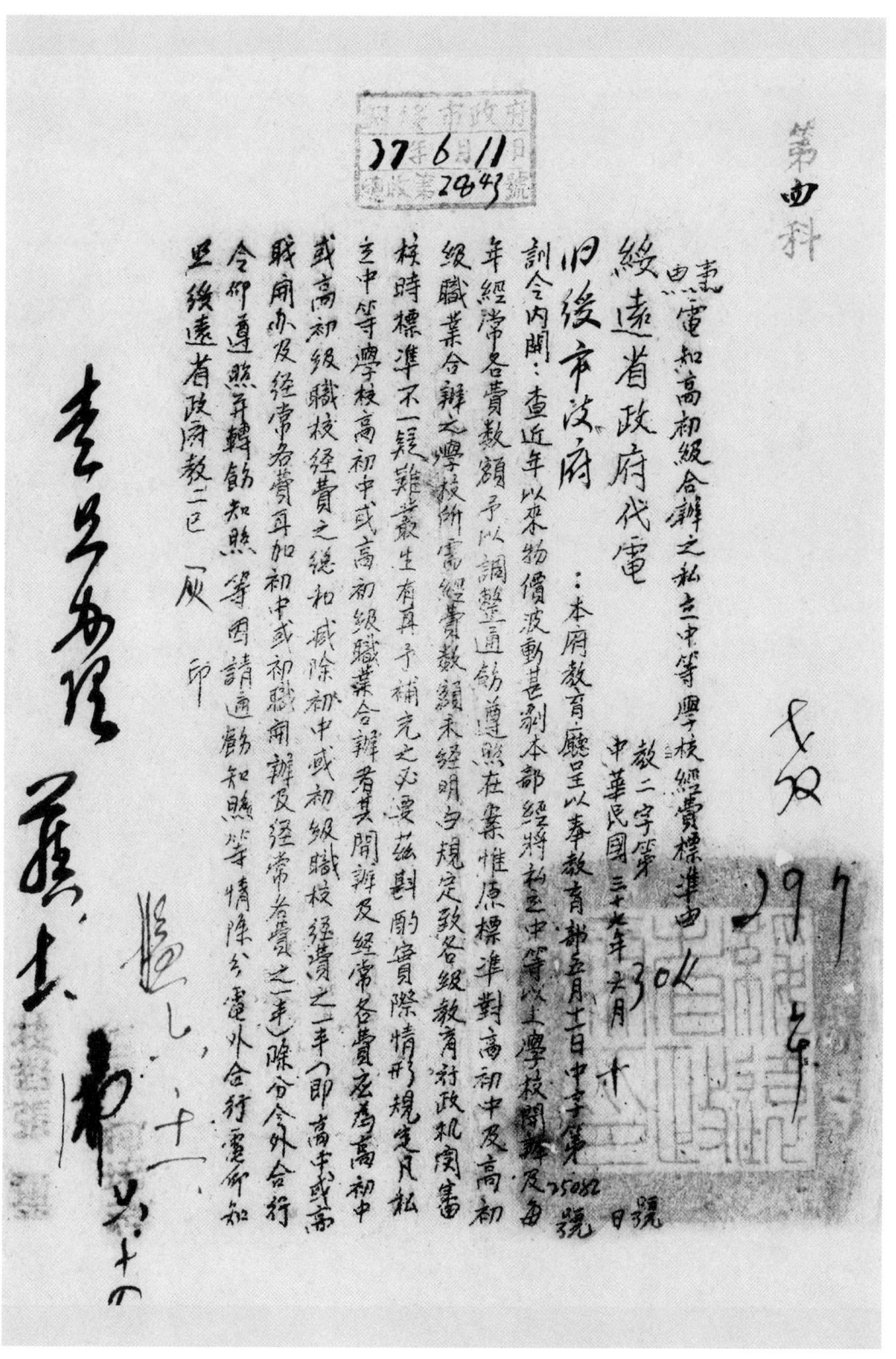

图 3-2-4 绥远省政府为知照高初级合办之私立中等学校经费标准致归绥市政府代电（1948年6月10日）

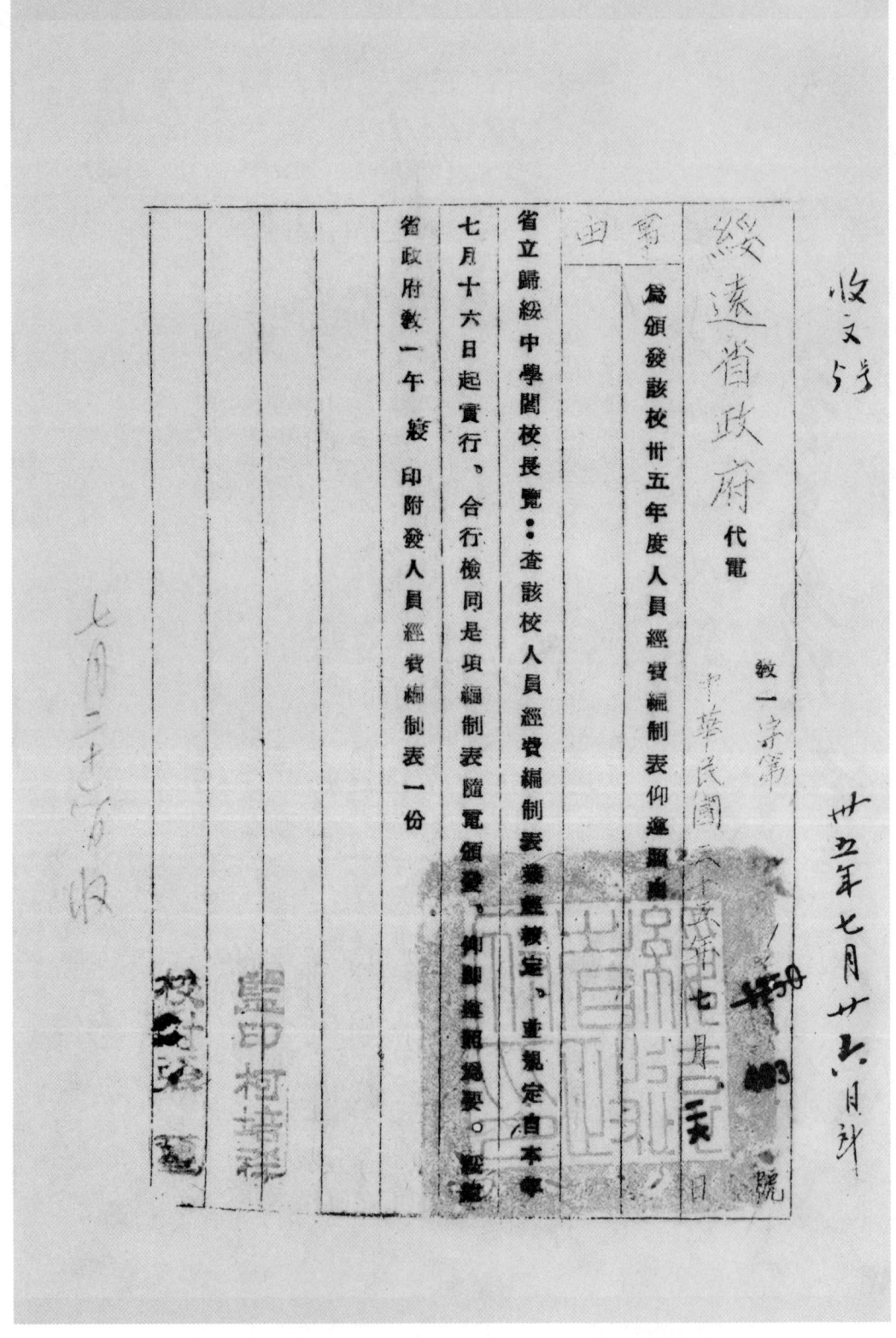

图 3-2-5 绥远省政府为颁发该校三十五年度人员经费编制表给省立归绥中学代电（附编制表）（1946年7月26日）（一）

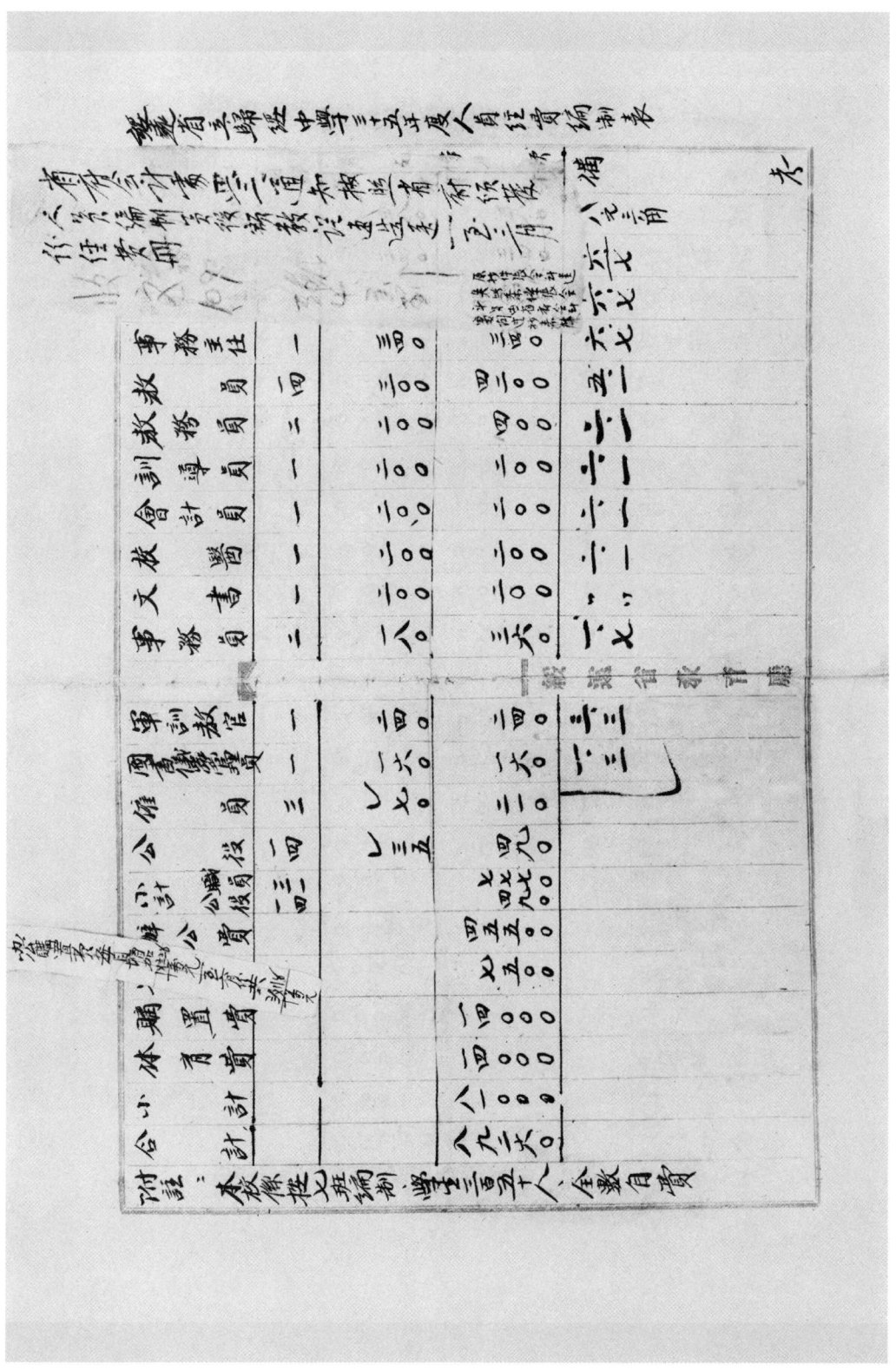

图 3-2-5 绥远省政府为颁发该校三十五年度人员经费编制表给省立归绥中学代电（附编制表）（1946年7月26日）（二）

图 3-2-5 绥远省政府为颁发该校三十五年度人员经费编制表给省立归绥中学代电（附编制表）（1946年7月26日）（三）

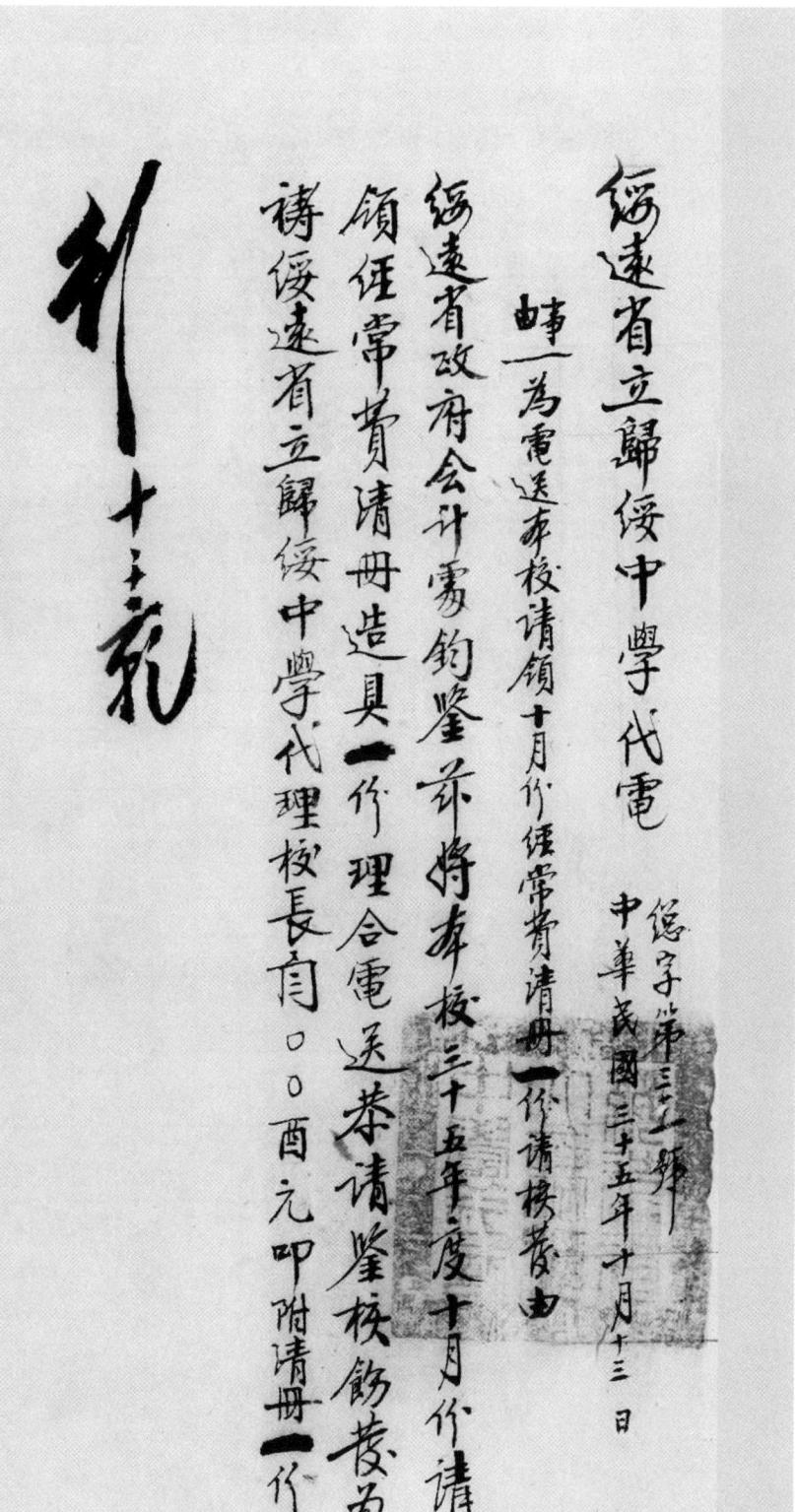

图 3-2-6 绥远省立归绥中学为呈送请领十月份经常费清册致绥远省政府会计处代电（附清册）（1946年10月13日）（一）

图 3-2-6　绥远省立归绥中学为呈送请领十月份经常费清册致绥远省政府会计处代电（附清册）（1946年10月13日）（二）

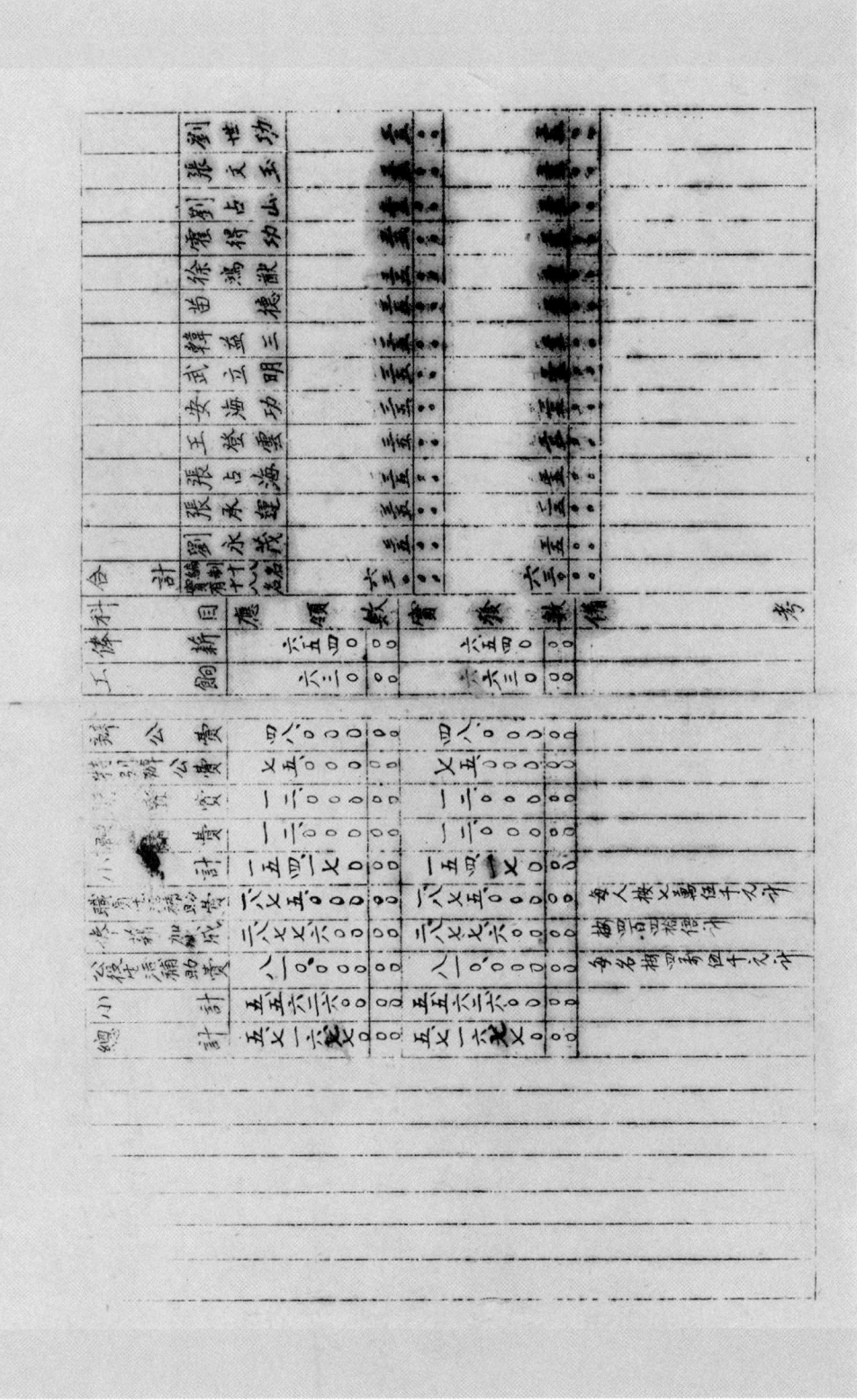

图 3-2-6 绥远省立归绥中学为呈送请领十月份经常费清册致绥远省政府会计处代电（附清册）（1946 年 10 月 13 日）（三）

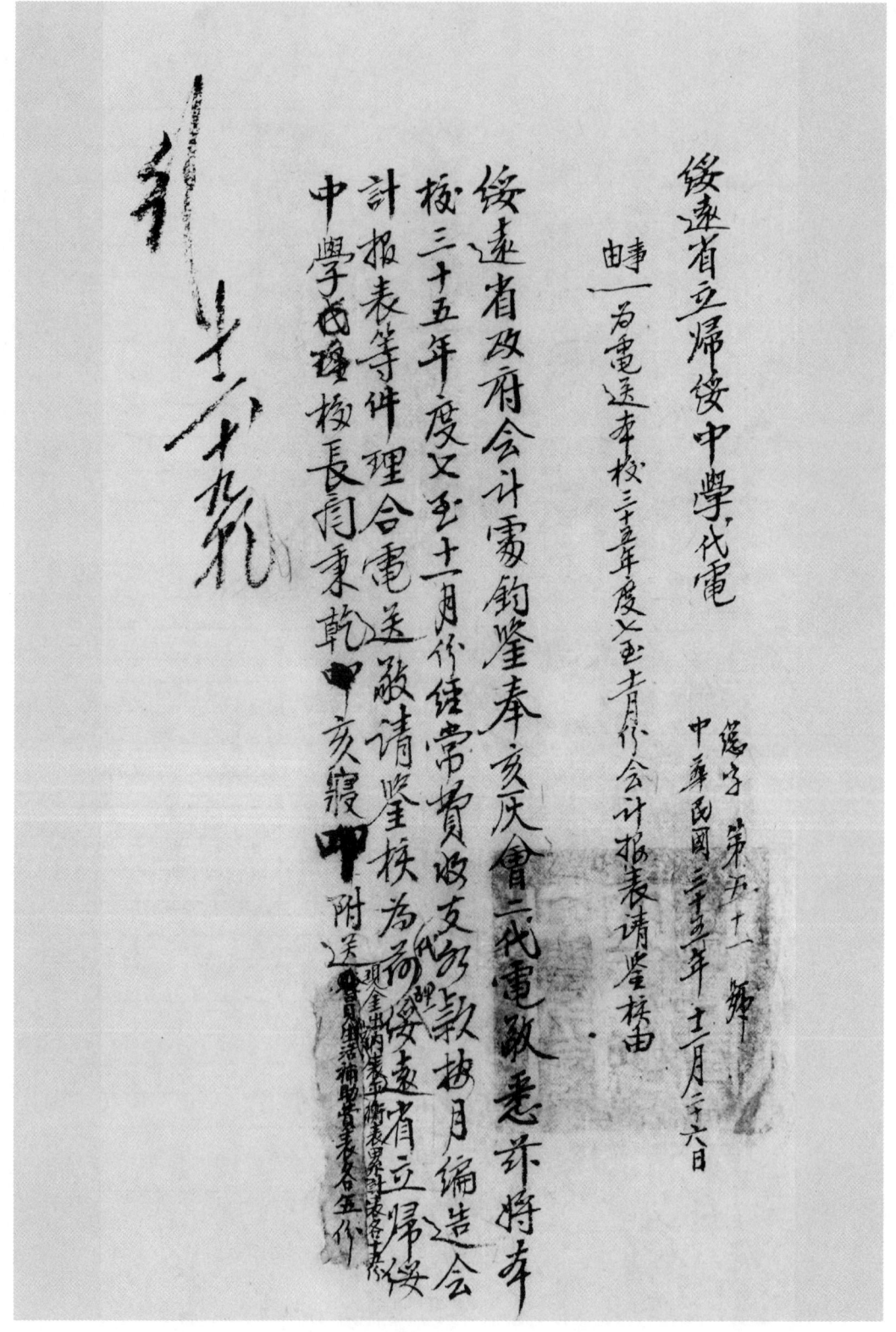

图 3-2-7　绥远省立归绥中学为报送三十五年度七至十一月份会计报表致绥远省政府会计处代电（1946 年 12 月 26 日）

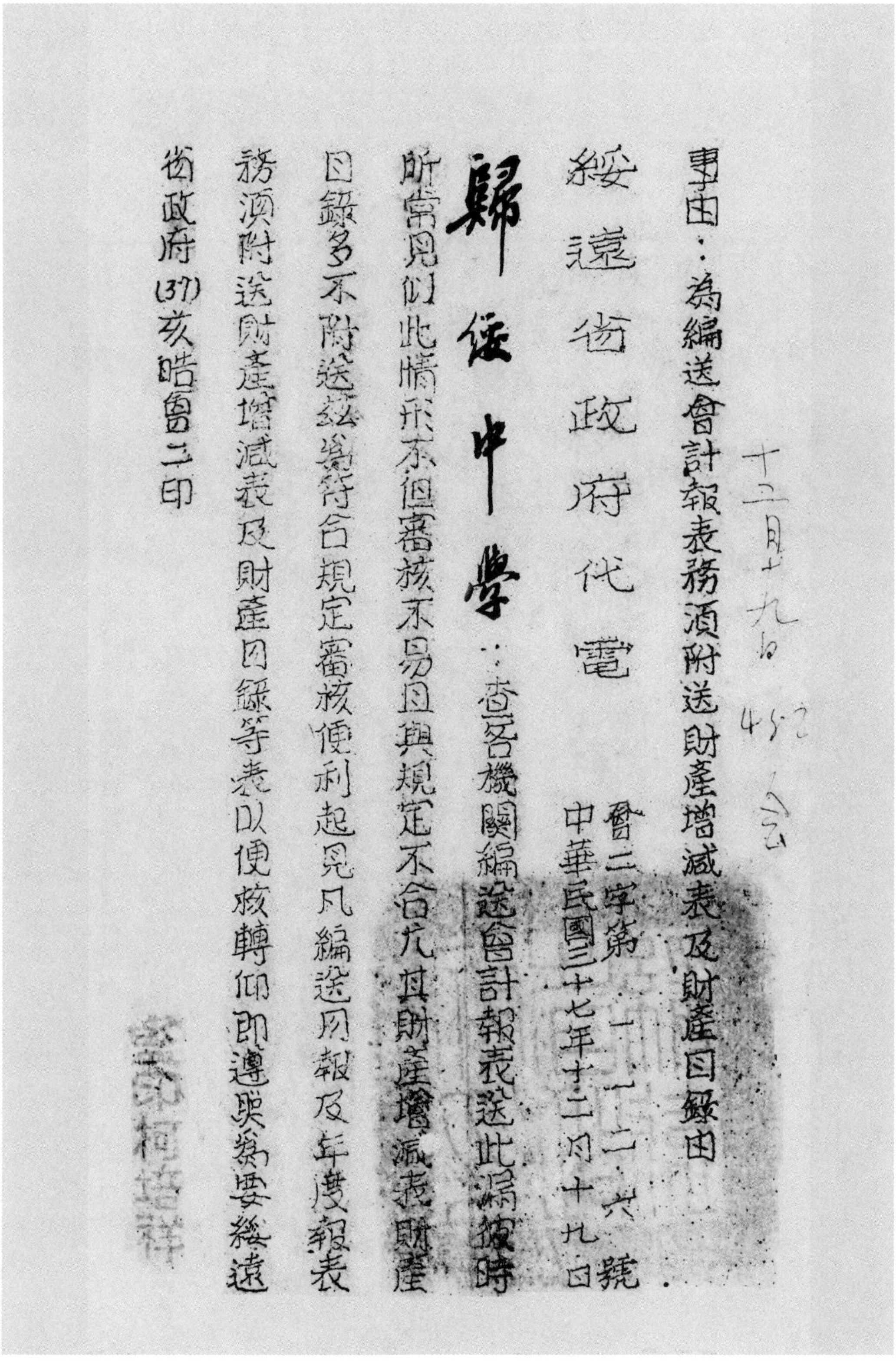

绥远省政府代电

归绥中学：查各机关编送会计报表送此项被时所常附送者符合规定审核便利起见凡编送月报及年度报表日录多不附送兹参合规定审核便利起见凡编送月报及年度报表务须附送财产增减表及财产目录等表以便核转仰即遵照务要绥远省政府(37)亥皓会二印

事由：为编送会计报表务须附送财产增减表及财产目录由

晋二字第一一二六号
中华民国三十七年十二月十九日

图 3-2-8 绥远省政府为编送会计报表务须附送财产增减表及财产目录给归绥中学代电（1948 年 12 月 19 日）

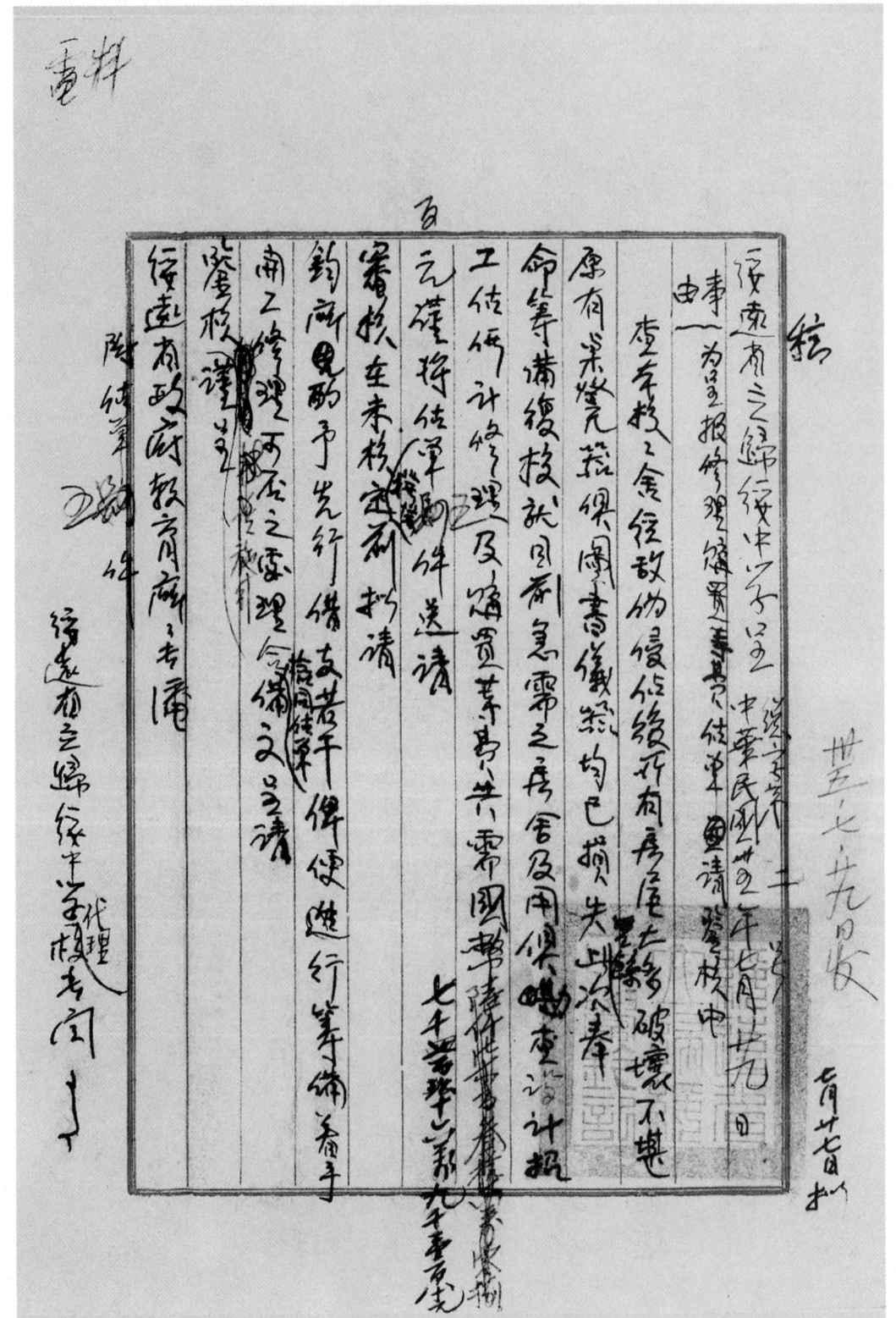

图 3-2-9　绥远省立归绥中学为报修理购置等费估单致绥远省政府教育厅呈（1946年7月29日）

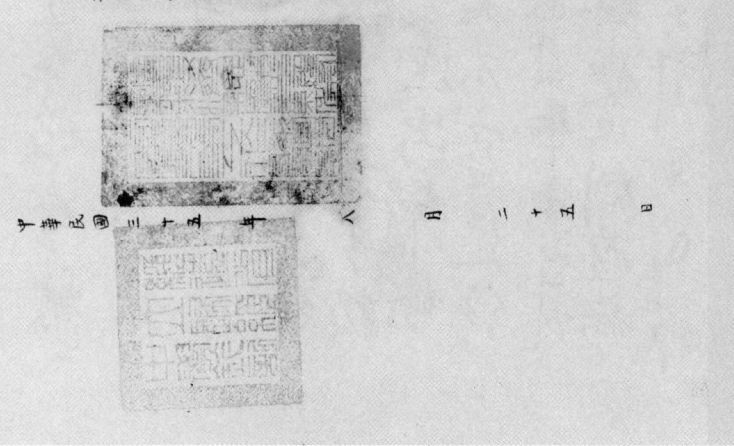

图 3-2-10　绥远省立归绥中学、善后救济总署晋察绥分署第二工作队关于绥远省立归绥中学平垫校院及运动场工振工程同意书（1946年8月25日）

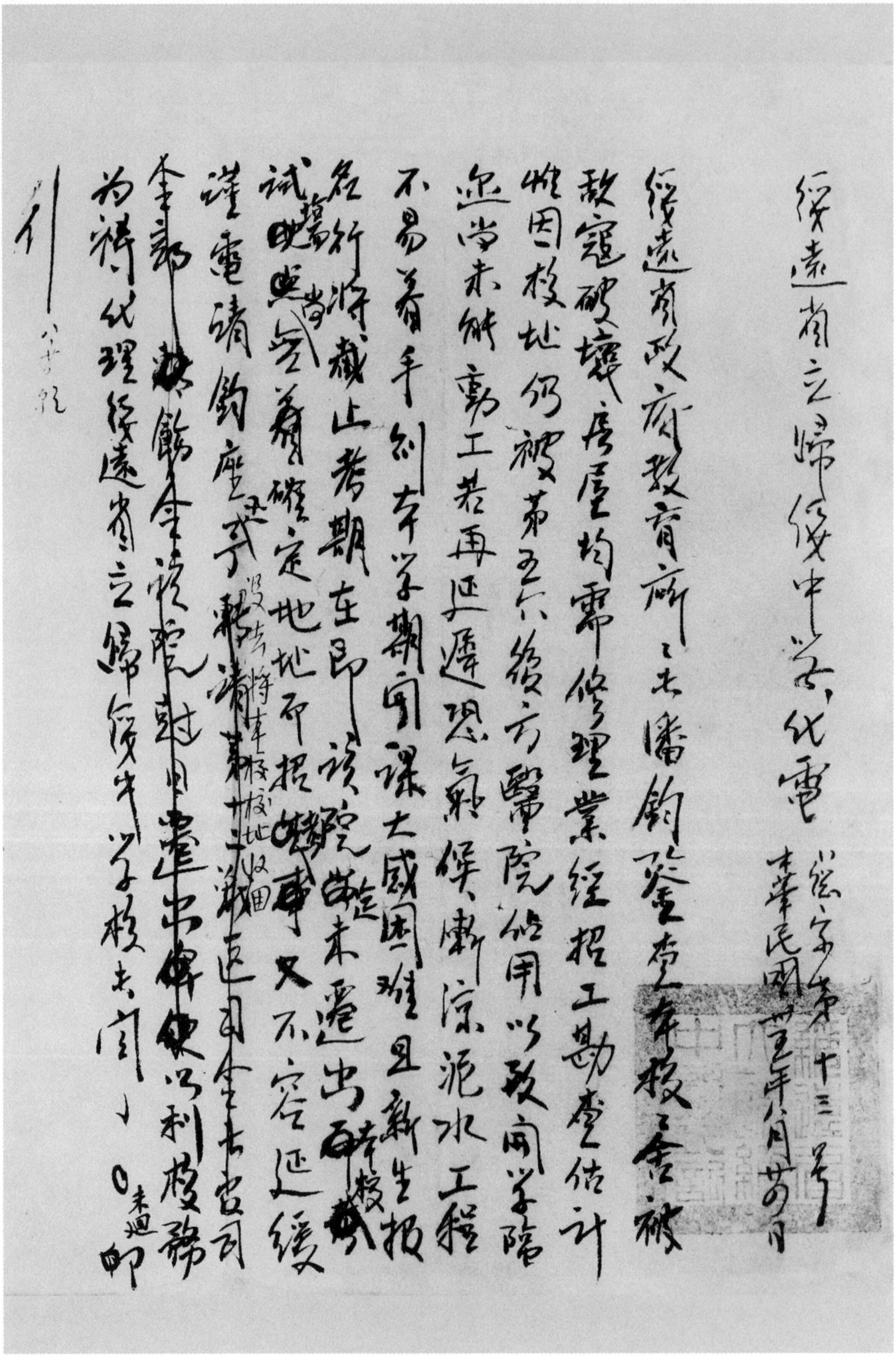

图 3-2-11 绥远省立归绥中学为请迅予收回被第五六后方医院占用校址致绥远省政府教育厅代电（1946年8月24日）

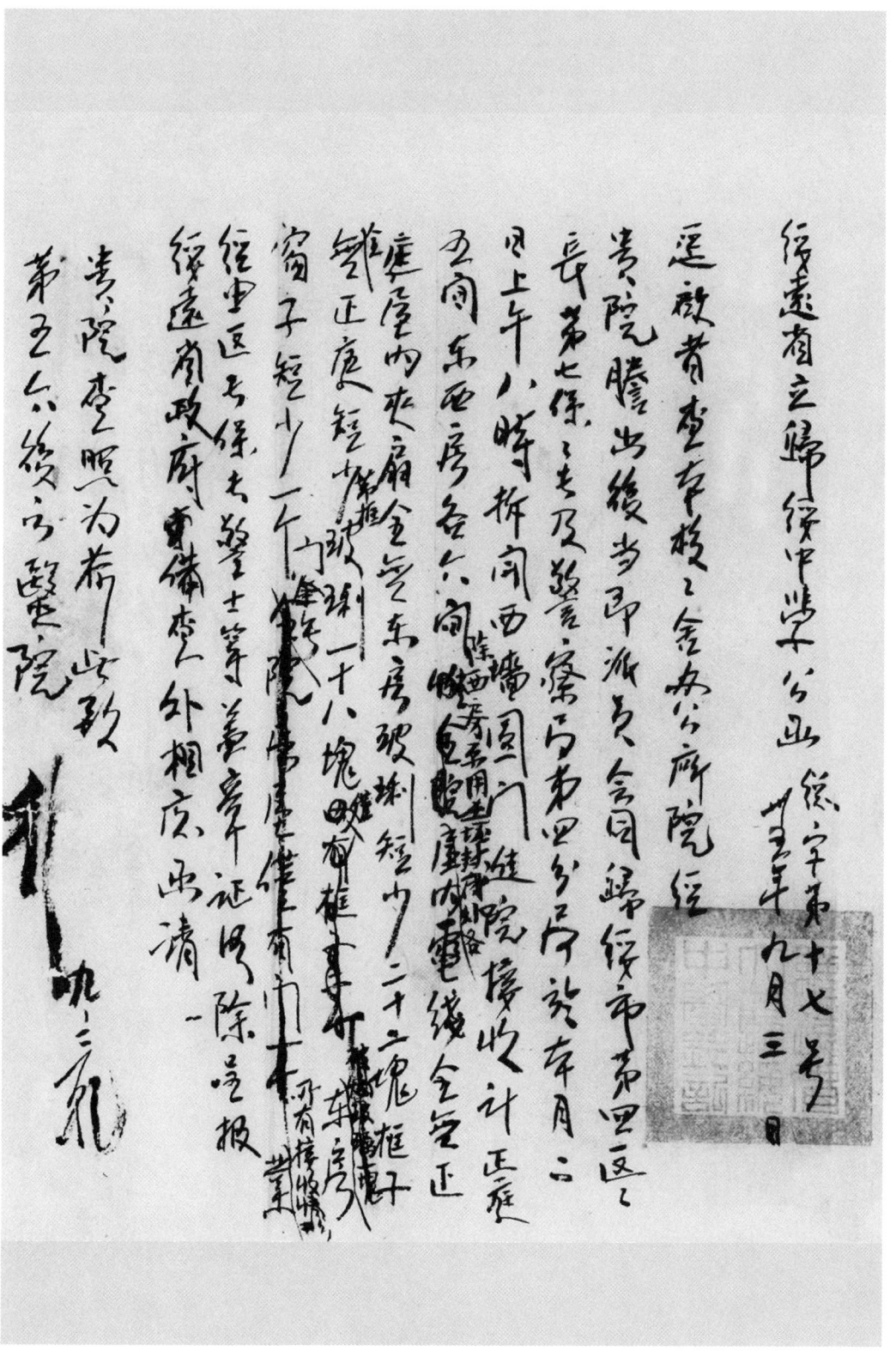

图 3-2-12 绥远省立归绥中学为校舍接收情形经证明呈报请查照致第五六后方医院公函（1946年9月3日）（一）

全院屋内电线全坏

正房屋内夹扇全坏

东房玻璃残欠或後已外框子全坏

正房其破璃残欠事务例外内有框子或欠

东房窗子短欠重少

全院门只有东二。

第七保又长 [印]
第四分局警士 [印]
第四屋長 徐代 九二、

图 3-2-12 绥远省立归绥中学为校舍接收情形经证明呈报请查照致第五六后方医院公函（1946年9月3日）（二）

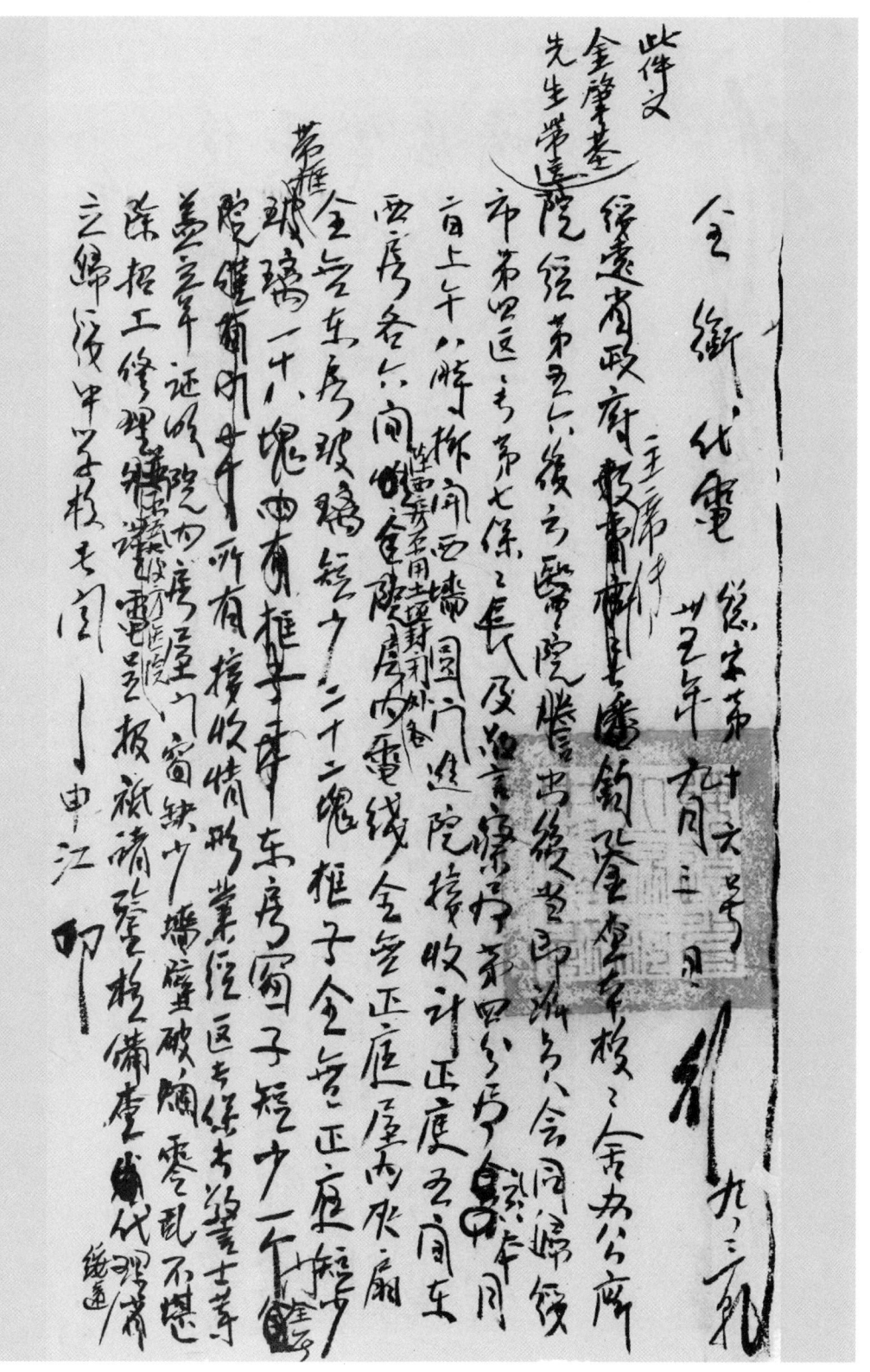

图 3-2-13 绥远省立归绥中学为呈报第五六后方医院腾出后校舍接收情形致绥远省政府代电（1946年9月3日）

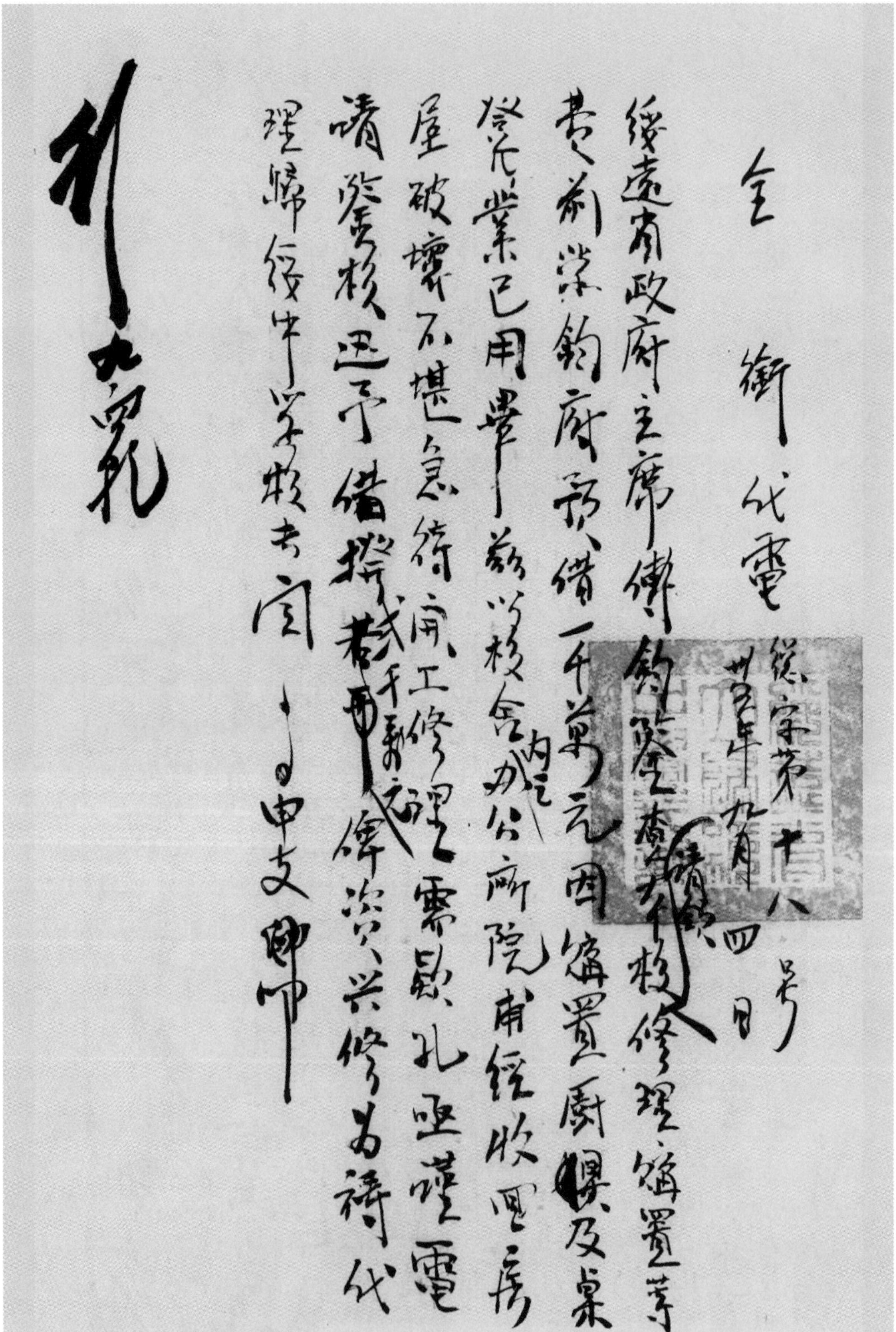

图 3-2-14　绥远省立归绥中学为请迅予借拨贰千万元以兴修校舍等致绥远省政府代电（1946 年 9 月 4 日）

類別號數	道字第 號				
擬稿日期	民國三十五年七月 二日	擬稿 七月四日封發	主稿 劉永興		
事由	為呈請等籌學校基金以與教育懇請准予備案由				
送達機關	市政府 警察局				
主管	會長 副會長 理事長	清繕員 校對員	判 行	月 月 月	日 日 日
備考					

图 3-2-15 私立道德女子小学校董事会为筹募学校基金以兴教育恳请准予备案致归绥市政府呈（附董事会启事及募集基金办法）（1946年7月4日）（一）

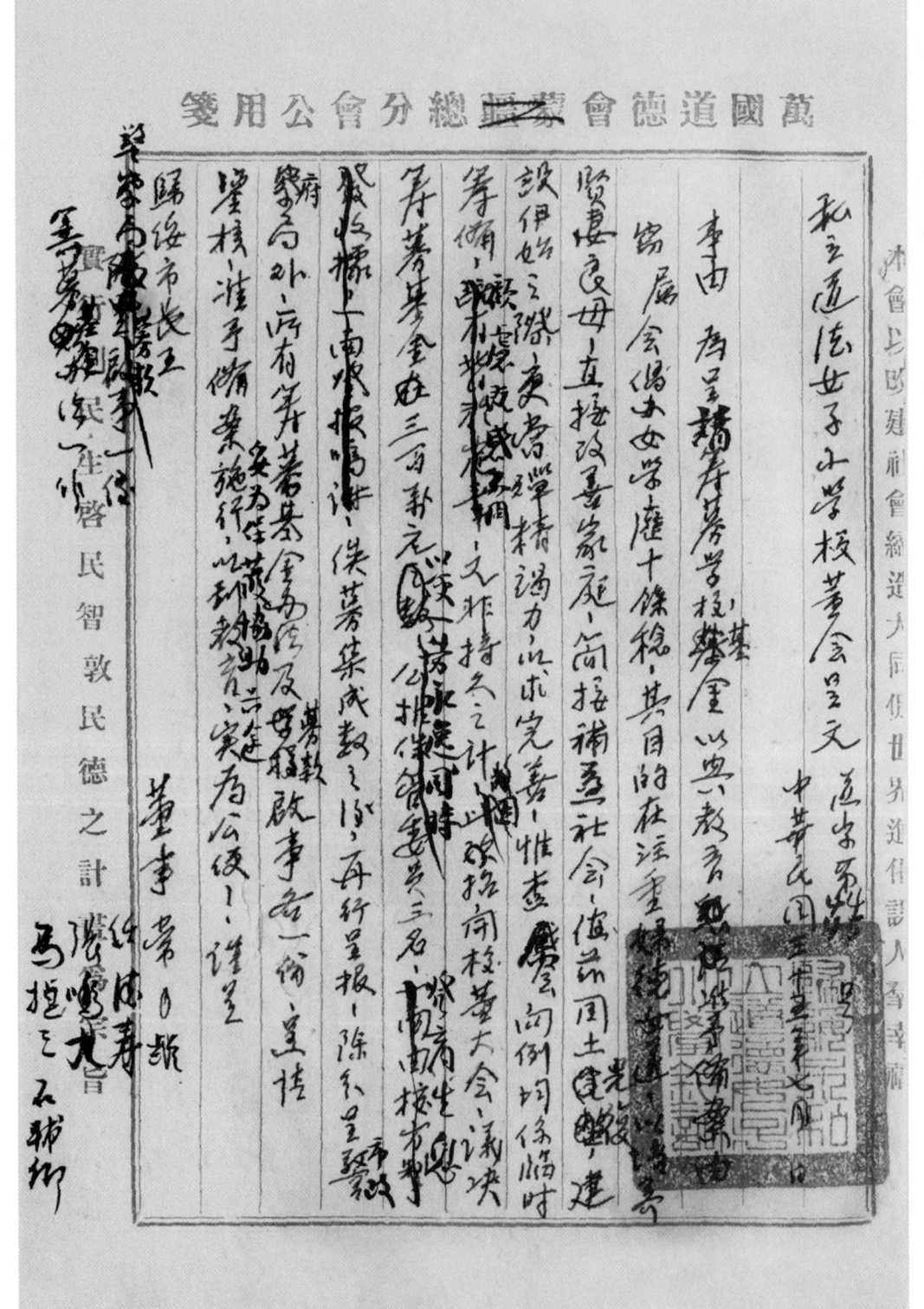

图 3-2-15　私立道德女子小学校董事会为筹募学校基金以兴教育恳请准予备案致归绥市政府呈（附董事会启事及募集基金办法）（1946年7月4日）（二）

私立道德女子小學校董會啟事

敬啟者，查教育為立國之本，尤以女子教育為最要，蓋國之本在家，家之本在身，未有身不學而家庭能改善，社會能進步，國家能強盛者。此列強各國獨重視女子教育，以謀改良家庭而臻於至善也。本會自民國二十一年在本市創辦義務女學及婦女識字班，蓋在於是。迄今十餘年，先後畢業者，指不勝屈，化育女界改進社會，用宏親仁愛眾之風，而收婦德女教之效。今者中國復興，繼往開來，力謀整頓，並於本年五月間呈奉教育廳核准立案，更名為私立道德女子小學，並設校董會及基金保管委員會呈報在案。惟按現行「修正私立學校規程」所定，須有固定校址校舍及教育基金或不動產者，方許設立。以本校規勢而論，六七班女生，每月開除在三十萬元上下之數，臨時籌備，既有皆於定章，又非久遠之計。同人等籌思再四，非有三百萬元教育基金，發商生息，不足以資維持，然以此區區大鉅款，豈同人等棉力所及！只得懇請仁人君子，共襄盛舉。庶多施幾份銀錢，即多造學許人材，而於人能宏道，改造社會，挽回國運之功德，豈漫鮮哉，敬佈區區，統希鍳察！

萬國道德會私立道德女子小學校董會啟

中華民國三十五年六月　日

图 3-2-15　私立道德女子小学校董事会为筹募学校基金以兴教育恳请准予备案致归绥市政府呈（附董事会启事及募集基金办法）（1946年7月4日）（三）

图 3-2-15 私立道德女子小学校董事会为筹募学校基金以兴教育恳请准予备案致归绥市政府呈（附董事会启事及募集基金办法）（1946年7月4日）（四）

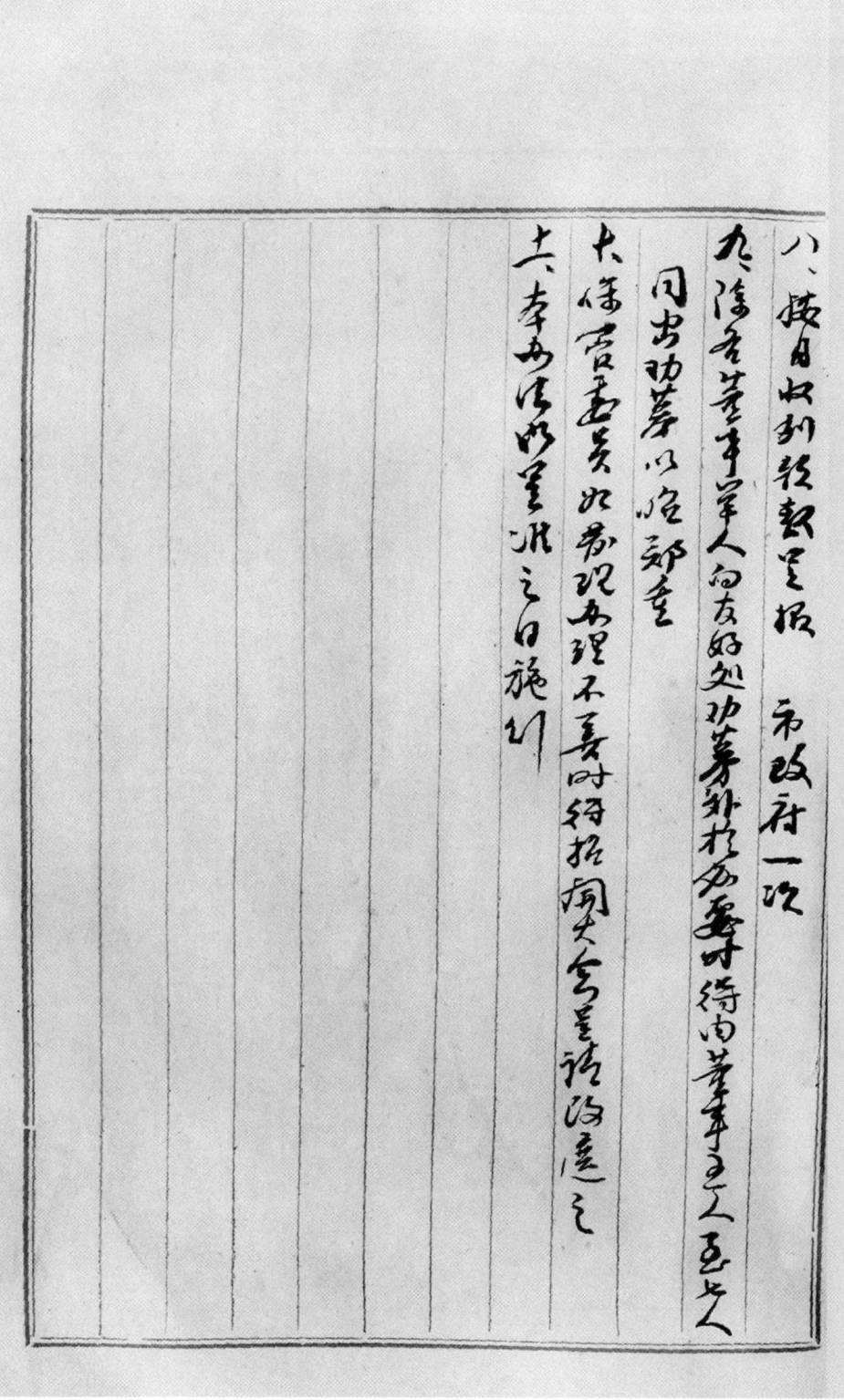

图 3-2-15 私立道德女子小学校董事会为筹募学校基金以兴教育恳请准予备案致归绥市政府呈（附董事会启事及募集基金办法）（1946年7月4日）（五）

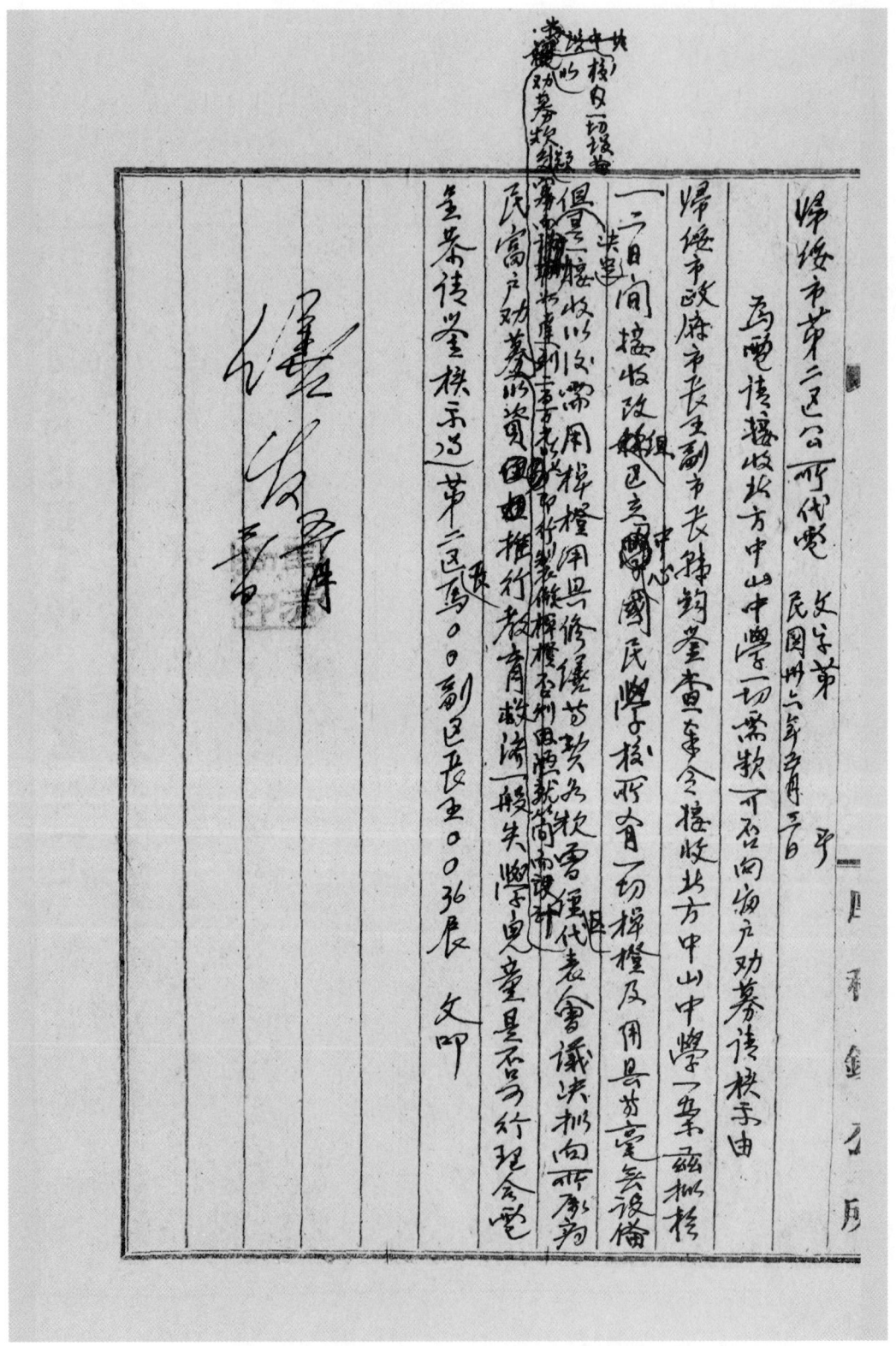

图 3-2-16 归绥市第二区公所为接收北方中山中学一切需款可否向富户劝募致归绥市政府代电（1947年5月3日）

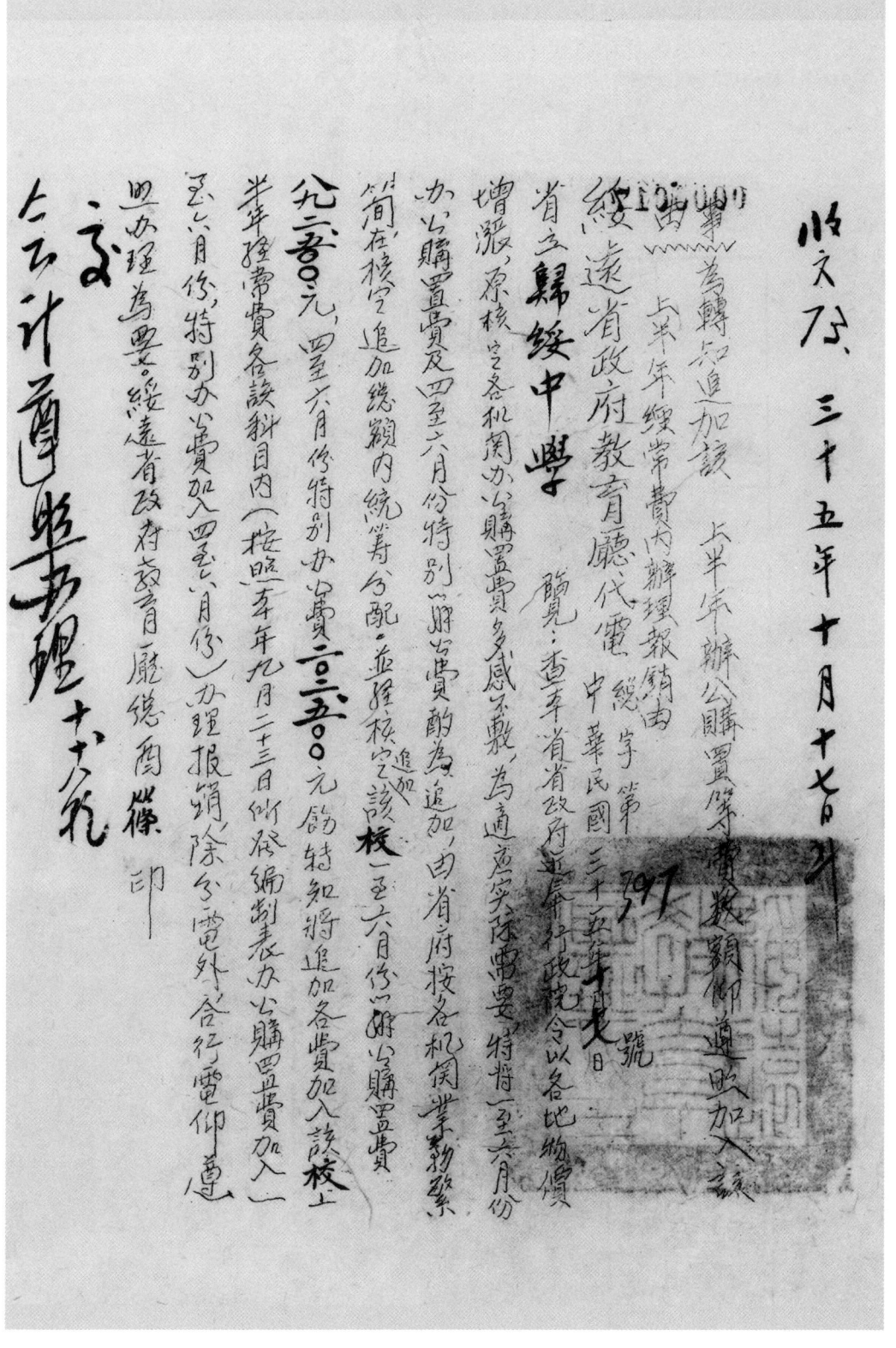

图 3-2-17 绥远省政府教育厅为追加的上半年办公购置等费加入上半年经常费内办理报销给省立归绥中学代电（1946 年 10 月 17 日）

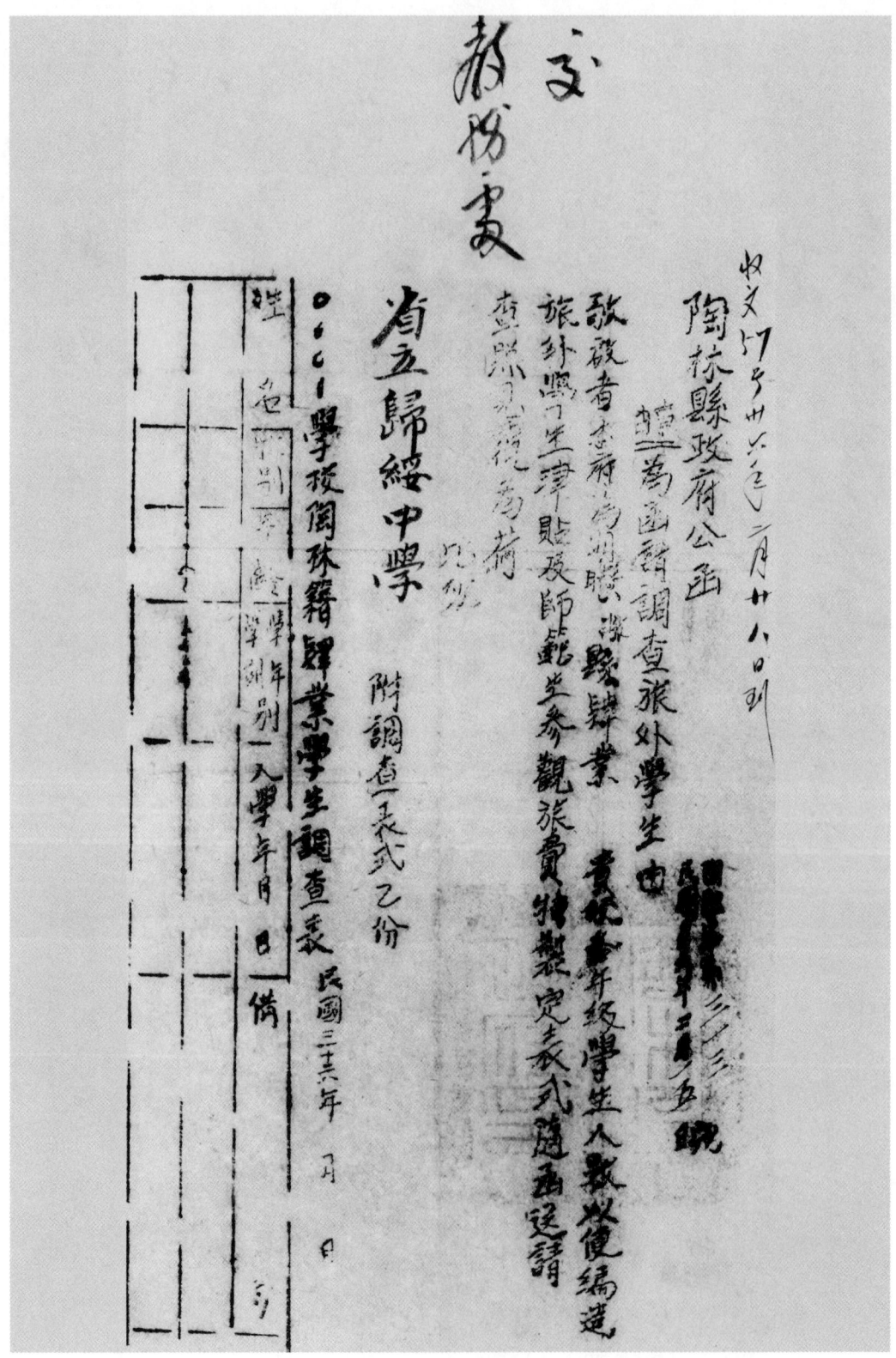

图 3-2-18　陶林县政府为调查旅外学生给绥远省立归绥中学公函（附调查表）（1947年2月28日）

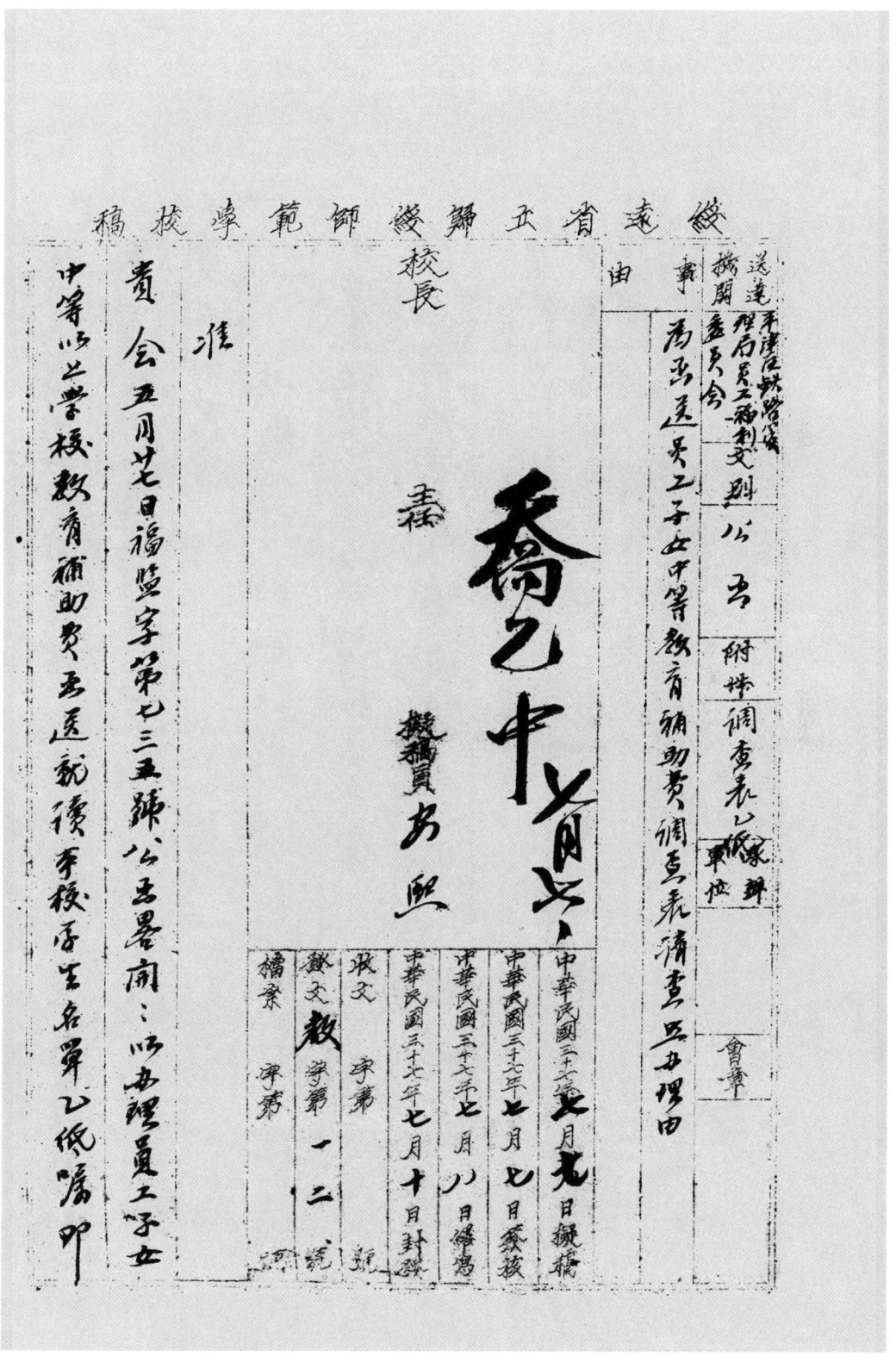

图 3-2-19　绥远省立师范学校为送员工子女中等教育补助费调查表致平津区铁路管理局员工福利委员会公函（1948年7月10日）（一）

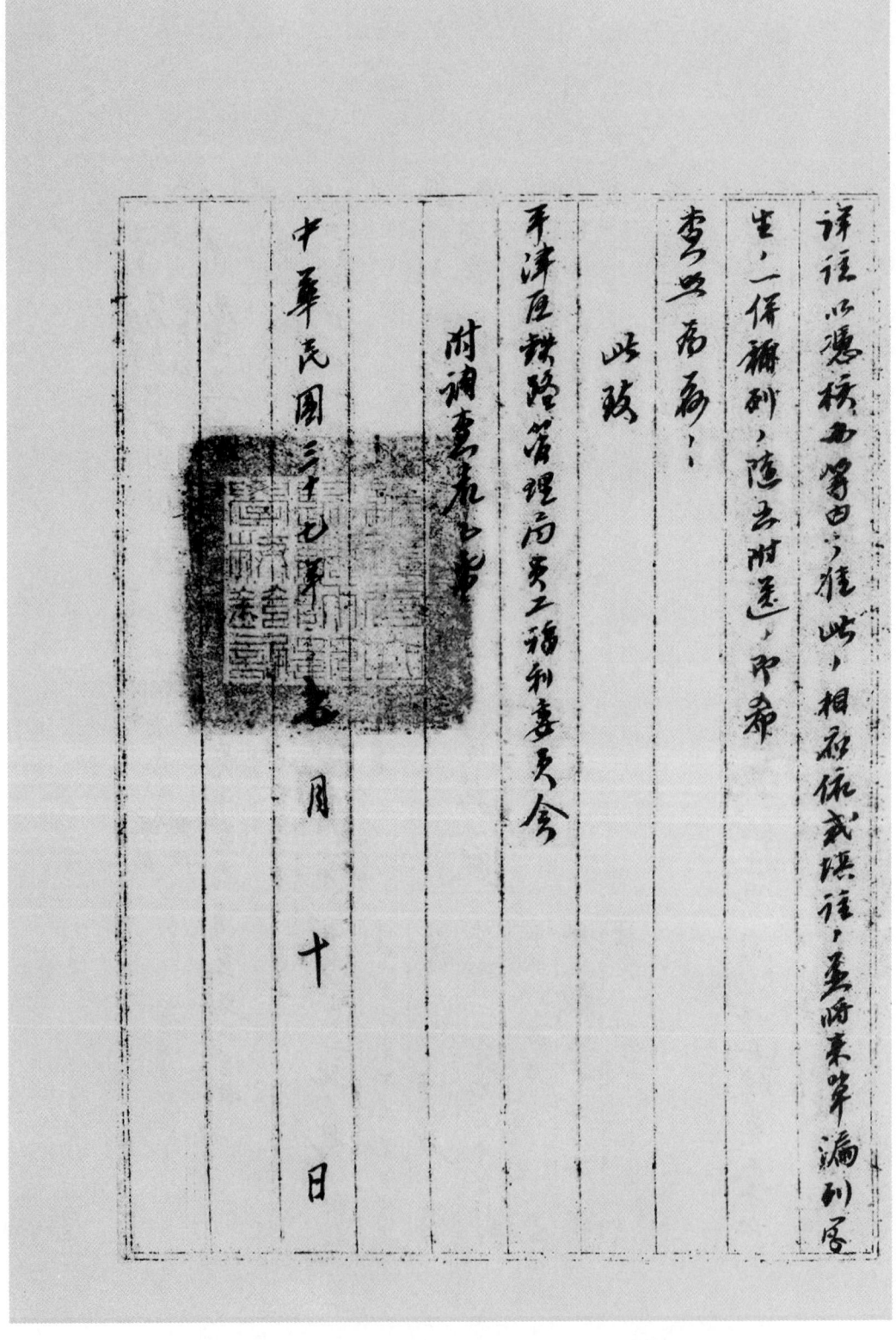

图 3-2-19 绥远省立师范学校为送员工子女中等教育补助费调查表致平津区铁路管理局员工福利委员会公函（1948年7月10日）（二）

通知

查省垣各級公教人員眷屬西遷頃奉
主席諭先按職員帶眷者每員借給貳仟元
等因相應通知即希
查照備具領據向會計處具領為荷此致

歸綏中學

元月廿一日

图 3-2-20　绥远省政府财政厅、绥远省政府会计处为公教人员带眷西迁者每员借给贰仟元给归绥中学的通知（附借款领据）（1949 年 1 月 21 日）（一）

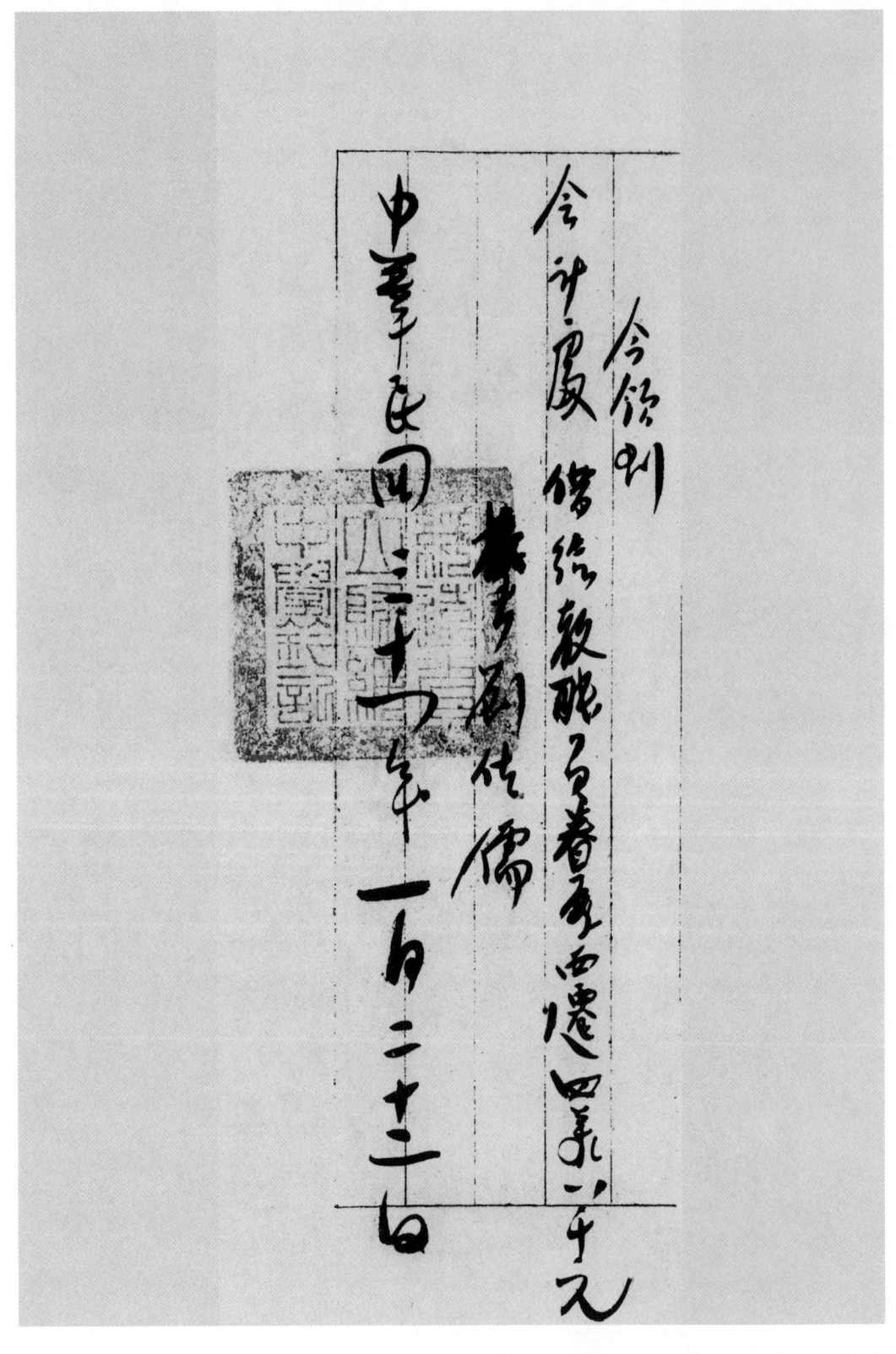

图 3-2-20　绥远省政府财政厅、绥远省政府会计处为公教人员带眷西迁者每员借给贰仟元给归绥中学的通知（附借款领据）（1949 年 1 月 21 日）（二）

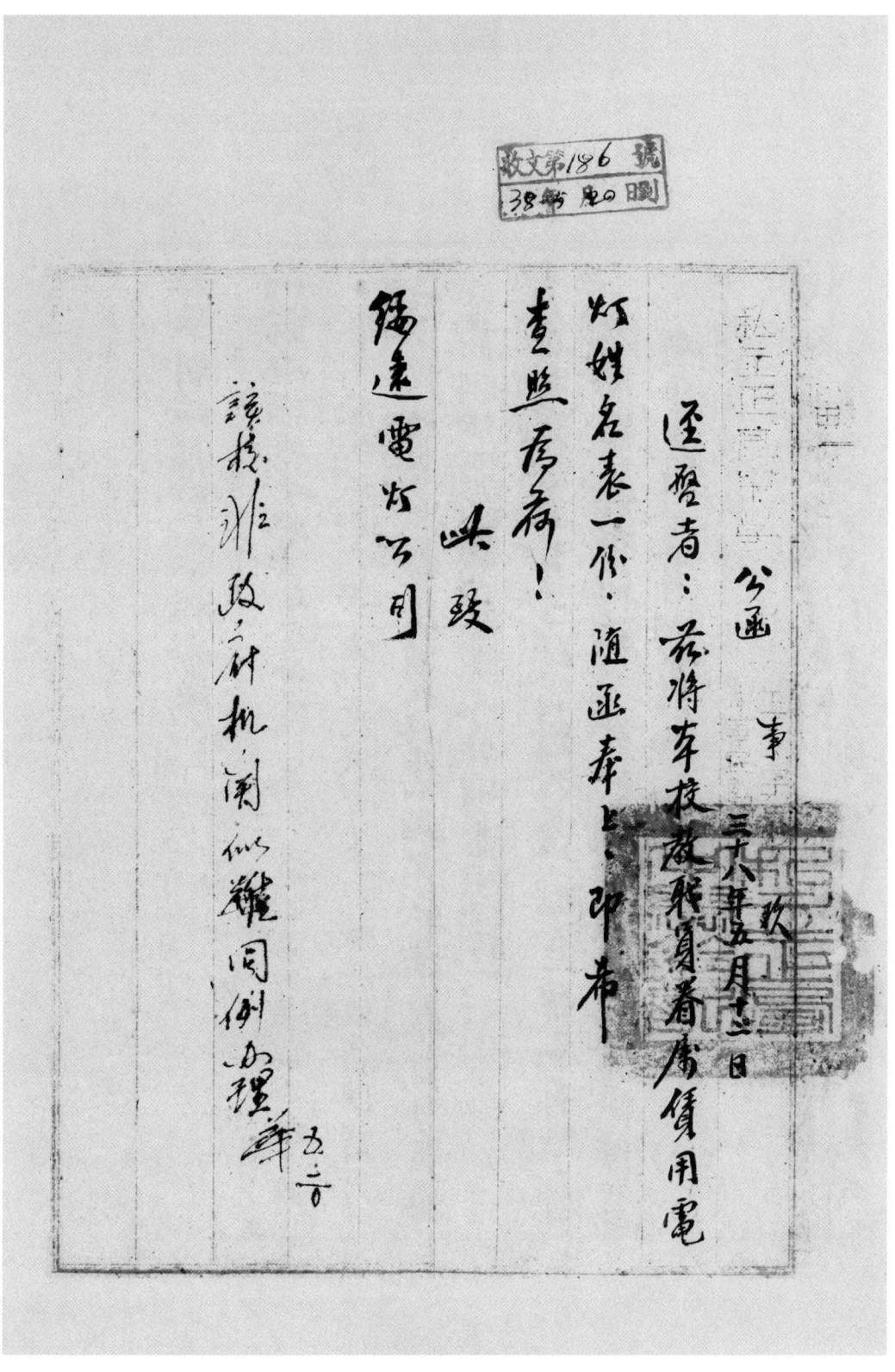

图 3-2-21　私立正风中学为送教职员眷属赁用电灯姓名表致绥远电灯公司公函（1949 年 5 月 12 日）

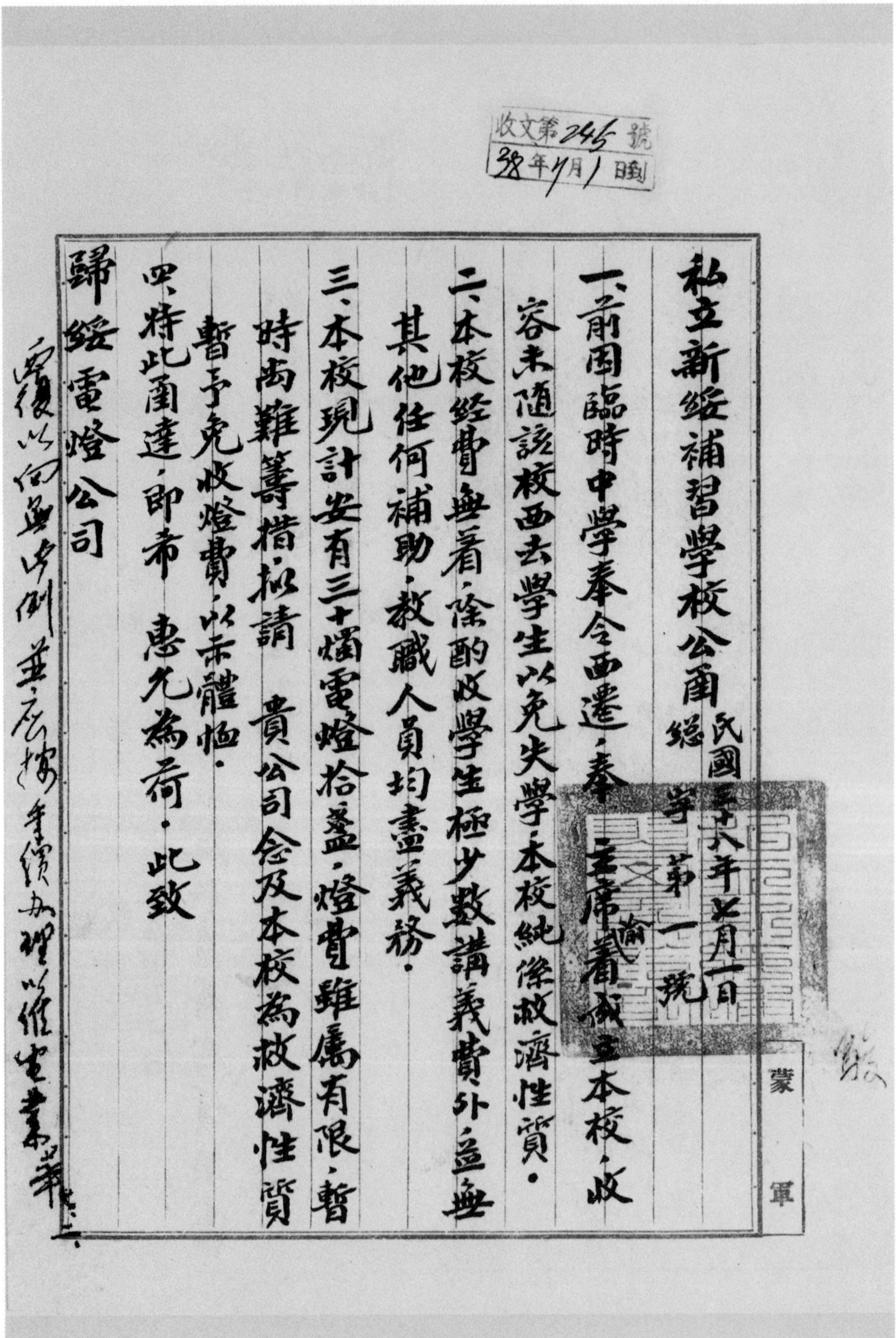

私立新綏補習學校公函 民國三十六年七月一日 總字第一號

一、前因臨時中學奉令西遷，奉主席諭：本校收容未隨該校西去學生，以免失學。本校純係救濟性質。

二、本校經費無着，除酌收學生極少數講義費外，並無其他任何補助，教職人員均盡義務。

三、本校現計安有三十燭電燈拾盞，燈費雖屬有限，暫時兩難籌措。拟請　貴公司念及本校為救濟性質，暫予免收燈費，以示體恤。

乃特此函達，即希　惠允為荷。此致

歸綏電燈公司

图 3-2-22　私立新绥补习学校为暂予免收电灯费致归绥电灯公司的公函（1949年5月12日）

綏遠省政府代電

事由：仰遵已撥還以資歸墊由

逕遞中學：查該校去年由省庫暫借洋1,000,000元（潘廳長手借）茲以省庫拮据所有上項墊款急待收回且此項期過已久合即電仰遵照迅予交還為要綏遠省政府寅江會二印

（附）

電復本校並未由省庫借洋查石郭元三君電復本校並未由省庫借洋查石郭元三君

图 3-2-23 绥远省政府为收回去年省库借款给归绥中学代电（附归绥中学复电）（1947年3月3日）（一）

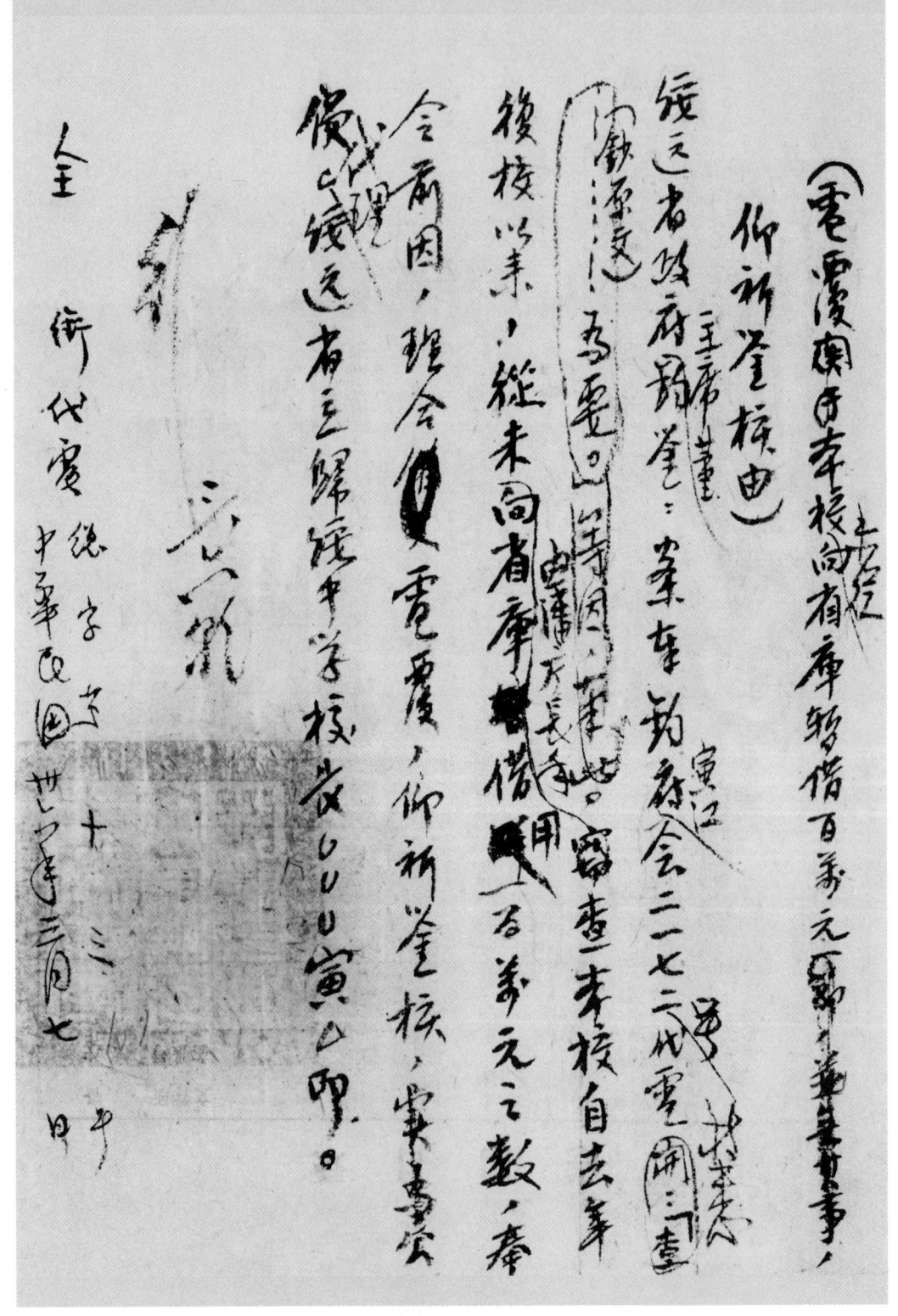

图 3-2-23 绥远省政府为收回去年省库借款给归绥中学代电（附归绥中学复电）（1947年3月3日）（二）

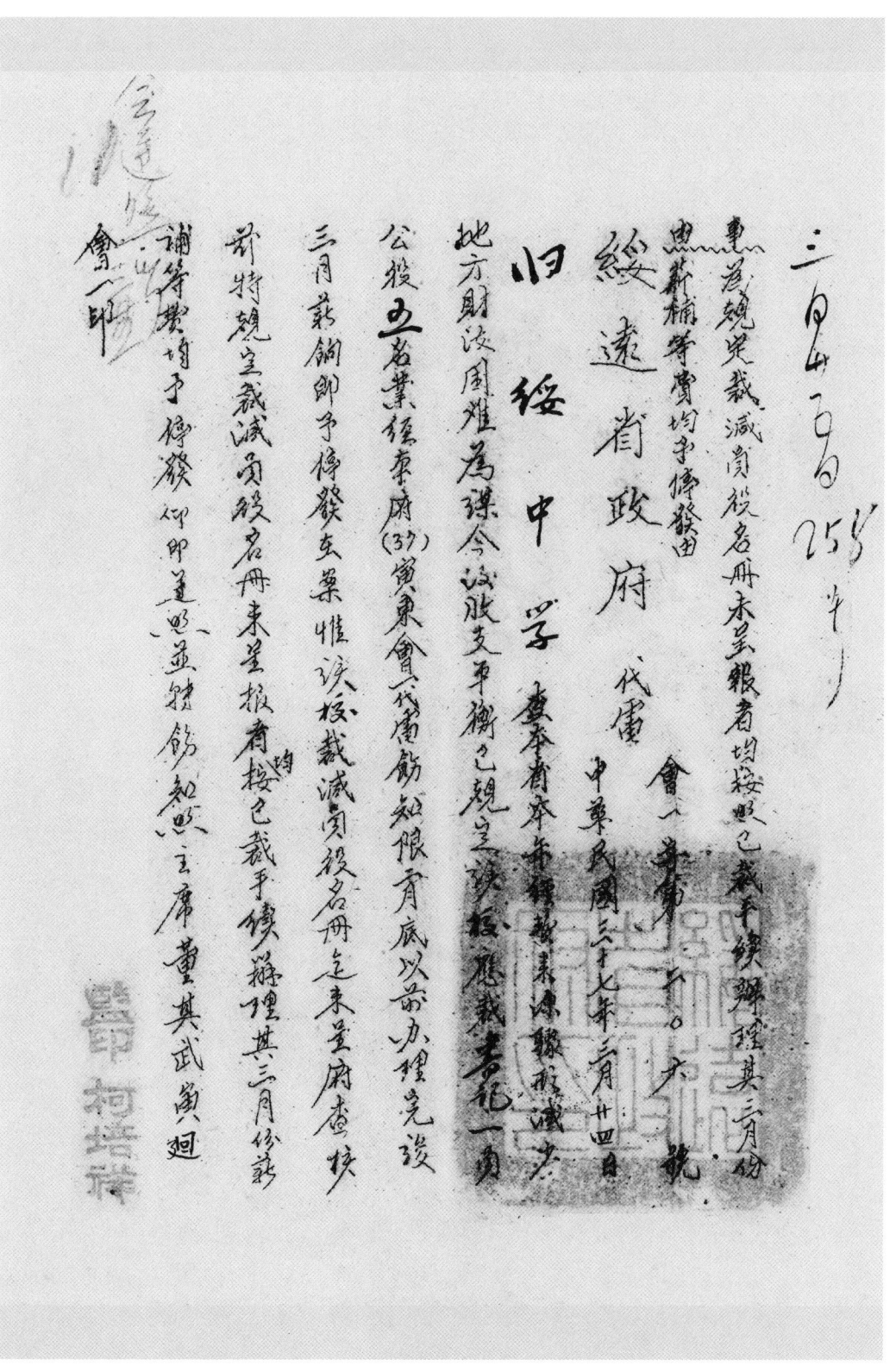

图 3-2-24 绥远省政府为规定裁减员役名册未呈报者均按照已裁手续办理其三月份薪补等费均予停发给归绥中学代电（1948 年 3 月 24 日）

三 教务工作

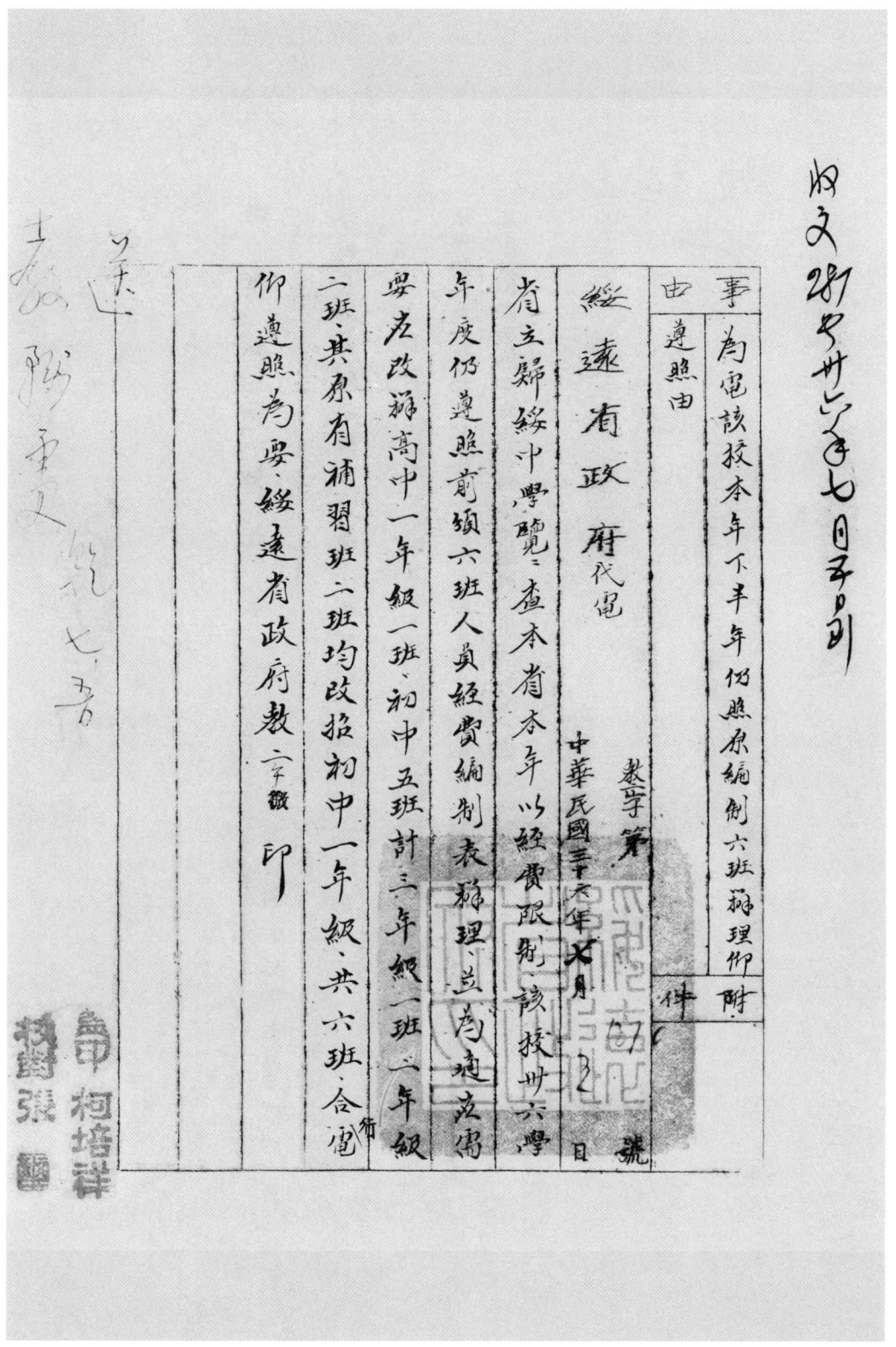

图 3-3-1 绥远省政府为本年下半年仍照原编制六班办理给省立归绥中学代电（1947年7月5日）

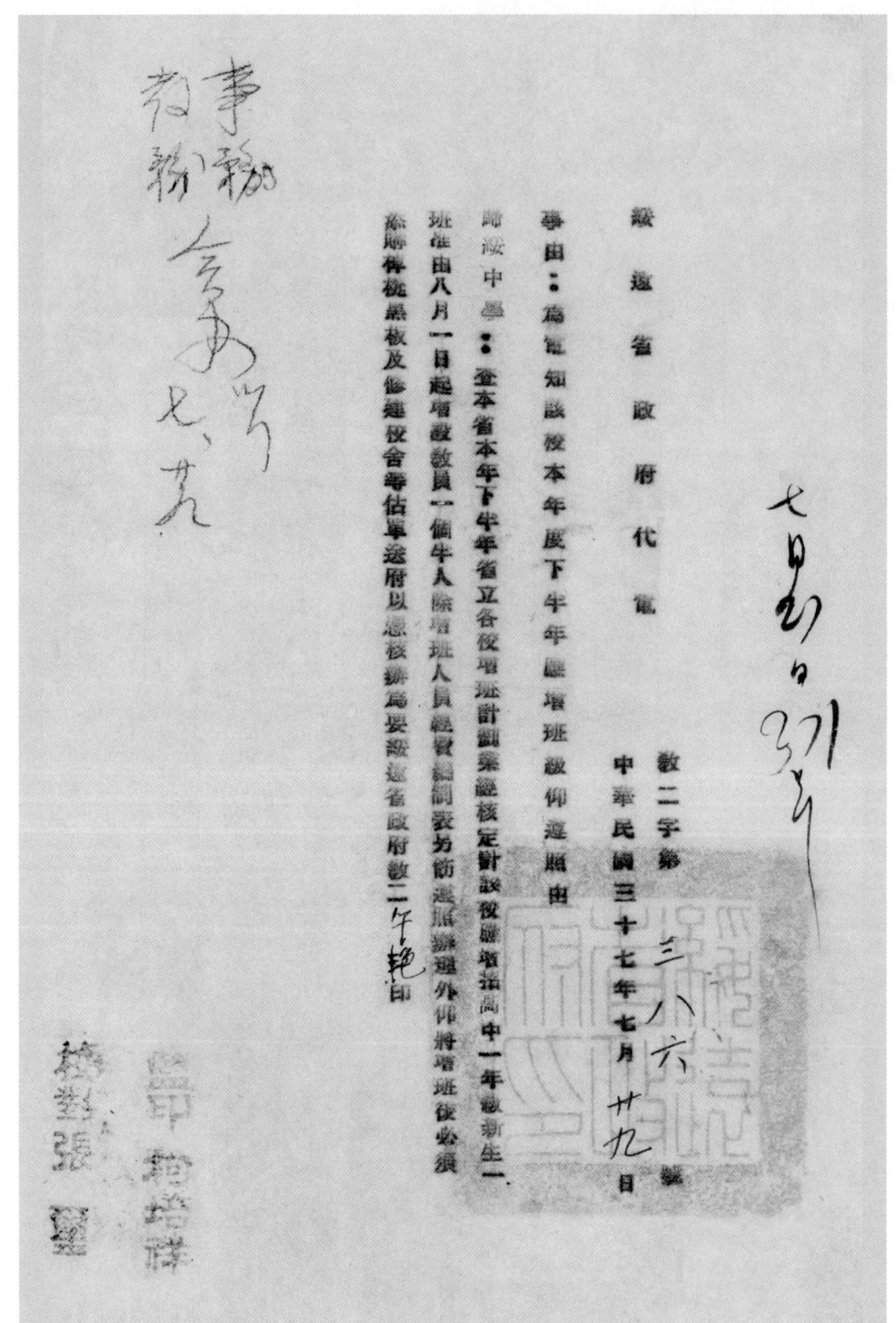

图 3-3-2 绥远省政府为本年度下半年应增班级给归绥中学代电（1948年7月29日）

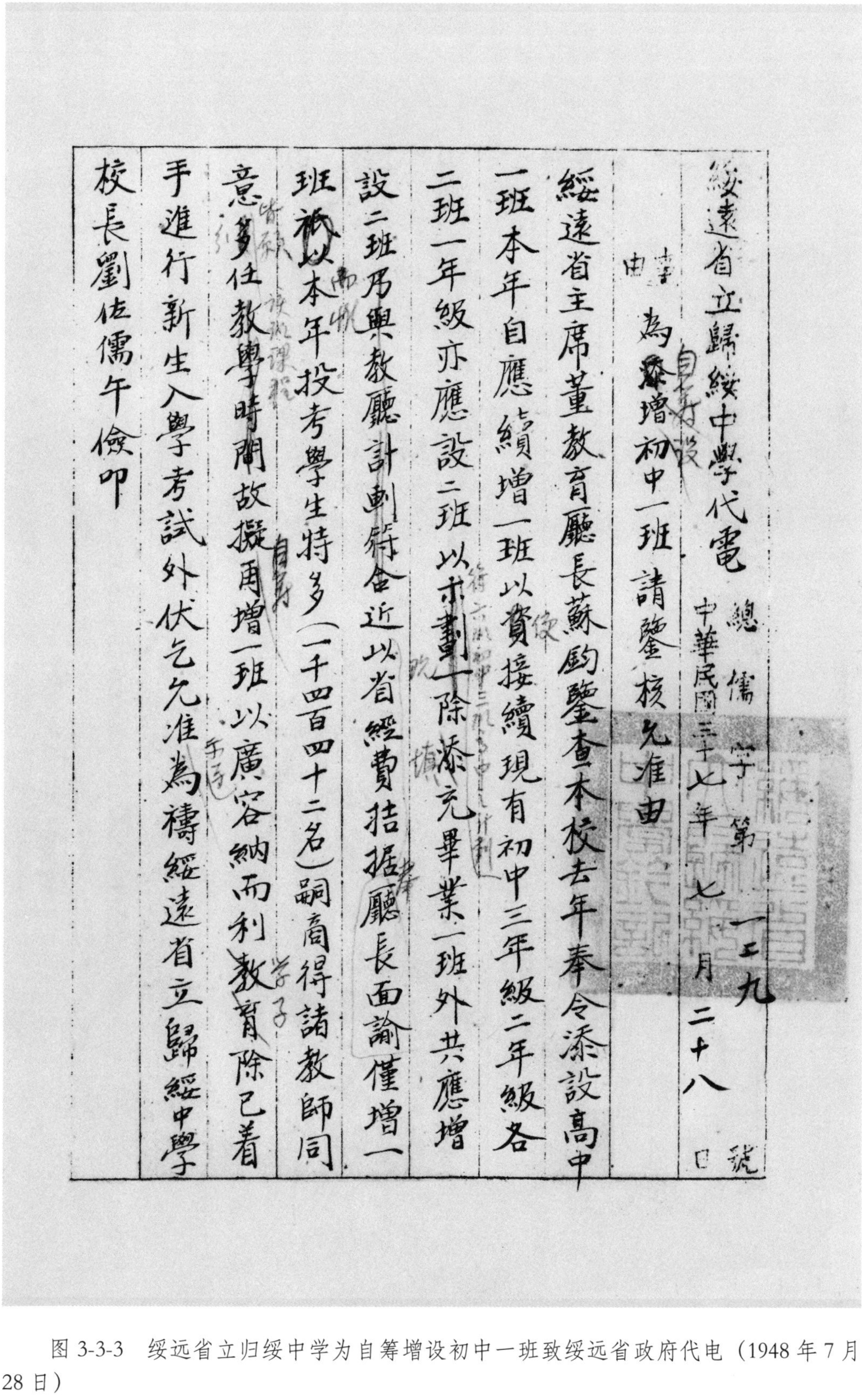

綏遠省立歸綏中學代電　總儒字第一二九號

中華民國三十七年七月二十八日

事由：為籌增初中一班請鑒核允准由

綏遠省主席董教育廳長蘇鈞鑒查本校去年奉令添設高中一班本年自應續增一班以資接續現有初中三年級二年級各二班一年級亦應設二班以求劃一除添充畢業一班外共應增設二班乃與教廳計劃符合近以省經費拮据廳長面諭僅增一班祇以本年投考學生特多（一千四百四十二名）嗣商得諸教師同意多任教學時間故擬再增一班以廣容納而利教育除已着手進行新生入學考試外伏乞允准為禱綏遠省立歸綏中學校長劉佐儒午儉叩

图 3-3-3　绥远省立归绥中学为自筹增设初中一班致绥远省政府代电（1948 年 7 月 28 日）

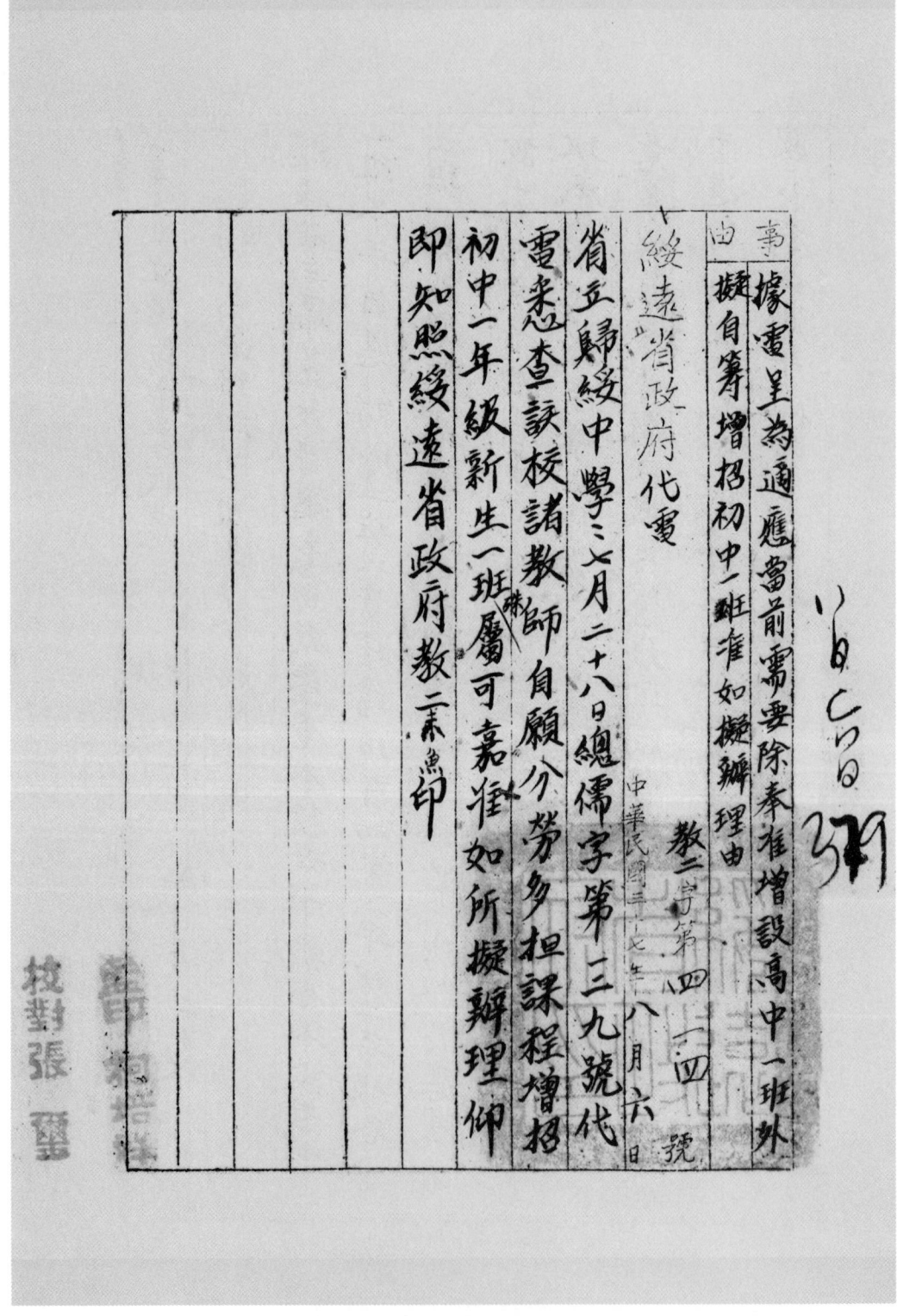

图 3-3-4　绥远省政府为准自筹增招初中一班致省立归绥中学代电（1948 年 8 月 6 日）

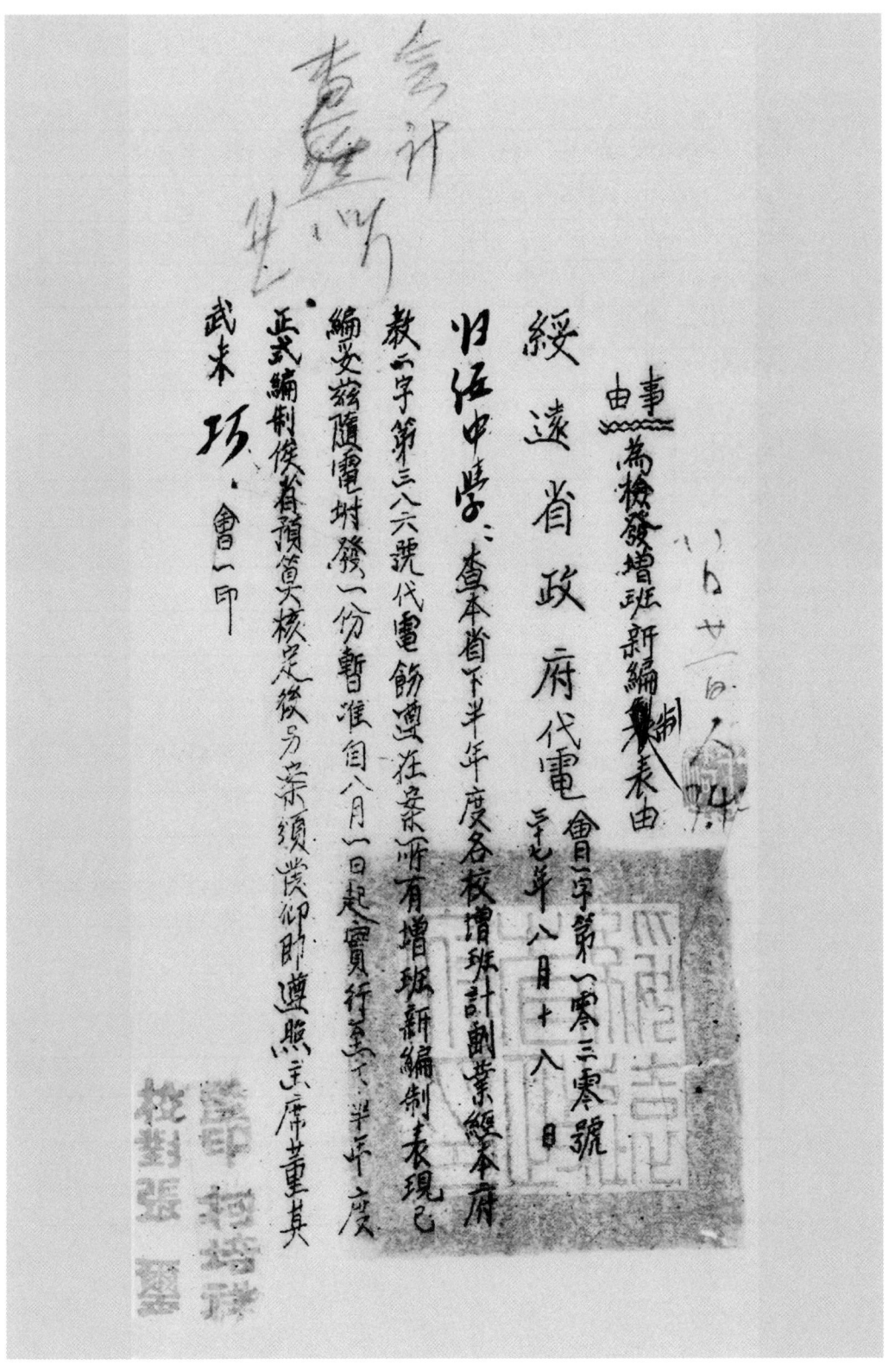

图3-3-5 绥远省政府为检发增班新编制表给归绥中学代电（附编制表）（1948年8月18日）（一）

图 3-3-5 绥远省政府为检发增班新编制表给归绥中学代电（附编制表）（1948年8月18日）（二）

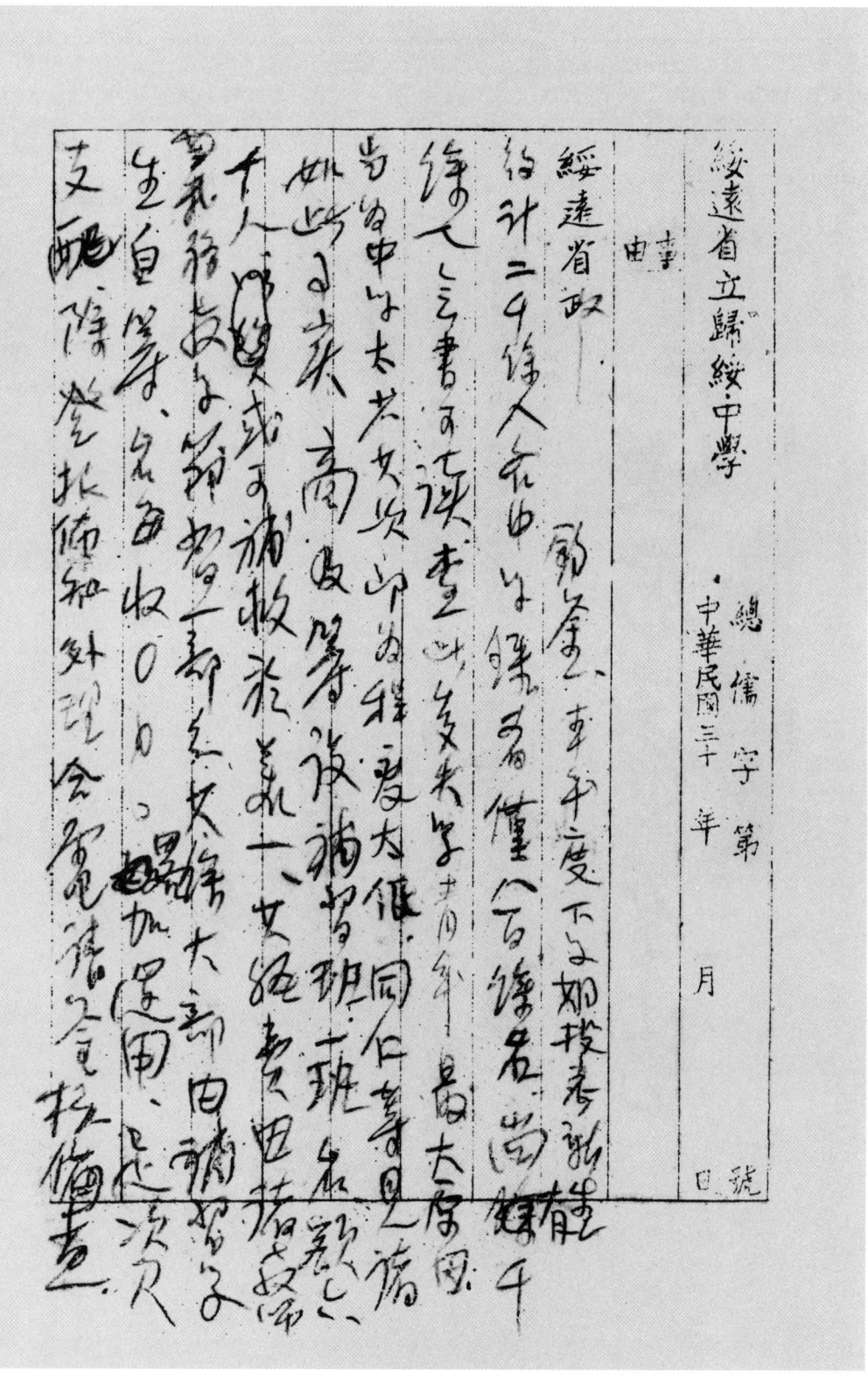

图 3-3-6 绥远省立归绥中学为设补习班致绥远省政府代电（1941年）

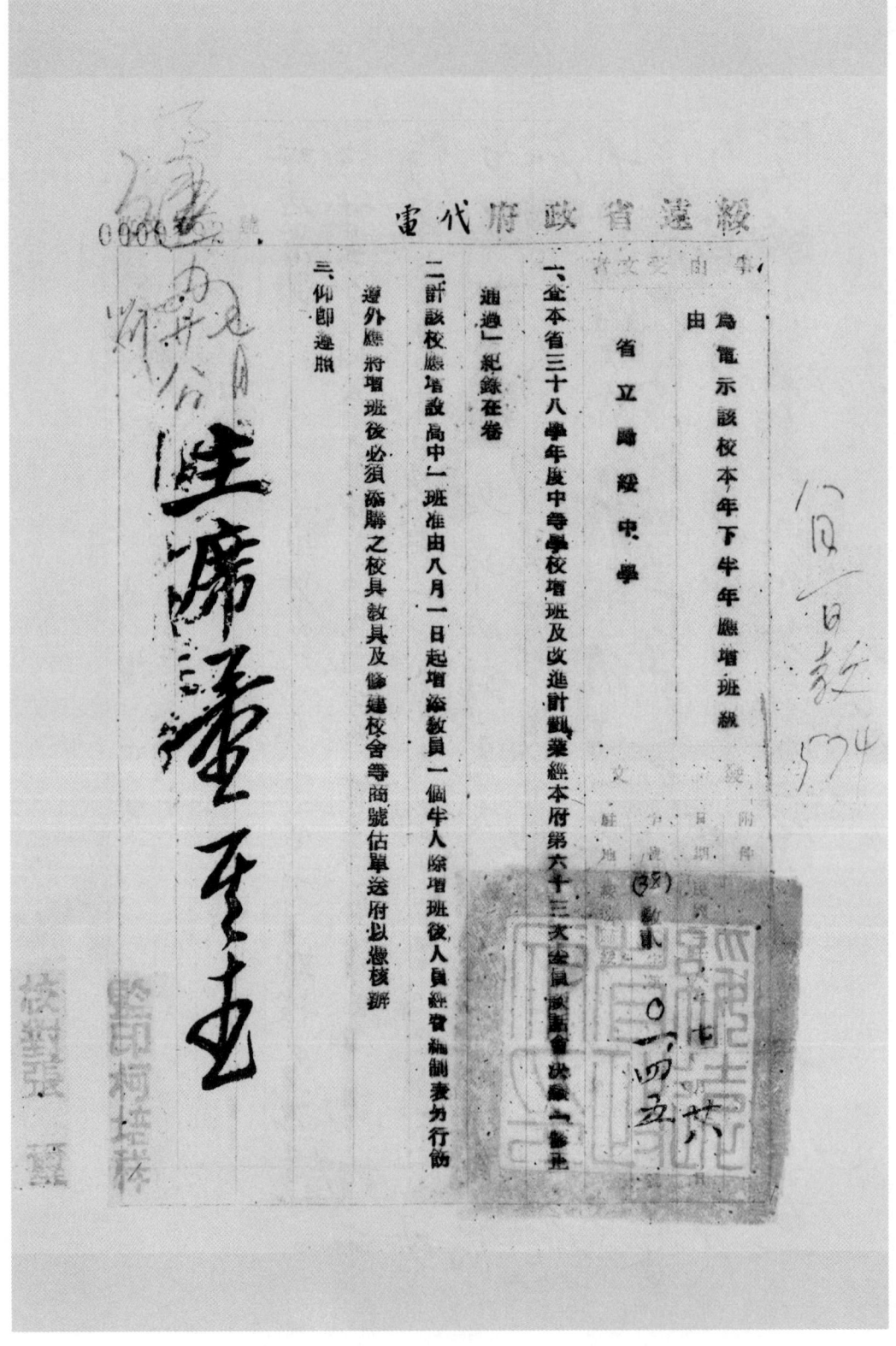

图 3-3-7　绥远省政府为该校本年下半年应增班级给省立归绥中学代电（1949 年 7 月 28 日）

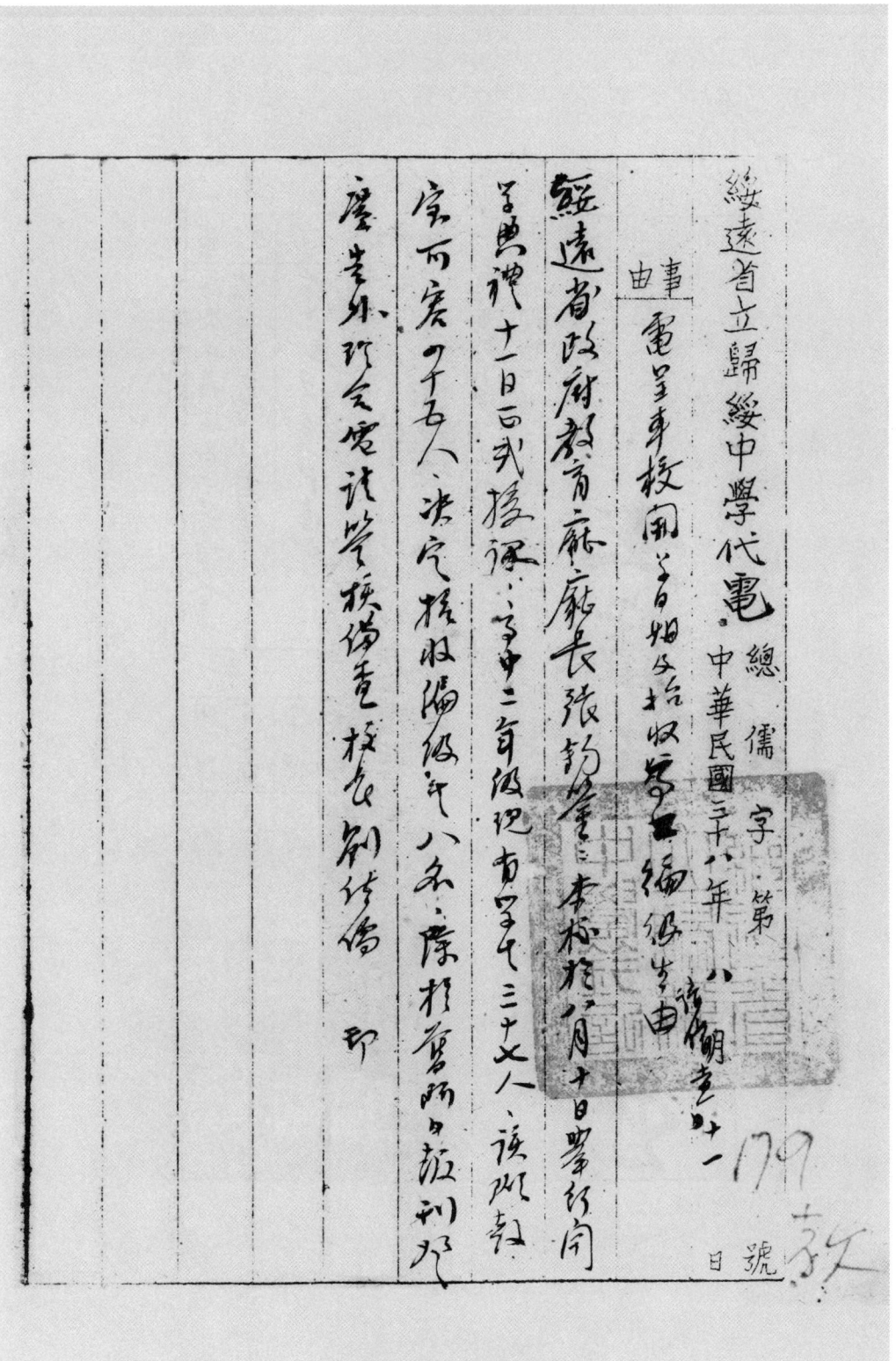

图 3-3-8 绥远省立归绥中学为呈开学日期及招收高二编级生致绥远省政府代电（1949年8月11日）

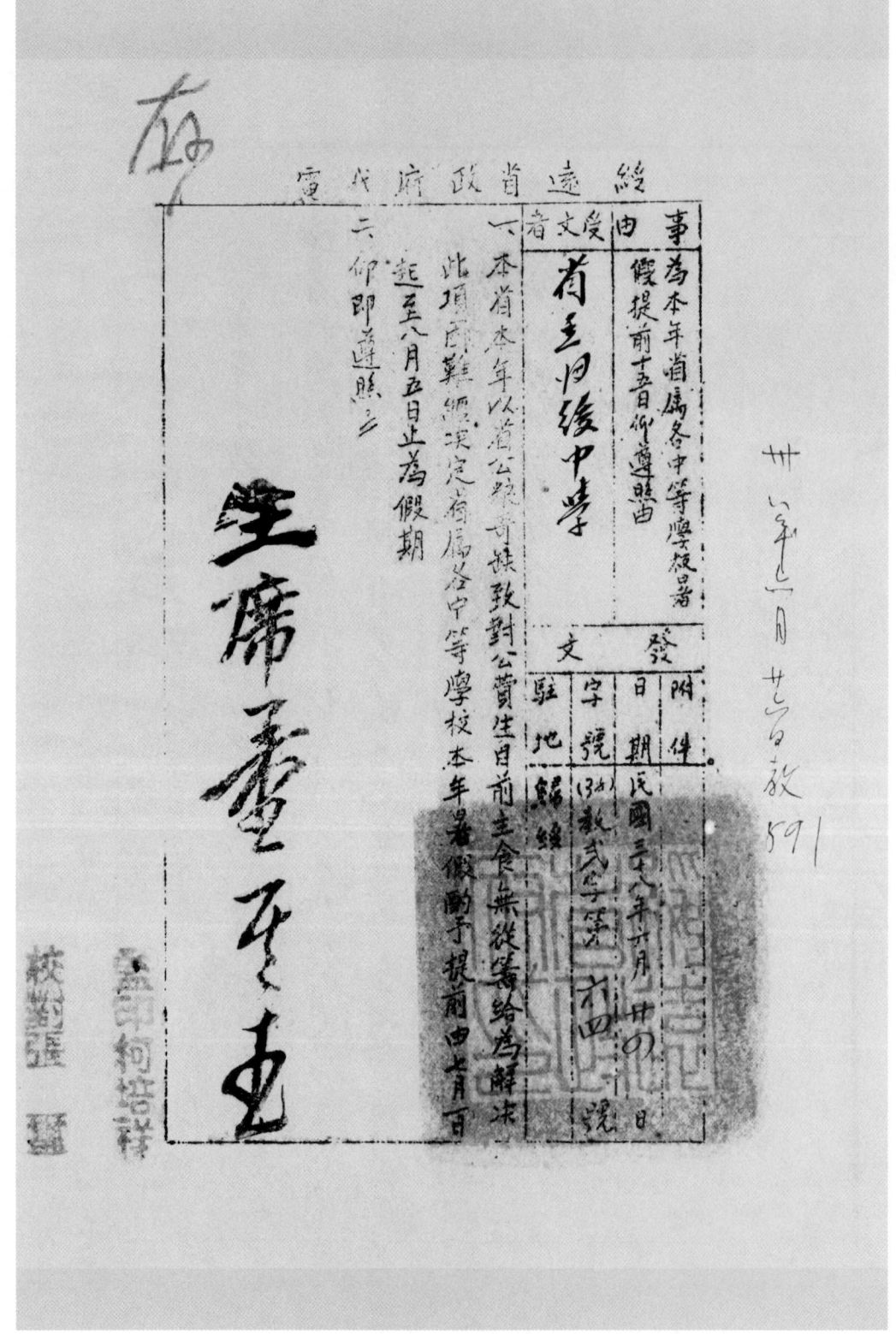

图 3-3-9　绥远省政府为本年省属各中等学校暑假提前十五日给省立归绥中学代电（1949年6月24日）

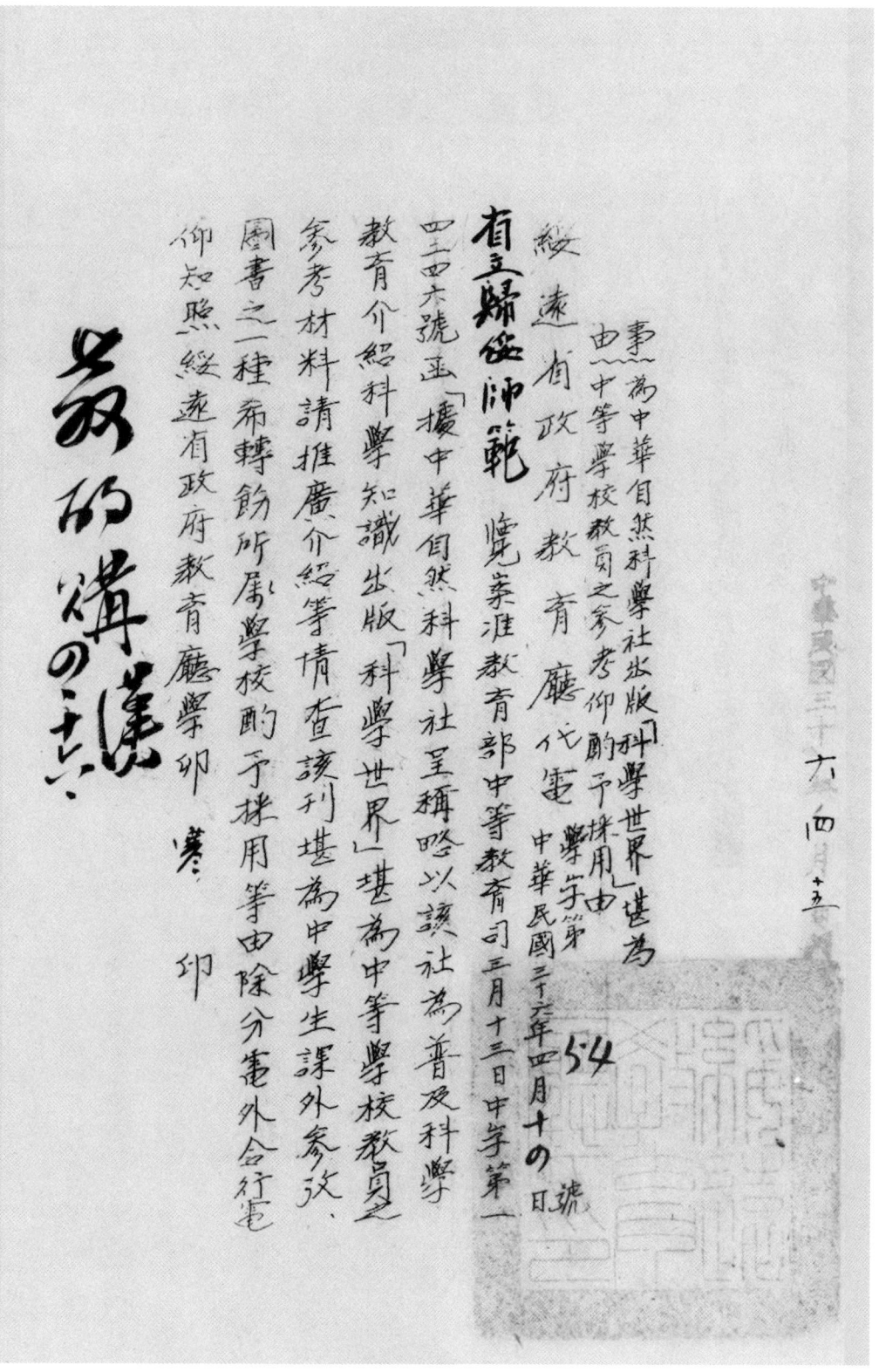

图 3-3-10　绥远省政府教育厅为推荐课外书《科学世界》给省立归绥师范学校代电（1947年4月14日）

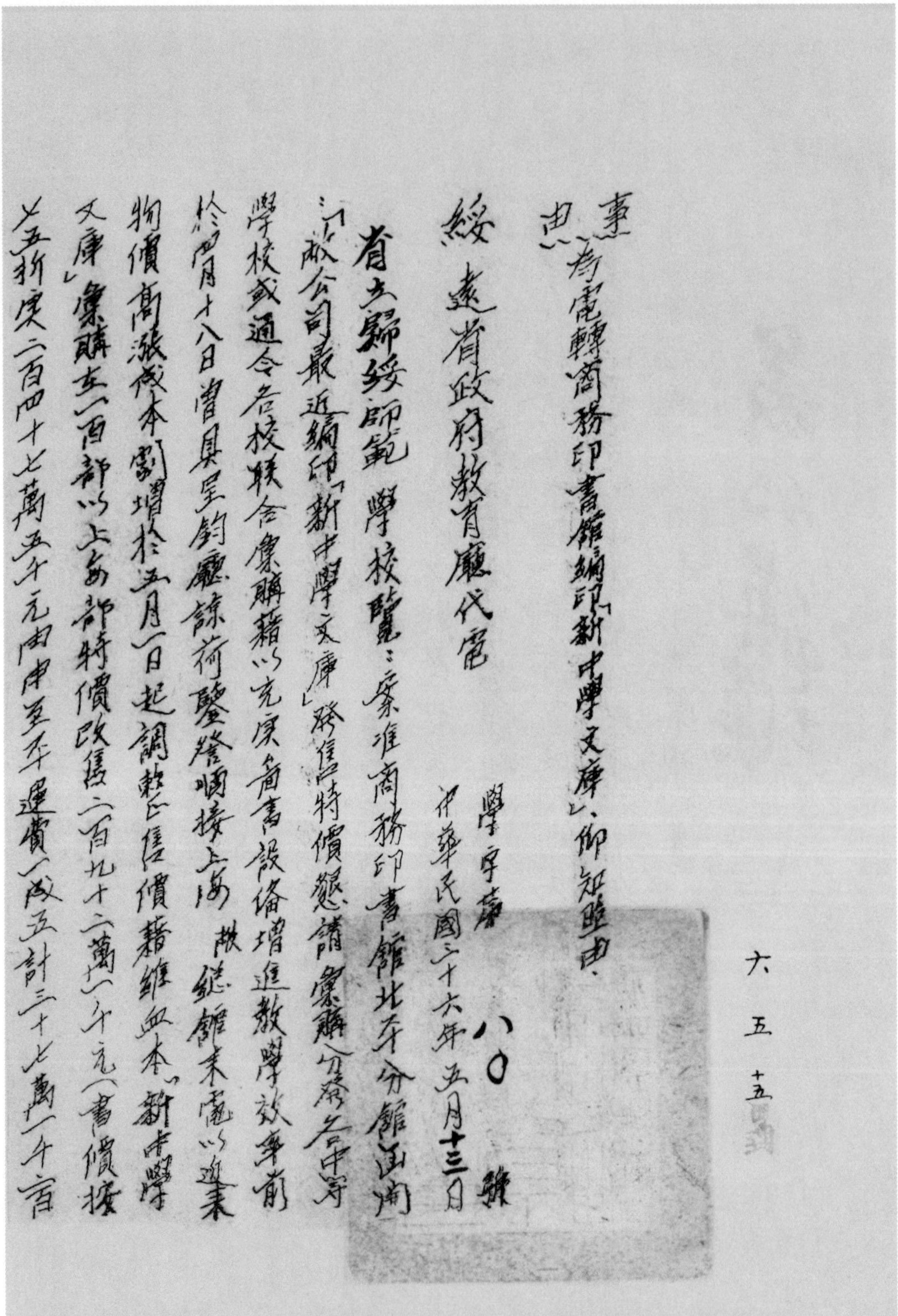
事由：為電轉商務印書館編印「新中學文庫」，仰知照由。
綏遠省政府教育廳代電
學字第八〇號
中華民國三十六年五月十三日
省立歸綏師範學校覽：案准商務印書館北平分館函開：
「敝公司最近編印『新中學文庫』，發售特價，懇請彙購，分發各中等
學校或通令各校聯合彙購，藉以充實圖書設備，增進教學效率。前
於四月十八日曾具呈鈞廳，諒荷鑒詧。嗣接上海 敝總館來電，以近來
物價高漲，成本劇增，於五月一日起調整售價，藉維血本。『新中學
文庫』彙購在一百部以上，每部特價改售二百九十二萬一千元（書價按
七五折實二百四十七萬五千元，由申至平運費一成五計三十七萬一千百
六五十五

图 3-3-11　绥远省政府教育厅为转商务印书馆编印《新中学文库》汇购办法给省立归绥师范学校代电（1947 年 5 月 13 日）（一）

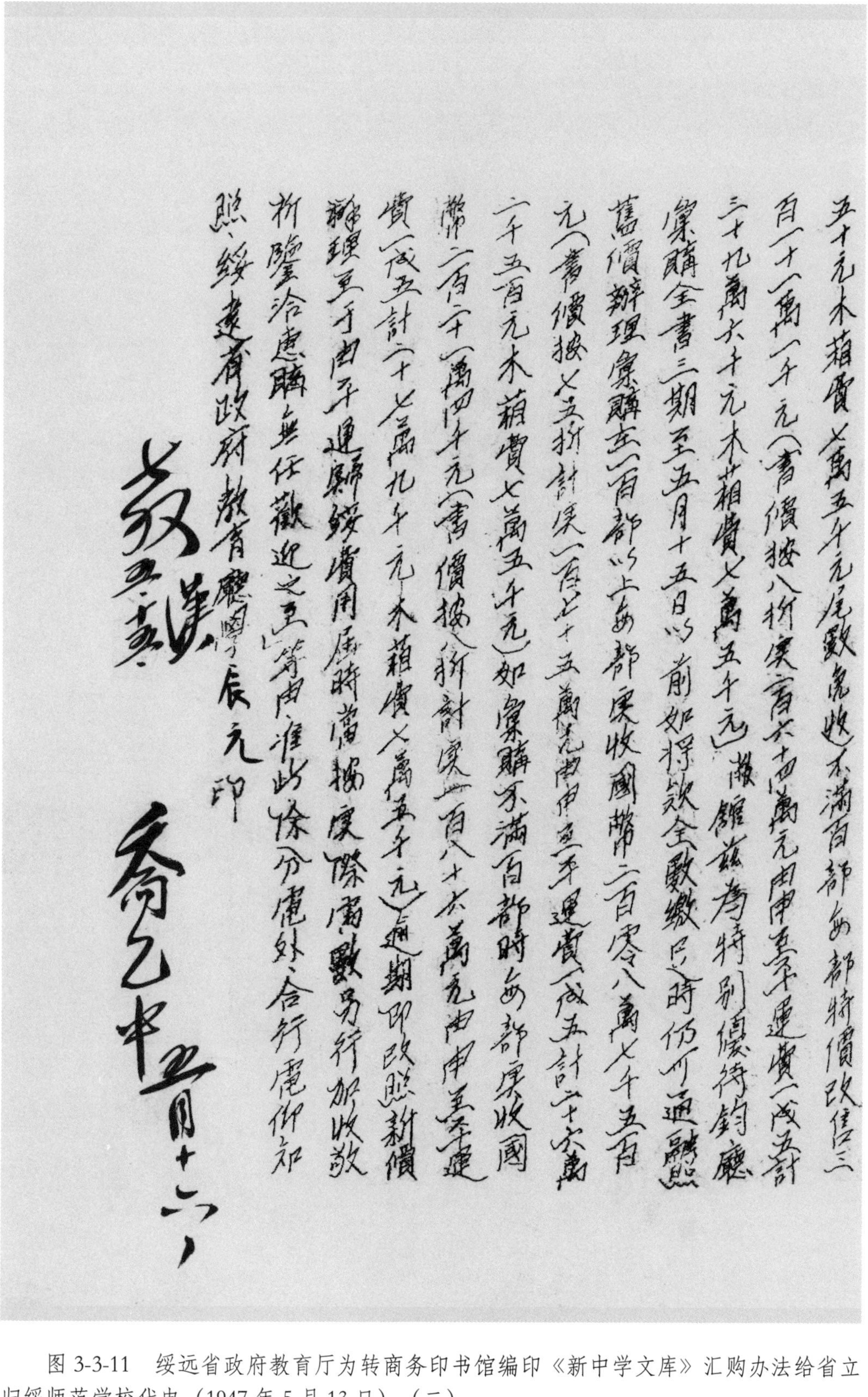

五十元木箱費七萬五千元尾數免收)不滿百部每部特價改作一
百一十一萬一千元(書價按八折實收六十四萬元由申至平運費(成五計
三十九萬六千元木箱費七萬五千元)敝館茲為特別優待鈞廳
彙購全書三期至五月十五日以前如將款全數繳足時仍可通融照
舊價辦理彙購壹百部以上每部實收國幣二百零八萬七千五百
元(書價按七五折計實一百七十五萬元由申至平運費(成五計二十六萬
二千五百元木箱費七萬五千元)如彙購不滿百部時每部實收國
幣二百二十一萬四千元(書價按八折計實一百八十六萬元由申至平運
費(成五計二十七萬九千元木箱費七萬五千元)逾期即改照新價
辦理至于由平運歸綏費用屆時當按實際需數另行加收敬
祈鑒洽惠購無任歡迎之至"等由，准此，除分電外，合行電仰知
照。綏遠省政府教育廳(印)辰元印

教五 …… 秀 乙申 五月十六

图 3-3-11　绥远省政府教育厅为转商务印书馆编印《新中学文库》汇购办法给省立归绥师范学校代电（1947 年 5 月 13 日）（二）

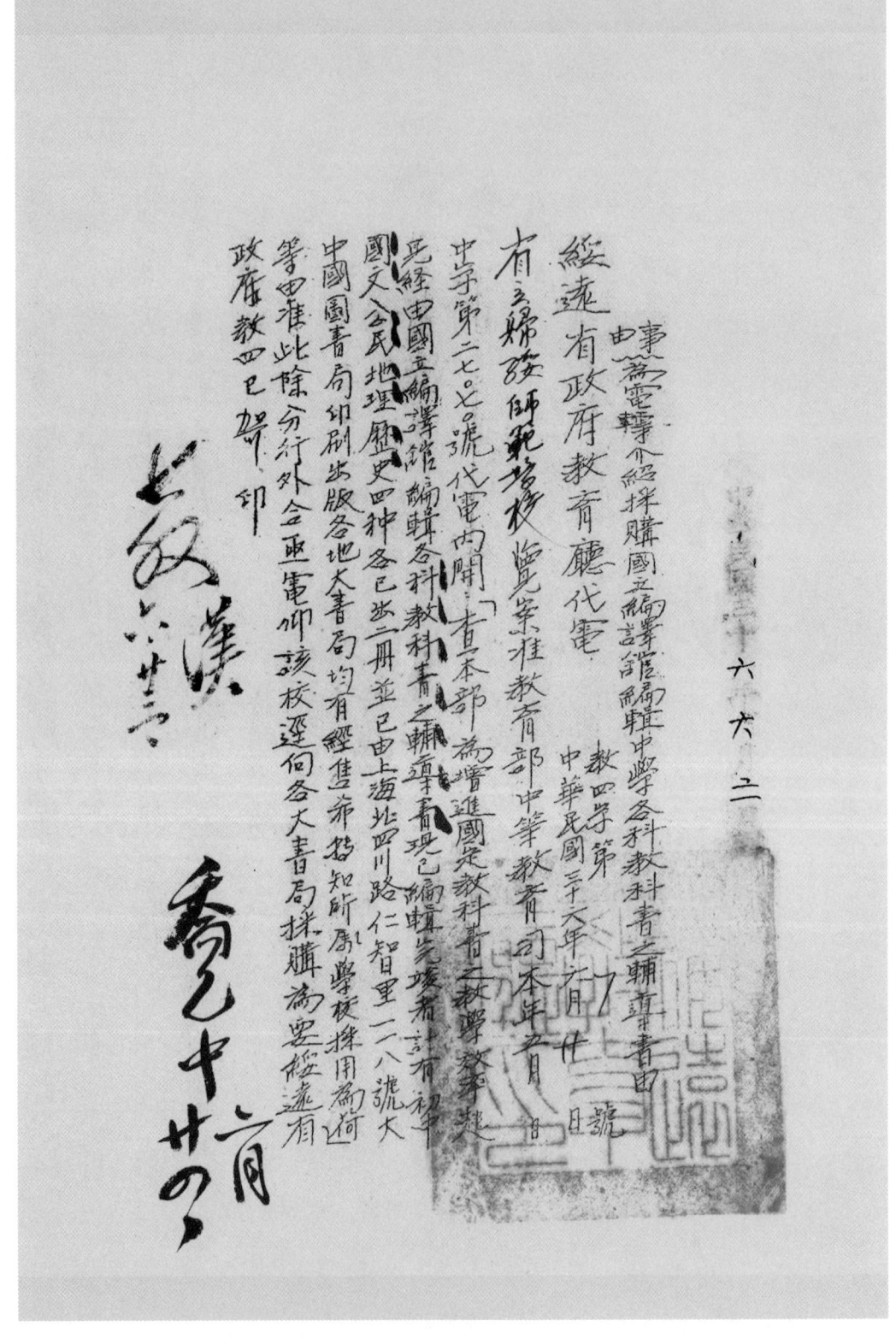

图 3-3-12　绥远省政府教育厅为转介绍采购国立编译馆编辑中学各科教科书之辅导书给省立归绥师范学校代电（1947年6月20日）

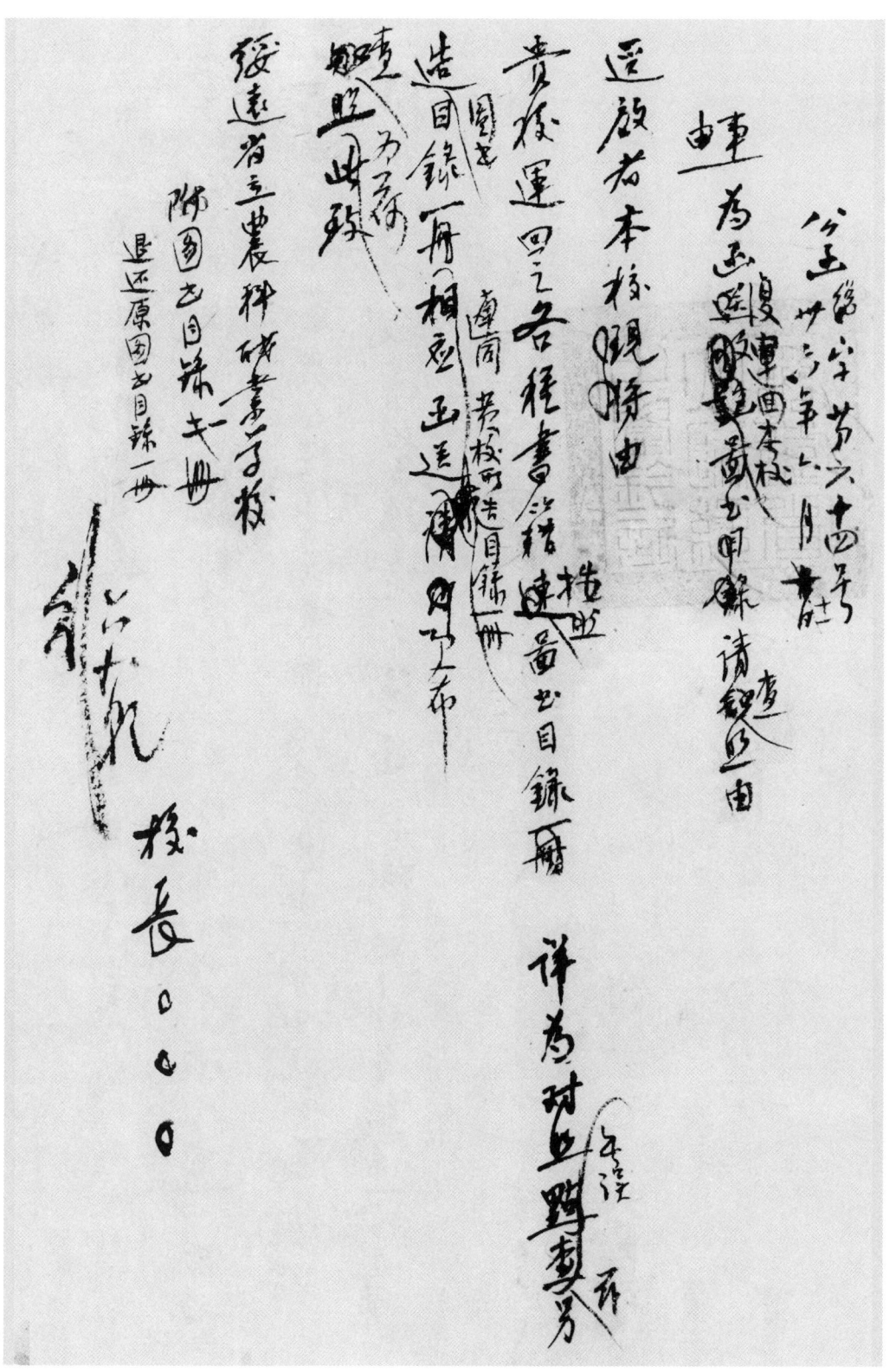

图 3-3-13　绥远省立归绥中学为送运回图书目录给绥远省立农科职业学校公函（1947 年 6 月 11 日）

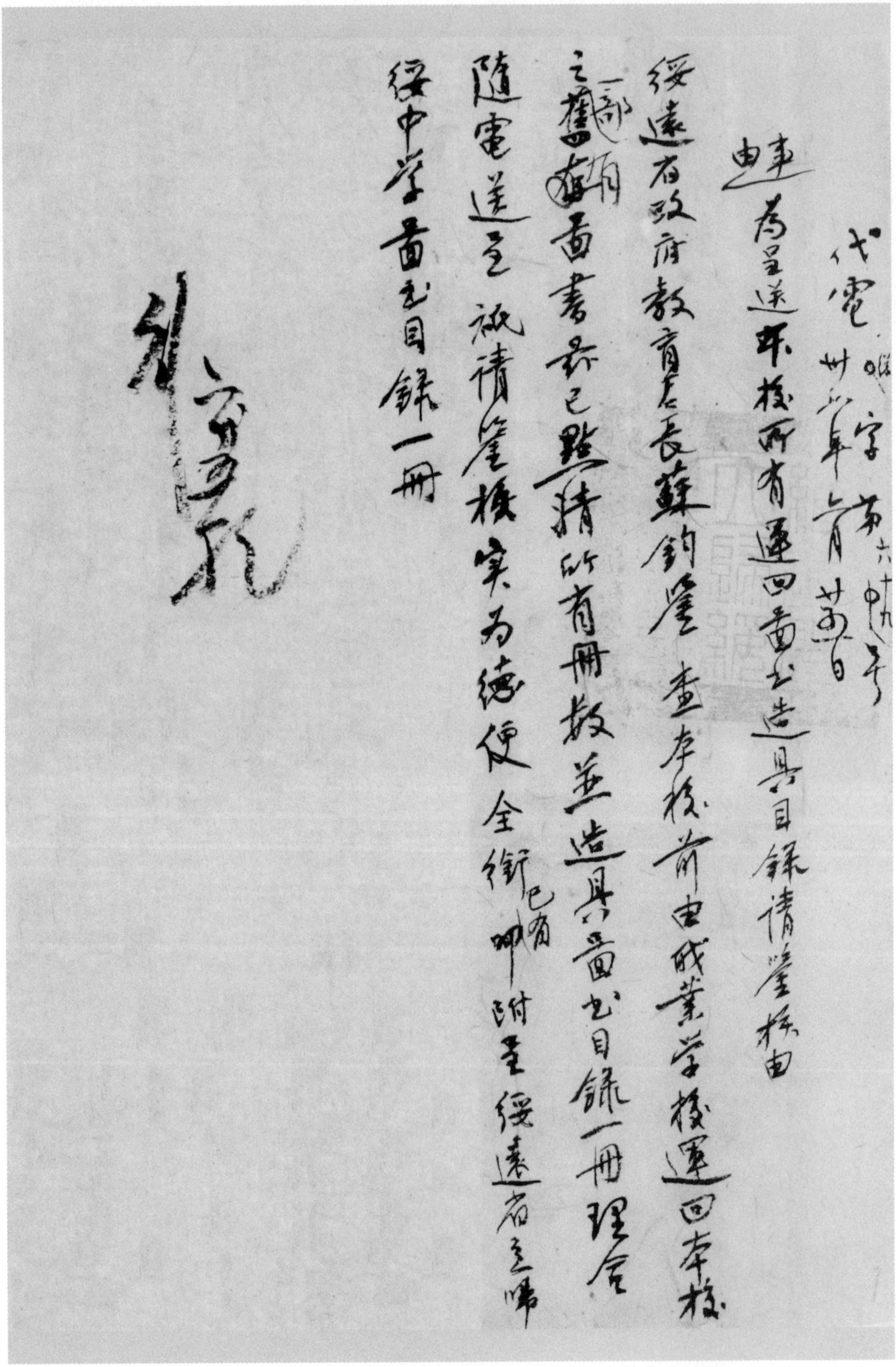

代電 卅六年六月廿五日 [illegible]字第六十九号

事由：為呈送本校所有運回圖書造具目錄請鑒核由

綏遠省政府教育廳長蘇鈞鑒：查本校前由戰業學校運回本校之一部舊有圖書，茲已點清所有冊數，並造具圖書目錄一冊，理合隨電送呈，祇請鑒核實為德便。全銜（已省）叩 附呈：綏遠省立歸綏中學圖書目錄一冊

图 3-3-14 绥远省立归绥中学为呈送运回图书目录致绥远省政府教育厅代电（1947 年 6 月 25 日）

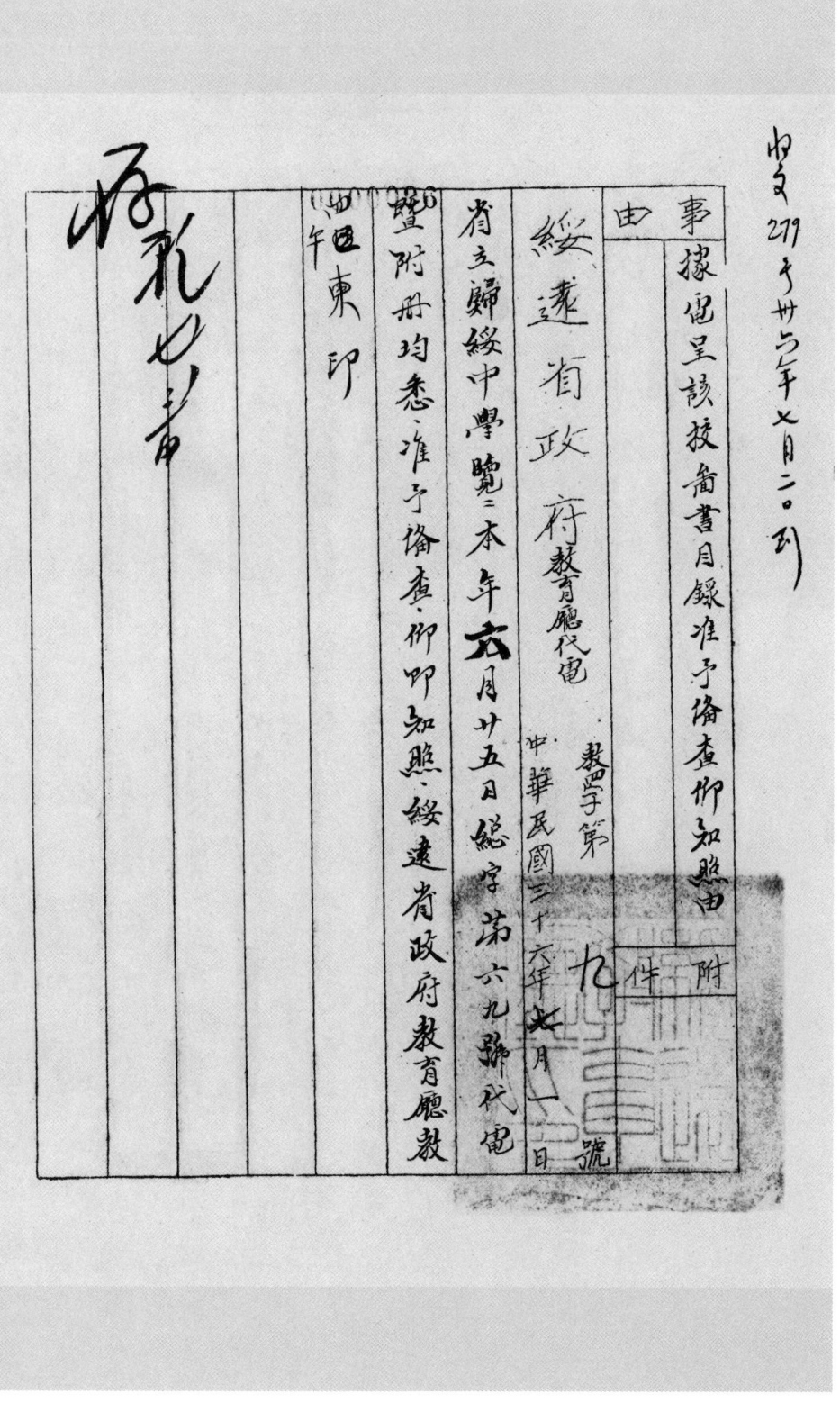

图 3-3-15 绥远省政府教育厅为图书目录准予备查致绥远省立归绥中学代电（1947 年 7 月 1 日）

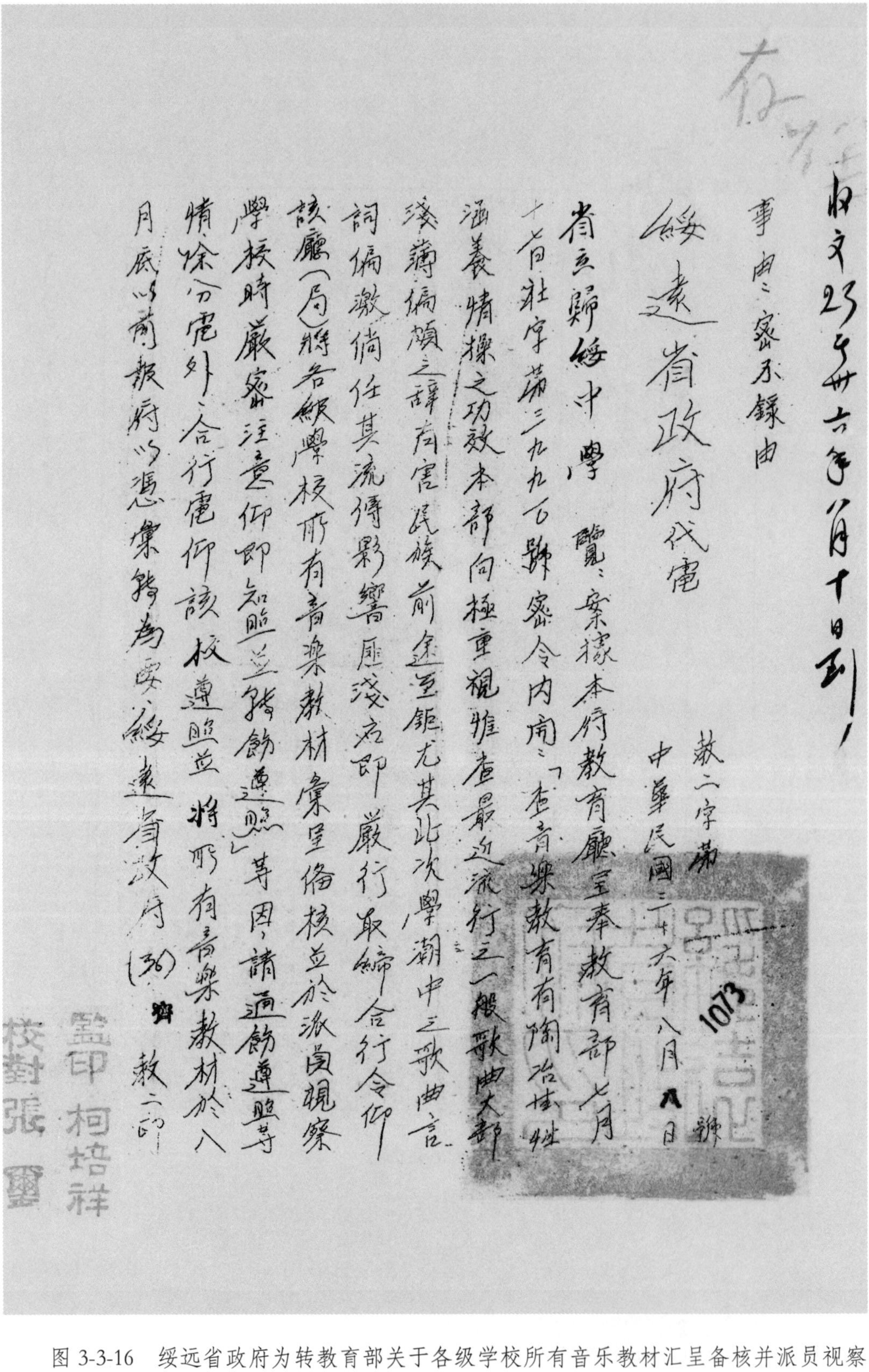

存卷

收文2373 卅六年八月十日到

教二字第　　號

中華民國三十六年八月八日

事由：密示錄由

綏遠省政府代電

省立歸綏中學覽：案據本府教育廳呈奉教育部七月十日壯字第三九九〇號密令內開：「查音樂教育有陶冶性情涵養情操之功效，本部向極重視，惟查最近流行之一般歌曲大都淺薄偏頗之辭，有害民族前途至鉅，尤其此次學潮中之歌曲，言詞偏激，倘任其流傳，影響匪淺，亟即嚴行取締，合行令仰該廳（局）將各級學校所有音樂教材彙呈備核，並於派員視察學校時，嚴密注意，仰即知照，並轉飭遵照」等因，請通飭遵照等情，除分電外，合行電仰該校遵照，並將所有音樂教材於八月底以前報府，以憑彙轉為要。綏遠省政府（36）府　教二印

1073

監印 柯培祥

校對 張

图 3-3-16　绥远省政府为转教育部关于各级学校所有音乐教材汇呈备核并派员视察密令致省立归绥中学的代电（1947 年 8 月 8 日）

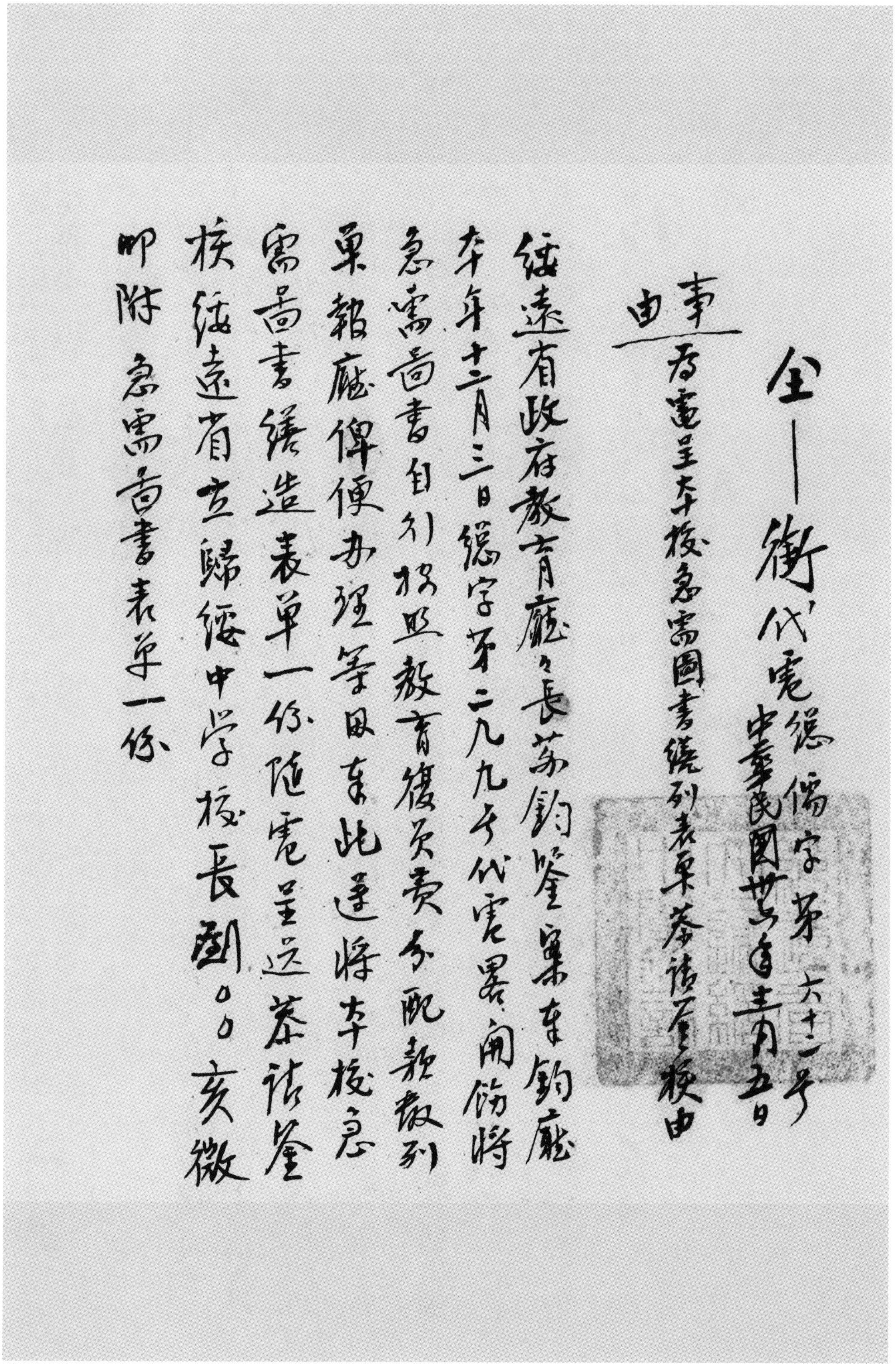
全衔代电总储字第六十二号
中华民国卅六年十二月五日
事由：为电呈本校急需图书缮列表单恭请鉴核由
绥远省政府教育厅厅长苏钧鉴：案奉钧厅本年十二月三日总字第二九九号代电略开：饬将急需图书自行按照教育复员费分配数额列单报厅，俾便办理等因。奉此，遵将本校急需图书缮造表单一份，随电呈送，恭请鉴核。绥远省立归绥中学校长刘○○亥微叩。附急需图书表单一份

图 3-3-17　绥远省立归绥中学为呈急需图书缮列表单致绥远省政府教育厅代电（1947 年 12 月 5 日）

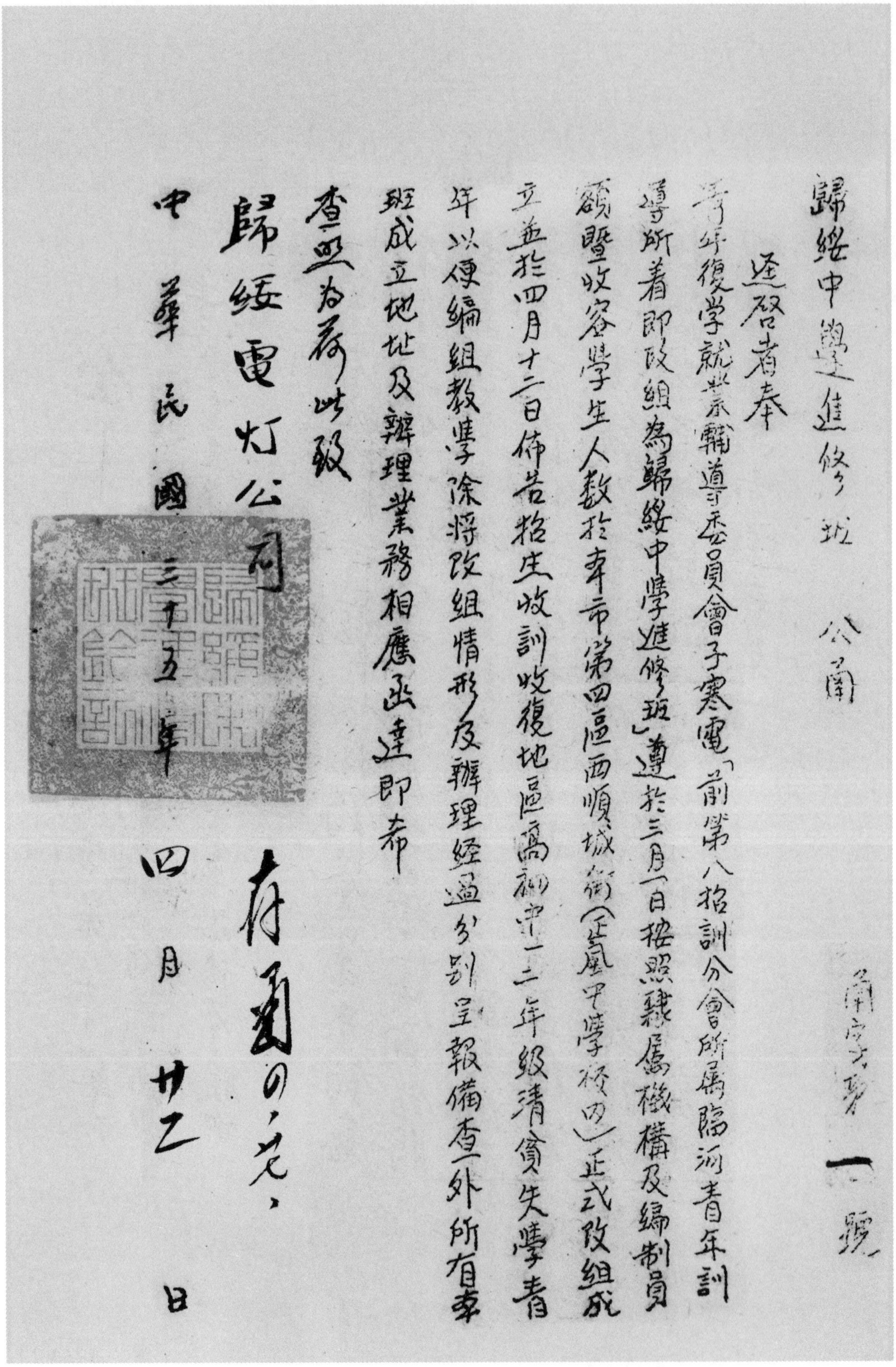

歸綏中學進修班公函　開字第一號

逕啟者奉

青年復學就業輔導委員會子寒電「前第八招訓分會所屬臨河青年訓導所着即改組為歸綏中學進修班」遵於三月一日按照隸屬機構及編制員額暨收容學生人數於本市第四區西順城街（正風中學校內）正式改組成立並於四月十二日佈告招生收訓收復地區高初中一二年級清貧失學青年以便編組教學除將改組情形及辦理經過分別呈報備查外所有本班成立地址及辦理業務相應函達即希

查照為荷此致

歸綏電灯公司

存

中華民國三十五年四月廿二日

图 3-3-18　归绥市中学进修班为改组成立及招生等事致归绥电灯公司公函（1946 年 4 月 22 日）

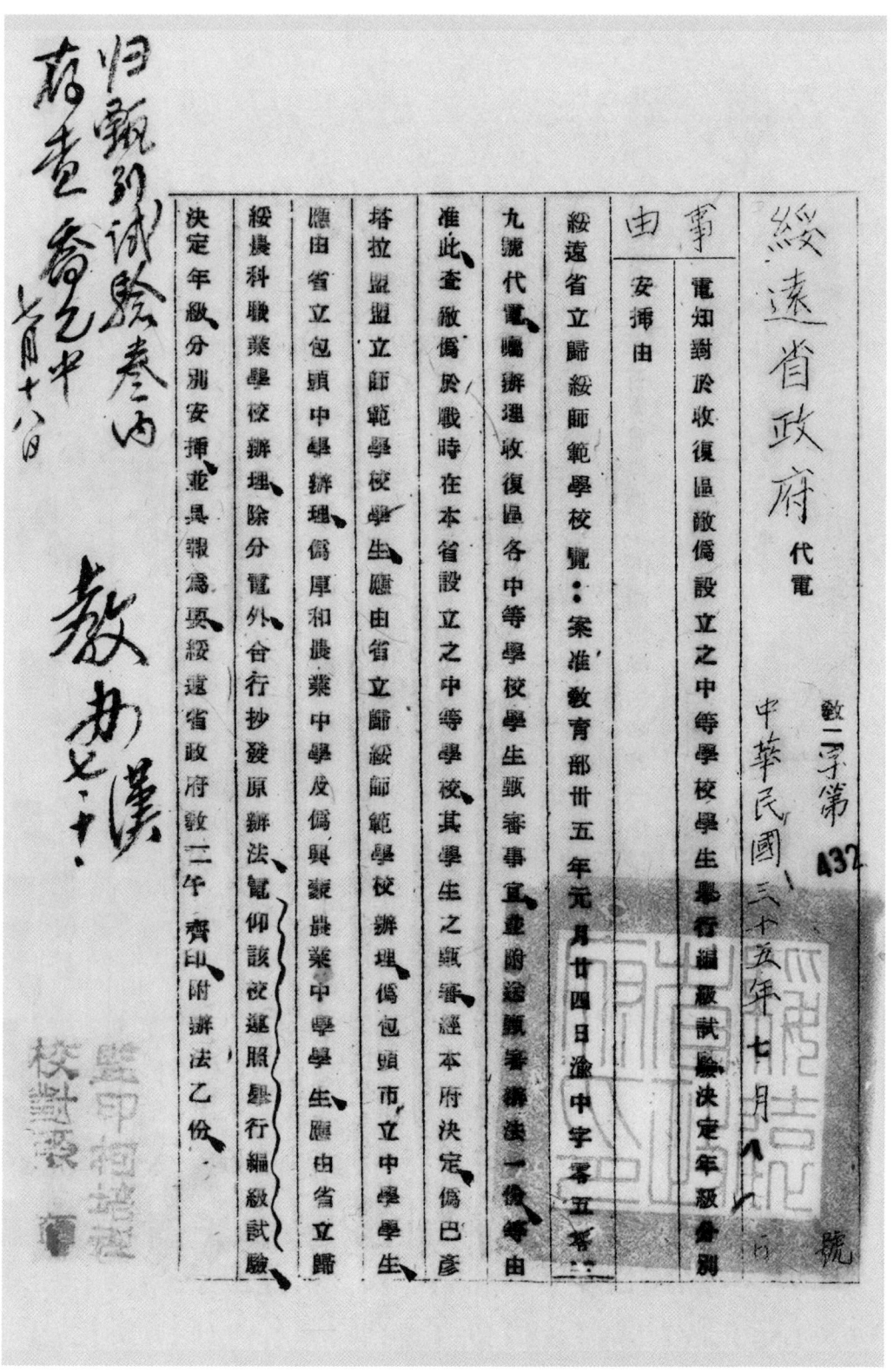

图 3-3-19　绥远省政府为对于收复区敌伪设立之中等学校学生举行编级试验决定年级分别安插给绥远省立师范学校代电（1946 年 7 月 8 日）

绥远省政府教育厅代电

事由 为电发肆业国立二中本省复员学生程进智名册仰编入相当年级由

中教一民国三十五年八月廿八日

收文27

廿五年八月廿九日

省立归绥中学阎校长览：案准国立第二中学七月一日函字第一四○三号公函以该校奉令迁苏改为省立所有他省教职员学生一律资助回籍听候分派工作或入学，兹检具贵省学生名册一份希查照、等由，自应照办，合行检同原名册一份随电附发仰按照该生原校肆业年级、编入相当班次并报查为要

！绥远省政府教育厅学未俭印附学生名册一份

电复本校本子期年高二年级班次年该编入候遣

原册呈交教厅

图 3-3-20 绥远省政府教育厅电发肆业国立二中本省复员学生程进智名册编入相当年级及省立归绥中学无法编入的代电（1946年8月28日）（一）

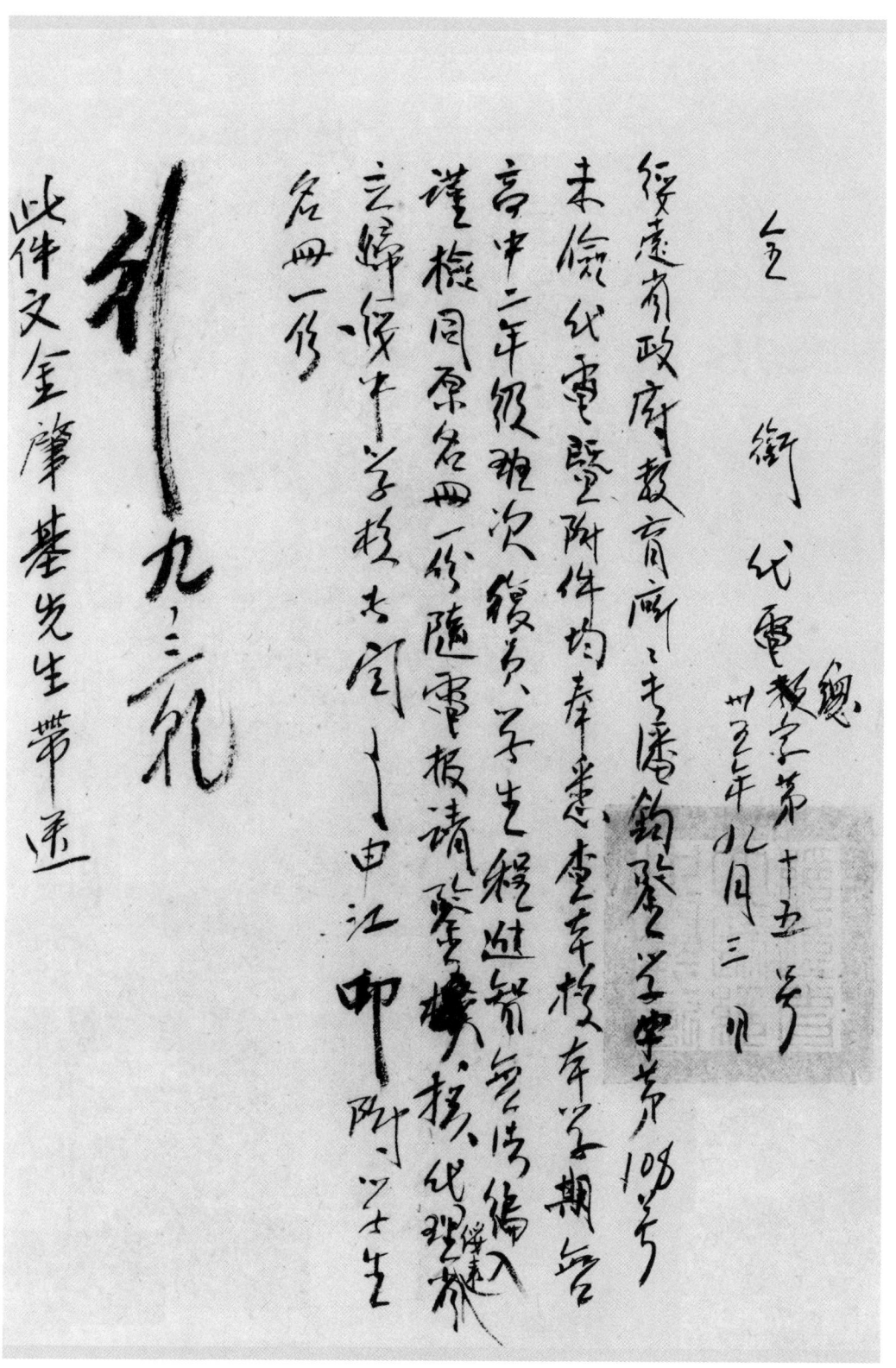

图 3-3-20 绥远省政府教育厅电发肄业国立二中本省复员学生程进智名册编入相当年级及省立归绥中学无法编入的代电（1946年8月28日）（二）

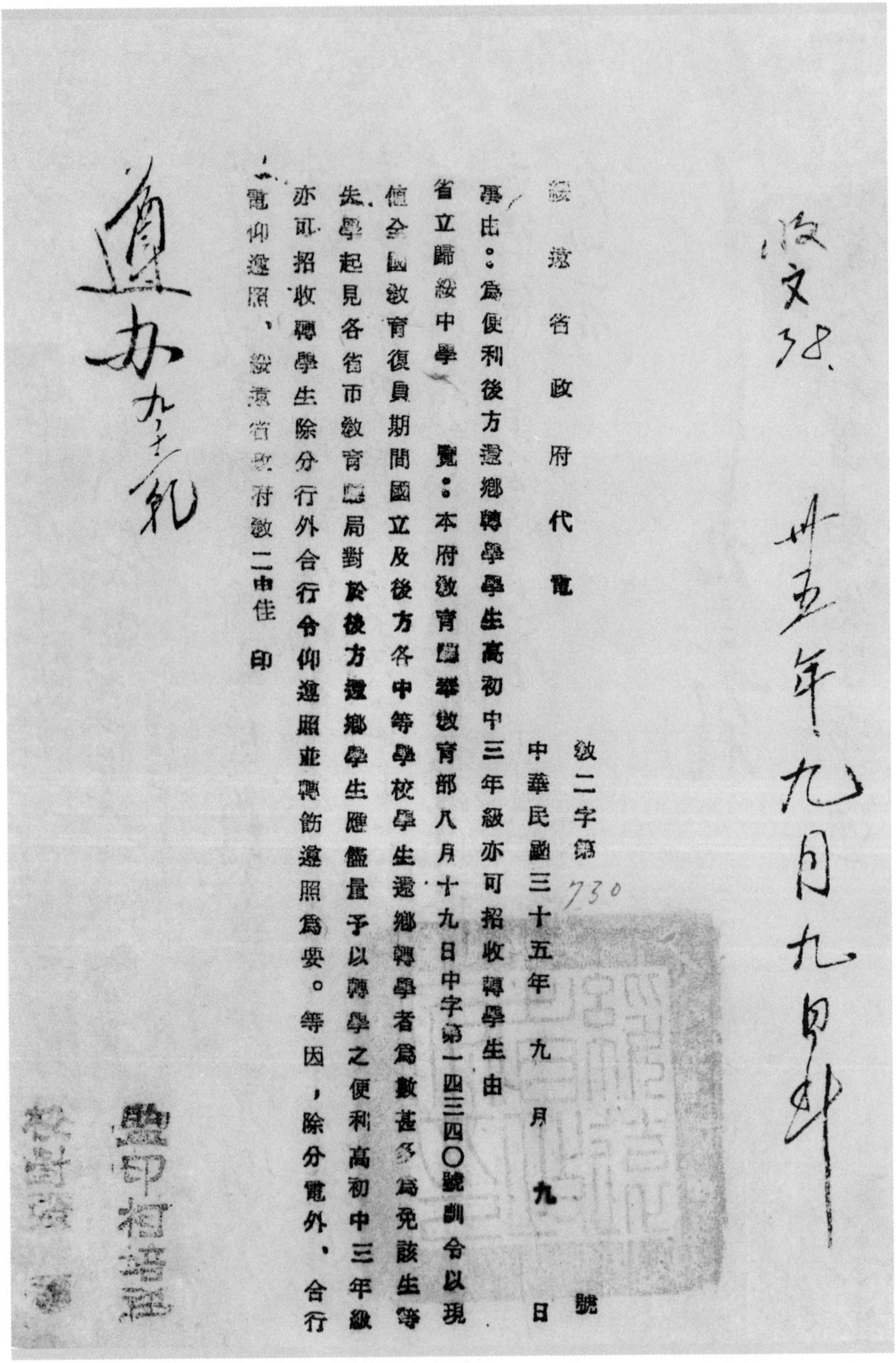
收文78.
卅五年九月九日到

綏遠省政府代電

教二字第730號

中華民國三十五年九月九日

事由：為便利後方還鄉轉學學生高初中三年級亦可招收轉學生由

省立歸綏中學覽：本府教育廳奉教育部八月十九日中字第一四三四〇號訓令以現值全國教育復員期間國立及後方各中等學校學生還鄉轉學者為數甚多為免該生等失學起見各省市教育廳局對於後方還鄉學生應儘量予以轉學之便利高初中三年級亦可招收轉學生除分行外合行令仰遵照並轉飭遵照為要。等因，除分電外，合行電仰遵照，綏遠省政府教二申佳 印

遵办

图 3-3-21　绥远省政府为便利后方还乡转学学生高初中三年级亦可招收转学生给省立归绥中学代电（1946 年 9 月 9 日）

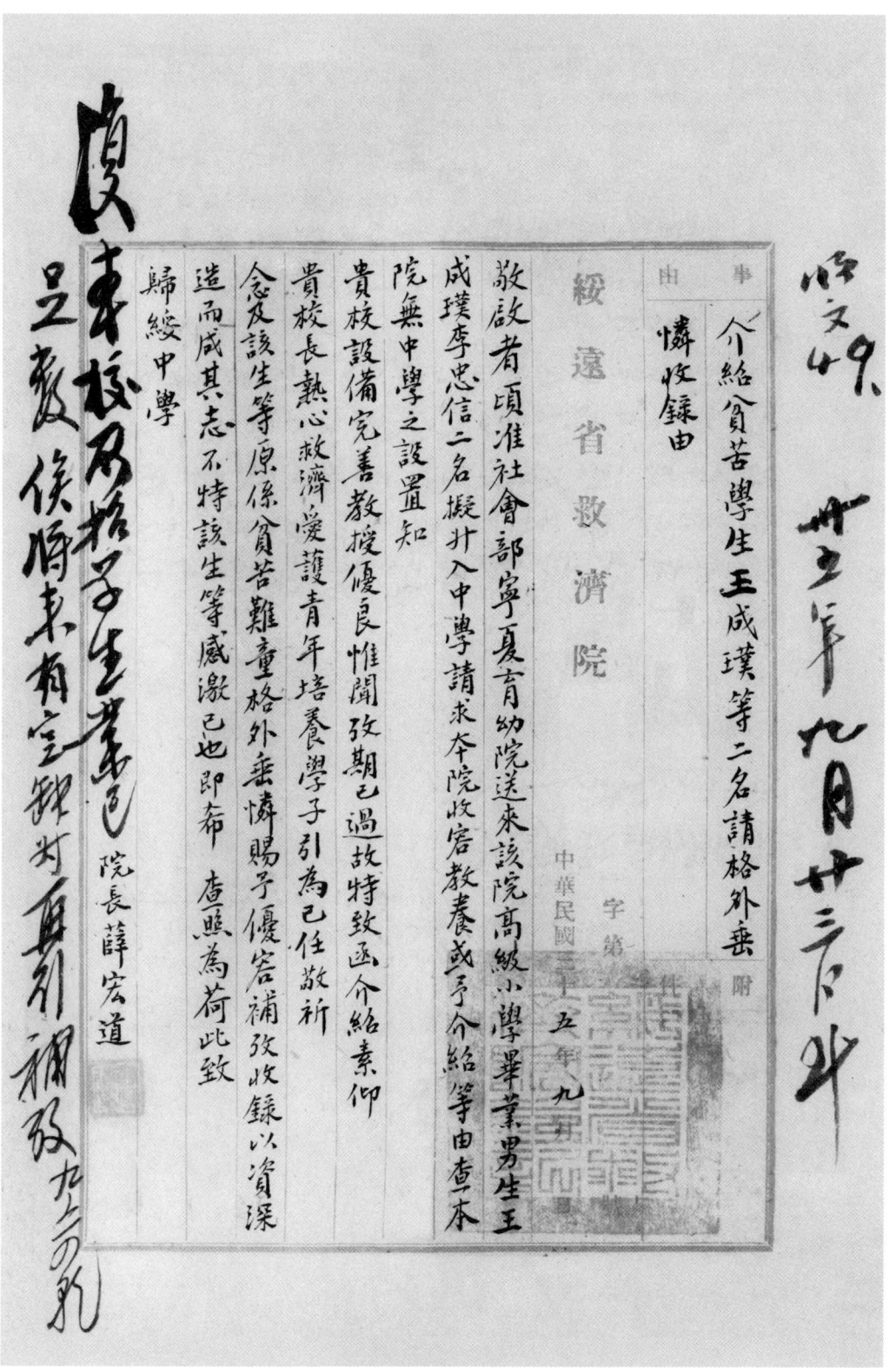

图 3-3-22　绥远省救济院为介绍贫苦学生王成璞等二名请格外垂怜收录致绥远省立归绥中学公函（1946 年 9 月 23 日）

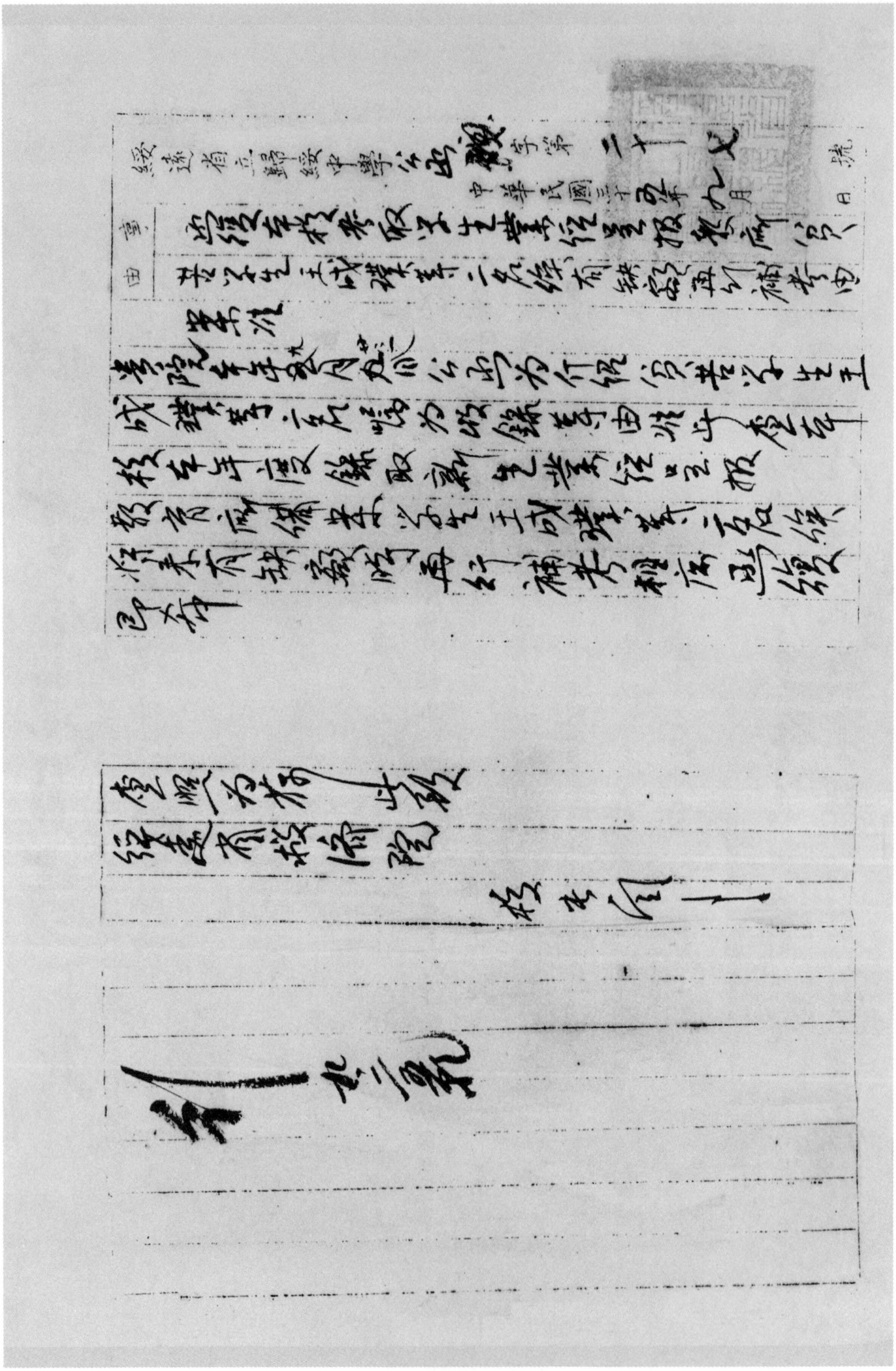

图 3-3-23 绥远省立归绥中学为考取学生业经呈报教育厅备案贫苦学生王成璞等二名俟有缺额再行补考致绥远省救济院公函（1946 年 9 月）

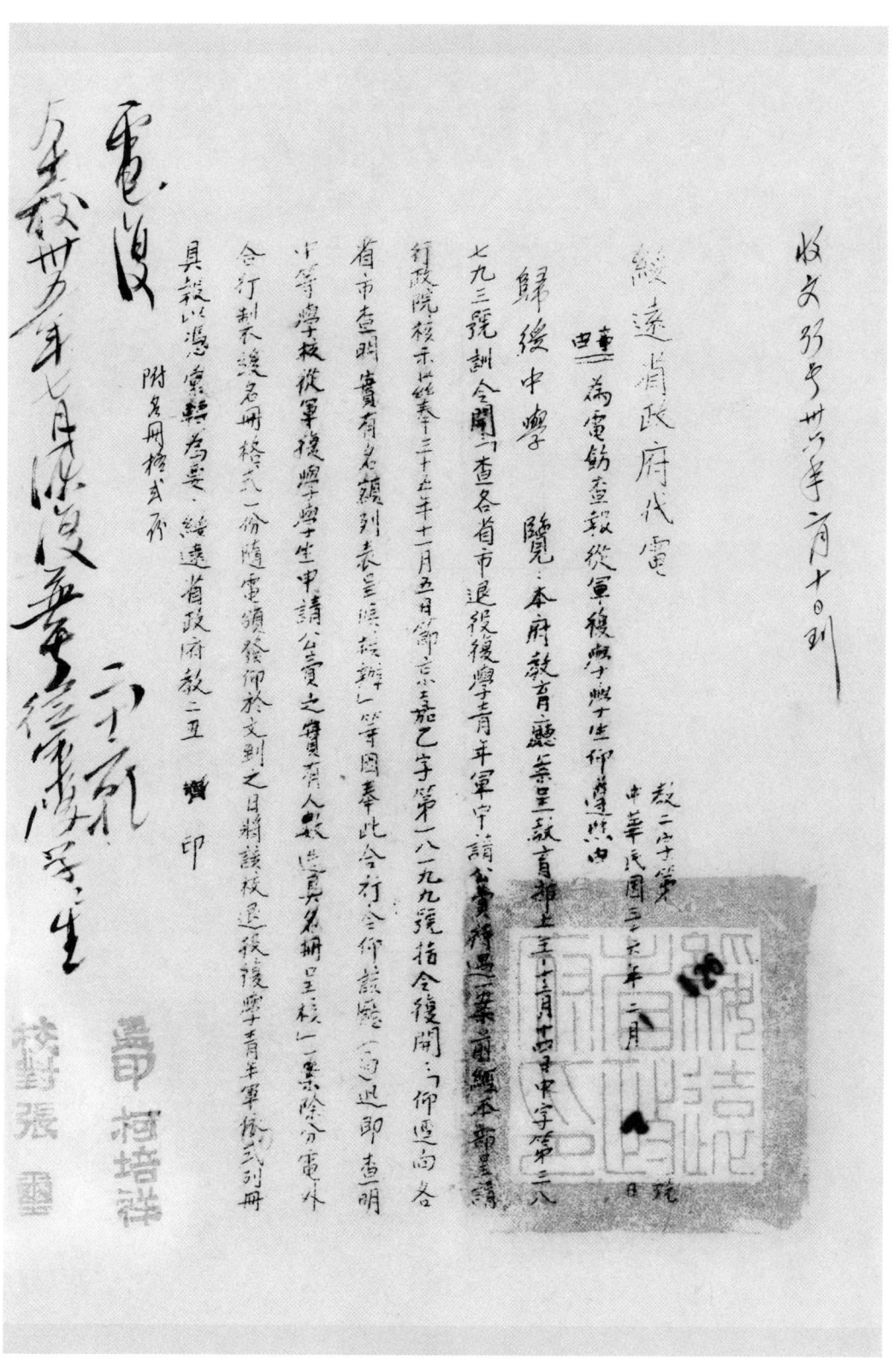

图 3-3-24　绥远省政府为查报从军复学学生及归绥中学无退役复学学生的代电（附名册格式）（1947年2月8日）（一）

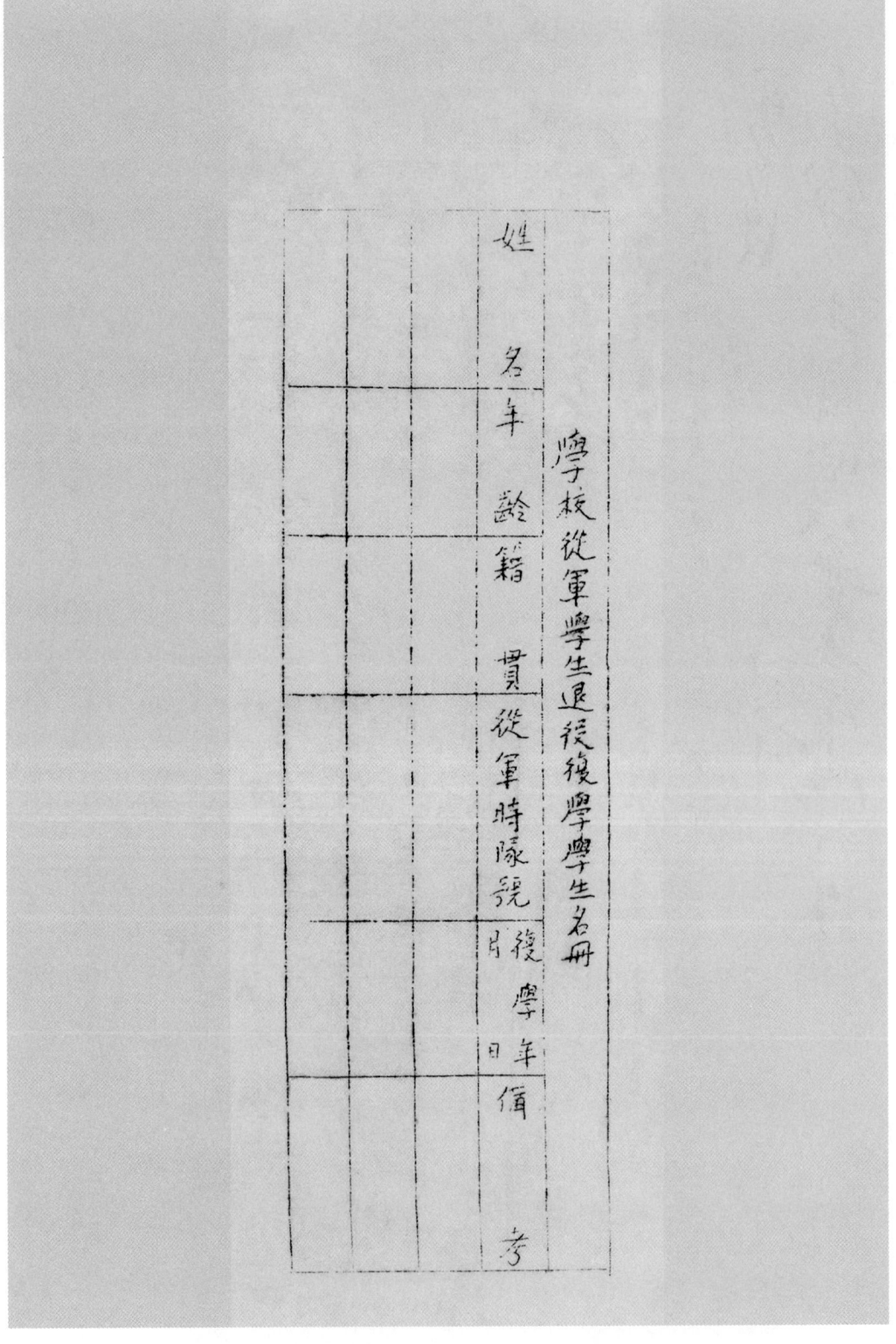

图 3-3-24　绥远省政府为查报从军复学学生及归绥中学无退役复学学生的代电（附名册格式）（1947年2月8日）（二）

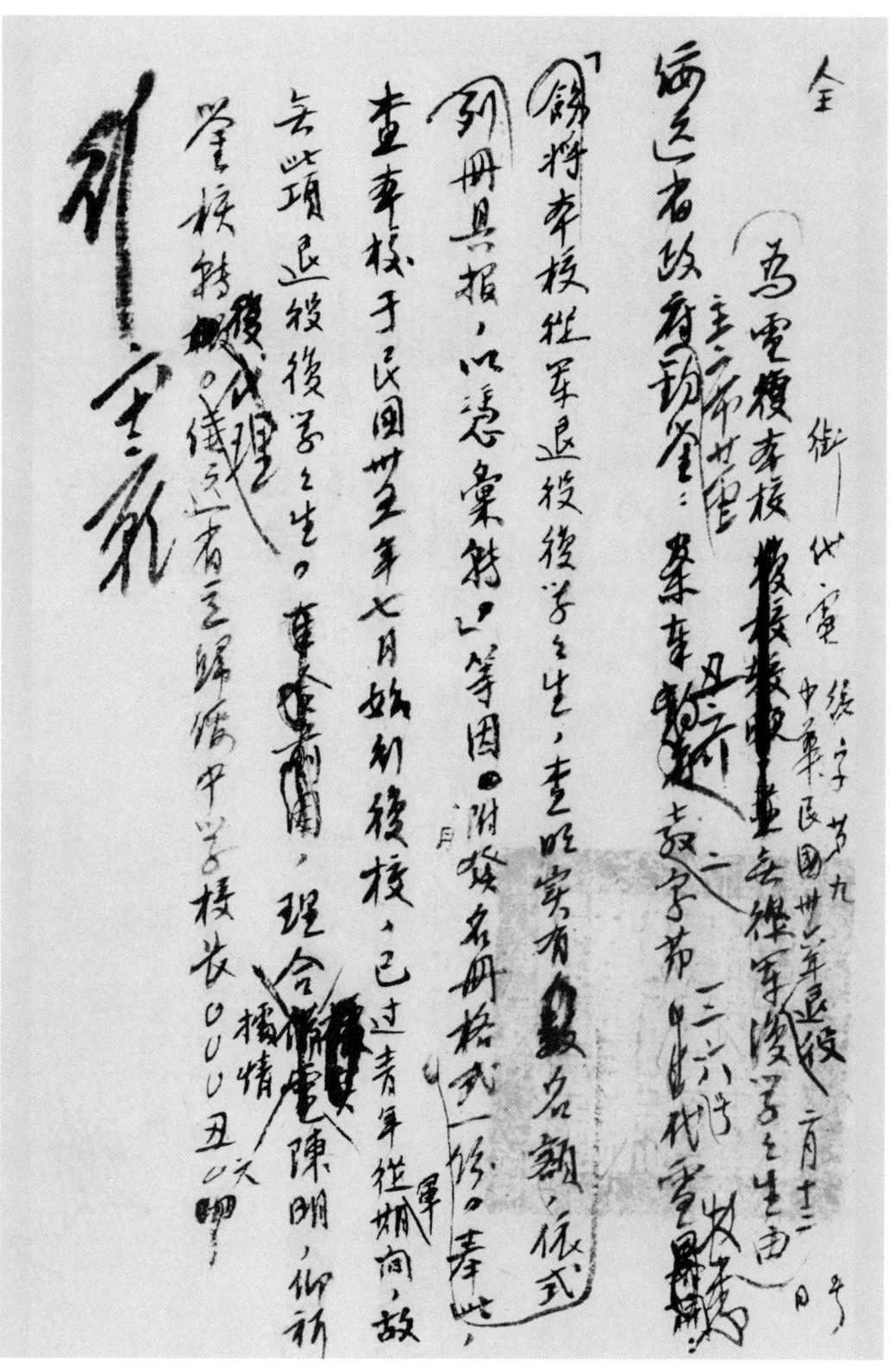

图 3-3-24 绥远省政府为查报从军复学学生及归绥中学无退役复学学生的代电（附名册格式）（1947年2月8日）（三）

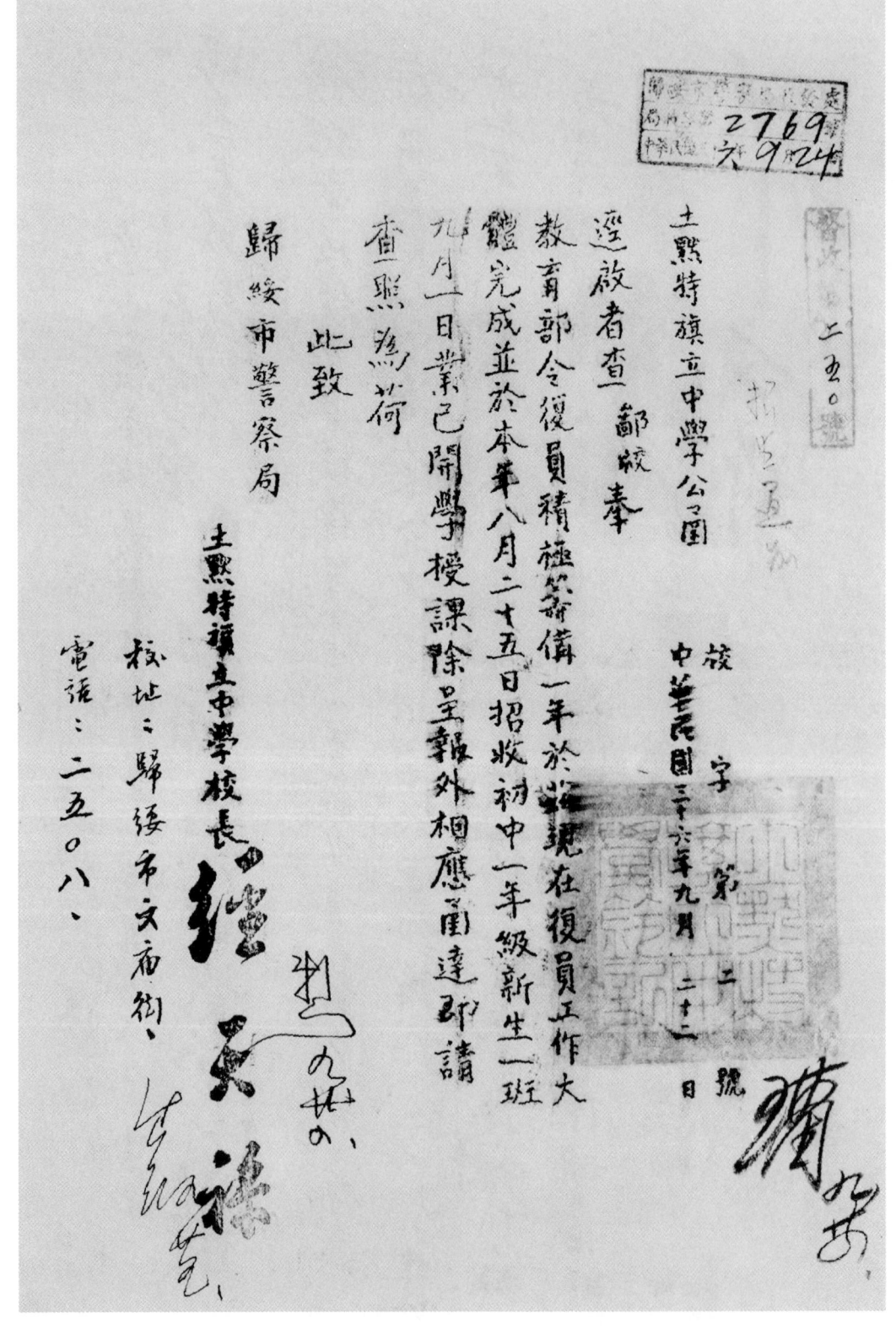

图 3-3-25　土默特旗立中学为呈报招收初中一年级新生并业已开学授课致归绥市警察局公函（1947 年 9 月 22 日）

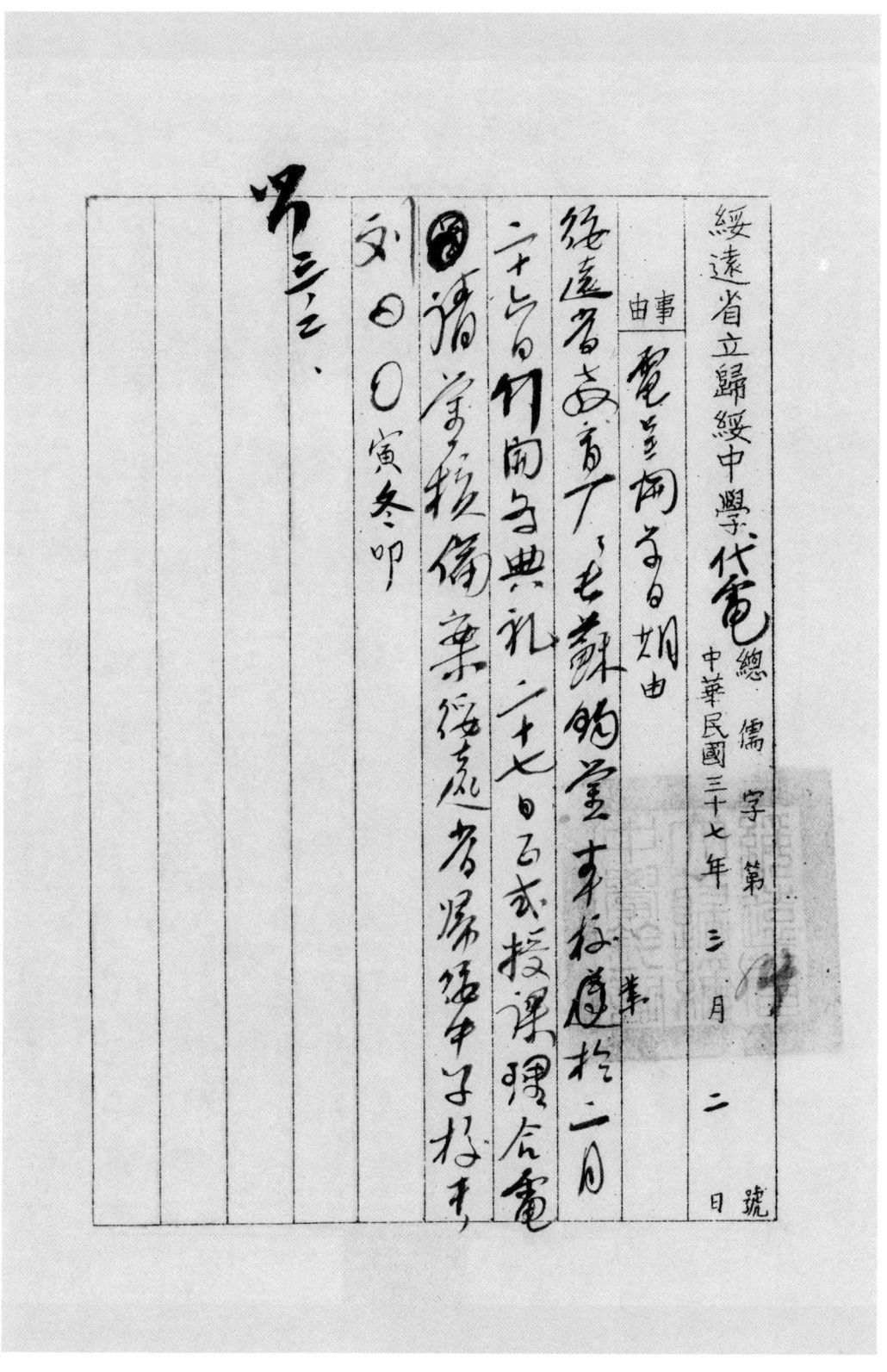

图 3-3-26　绥远省立归绥中学为呈报开学日期致绥远省教育厅代电（1948年3月2日）

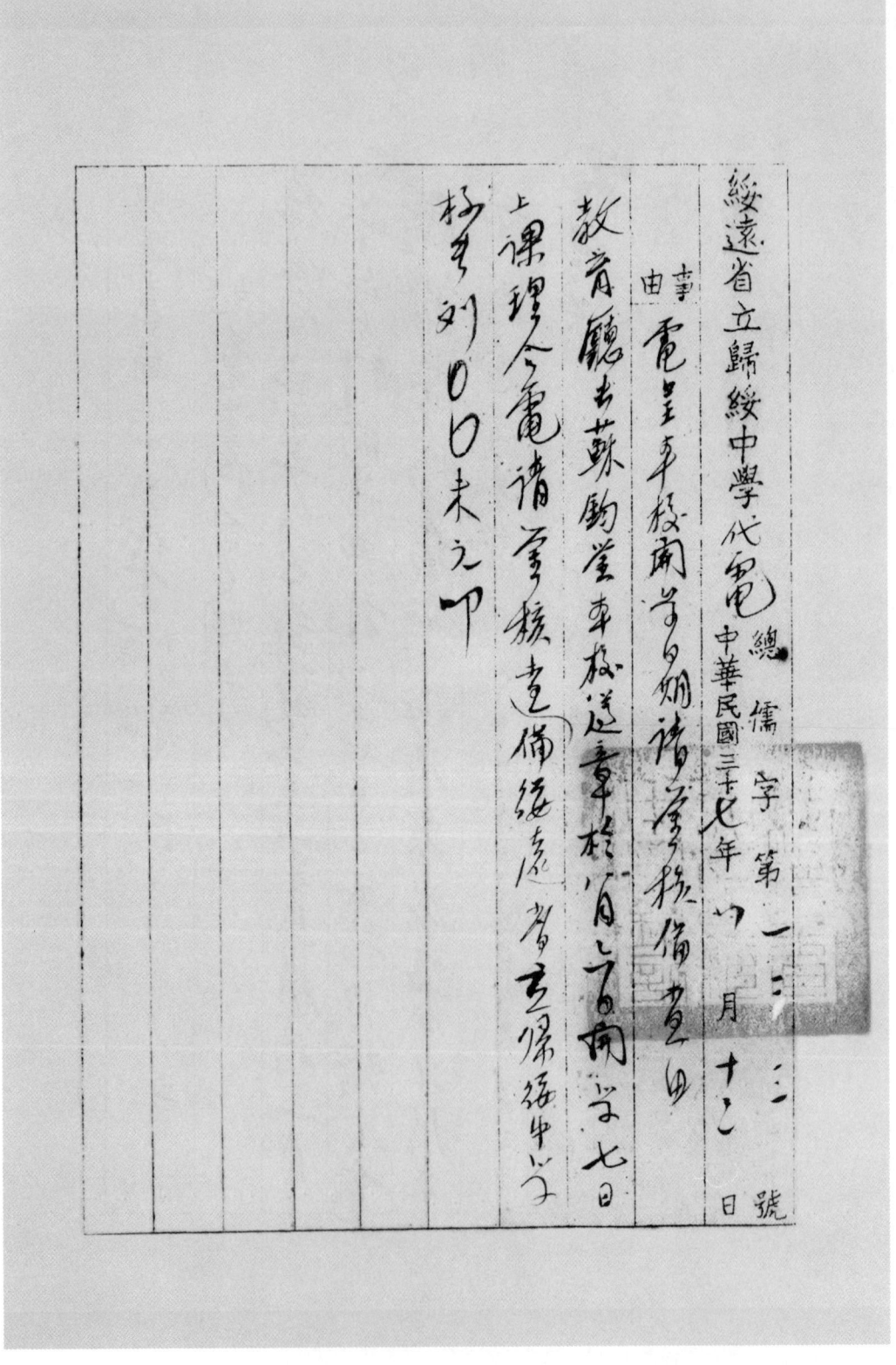

图 3-3-27 绥远省立归绥中学为呈报开学日期致绥远省教育厅代电（1948 年 8 月 12 日）

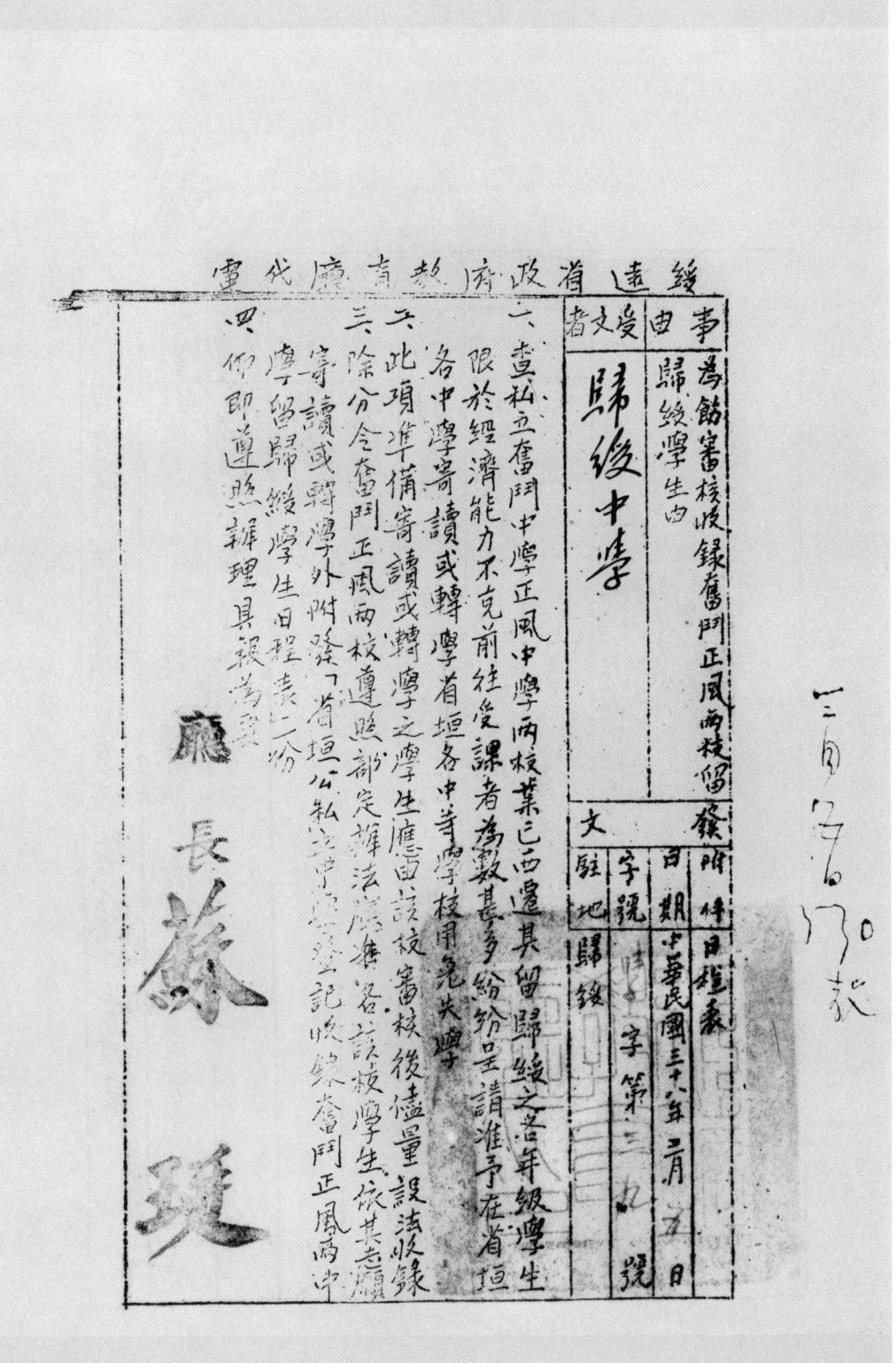

图 3-3-28 绥远省政府教育厅为审核收录奋斗、正风两校留归绥学生给归绥中学代电（附登记收录留归绥学生日程表）（1949年3月5日）（一）

省垣公私立中学登记收录奋斗正风两中学留归绥学生日程表		
区分校名备 月日		考
归绥中学	3 7-9	
女师中学部	〃 10-12	振陵笔生
土默特旗立中学	〃 13-15	
国立绥中	〃 16-18	
私立恒清中学	〃 19-21	

说明

一、凡奋斗正风留省学生—指定证表列各校按原有班级内酌量学额
　卢量登记彭学收录
二、凡奋斗正风两中学留省学生应於规定期内携带上学期通知书
　迳向志愿学校登记

图 3-3-28　绥远省政府教育厅为审核收录奋斗、正风两校留归绥学生给归绥中学代电（附登记收录留归绥学生日程表）（1949年3月5日）（二）

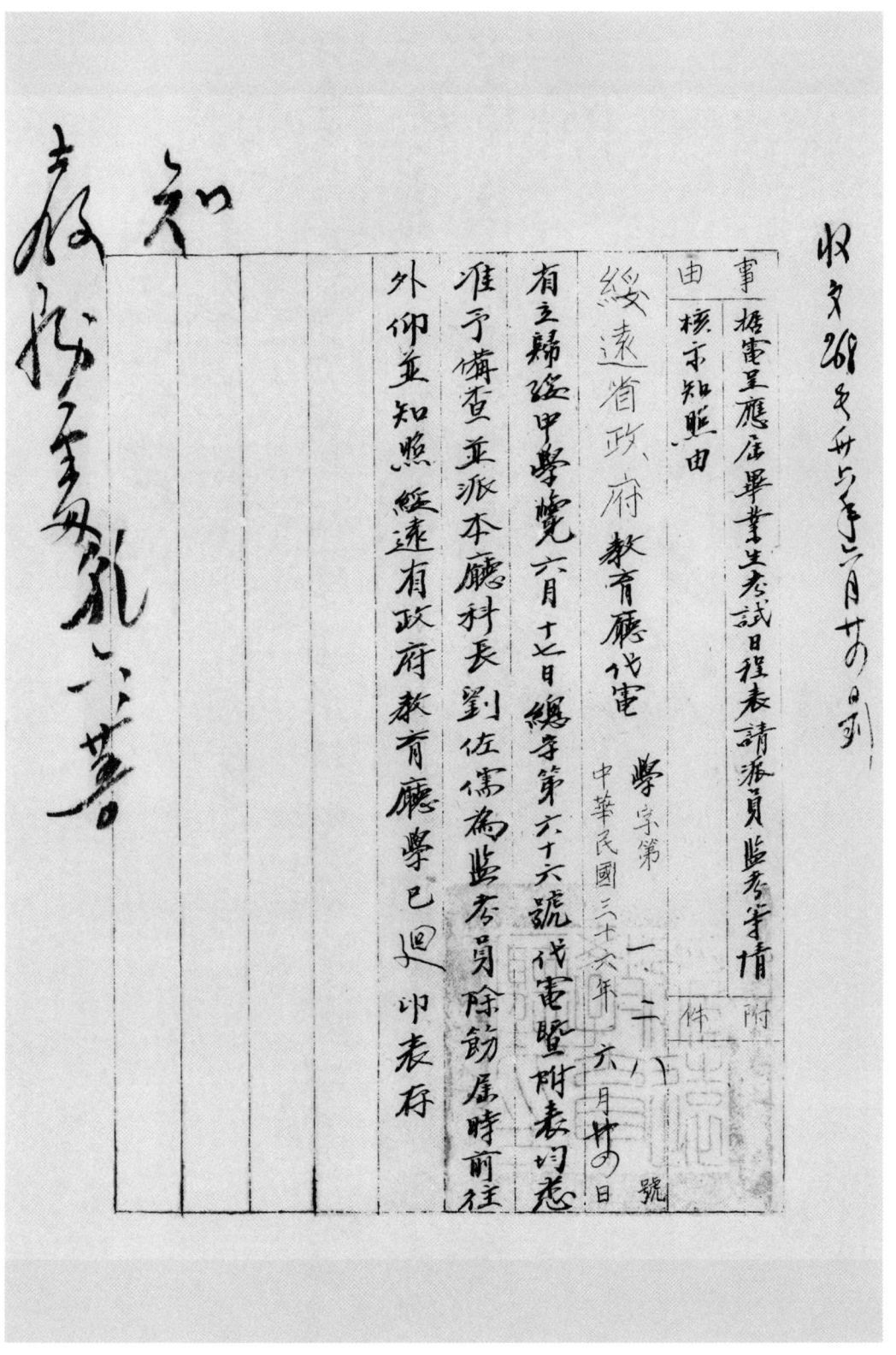

图 3-3-29　绥远省立归绥中学初中二十五班毕业考试请派员莅校监考及绥远省政府教育厅准予备查并派监考员的代电（附考试时间表）（1947年6月24日）（一）

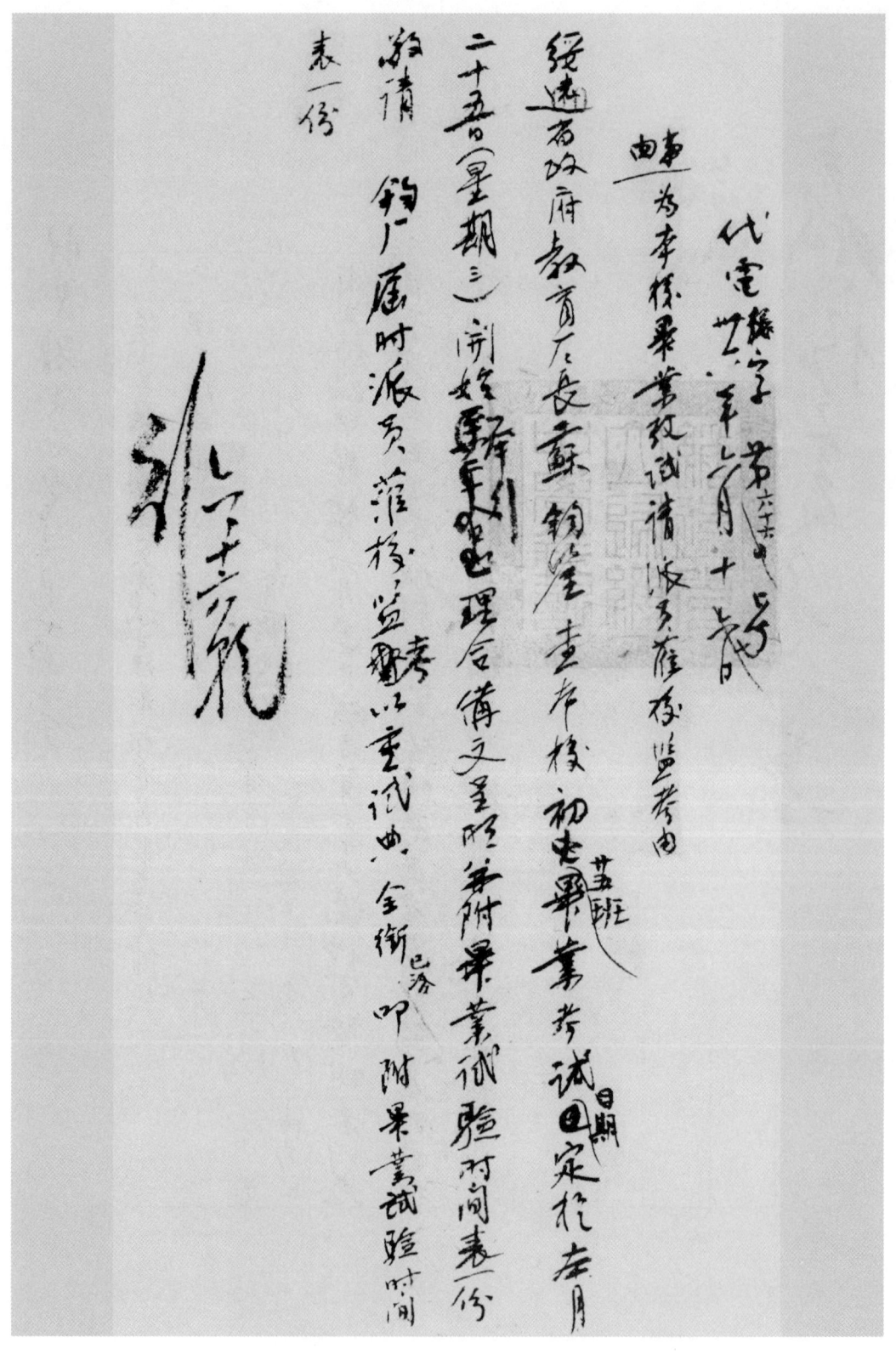

图 3-3-29　绥远省立归绥中学初中二十五班毕业考试请派员莅校监考及绥远省政府教育厅准予备查并派监考员的代电（附考试时间表）（1947年6月24日）（二）

綏遠省立歸綏中學初中第二十五班畢業試驗時間表

時間\日期	六月二十五日（星期三）	六月二十六日（星期四）	六月二十七日（星期五）	六月二十八日（星期六）
8:00—9:50	英語	國文	地理	幾何
監場	蘇趙	趙劉	趙王	白趙
10:00—11:50	生理衛生	物理	音樂	公民
監場	張楊	張楊	焦效	劉趙
2:30—4:20	歷史	童子軍		
監場	蔡江	王趙		

图 3-3-29 绥远省立归绥中学初中二十五班毕业考试请派员莅校监考及绥远省政府教育厅准予备查并派监考员的代电（附考试时间表）（1947年6月24日）（三）

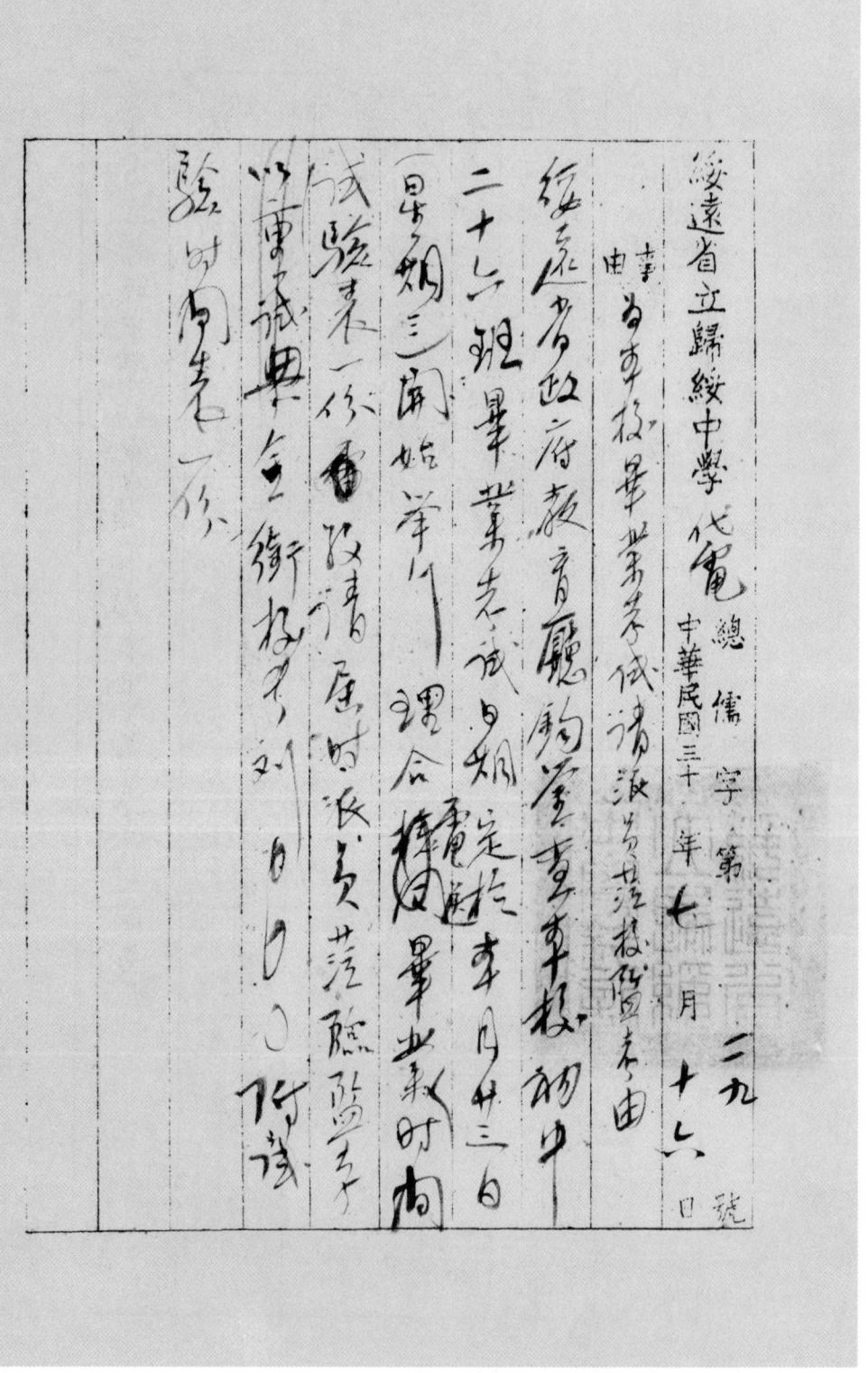

图 3-3-30 绥远省立归绥中学初中二十六班毕业考试请派员莅校监考致绥远省政府教育厅代电（1947 年 7 月 16 日）

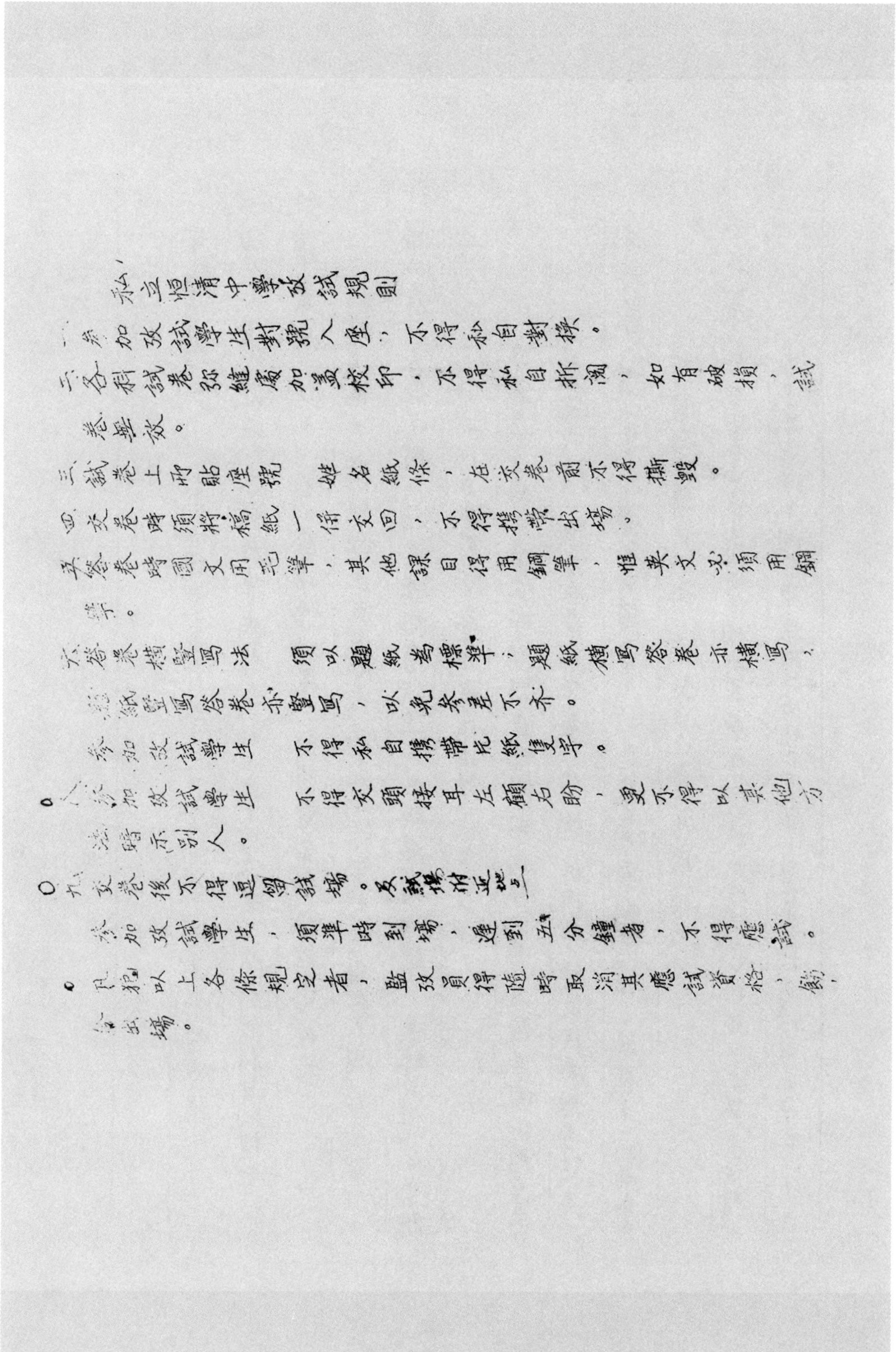

私立恒清中學攷試規則

一、參加攷試學生對號入座，不得私自對換。
二、各科試卷彌縫處加蓋校印，不得私自拆洞，如有破損，試卷無效。
三、試卷上呼貼浮籤雜名紙條，在交卷前不得撕毀。
四、交卷時須將稿紙一併交回，不得攜帶出場。
五、答卷時國文用毛筆，其他課目得用鋼筆，惟英文必須用鋼筆書寫。
六、答卷格筆寫法須以題紙爲標準；題紙橫寫答卷亦橫寫，題紙豎寫答卷亦豎寫，以免參差不齊。
七、參加攷試學生不得私自攜帶紙片隻字。
八、參加攷試學生不得交頭接耳左顧右盼，更不得以其他方法暗示别人。
九、交卷後不得逗留試場及試場附近處。
十、參加攷試學生須準時到場，遲到五分鐘者，不得應試。
十一、凡犯以上各條規定者，監攷員得隨時取消其應試資格，令其出試場。

图 3-3-31　私立恒清中学考试规则

考試規程

一、平時考試：本校規定每月舉行月考一次，總為平時成績。

二、學期考試：本校於學期終了前，舉行期考一次，所授科目均須考核。

三、畢業考試：於三學年修滿後，就所習全部課程考核之。

茲錄修正中學規程第五七條至第六五條原文以備參閱：

第五七條 各科平時成績與學期考試合為各科學期成績，平時成績在學期成績內佔五分之三，學期考試成績佔五分之二。

中學第三學年第二學期得免除學期考試，而以各科平時成績作為學期成績，但參加畢業會考之學生，仍須舉行最後學期考試。

第五八條 每學生各科學期成績之平均，為該生之學期成績；每學生一二兩學期學期成績之平均，為該生之學年成績。

第五九條 每學生各學年成績平均與其畢業考試成績，合為該生之畢業成績，各學年成績平均在畢業成績內佔五分之三，畢業考試成績佔五分之二。

No.

年 月 日

图 3-3-32 私立恒清中学考试规程（一）

第六〇條 學生操行成績或體育成績不及格者,不得進級或畢業。

第六一條 每學期各科缺席時數及該科教學總時數三分之二以上之學生,不得參與該科之學期考試。

第六二條 無學期成績之學科或成績不及格之學科在三科以上之學生,或僅三科四科中之任何二科、在初中為國文、英語、數學、物理、化學五科中之任何二科、在高中為國文、英語、數學、勞作如本校無適當學級,可發給轉學證書。

第六三條 無學期成績之學科或成績不及格之學科僅有一科之學生,或雖有二科無學期成績或不及格,但其科目非如前條之規定者之學生,均飭令於次學期仍隨原學級附讀,一面設法補習各該科目,經補行學期考試成績反擱後,推予正式進級;如仍不及格,於次學年仍留原年級肄業,但此項補考以二次為限,如仍不進級,發給

年　月　日

第六四條　畢業考試成績內不及格之學科在三科以上，或僅一科不及格，但其科目在初中為國文、英語、數學、物理、化學五科中之任何二科之學生，在高中為國文、英語、數學、勞作四科中之任何二科之學生，均飭令留級一學年（有春季始業學級之學校得留級一學期），但此項留級以二次為限，如仍不能畢業，發給修業証書，令其退學。

第六五條　畢業考試成績內有一種不及格，或雖有二科不及格，但其科目非如前條所規定者之學生，均飭令補行考試一次，如仍不能及格，應照前條辦法辦理。

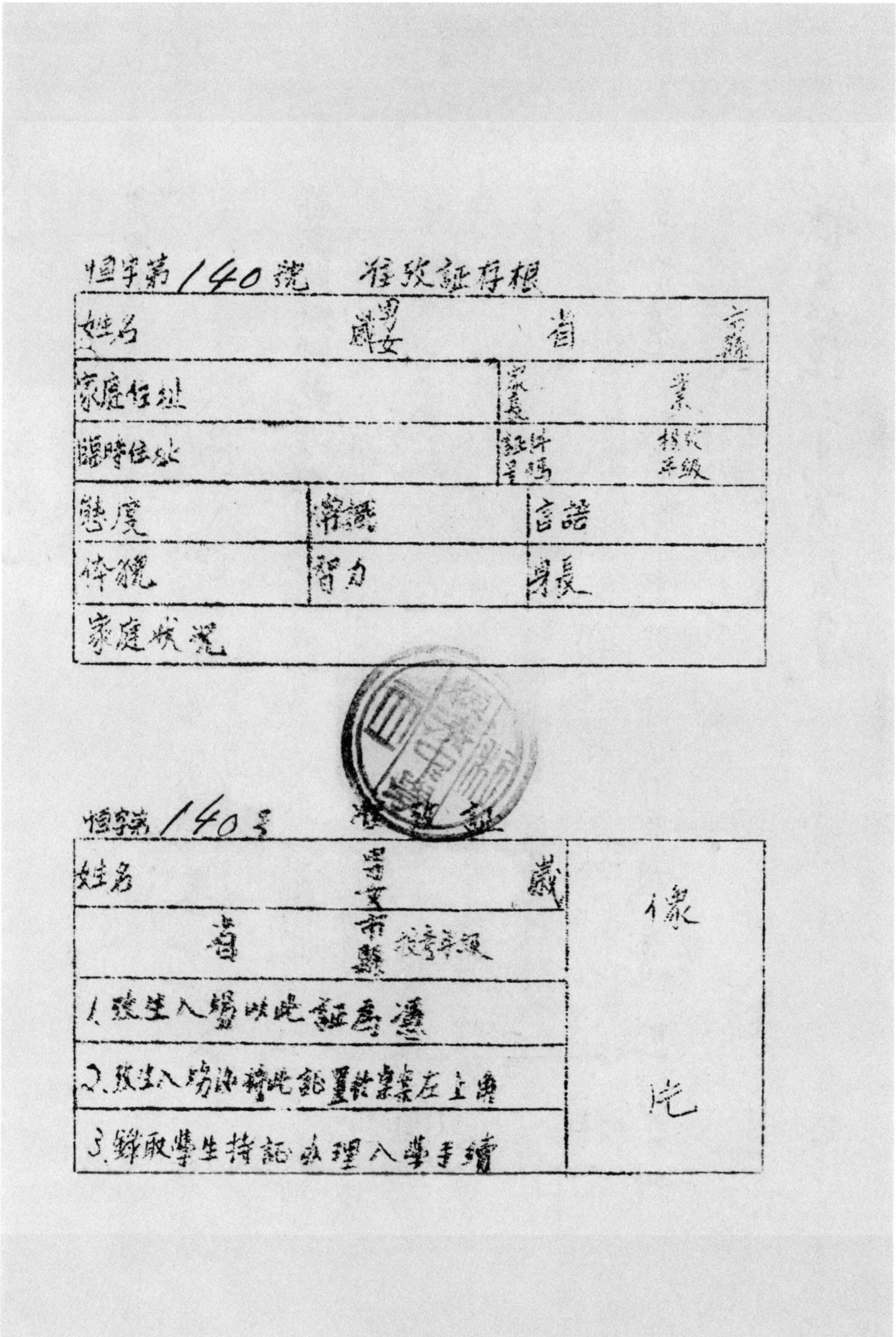

恒字第140號 准考證存根

姓名 男女 歲	省	市縣
家庭住址		家長職業
臨時住址		證件號碼 投考年級
態度	常識	言語
體貌	智力	特長
家庭狀況		

恒字第140号 准考證

姓名 男女 歲	像片
省 市縣 投考年級	
1.考生入場以此證為憑	
2.考生入場時將此證置於桌案左上角	
3.錄取學生持證辦理入學手續	

图 3-3-33　私立恒清中学准考证及存根

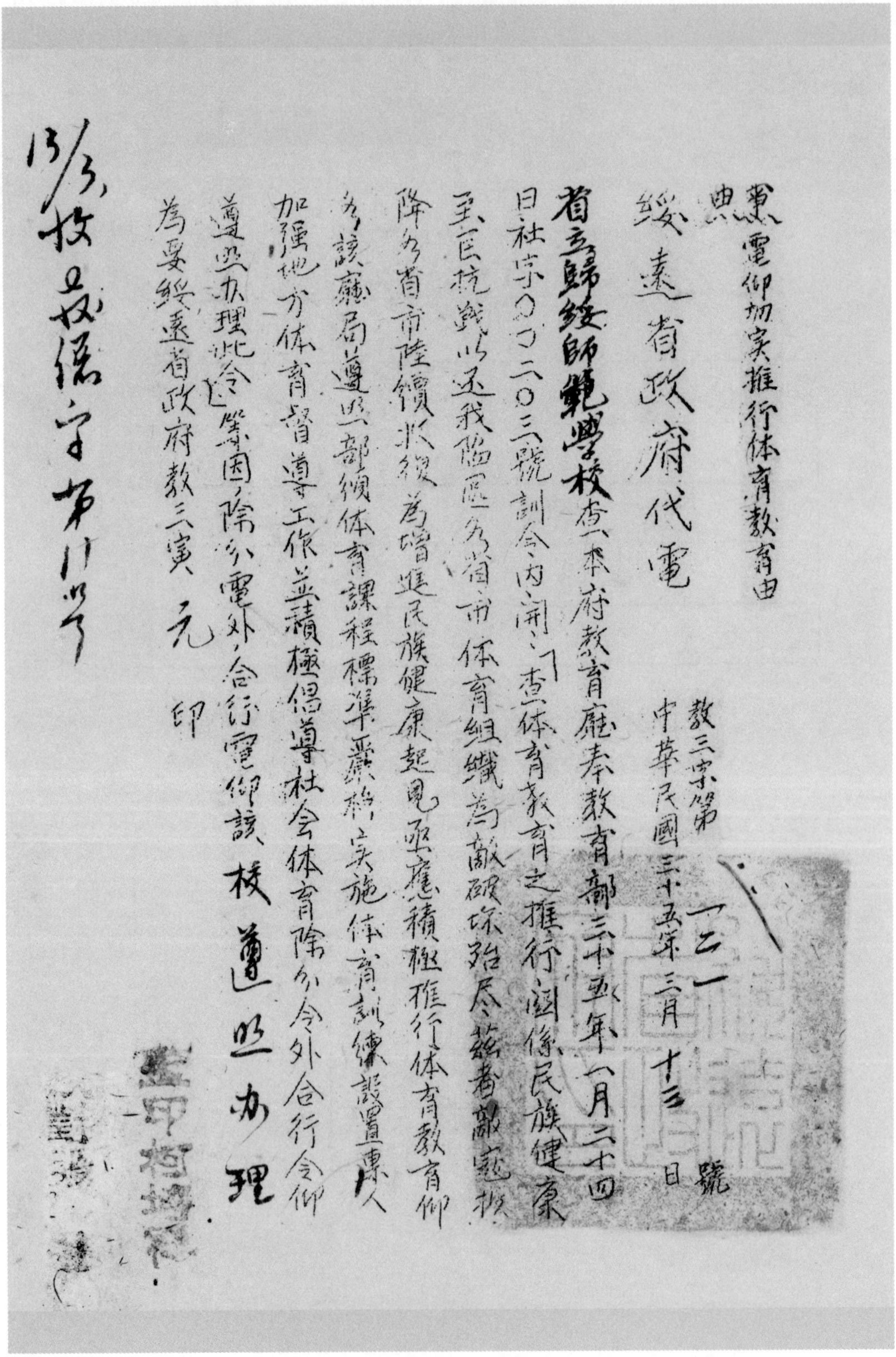
事由　電仰切實推行体育教育由

教三字第一二一號
中華民國三十五年三月十三日

綏遠省政府代電

省立歸綏師範學校：查本府教育廳奉教育部三十五年一月二十四日社字〇〇二〇三號訓令內開：「查體育教育之推行關係民族健康至巨，抗戰以還，我陷區各省市體育組織為敵破壞殆盡，茲者敵寇投降，各省市陸續收復，為增進民族健康起見，亟應積極推行體育教育，仰各該廳局遵照部頒體育課程標準，厲行實施體育訓練，設置專人加強地方體育督導工作，並積極倡導社會体育，除分令外，合行令仰遵照辦理」此令。等因，除分電外，合行電仰該校遵照辦理為要。綏遠省政府教三寅元　印

图 3-3-34　绥远省政府为切实推行体育教育致省立归绥师范学校的代电（1946 年 3 月 13 日）

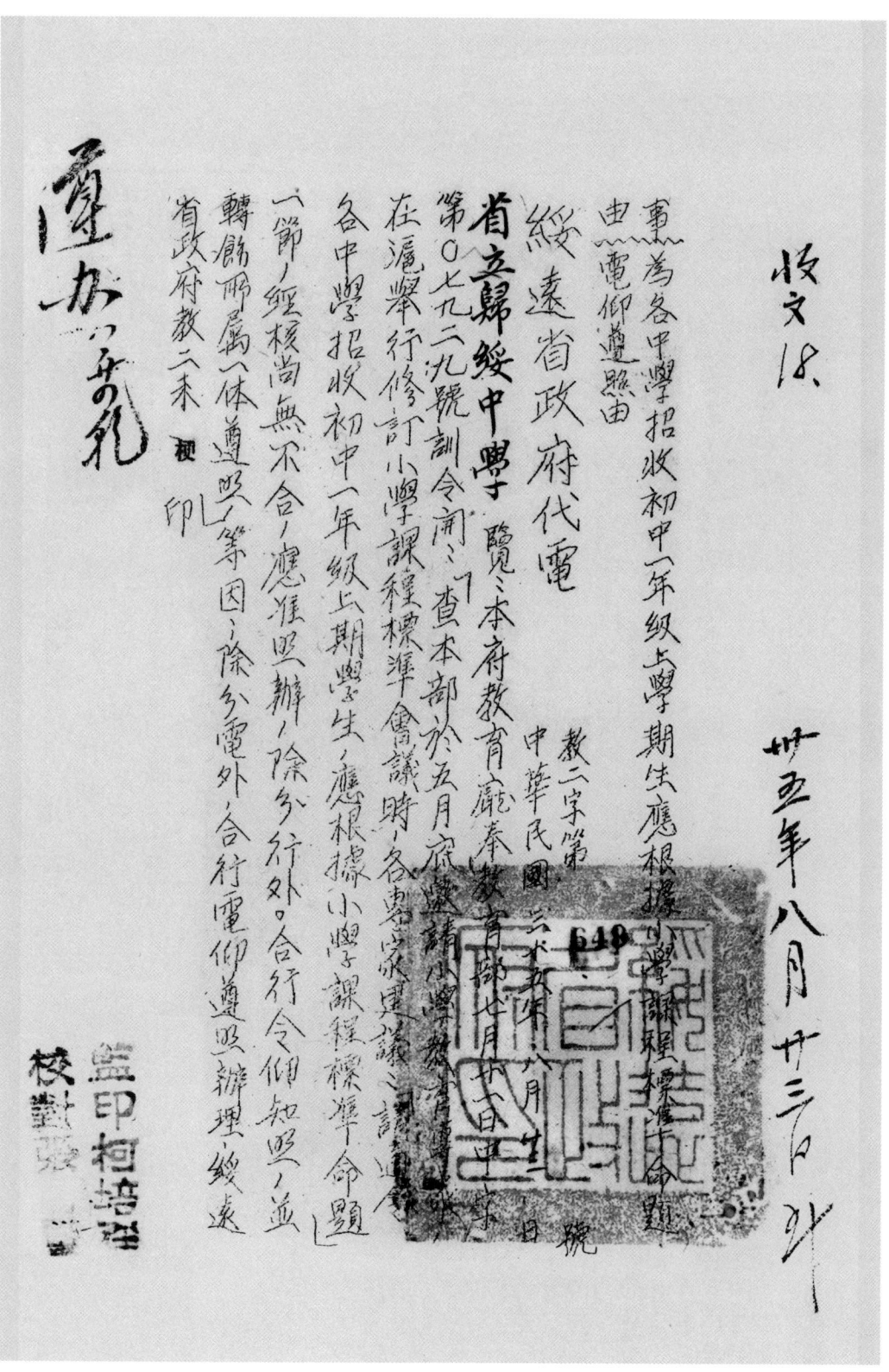

图 3-3-35 绥远省政府为各中学招收初中一年级上学期学生应根据小学课程标准命题致省立归绥中学代电（1946年8月23日）

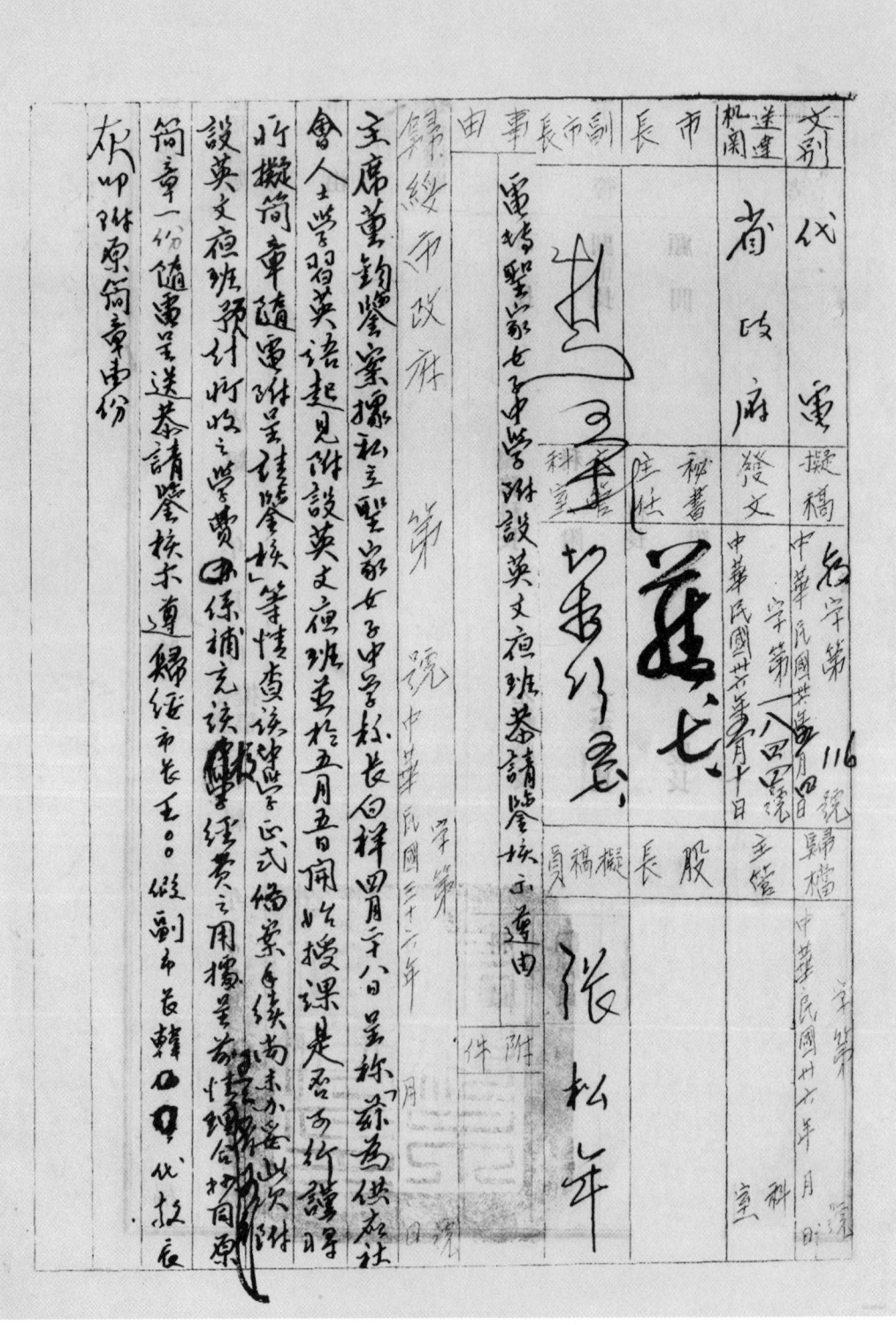

图 3-3-36　归绥市政府为转呈圣家女子中学附设英文夜班简章致绥远省政府代电（1947年5月10日）

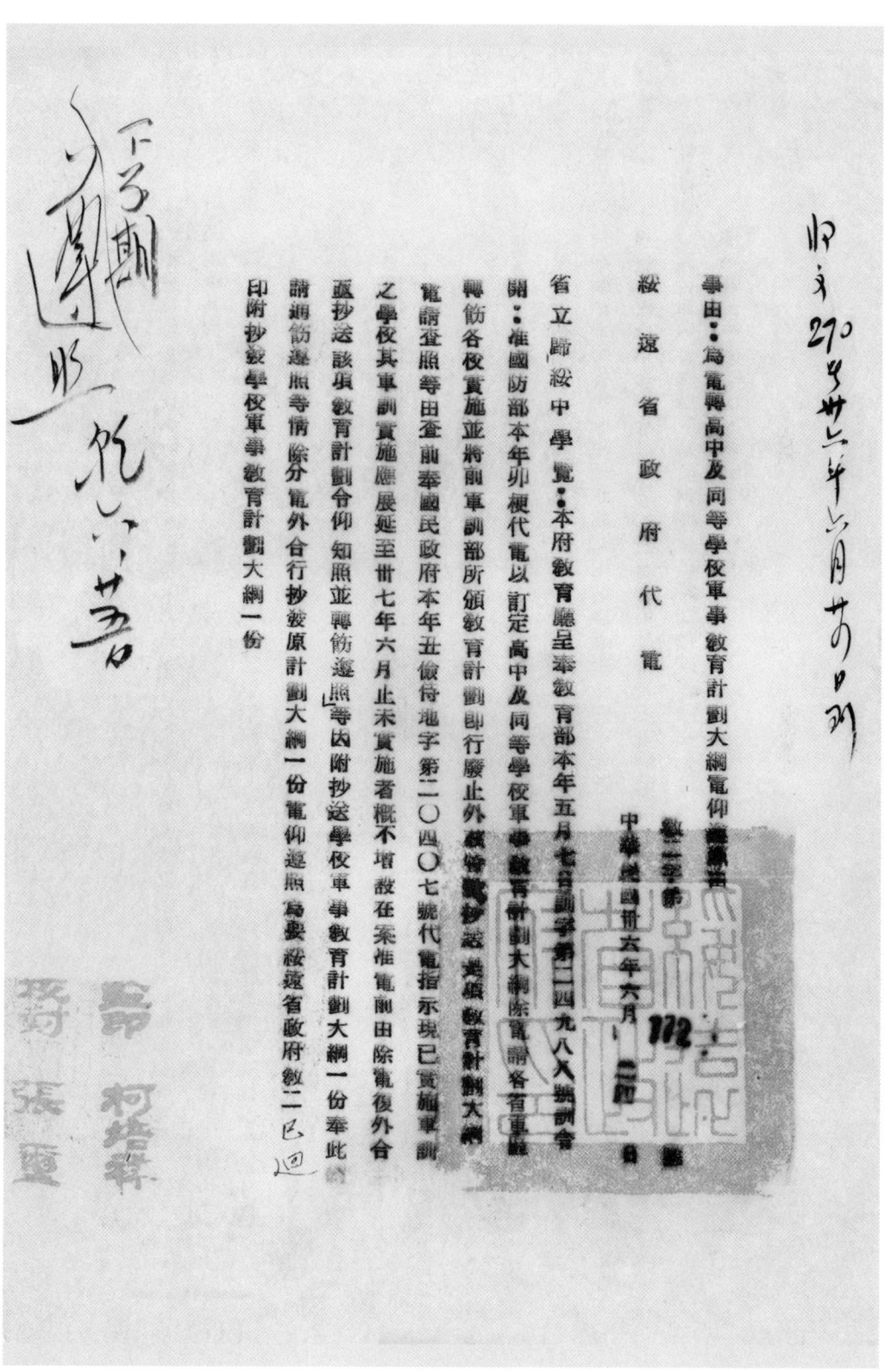

图 3-3-37 绥远省政府为转发高中及同等学校军事教育计划大纲给省立归绥中学代电（1947年6月24日）（一）

高中及同等学校军事教育计划大纲

一、本计划依据国民兵教育纲要订定之凡高级中学及其同等学校之男生军事训练悉依此施行

二、训练时间

1. 高中及高级职业学校学生自第一至第三学年行之（每年以三十六週计算）每週学术科三小时共计三百二十四小时术科约佔百分之六十五学科约佔百分之三十五其课目时间程度之基准如附表一

2. 师范学校学生自第一至第二学年行之（每年以三十六週计算）每週学术科四小时共计二百八十八小时第一学年术科约佔百分之七十五学科约佔百分之二十五第二学年学术科约佔百分之五十其课目时间程度之基准如附表二

3. 简易师范学校学生於第四学年行之（每年以三十六週计算）每週学术科四小时共计一百四十四小时术科约佔百分之七十五学科约佔百分之二十五其课目时间程度之基准如附表三

四、各学校全期学术科预定进度表及每週学术科课目时间配当表由各校依照本计划及附表妥为拟订施行如因特殊情形必须申缩课目时间进度时应事先呈报核夺

五、学期终了时各学校应将教育实施情形呈报各省军管区（或省政府）彙报国防部教育部备查

五、本计划报请核准施行

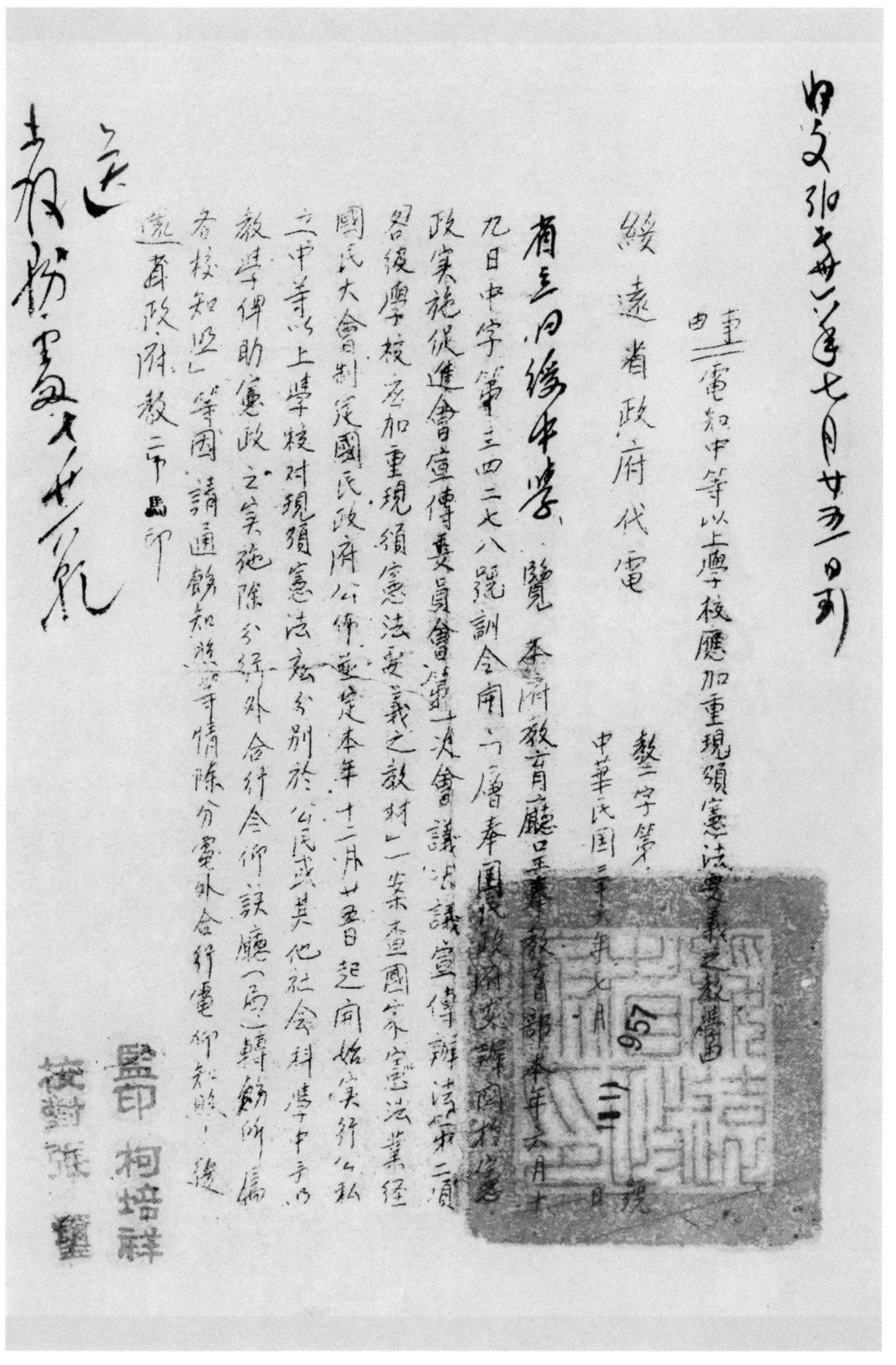

图 3-3-38 绥远省政府为中等以上学校应加重现颁宪法要义之教学给省立归绥中学代电（1947年7月22日）

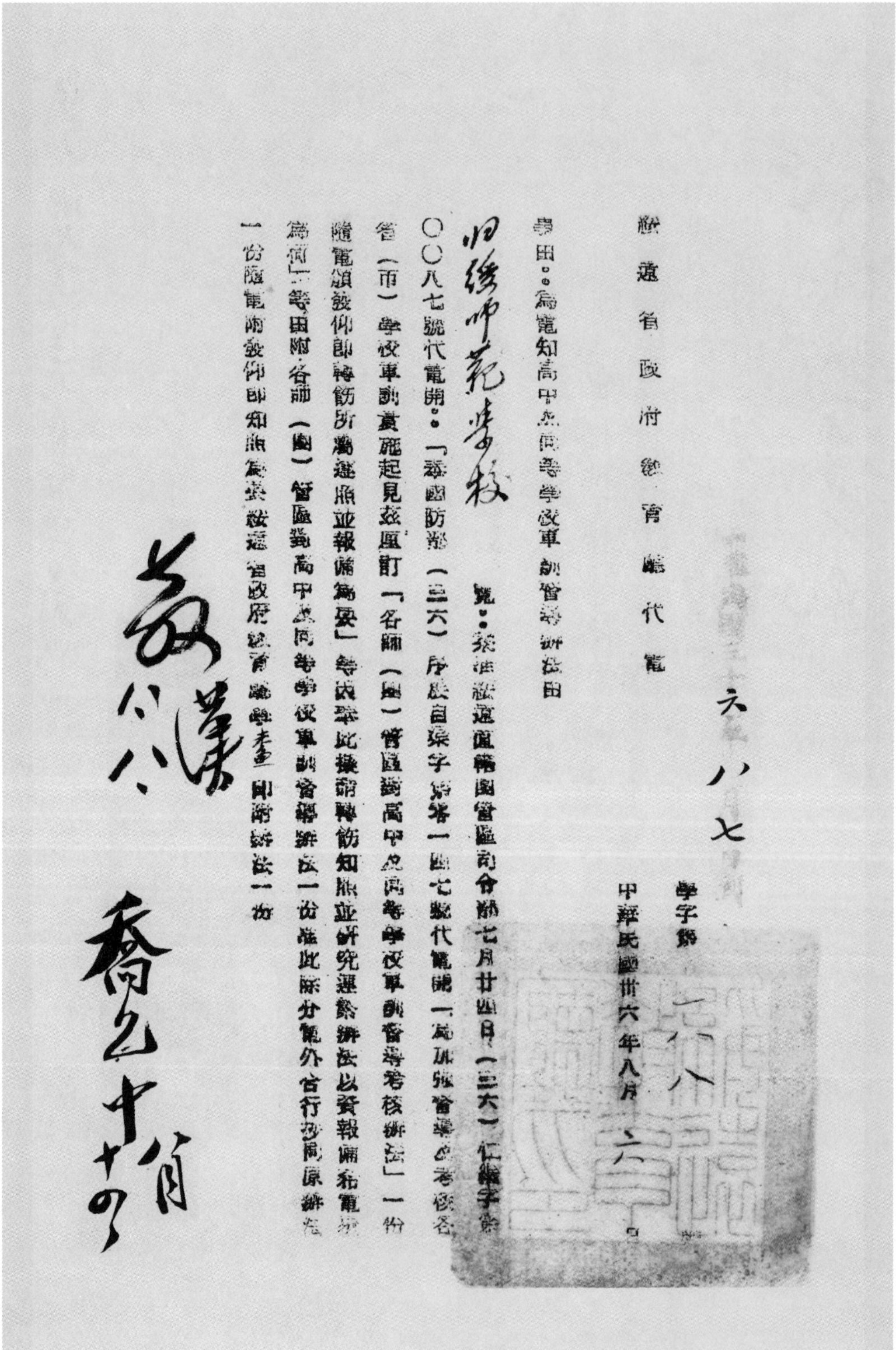

绥远省政府教育厅代电

事由：为电知高中及同等学校军训督导办法由

归绥师范学校

○○八七号代电开："奉国防部（三六）府感自渝字第一届七整代电开一为加强省学校考核各省（市）学校军训负责起见兹厘订『高中及同等学校军训督导考核办法』一份管（区）督饬所属遵照并报备案等因奉此除转饬知照并研究运筹办法以资报备外相应电请查照等因奉此除分电外合行检同原办法一份随电颁发仰即知照暨遵省政府教育厅会同办法一份随电颁发仰即知照"等因奉此除分电

敬漢
乔□中十□

图 3-3-39 绥远省政府教育厅关于转发高中及同等学校军训督导办法的代电（节选）（1937 年 8 月 6 日）（一）

各師（區）管區司令部對高中及同等學校軍訓督導考核辦法
（一）為加強督導考核各省（市）高中及同等學校軍訓之實施以普遍提高軍訓工作效率起見茲依據本部二
（二六）代電荷字第（二四七號）代電第二項之規定訂定本辦法
（二）各實施軍訓學校之學術訓練各種演習及會操校閱等事項除省會各學校由軍管區司令部直接督導考核外各師（區）管區司令對轄區內之各地區學校應就近派員負督導考核之責並依其成果彙轉備查
（三）各師（區）管區司令對所轄區各學校應行督導考核之事項如左：
1. 軍事管理情形
2. 軍事教育情形
3. 學術科實施情形
4. 學校及學生對軍訓態度
5. 學校當局及學生對預備幹部訓練意見
6. 幹訓班官學術能力及服務勤惰
7. 軍訓班官學術科互助實施情形
8. 其他
其視察考校報告表式如附表
（四）管區司令或派員赴各校視察時除加強宣傳「預備幹部制度」外並舉行座談會藉取各方對於預備幹部訓練之意見藉作參考
（五）管區司令部視察人員其具有專門學術者應分派各學校擔任特約講演或指導軍訓
（六）實施軍訓學校各種教育與演習所需械彈器械為四等師（區）管區應盡量借發予以協助必要時並須派幹員指導之

六、師（團）管區對實施軍訓之學校或軍訓幹部有所獎懲或建議時應詳實填具視察報告表層報核辦
七、各師（團）管區對學訓督導考核諸事項應依軍管區法令規定辦理之
八、本辦法如有未盡事項得隨時以命令修正之
九、本辦法自頒佈之日實施之

图 3-3-39　绥远省政府教育厅关于转发高中及同等学校军训督导办法的代电（节选）（1937 年 8 月 6 日）（三）

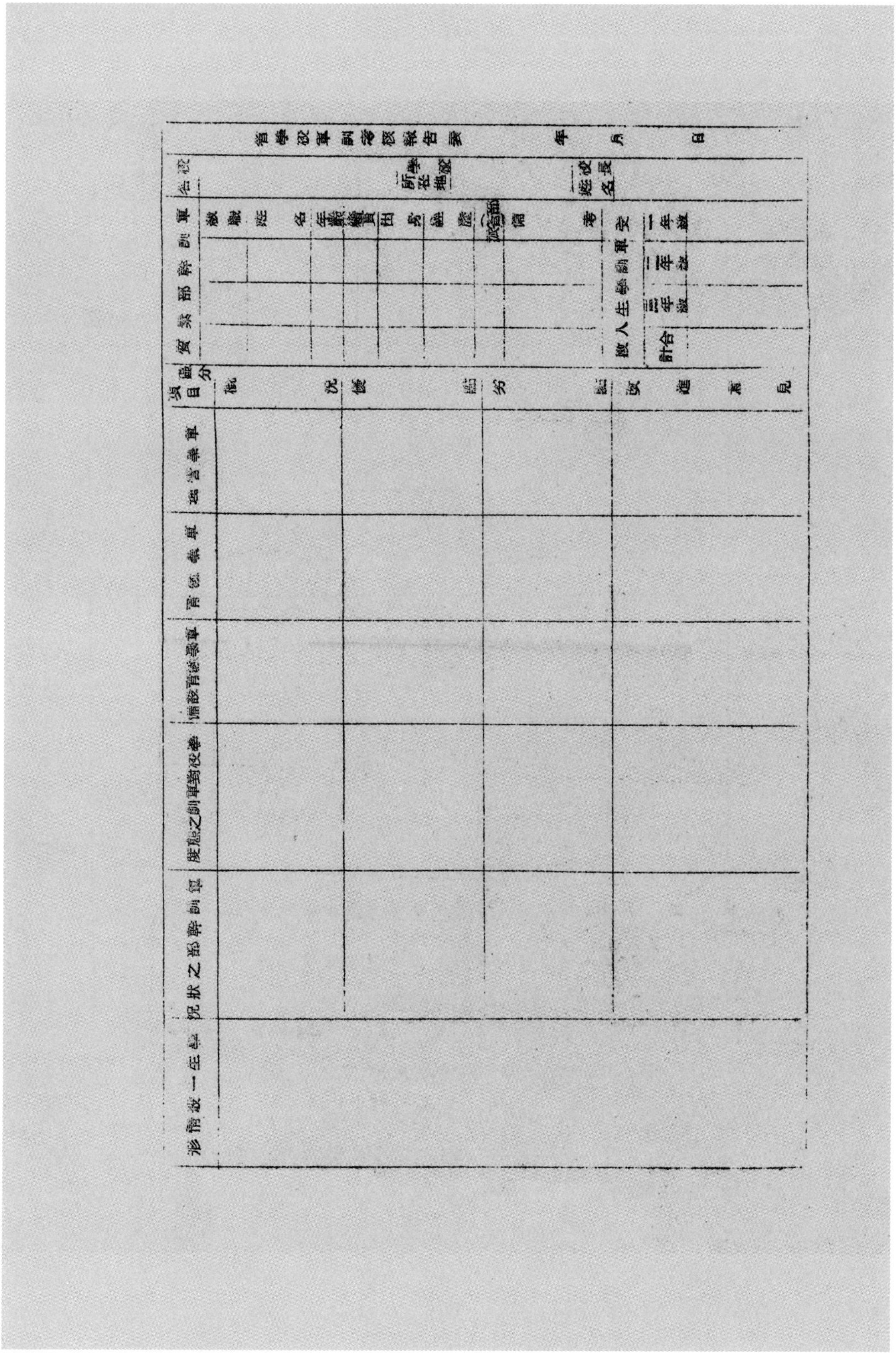

图 3-3-39 绥远省政府教育厅关于转发高中及同等学校军训督导办法的代电（节选）（1937年8月6日）（四）

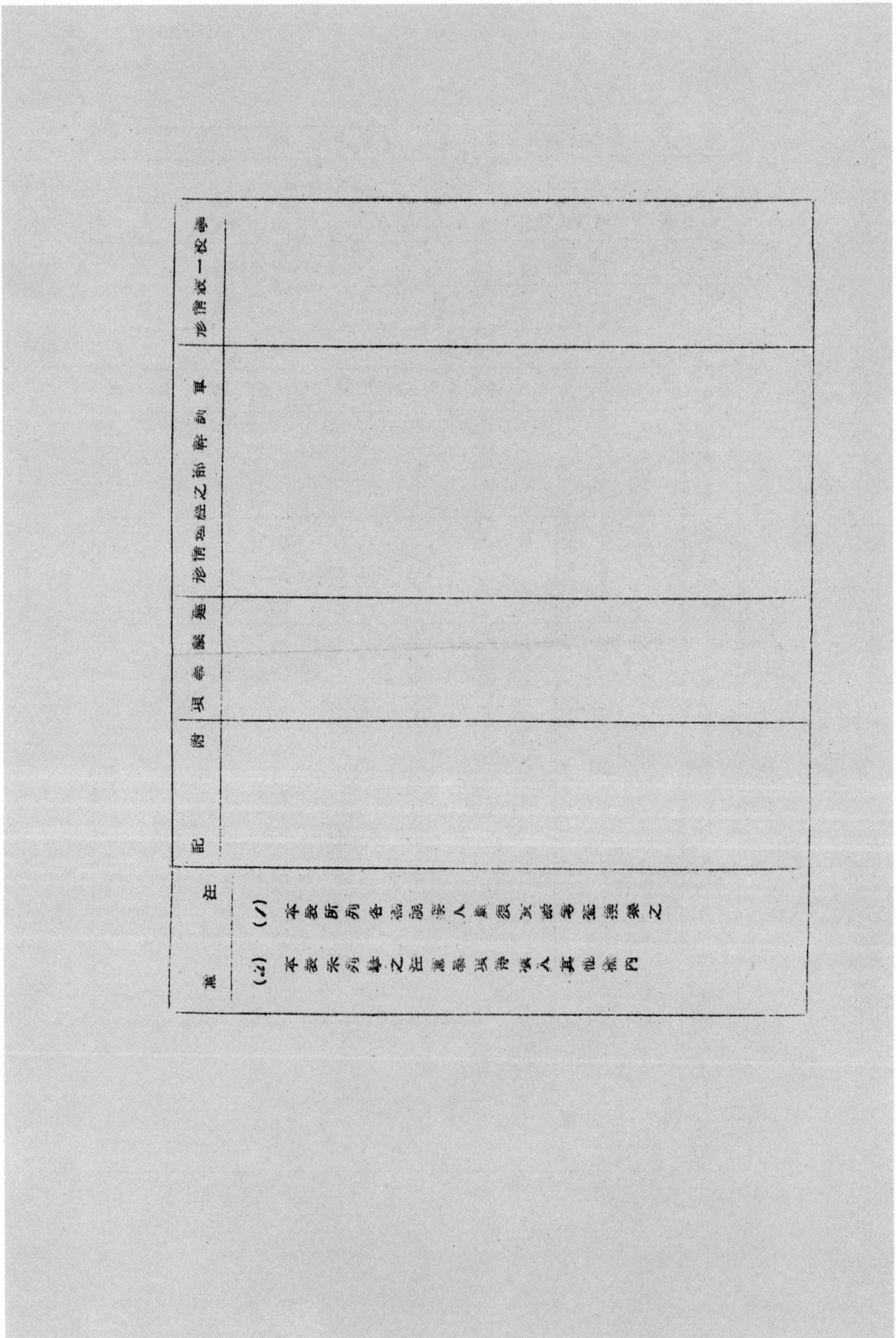

學校一般情形	軍訓幹部之經過情形	建議事項	附記

備註（1）本表所列各欄[illegible]

（2）本表未列[illegible]填入其他欄內

图 3-3-39　绥远省政府教育厅关于转发高中及同等学校军训督导办法的代电（节选）（1937 年 8 月 6 日）（五）

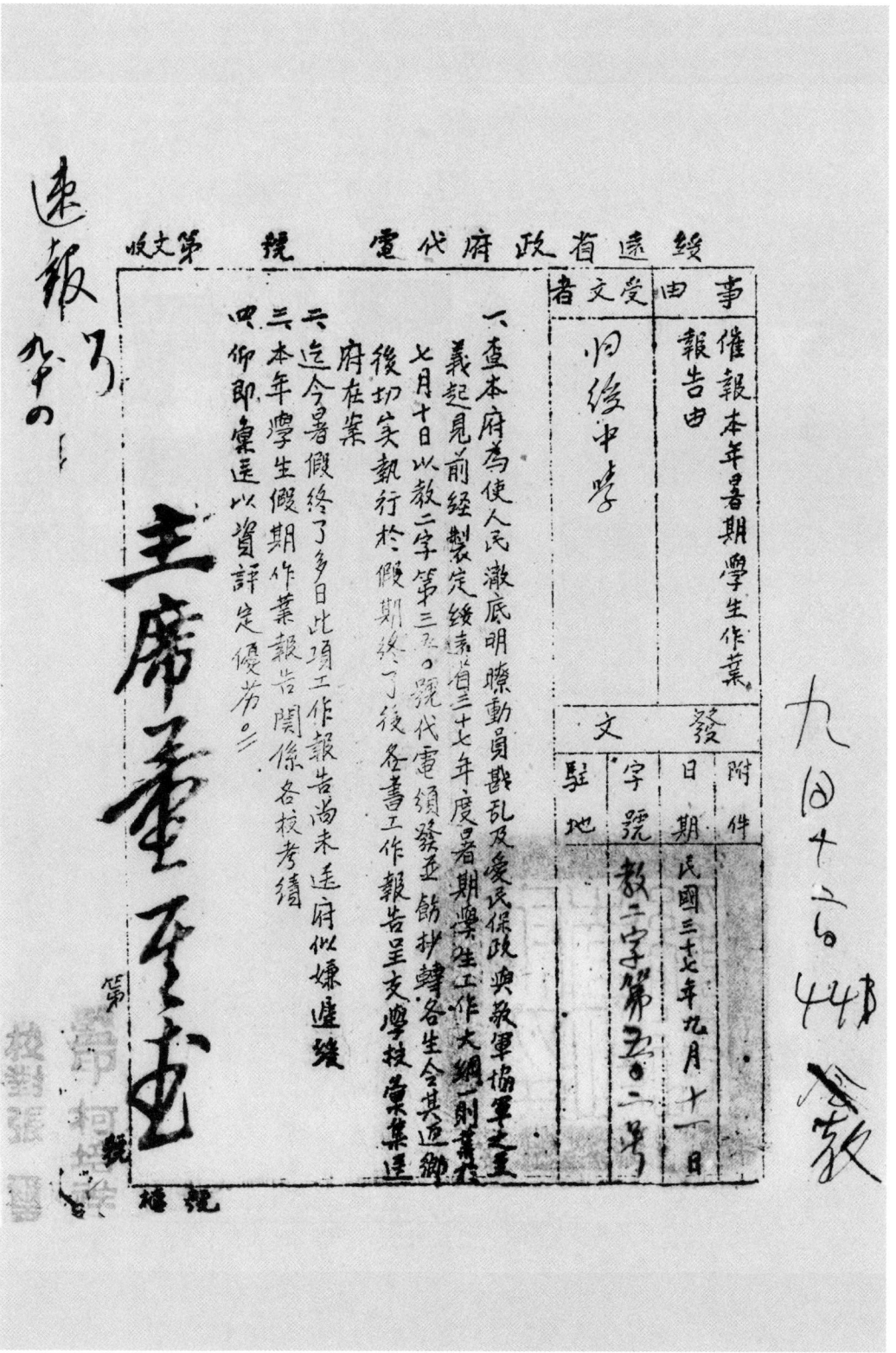

图 3-3-40 绥远省政府为催报本年暑期学生作业报告给归绥中学代电（1948 年 9 月 11 日）

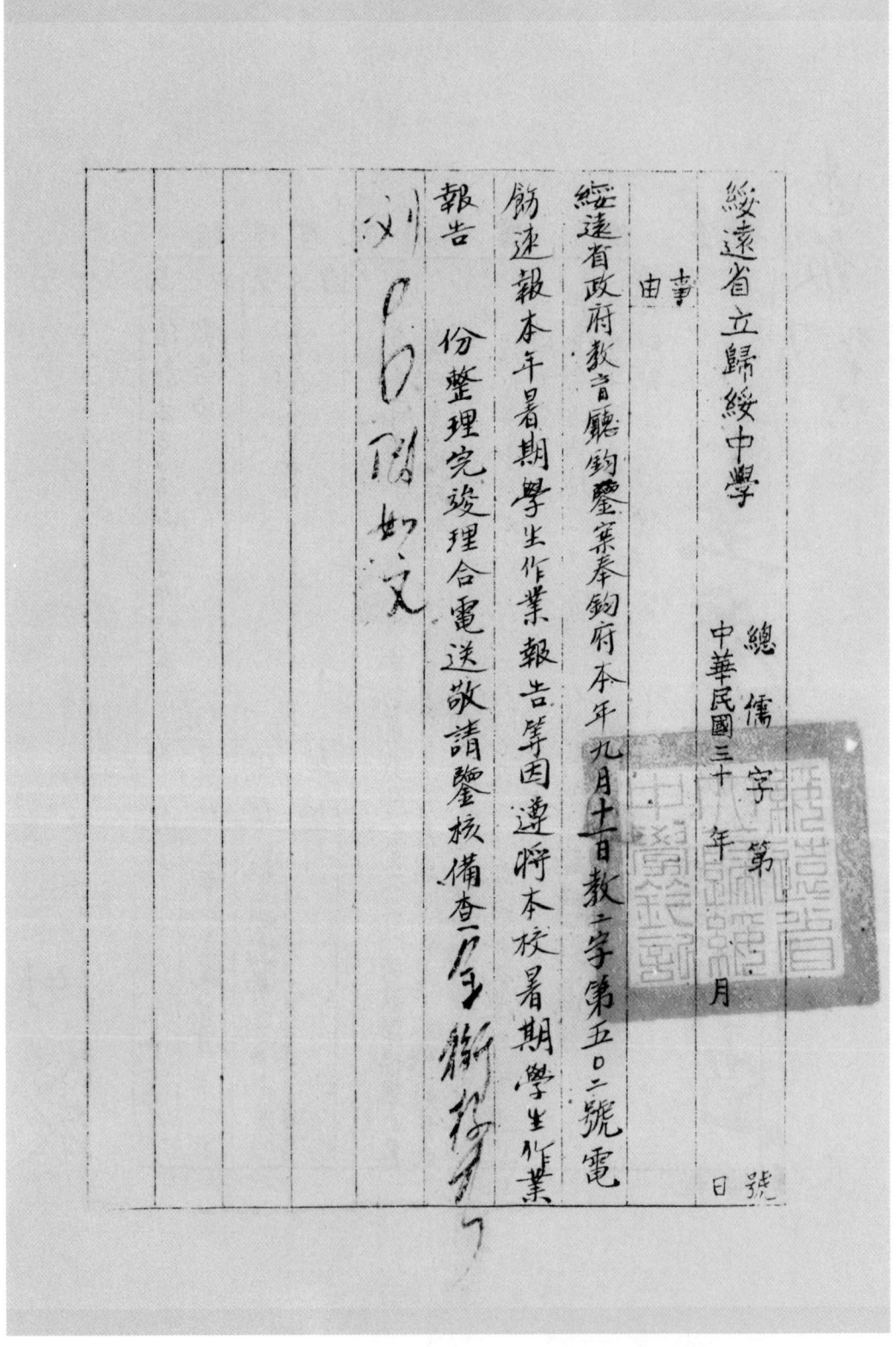

图 3-3-41 绥远省立归绥中学为呈送本年暑期学生作业报告致绥远省政府代电（1948年9月）

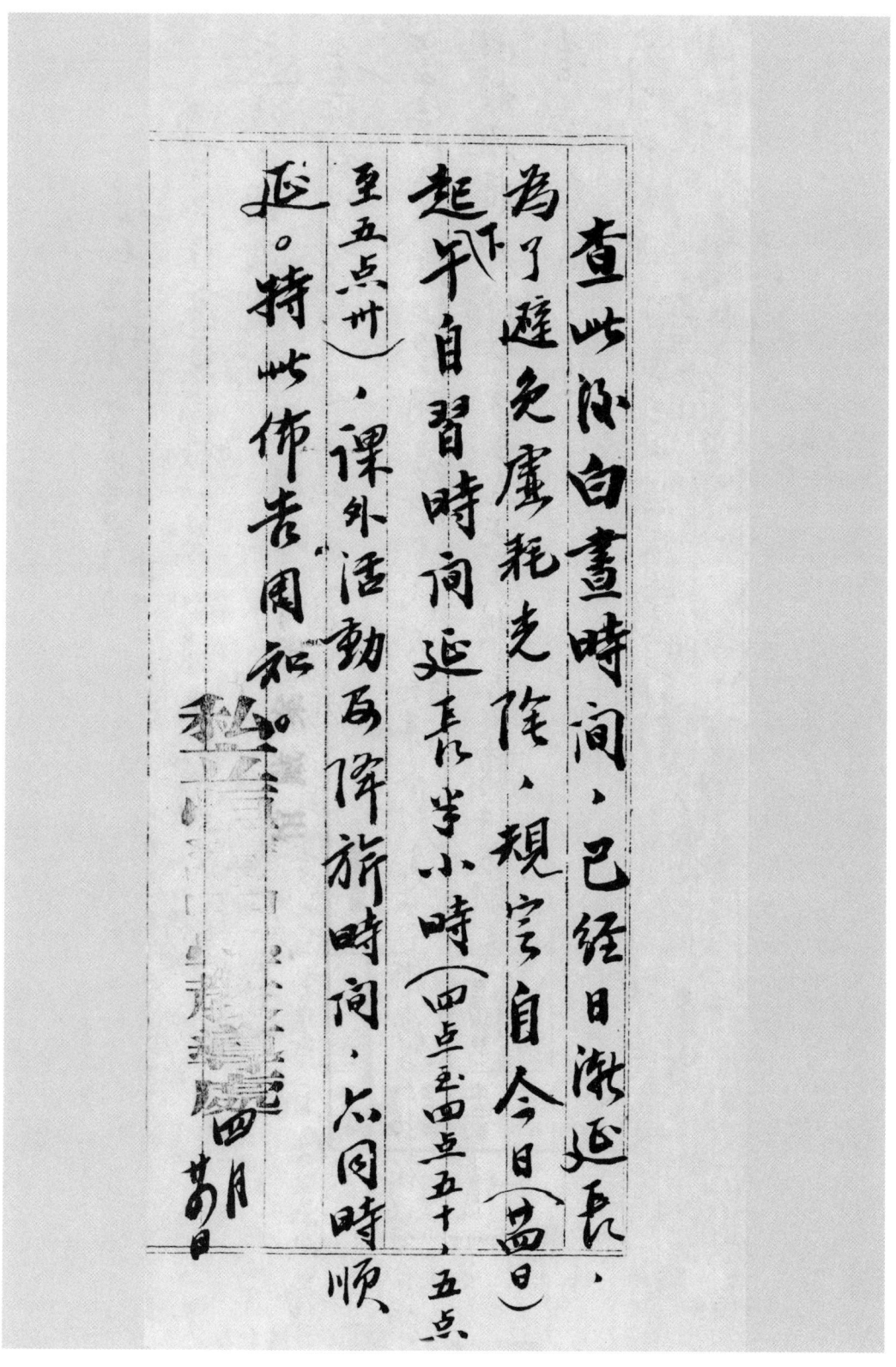

图 3-3-42　私立恒清中学教导处关于延长自习时间的布告

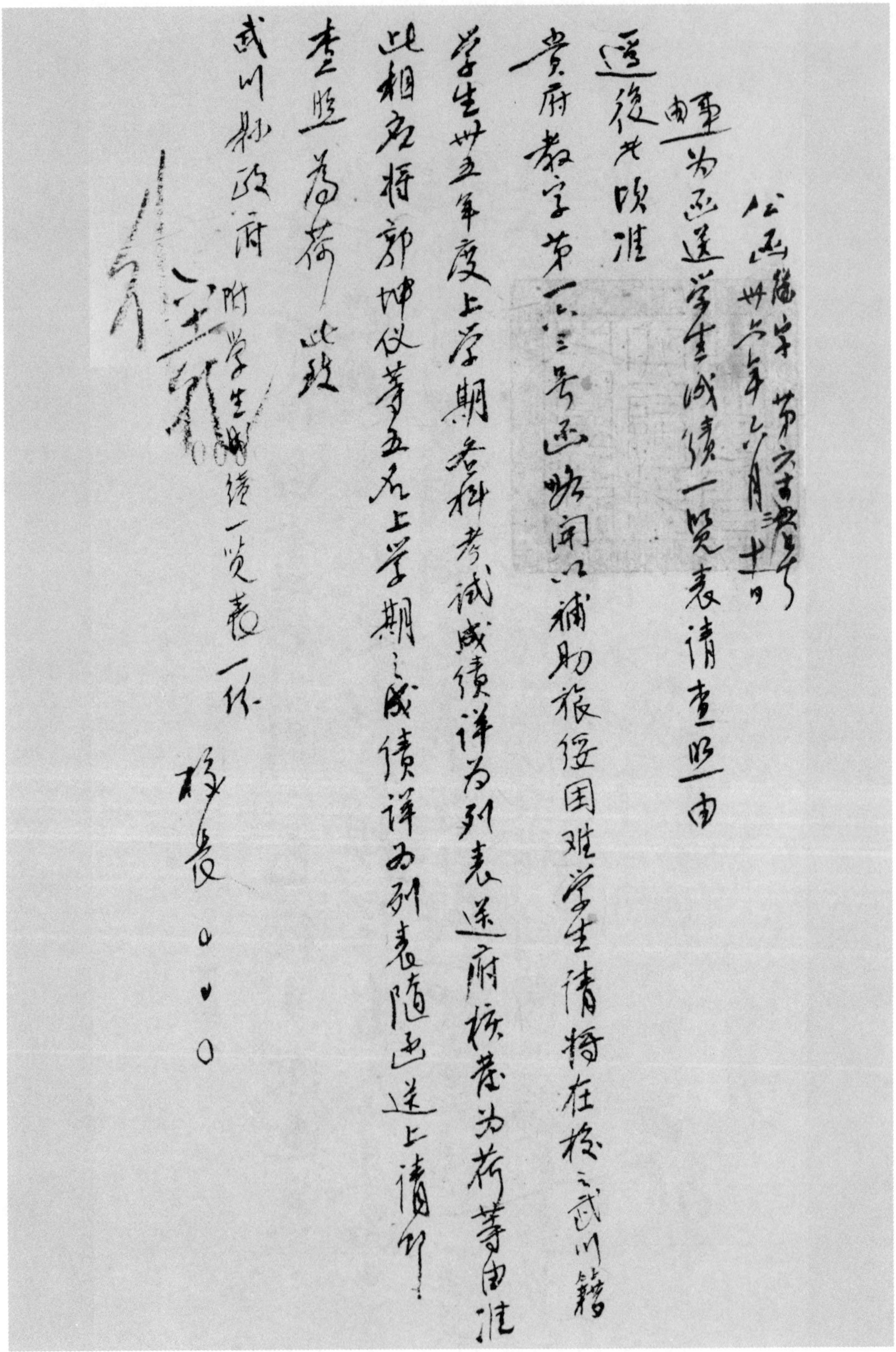
公函绥字第六〇四号 卅六年六月十一日

事由：为函送学生成绩一览表请查照由

迳复者：此次准

贵府教字第一六三号函略开以补助旅绥困难学生请将在校之武川籍

学生卅五年度上学期各科考试成绩详为列表送府核发为荷等由准

此相应将郭坤仪等五名上学期之成绩详为列表随函送上请即

查照为荷 此致

武川县政府

附学生成绩一览表一份

校长 〇〇〇

图 3-3-43 绥远省立归绥中学为送学生成绩一览表致武川县政府公函（1947 年 6 月 11 日）

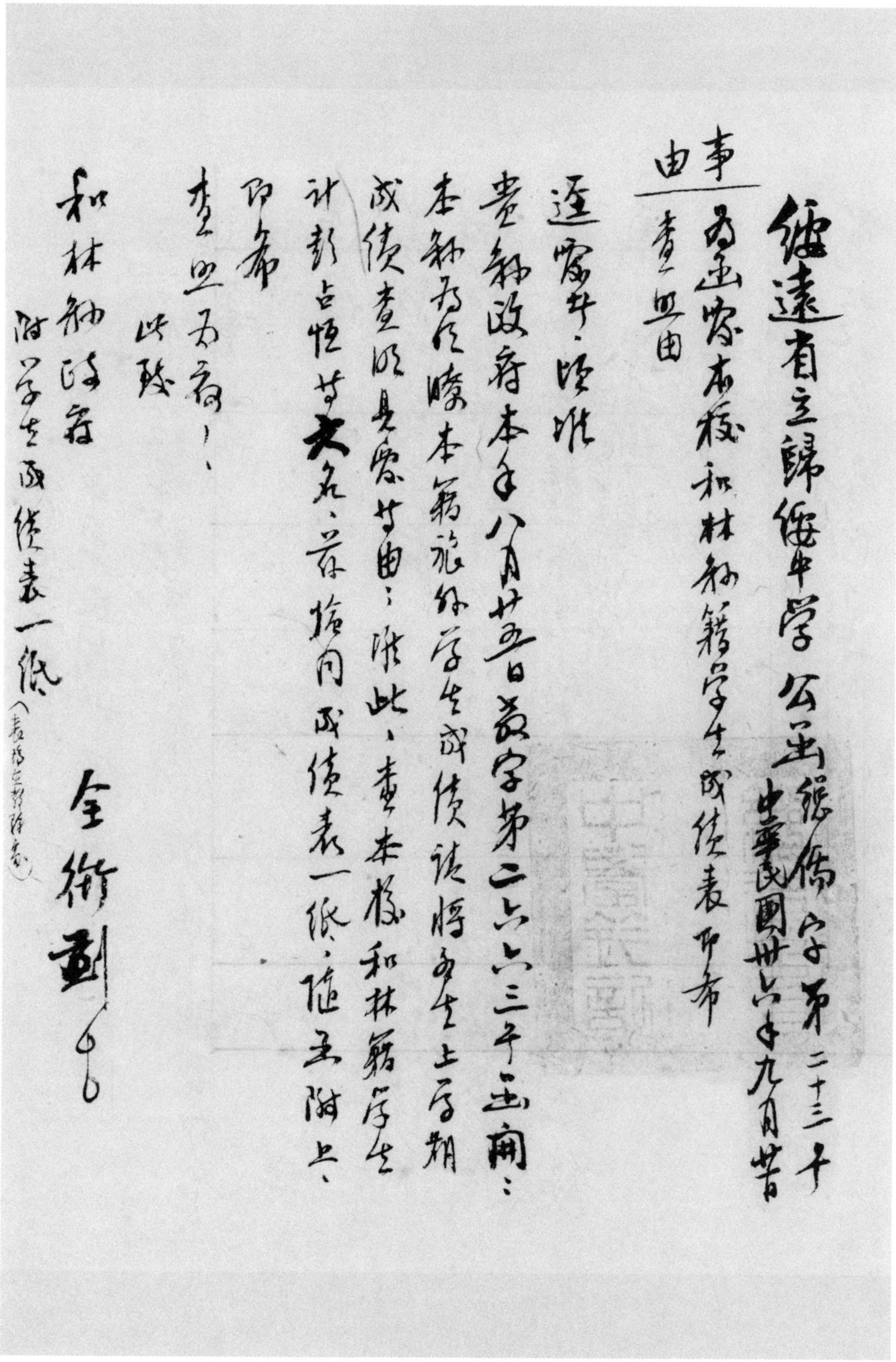

绥远省立归绥中学 公函 绥侨字第二三〇 中华民国卅六年九月廿一日

事由：为函寄本校和林籍学生成绩表函希查照由

迳启者：顷准

贵县政府本年八月廿五日黄字第二六六三号函开：

本县为查明本籍旅绥学生成绩,特将应查学生学期成绩查明县属甘苦……除此,查本校和林籍学生计卅六恒甘文名,兹将四成绩表一纸,随函附上,即希

查照为荷,此致

和林县政府

附学生函成绩表一纸

（表格不另附录）

全衔 刘

图 3-3-44　绥远省立归绥中学为送和林县籍学生成绩表致和林县政府公函（1947年9月21日）

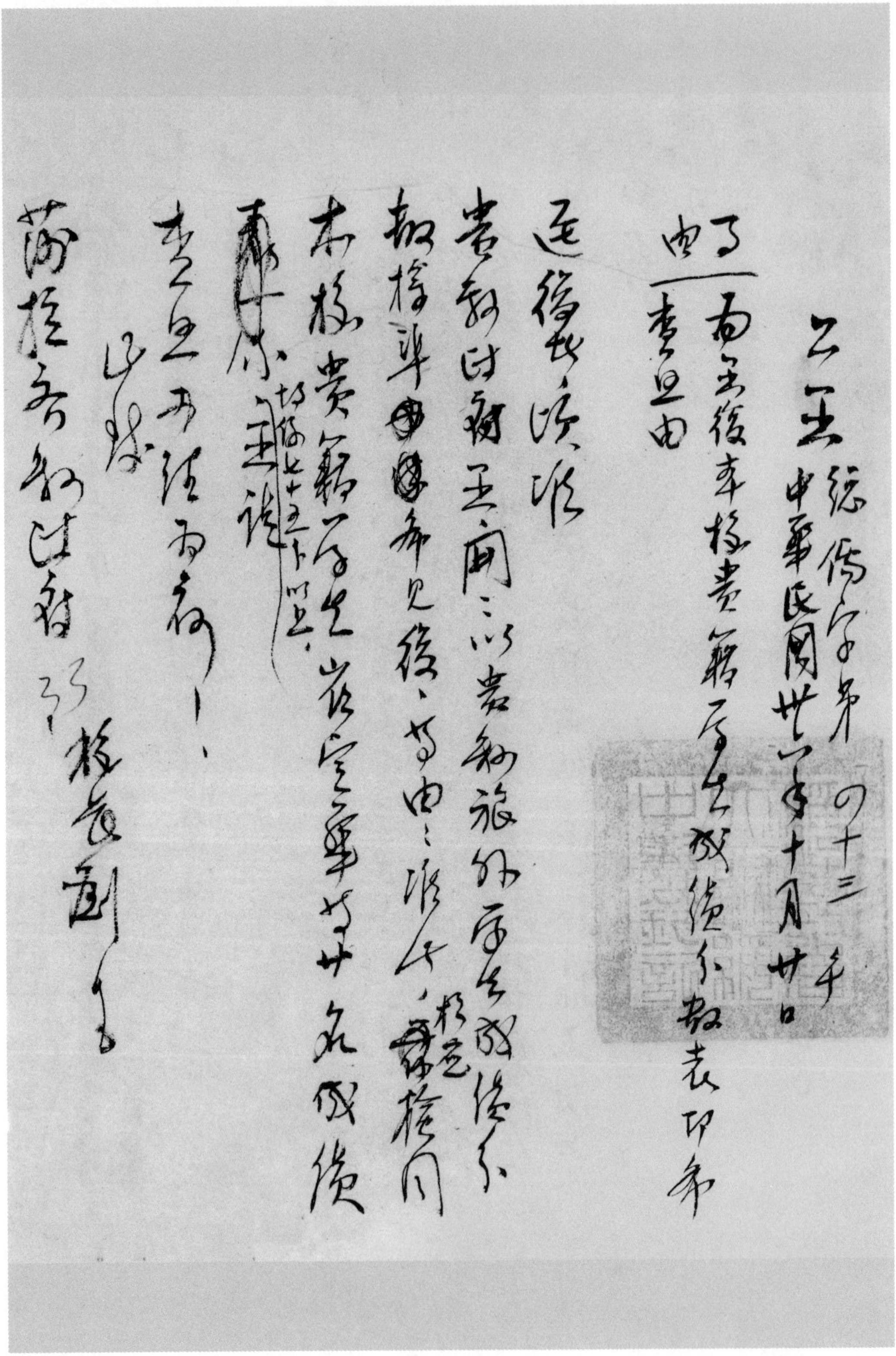

公函 绥归字第四十三号

中华民国卅六年十月廿日

萨拉齐县政府

图 3-3-45　绥远省立归绥中学为送学生成绩分数表致萨拉齐县政府公函（1947 年 10 月 20 日）

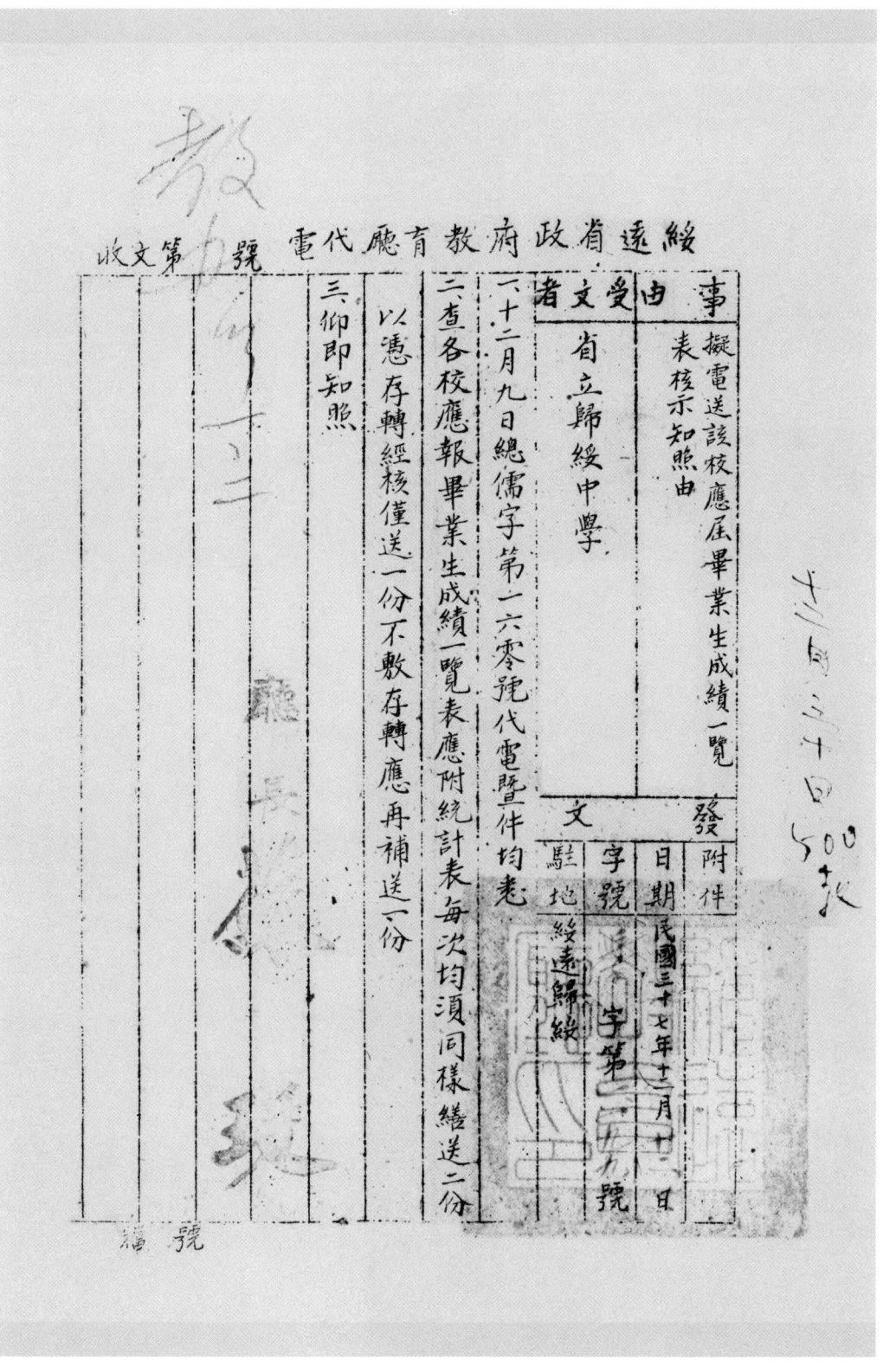

图 3-3-46 绥远省政府为补送应届毕业生成绩一览表给省立归绥中学代电（1948年12月22日）

四 总务工作

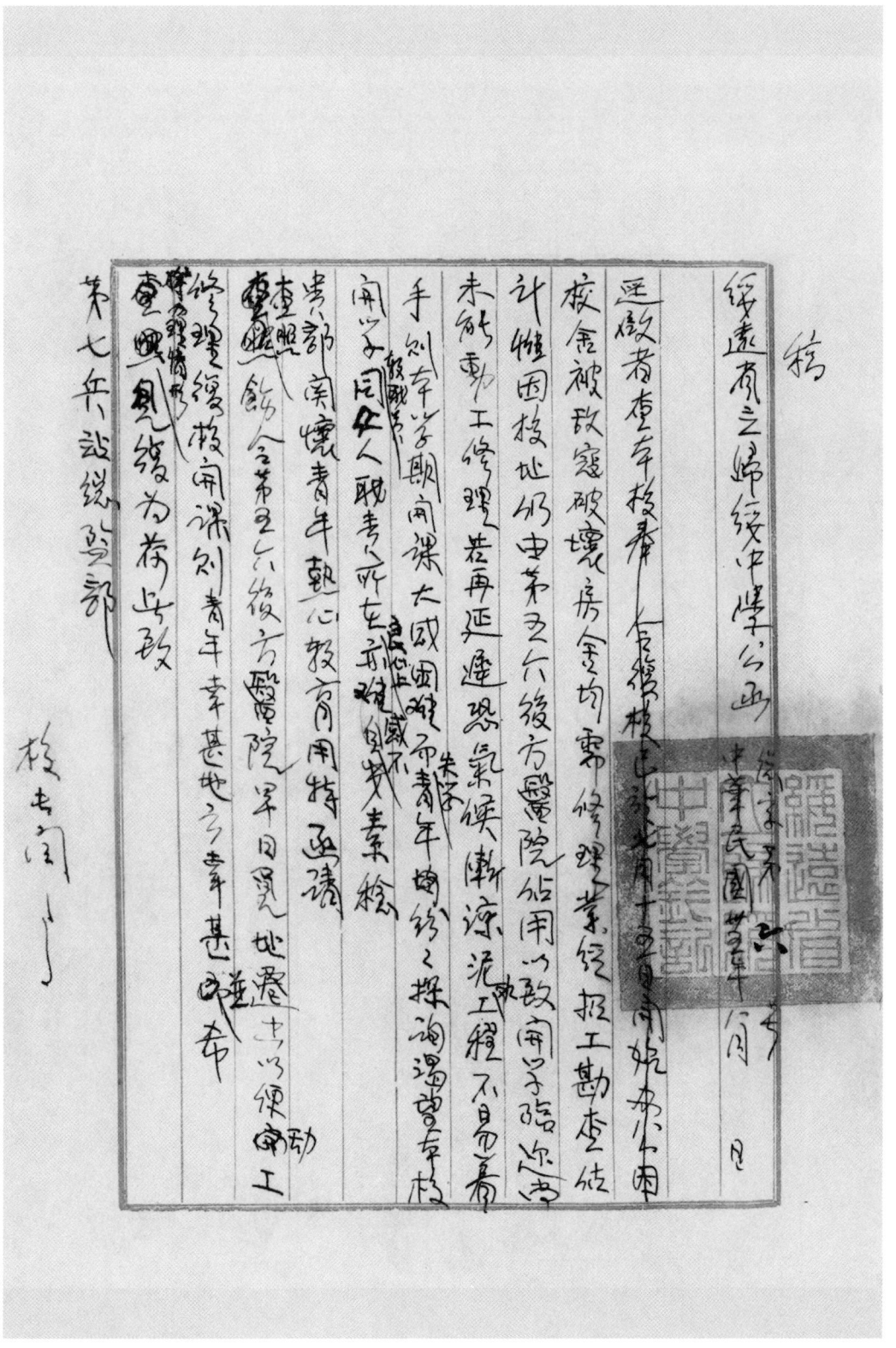

图 3-4-1　绥远省立归绥中学为请饬令五十六后方医院早日觅址迁出以便动土修理复校开课致第七兵站总监部公函（1946年8月）

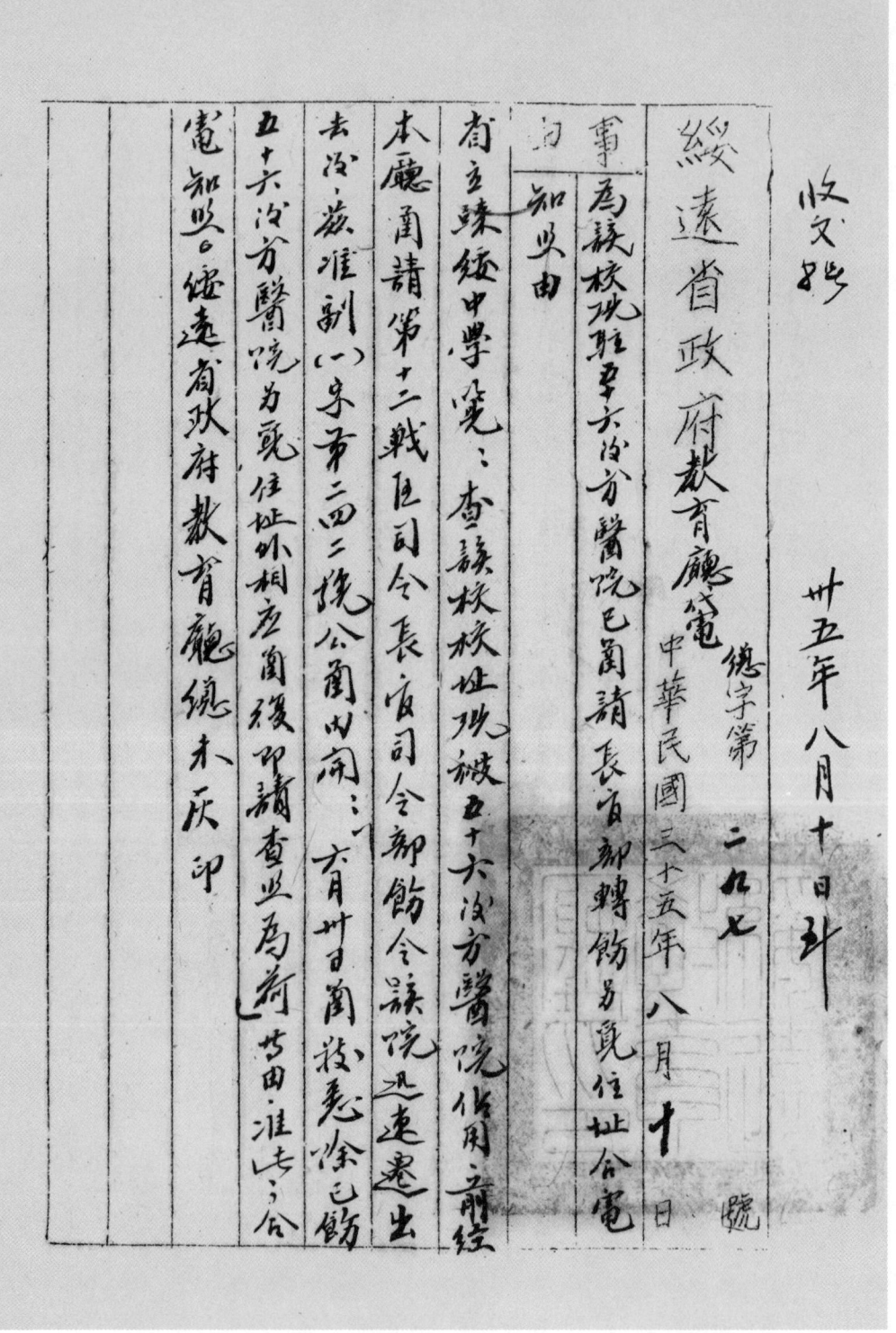

图 3-4-2 绥远省政府教育厅为该校现驻五十六后方医院已函请第十二战区司令长官司令部转饬另觅住址致绥远省立归绥中学公函（1946年8月10日）

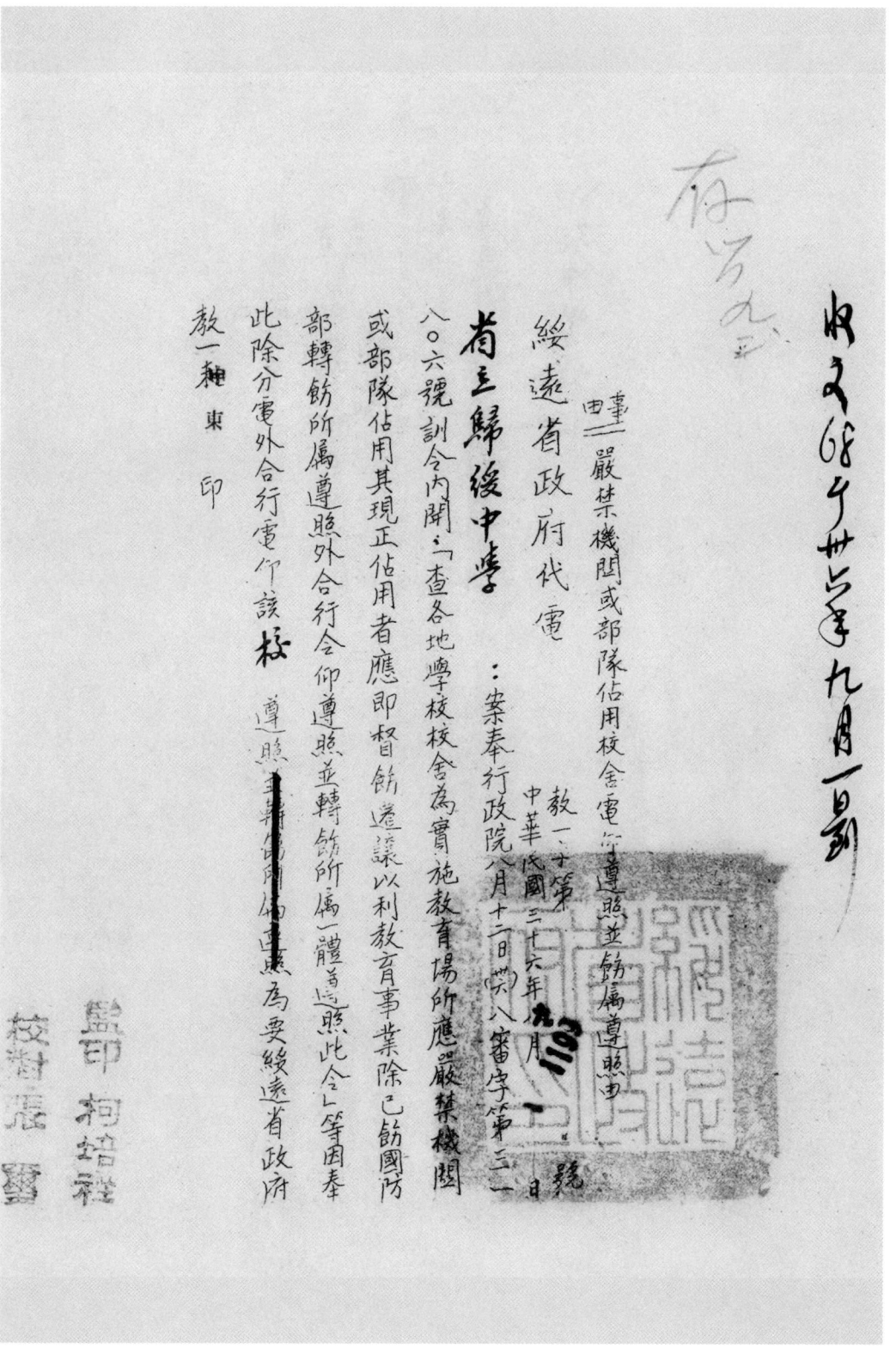

图 3-4-3 绥远省政府为奉令严禁机关或部队占用校舍致省立归绥中学代电（1947年9月1日）

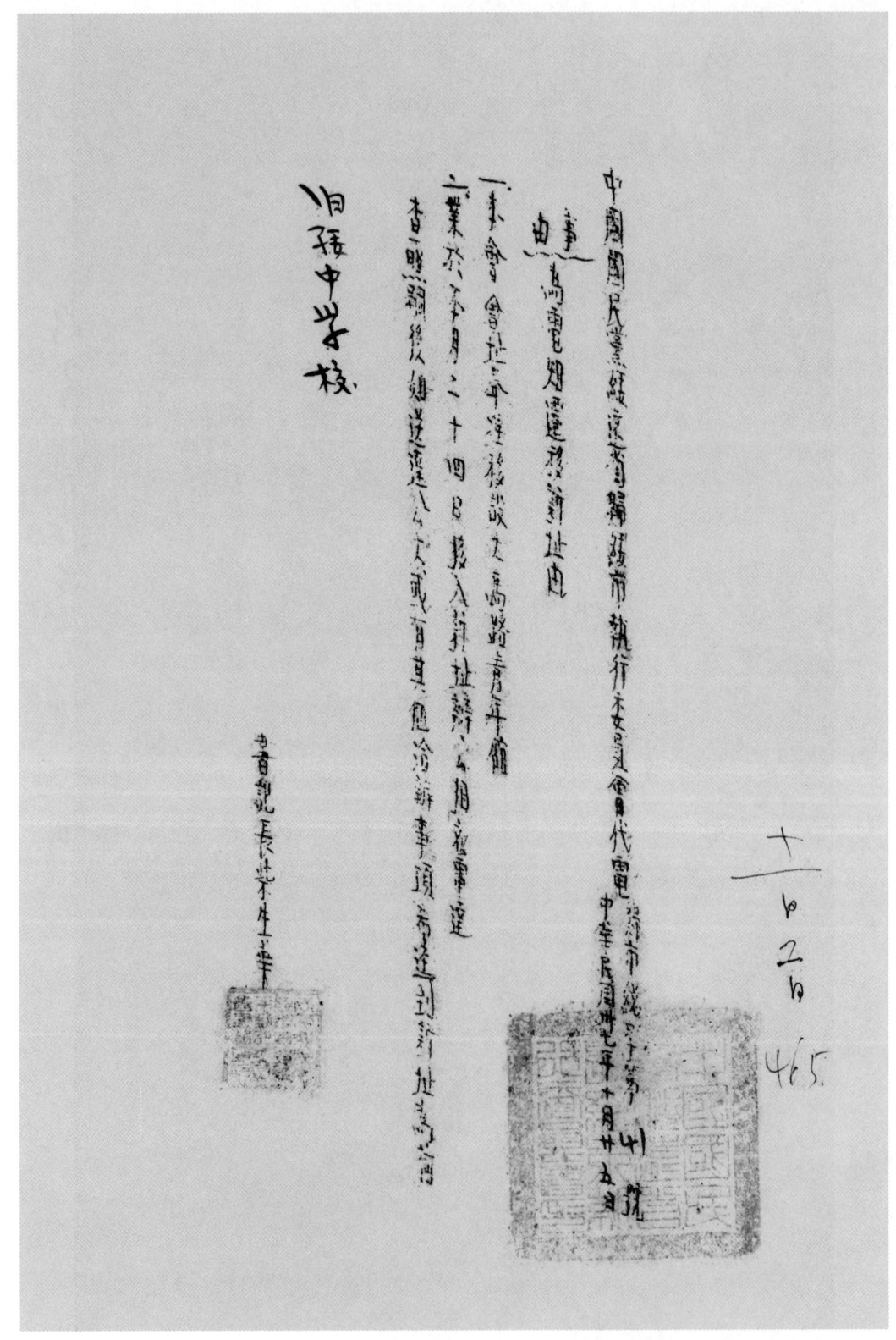

图 3-4-4 中国国民党绥远省归绥市执行委员会为迁移新址给归绥中学的代电（1948年10月25日）

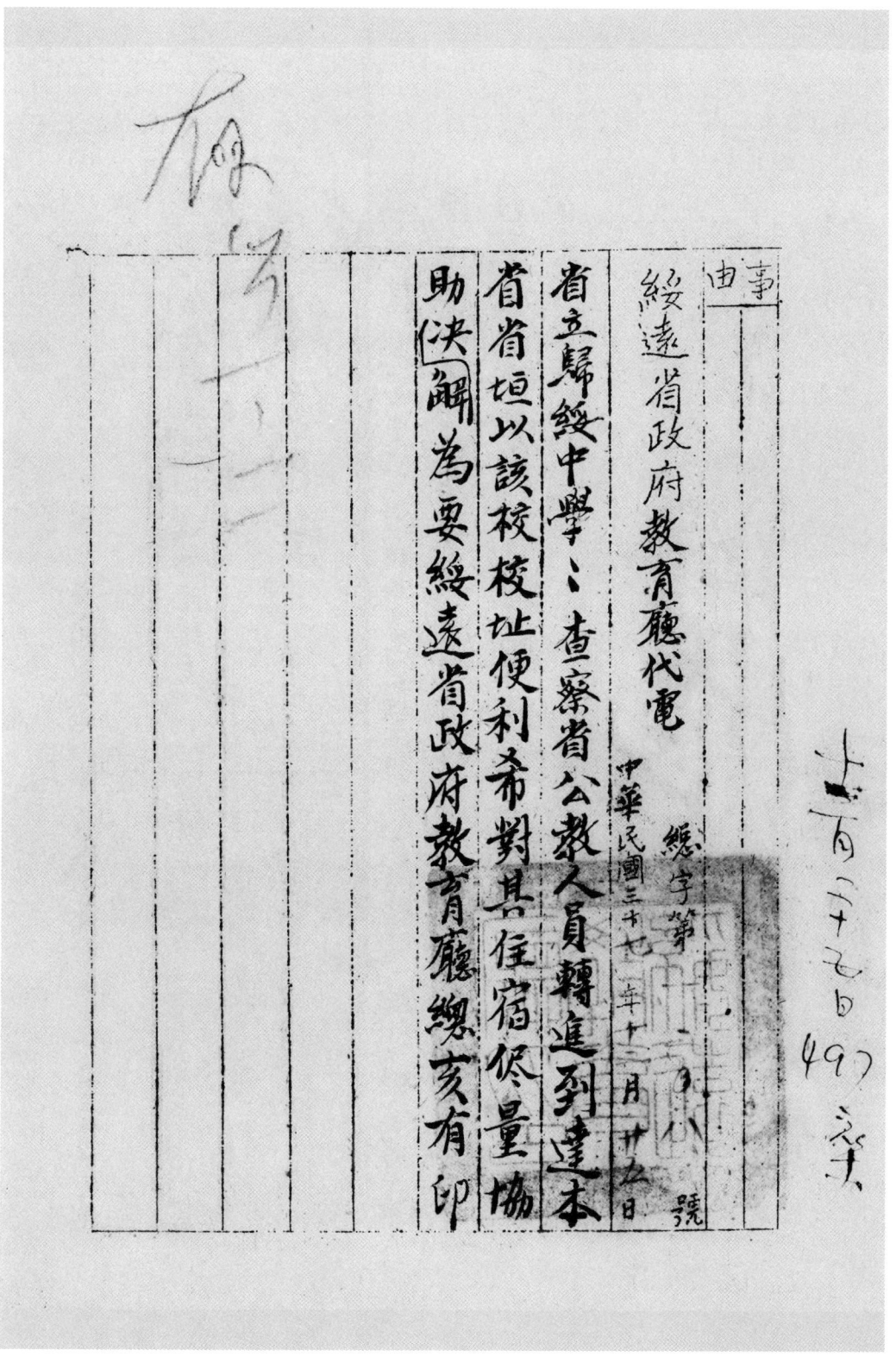

图 3-4-5 绥远省政府教育厅为尽量协助解决察省转进公教人员住宿给省立归绥中学代电（1948年12月25日）

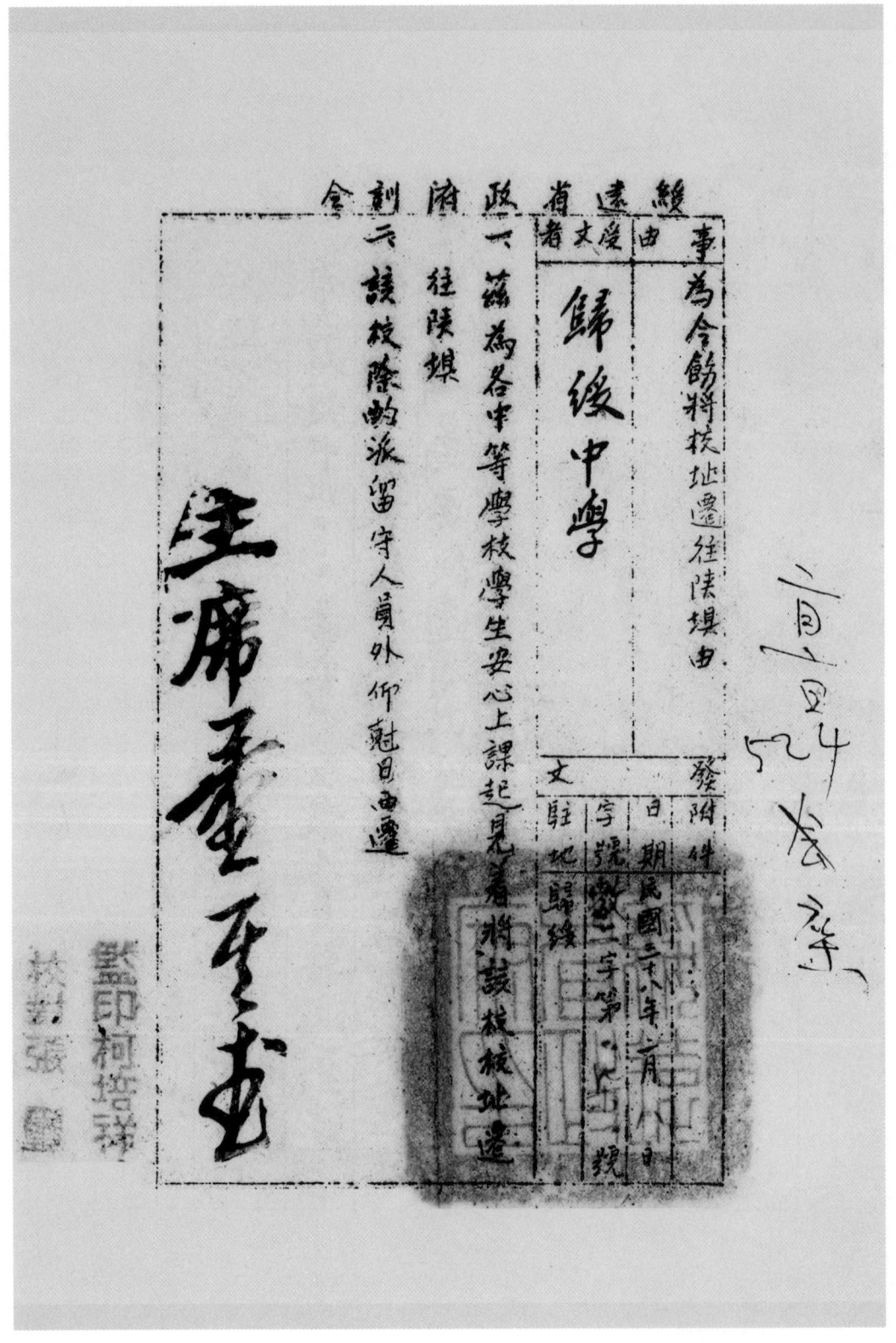

图 3-4-6 绥远省政府为将校址迁往陕坝给归绥中学训令（1949年2月8日）

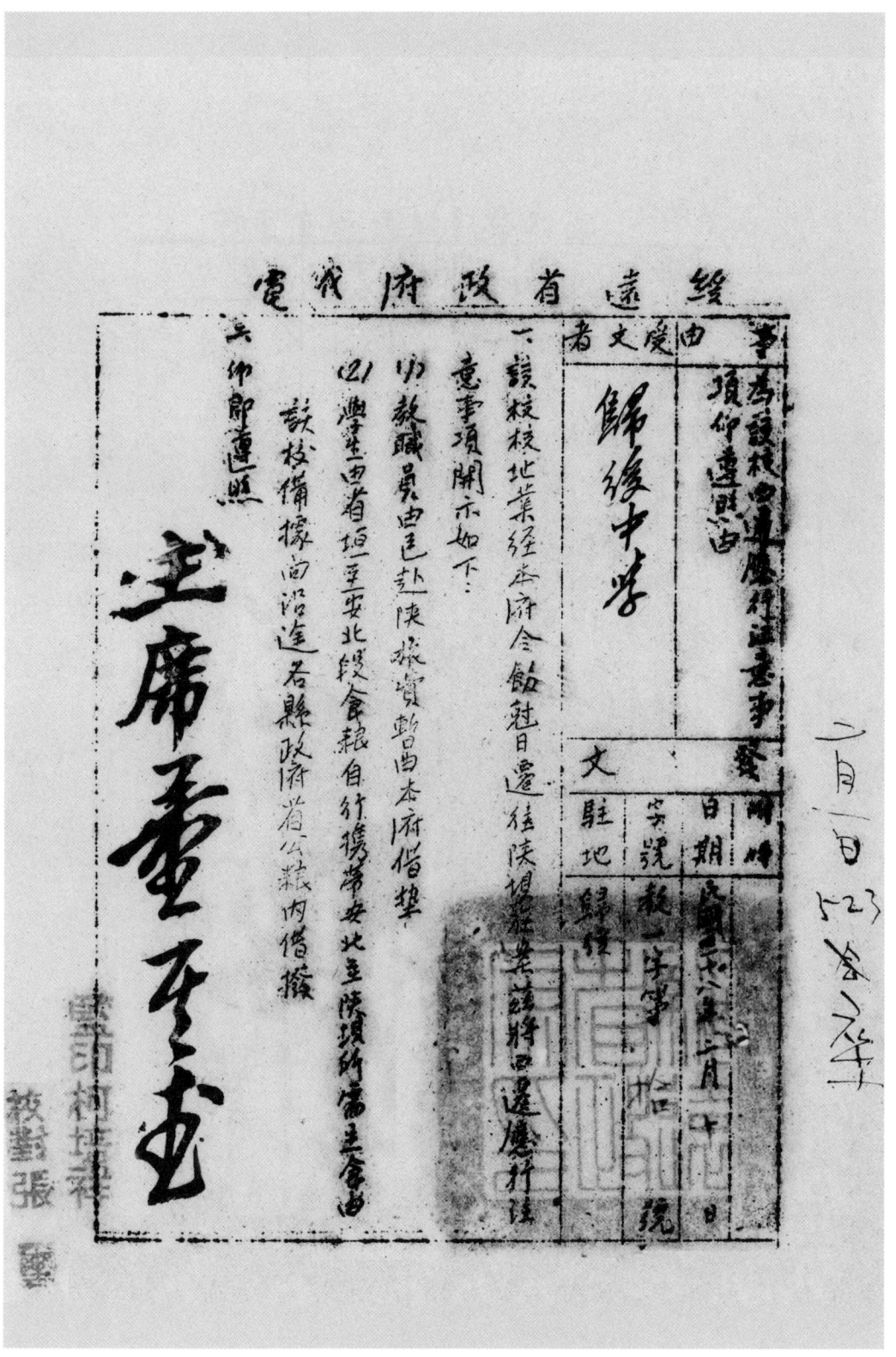

图 3-4-7 绥远省政府为学校西迁应行注意事项给归绥中学代电（1949 年 2 月 10 日）

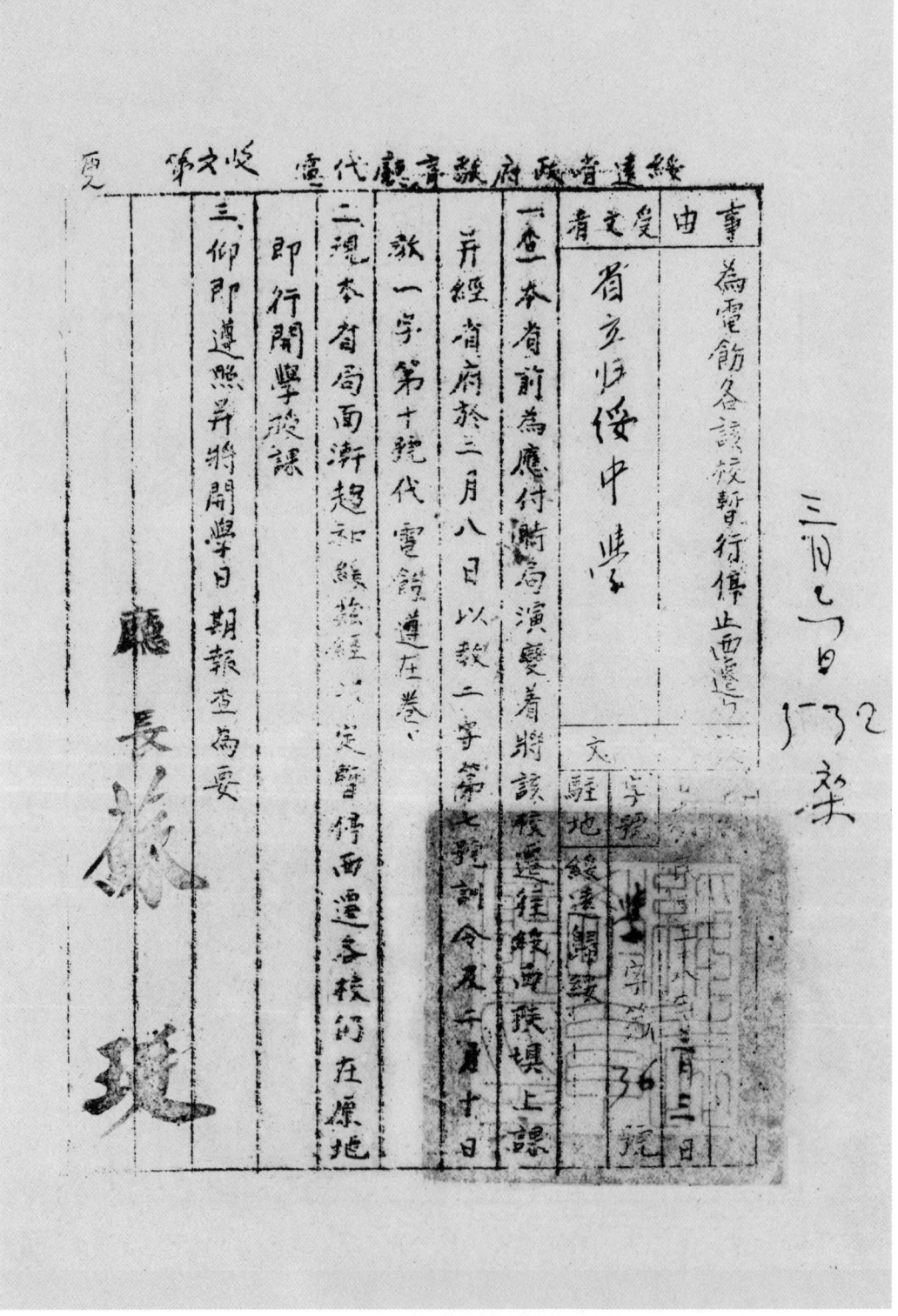

图 3-4-8 绥远省政府教育厅为各校暂行停止西迁给省立归绥中学代电(1949年3月3日)

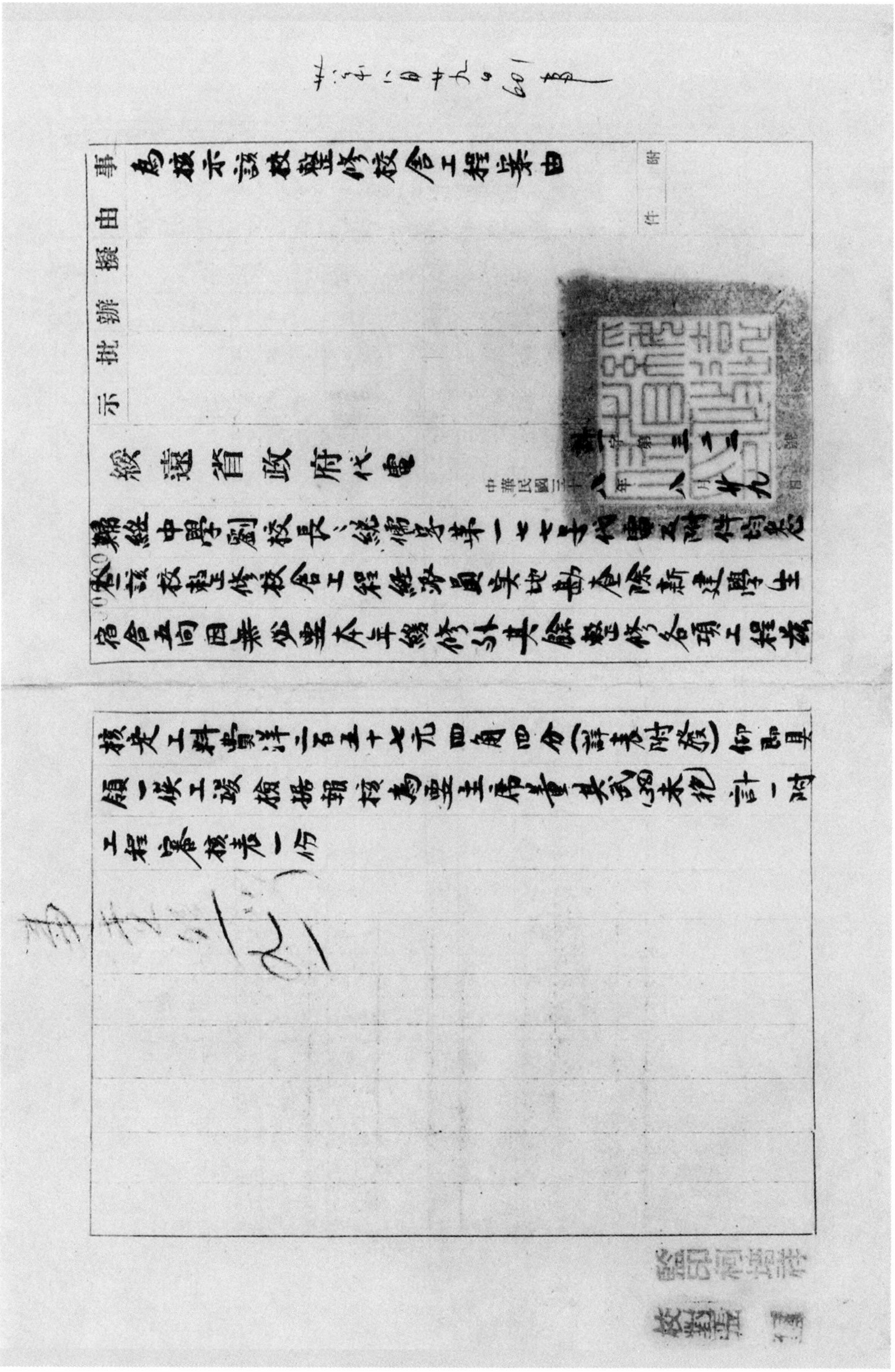
事由 为核示该校整修校舍工程案由

绥远省政府代电

图 3-4-9　绥远省政府为核示整修校舍工程案给归绥中学代电（1949 年 8 月 29 日）（一）

图 3-4-9 绥远省政府为核示整修校舍工程案给归绥中学代电（1949 年 8 月 29 日）（二）

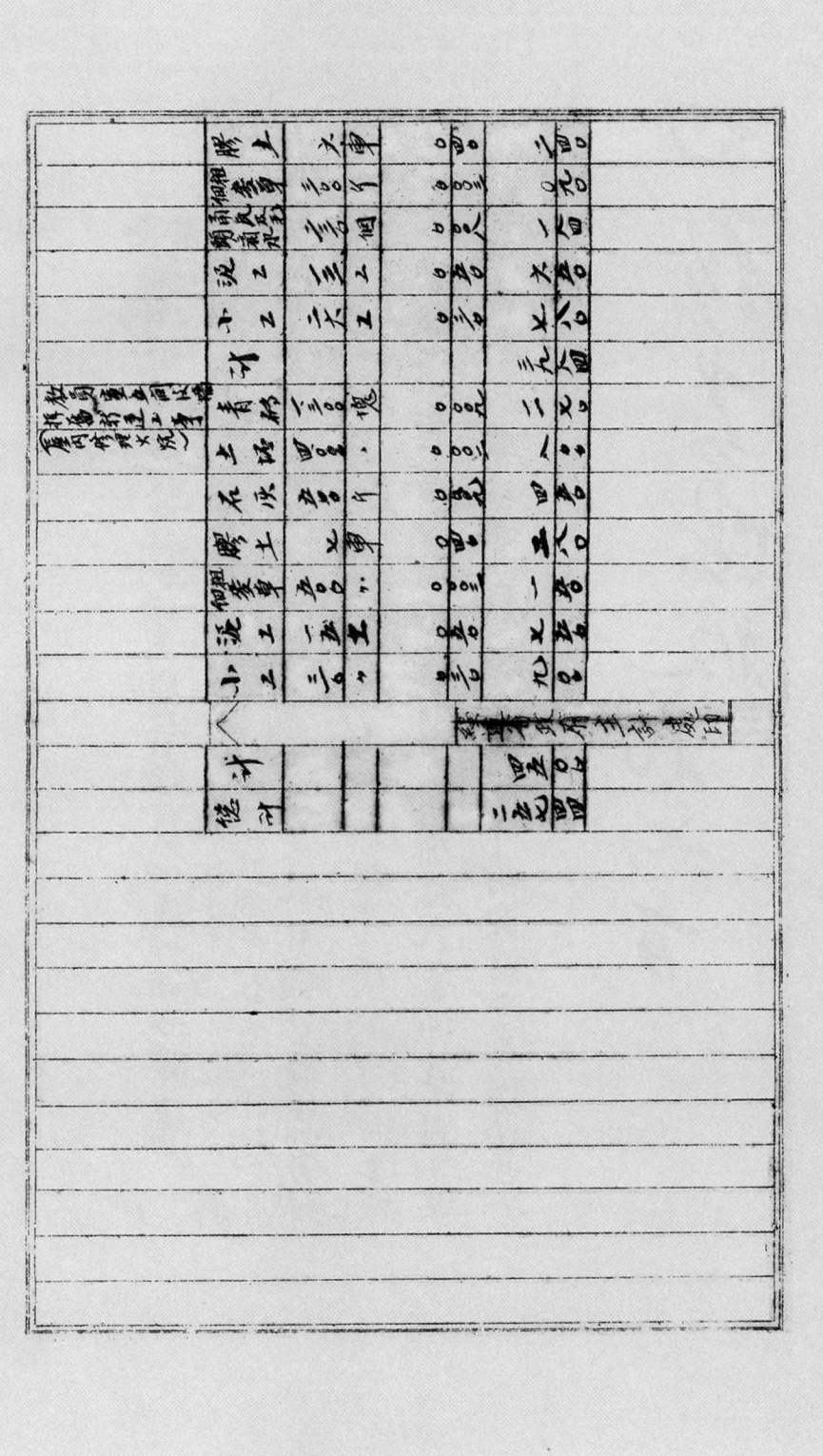

图 3-4-9　绥远省政府为核示整修校舍工程案给归绥中学代电（1949 年 8 月 29 日）（三）

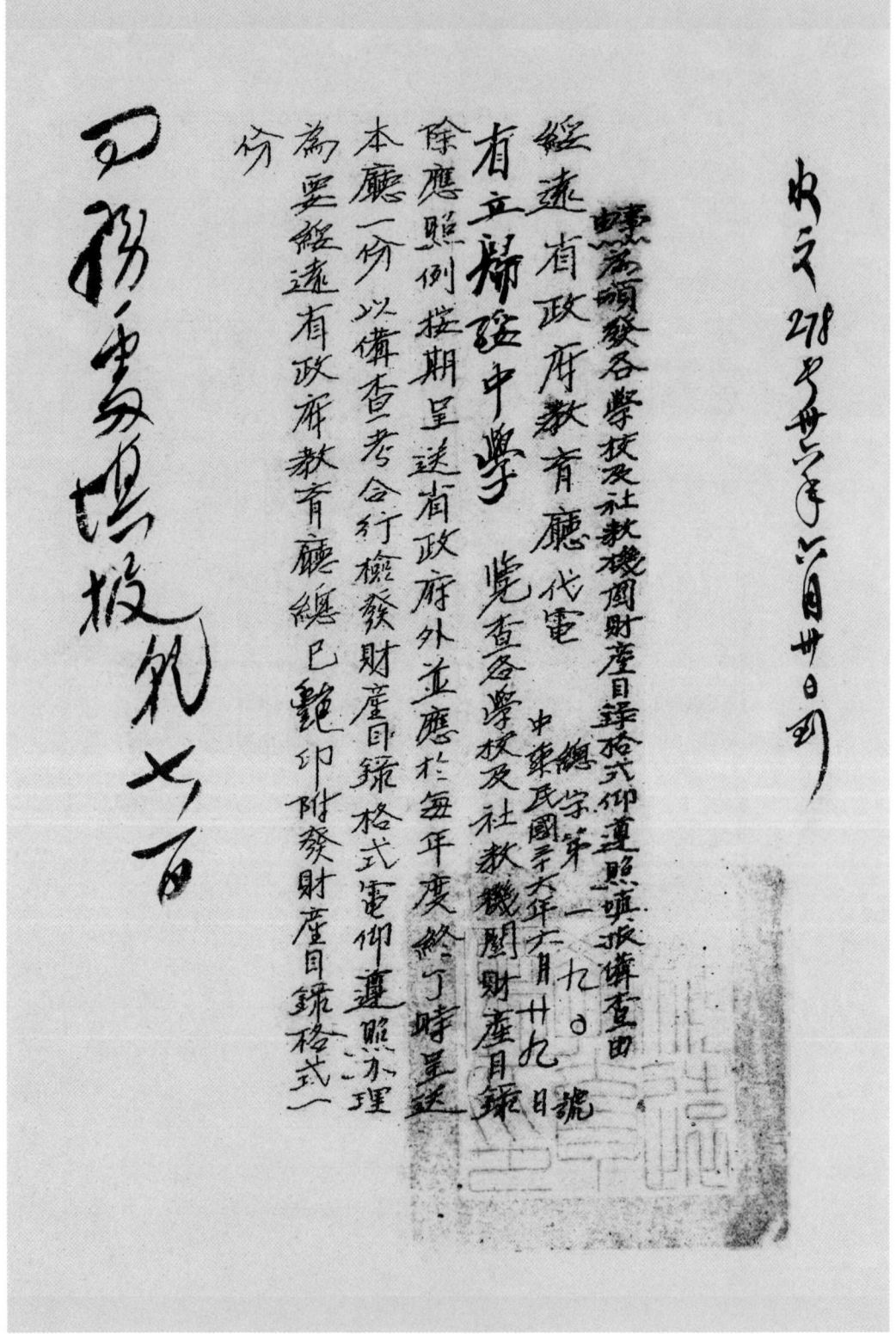

图 3-4-10　绥远省政府教育厅为颁发各学校及社教机关财产目录格式给省立归绥中学代电（1947 年 6 月 29 日）（一）

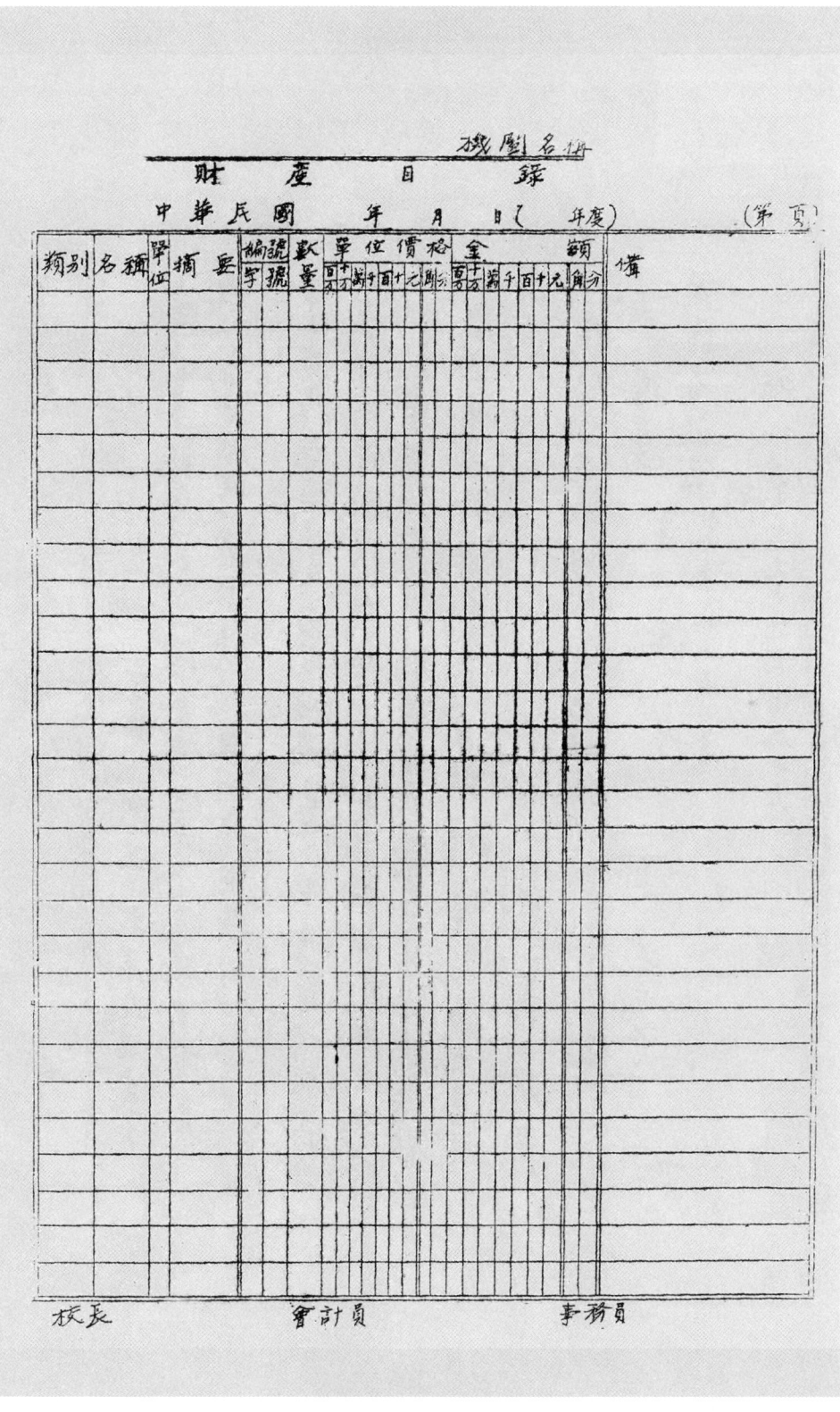

图 3-4-10 绥远省政府教育厅为颁发各学校及社教机关财产目录格式给省立归绥中学代电（1947年6月29日）（二）

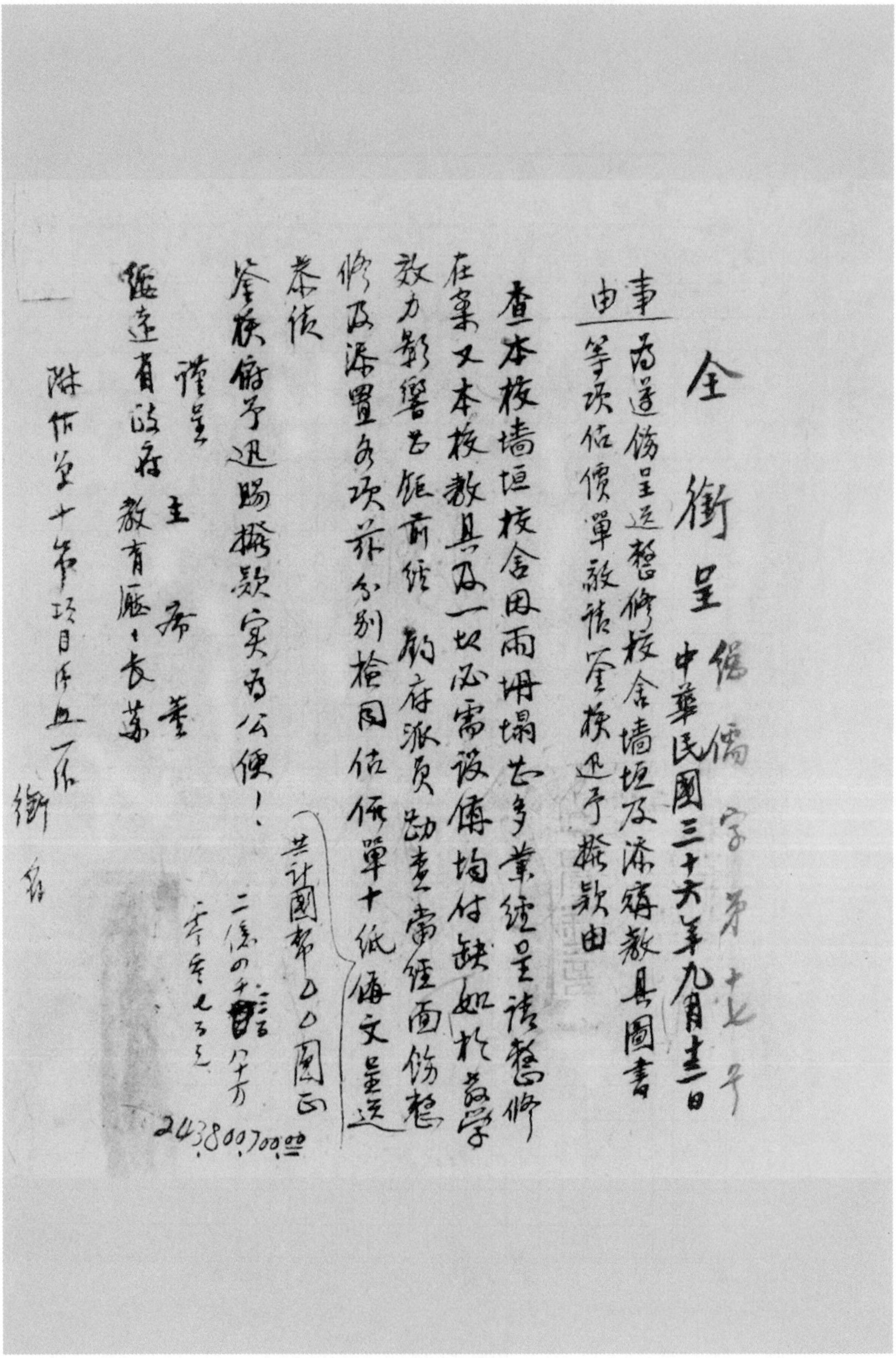

钧鉴 呈 归儒字第十七号

事由 为遵饬呈送整修校舍墙垣及添购教具图书
等项估价单敬请鉴核迅予拨款由

中华民国三十六年九月十三日

窃查本校墙垣校舍因雨册塌者多业经呈请整修
在案又本校教具及一切必需设备均付缺如于教学
效力影响至钜前经钧府派员勘查亲经面饬拟
修改添置各项兹分别检同估价单十纸缮文呈送

鉴核俯予迅赐拨款实为公便！

谨呈

主席 希

钧鉴 省政府 教育厅 长萨

附估单十纸项目五一张

共计国币四〇〇圆正
二亿〇〇……
2438007000

图 3-4-11　绥远省立归绥中学为遵饬呈送整修校舍墙垣及添购教具图书等项估价单敬请鉴核迅予拨款致绥远省政府呈（1947年9月13日）

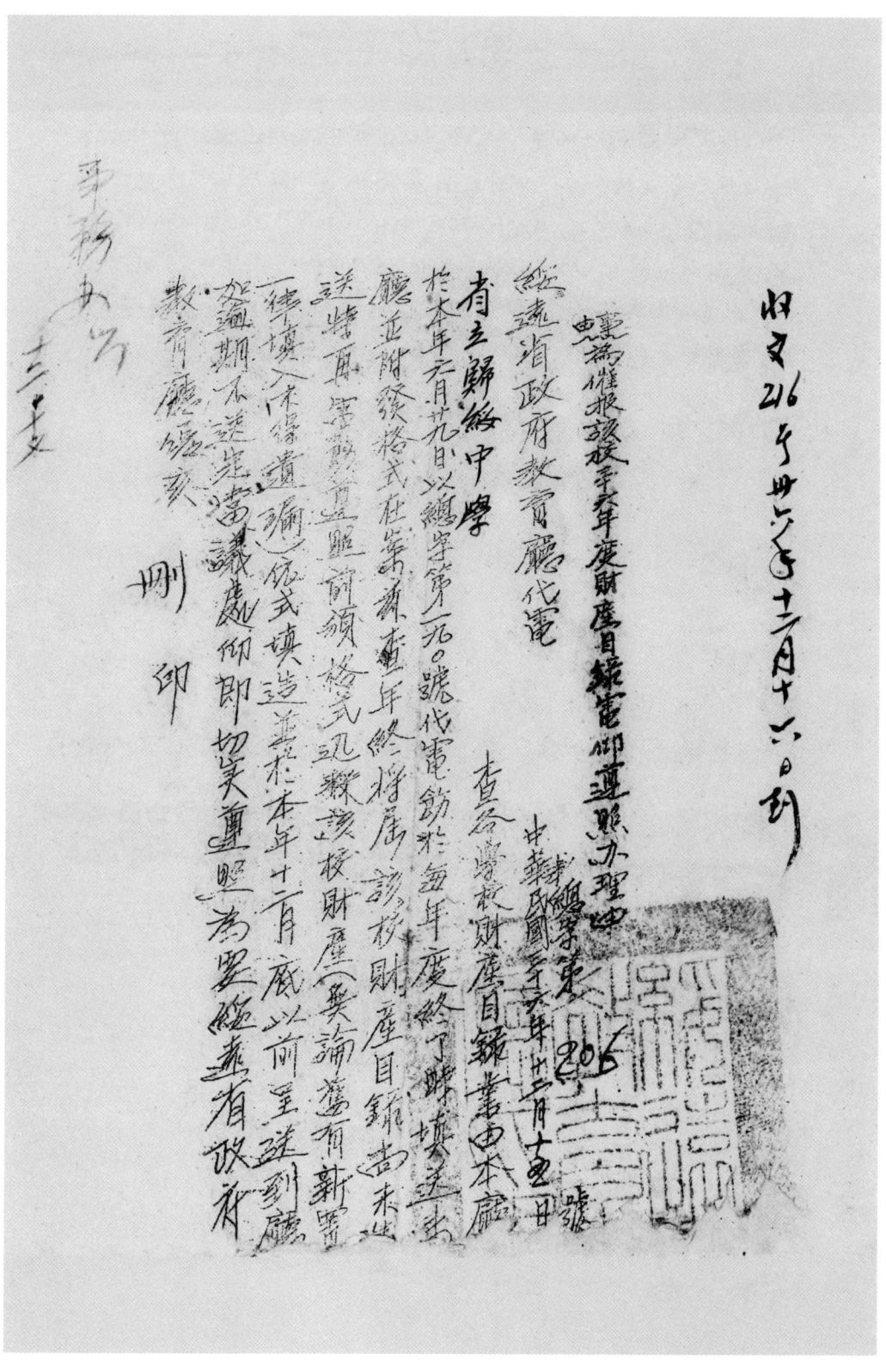

图 3-4-12　绥远省政府教育厅为催报三十六年度财产目录给省立归绥中学代电（1947 年 12 月 15 日）

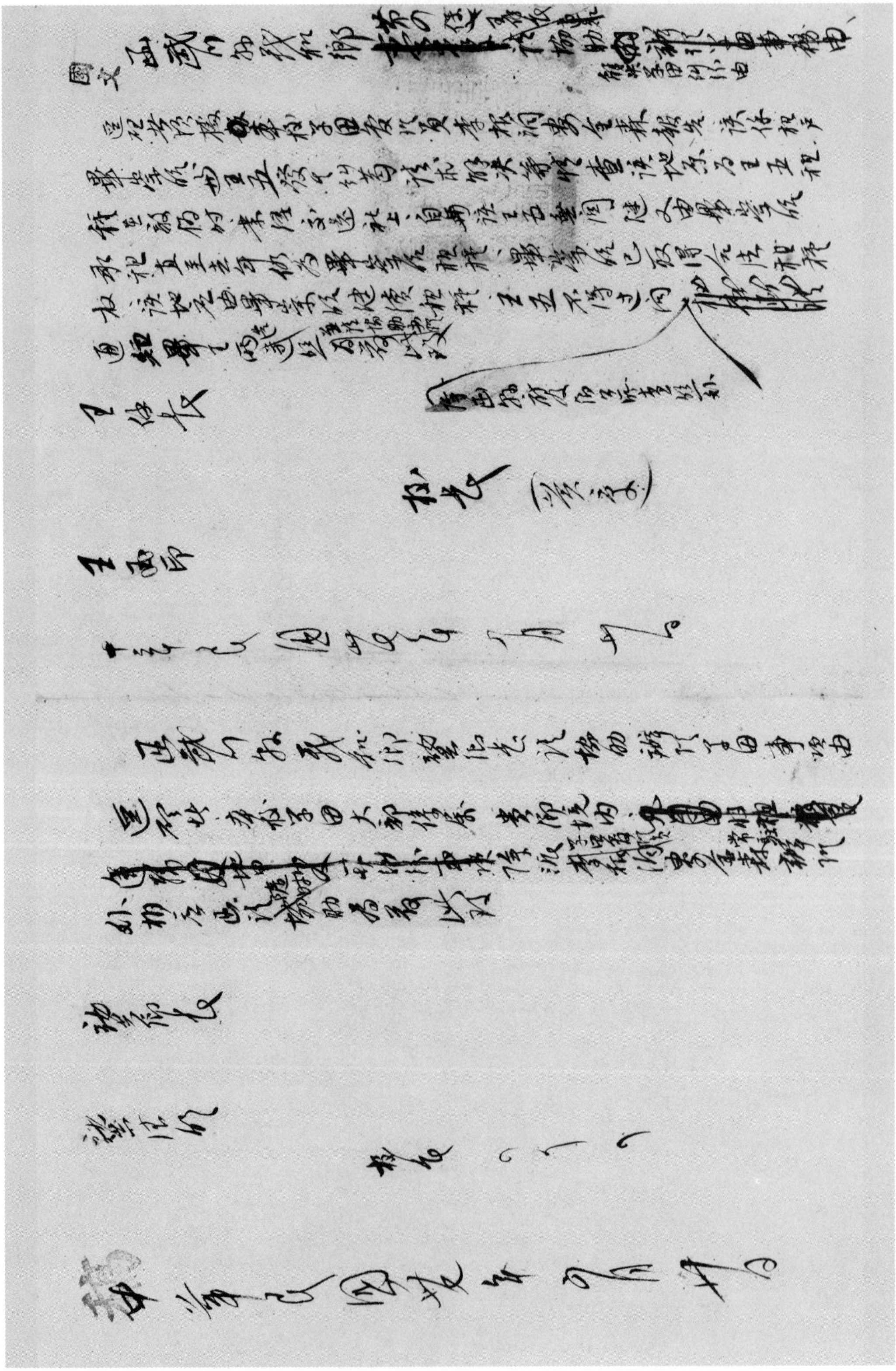

图 3-4-13 绥远省立归绥中学为请协助解决学田纠纷致武川县义和乡及第四保的函（1948年4月30日）

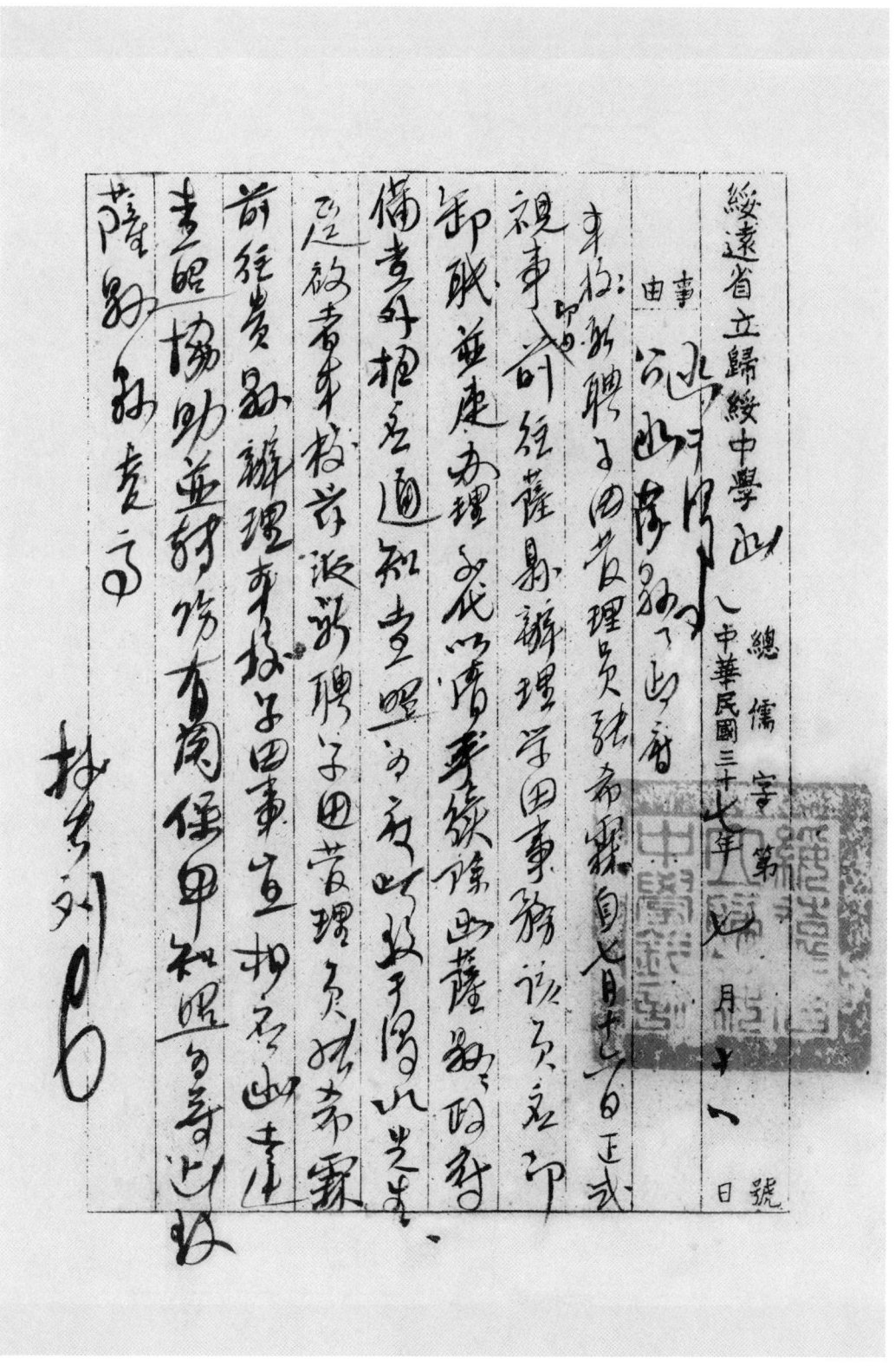

图 3-4-14　绥远省立归绥中学为派张希霖前往办理学田事务致萨县政府公函（1948年7月18日）

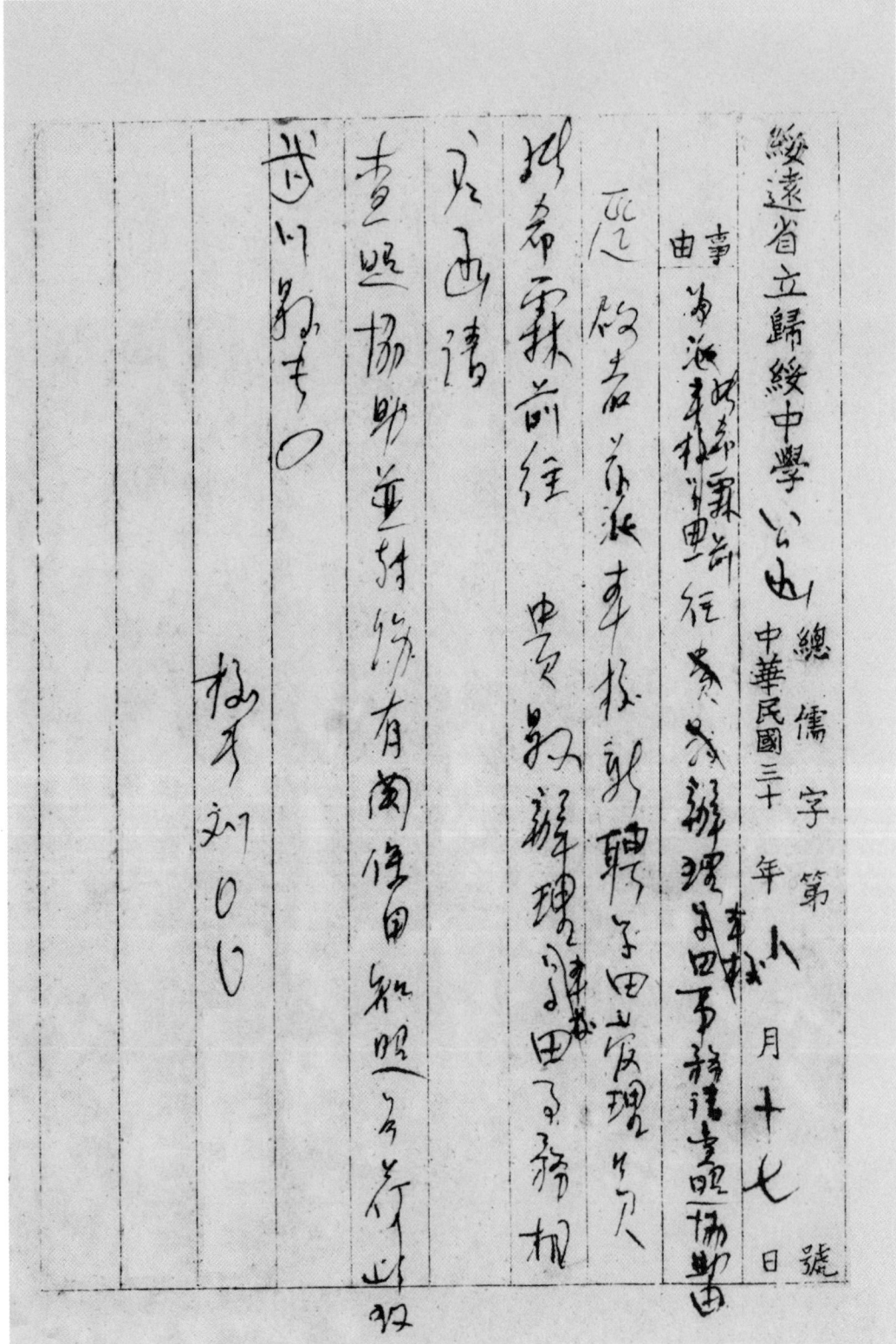

图 3-4-15　绥远省立归绥中学为派张希霖前往办理学田事务致武川县政府公函（1948年8月17日）

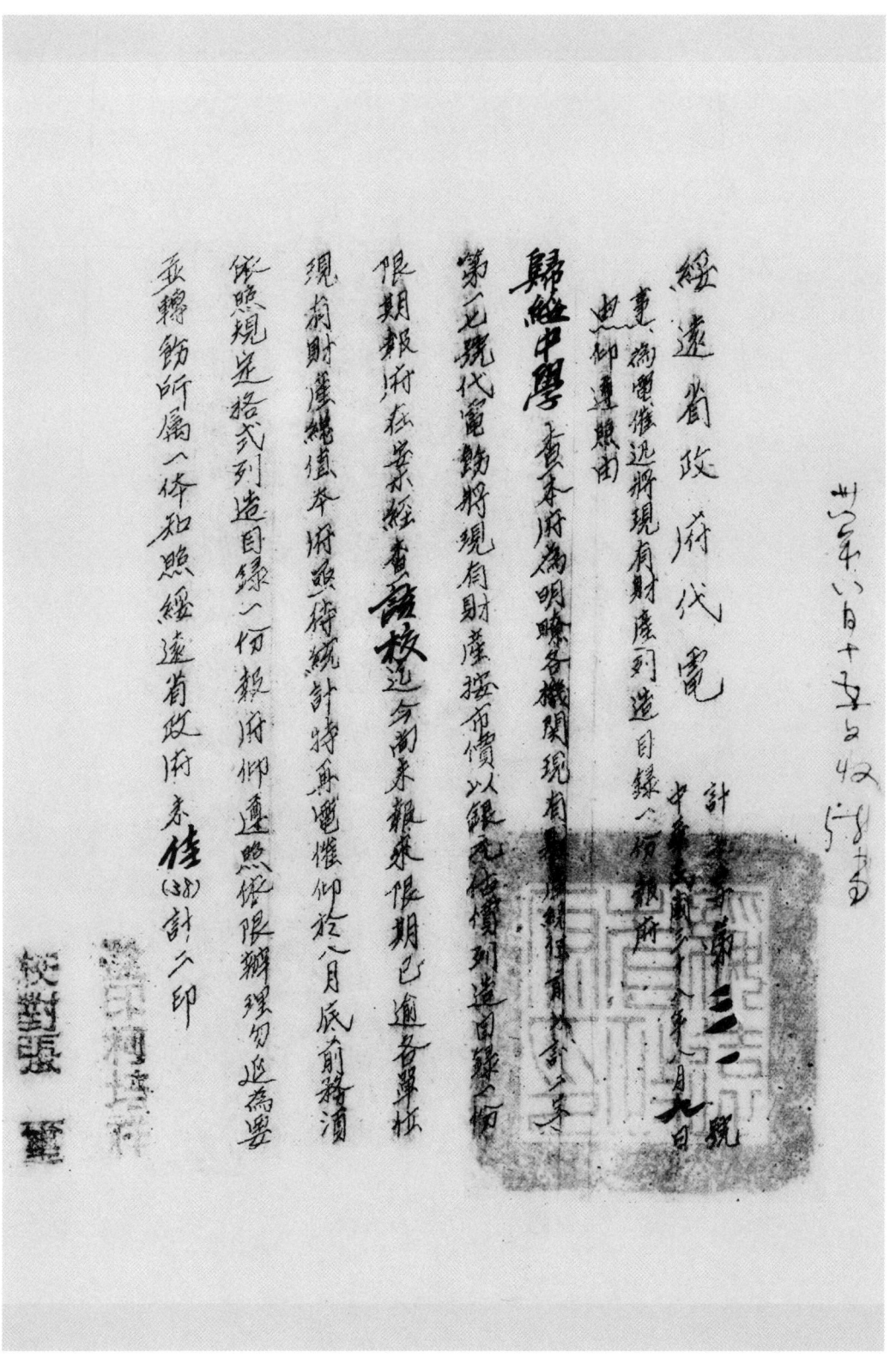

图 3-4-16 绥远省政府为催报现有财产目录给归绥中学代电（1949年8月9日）

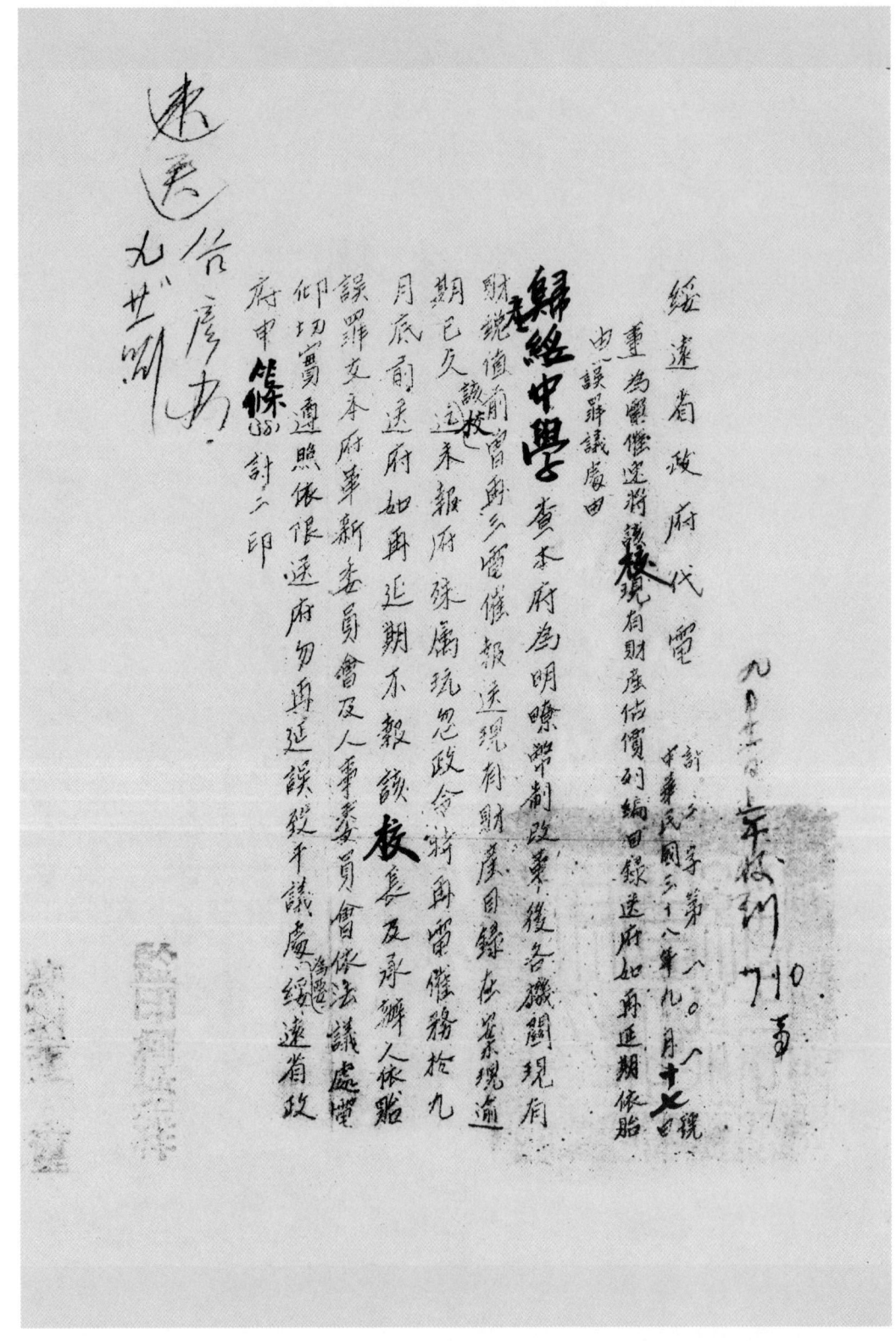

图 3-4-17 绥远省政府为速报现有财产目录如再延期依贻误罪议处给归绥中学代电（1949年9月17日）

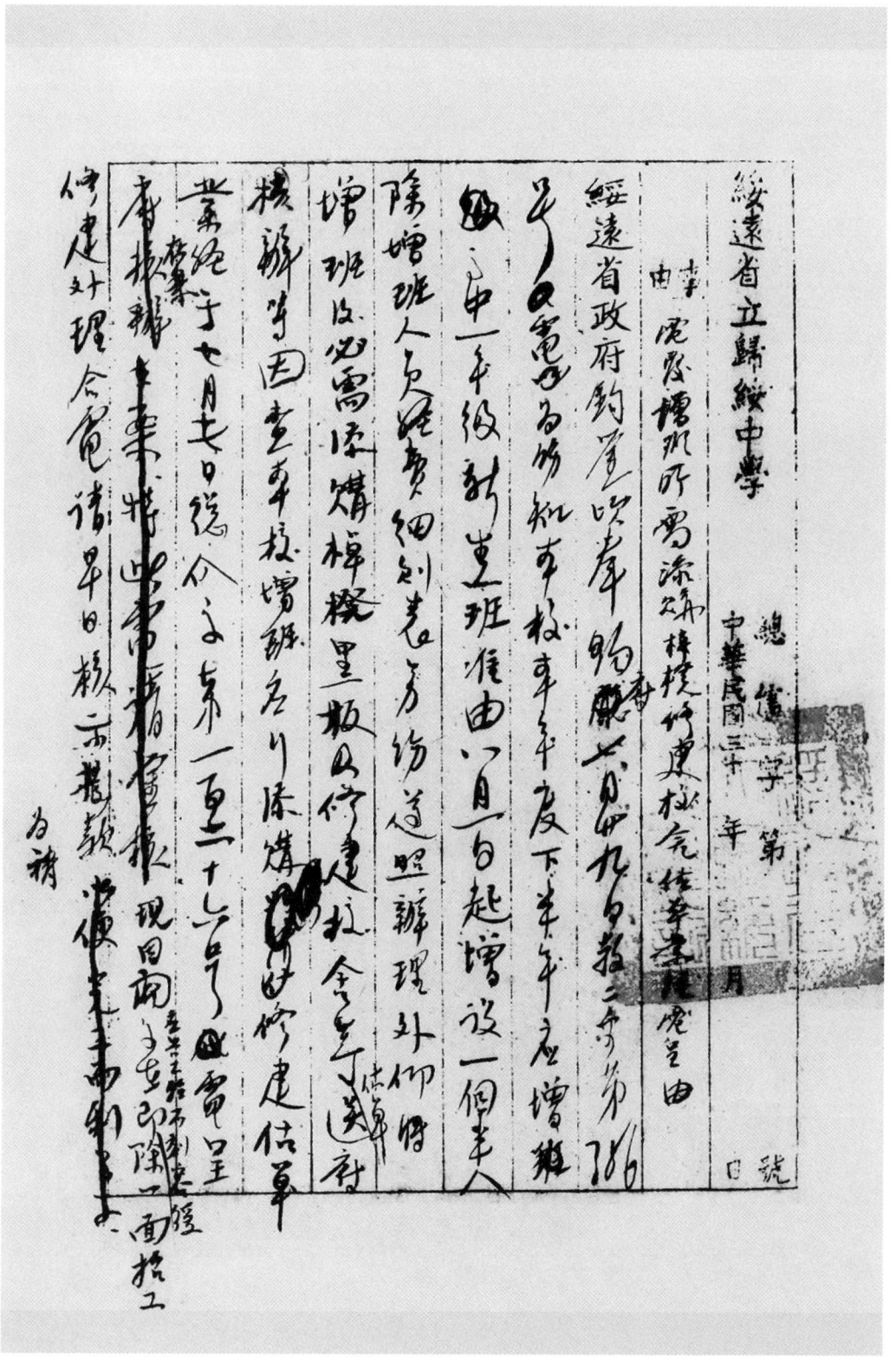

图 3-4-18　绥远省立归绥中学为增班所需添购桌凳修建校舍估单业经电呈请早日核发致绥远省政府代电

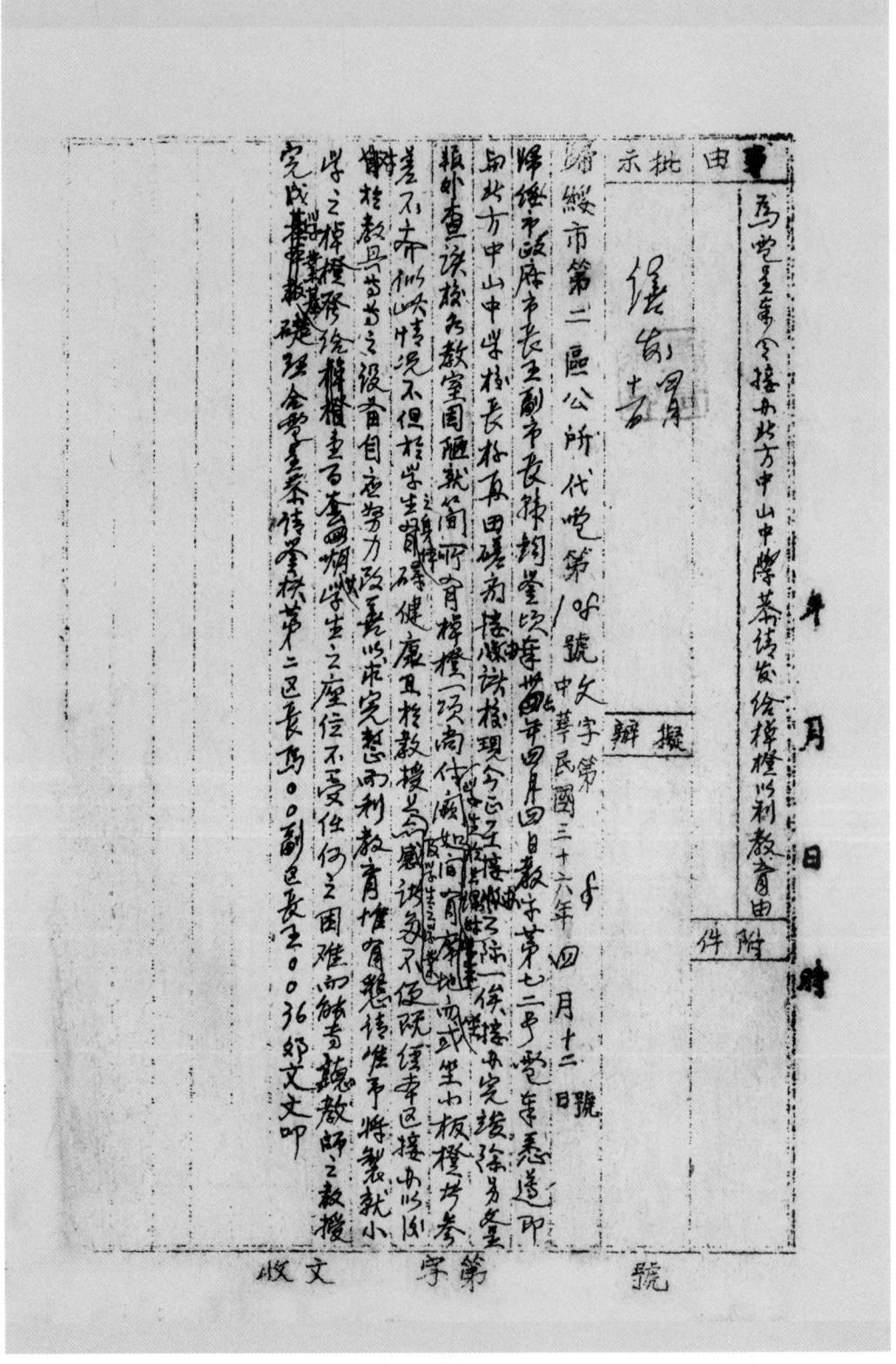

图 3-4-19 归绥市第二区公所为奉令接办北方中山中学恭请发给桌凳以利教育致归绥市政府代电（1947年4月12日）

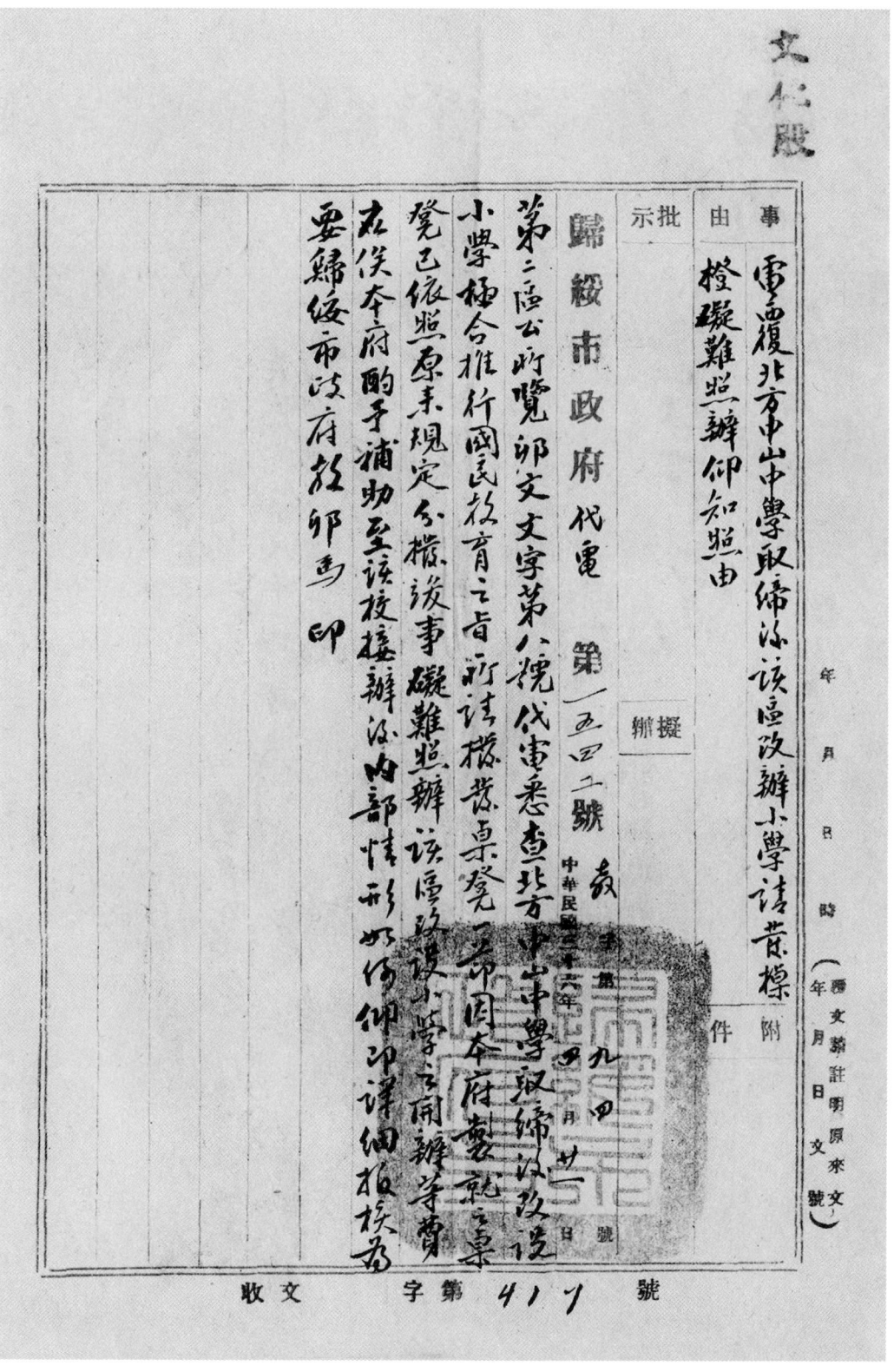

图 3-4-20 归绥市政府为北方中山中学取缔后该区改办小学请发桌凳碍难照办给第二区公所代电（1947年4月21日）

图 3-4-21 教育部总务司为垫发民国三十八年四、五、六、七月份公费生膳费给绥远中学的函（1949年4—7月）（一）

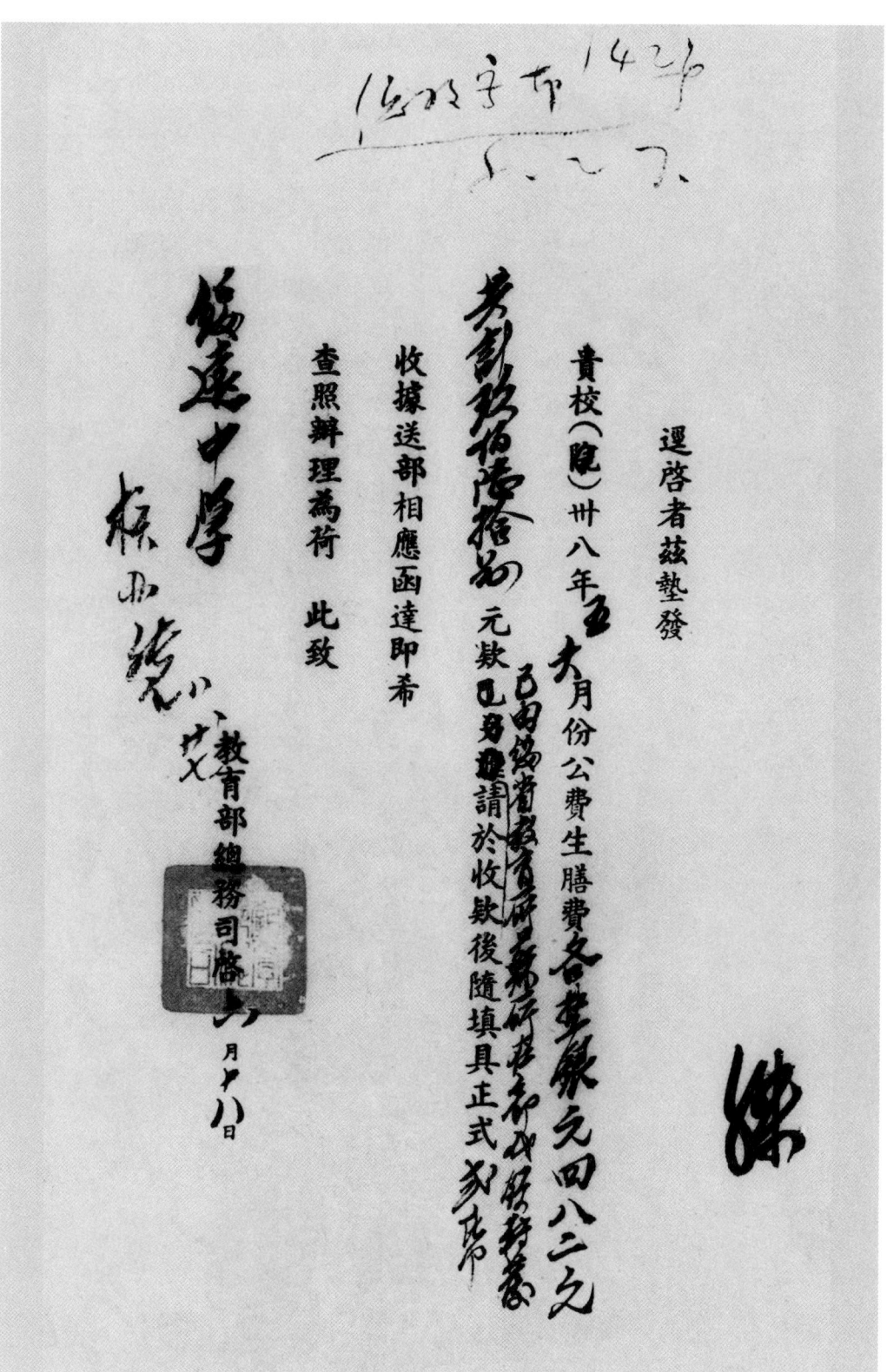

图 3-4-21　教育部总务司为垫发民国三十八年四、五、六、七月份公费生膳费给绥远中学的函（1949 年 4—7 月）（二）

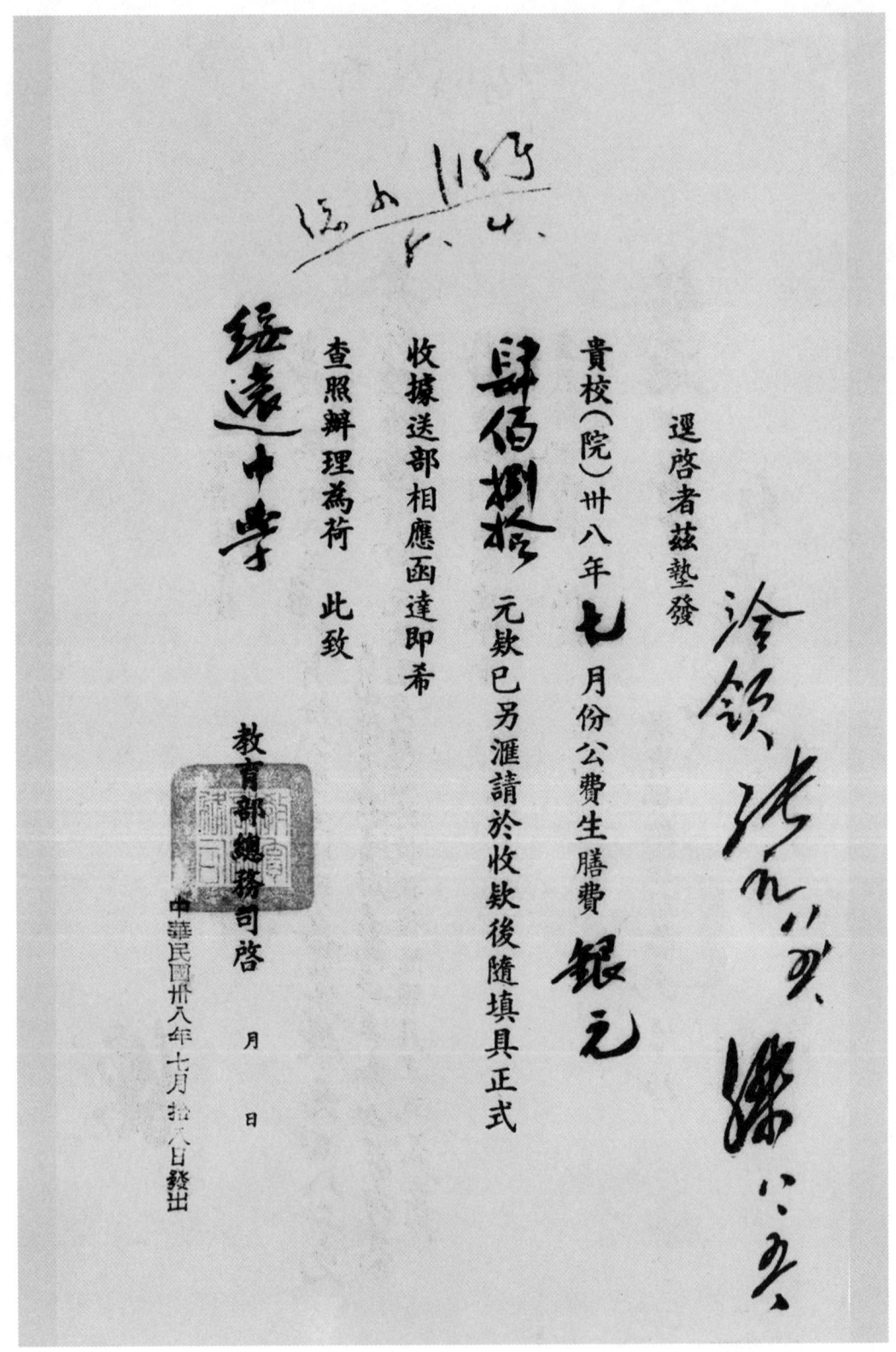

图 3-4-21　教育部总务司为垫发民国三十八年四、五、六、七月份公费生膳费给绥远中学的函（1949年4—7月）（三）

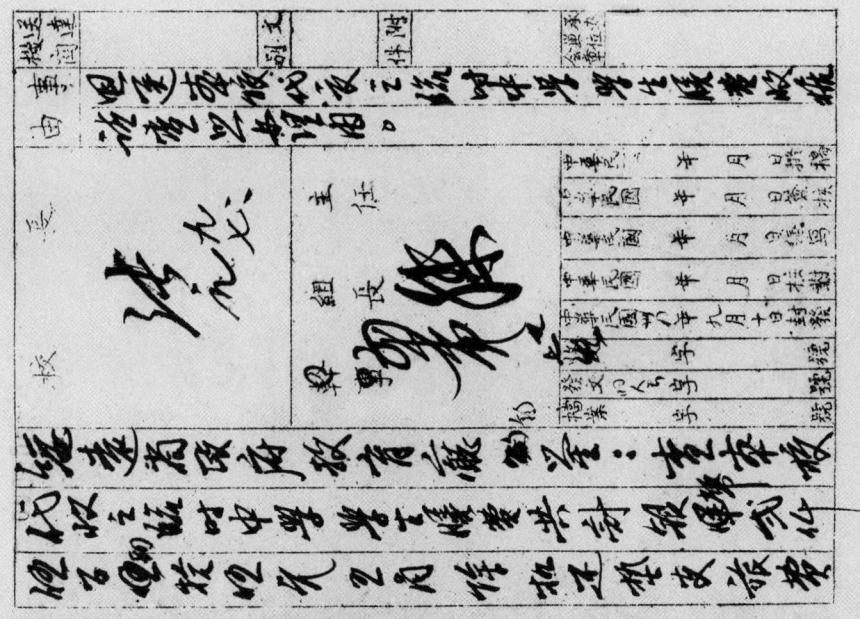

图 3-4-22　国立绥远中学为呈送代交之临时中学学生膳费收据致绥远省政府教育厅代电（1949 年 9 月 10 日）

五 教师管理

私立恒清中学聘请教职员规约

一、教职员皆须服膺党义热心教育协助校长以谋学校之发展。

二、总理纪念周升降旗及教职员均须参加兼任教员届时参加，

三、专任教员不得兼任校外他项有给职务。

四、职员无论职务之繁简其待遇之多寡概为专任非经校长同意不准兼任校外职务。

五、教员不得迟到早退如不得已面缺课须其他教员商酌对调或择相当时间补授如请假满一周以上者须商得发长同意请人代理深亲丧疾病外请假逾一月以上者得由校长聘人接充薪金由接充人接收。

六、教员无学期请假待数如起过五小时者应按钟点扣薪聘员在学期内每学期缺席数如超过七日者扣薪因公缺席者不在此例，

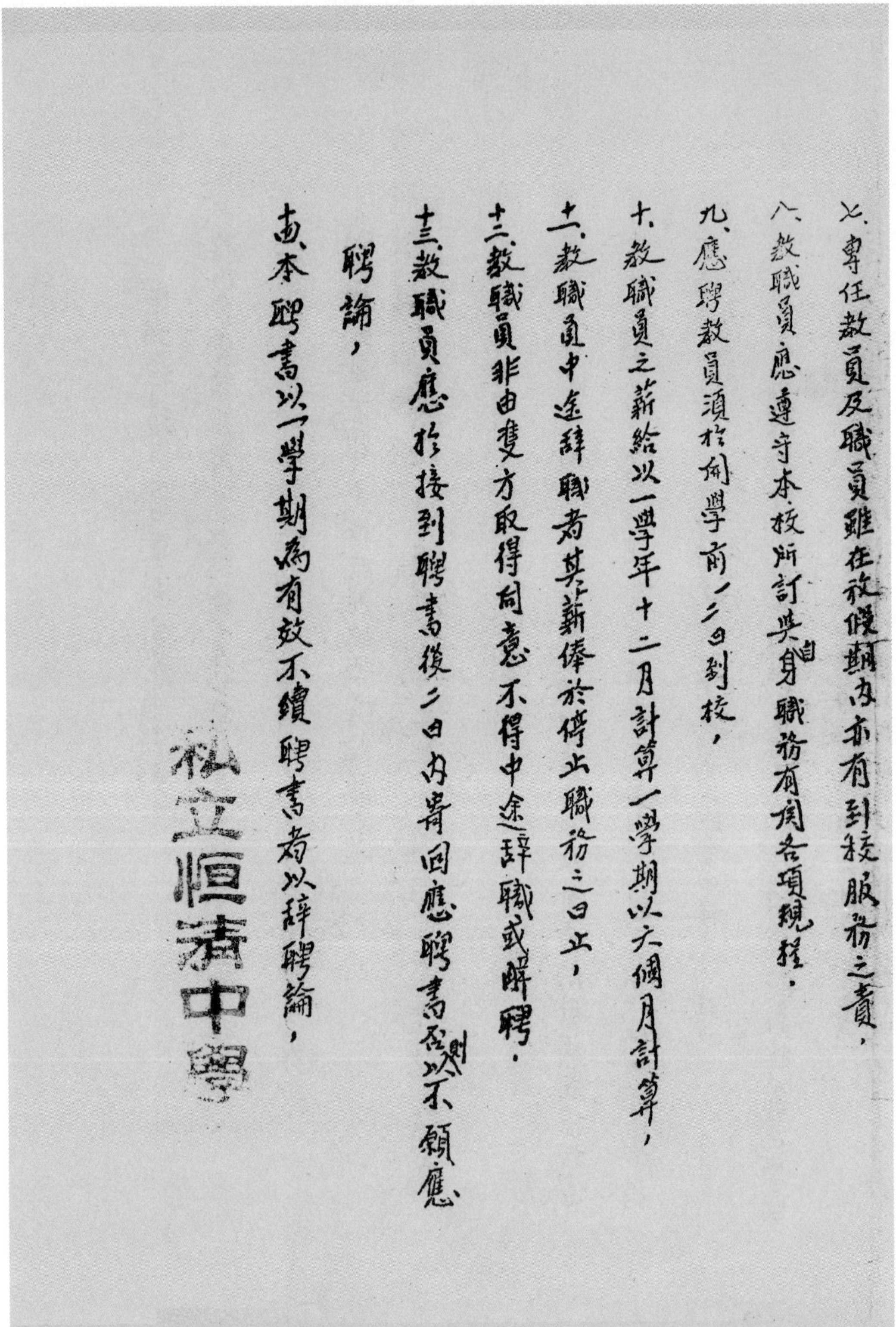

七、專任教員及職員雖在放假期內亦有到校服務之責，

八、教職員應遵守本校所訂其他身職務有關各項規程，

九、應聘教員須於開學前一二日到校，

十、教職員之薪給以一學年十二月計算一學期以六個月計算，

十一、教職員中途辭職者其薪俸於停止職務之日止，

十二、教職員非由雙方取得同意不得中途辭職或解聘，

十三、教職員應於接到聘書後二日內寄回應聘書否則以不願應聘論，

查本聘書以一學期為有效不續聘書者以辭聘論，

私立恒清中學

图 3-5-1　私立恒清中学聘请教职员规约（二）

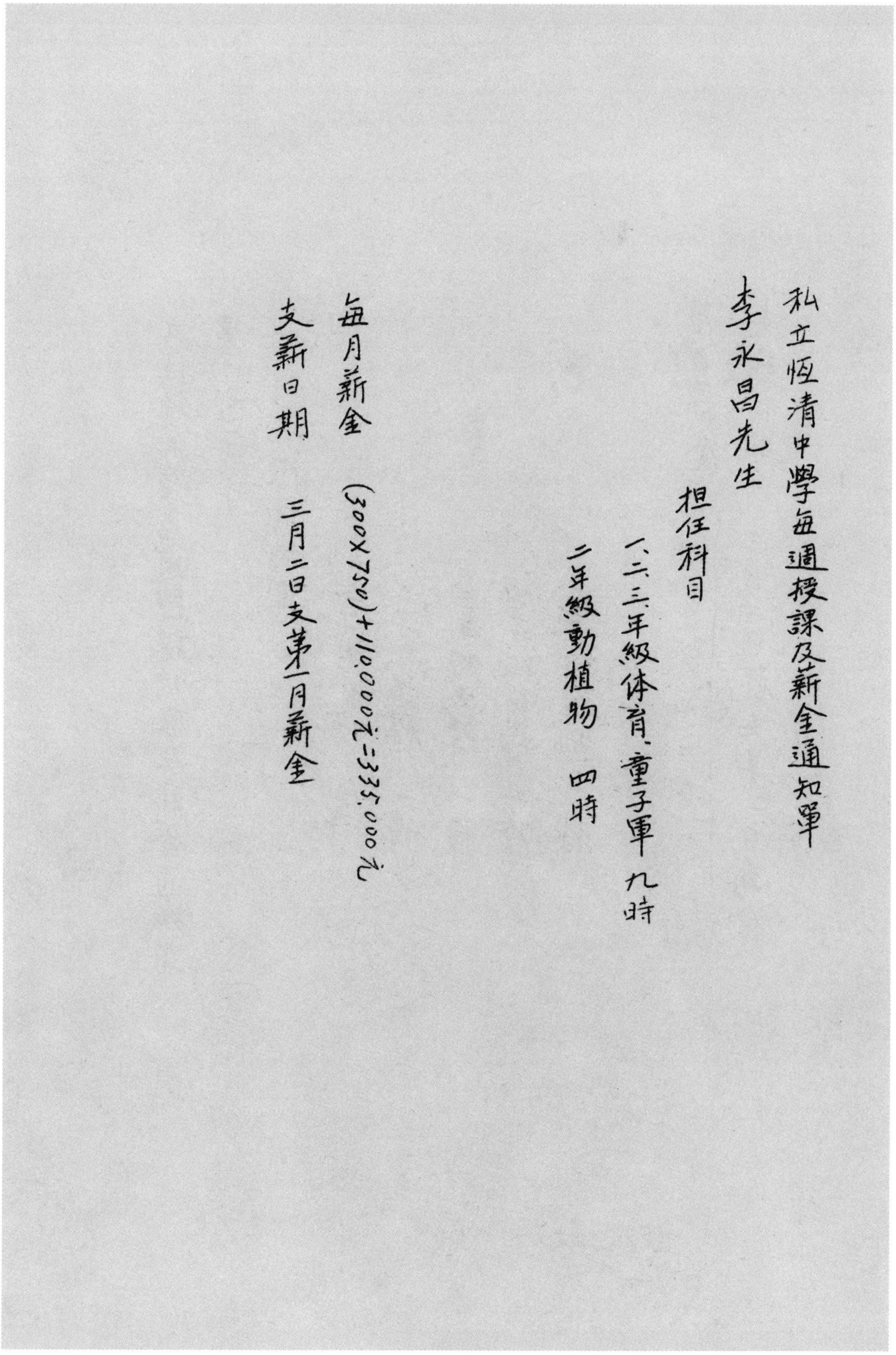

私立恆清中學每週授課及薪金通知單

李永昌先生

担任科目　一、二、三年級体育、童子軍　九時
　　　　　二年級動植物　四時

每月薪金　(300×750)+110000元=335,000元

支薪日期　三月二日支第一月薪金

图 3-5-2　私立恒清中学每周授课及薪金通知单（一）

私立恆清中學每週授課時數及薪金通知單

相里子方先生

擔任科目

一年級生理 一時
二年級生理 一時
三年級生理 一時
一年級動物 二時
一年級植物 二時

每月薪金 $[(300 \times 750) + 110,000] \times 7 =$

支薪日期 三月二日起支第一月薪金

图 3-5-2　私立恒清中学每周授课及薪金通知单（二）

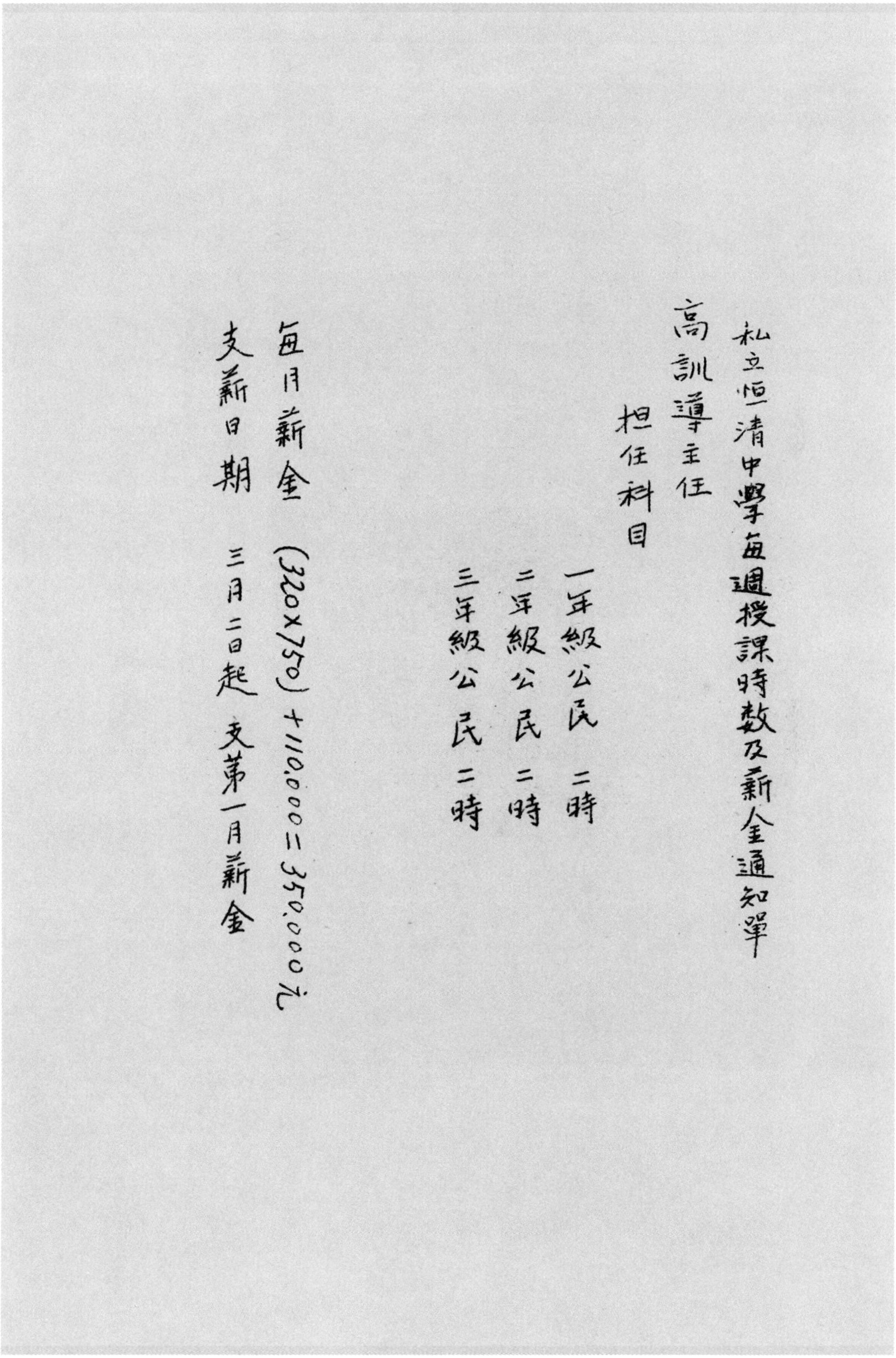

私立恒清中学每週授課時数及薪金通知單

高訓導主任

担任科目

一年級公民 二時
二年級公民 二時
三年級公民 二時

每月薪金 (320×750)＋110,000＝350,000元

支薪日期 三月二日起 支第一月薪金

图 3-5-2 私立恒清中学每周授课及薪金通知单（三）

私立恒清中学每週授課及薪金通知單

高一峯先生

担任科目

一年級美術 二時
二年級美術 二時
三年級美術 二時

每月薪金 {(300×750)+110,000}×6

支薪日期 三月二日支第一月薪金

图 3-5-2 私立恒清中学每周授课及薪金通知单（四）

私立恒清中學每週授課時數及薪金通知單

趙萬容先生

擔任科目

一年級算術四時
二年級代數四時
三年級代數二時

每月薪金 [(300×750)+110,000]×10＝

支薪日期 三月二日起支第一月薪金

图 3-5-2 私立恒清中学每周授课及薪金通知单（五）

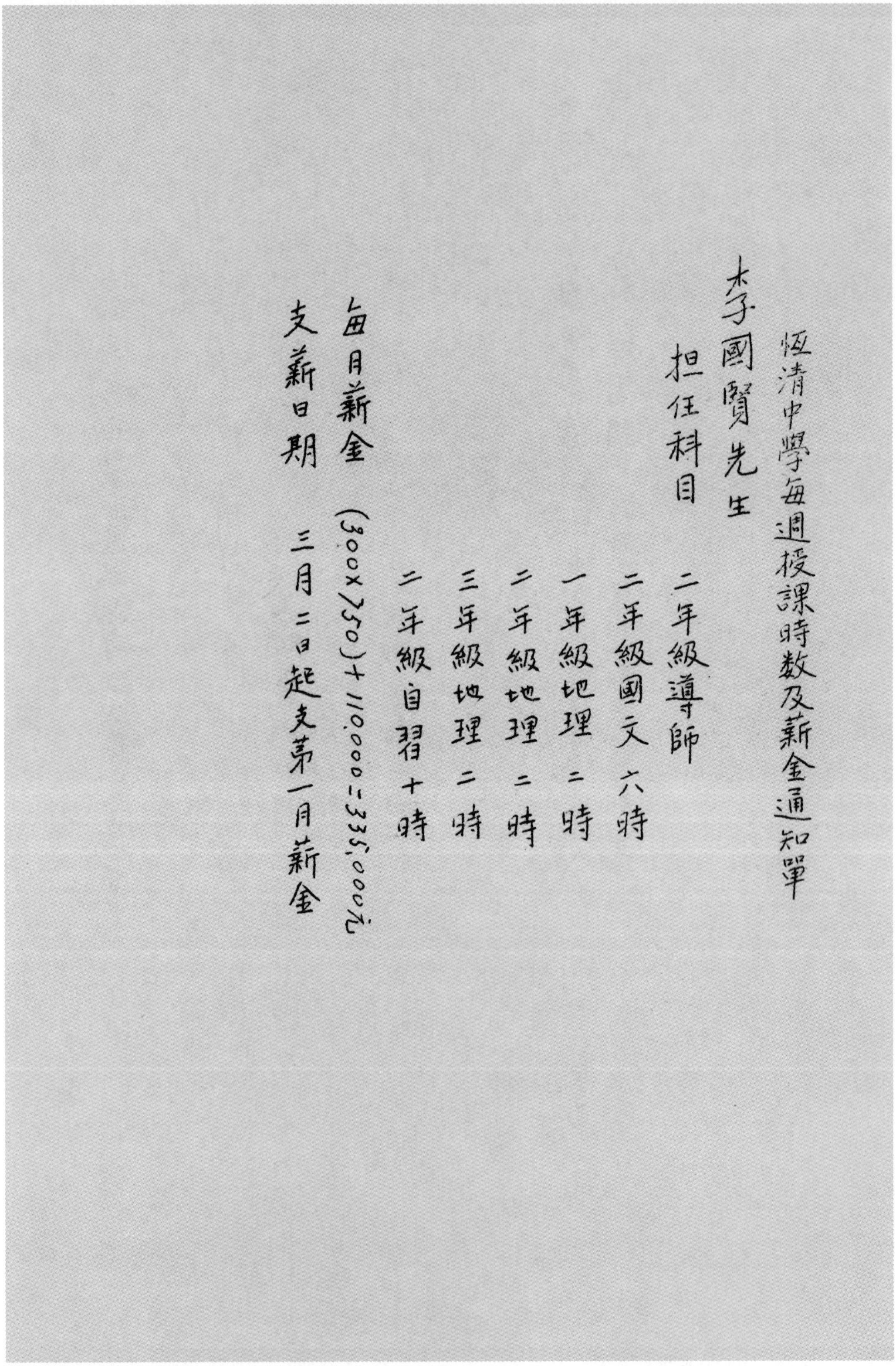

恒清中学每週授課時數及薪金通知單

李國賢先生

担任科目　二年級導師
　　　　　二年級國文六時
　　　　　一年級地理二時
　　　　　二年級地理二時
　　　　　三年級地理二時
　　　　　二年級自習十時

每月薪金　(300×750)+110,000=335,000元

支薪日期　三月三日起支第一月薪金

图 3-5-2　私立恒清中学每周授课及薪金通知单（六）

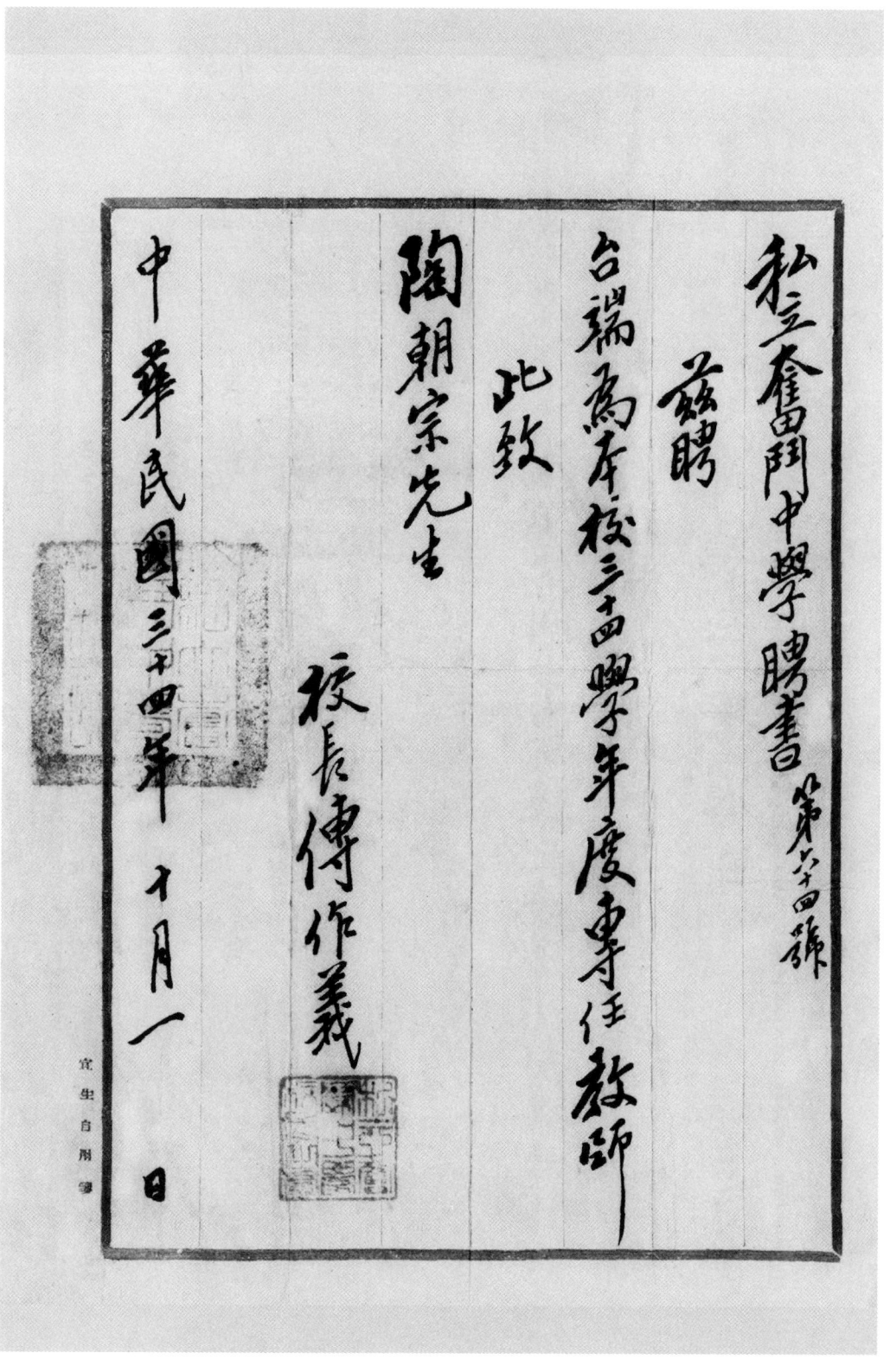

图 3-5-3　私立奋斗中学教师聘书（1945年10月1日—1947年8月1日）（一）

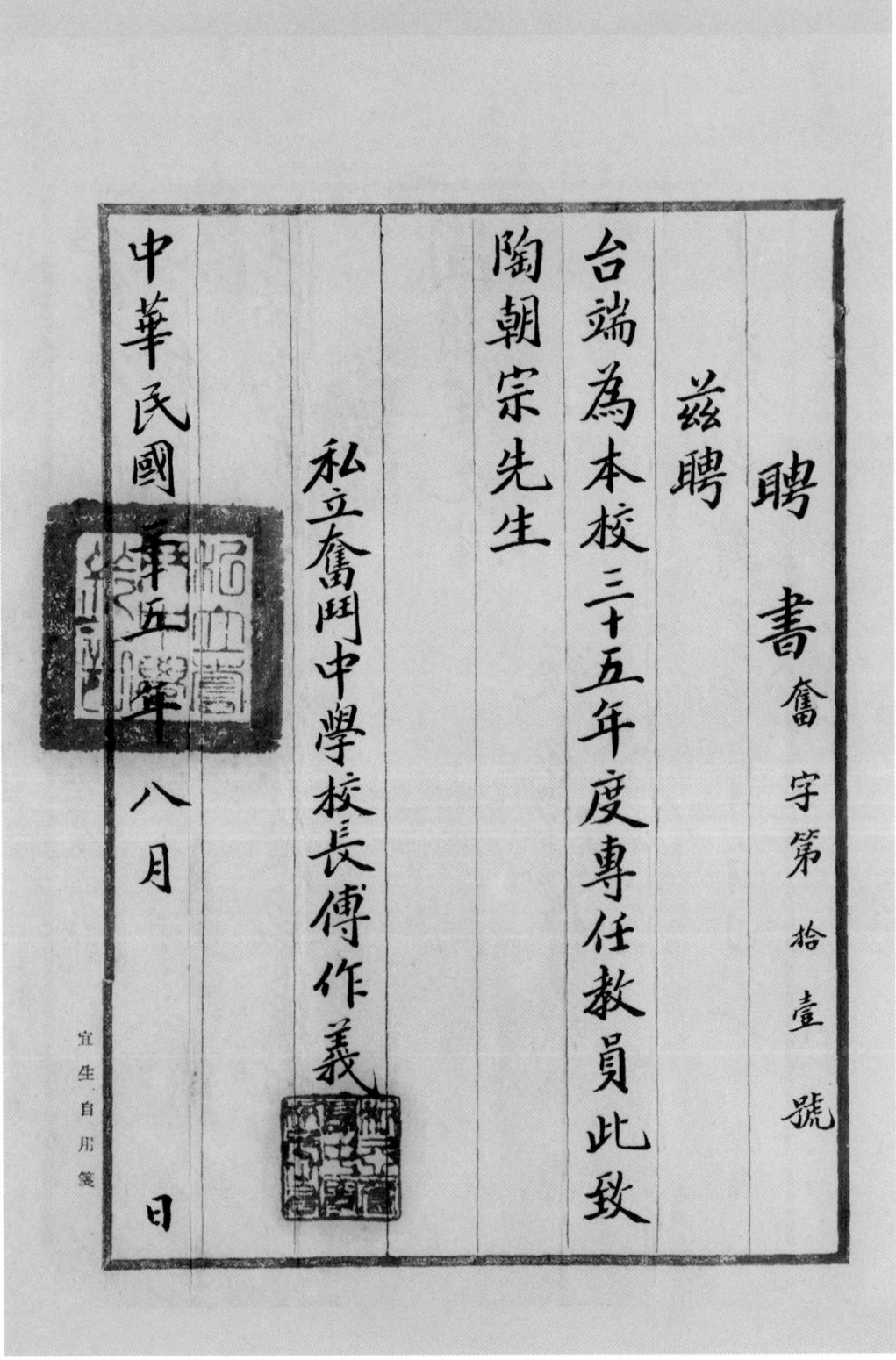

图 3-5-3 私立奋斗中学教师聘书（1945年10月1日—1947年8月1日）（二）

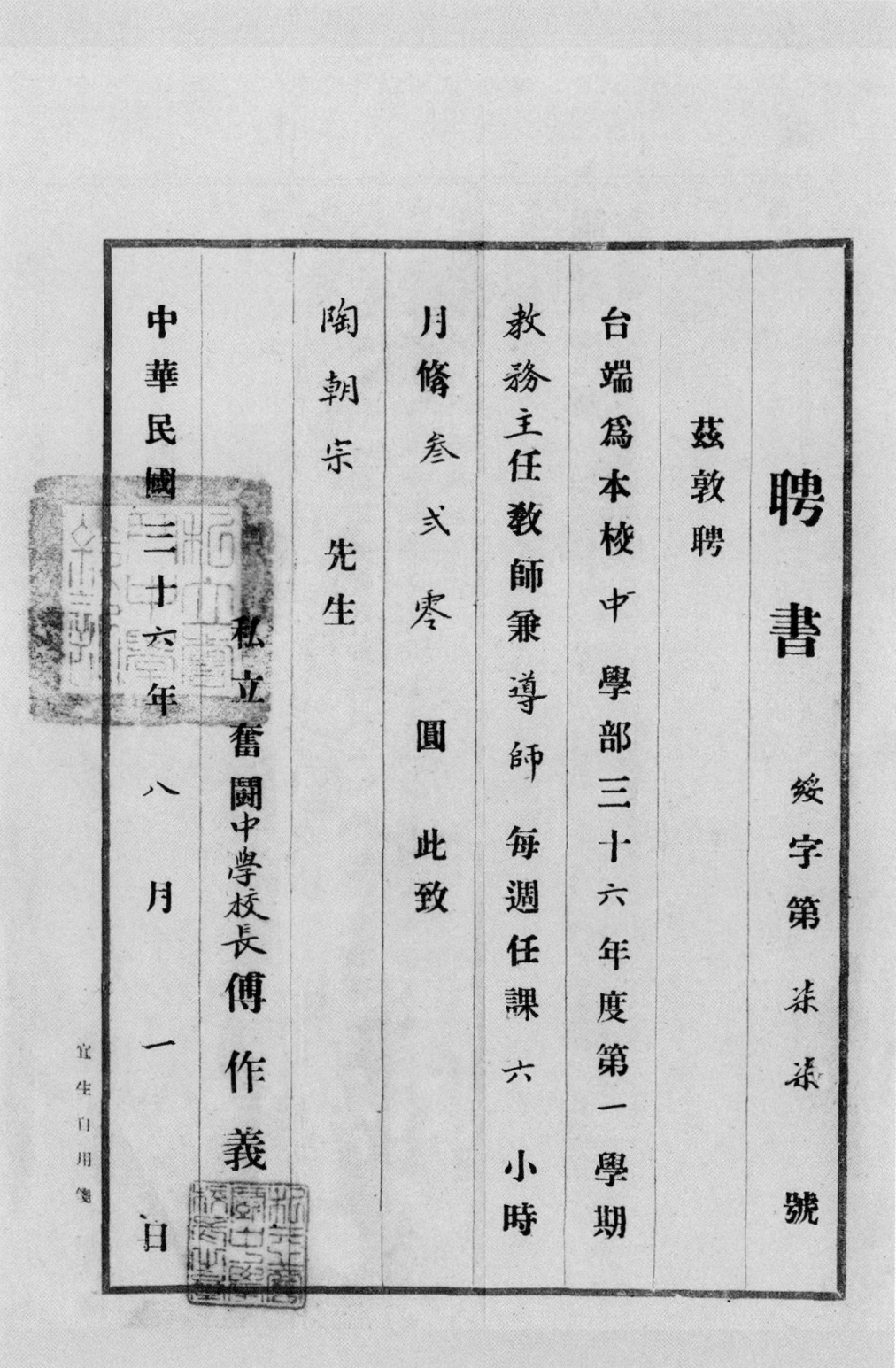

图 3-5-3　私立奋斗中学教师聘书（1945 年 10 月 1 日—1947 年 8 月 1 日）（三）

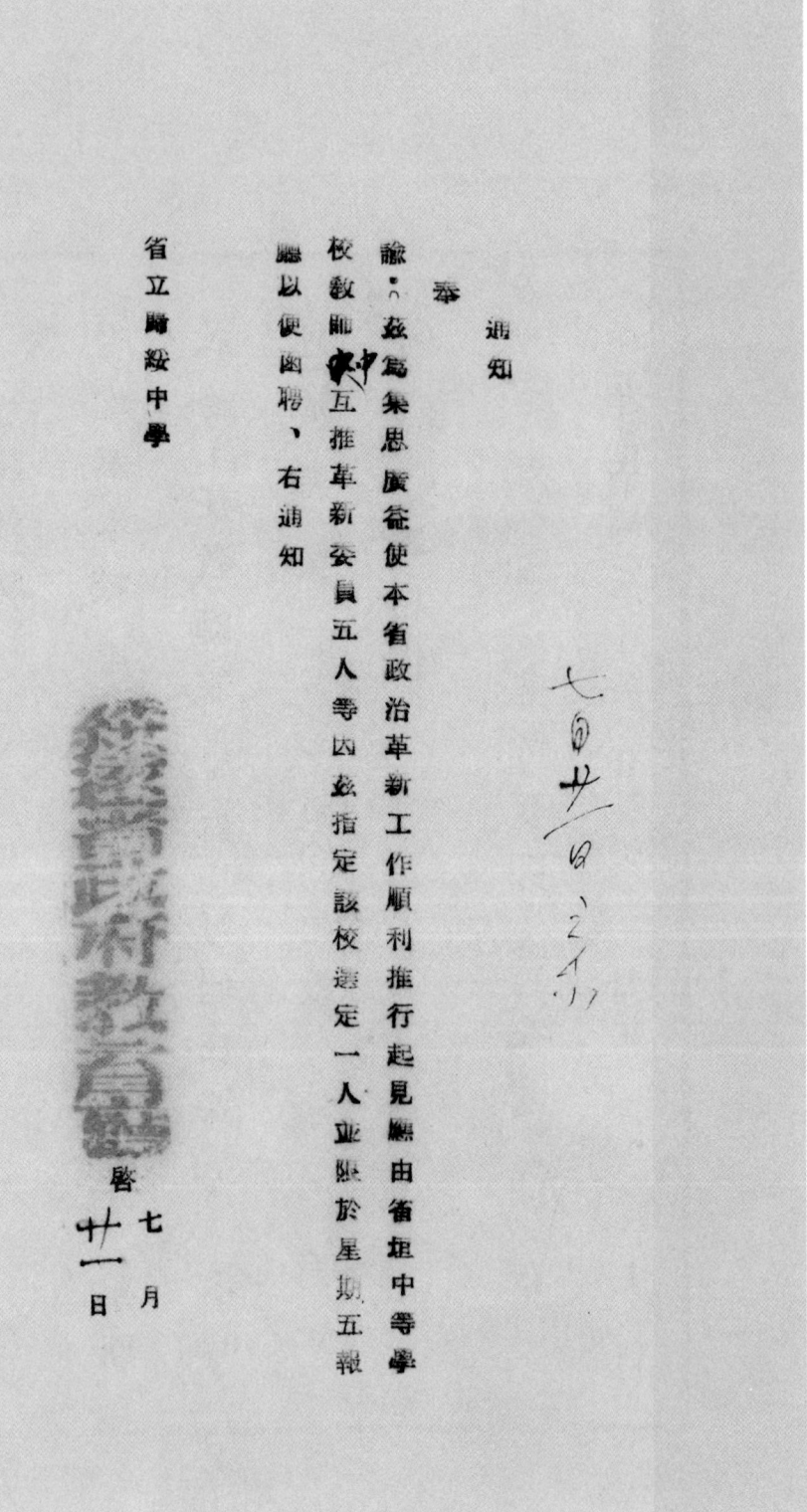

图 3-5-4 绥远省政府教育厅为推选革新委员给省立归绥中学的通知

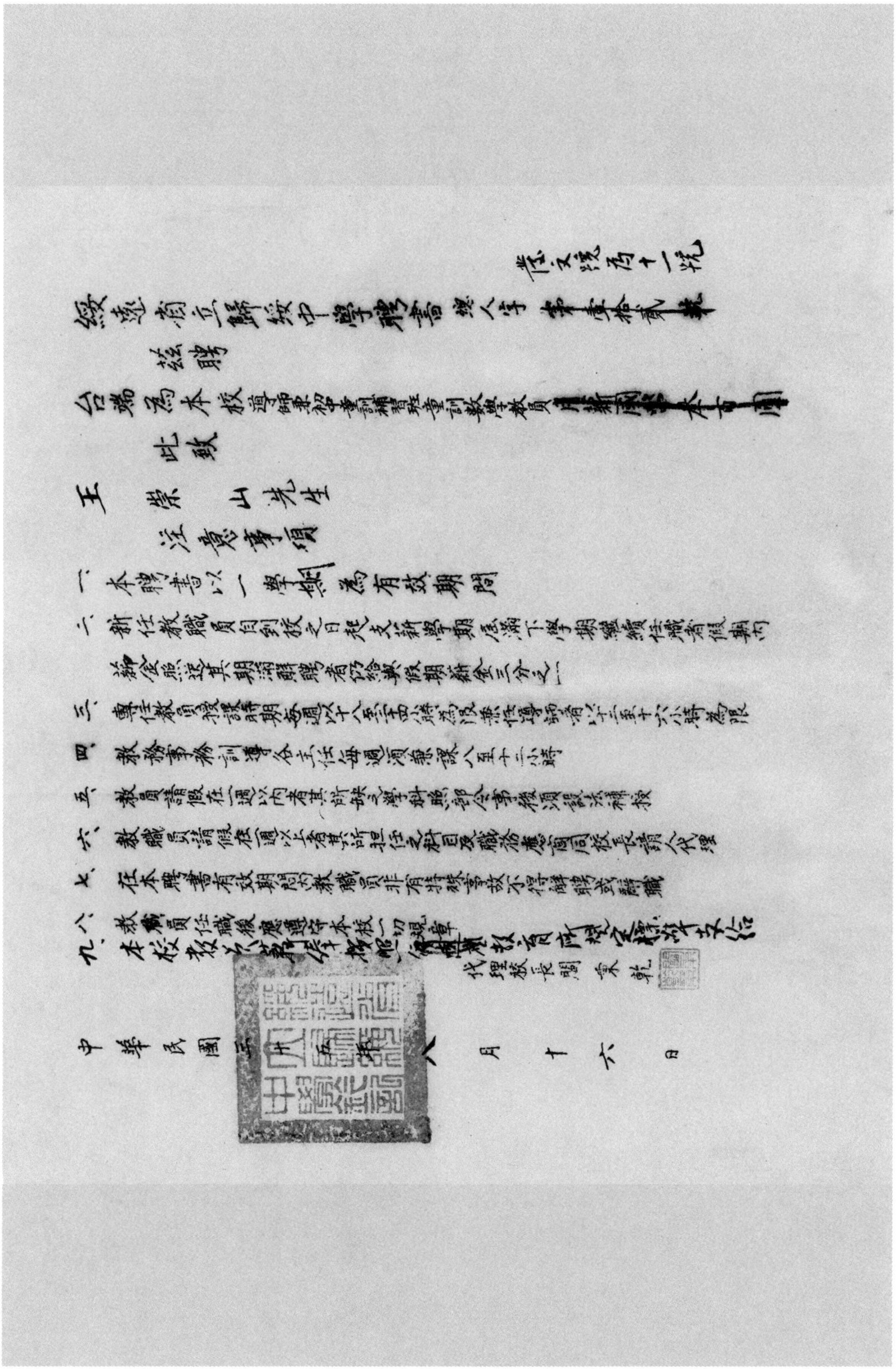
綏遠省立歸綏中學聘書

茲聘

台端為本校

此致

王崇山先生

注意事項

一、本聘書以一學期為有效期間

图 3-5-5　绥远省立归绥中学教员聘书（1946 年 8 月 16 日）

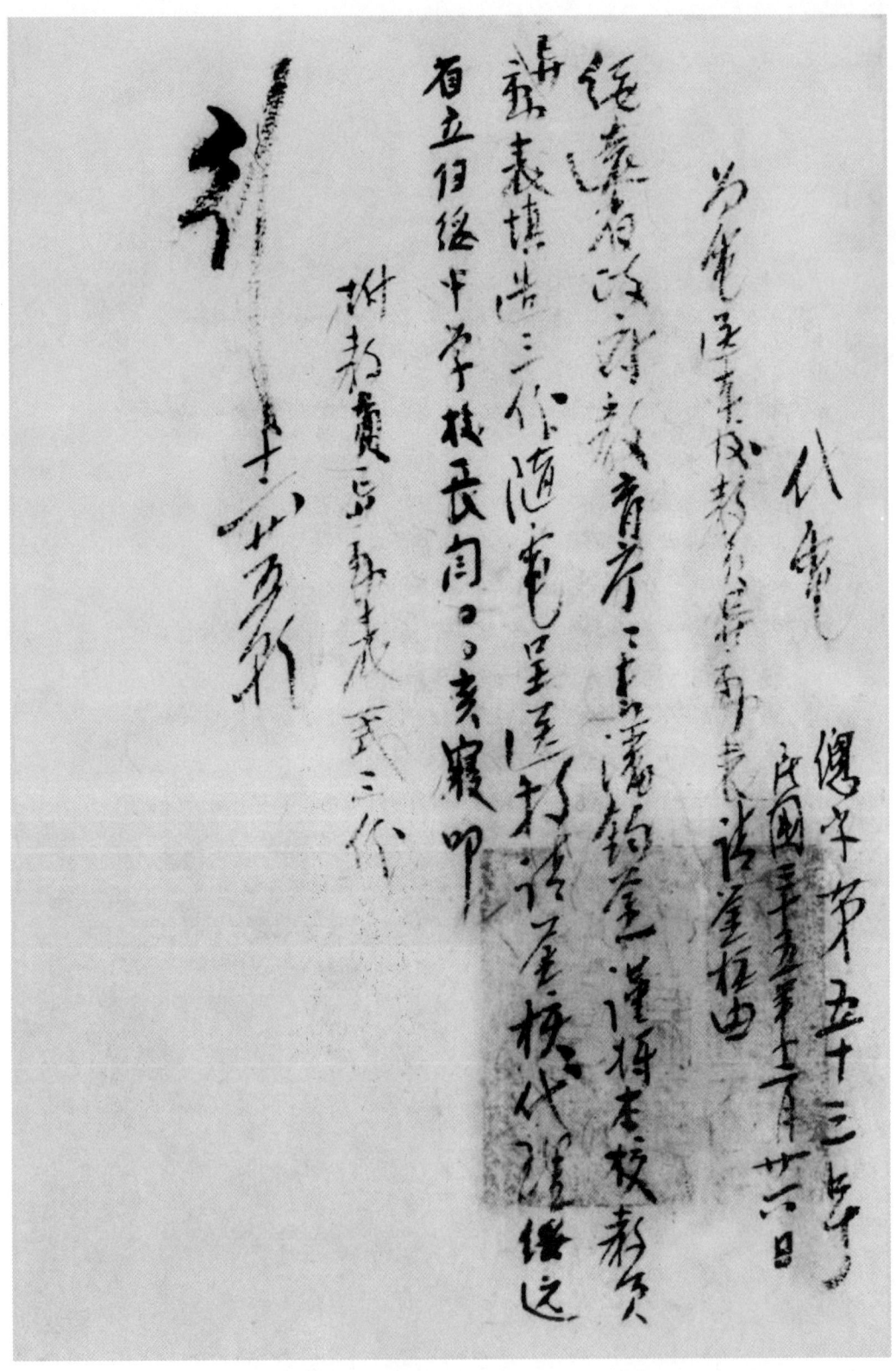

图 3-5-6 绥远省立归绥中学为呈送教员异动表致绥远省政府代电（1946年12月26日）（一）

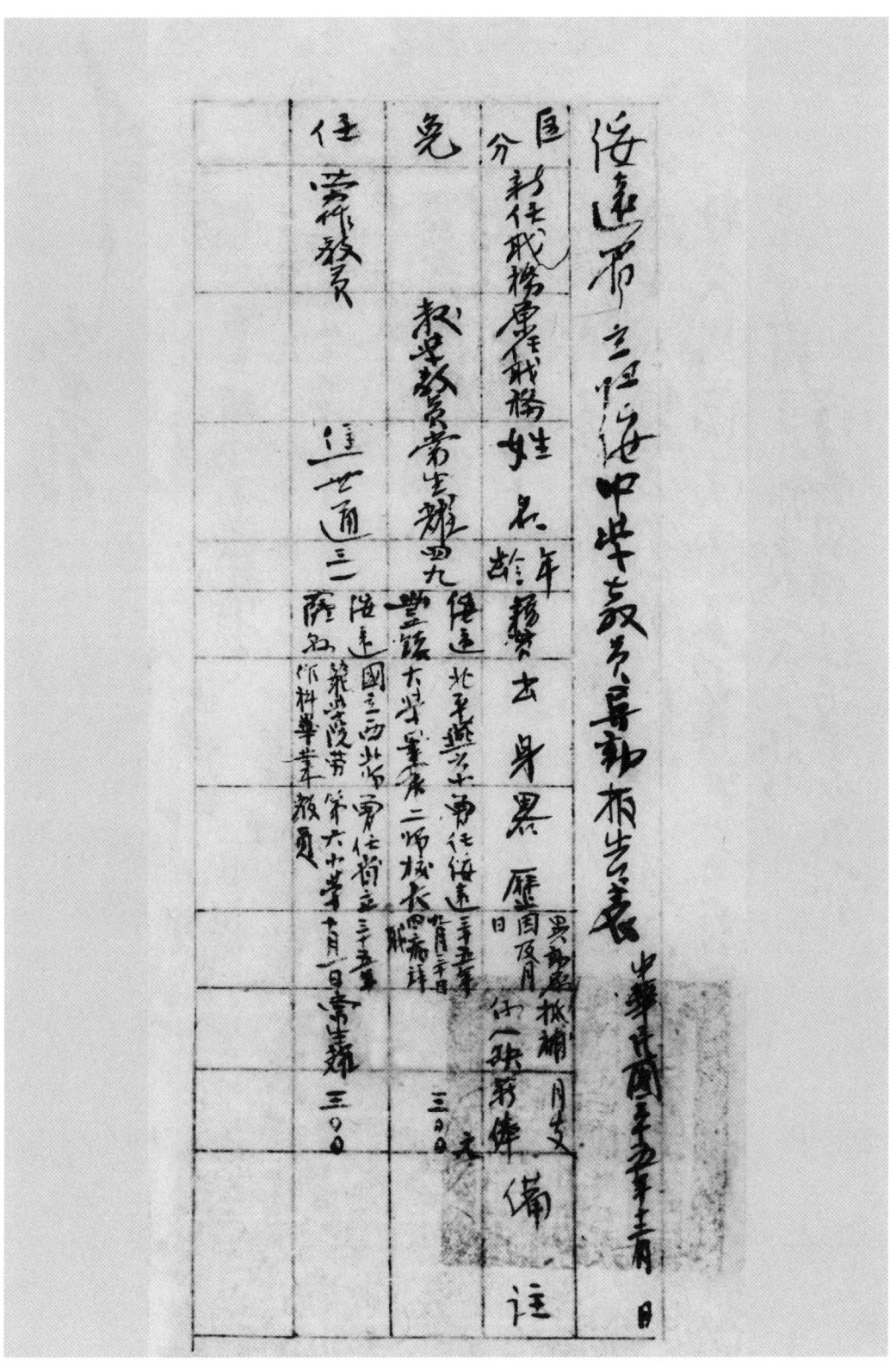

图 3-5-6 绥远省立归绥中学为呈送教员异动表致绥远省政府代电（1946 年 12 月 26 日）（二）

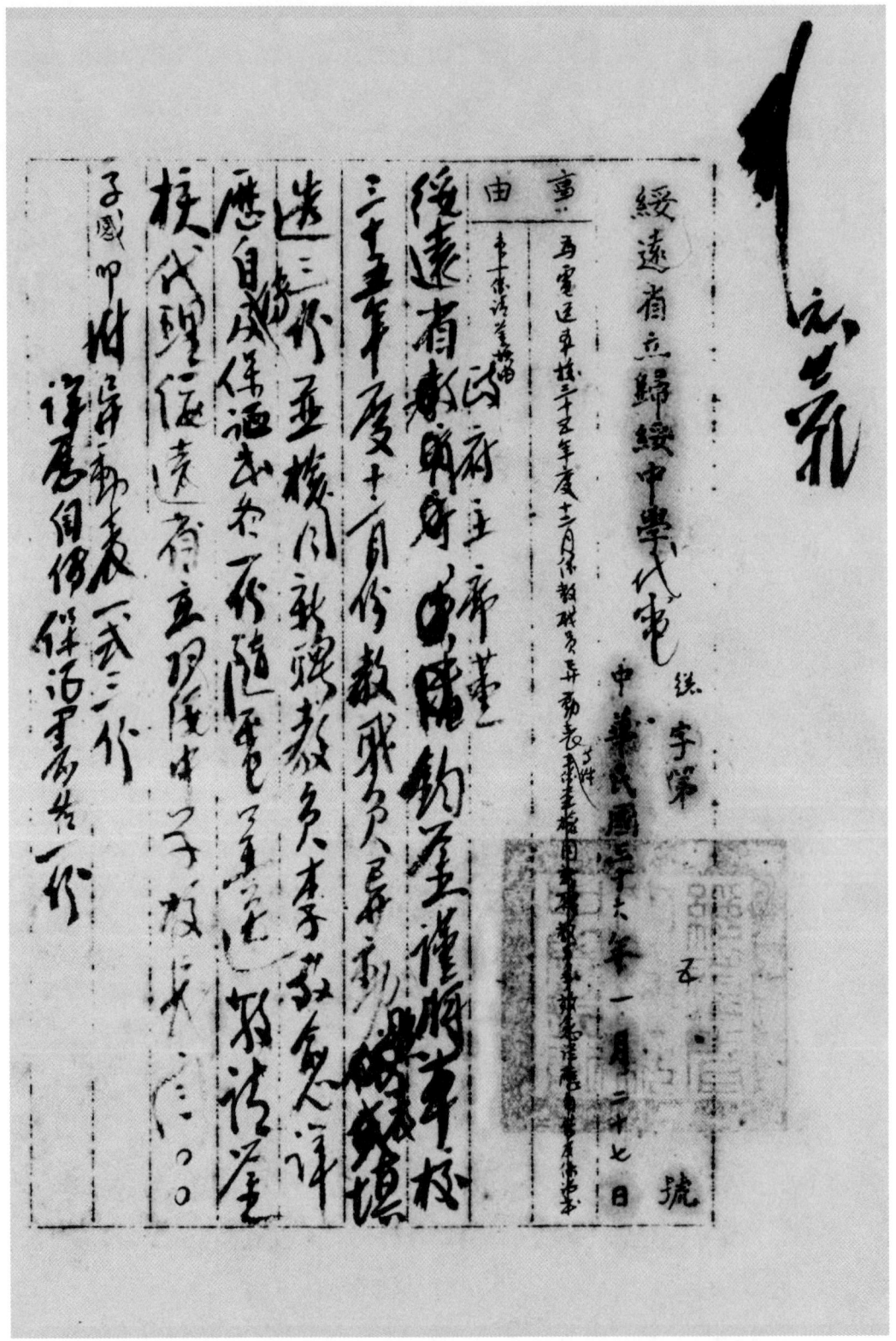

图 3-5-7 绥远省立归绥中学为呈送三十五年度十二月份教职员异动表等件致绥远省政府代电（附教职员异动报告表、保证书）（1947 年 1 月 27 日）（一）

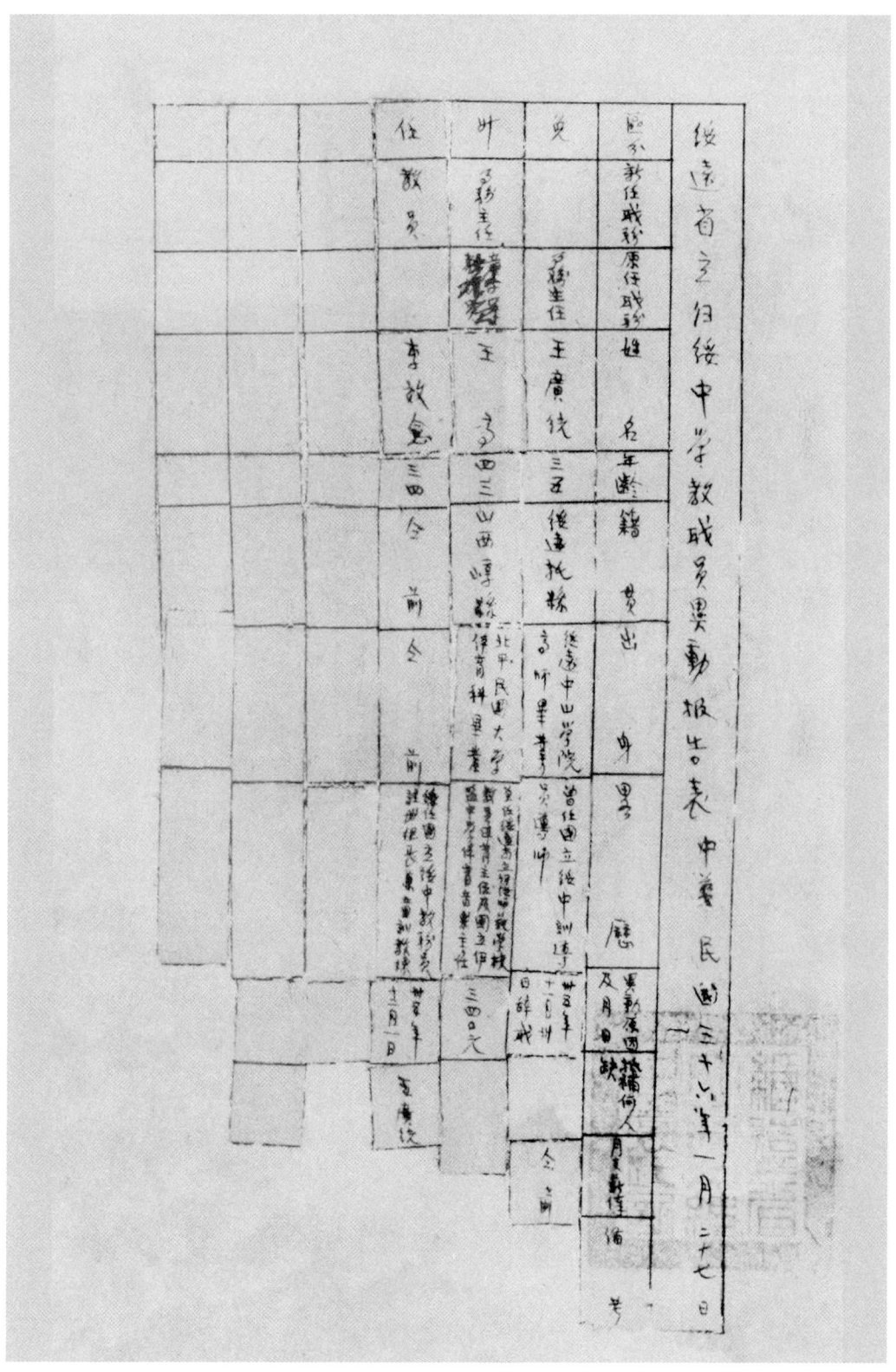

图 3-5-7 绥远省立归绥中学为呈送三十五年度十二月份教职员异动表等件致绥远省政府代电（附教职员异动报告表、保证书）（1947年1月27日）（二）

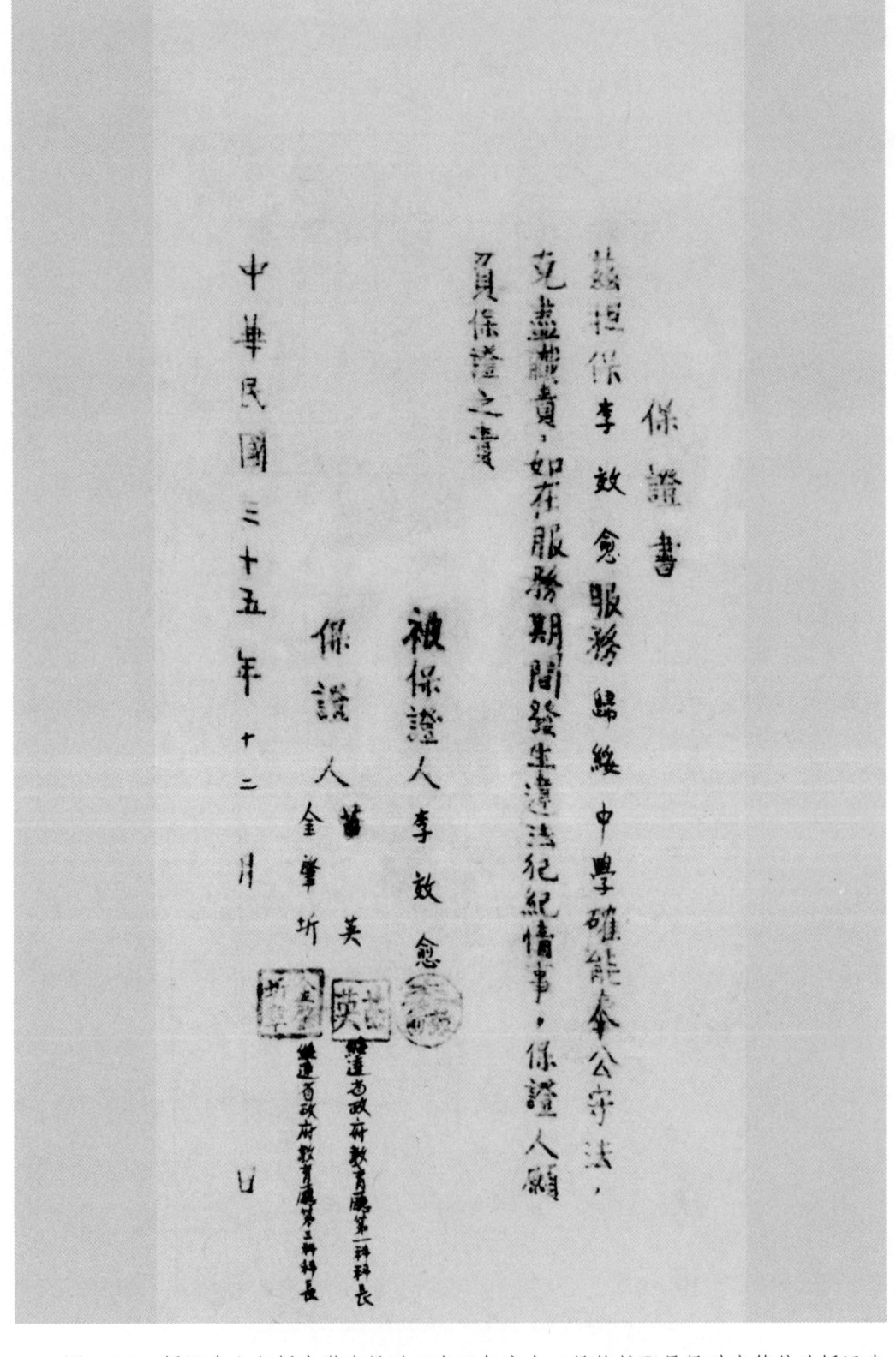

图 3-5-7 绥远省立归绥中学为呈送三十五年度十二月份教职员异动表等件致绥远省政府代电（附教职员异动报告表、保证书）（1947年1月27日）（三）

事由	批示		附
為核示焦世通等二員任免由	擬辦		表一份

綏遠省政府 代電

歸綏中學三十五年亥寢總字第五十三號代電及附表均悉

茲將原表核定發還仰即遵照 綏遠省政府真戍印

印 柯培祥
校對 張國

收文40年卅六年二月十三日到

图 3-5-8 绥远省政府为核示焦世通等二员任免给归绥中学代电（1947年2月6日）（一）

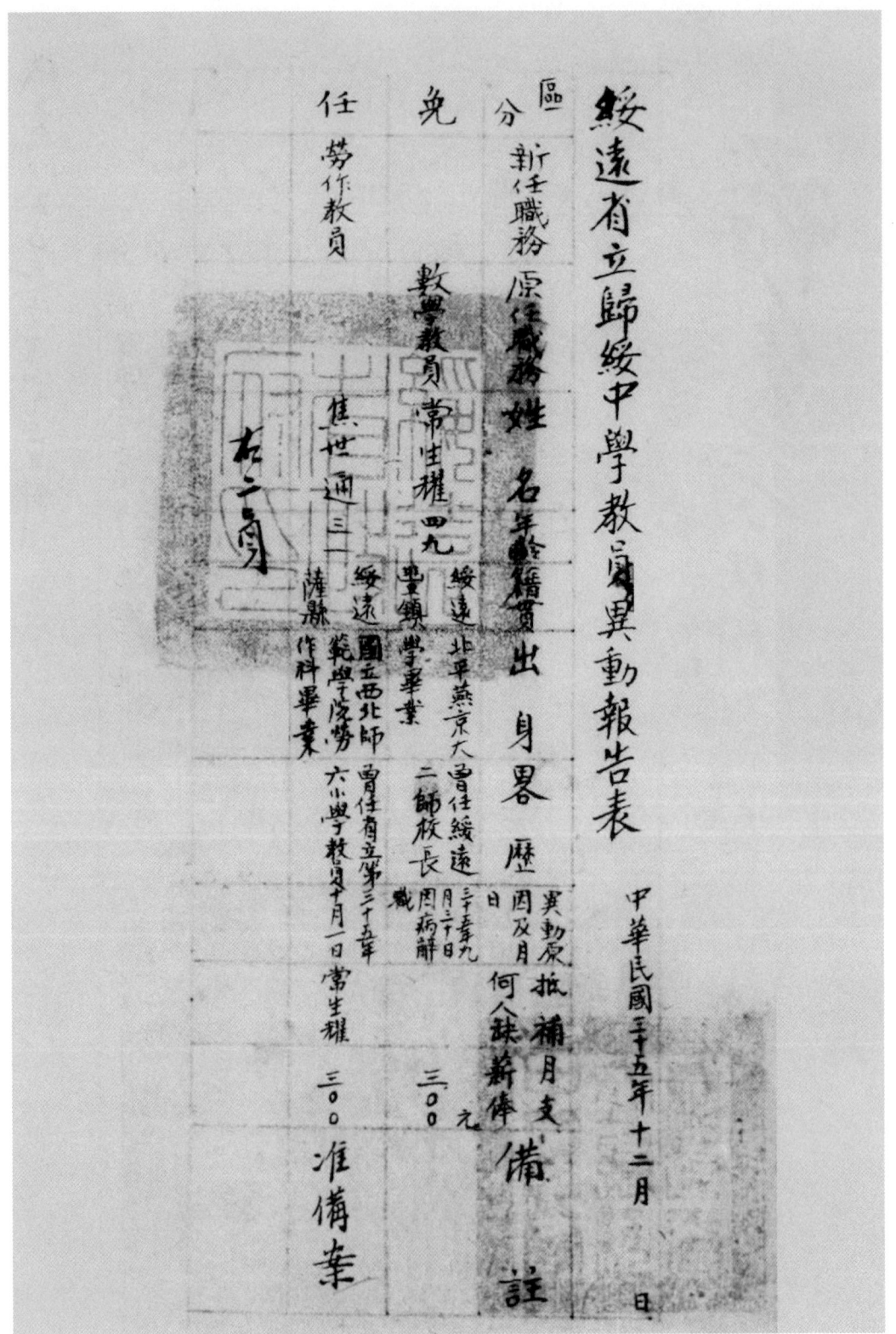

图 3-5-8　绥远省政府为核示焦世通等二员任免给归绥中学代电（1947年2月6日）（二）

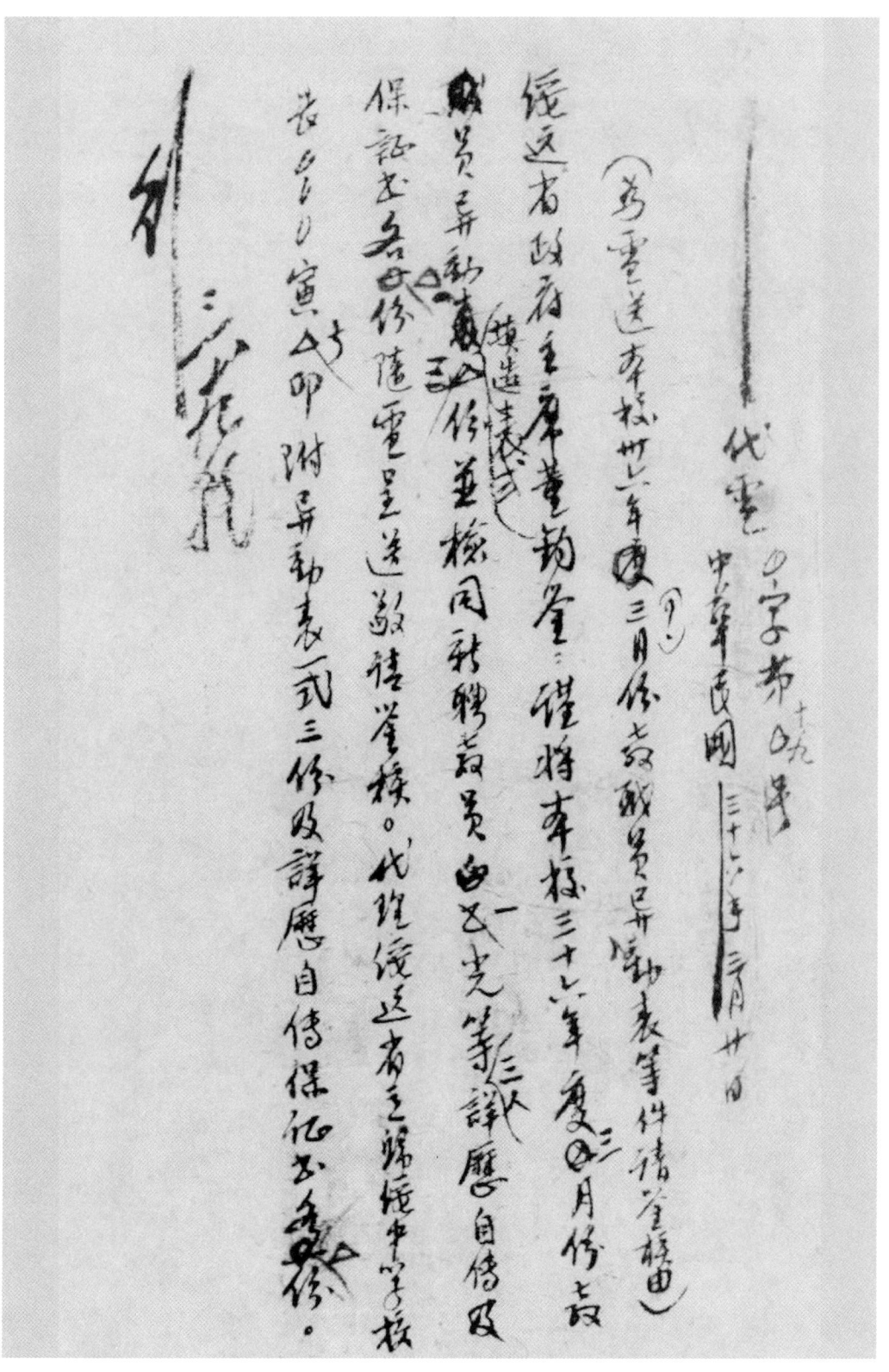

图 3-5-9 绥远省立归绥中学为呈送三十六年三月份教职员异动表等致绥远省政府代电（附教职员异动报告表、保证书）（1947年3月20日）（一）

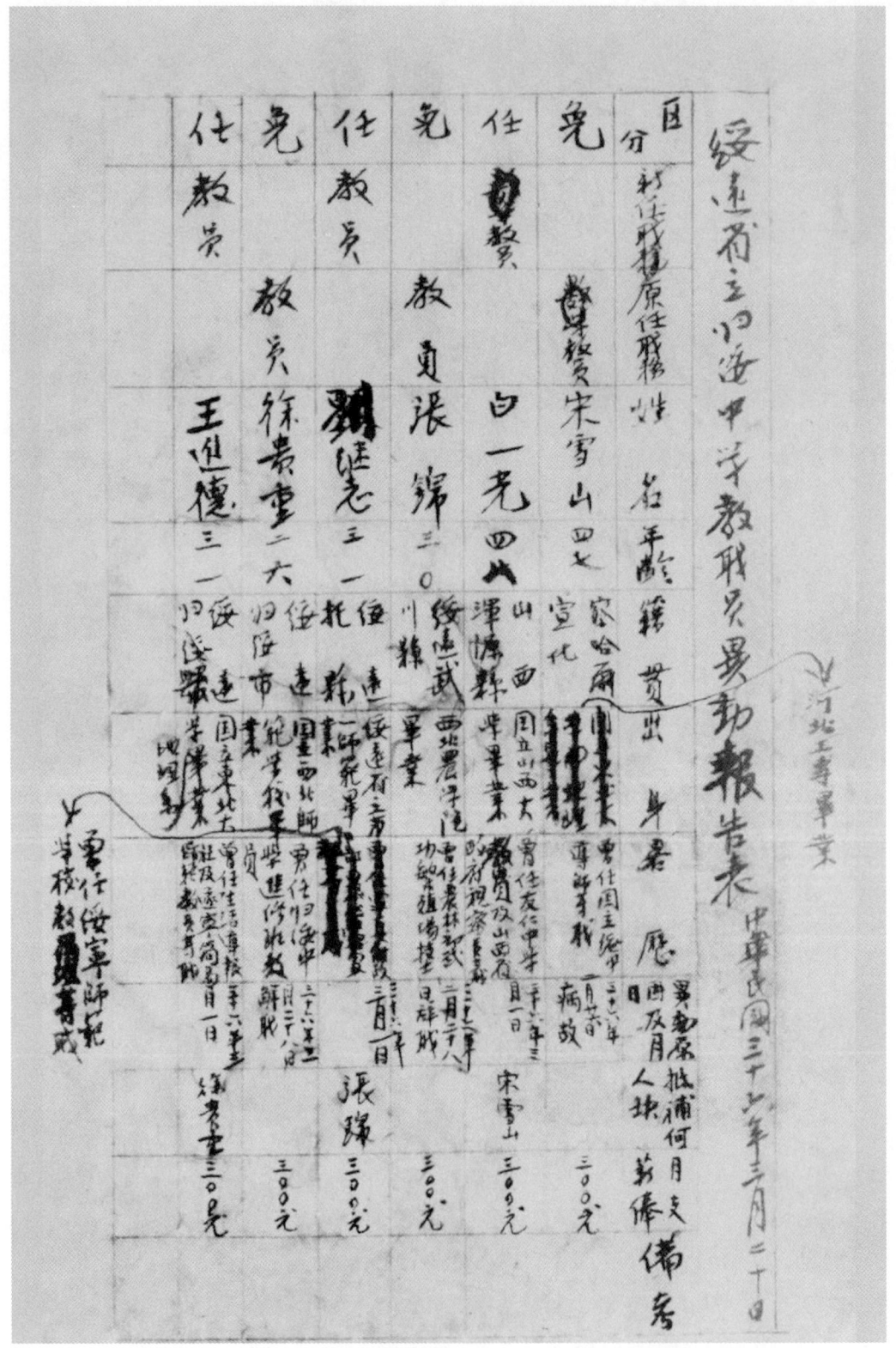

图 3-5-9 绥远省立归绥中学为呈送三十六年三月份教职员异动表等致绥远省政府代电（附教职员异动报告表、保证书）（1947 年 3 月 20 日）（二）

保証書

茲覰保白一光 服務歸綏中學校，確能奉公守法，克盡職責，如在服務期間發生違法犯紀情事，保證人願負保證之責

被保證人 白一光

保證人 善後救濟總署晉綏分署駐綏辦事處蔣佐股長 王運昌
第十二戰區軍法監部軍閧三時主任軍法官 牛紀綱

中華民國三十五年　月　日

图 3-5-9　绥远省立归绥中学为呈送三十六年三月份教职员异动表等致绥远省政府代电（附教职员异动报告表、保证书）（1947 年 3 月 20 日）（三）

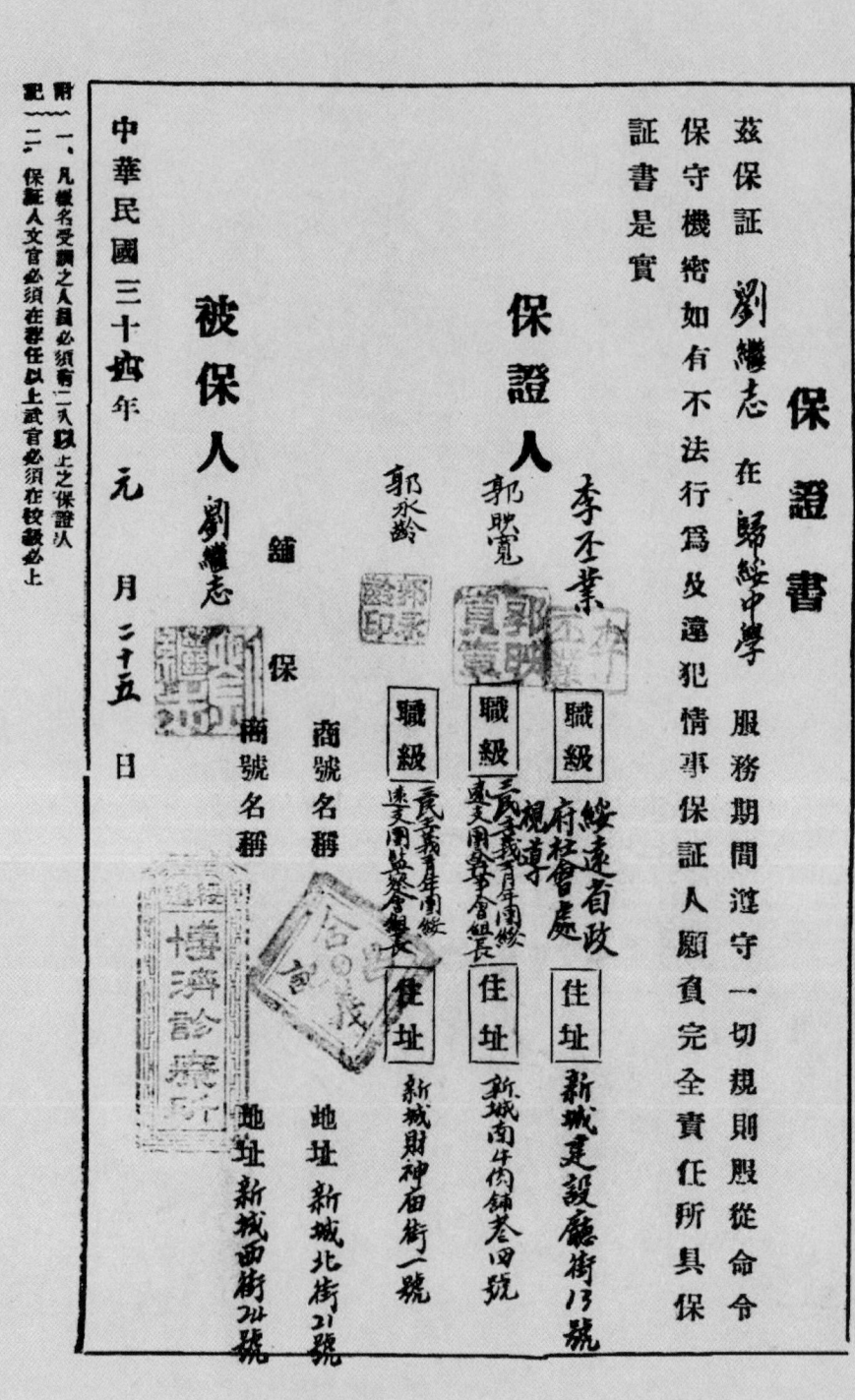

图 3-5-9 绥远省立归绥中学为呈送三十六年三月份教职员异动表等致绥远省政府代电（附教职员异动报告表、保证书）（1947年3月20日）（四）

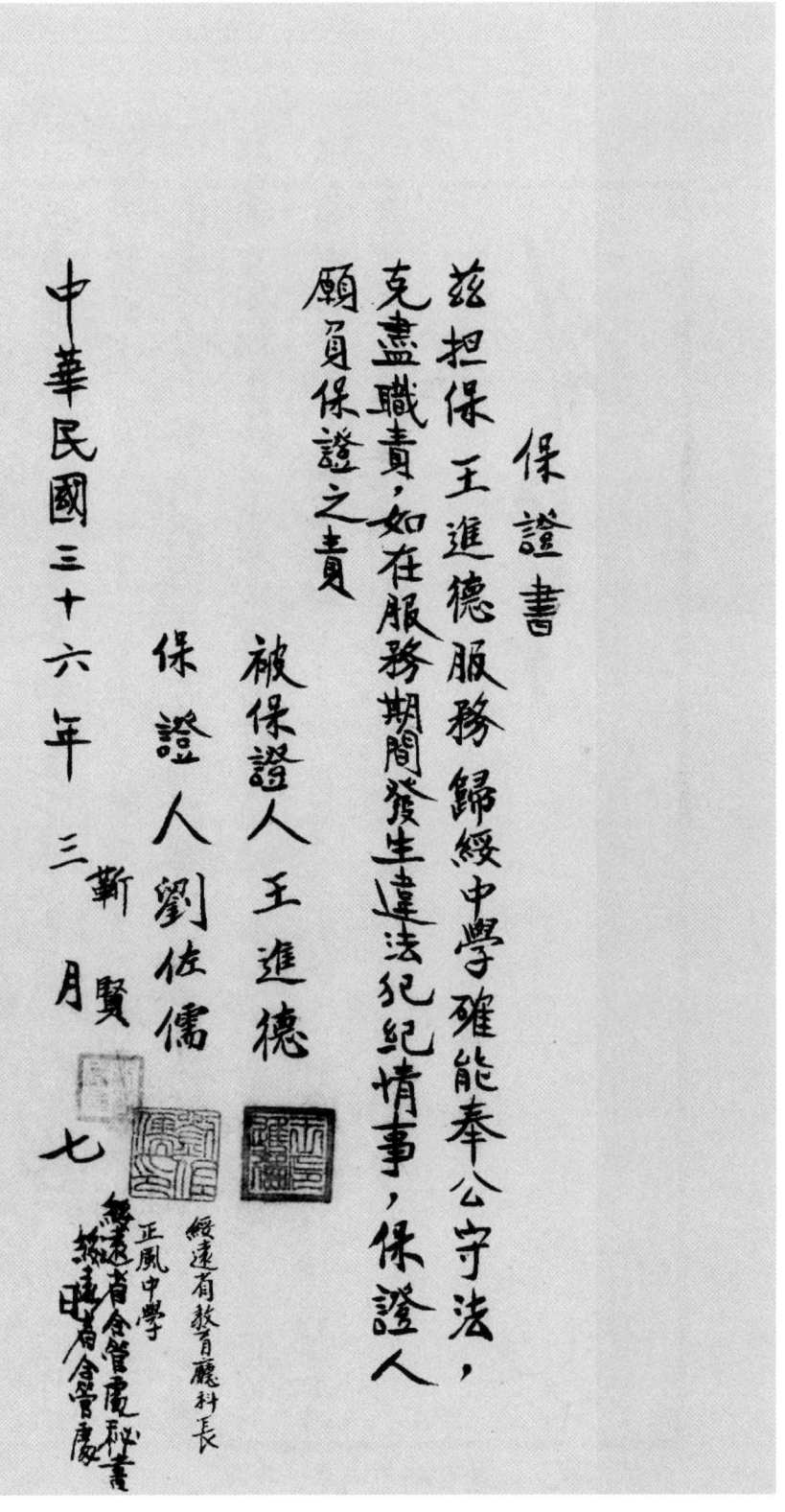

图 3-5-9 绥远省立归绥中学为呈送三十六年三月份教职员异动表等致绥远省政府代电（附教职员异动报告表、保证书）（1947年3月20日）（五）

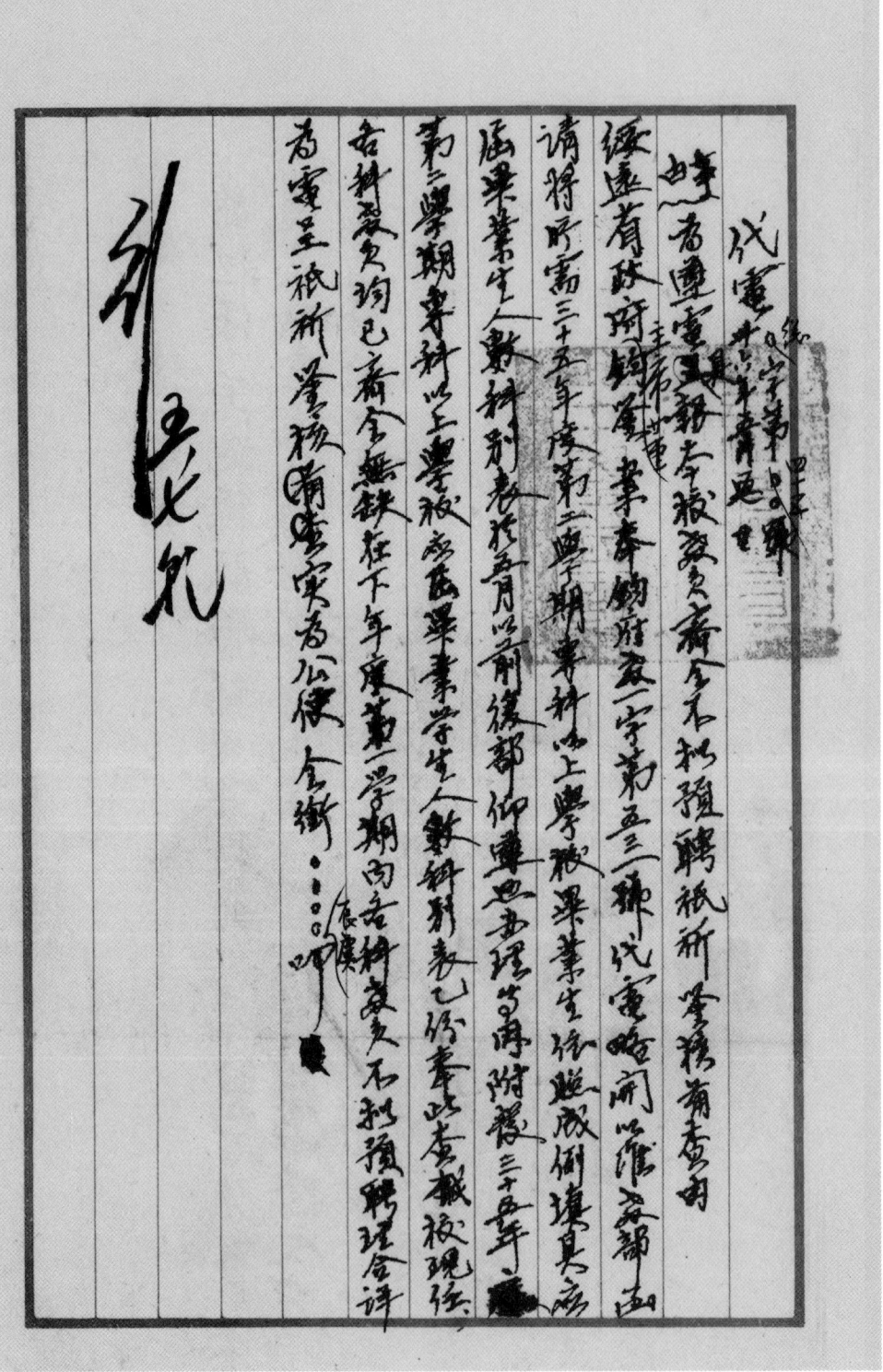

图 3-5-10　绥远省立归绥中学为遵电具报教员齐全不拟预聘致绥远省政府代电（1947年5月7日）

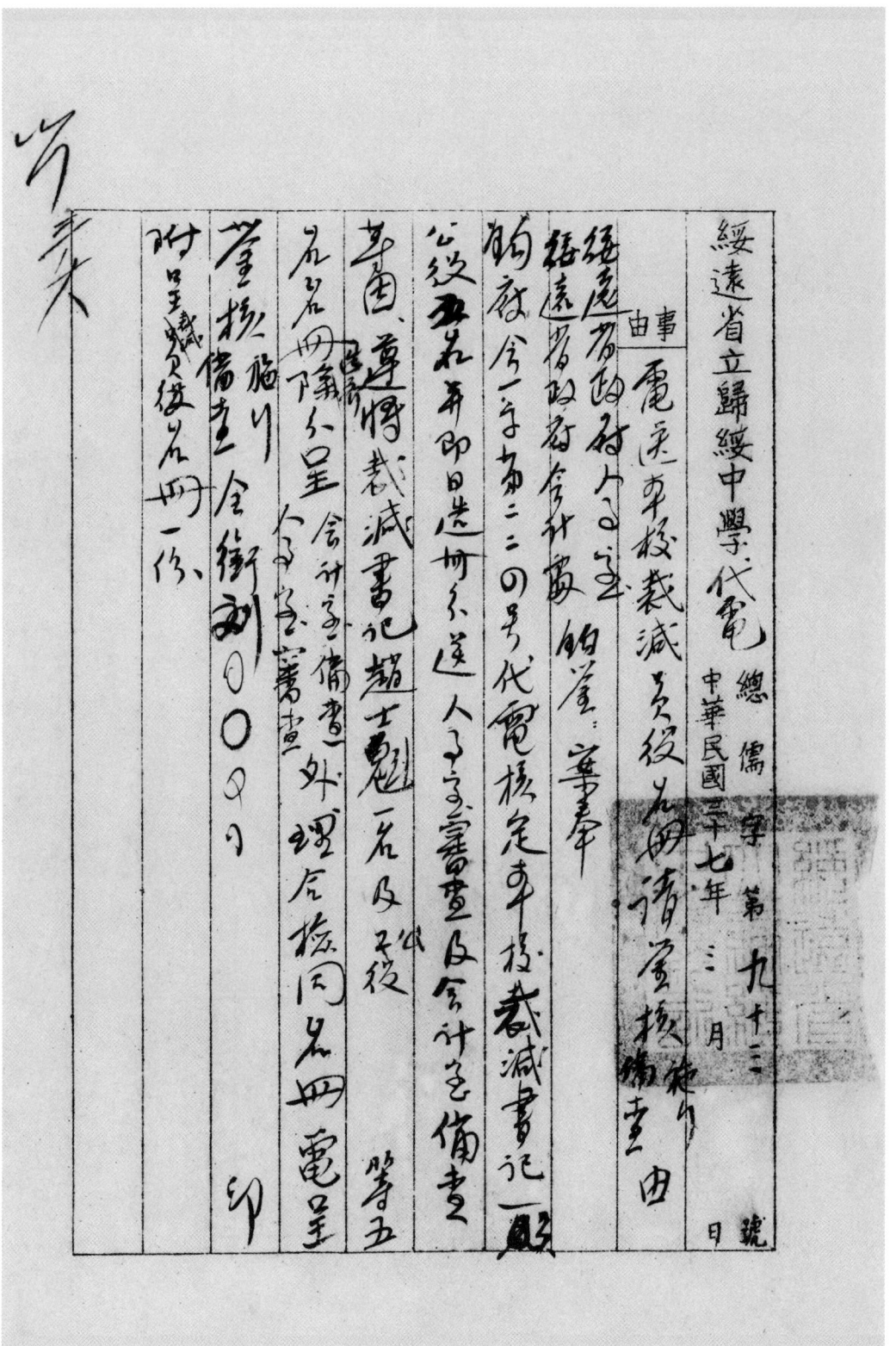

图 3-5-11　绥远省立归绥中学为呈送裁减员役名册致绥远省政府代电（1948年3月）

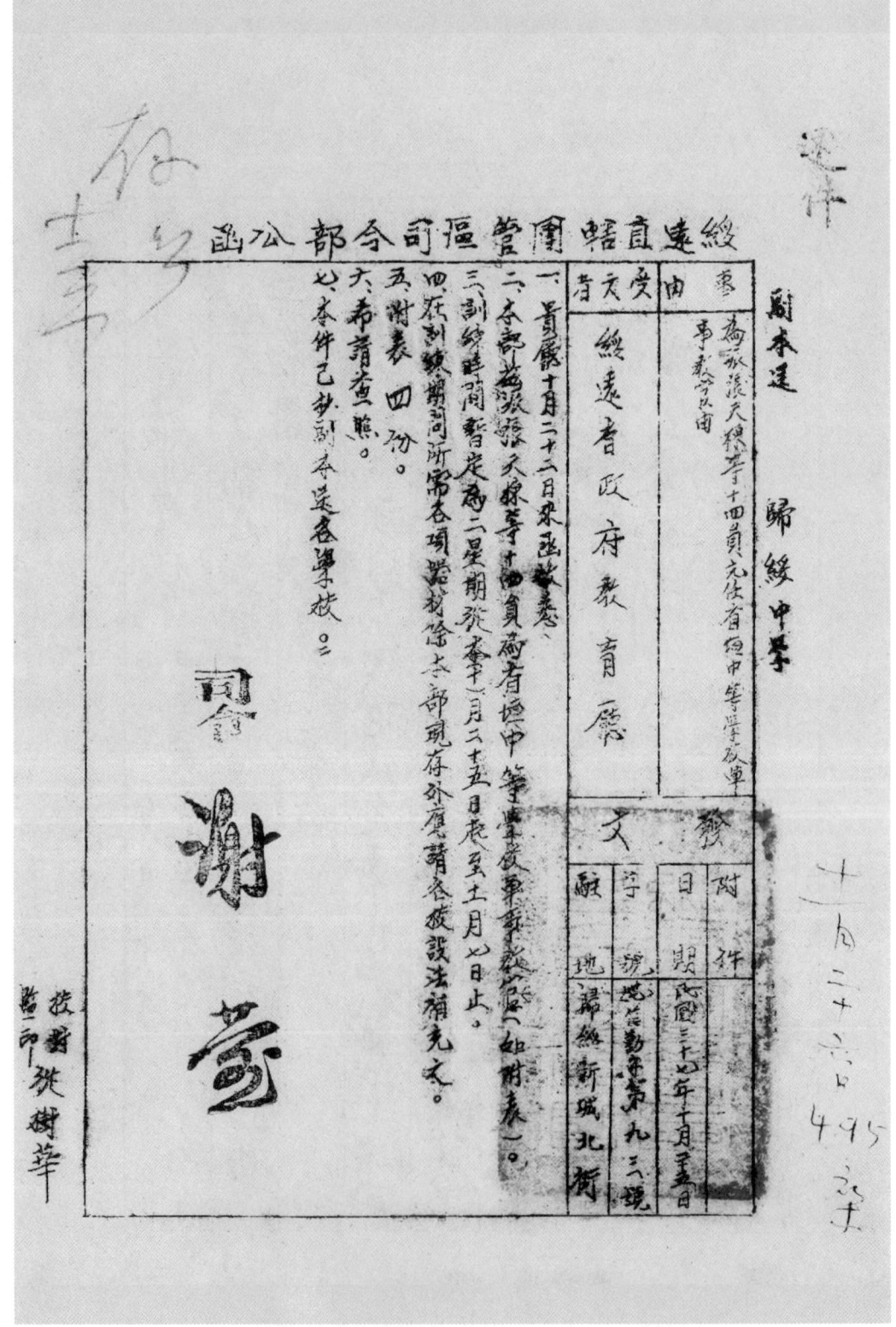

图 3-5-12　绥远直辖团管区司令部为派张天栋等十四员充任省垣中等学校军事教官致绥远省政府公函（1948年10月25日）（一）

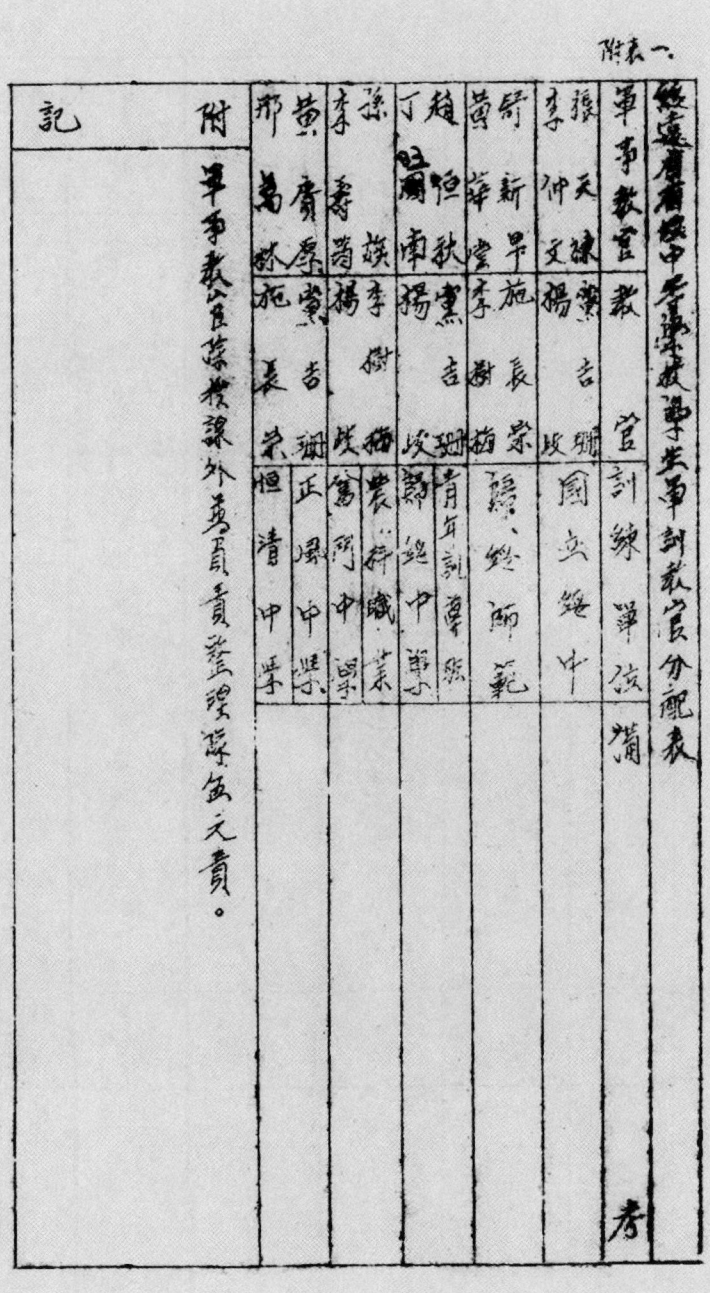

图 3-5-12 绥远直辖团管区司令部为派张天栋等十四员充任省垣中等学校军事教官致绥远省政府公函（1948年10月25日）（二）

總素省省垣中等學校學生軍訓學術科基準表					
課目	射擊	救護常識	擔架輸送	戰鬥	總計
1.步槍之瞄準及請示其各種瞄準之要領、2.出槍之姿勢及請示其各種瞄準之要領、3.手榴彈之姿勢及請示其各種投擲法、		1.護病傷患之急救法及其交換繃帶法、	1.擔架戰鬥兵行車小舟船之操作法、	1.蘆葦樹叢偽裝要領、3.目察搜索地形地物之判別、	
8	4	6	6	24	

图 3-5-12　绥远直辖团管区司令部为派张天栋等十四员充任省垣中等学校军事教官致绥远省政府公函（1948年10月25日）（三）

三、绥远省省垣中等学校军火八案训时间地址分配表

组别	班生及名称	领时间受训地点备攷
一	国立绥中 二〇〇	上午八时三十分至十时 黄庙
二	归绥师范 二一〇	上午十时三十分至十二时 黄庙 归绥师范
三	归绥中学 一三	下午二时至四时 黄高城归绥中学
三	农科职业 八一	下午二时至四时 黄高城归绥中学
四	鸶门中学 四六	下午四时三十分至六时 旧城路鸶门中学
五	正凤中学 五七	下午六时三十分至八时三十分 旧城正凤中学

图 3-5-12 绥远直辖团管区司令部为派张天栋等十四员充任省垣中等学校军事教官致绥远省政府公函（1948年10月25日）（四）

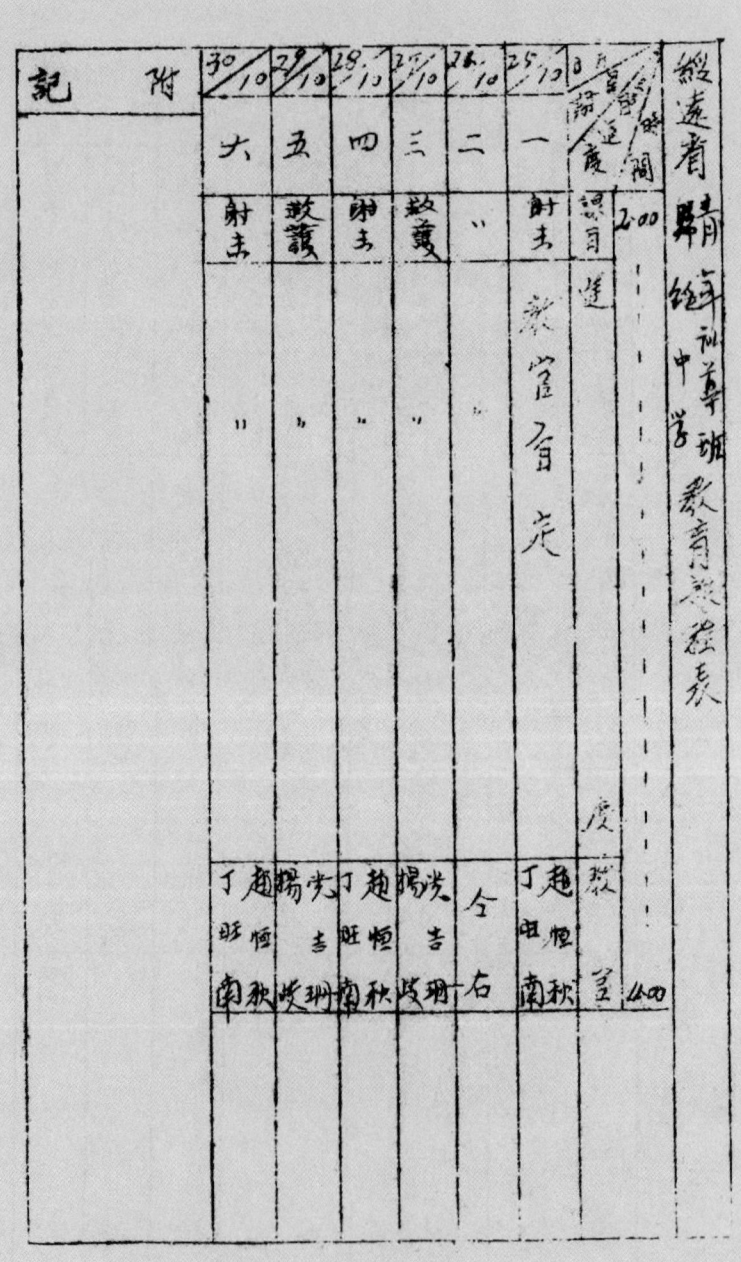

图 3-5-12 绥远直辖团管区司令部为派张天栋等十四员充任省垣中等学校军事教官致绥远省政府公函（1948年10月25日）（五）

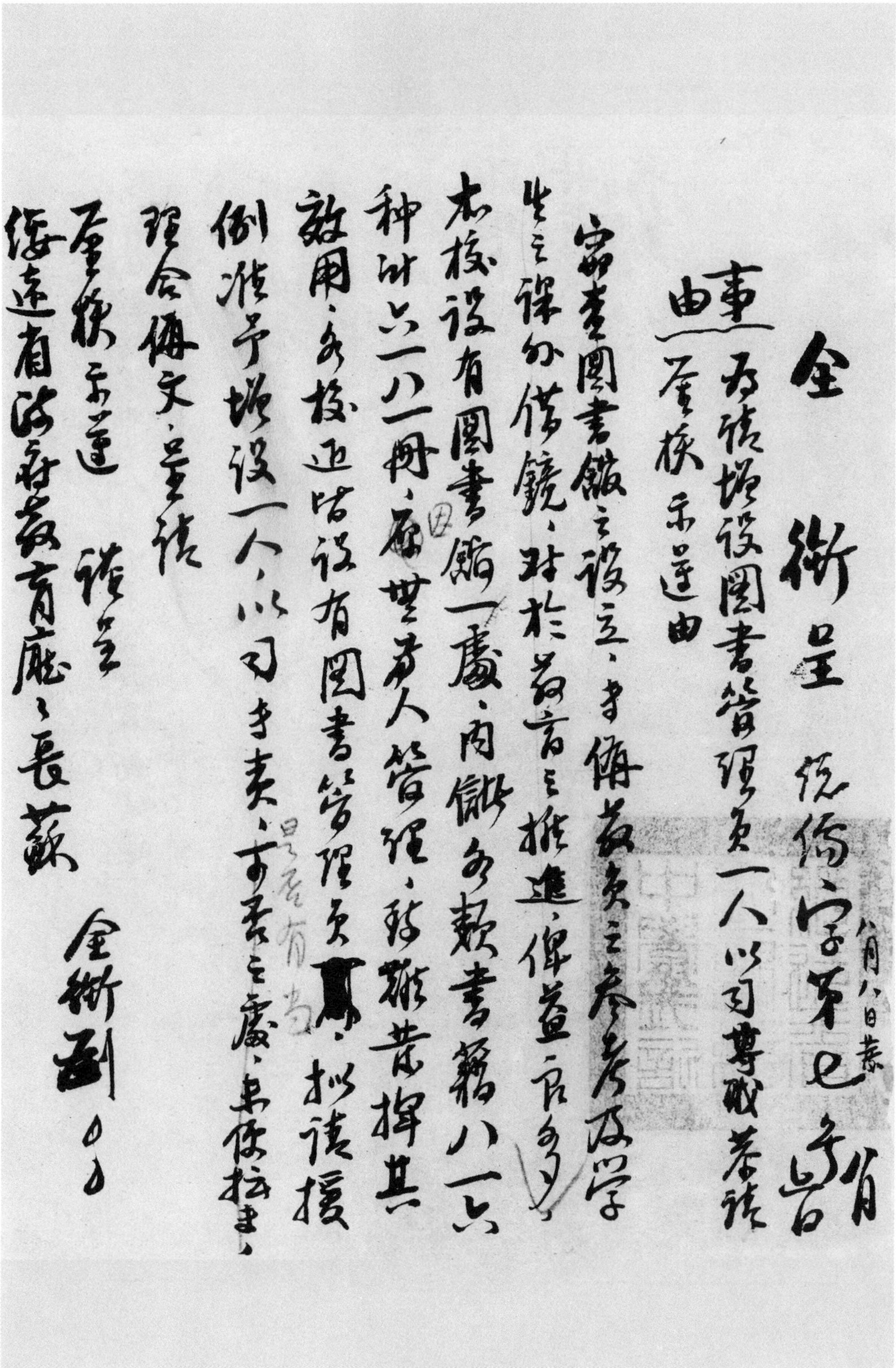

全衔呈 绥储字第　号 八月八日 呈

事由 为请增设图书管理员一人以司专职恭请鉴核示遵由

窃查图书馆之设立，专备教员之参考及学生之课外借镜，对于教育之推进，俾益良多。本校设有图书馆一处，内储多数书籍八一六种，计六一八一册，历无专人管理，致难发挥其效用。各校迄皆设有图书管理员，拟请援例准予增设一人，以司专责，而专责之处，俾便核查，理合备文呈请

鉴核示遵 谨呈

绥远省政府教育厅厅长苏

全衔副〇〇

图 3-5-13　绥远省立归绥中学为请增设图书管理员一人以司专职致绥远省政府教育厅呈（□年 8 月 8 日）

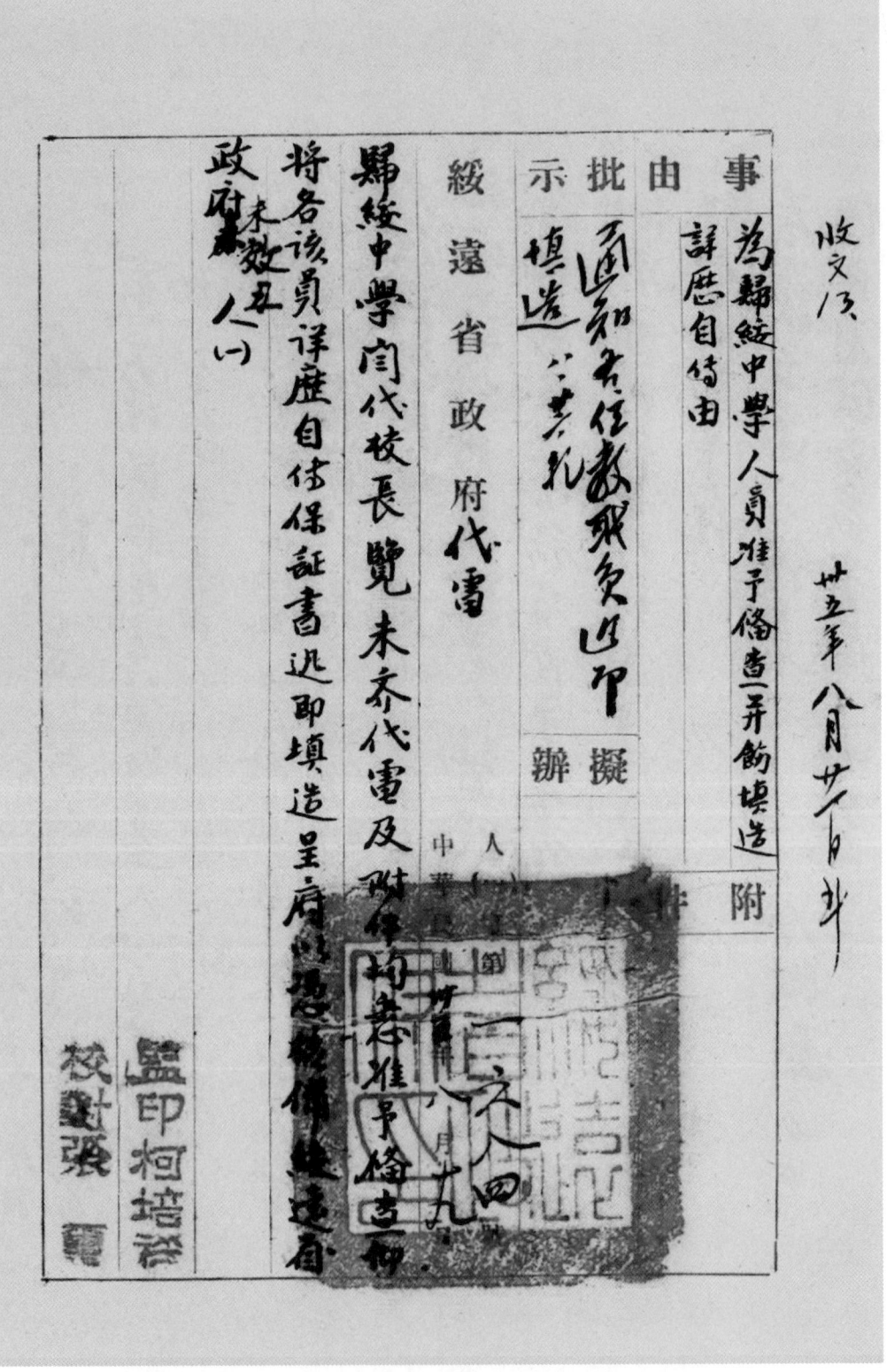

图 3-5-14 绥远省政府为人员准予备查并填造详历自传致归绥中学代电（1946 年 8 月 19 日）

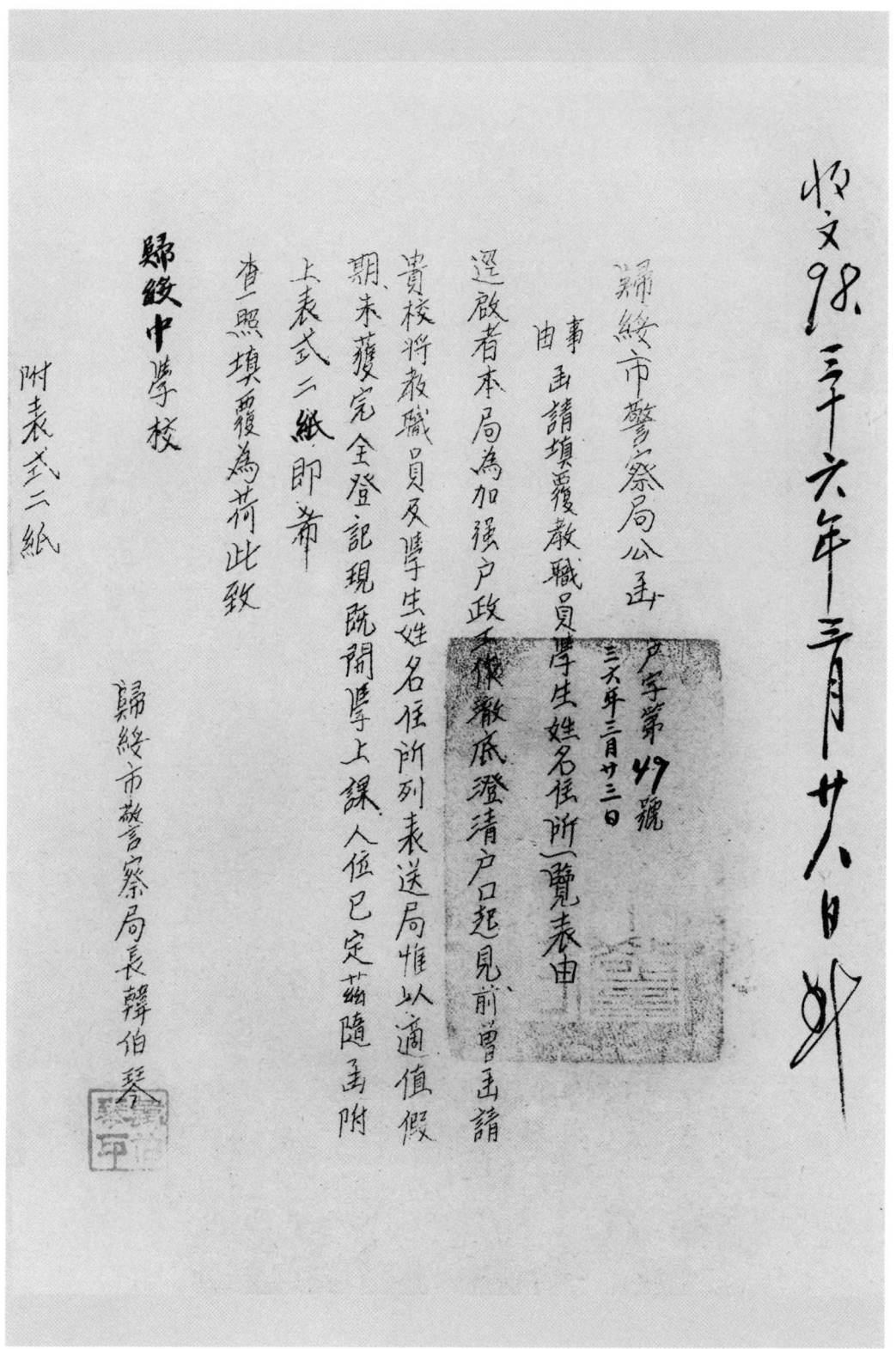

图 3-5-15　归绥市警察局为填报教职员学生姓名住所一览表给归绥中学公函（1947年3月23日）（一）

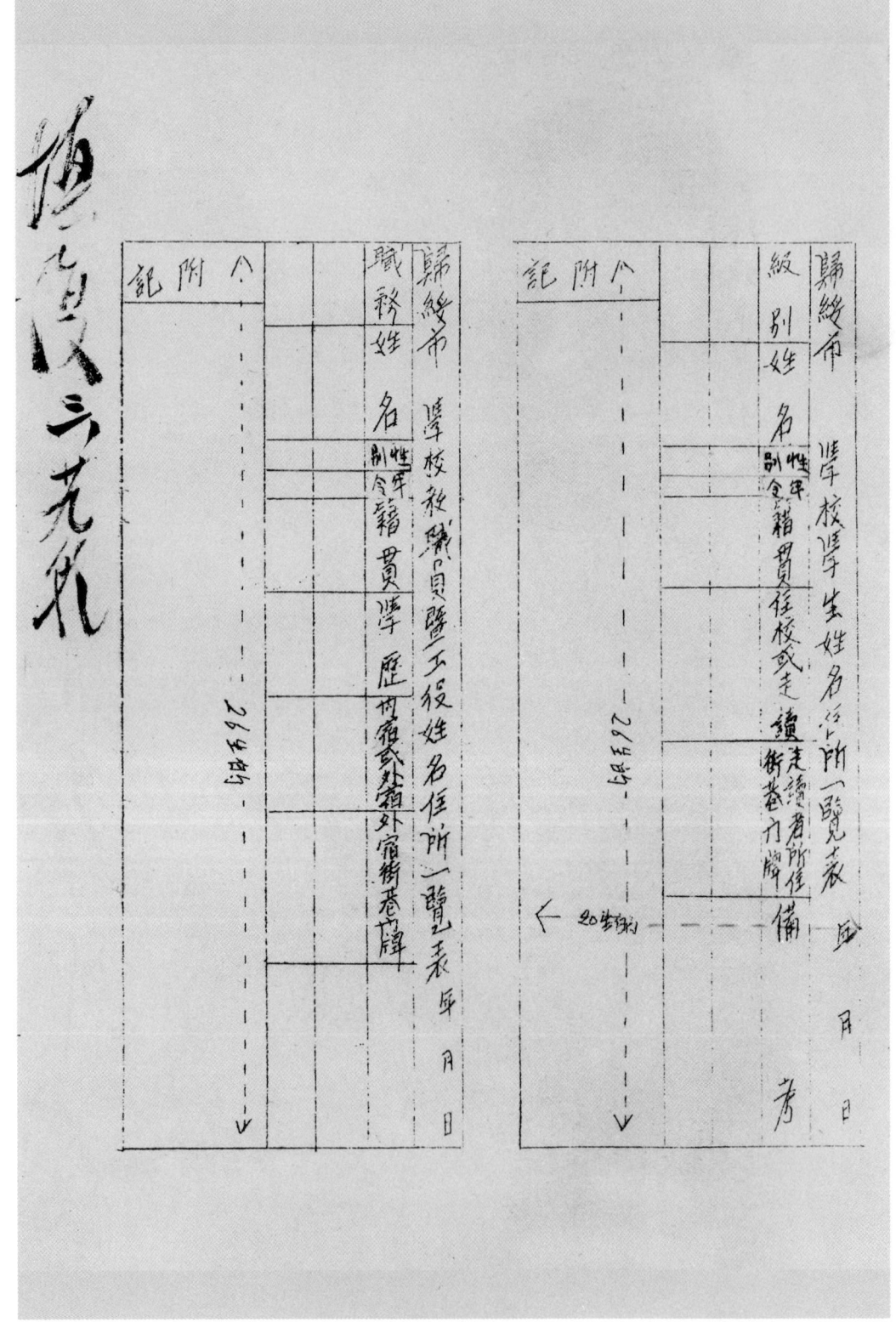

图 3-5-15 归绥市警察局为填报教职员学生姓名住所一览表给归绥中学公函（1947年3月23日）（二）

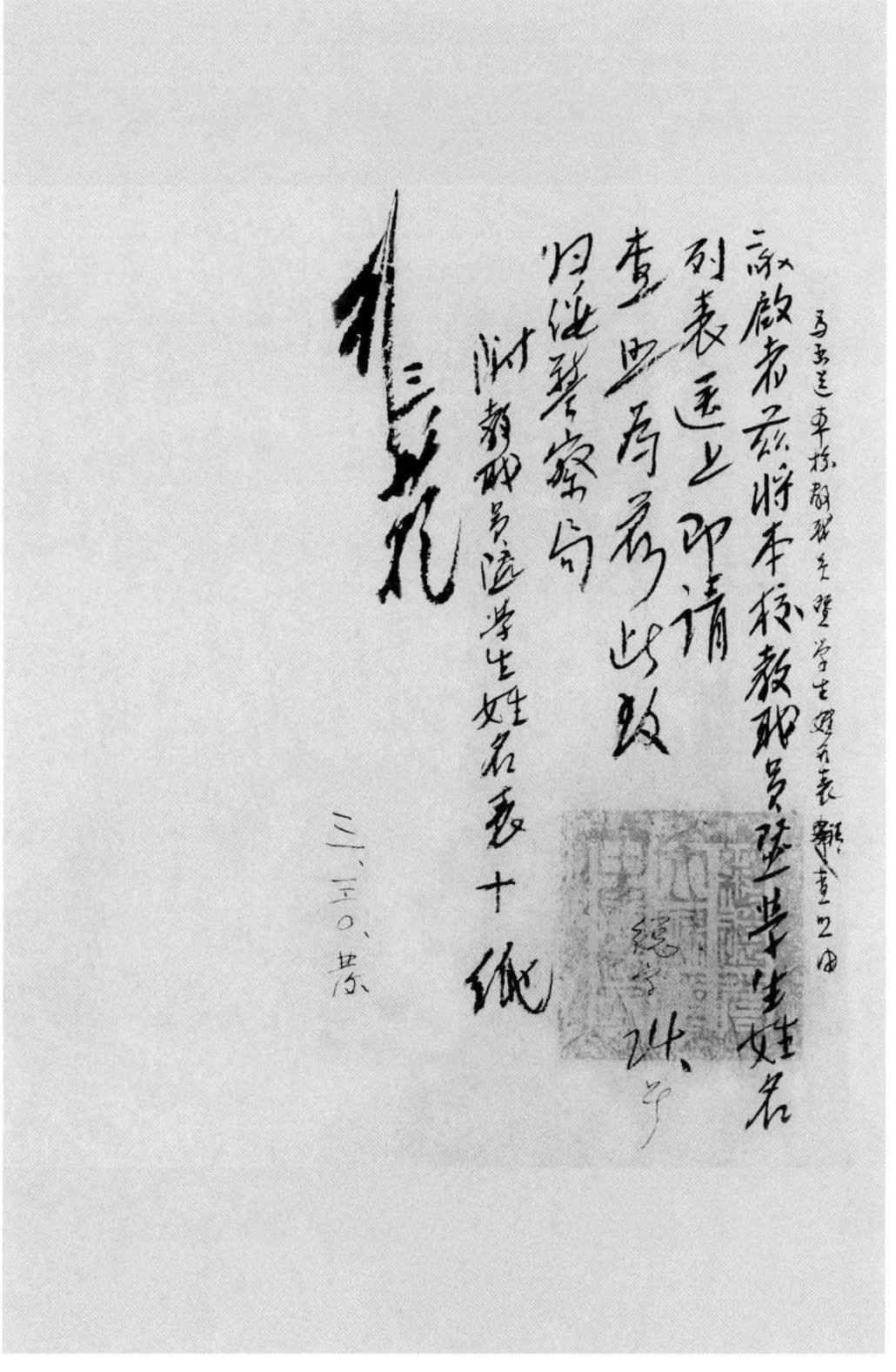

图 3-5-16　归绥中学为填送教职员暨学生姓名表致归绥市警察局函（节选）（1947年3月30日）（一）

归绥市归绥中学教职员生暨学生姓名住所一览表 民国三十六年 月

职务	姓名	性别	年龄	籍贯	学历	内宿或外宿	住所
校长	阎秉乾	男	四大	绥远和	北平大学毕业	外宿	山西街三十二号
教务主任	刘幼麐	男	四三	全	北平燕京大学毕业	外宿	九龙阁内南巷五号
训导主任	杨崑贤	男	三五	绥远托和	山西工专毕业	内宿	归绥一中
事务主任	数景山	男	三五	绥远托和	高中毕业	全	
教员	苏明甫	男	三九	山西忻州	河北农商学院毕业	外宿	小南街走
	赵寒操	男	四〇	山西崞州	山西大学毕业	外宿	口袋巷七号
	马士英	男	三八	归绥市	北平师大研究院毕业	全	
	白一光	男	四八	山西浑源	北平国立山西大学毕业	内宿	东马道巷 二十一号
	刘述志	男	三一	绥远托克托	北平师大毕业	内宿	
	云秀栢	女	四〇	土默特旗	北平女子师大毕业	外宿	周家巷二
	李广炜	男	二六	绥远丰镇	国立五华大学毕业	内宿	
	李毅葊	男	四三	萨县	北平辅仁大学毕业	内宿	
	张万鹏	男	三七	归绥	民大群业	内宿	
	王进佳		三一	全	国立东北大学毕业	全	
	焦世通		三二	侯连荫	国画毕业	全	

图 3-5-16 归绥中学为填送教职员暨学生姓名表致归绥市警察局函（节选）（1947 年 3 月 30 日）（二）

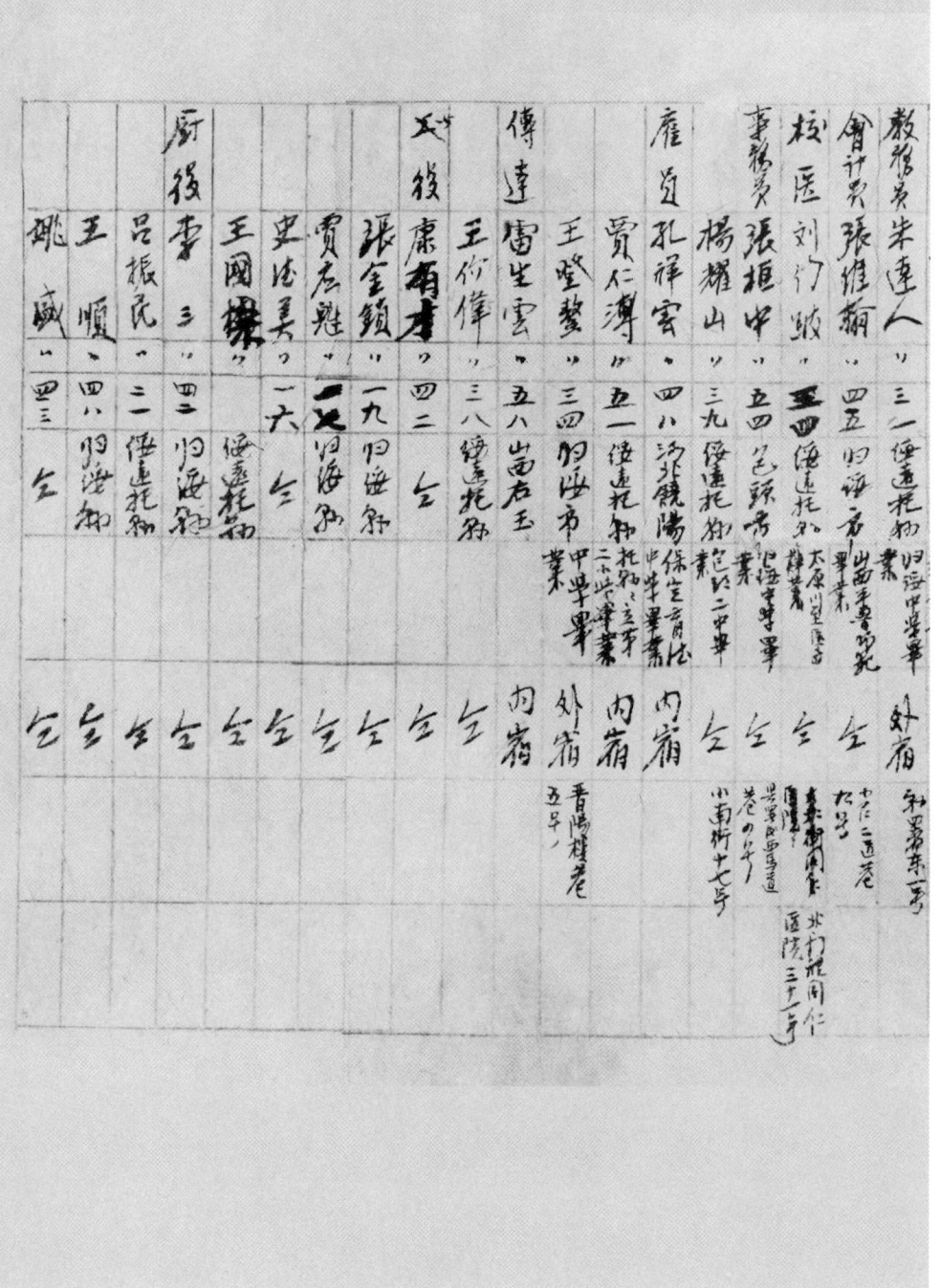

图 3-5-16 归绥中学为填送教职员暨学生姓名表致归绥市警察局函（节选）（1947年3月30日）（三）

图 3-5-16 归绥中学为填送教职员暨学生姓名表致归绥市警察局函（节选）（1947年3月30日）（四）

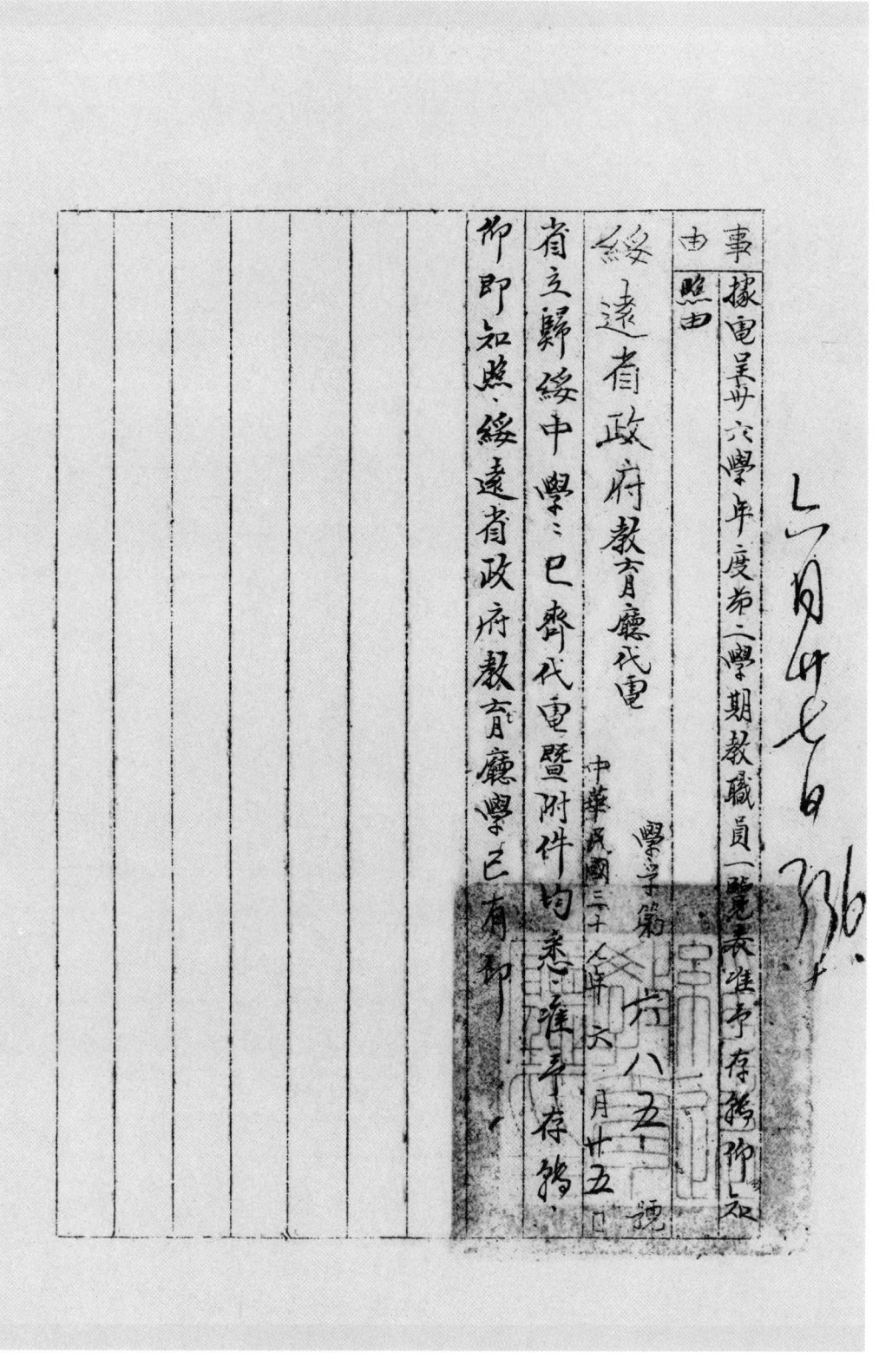

图 3-5-17　绥远省政府教育厅为三十六学年度第二学期教职员一览表准予存转给省立归绥中学代电（1948 年 6 月 25 日）

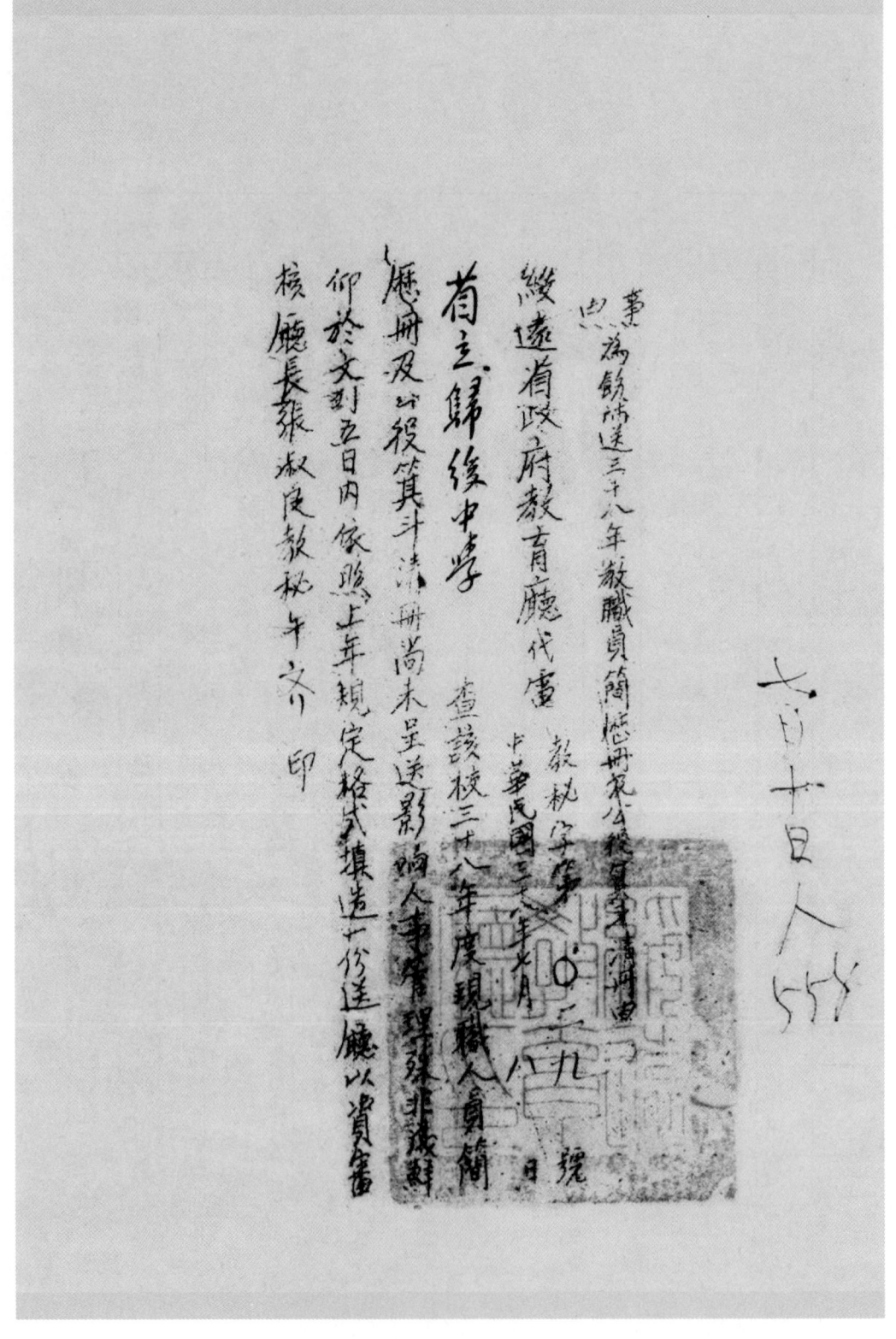

图 3-5-18 绥远省政府教育厅为造送三十八年教职员简历册及公役箕斗清册给省立归绥中学代电（附绥远省立归绥中学三十八年度现职人员简历名册）（1949年7月8日）（一）

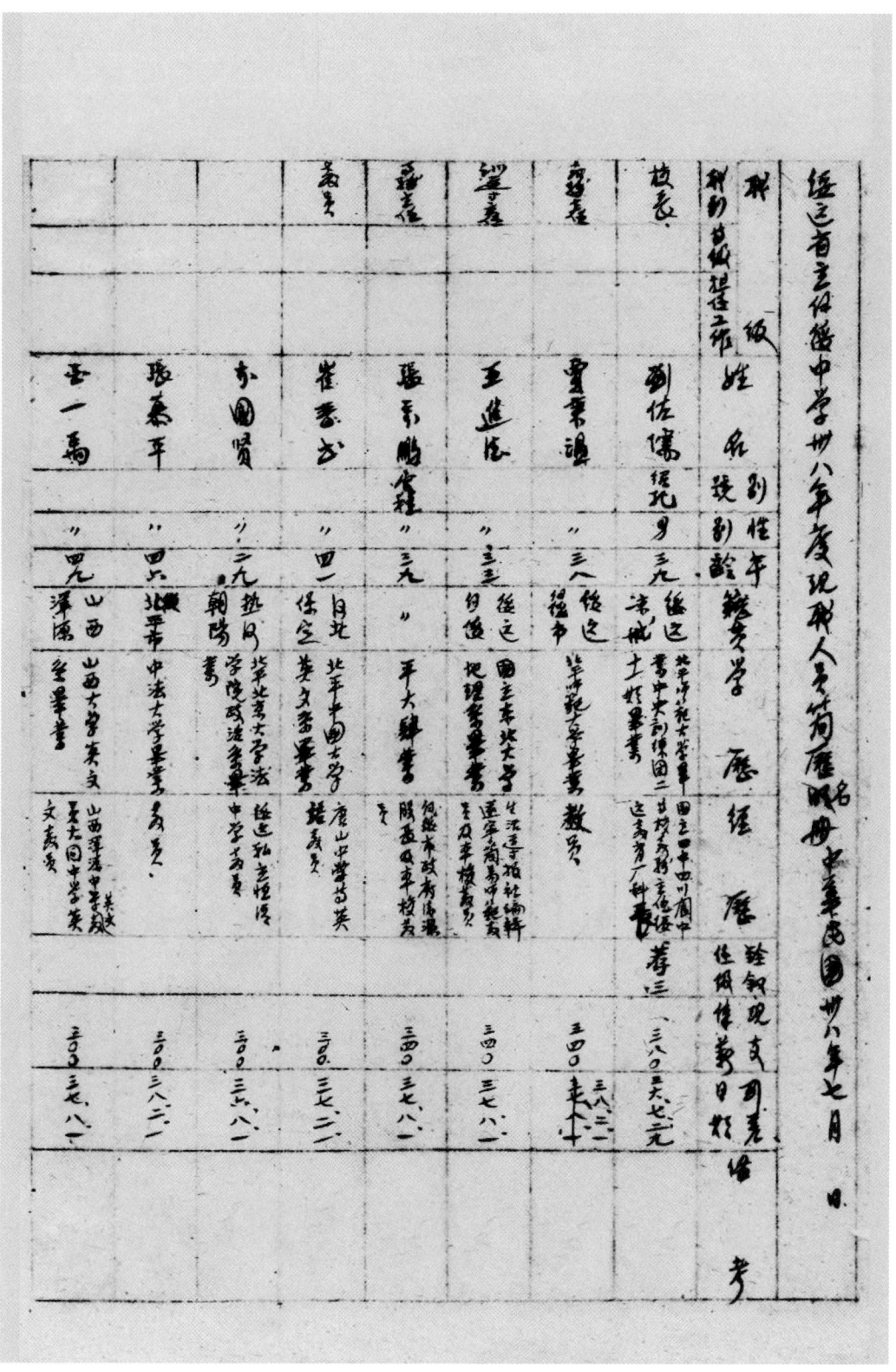

图 3-5-18 绥远省政府教育厅为造送三十八年教职员简历册及公役箕斗清册给省立归绥中学代电（附绥远省立归绥中学三十八年度现职人员简历名册）（1949年7月8日）（二）

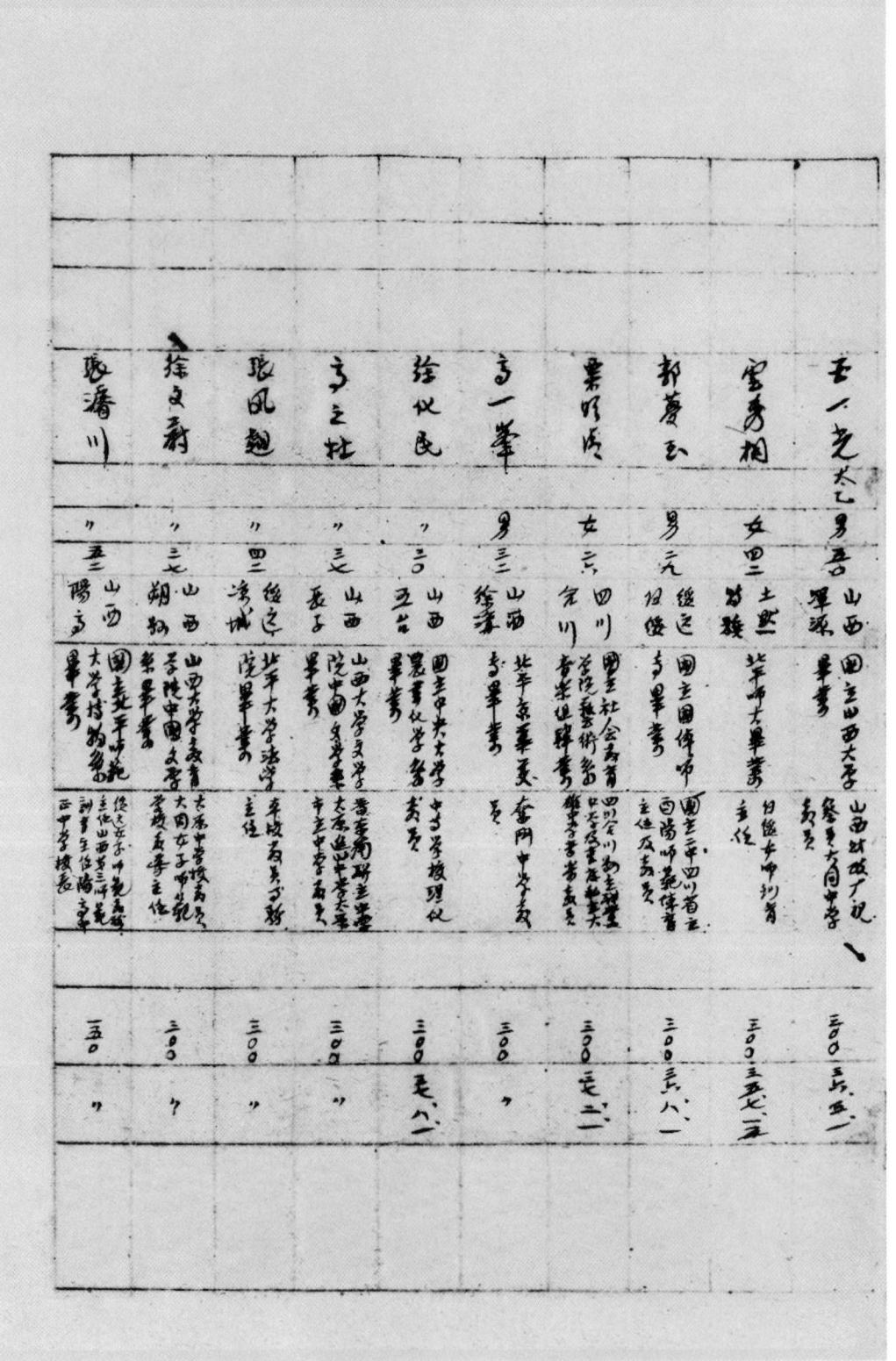

图 3-5-18 绥远省政府教育厅为造送三十八年教职员简历册及公役箕斗清册给省立归绥中学代电（附绥远省立归绥中学三十八年度现职人员简历名册）（1949年7月8日）（三）

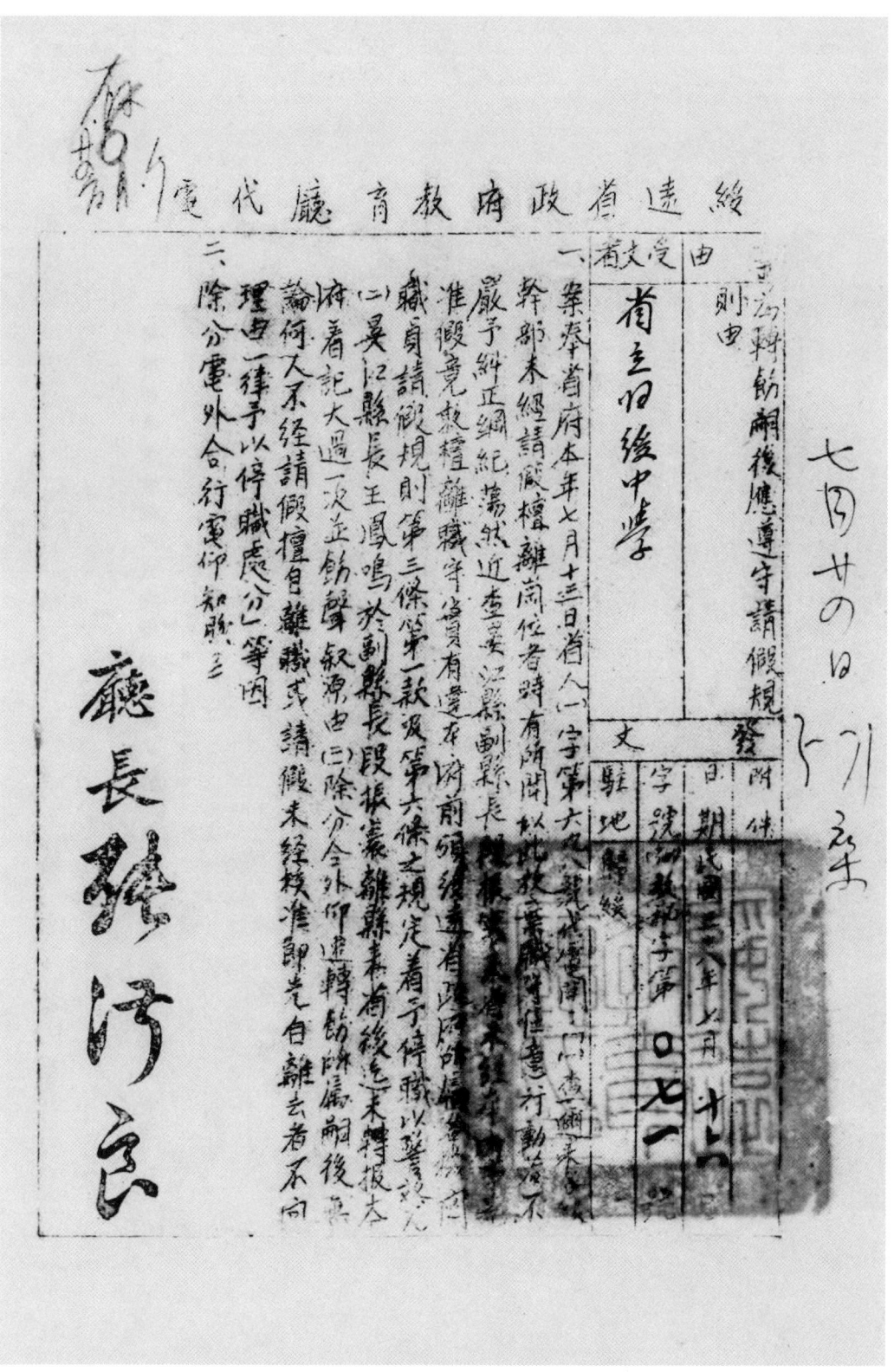

图 3-5-19 绥远省政府教育厅为转发请假规则给省立归绥中学代电（1949 年 7 月 16 日）

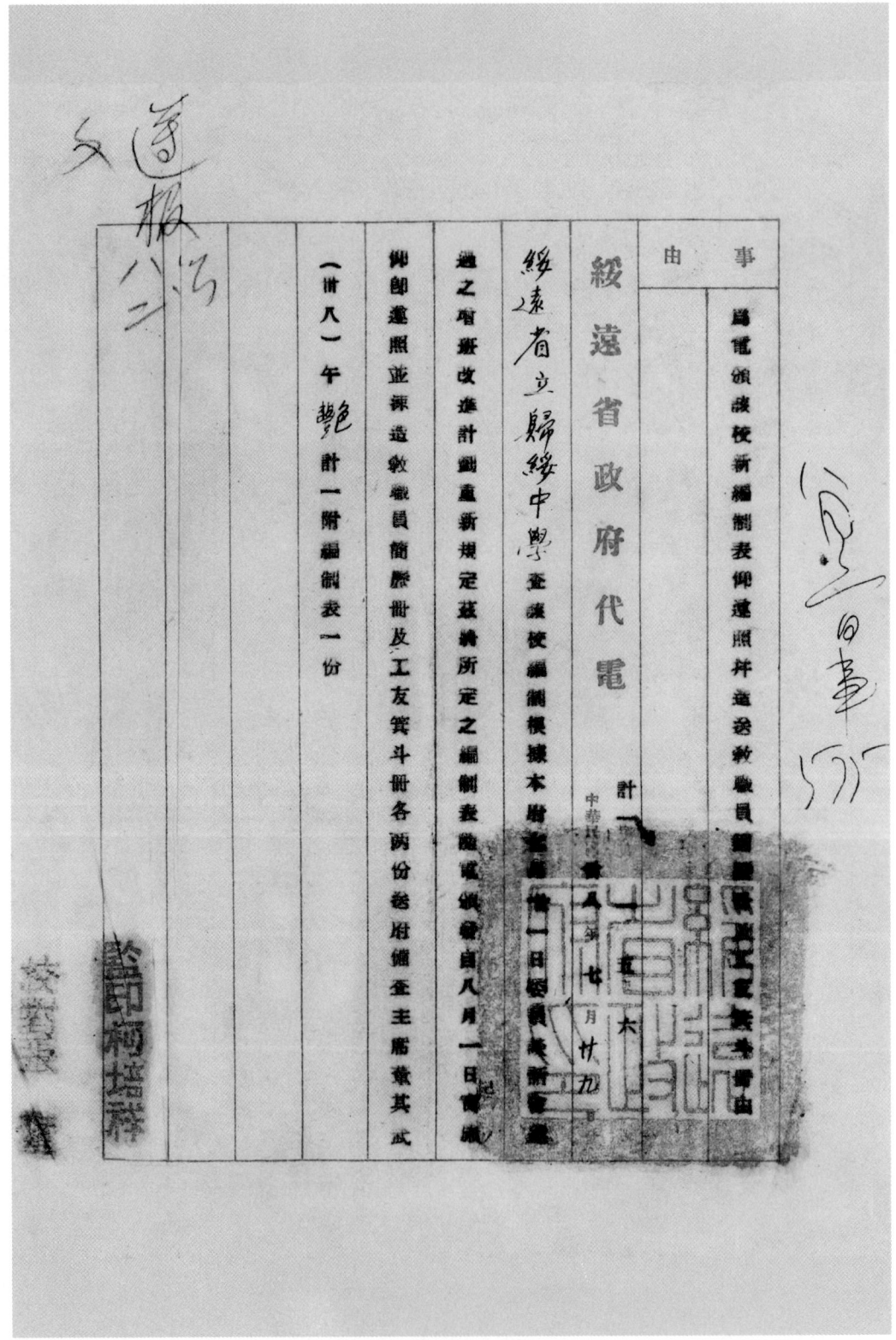

图 3-5-20 绥远省政府为颁发该校新编制表及造送教职员简历册、工友箕斗册给绥远省立归绥中学代电（1949年7月29日）（一）

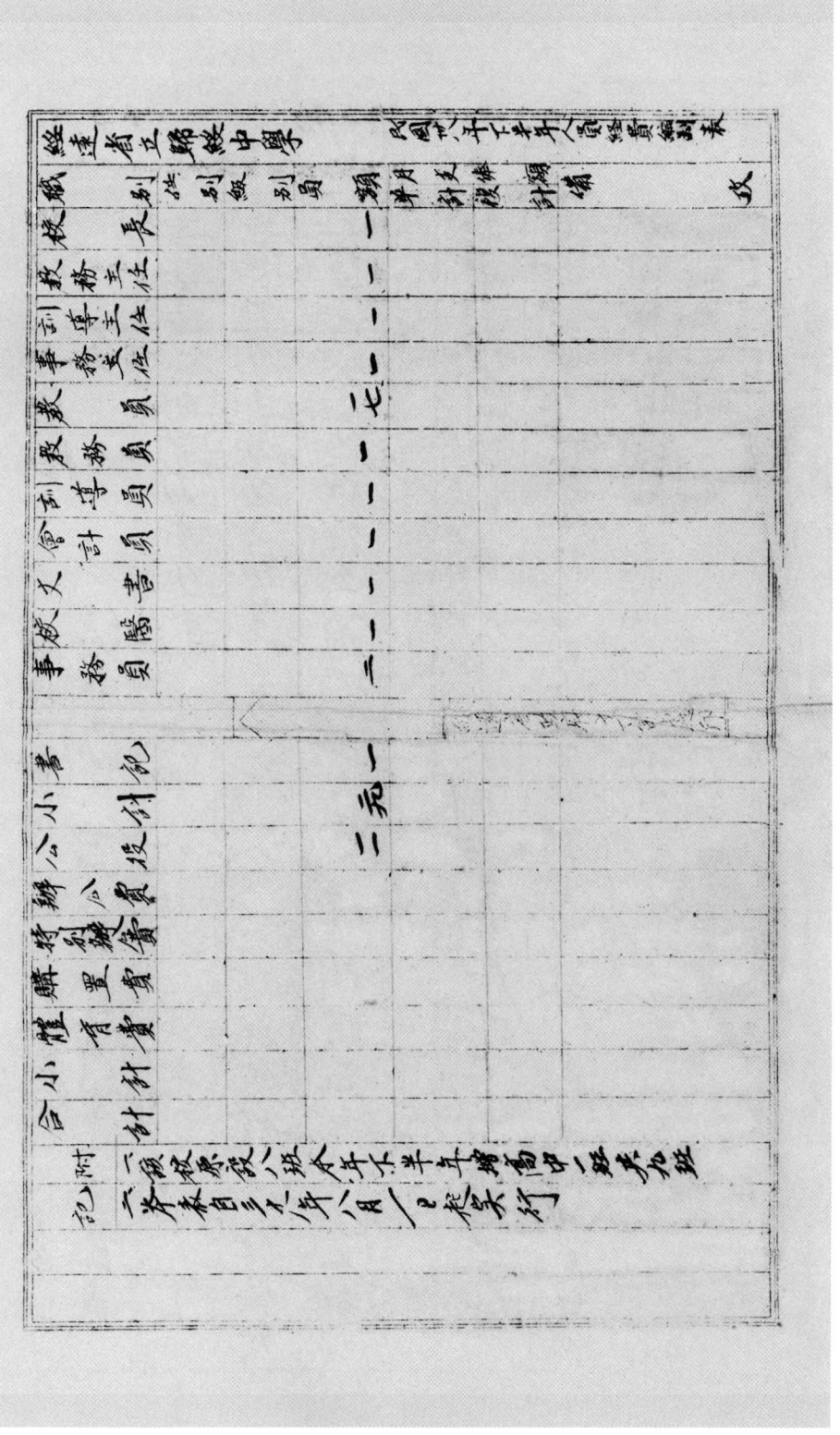

图 3-5-20 绥远省政府为颁发该校新编制表及造送教职员简历册、工友箕斗册给绥远省立归绥中学代电（1949年7月29日）（二）

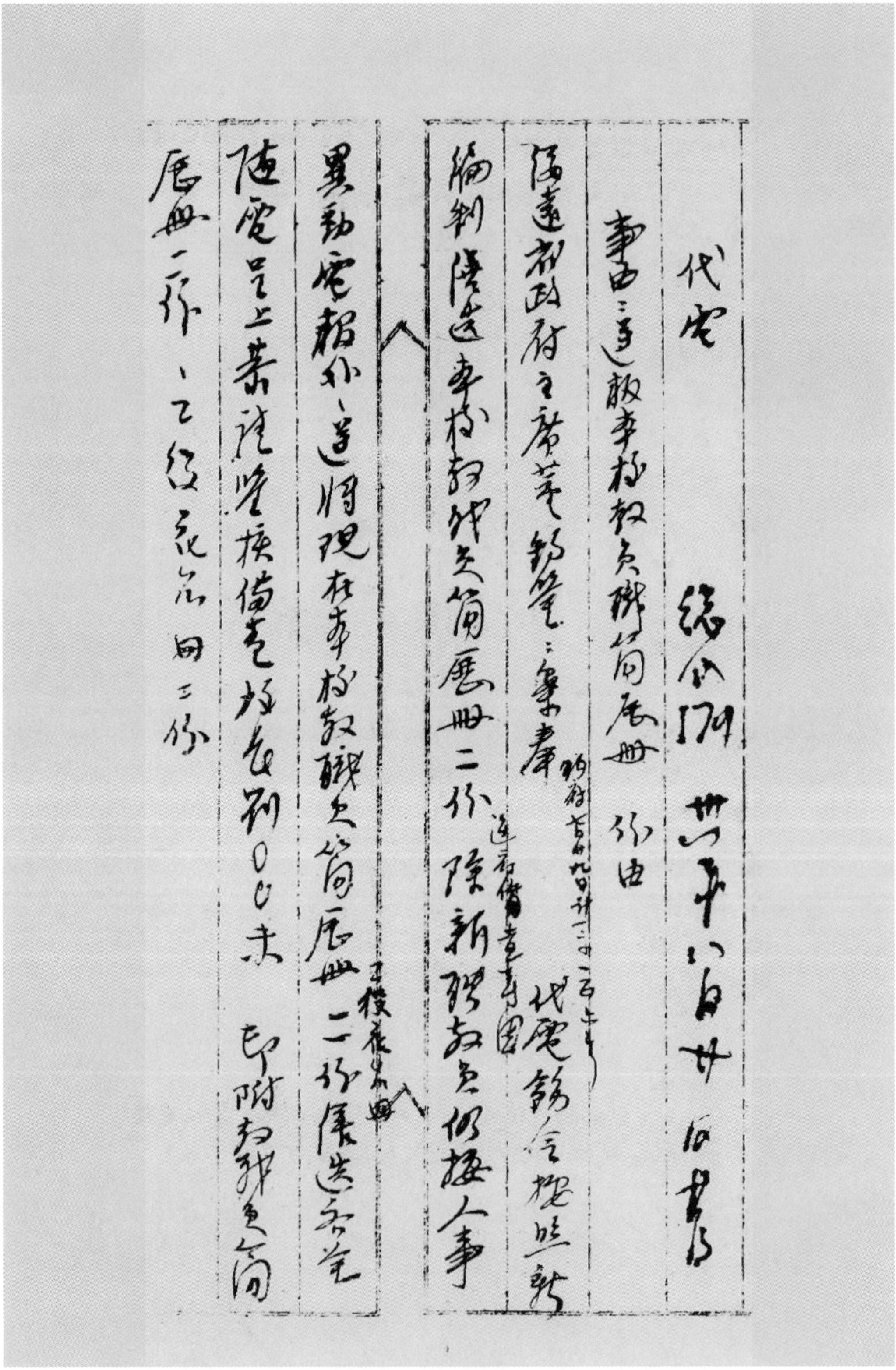

图 3-5-21 绥远省立归绥中学为报送教职员简历册致绥远省政府代电（1949年8月20日）（一）

图 3-5-21 绥远省立归绥中学为报送教职员简历册致绥远省政府代电（1949年8月20日）（二）

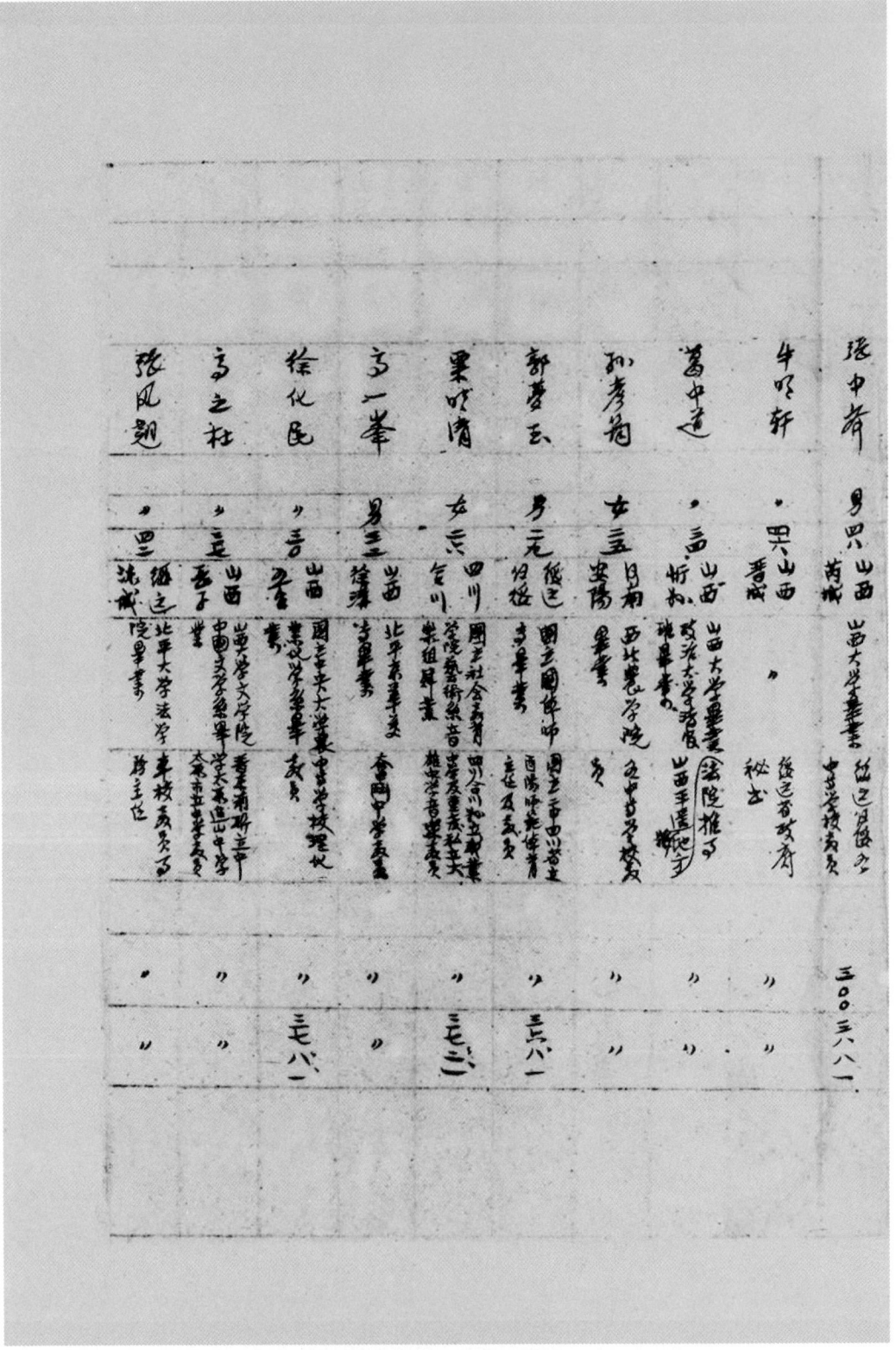

图 3-5-21 绥远省立归绥中学为报送教职员简历册致绥远省政府代电（1949 年 8 月 20 日）（三）

绥远省立归绥中学现任教职员名册

职务	姓名	性别	年龄	籍贯	住址	备考
校长	刘佐儒	男	三八	绥远凉城	于役	
事务主任	张凤翱	"	四二	绥远凉城	于役	
教员	李国贤	"	三八	热河朝阳		
	白一夫	"	四九	山西泽源		
	云秀桐	女	四一	土默特旗		
	郭爱玉	男	三八	绥远归绥	于役	
	张鸿鹏	"	三八	绥远归绥县		
	王进德	"	三二	绥远归绥县		
	焦世通	男	三三			
	王	"	三三			
	马	"	四			
	杨	"	三			
	张	"	二八			
合计	一四					

图 3-5-22 绥远省立归绥中学核发身份证教职员名册

六 学生管理

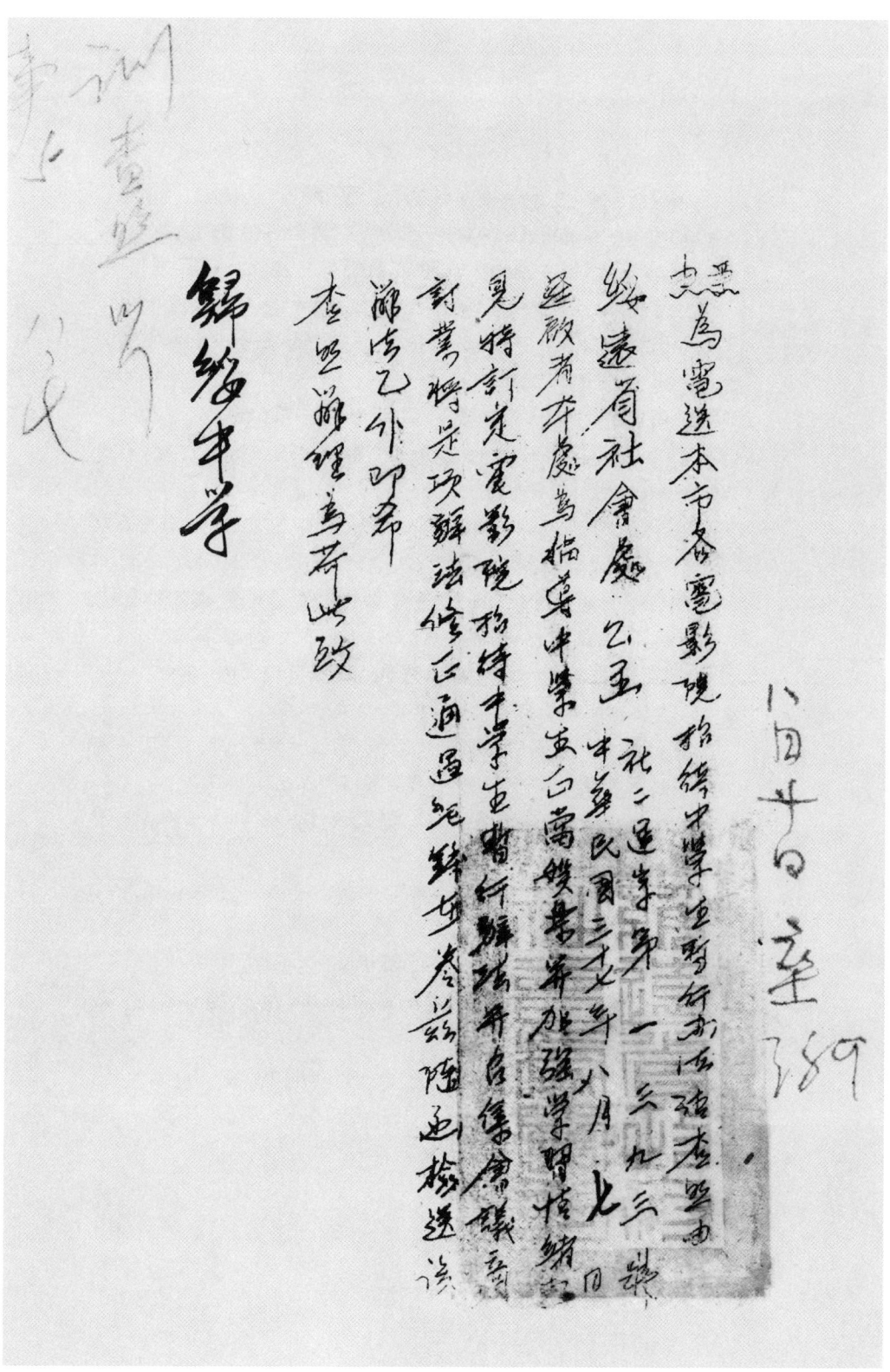

图 3-6-1 绥远省社会处为送电影院招待中学生暂行办法给归绥中学公函（1948年8月7日）（一）

订定电影院招待中学生暂行办法

一、为倡导中学生正当娱乐及加强学习情绪起见特订定电影院招待中学生暂行办法（以下简称本办法）

二、凡在归绥市设立之中学校学生均可享受本办法之招待

三、学生参看电影时须服装整洁佩带学校徽章并持有招待券者始得受招待

四、招待券只限本人不得转借他人或小学生

五、学校当局对学生在电影院应守之秩序及招待券之领发等事宜须负责任

六、各影院招待学生在星期日早场中场分组招待各组地址时间及学校名称如左

早场（下午三时至四时）招待归绥师范归绥女师教科学校三校 教科女师两校为第一组 地址社会影剧院 归绥师范学校为第二组 地址西北电影院 以上两组地址至第三周时相变调

中场（下午五至七时）招待国立绥中归绥中学所门中学风正中学恒清中学普门中学六校 国立绥中归绥中学普门中学为第一组 地址社会影剧院 风正中学恒清中学所门中学为第二组 地址西北电影院 以上两组地址至第三周时相变调

七、各学校补助电影院之电影票价按普通票价以四分之一计算之

八、不在规定时间不招待

九、各影院招待学生时间不得减低普通票

十、各影院招待学生有违反招待之事由者停止招待

十一、本办法自公布之日施行

图 3-6-1 绥远省社会处为送电影院招待中学生暂行办法给归绥中学公函（1948 年 8 月 7 日）（二）

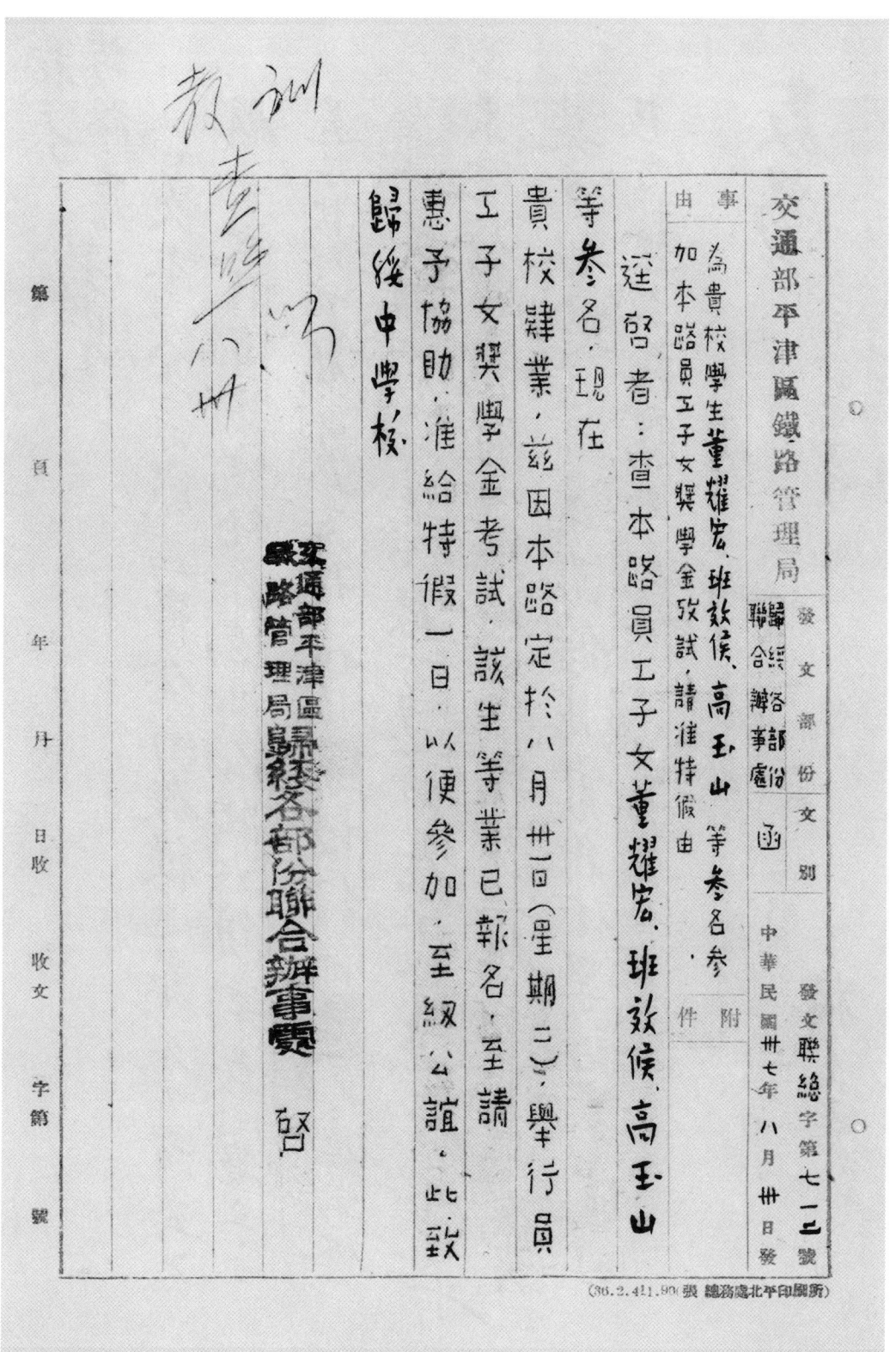

图 3-6-2 交通部平津区铁路管理局为董耀宏、班效候、高玉山等三名学生参加本路员工子女奖学金考试请准特假致归绥中学函（1948年8月30日）

校长
教务主任钧鉴：

日久未受手示，感为歉念。自假后迴家，各方皆尚可，愿其中惟有家境经济之迫，不能此愿，车当开学示日，送子按时到校，此为已乃。但因家境经济已无迫，为休学半年，想示各师长与校方恩请准休学半年，下半年家境好转，据校方准假示日，即时赴校示之上课，绝无其意误休半年差形。假准彰，将休学记书，情同校方指示一并赐之差形，即视

　　　　　　　　　家长　杨文秀呈育白

（二八班家子杨富）

图 3-6-3　杨文秀因家贫为其子杨富申请休学及绥远省立归绥中学发给休学证明的函（一）

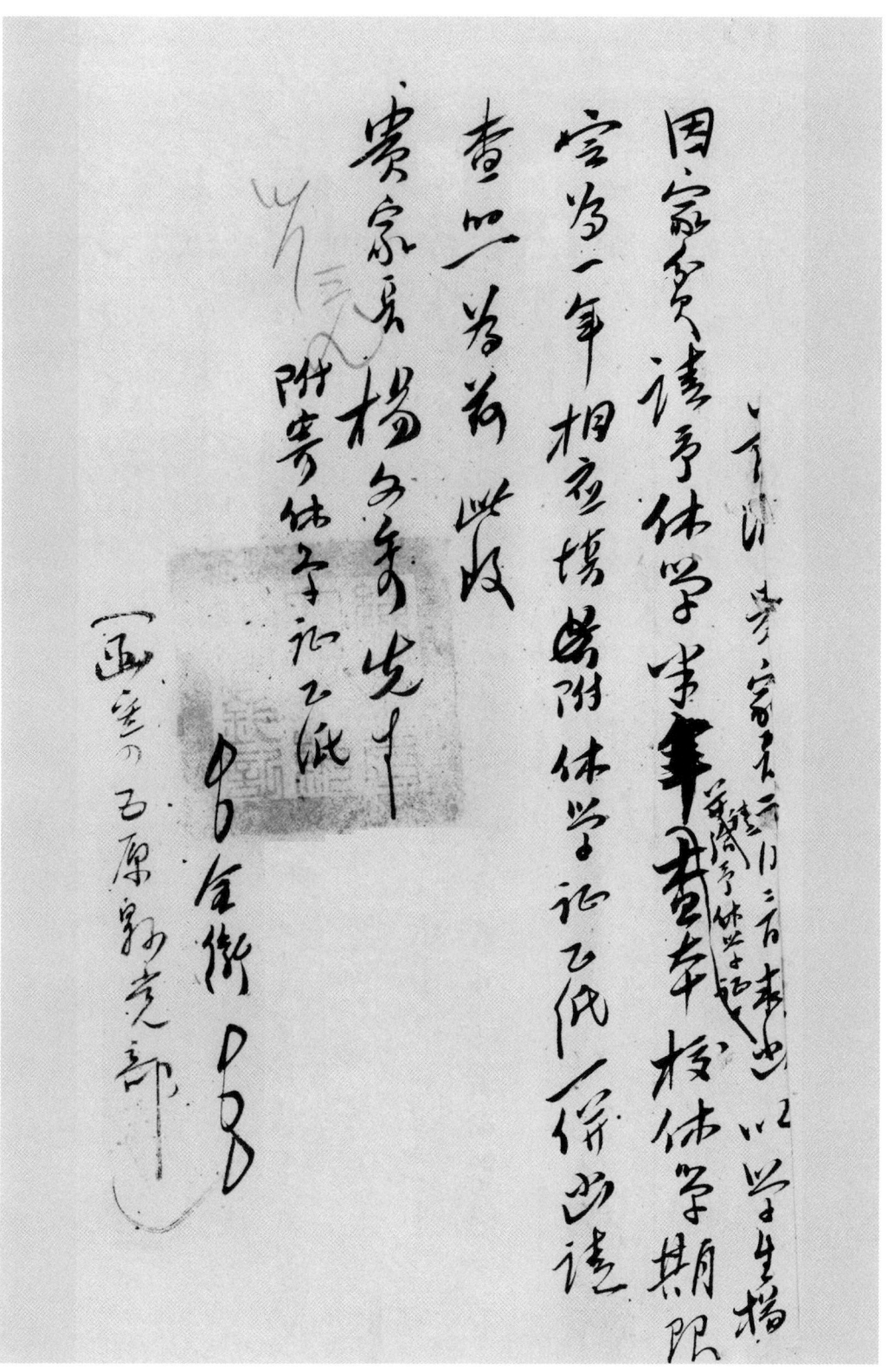

图 3-6-3 杨文秀因家贫为其子杨富申请休学及绥远省立归绥中学发给休学证明的函（二）

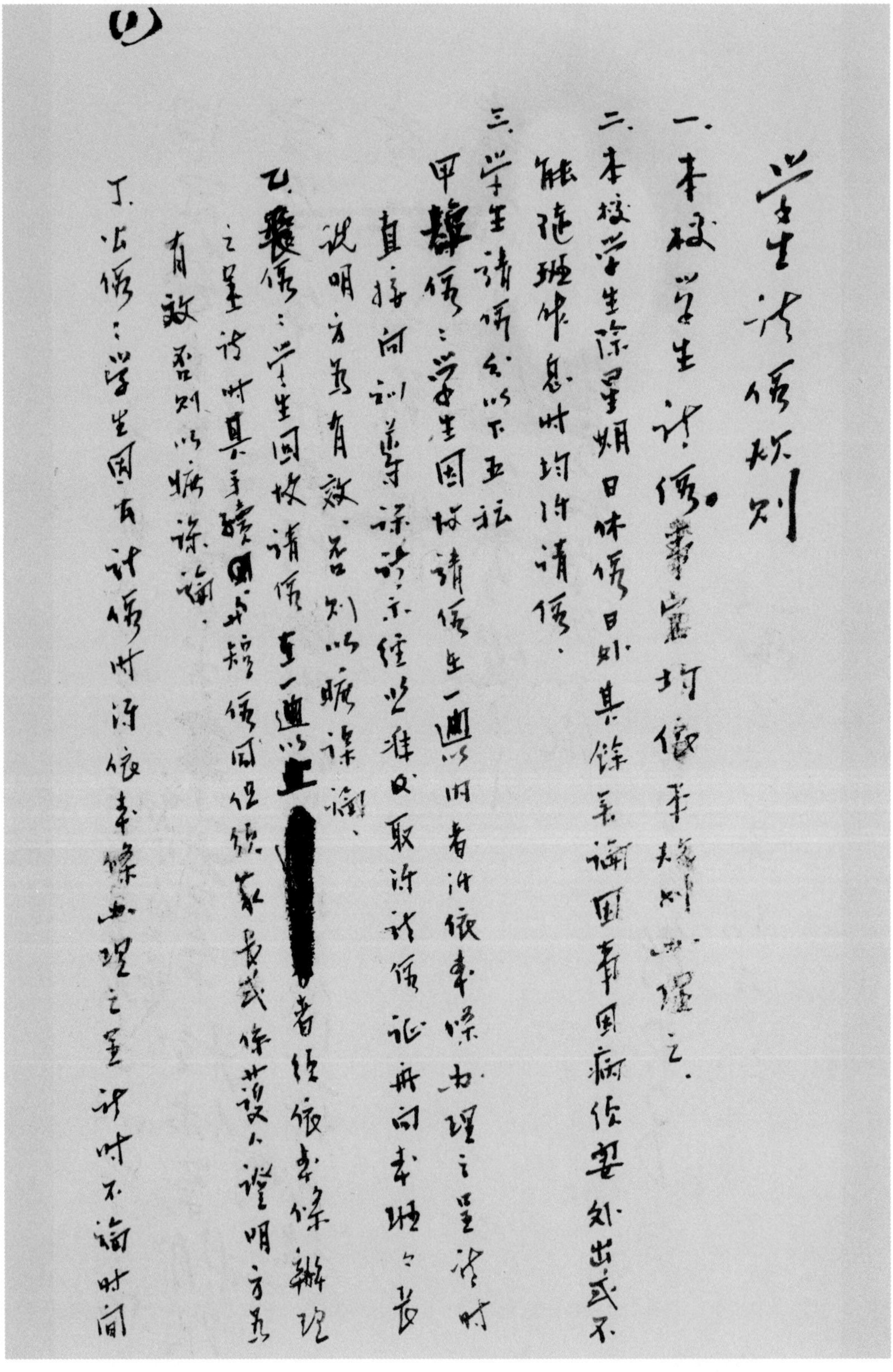
(1)

学生請假規則

一、本校学生請假事宜均依本規則辦理之。

二、本校学生除星期日休假日外，其餘無論因事因病或要外出或不能隨班作息時均須請假。

三、学生請假分以下五種：

甲、短假：学生因故請假在一週以内者，須依本條辦理之。呈請時直接向訓導處請求，經准後取得請假證再向本班班長說明方為有效，否則以曠課論。

乙、長假：学生因故請假至一週以上[redacted]者，須依本條辦理之。呈請時其手續同於短假，但須家長或保證人證明方為有效，否則以曠課論。

丁、出假：学生因有事請假時，須依本條辦理之。呈請時不論時間

图 3-6-4　学生请假规则（一）

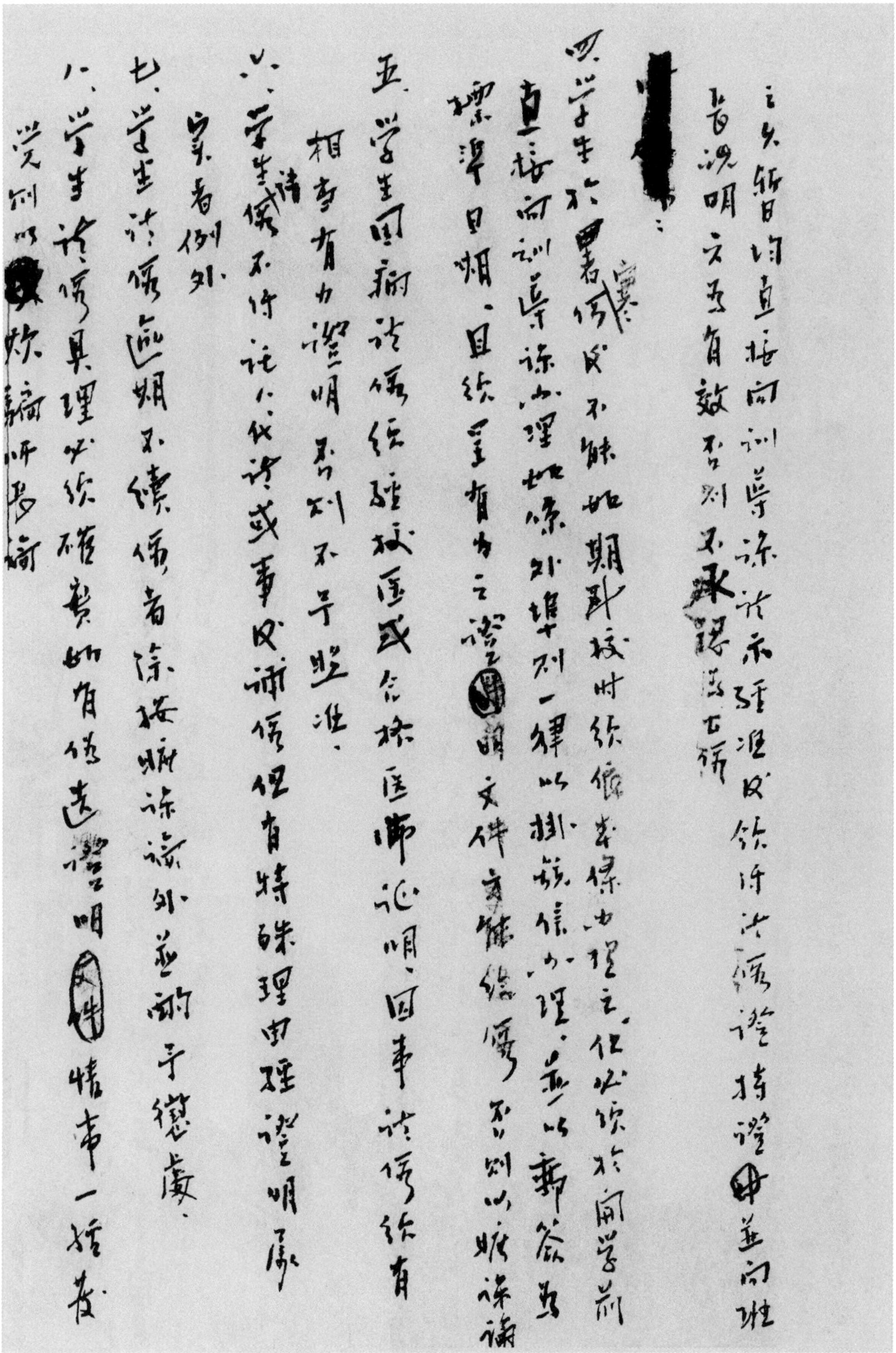

三、入学皆须直接向训导处请假。示短准及饮许请假证明之医有效否则不承认延长假

四、学生在暑假成不能如期到校时欲得此理之他必须於开学前直接向训导处请如理如属外埠则一律以挂号信办理、并以邮签为标准日期。且续呈有力之证明文件方能给假，否则以旷课论

五、学生因病请假经延级医或会核医师证明。因事请假须有相当有力证明者方准。

六、学生病不许请人代请或事後请假但有特殊理由经证明属实者例外。

七、学生请假逾期不续假者除按旷课论外并酌予惩处。

八、学生请假具理必续费如有伪造证明文件情事一经发觉即以旷课论听候学则办理。

图 3-6-4　学生请假规则（二）

九、学生请假……正课……早操、早自习、课外活动、新降旗、晚自习点名、朝会等均以半小时计算，全日则以十小时计算。（星期日及放假日每次……半日且事假及病假不分）

十、学生在学期请假时间如超过全学期三分之一均令其休学。

十一、学生请假准假失学薰……（从平均成绩分数内扣除例如不足此限）扣薰法如下：请假在十小时以下者不扣分，在十小时以上至满十小时扣三平均分数半分。

十二、学生未经请假擅自离校或病课者惩罚之：
甲、学生擅自离校缺席者以旷课论课擅自离校一次者记大过一次。
乙、学生不经请假擅自缺席者均以旷课论课病课除以旷课论满三十小时者记大过一次，满三十小时者除名。
加倍扣分、扣旷课满十小时者记过一次。

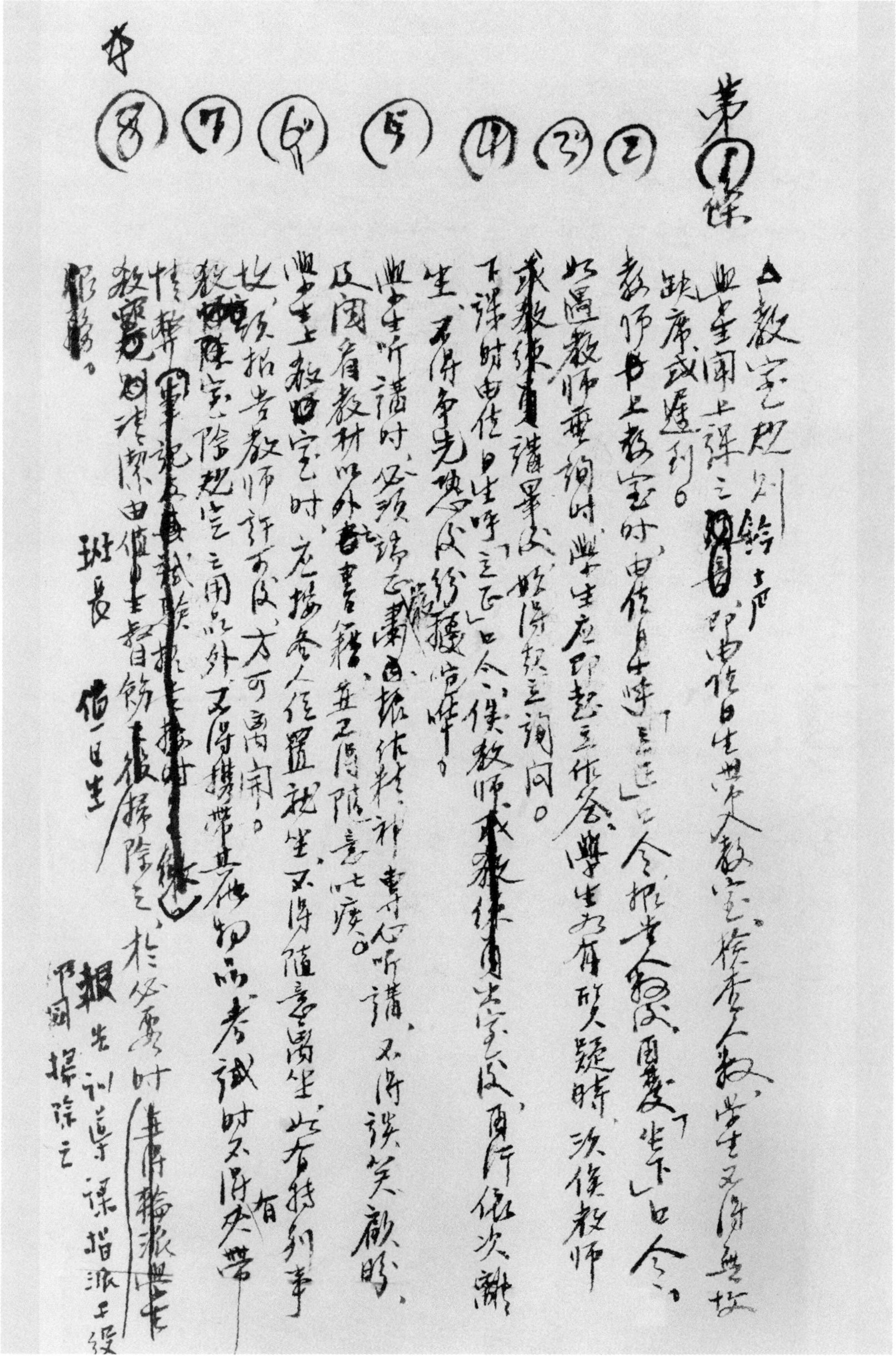

图 3-6-5　教室规则

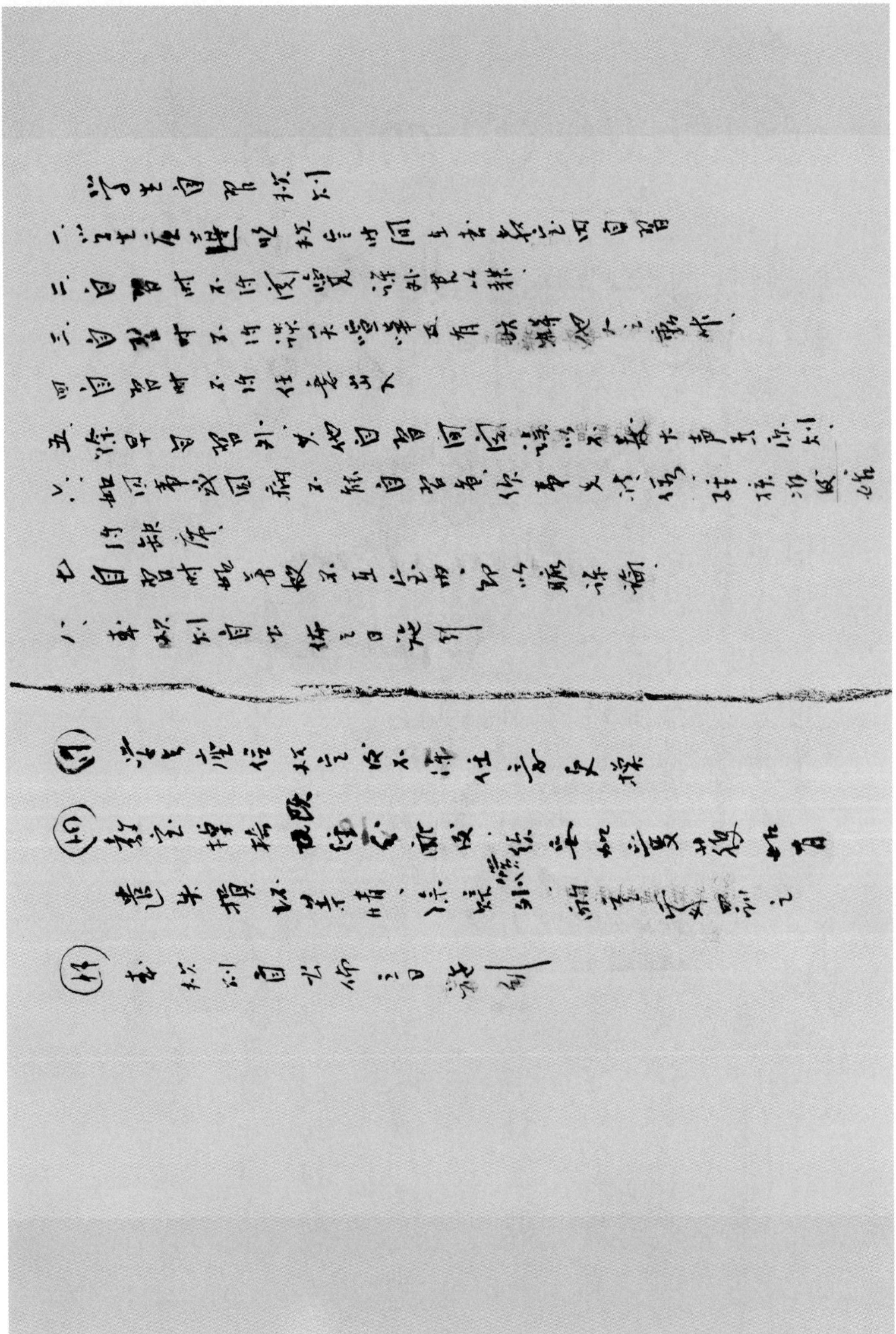

图 3-6-6　学生自习规则

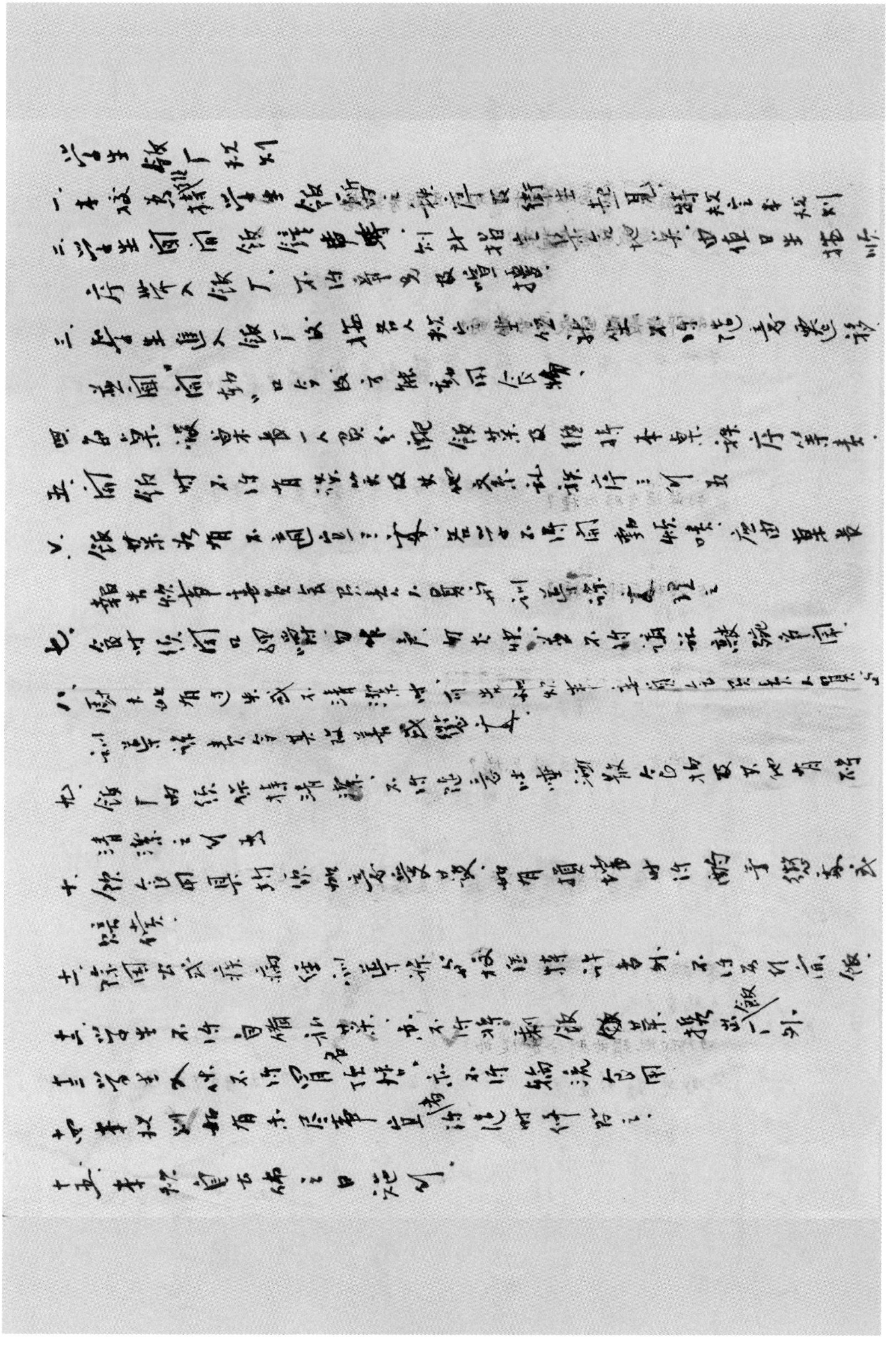

图 3-6-7　学生饭厅规则

寝室规则

第一条 寝室须整齐清洁，窗楼素令推新生洁楼等。

二、晨早起床後，即将内务整理完善，单九时须注意受检身体。

三、寝室内外不得随地吐痰，抛弃零星物品及尘埃倒在窗上晒卧席，诸物须放在指定房内，亦不得存檀室内。

四、一切用品床铺须起放妥贴，不得擅自变更及随意更改。

五、中饭东九生应在饭堂用膳不准至寝室。

六、考至序信已经编定後，不得私自调换。(字迹欠应查将内务整理整理)

七、非向除病假者外不得至寝室内扇开波稳及随意坐卧。

八、在寝室内不得唱歌及寝室挂钧时间，廉开窗户，折揭唐隙以重卫生。

九、寝室佔启生要每该挨起规定时间，窗开窗户由窒长插者。训章谋

十、如有疾病生暗时疾病萩姥起床者皆要由生成无见者将言告诉训章谋关係

十一、打扫检查成創伍住长抓者至生中证係 冬天人

按厚奉作至三世者令予济辄息者当寝室时间。

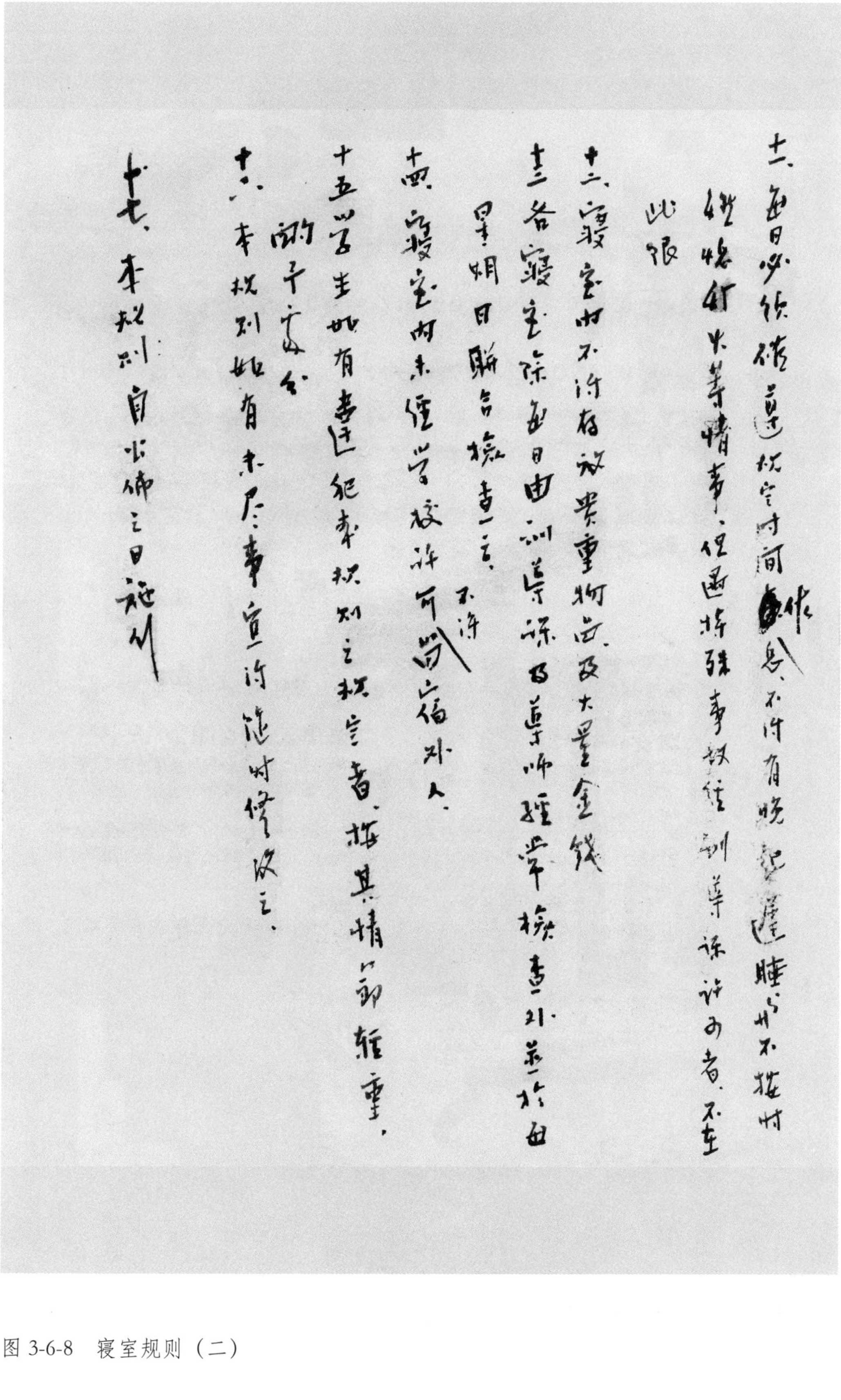

十二、每日必须依遵规定寝室时间休息，不许有晚起夜坐等情事。倘遇特殊事故经训导课许可者不在此限。

十三、寝室内不许存放贵重物品及大量金钱。

十四、各寝室除每日由训导课及导师随学检查外，并于每星期日联合检查一次。

十五、寝室内未经学校许可不得留宿外人（不许）。

十六、学生如有违犯规章规则之私室者，按其情节轻重，酌予处分。

十七、本规则如有未尽事宜，得随时修改之。

十八、本规则自公布之日施行。

图 3-6-8 寝室规则（二）

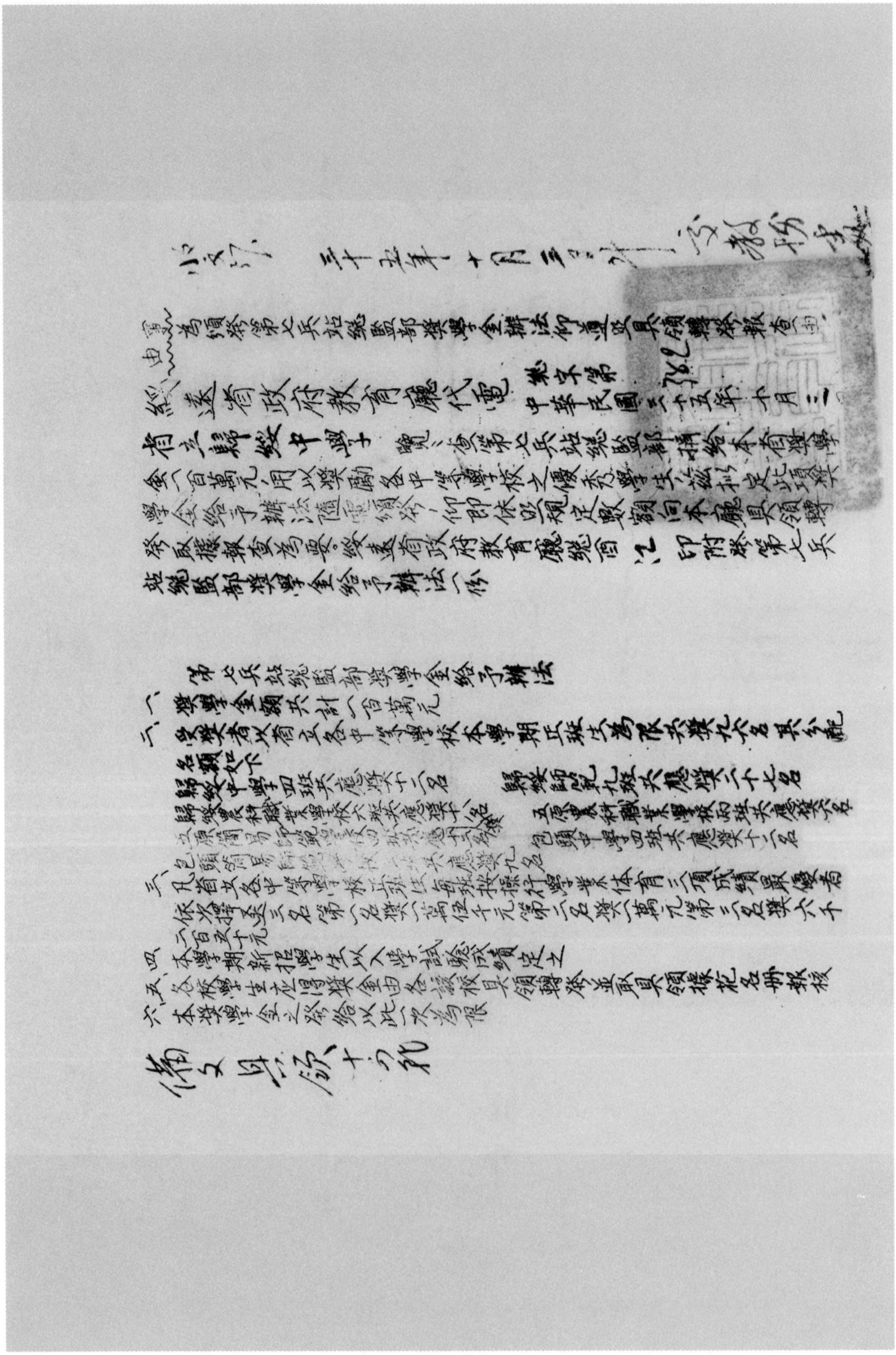

收文 三十五年十月三日

事由：為頒發第七兵站總監部獎學金辦法仰遵照具領轉發報查由

綏遠省政府教育廳代電　教字第　號　中華民國三十五年十月三日

省立歸綏中學：案准第七兵站總監部捐贈本省獎學金一百萬元，用以獎勵各中等學校之優秀學生，茲擬定此項獎學金給予辦法隨電頒發，仰即依照規定數額到廳具領轉發取據報查為要。綏遠省政府教育廳號酉江印　附發第七兵站總監部獎學金給予辦法一份

第七兵站總監部獎學金給予辦法

一、獎學金額共計一百萬元

二、受獎者以省立各中等學校本學期正班生為限，共獎九十六名，其分配名額如下：

歸綏中學四班共應獎十二名　歸綏師範九班共應獎二十七名

歸綏農科職業學校六班共應獎十八名　五原農科職業學校兩班共應獎六名

豐鎮簡易師範學校四班共應獎十二名　包頭中學四班共應獎十二名

包頭簡易師範學校三班共應獎九名

三、凡省立各中等學校正班生按操行學業體育三項成績最優者依次擇定三名，第一名獎一萬伍千元，第二名獎一萬元，第三名獎六千二百五十元

四、本學期新招學生以入學試驗成績定之

五、各校學生應得獎金由各該校具領轉發並取具領據花名冊報核

六、本獎學金之發給以此一次為限

備文具領 十月

图 3-6-9　绥远省政府教育厅为颁发第七兵站总监部奖学金办法给省立归绥中学代电（1946 年 10 月 3 日）

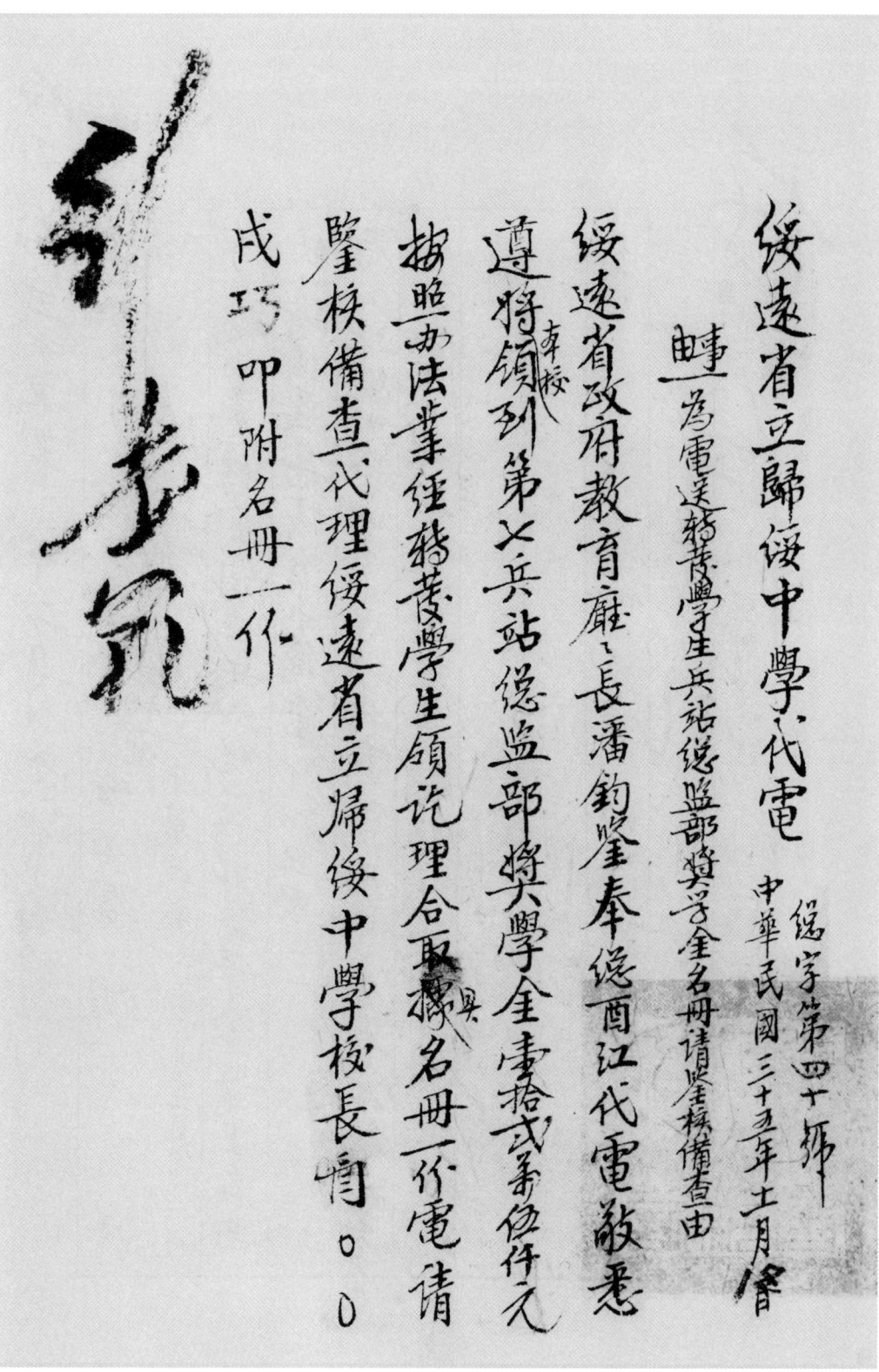

图 3-6-10　省立归绥中学为呈送转发学生兵站总监部奖学金名册致绥远省政府教育厅代电（1946年11月8日）

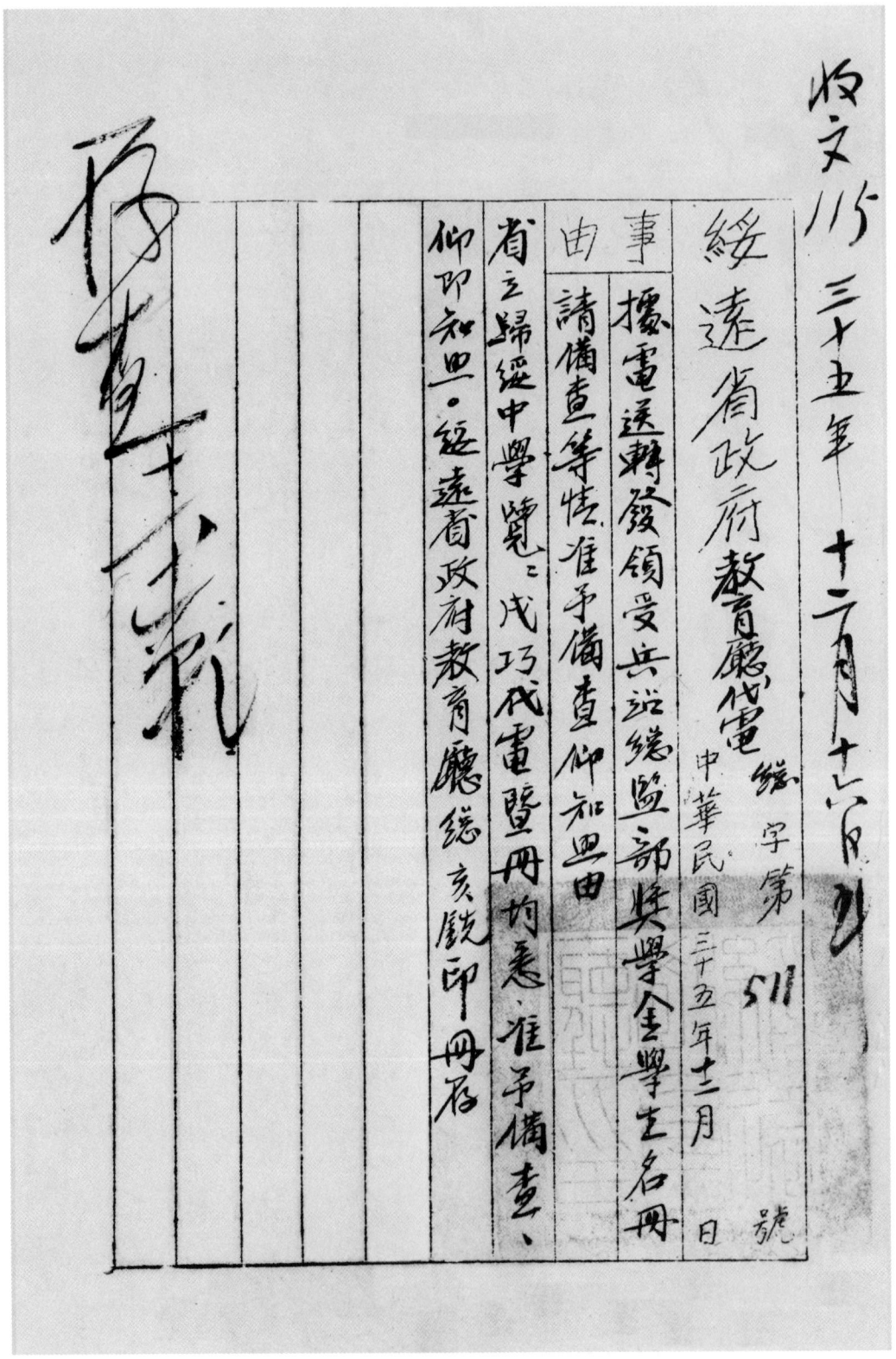

图 3-6-11 绥远省政府教育厅为转发领受兵站总监部奖学金学生名册准予备查给省立归绥中学代电（1946年12月16日）

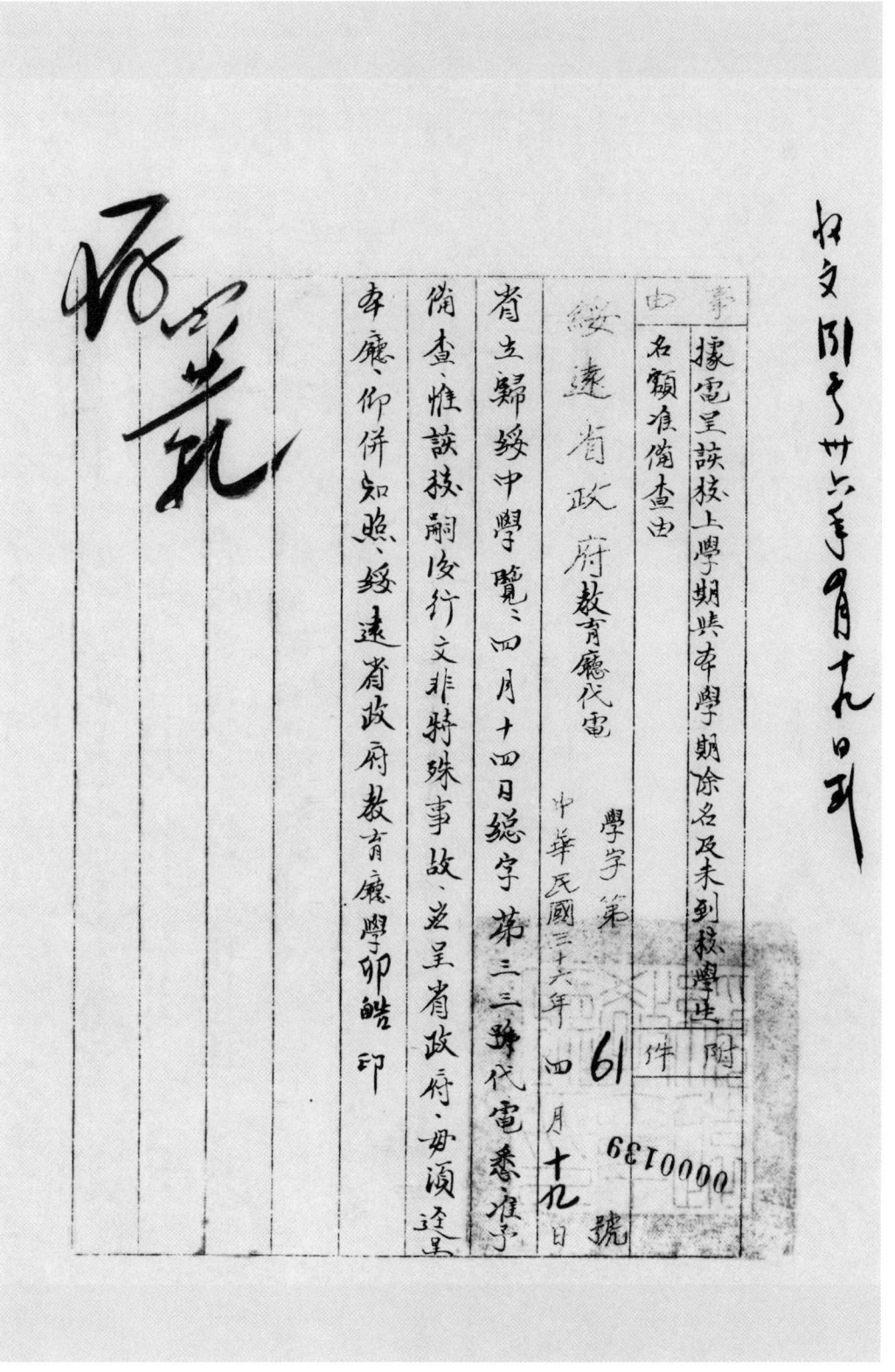

图 3-6-12　绥远省政府教育厅为该校上学期与本学期除名及未到校学生名额准予备查给省立归绥中学代电（1947年4月19日）

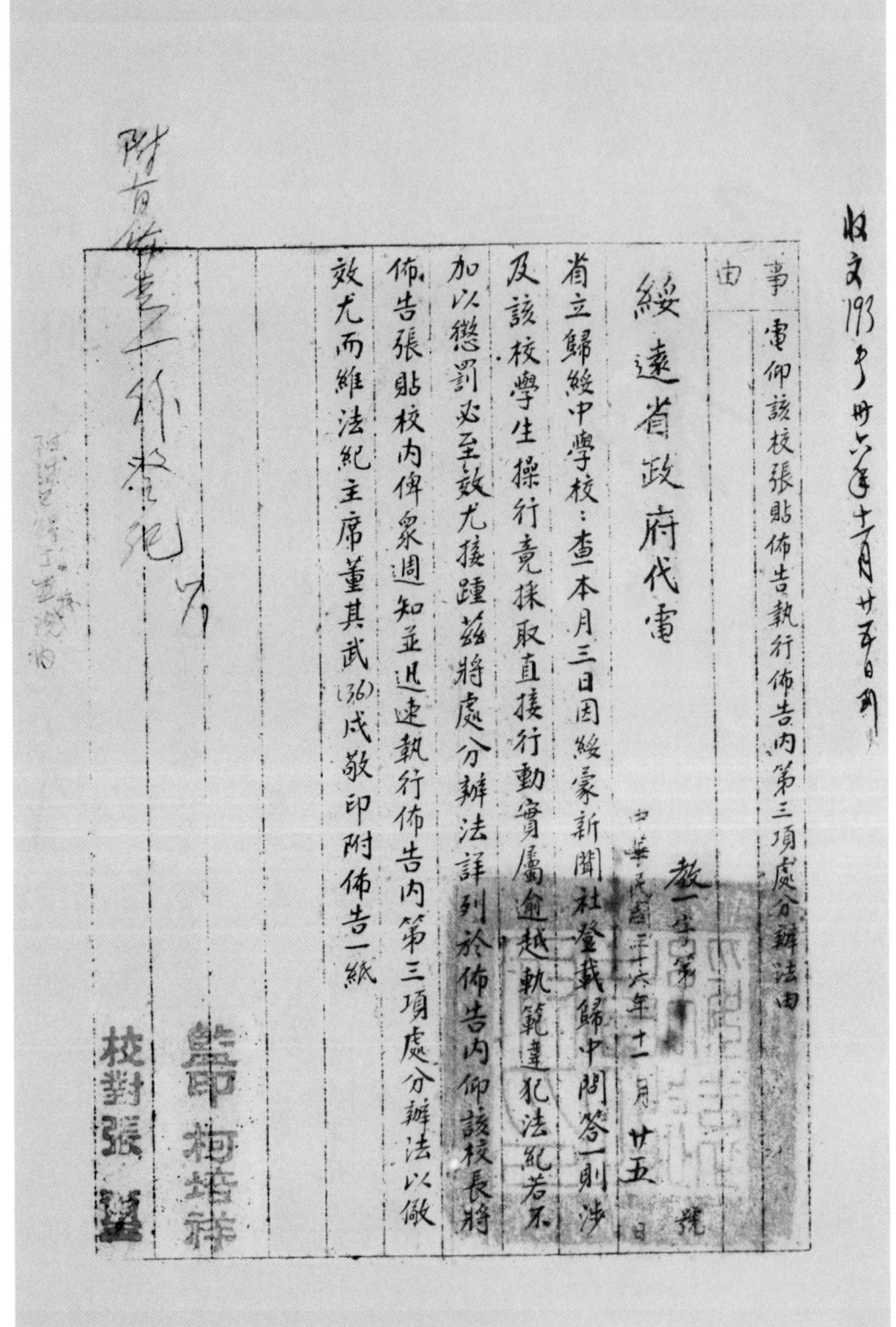

图 3-6-13　绥远省政府为张贴布告并执行布告内第三项处分办法给省立归绥中学代电（1947年11月25日）

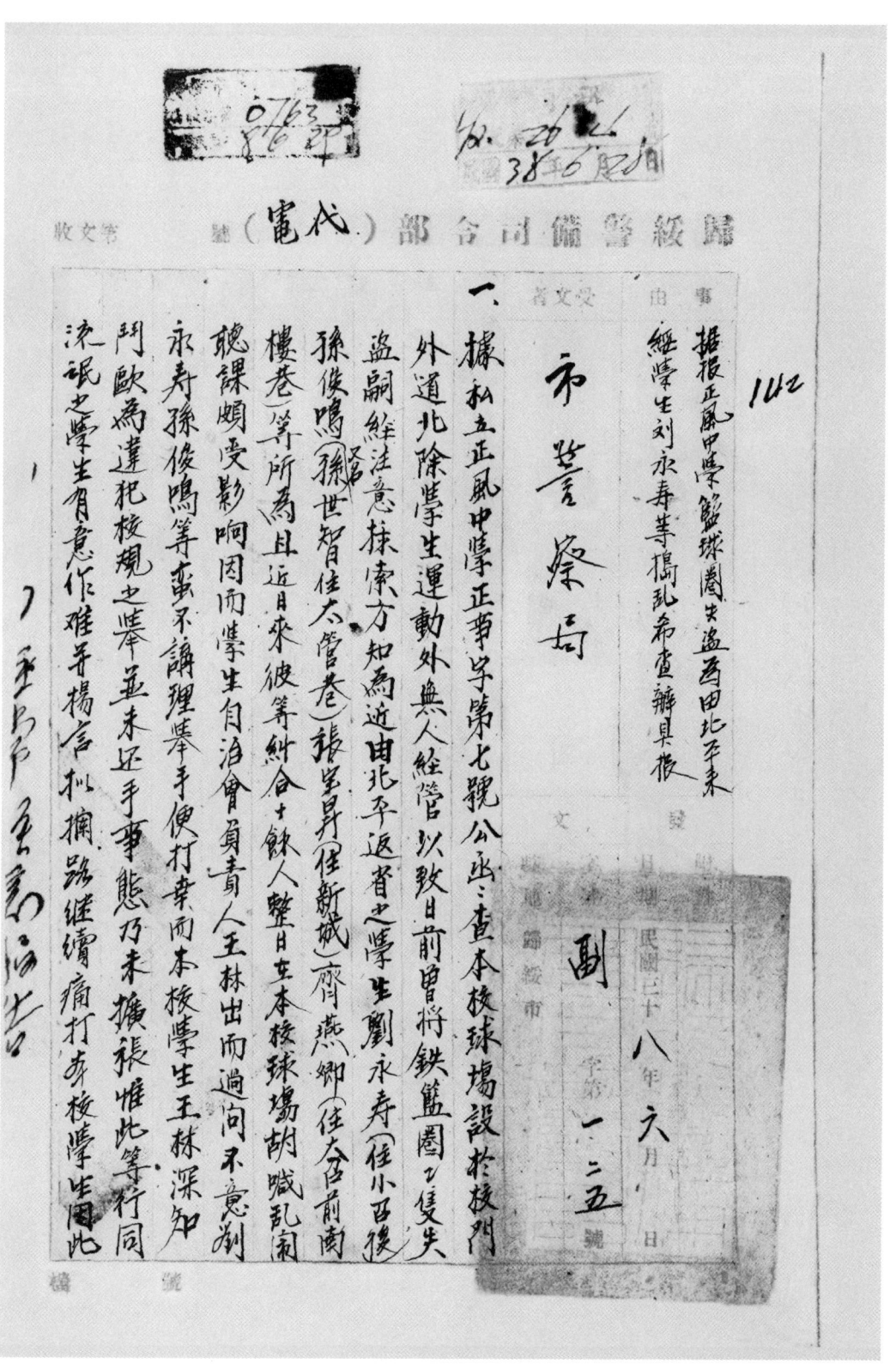

图 3-6-14 归绥警备司令部为正风中学篮球圈失盗为由北平来绥学生刘永寿等捣乱希查办具报给归绥市警察局代电（1949年6月28日）（一）

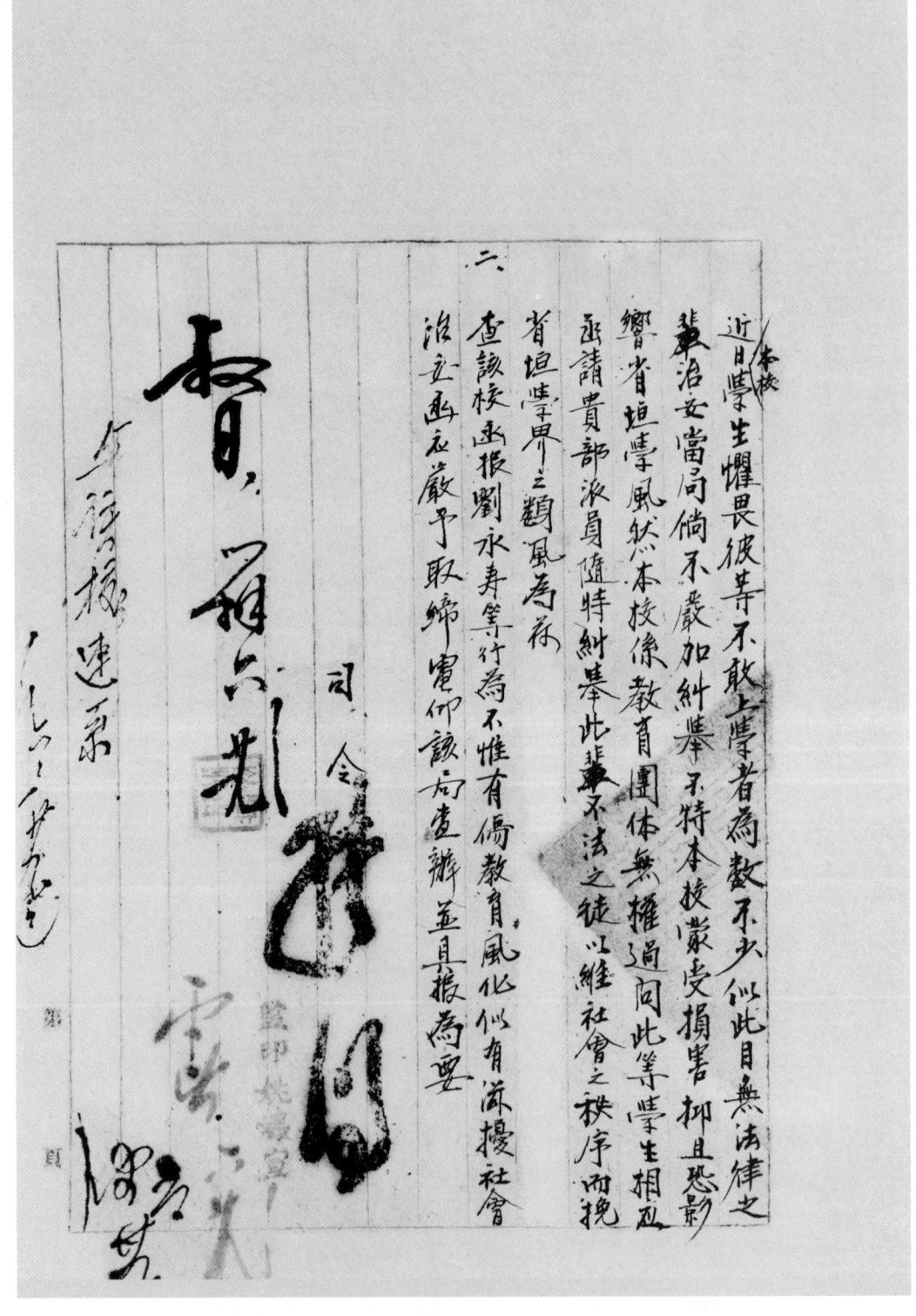

图 3-6-14 归绥警备司令部为正风中学篮球圈失盗为由北平来绥学生刘永寿等捣乱希查办具报给归绥市警察局代电（1949年6月28日）（二）

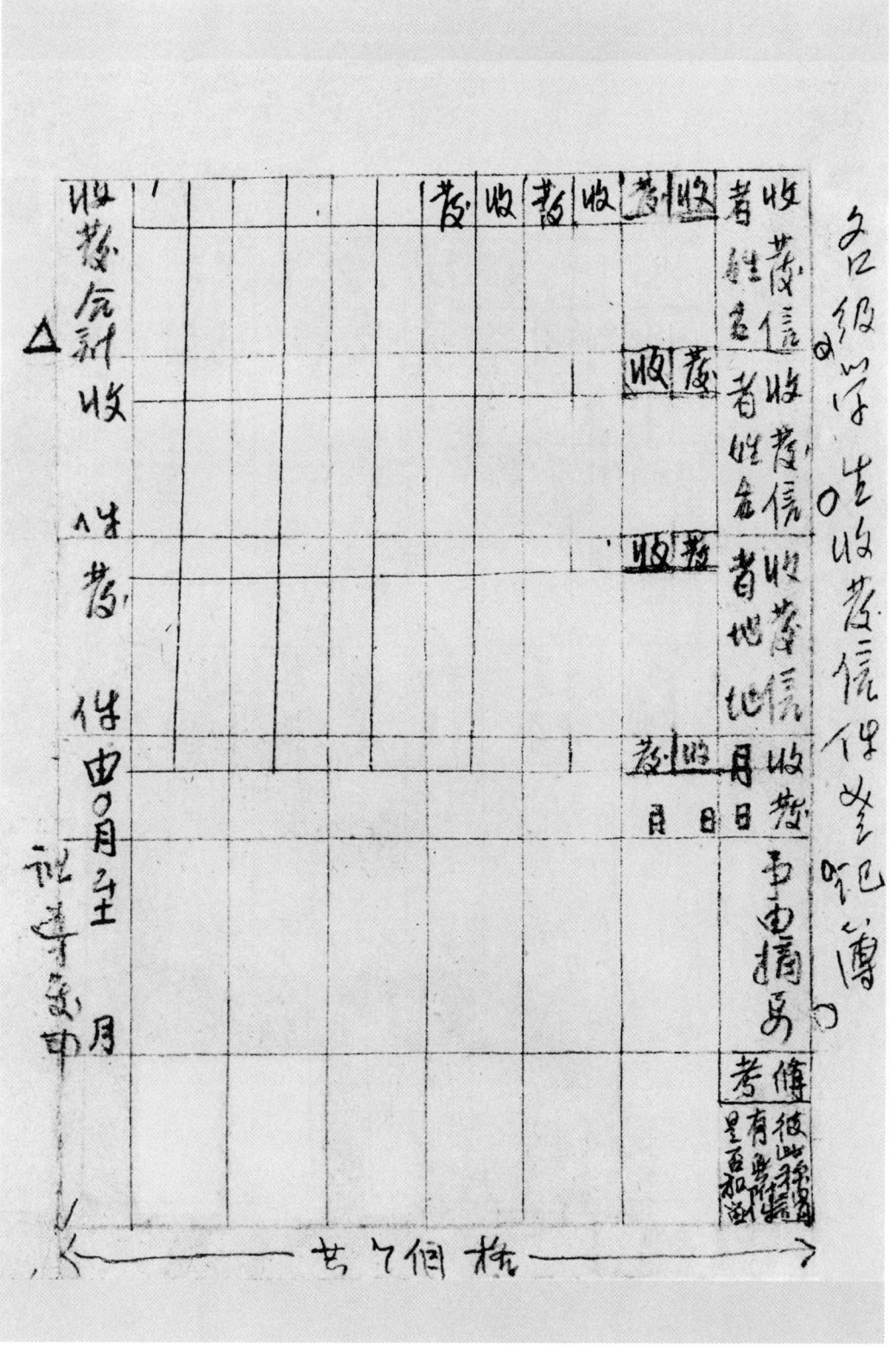

图 3-6-15 各级学生收发信件登记簿、学生品行考核簿、失物认领单、请假单式样（一）

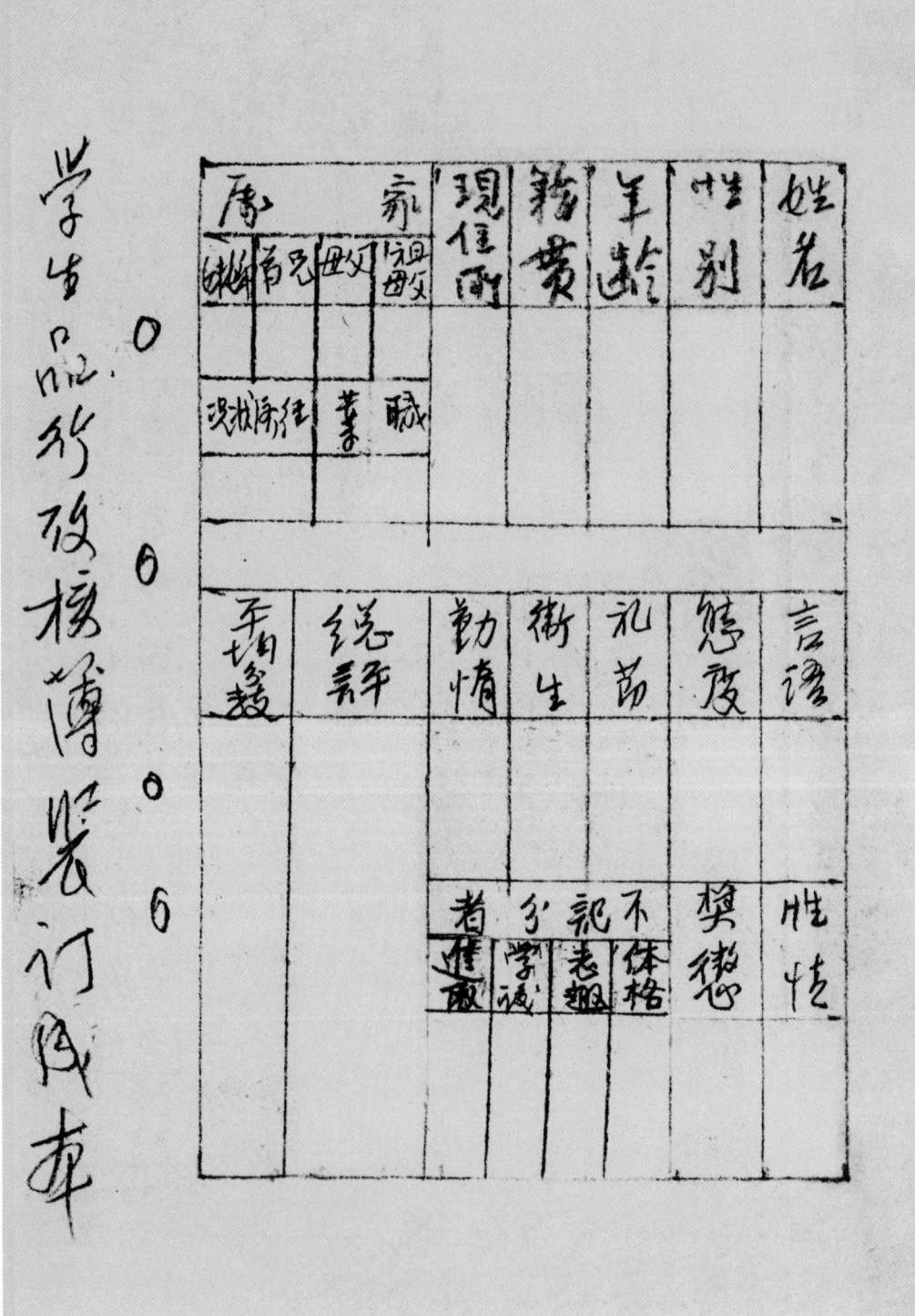

图 3-6-15　各级学生收发信件登记簿、学生品行考核簿、失物认领单、请假单式样（二）

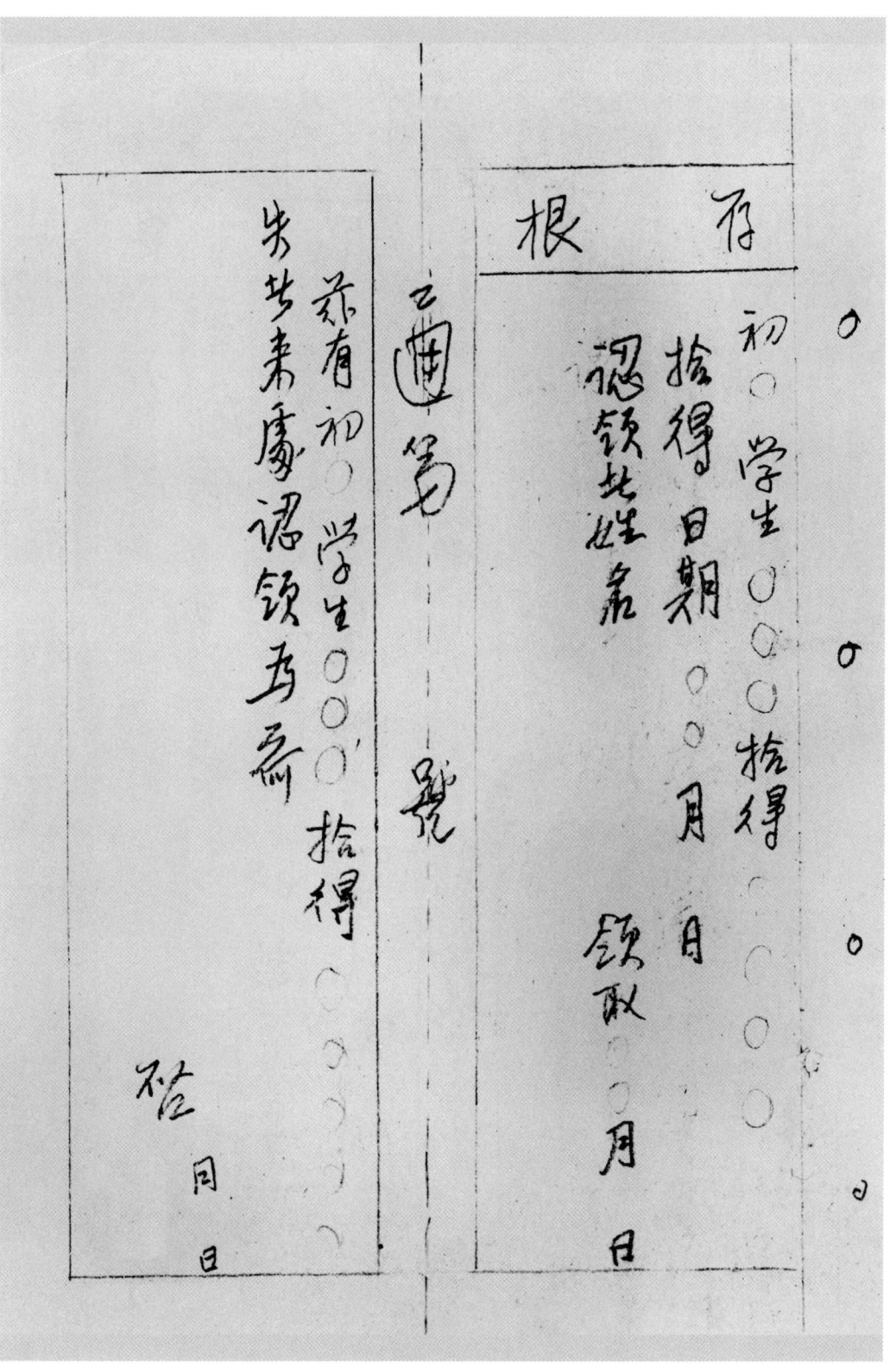

图 3-6-15 各级学生收发信件登记簿、学生品行考核簿、失物认领单、请假单式样（三）

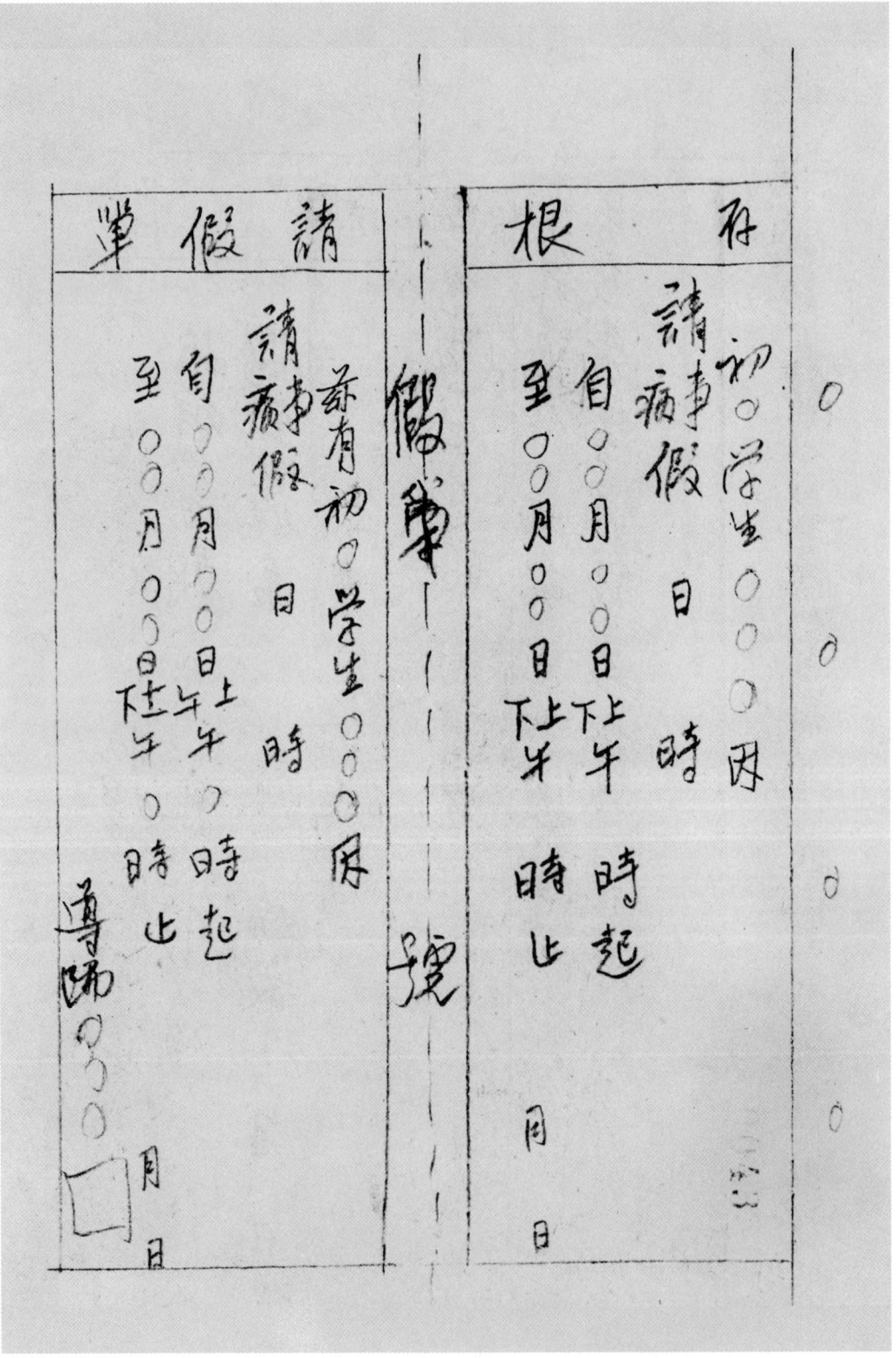

图 3-6-15 各级学生收发信件登记簿、学生品行考核簿、失物认领单、请假单式样（四）

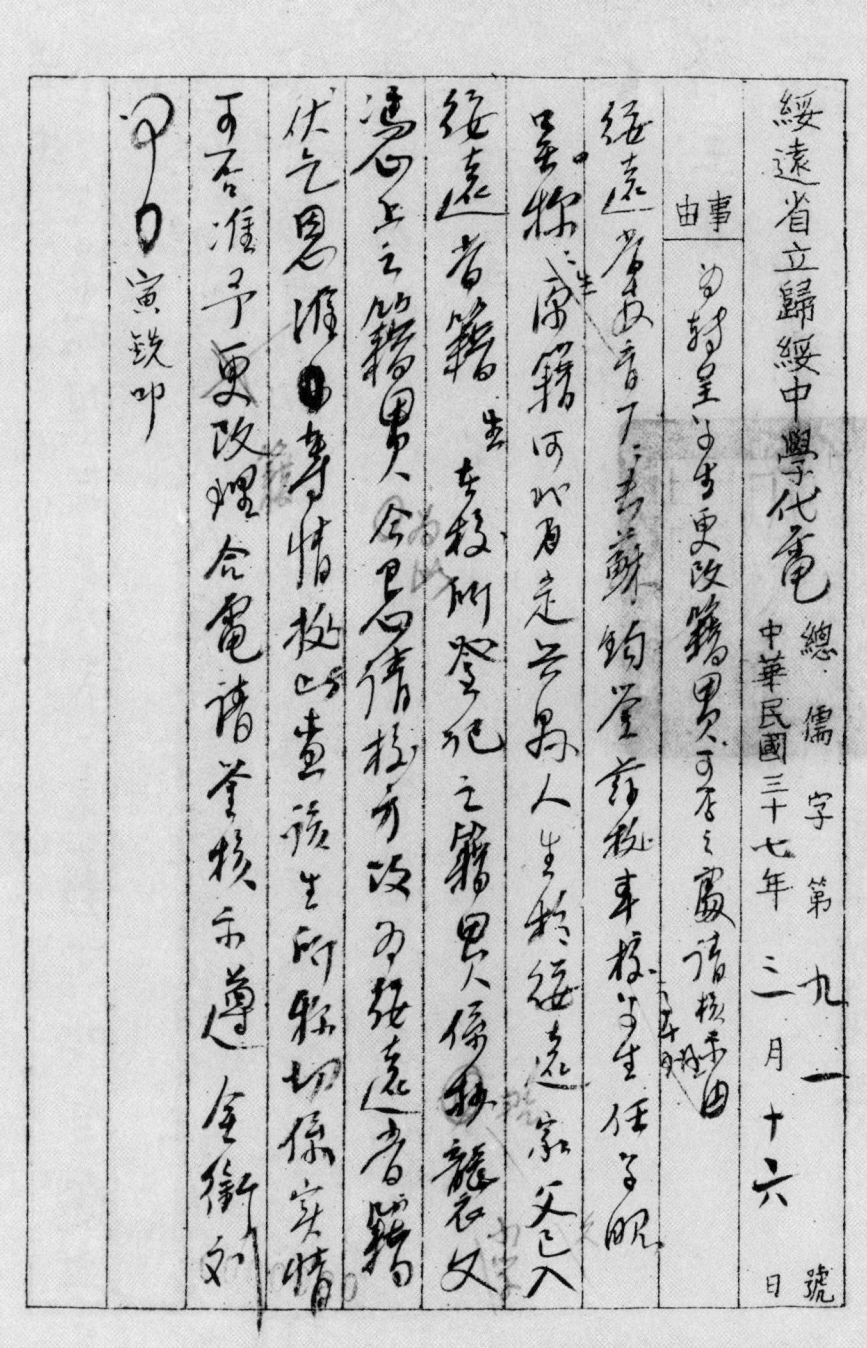

图 3-6-16 绥远省立归绥中学为转呈学生更改籍贯请示致绥远省教育厅代电（1948年3月16日）（一）

学生任学昭现年十九岁，原籍河北省宽城县人，生于绥远，家父已入绥远省籍，生在校所登记之籍毋宁系抄袭父凭上之籍贯今恳请校方改为绥远省籍，伏乞恩准为祷。

谨呈

　导师　李

　教务主任　王

　校长　刘

高十班学生 任学昭 三月十日

图 3-6-16　绥远省立归绥中学为转呈学生更改籍贯请示致绥远省教育厅代电（1948年3月16日）（二）

七　教育活动

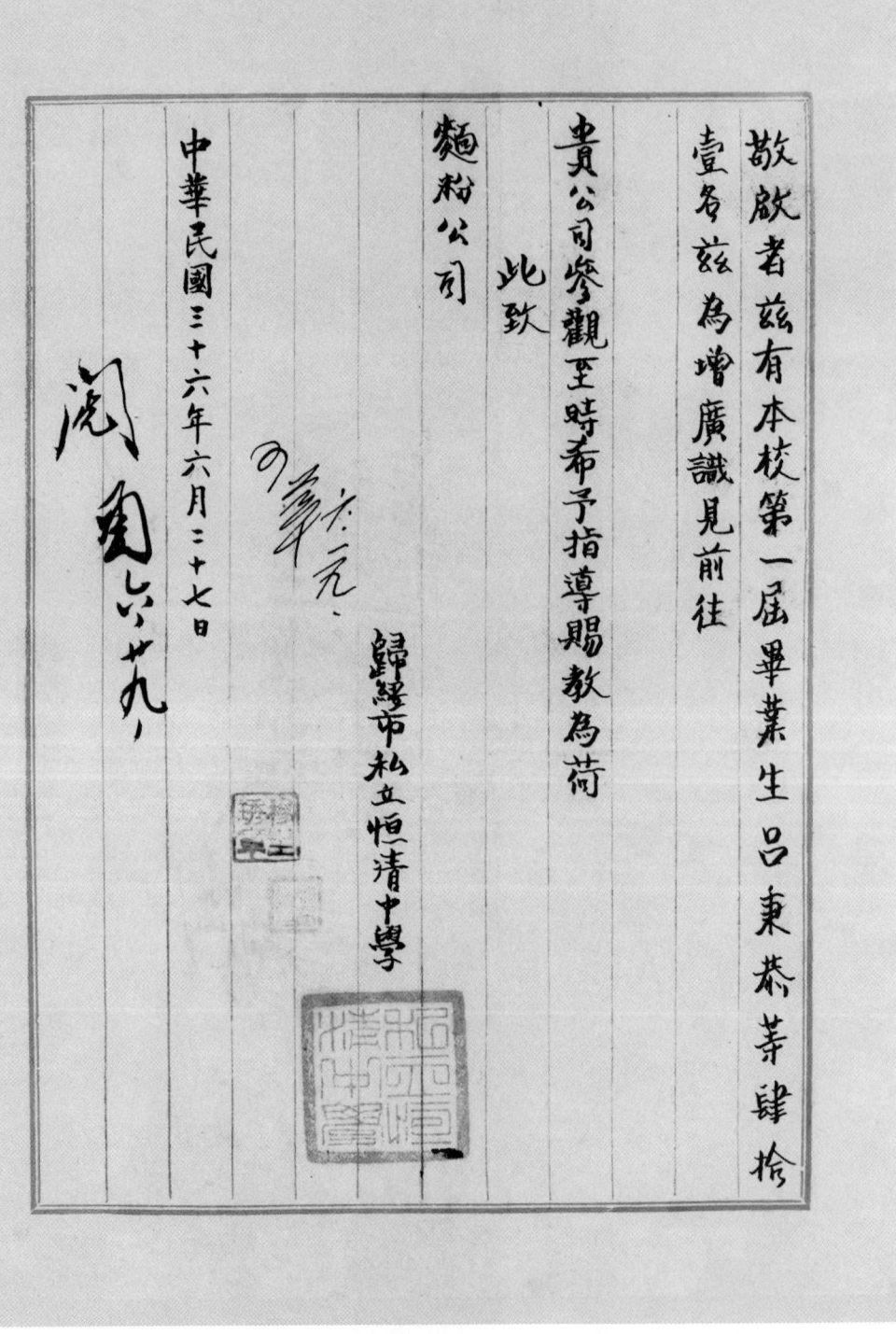

图 3-7-1　归绥市私立恒清中学为第一届毕业生前往参观致面粉公司函（1947年6月27日）

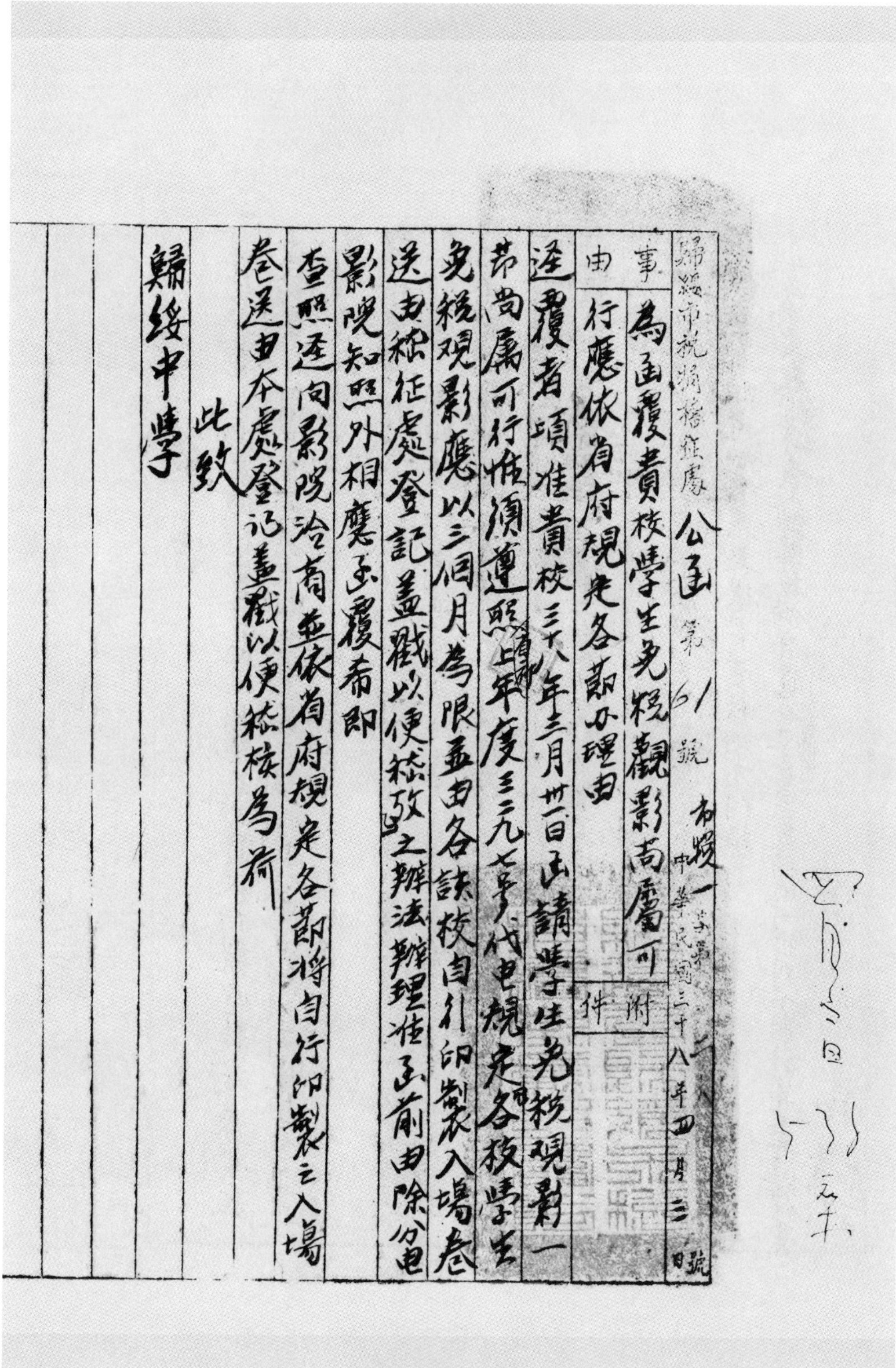

归绥市税捐稽征处 公函第 6 号 发绥一字第 民国三十八年四月三日 附件

事由　为函覆贵校学生免税观影尚属可行应依省府规定各节办理由

逕覆者顷准贵校三八年三月卅一日卅七年代电规定各校学生免税观影应以三个月为限盖由各该校自行印制表入场卷送由敝征处登记盖戳以便税敌之办法办理准予前由除分电影院知照外相应玉覆希即查照逕向影院洽商并依有省府规定各节将自行印製之入场卷送由本处登记盖戳以便税核为荷

此致

归绥中学

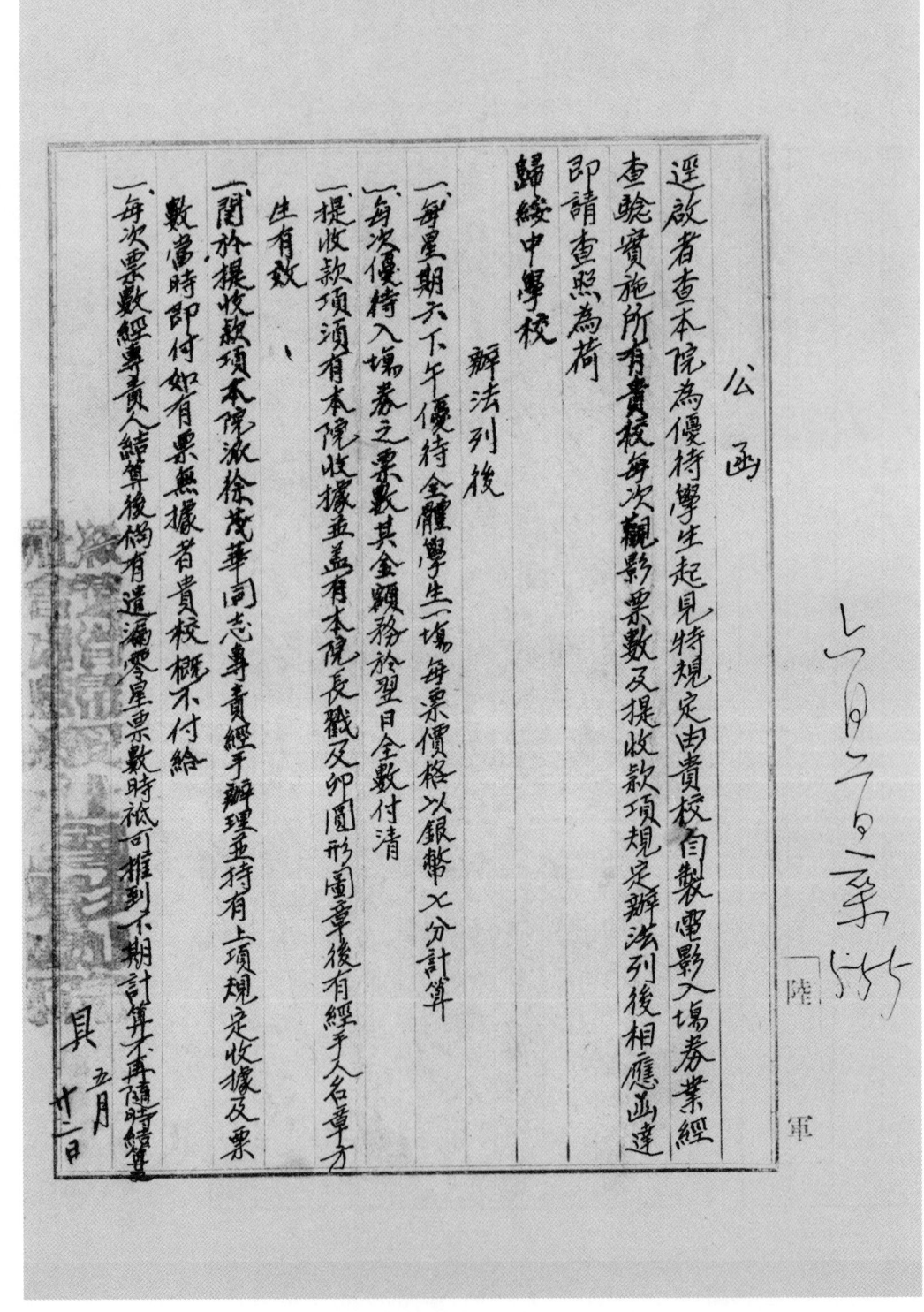

图 3-7-3　绥远省社会处归绥社会影剧院为送达优待学生观影票数及提收款项规定办法给归绥中学校公函（1949年5月22日）

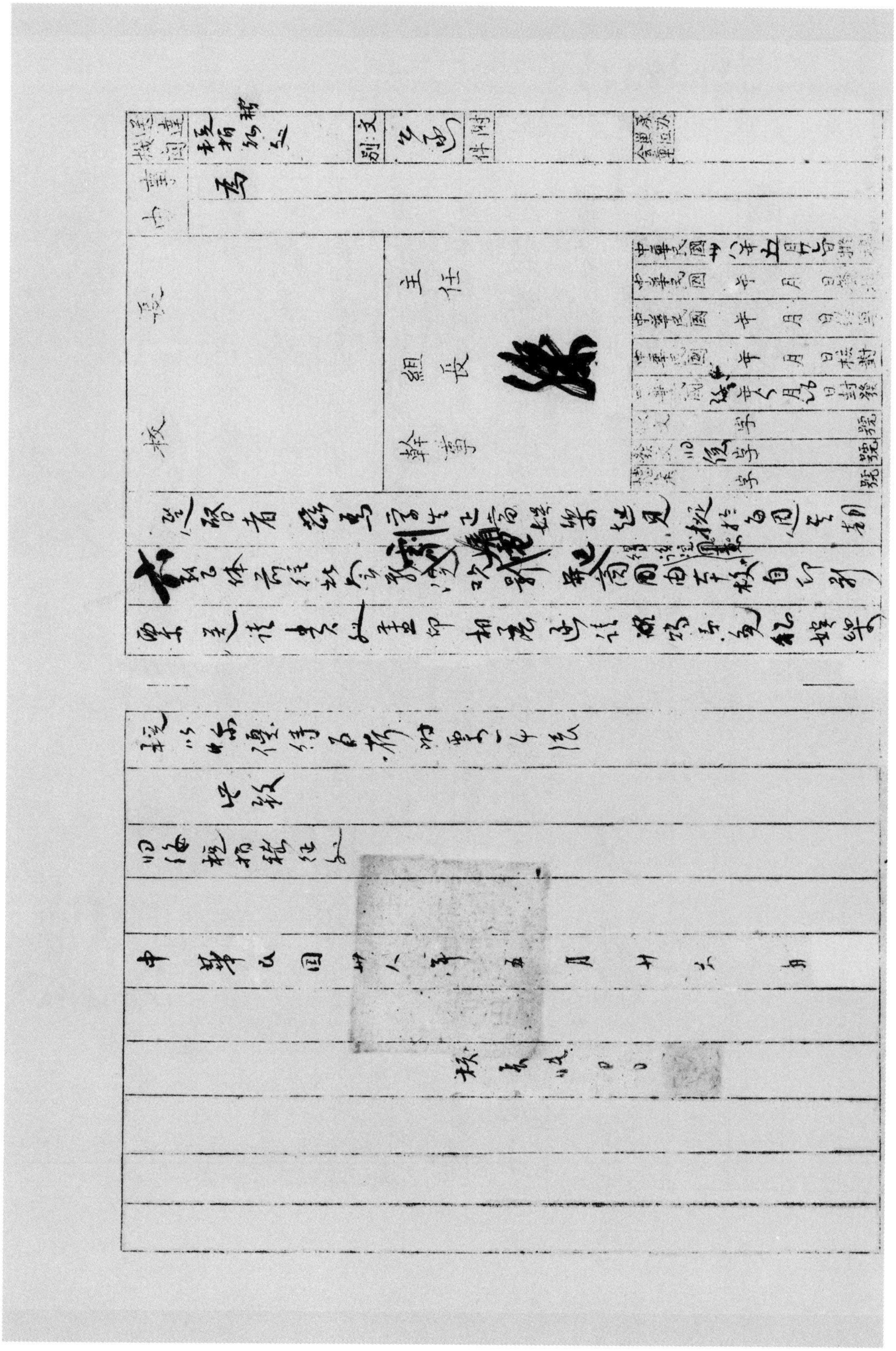

图 3-7-4 国立绥远中学为自印影票免征娱乐税致归绥市税捐稽征处公函（1949 年 5 月 26 日）

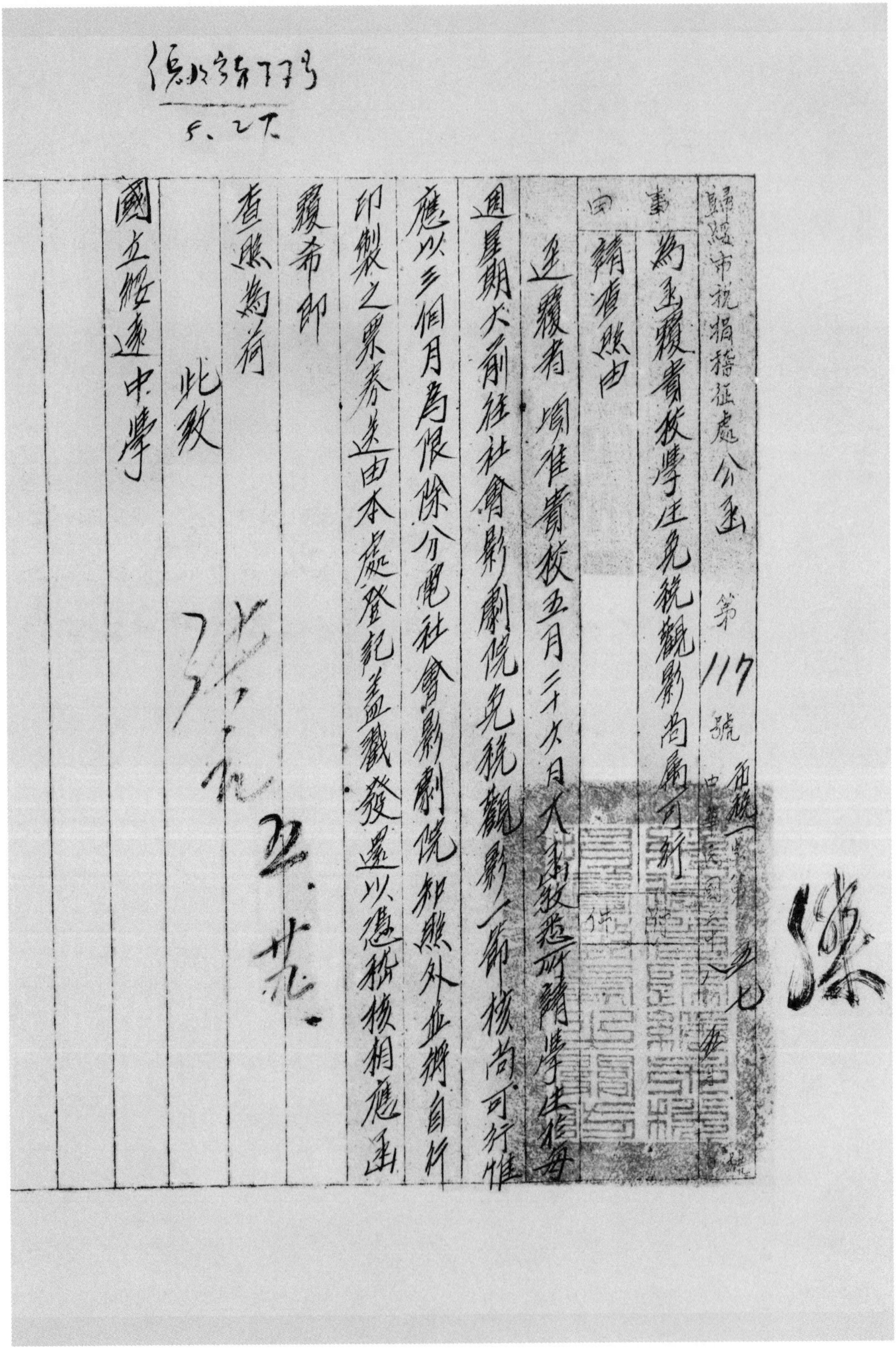

归绥市税捐稽征处公函 第117号

事由 为函覆贵校学生免税观影尚属可行 请查照由

迳覆者顷准贵校五月二十六日大函敬悉所请学生每週星期六前往社会影剧院免税观影一节核尚可行惟应以三个月为限除分电社会影剧院知照外并希自行印制之票券送由本处登记盖戳发还以凭抽核相应函覆希即查照为荷 此致

国立绥远中学

图 3-7-5 归绥市税捐稽征处为学生免税观影尚属可行致国立绥远中学公函（1949年5月27日）

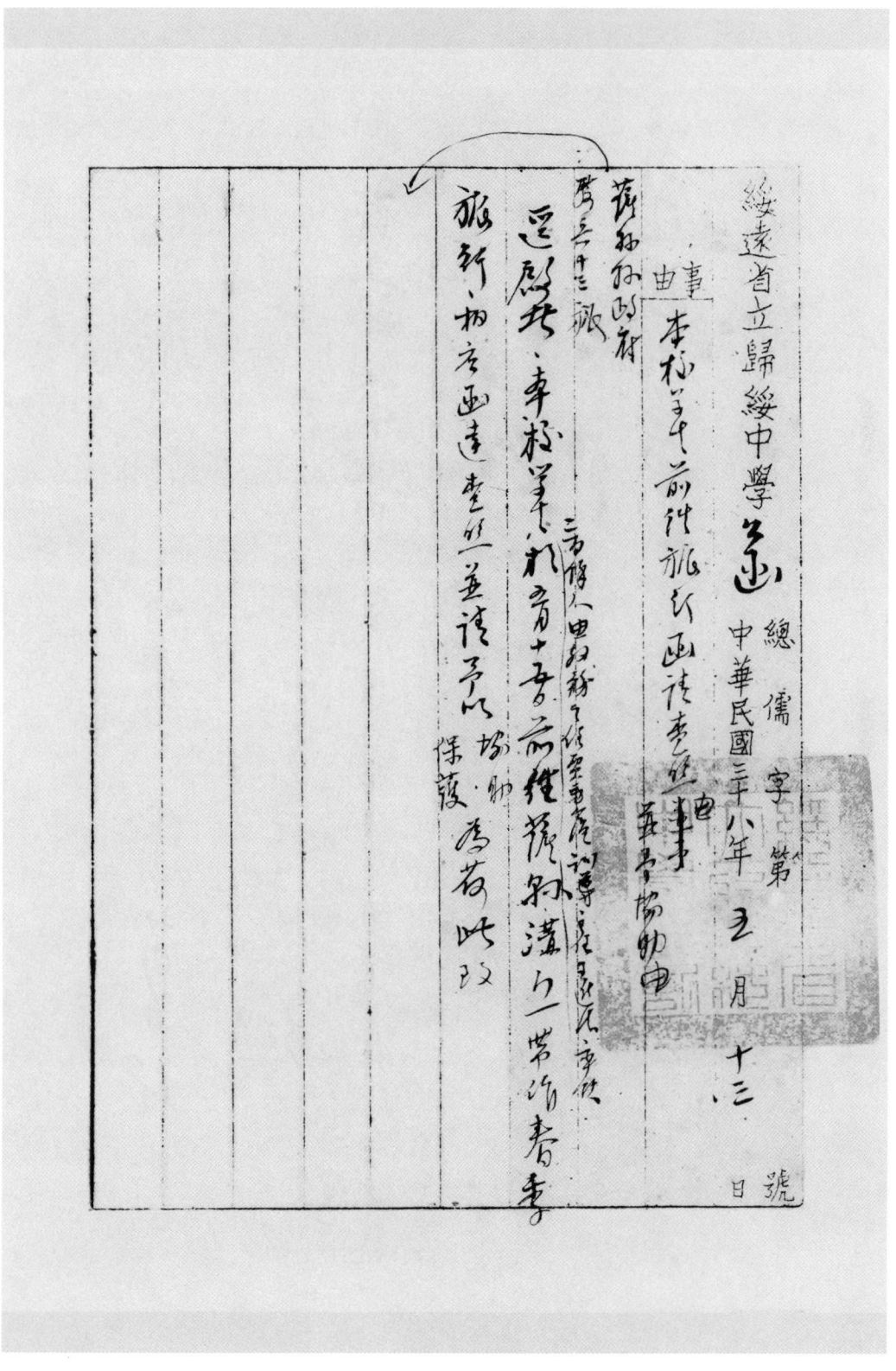

图 3-7-6　绥远省立归绥中学为学生前往旅行请予协助保护致萨县政府和驻兵十三旅公函（1949 年 5 月 13 日）

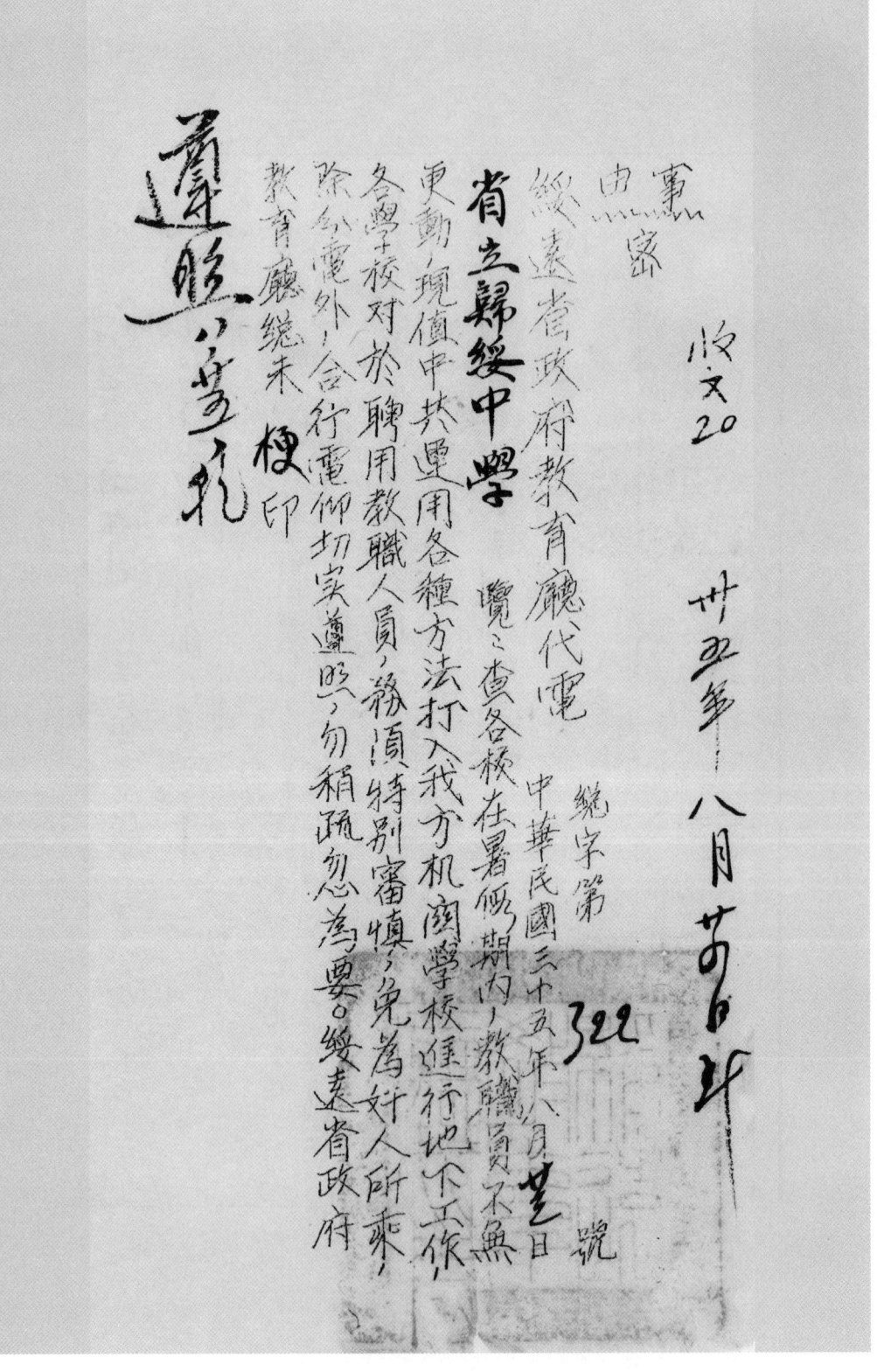

图 3-7-7 绥远省政府教育厅为聘用教职人员务须特别审慎给省立归绥中学密电（1946 年 8 月 23 日）

图 3-7-8 归绥市政府为晋北军区城工部派人赴察绥投考各中学暗中活动希即饬属严密防范致警察局密电（附绥远警备司令部致归绥市政府密电）（1948年8月10日）（一）

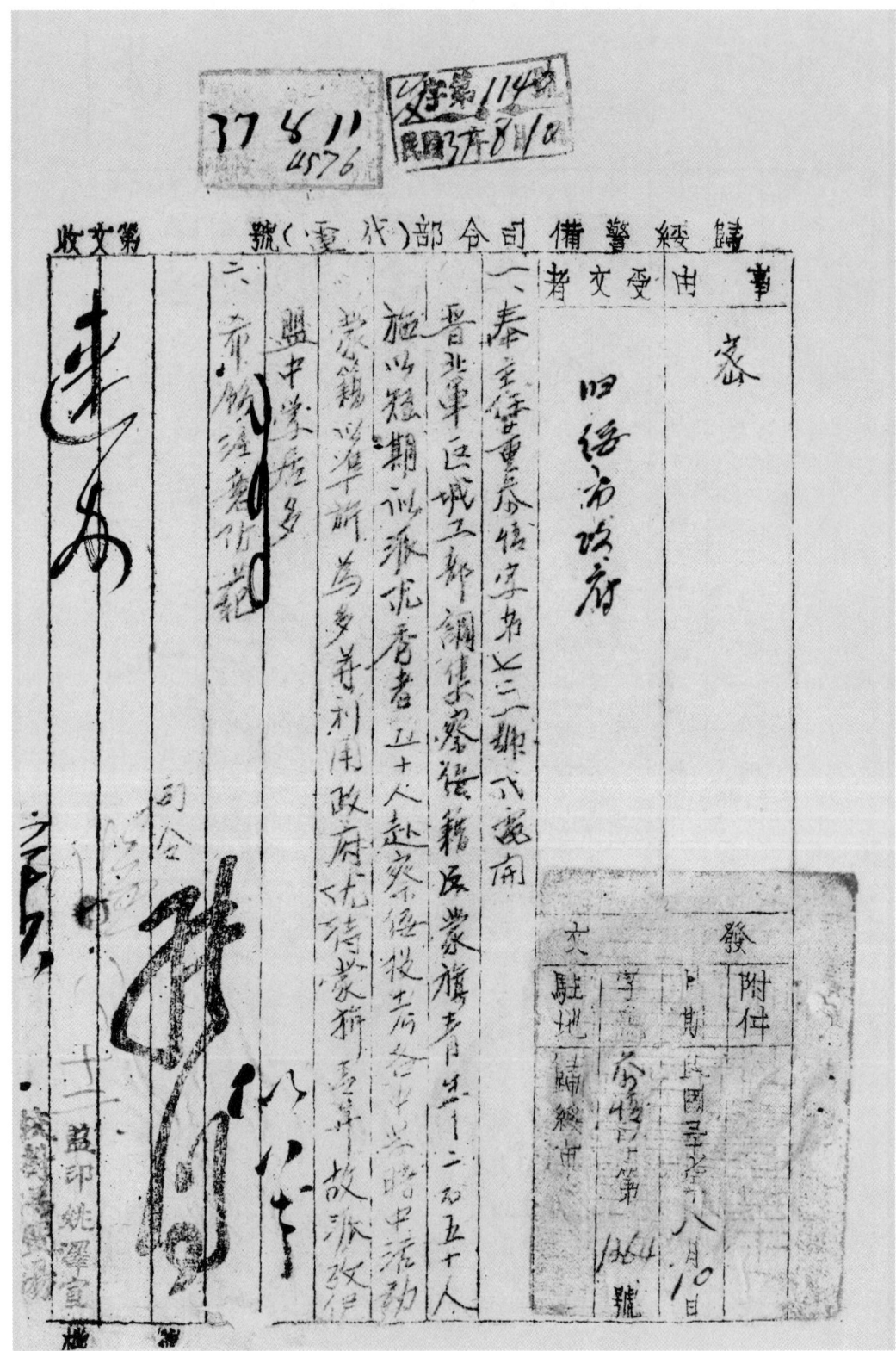

图 3-7-8　归绥市政府为晋北军区城工部派人赴察绥投考各中学暗中活动希即饬属严密防范致警察局密电（附绥远警备司令部致归绥市政府密电）（1948年8月10日）（二）

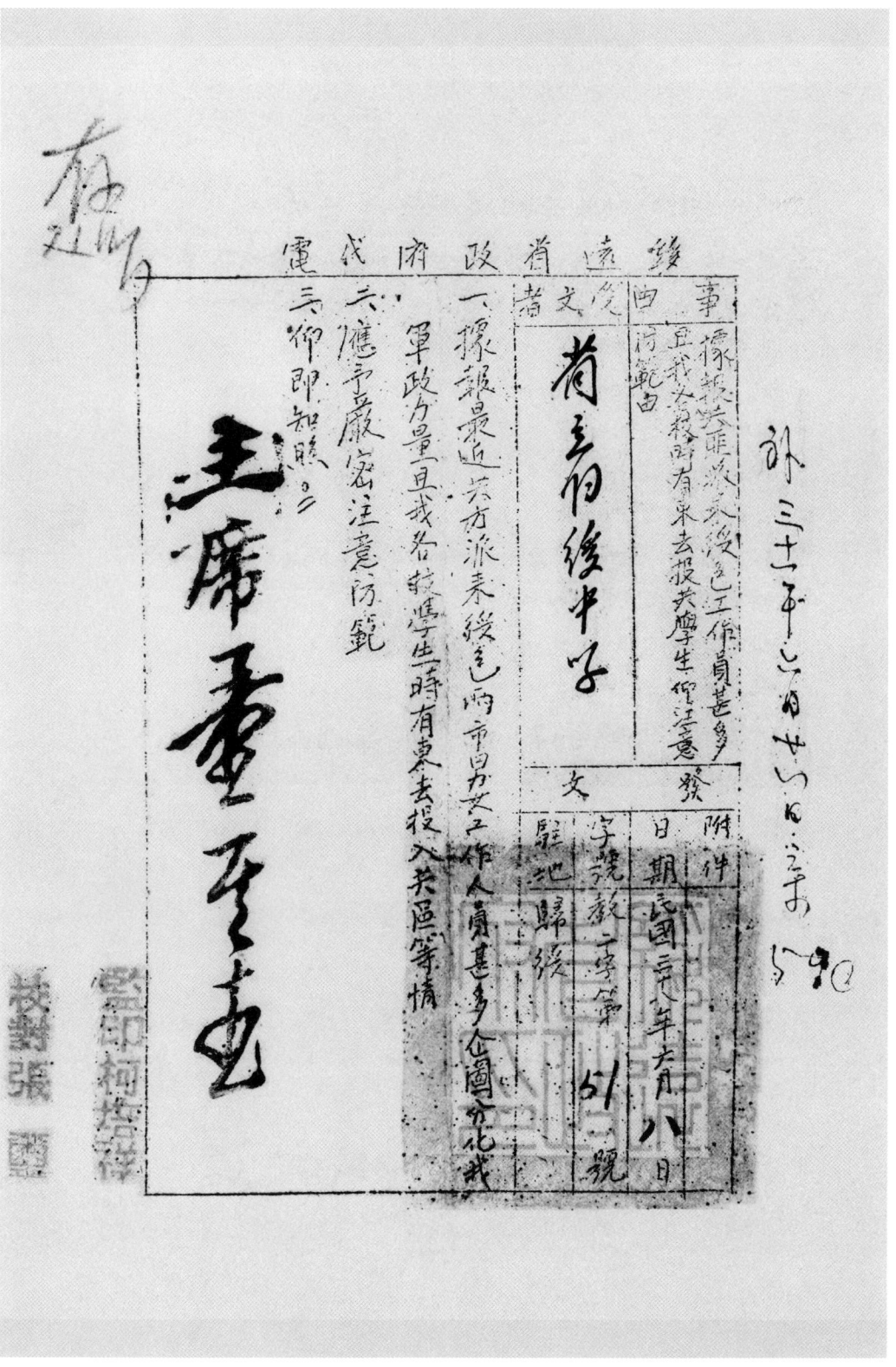

图 3-7-9　绥远省政府为注意防范"共匪"派来绥包工作人员及东去投共学生给省立归绥中学代电（1949 年 6 月 8 日）

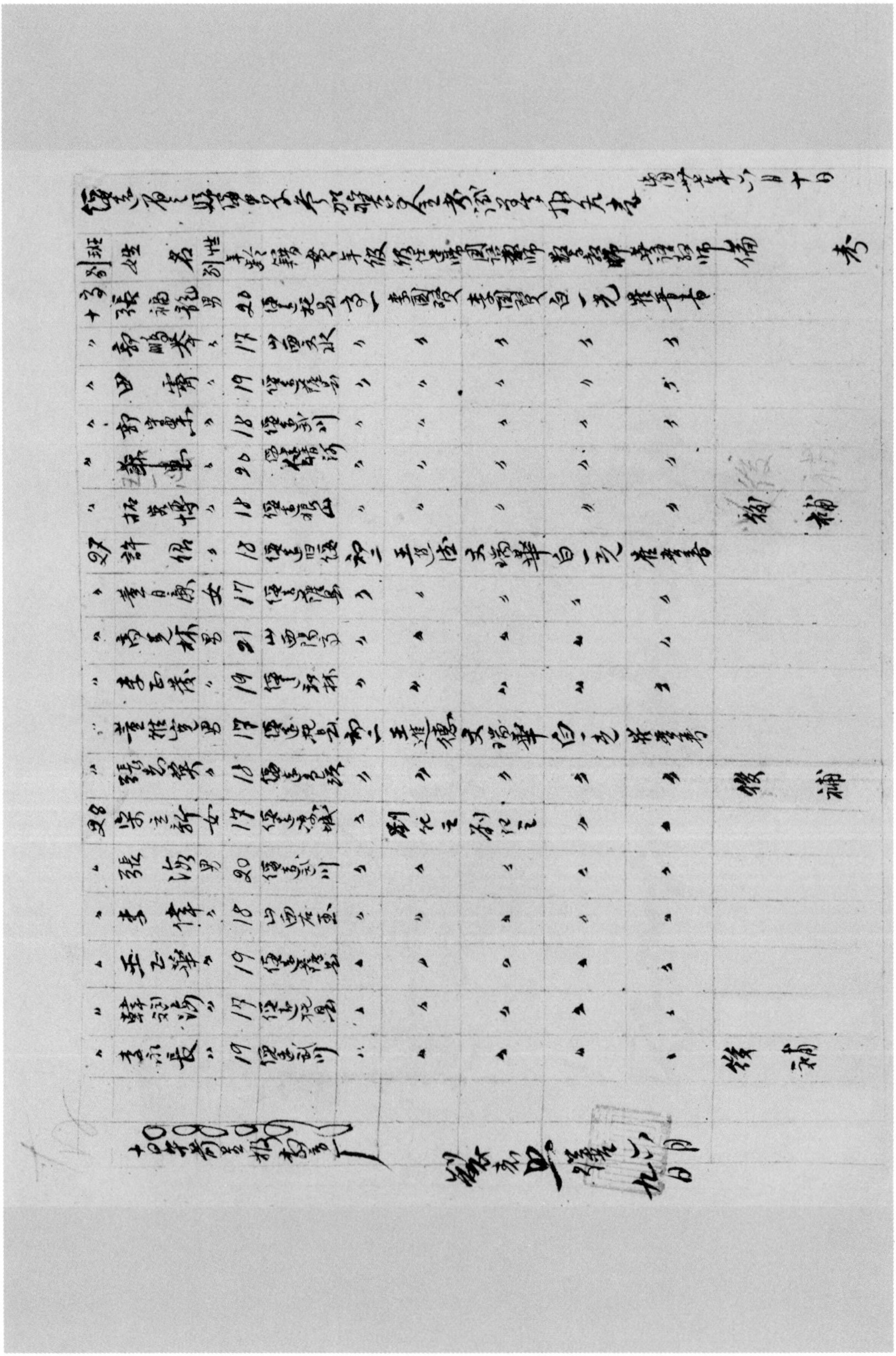

图 3-7-10　绥远省立归绥中学参加奖学金考试学生报名表（1948年6月10日）

图 3-7-11　绥远省直辖团管区司令部为高中学生集训未曾实施者仍应依法征召致归绥市政府代电（1947年10月3日）

归文字第廿七号 十月十八日到

事由 电转高中学生集训未曾实施者仍应依法征召仰知照由

绥远省政府教育厅代电

总字第

中华民国三十六年十月十七日号

省立归绥中学：

案准绥远绥靖公署团管区司令部本年十月三日崇字第〇一九五号代电开：「案奉国防部卅六戌惟实施在案准军字第一〇二〇号代电开：『查高中学生集训一案奉大总统延实施在案，查高中学生集训未开始前凡三十四年度以前毕业学生受过军训（及格）获得在校军训及格证明书视同预备军官（预备军士）平时不再受征集，其在卅五年十月以后毕业学生受过军训者改发学分证明书仍应依法受一般之征召为推可缩短其服现役期间但师范毕业学生现任小学教师者不受此限』除分令各团管区外特电遵照」等由，除分电外特电知照为荷等因，一笔由准此除分电外合行电仰知照

绥远省政府教育厅绥酉

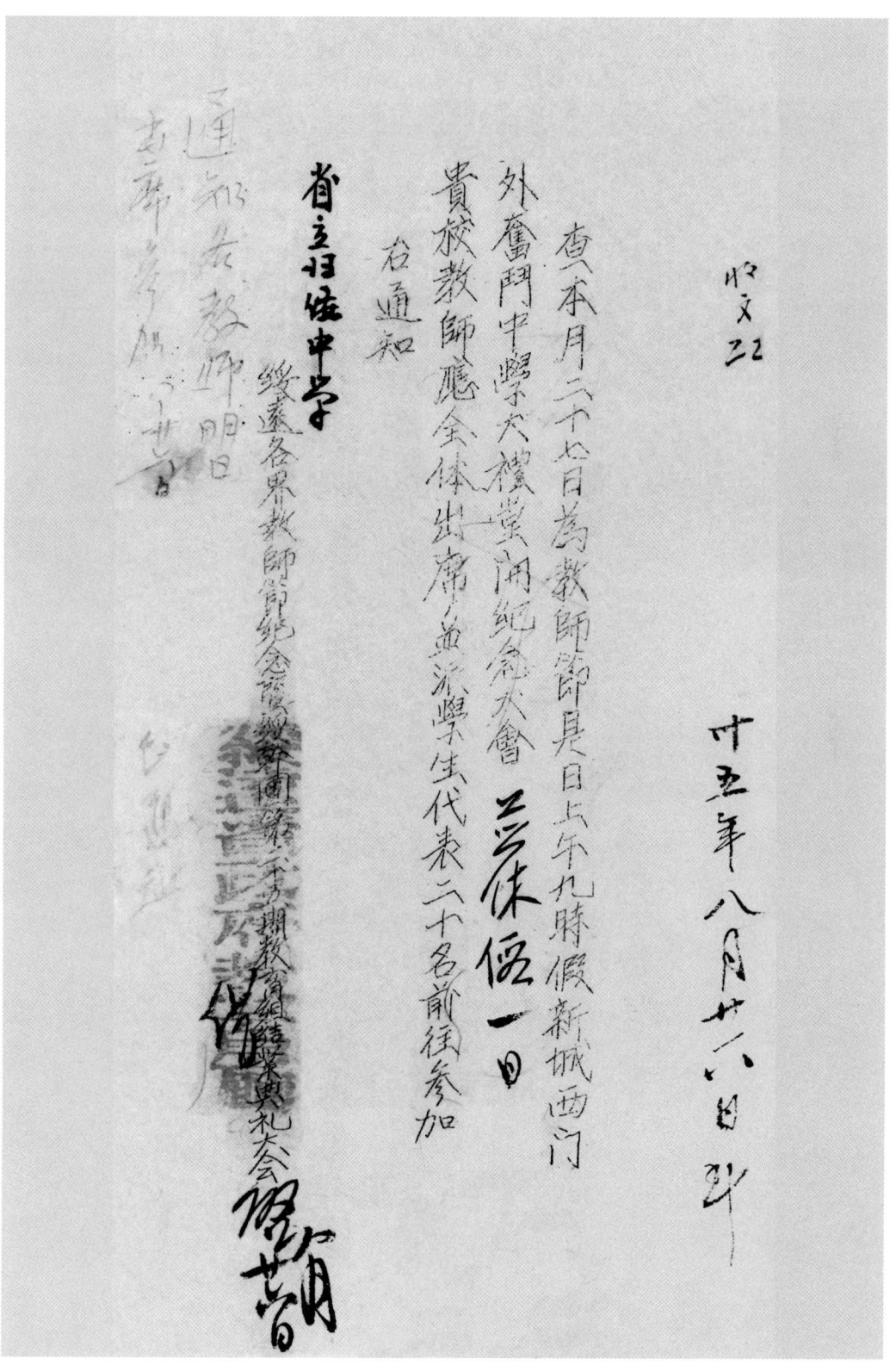

图 3-7-13　绥远省政府教育厅、绥远省各界教师节纪念暨绥干团第二十五期教育组结业典礼大会为召开教师节纪念大会给省立归绥中学通知（1946 年 8 月 26 日）

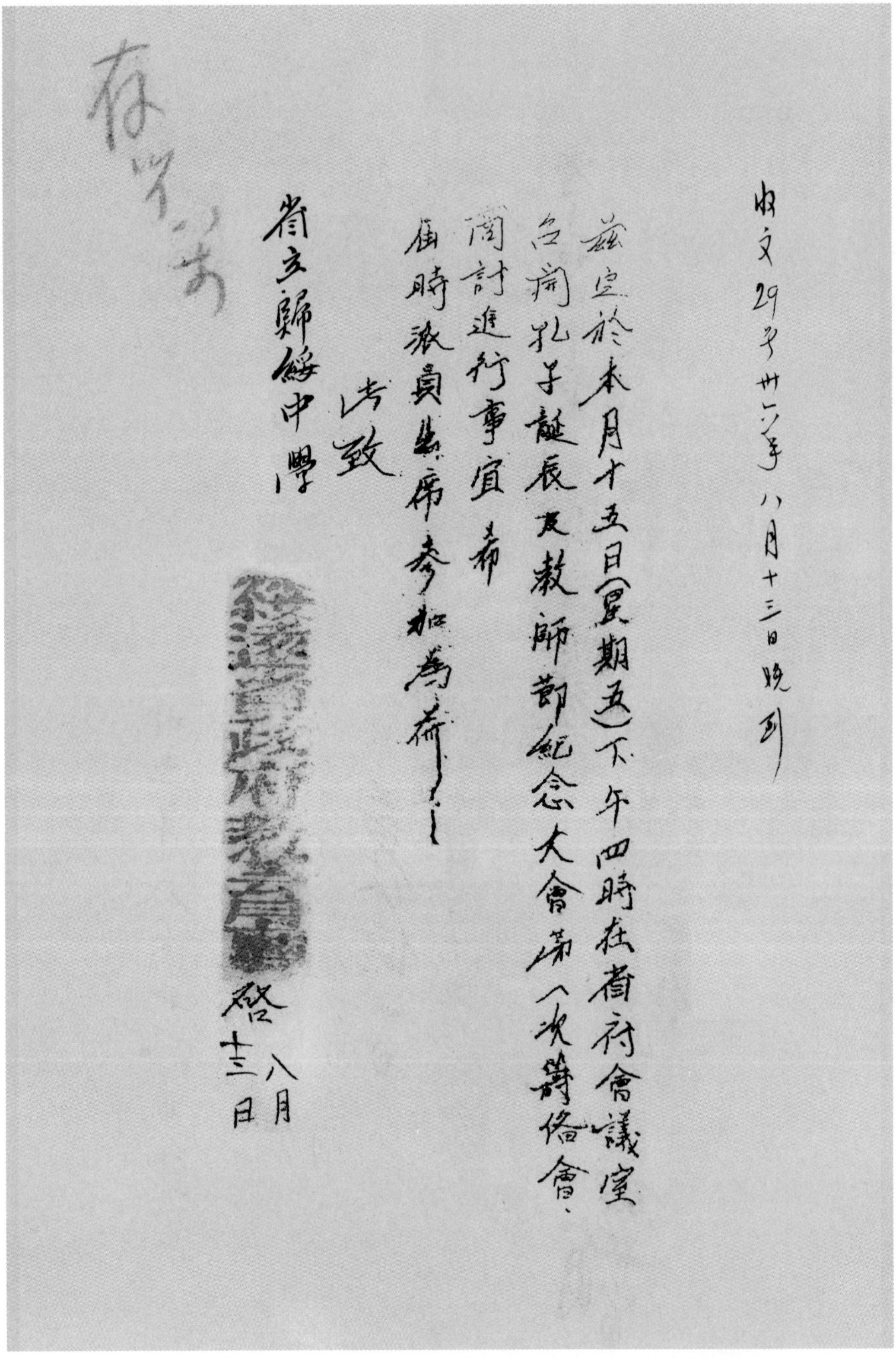

收文 29 子廿二号 八月十三日晚到

存

兹定于本月十五日（星期五）下午四时在省府会议室召开孔子诞辰及教师节纪念大会第一次筹备会，商讨进行事宜，希届时派员出席参加为荷

此致

省立归绥中学

绥远省政府教育厅 启 八月十三日

图 3-7-14 绥远省政府教育厅绥远省各界三十六年度孔子诞辰及教师节纪念大会筹备会为孔子诞辰及教师节相关事宜致省立归绥中学函（1947年8月13日—8月20日）（一）

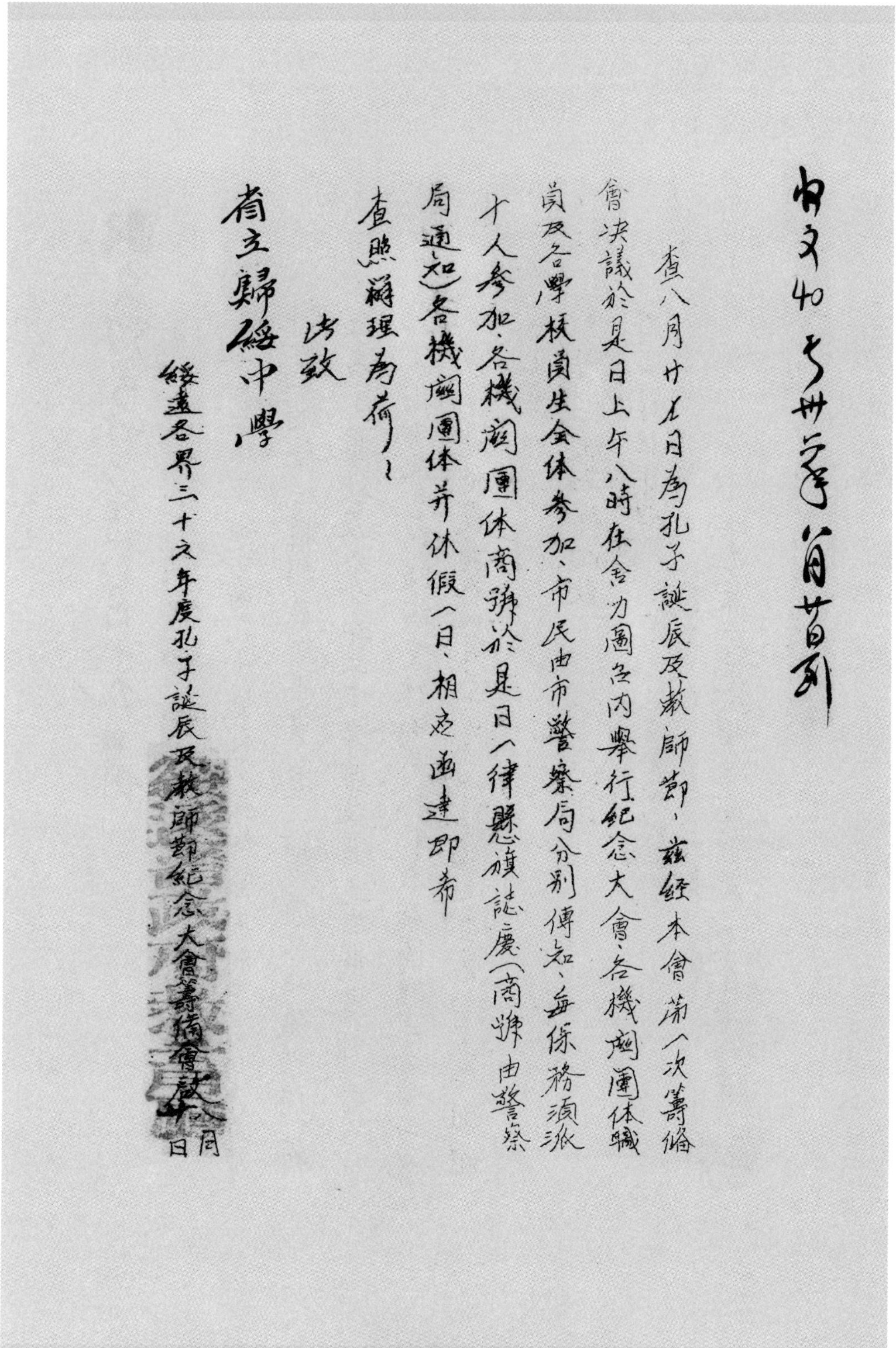

中文40 卅六年八月廿日到

查八月廿七日為孔子誕辰及教師節，茲經本會第一次籌備會決議於是日上午八時在舍力圖召內舉行紀念大會，各機關團体職員及各學校教員生全体參加，市民由市警察局分別傳知，每保務須派十人參加，各機關團体商號於是日一律懸旗誌慶（商號由警察局通知），各機關團体并休假一日，相應函達，即希查照辦理為荷！

此致

省立歸綏中學

綏遠各界三十六年度孔子誕辰及教師節紀念大會籌備會啟

月 日

图 3-7-14　绥远省政府教育厅绥远省各界三十六年度孔子诞辰及教师节纪念大会筹备会为孔子诞辰及教师节相关事宜致省立归绥中学函（1947 年 8 月 13 日—8 月 20 日）（二）

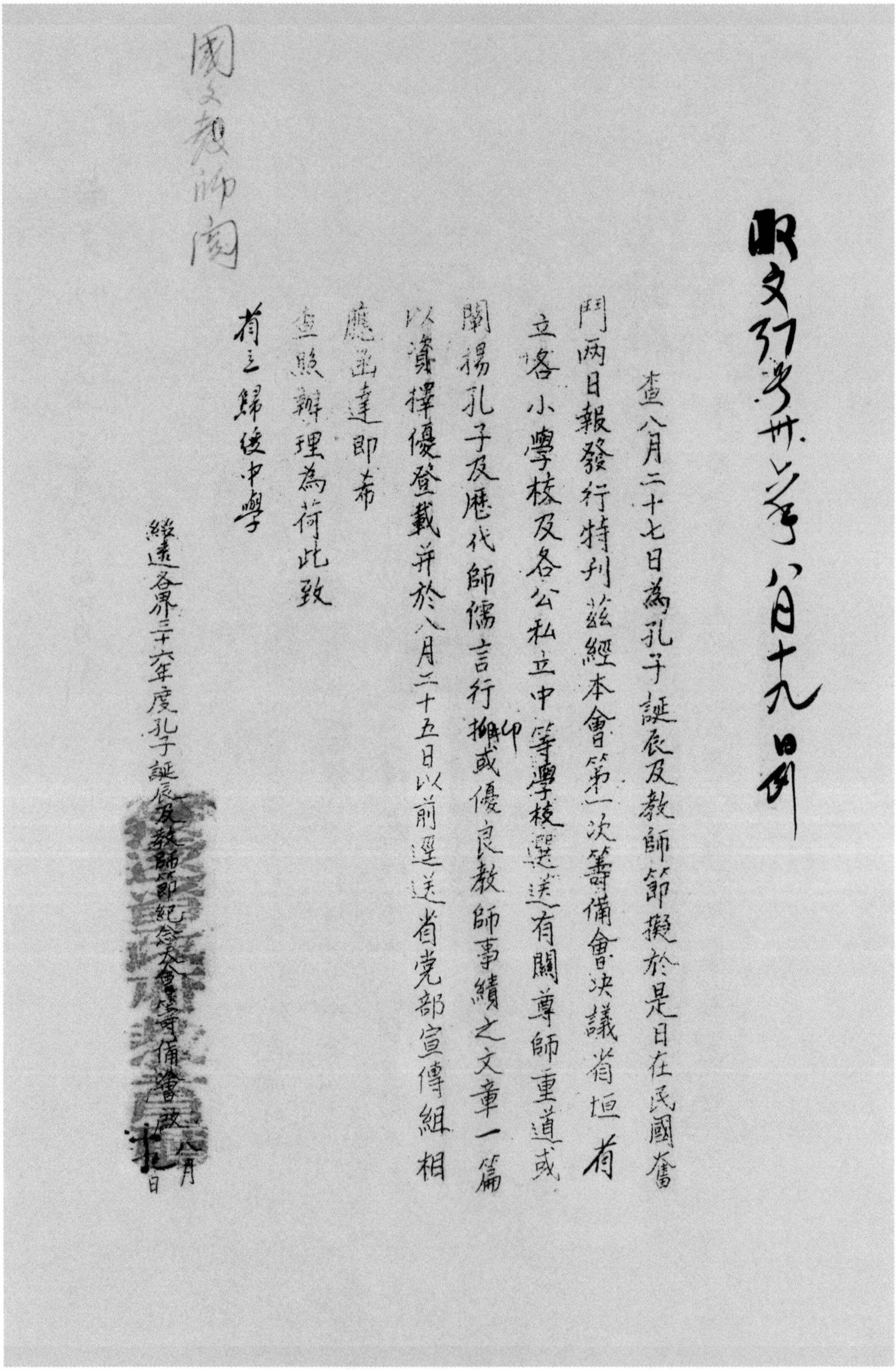

即文到务廿三字八日十九日到

国文教师阅

查八月二十七日为孔子诞辰及教师节拟於是日在民国礼
堂两日报发行特刊兹经本会第一次筹备会决议省垣省
立各小学校及各公私立中等学校选送一有关尊师重道或
关扬孔子及历代师儒言行抑或优良教师事迹之文章一篇
以资择优登载并於八月二十五日以前迳送省党部宣传组相
应函达即希
查照办理为荷此致
省立归绥中学

绥远各界三十六年度孔子诞辰及教师节纪念大会筹备会启 八月 日

图 3-7-14 绥远省政府教育厅绥远省各界三十六年度孔子诞辰及教师节纪念大会筹备会为孔子诞辰及教师节相关事宜致省立归绥中学函（1947年8月13日—8月20日）（三）

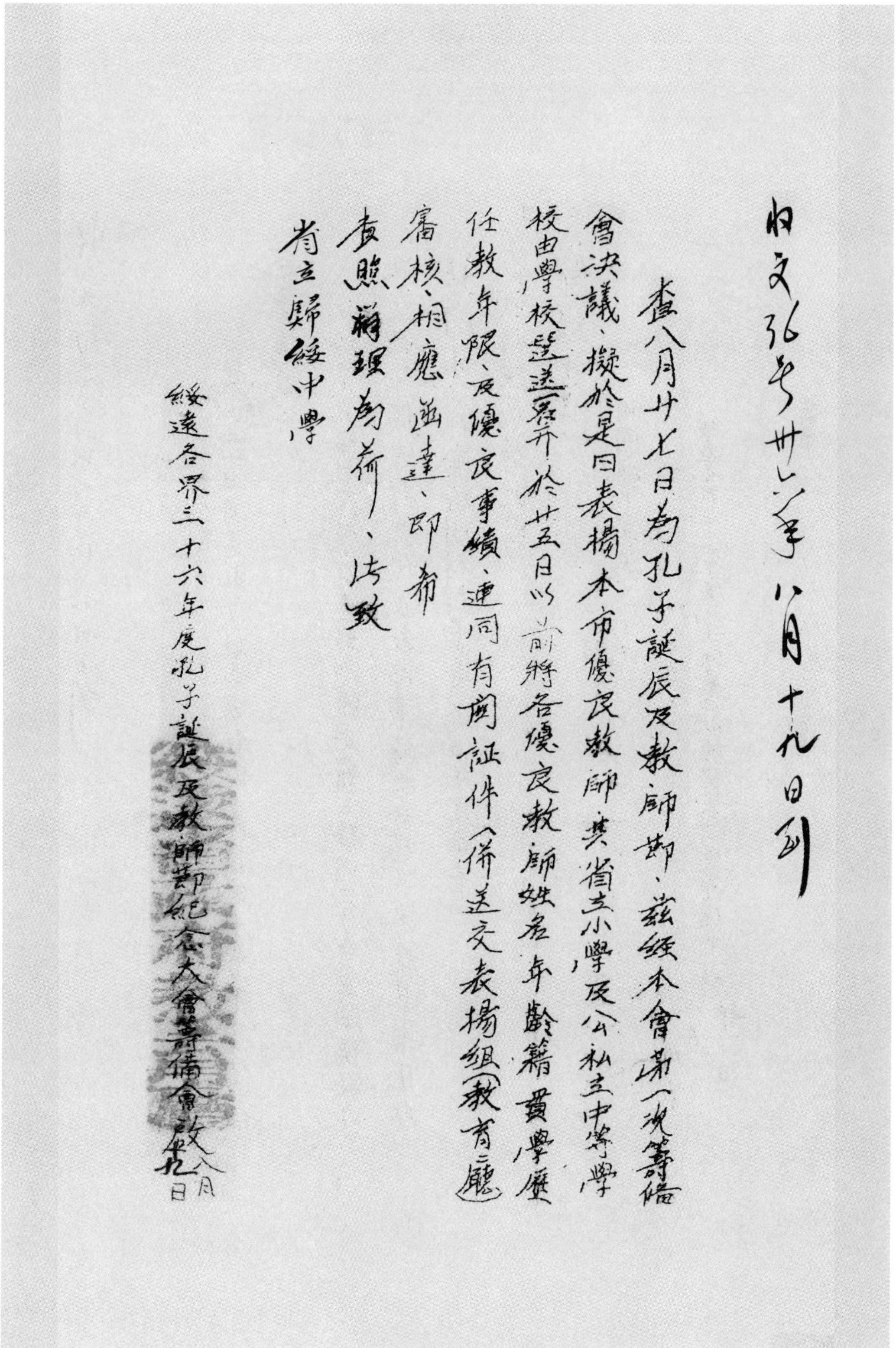

图 3-7-14 绥远省政府教育厅绥远省各界三十六年度孔子诞辰及教师节纪念大会筹备会为孔子诞辰及教师节相关事宜致省立归绥中学函（1947年8月13日—8月20日）（四）

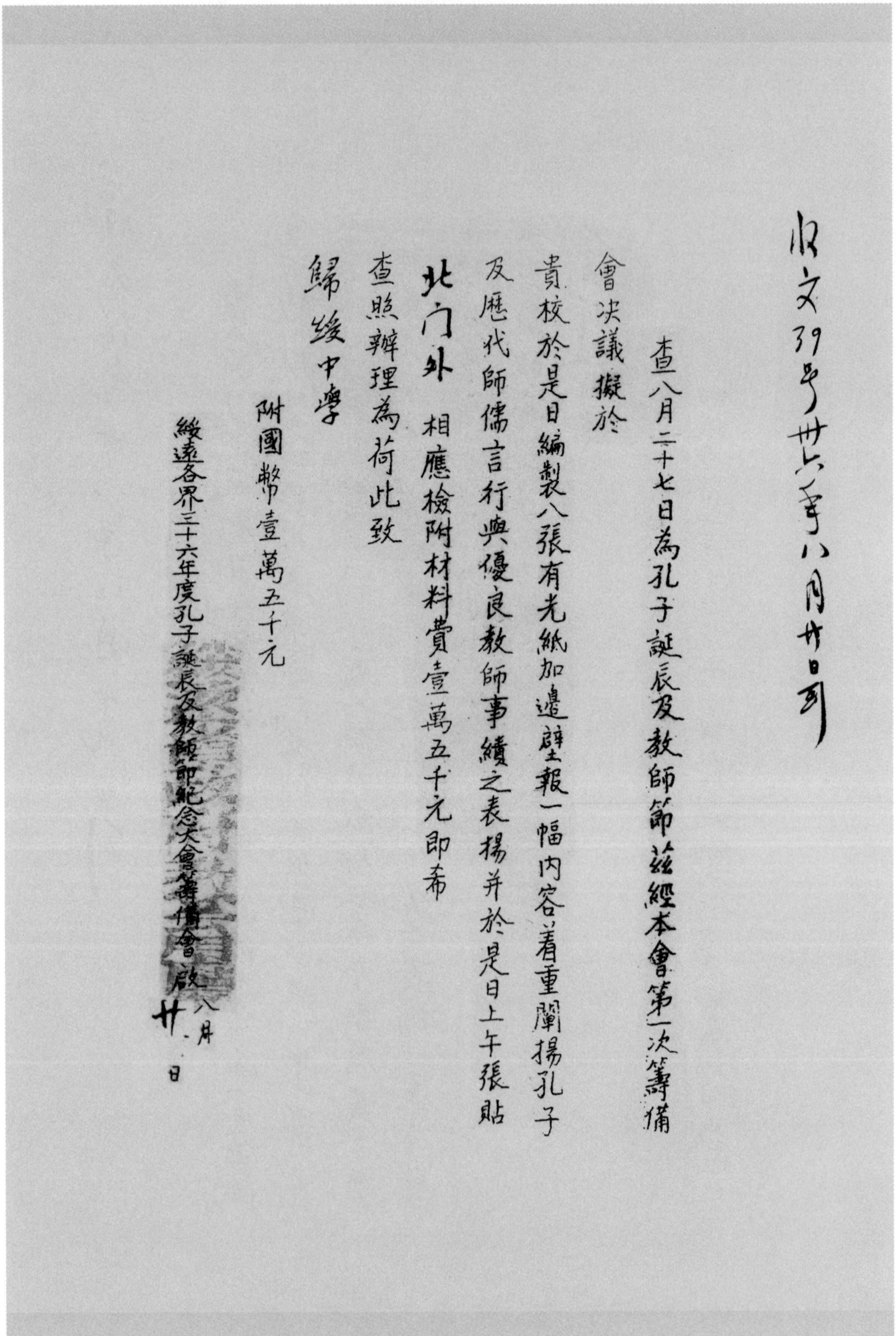

收文39号 卅六年八月廿日 司

查八月二十七日為孔子誕辰及教師節茲經本會第一次籌備

會決議擬於

貴校於是日編製八張有光紙加邊壁報一幅內容着重闡揚孔子及歷代師儒言行與優良教師事績之表揚并於是日上午張貼

北門外 相應檢附材料費壹萬五千元即希

查照辦理為荷此致

歸綏中學

附國幣壹萬五千元

綏遠各界三十六年度孔子誕辰及教師節紀念大會籌備會 啟 八月廿日

图 3-7-14 绥远省政府教育厅绥远省各界三十六年度孔子诞辰及教师节纪念大会筹备会为孔子诞辰及教师节相关事宜致省立归绥中学函（1947年8月13日—8月20日）（五）

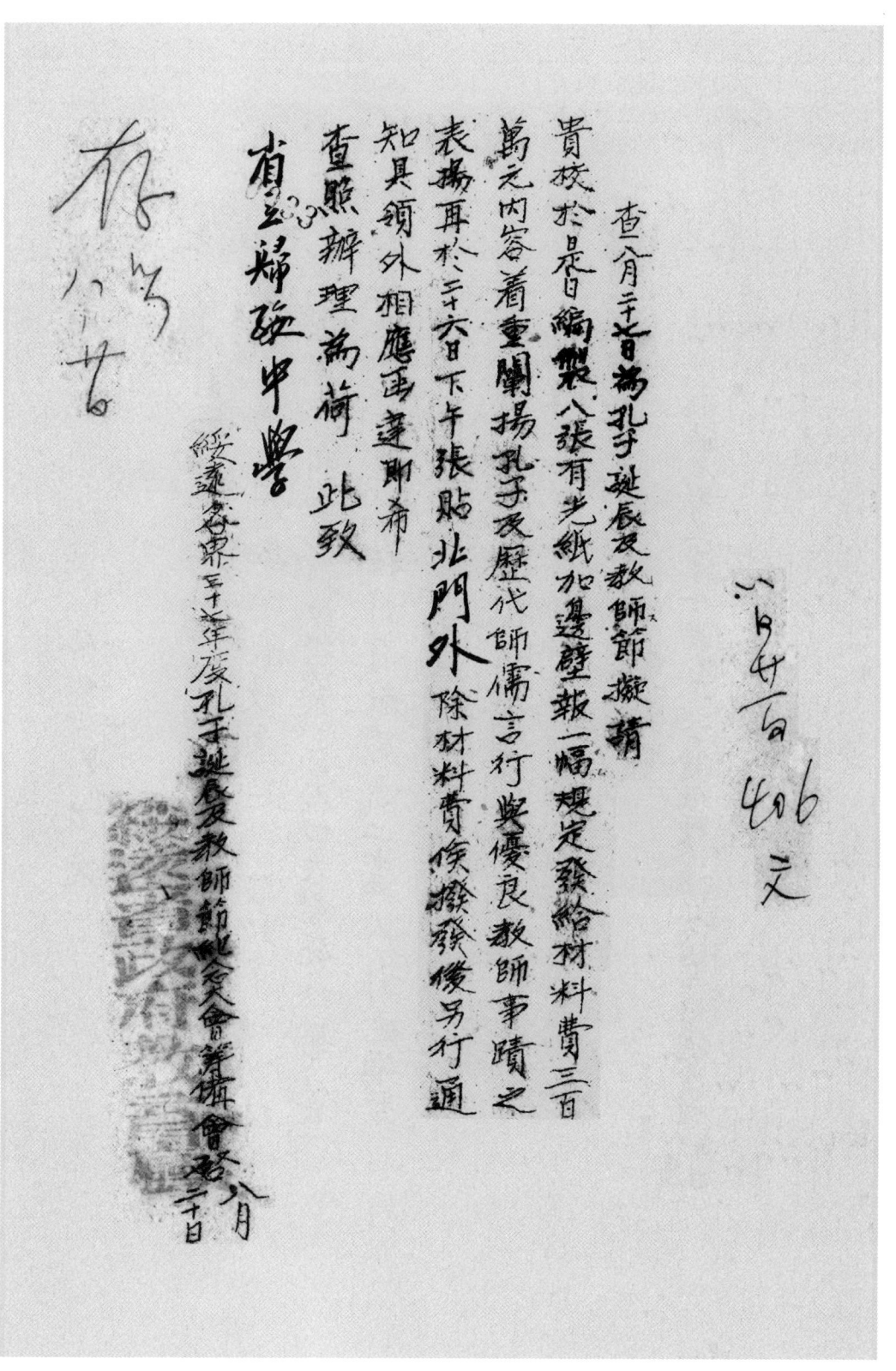

图 3-7-15 绥远省政府教育厅绥远省各界三十七年度孔子诞辰及教师节纪念大会筹备会为孔子诞辰及教师节相关事宜致省立归绥中学函（1948年8月20日）（一）

查八月二十七日為孔子誕辰及教師節，本會為提倡尊師重道、對教師表敬意起見，發動市內公私立中小學分別舉行聚餐，每人由大會發給聚餐費五十萬元。查該校計有教職員二十五人，計應領聚餐費一千二百五十萬元，相應函達，希即查照派員持據逕向教育廳具領為荷！

此致

歸綏中學

綏遠各界三十七年度孔子誕辰及教師節紀念大會籌備會啟 八月 日

图 3-7-15 绥远省政府教育厅绥远省各界三十七年度孔子诞辰及教师节纪念大会筹备会为孔子诞辰及教师节相关事宜致省立归绥中学函（1948年8月20日）（二）

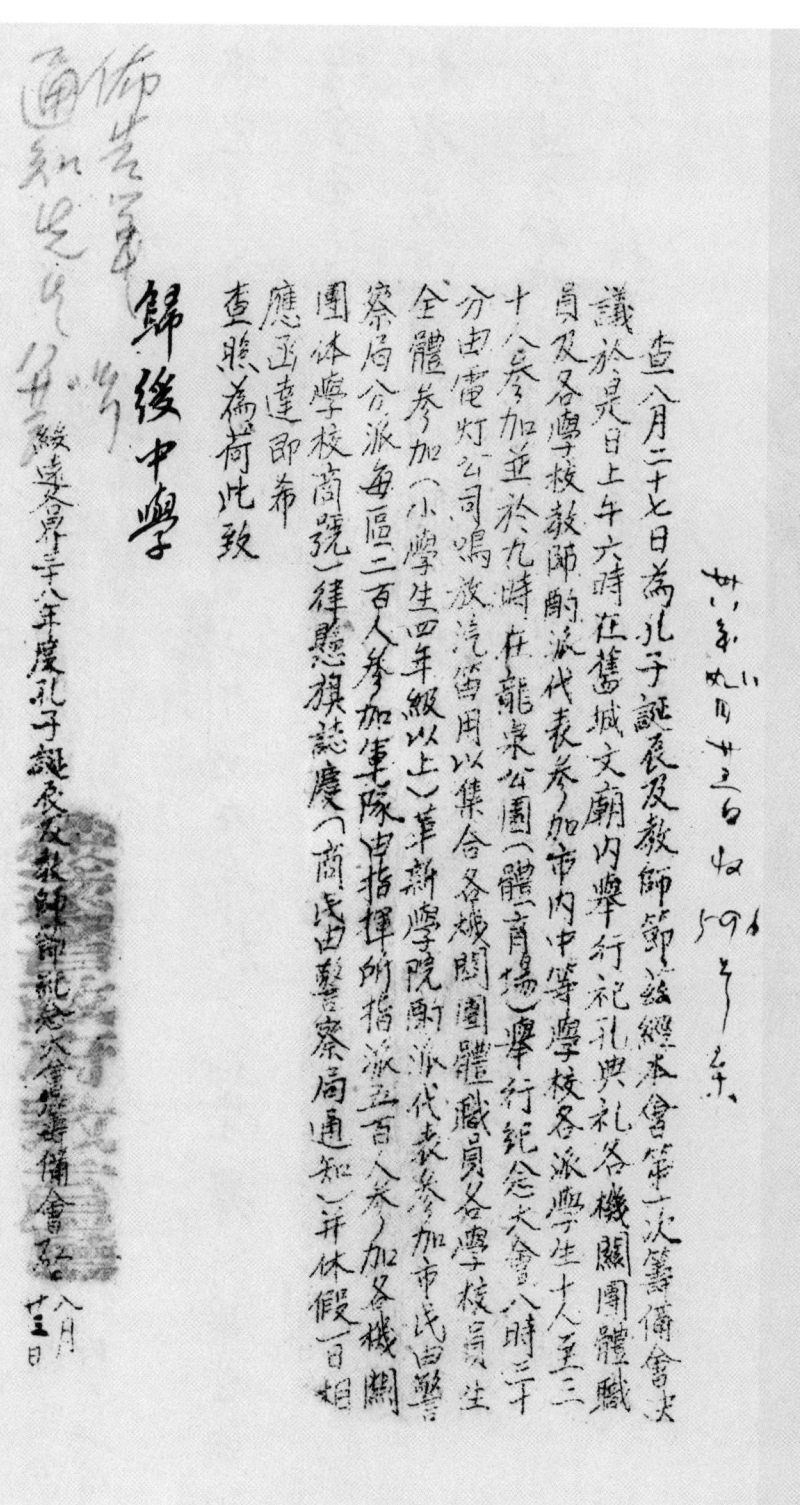

图 3-7-16 绥远省政府教育厅绥远省各界三十八年度孔子诞辰及教师节纪念大会筹备会为孔子诞辰及教师节相关事宜致省立归绥中学函（1949 年 8 月 23 日）

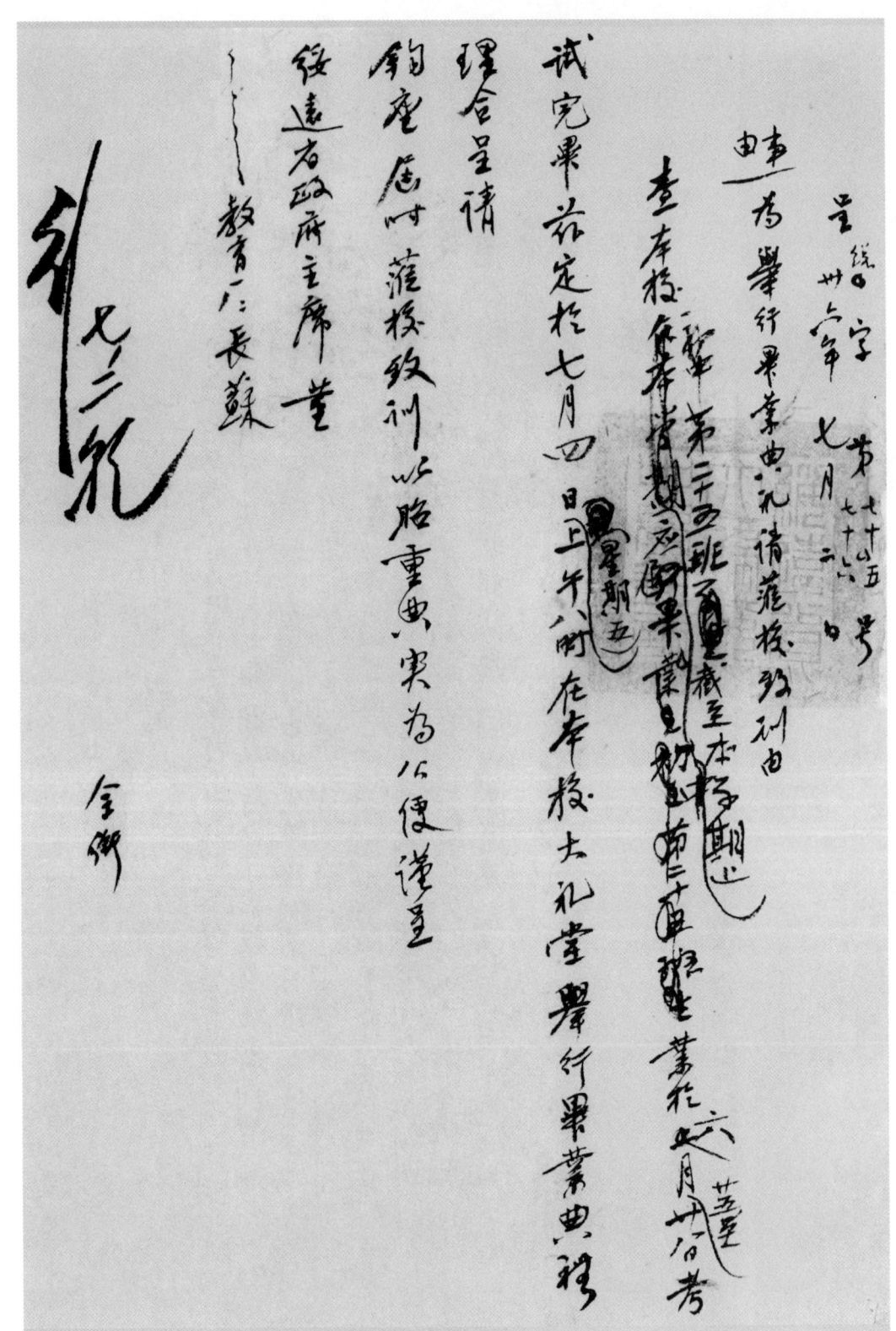

图 3-7-17　绥远省立归绥中学为举行毕业典礼请莅校致训致绥远省政府主席呈（1947年7月2日）

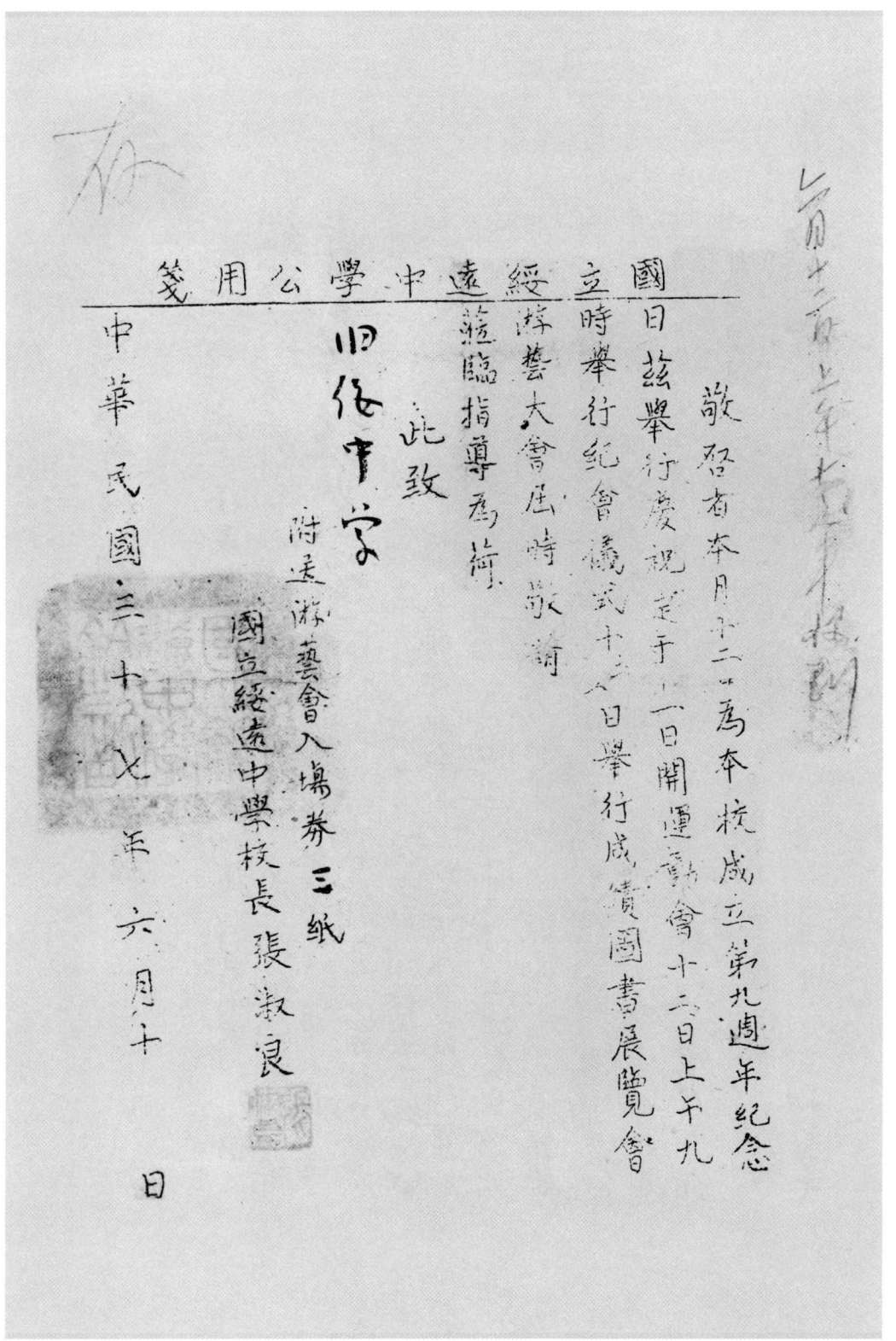

图 3-7-18　国立绥远中学为邀请参加成立九周年纪念日活动致归绥中学公函（1948年6月10日）

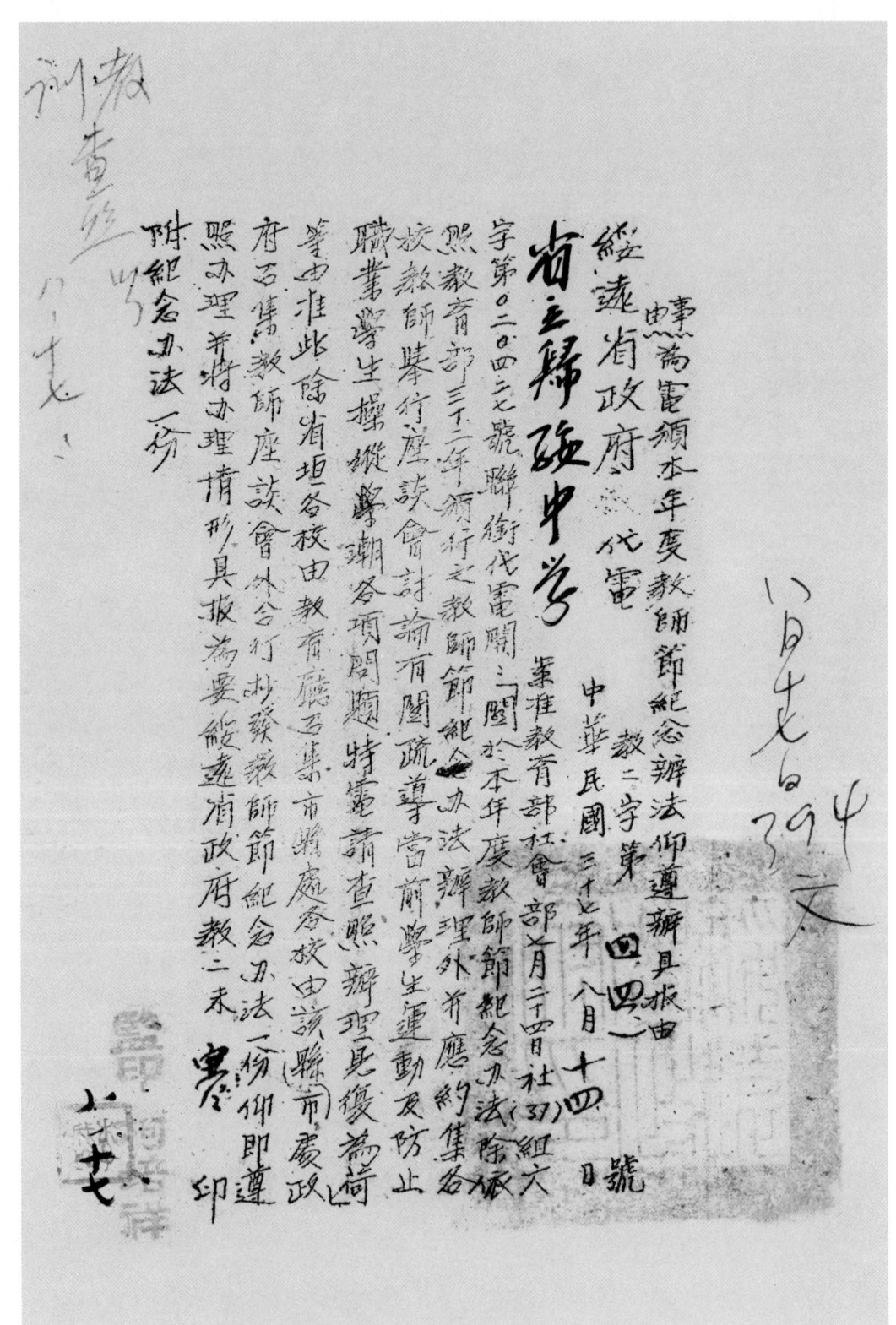

图 3-7-19　绥远省政府为颁发本年度教师节纪念办法给归绥中学代电（附纪念办法）（1948 年 8 月 14 日）（一）

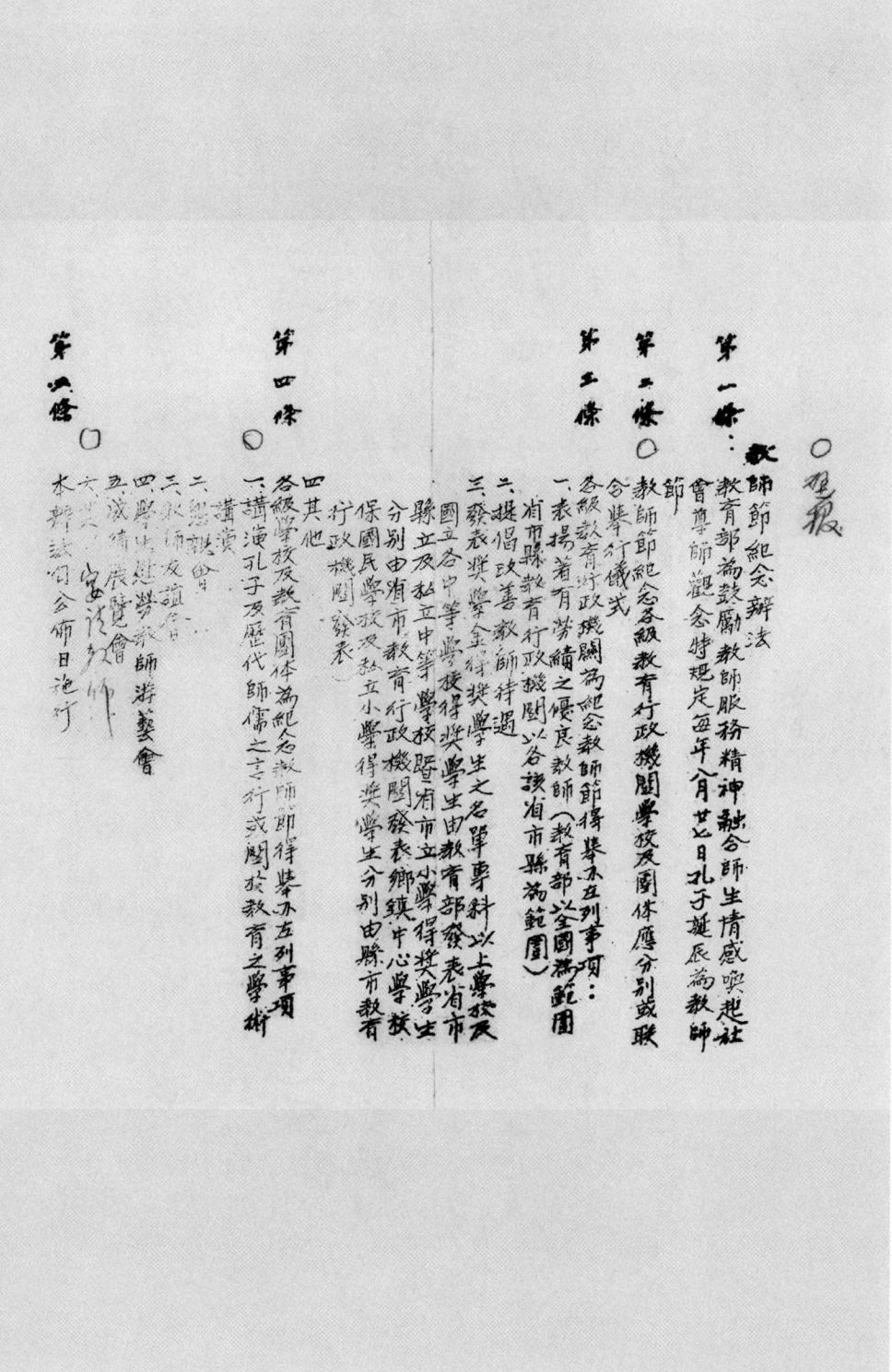

图 3-7-19 绥远省政府为颁发本年度教师节纪念办法给归绥中学代电（附纪念办法）（1948年8月14日）（二）

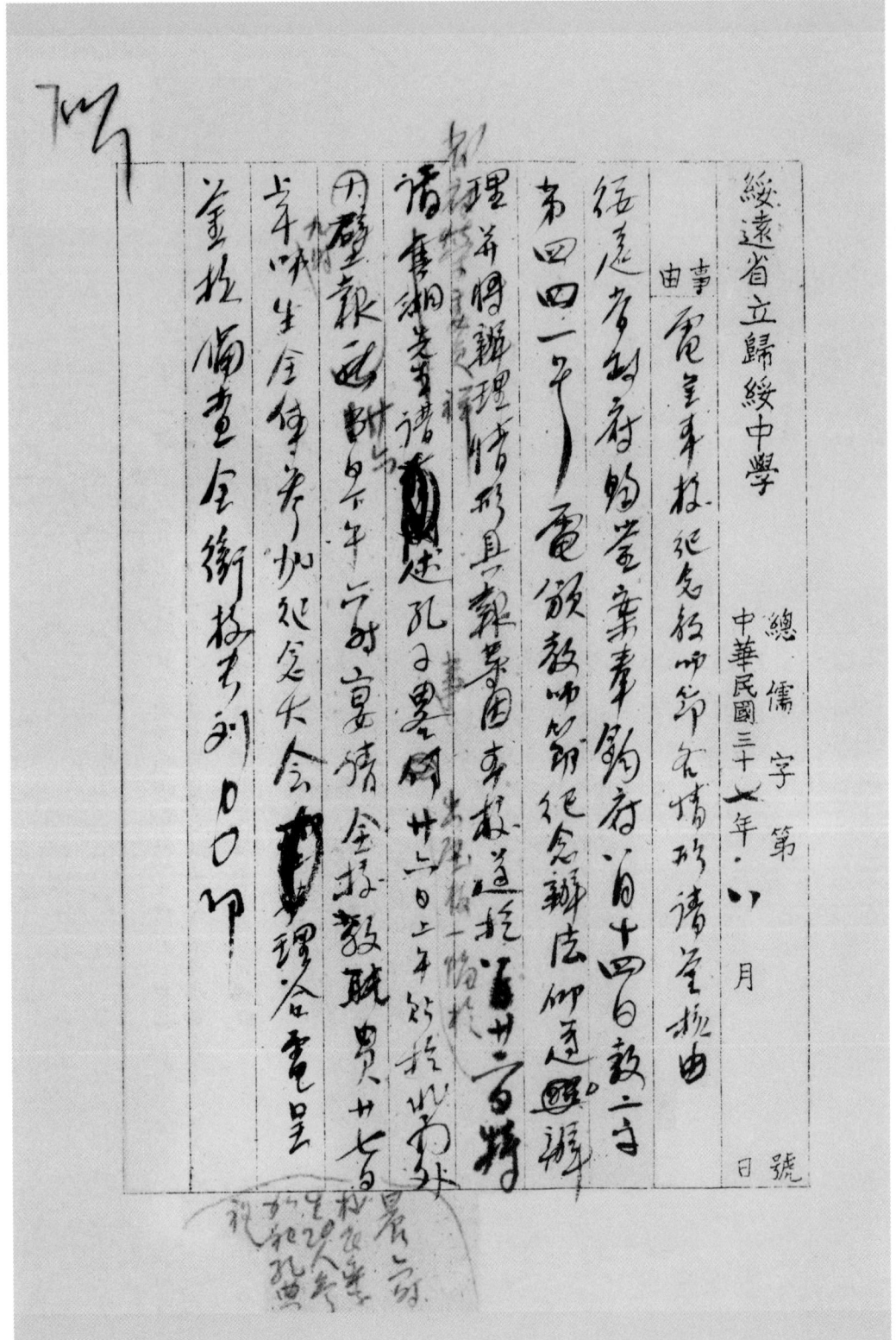

图 3-7-20 绥远省立归绥中学为呈报纪念教师节各情形致绥远省政府代电（1948年8月）

附录 内蒙古中西部沦陷时期中学教育档案

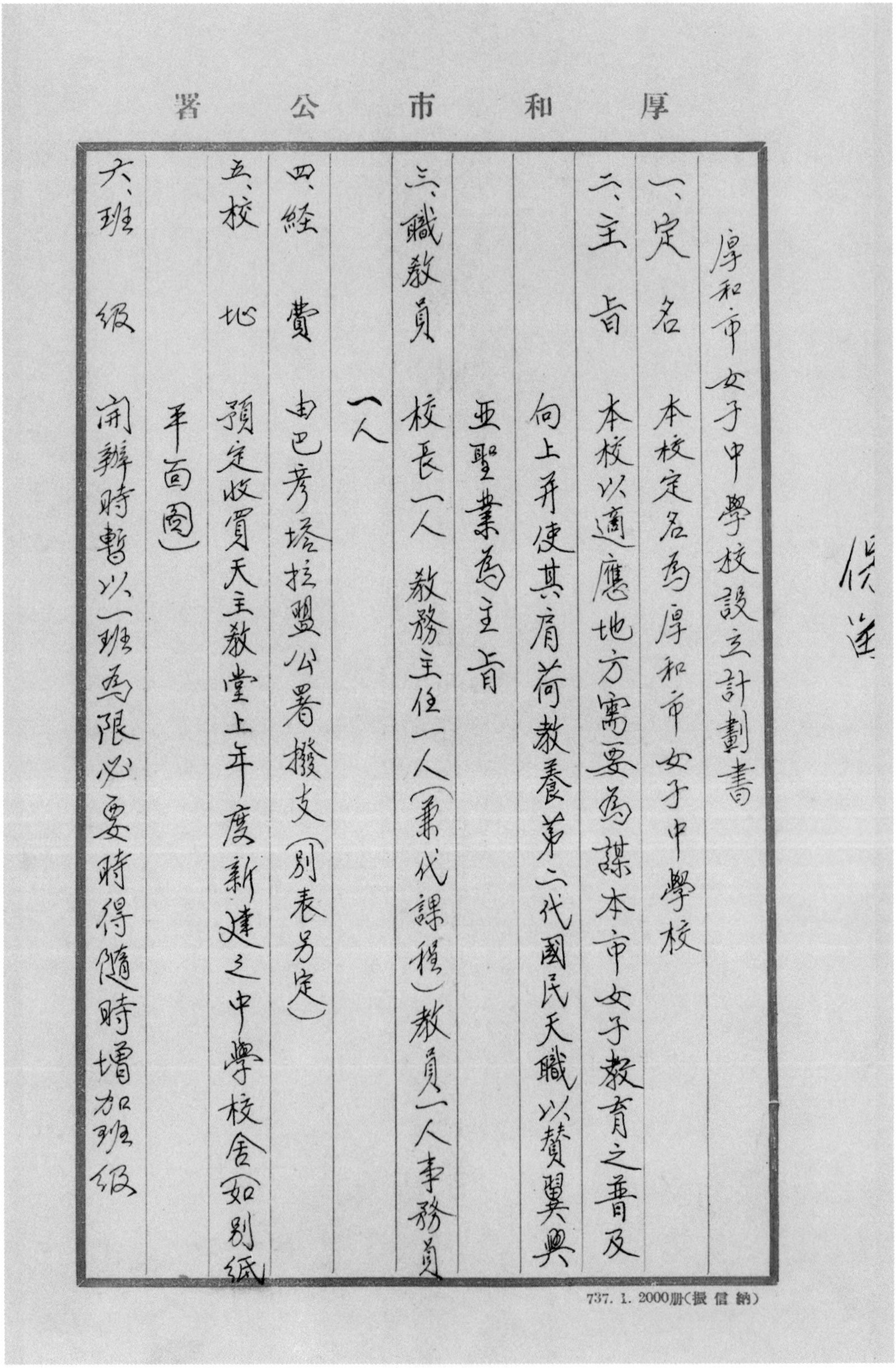

厚和市公署

供覧

厚和市女子中學校設立計劃書

一、定名　本校定名為厚和市女子中學校

二、主旨　本校以適應地方需要為謀本市女子教育之普及向上并使其肩荷教養第二代國民天職以贊翼興亞聖業為主旨

三、職教員　校長一人　教務主任一人（兼代課程）教員一人事務員一人

四、經費　由巴彥塔拉盟公署撥支（別表另定）

五、校地　預定收買天主教堂上年度新建之中學校舍（如別紙平面圖）

六、班級　開辦時暫以一班為限必要時得隨時增加班級

737. 1. 2000册(振 信 納)

图 3- 附录 -1　“厚和市”女子中学校设立计划书（1939 年 12 月 11 日）（一）

厚和市公署

七、名額　以四十名至五十名為一班

八、修業年限　本校修業期間定為四年

九、學科
第一學年至第三學年授以普通學科（遵照政府規定之中等學校教授學科）第四學年為選科制以社會之需要得分為農工商等科由各生自由選擇每人以一科為限

一〇、學生待遇　除教科書由校營給外其餘一切用品均歸自備

一一、休假　遵照政府規定之中等學校休假日程施行

图 3- 附录 -1　"厚和市"女子中学校设立计划书（1939 年 12 月 11 日）（二）

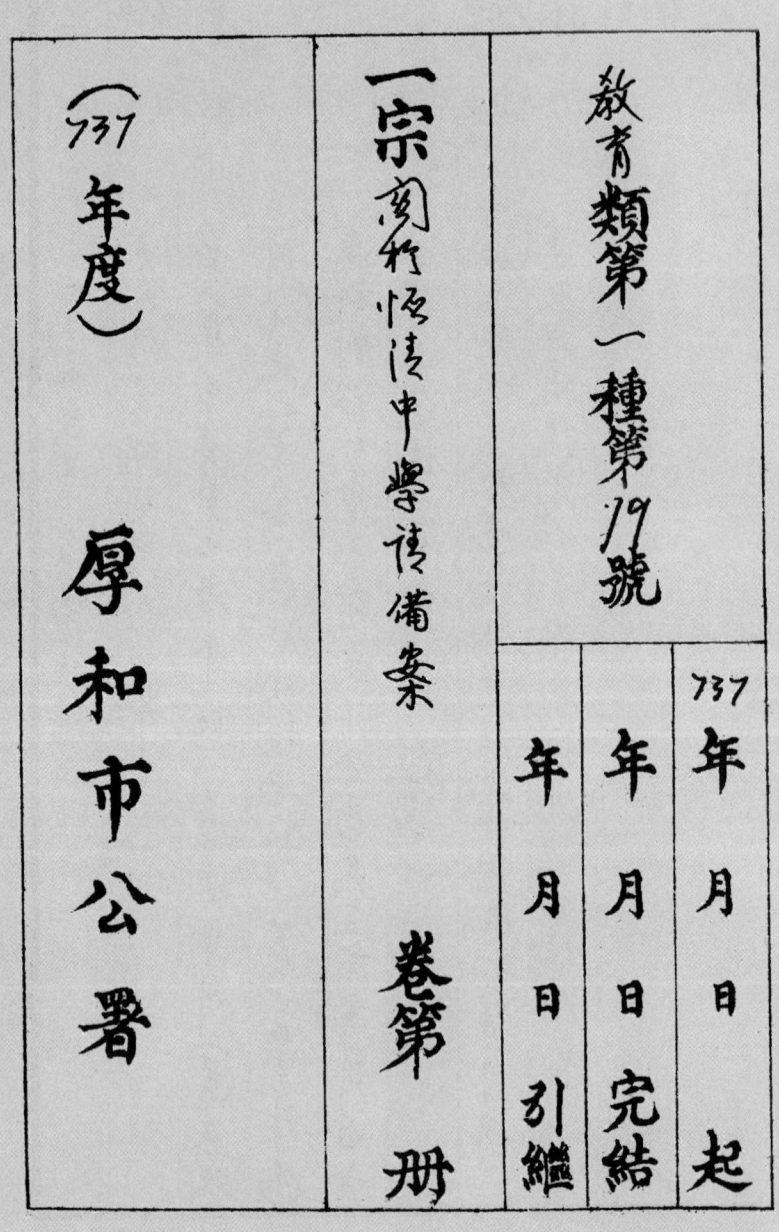

图 3-附录-2 "巴彦塔拉盟公署"关于设立"天主教立恒清中学校"给"厚和市公署"指令（1942年1月28日）（一）

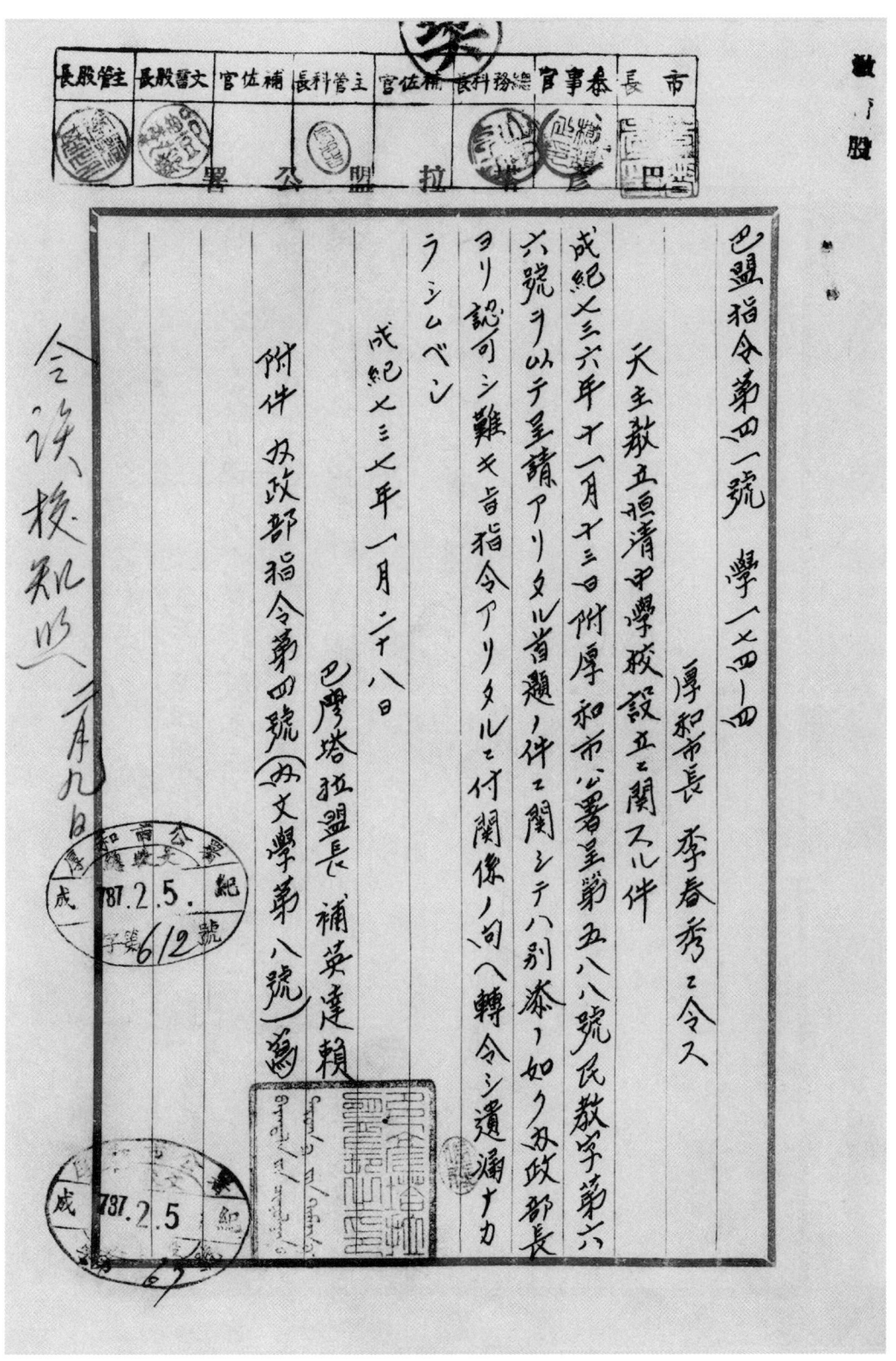

图 3-附录-2 "巴彦塔拉盟公署"关于设立"天主教立恒清中学校"给"厚和市公署"指令(1942 年 1 月 28 日)(二)

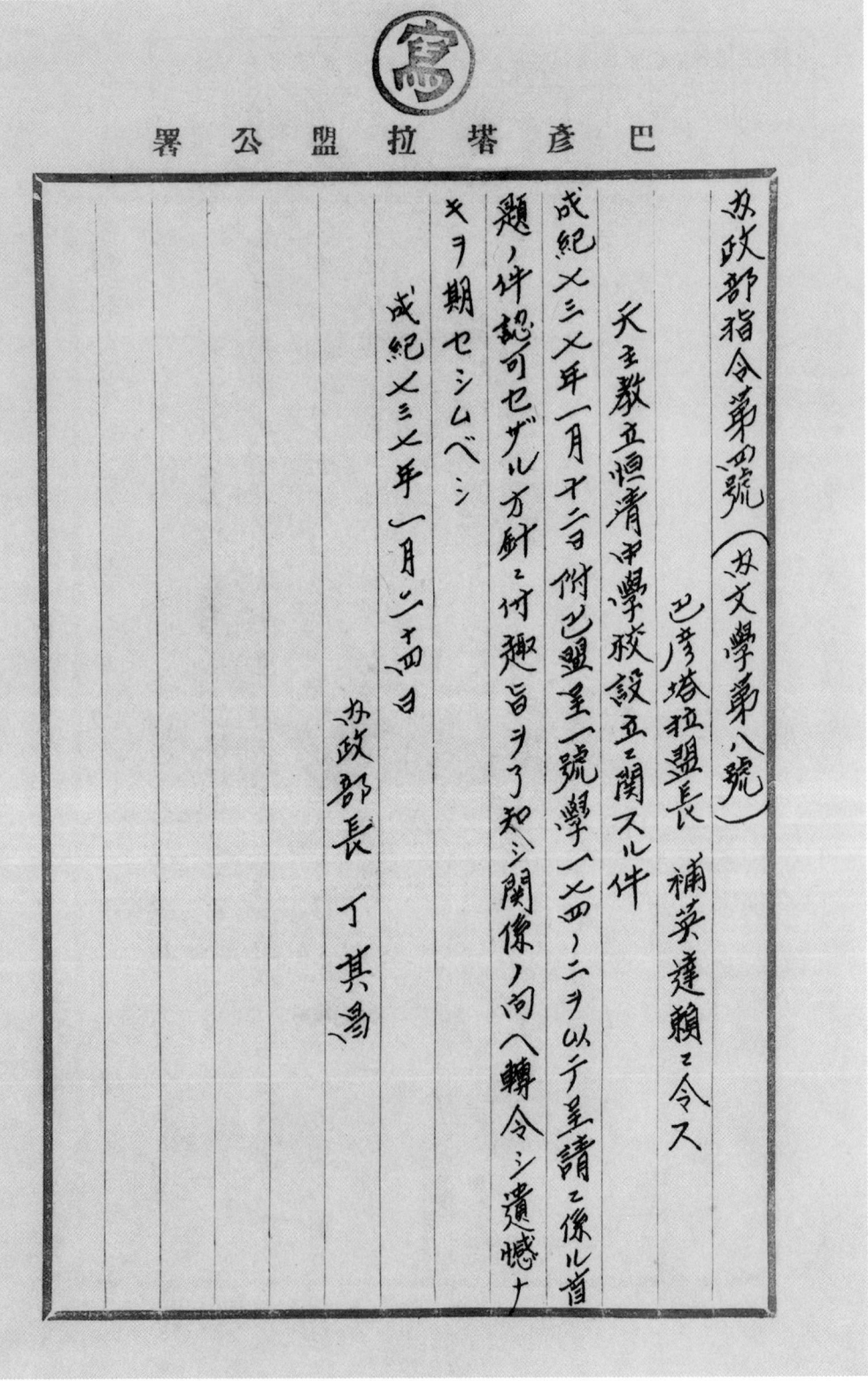

图 3-附录 -2 "巴彦塔拉盟公署"关于设立"天主教立恒清中学校"给"厚和市公署"指令（1942 年 1 月 28 日）（三）

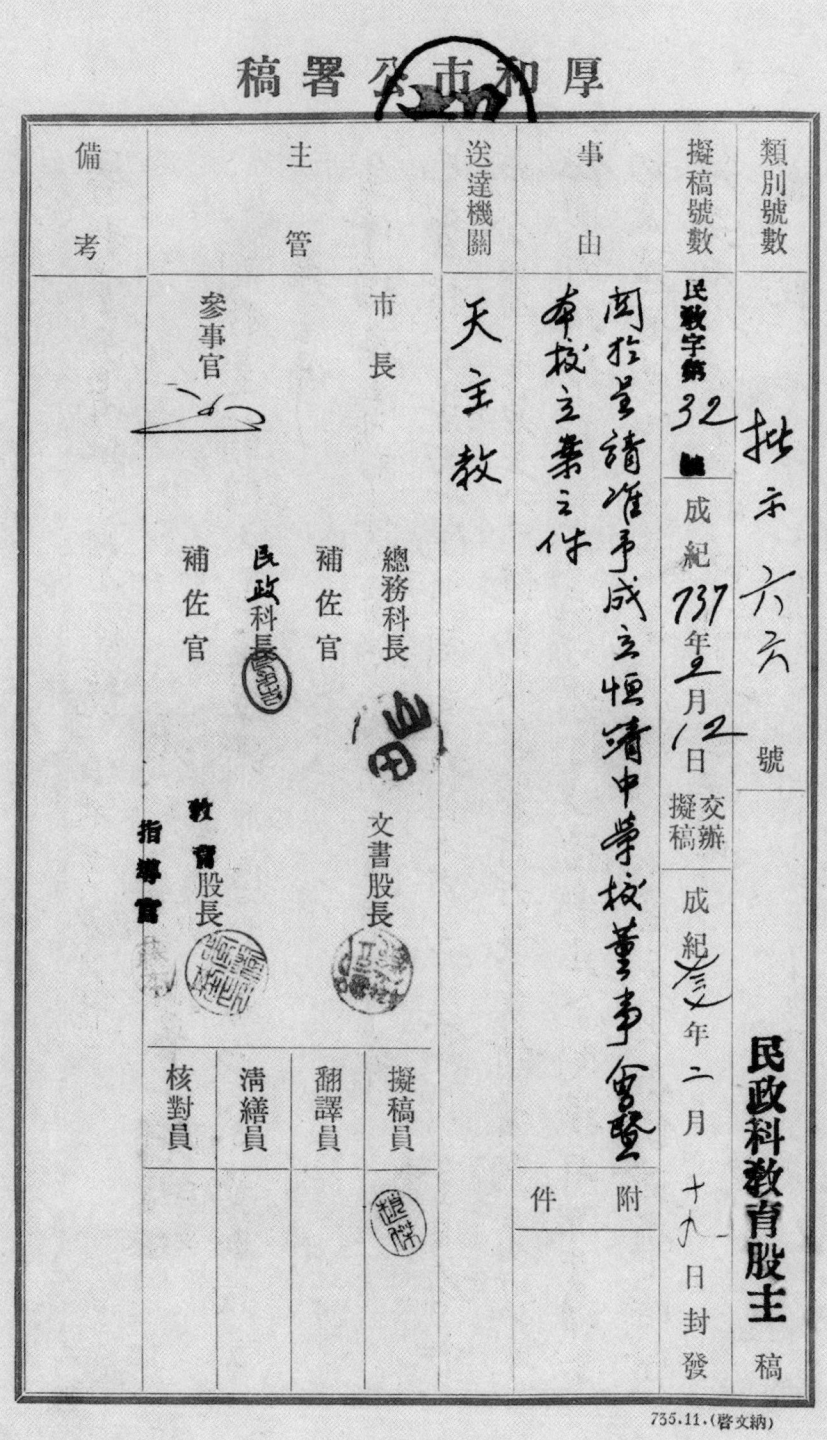

图 3- 附录 -3 "厚和市公署"关于准予成立"恒清中学校董事会"暨学校立案的批示（1942 年 2 月 19 日）（一）

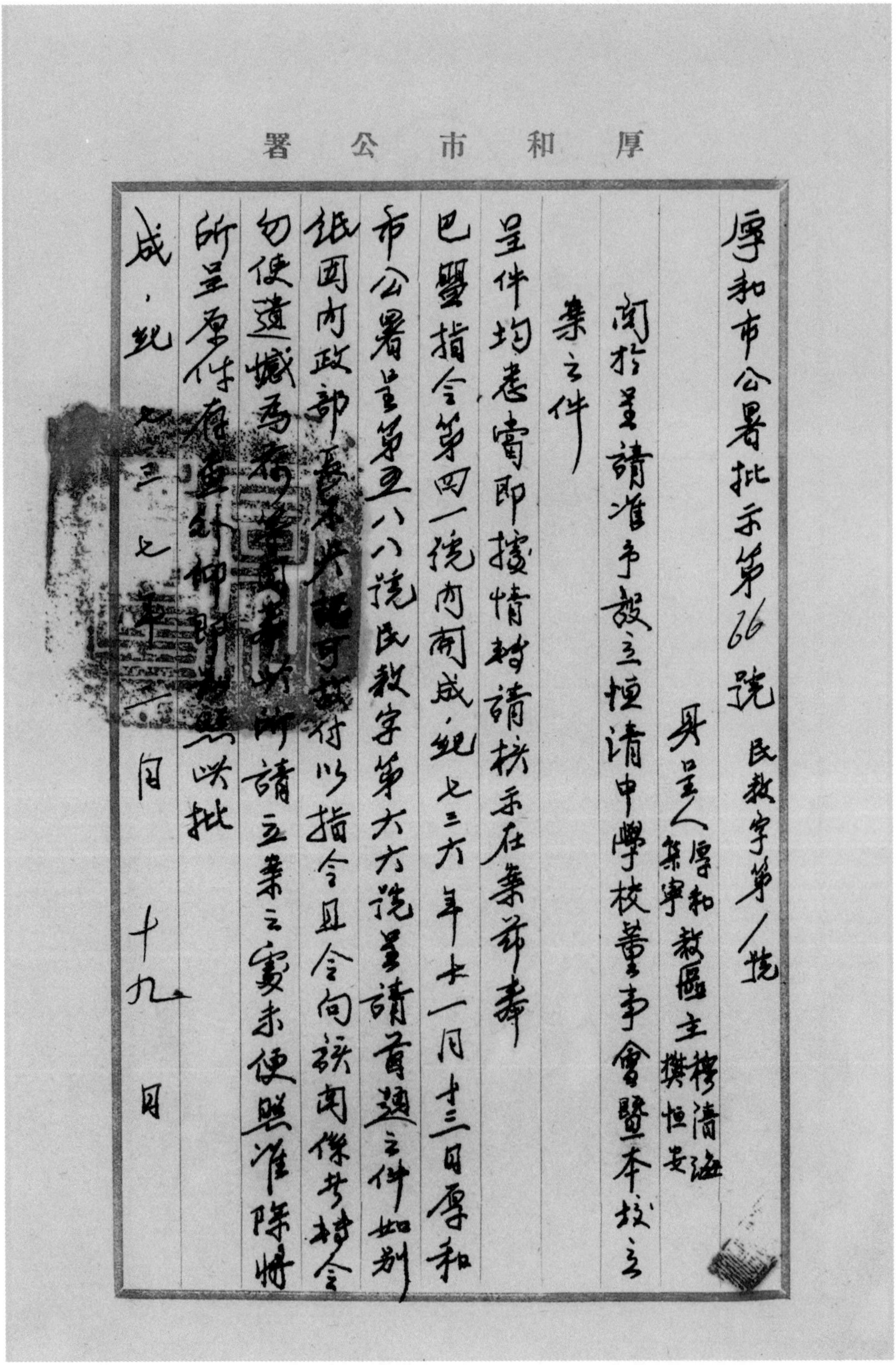

厚和市公署批示第66号 民教字第1号

南于呈请准予设立恒清中学校董事会暨本校立

呈件人筹备厚和教区主牧樊清海

案之件

呈件均悉案即援情转请核示在案兹奉

巴暨指令第四一號内開成紀七三六年十二月十三日厚和

市公署董第五八八號民教字第六六號呈請首題立件如别

紙國府政部長王允卿大批可依付以指令且令向诸閒傑参校会

勿使遗憾為荷等因奉此除将所请立案之實求便照准陳將

所呈原件痊發鈔仰即遵照此批

成紀七三七年二月十九日

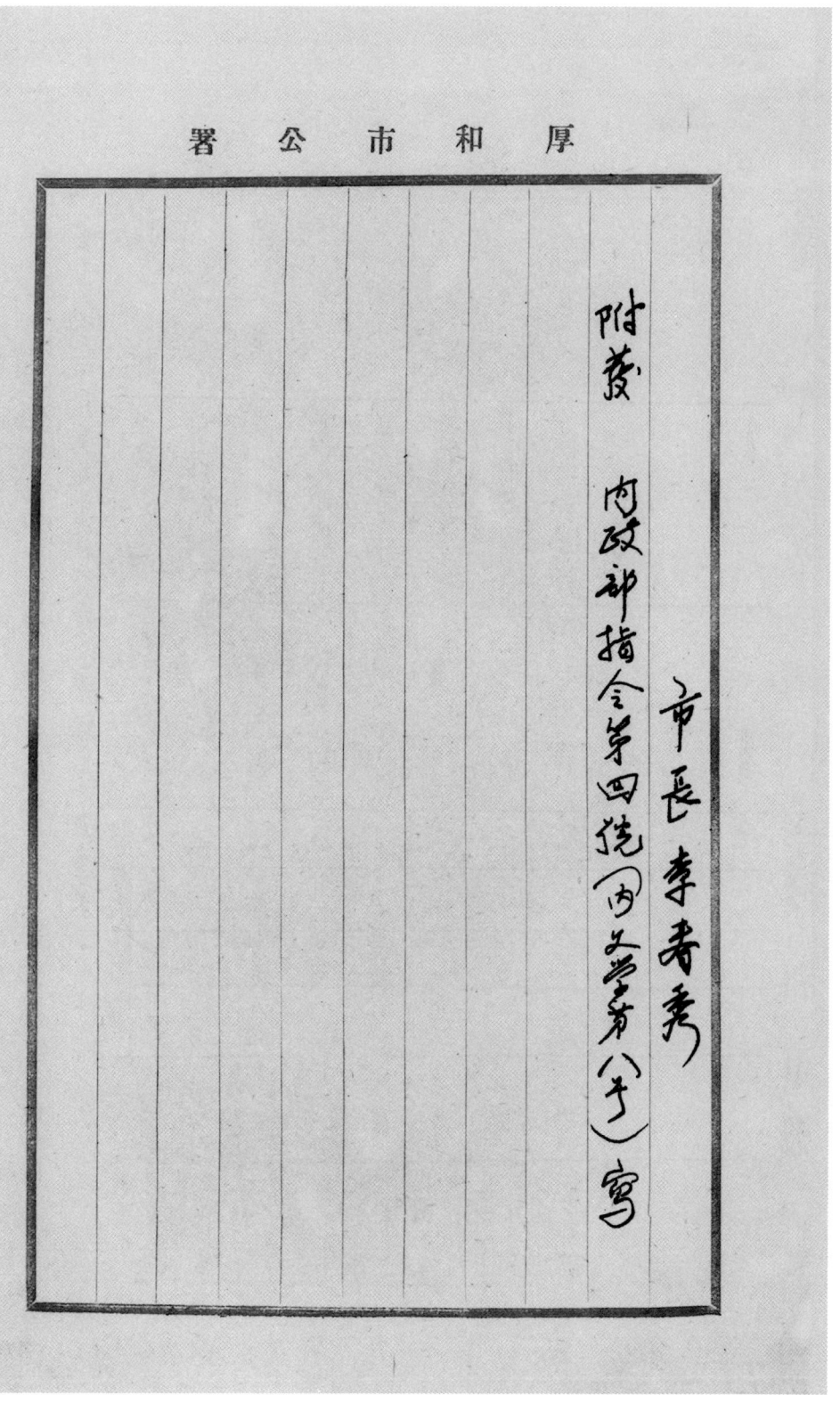

图 3-附录-3 "厚和市公署"关于准予成立"恒清中学校董事会"暨学校立案的批示(1942年2月19日)(三)

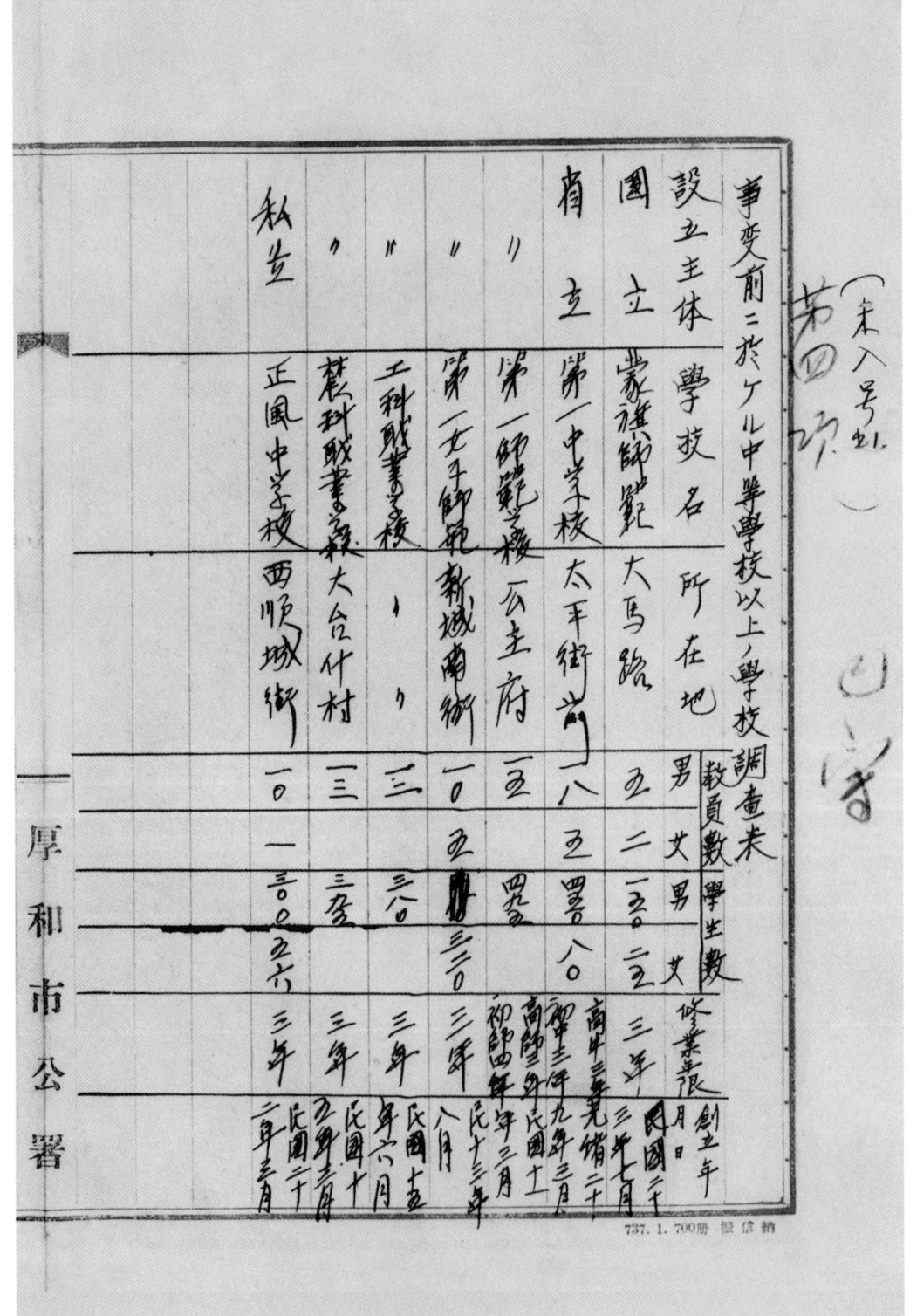

图 3-附录-4 "事变"以前中等学校以上学校调查表

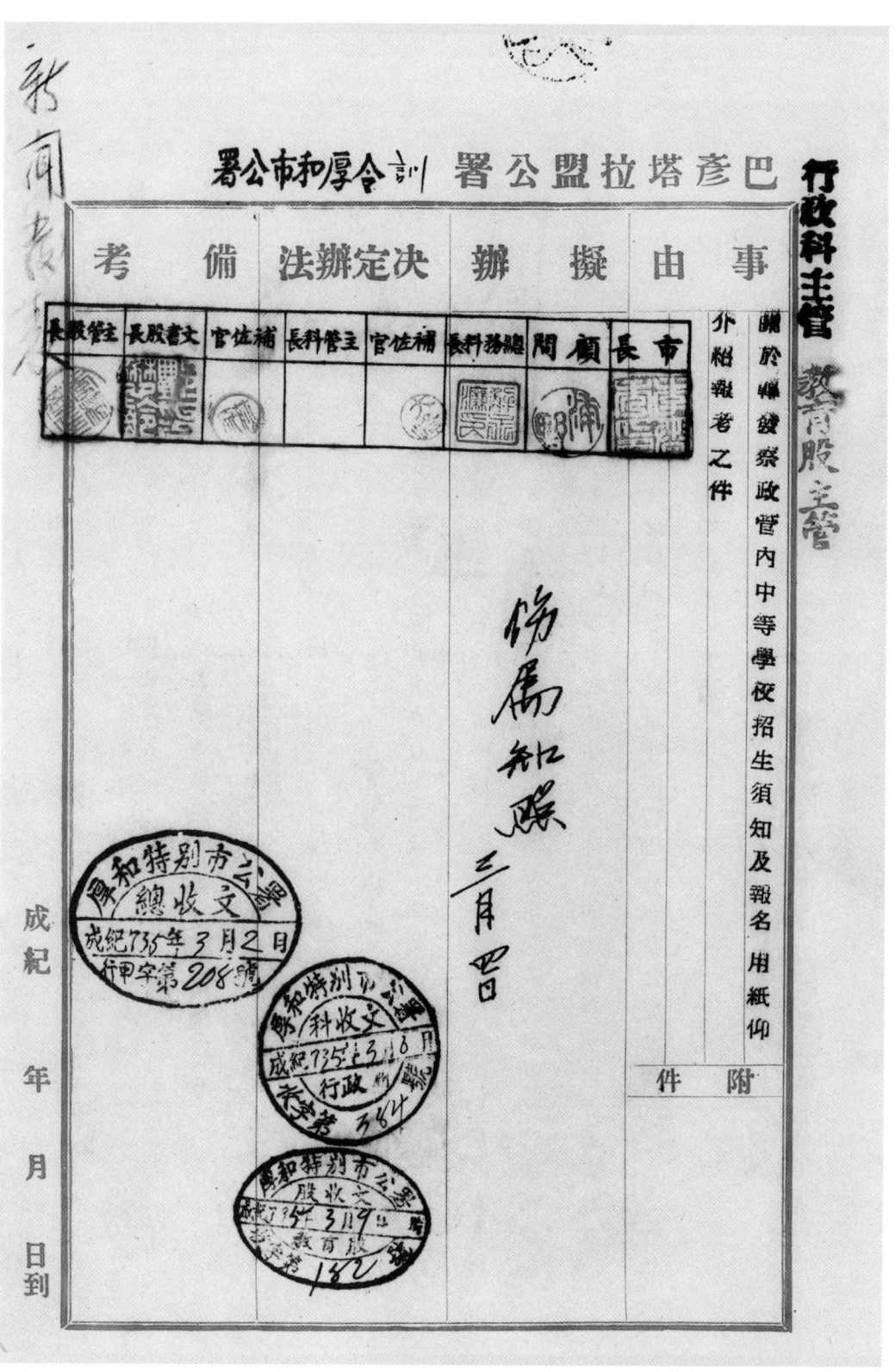

图 3-附录-5 "巴彦塔拉盟公署"关于转发"察南政厅"管内中等学校招生须知及报名用纸致"厚和市公署"训令（1940年3月2日）（一）

巴彥塔拉盟公署訓令 第10號

令厚和市市長李春秀

為令遵事案准察南政廳公函第七四號「察政民教第三三號」公函內開首題之件茲舉寄本廳管內中等學校招生須知及報名用紙如別紙貴管內如有志願投考須知所列各校之學生敬希介紹報考不勝歡迎之至相應函請查照是荷此致等因准此茲將招生須知成績證明書志欲書等轉飭所屬一體知照此令除分令外合亟令仰該市遵照亚轉飭所屬一體知照此令

附招生須知成績證明書志欲書各一份

盟長補英達賴

图 3-附录-5 "巴彥塔拉盟公署"关于转发"察南政厅"管内中等学校招生须知及报名用纸致"厚和市公署"训令（1940年3月2日）（二）

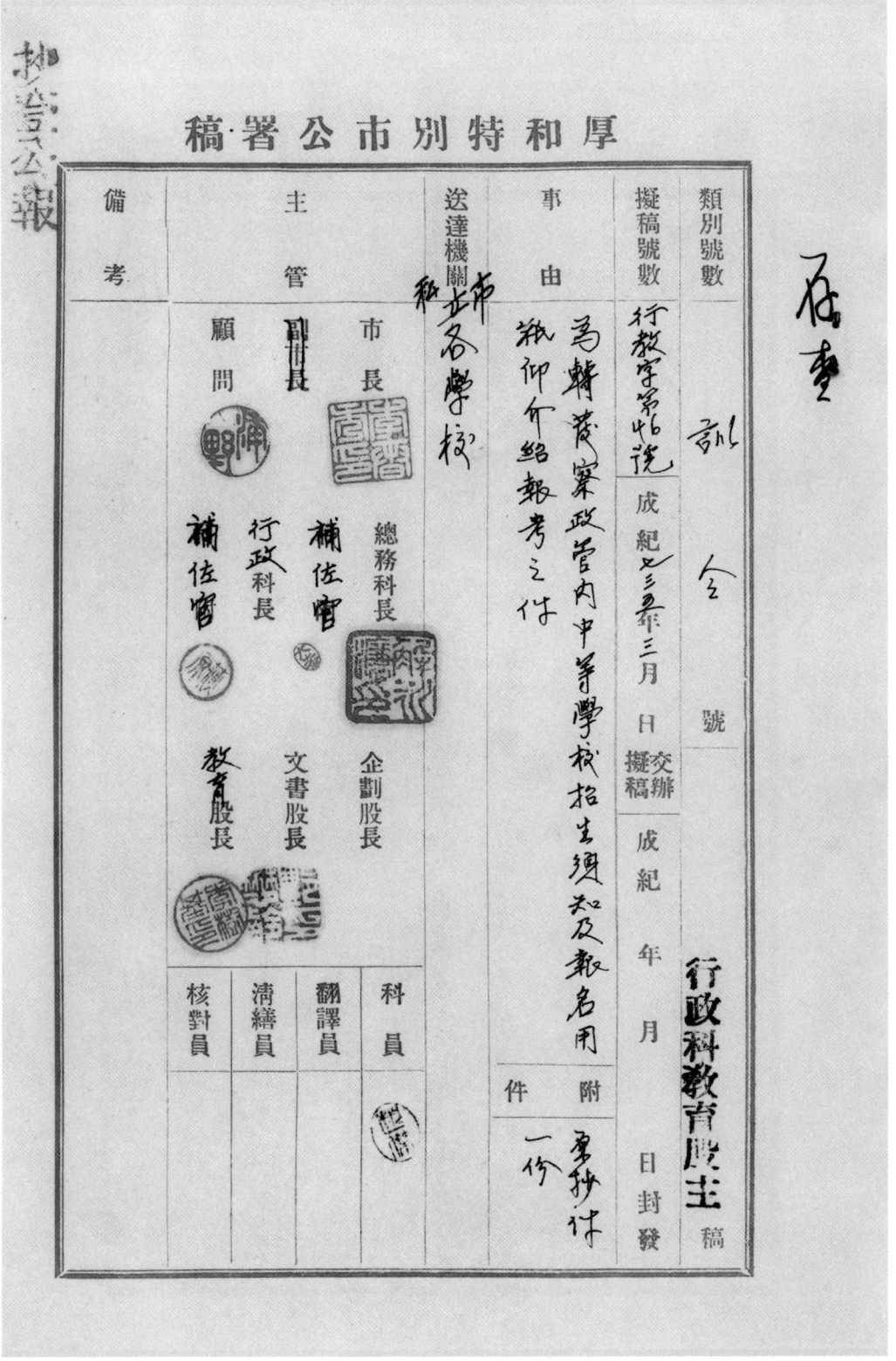

图 3-附录 -6 "厚和特别市公署"关于转发"察南政厅"管内中等学校招生须知及报名用纸的训令（1940 年 3 月 12 日）（一）

厚和特別市公署

厚和市公署訓令学第　號
　　　　　　　　行政学第　號

令各学校

關於轉發察政管内中等学校招生須知及報名用紙仰介紹報考之件

為令遵事案奉

巴彦塔拉盟公署訓令学第一二六號民文学字第五五號内

開云等因附招生須知成績証明考查歁卷各一份奉

此除分令外合亟檢同原抄仕令仰該校知照吠便介

紹報考者要此令

成吉思汗紀元七三四年三月十二日

市長 李○○

附發原抄仕一份

图 3-附录-6　"厚和特别市公署"关于转发"察南政厅"管内中等学校招生须知及报名用纸的训令（1940年3月12日）（二）

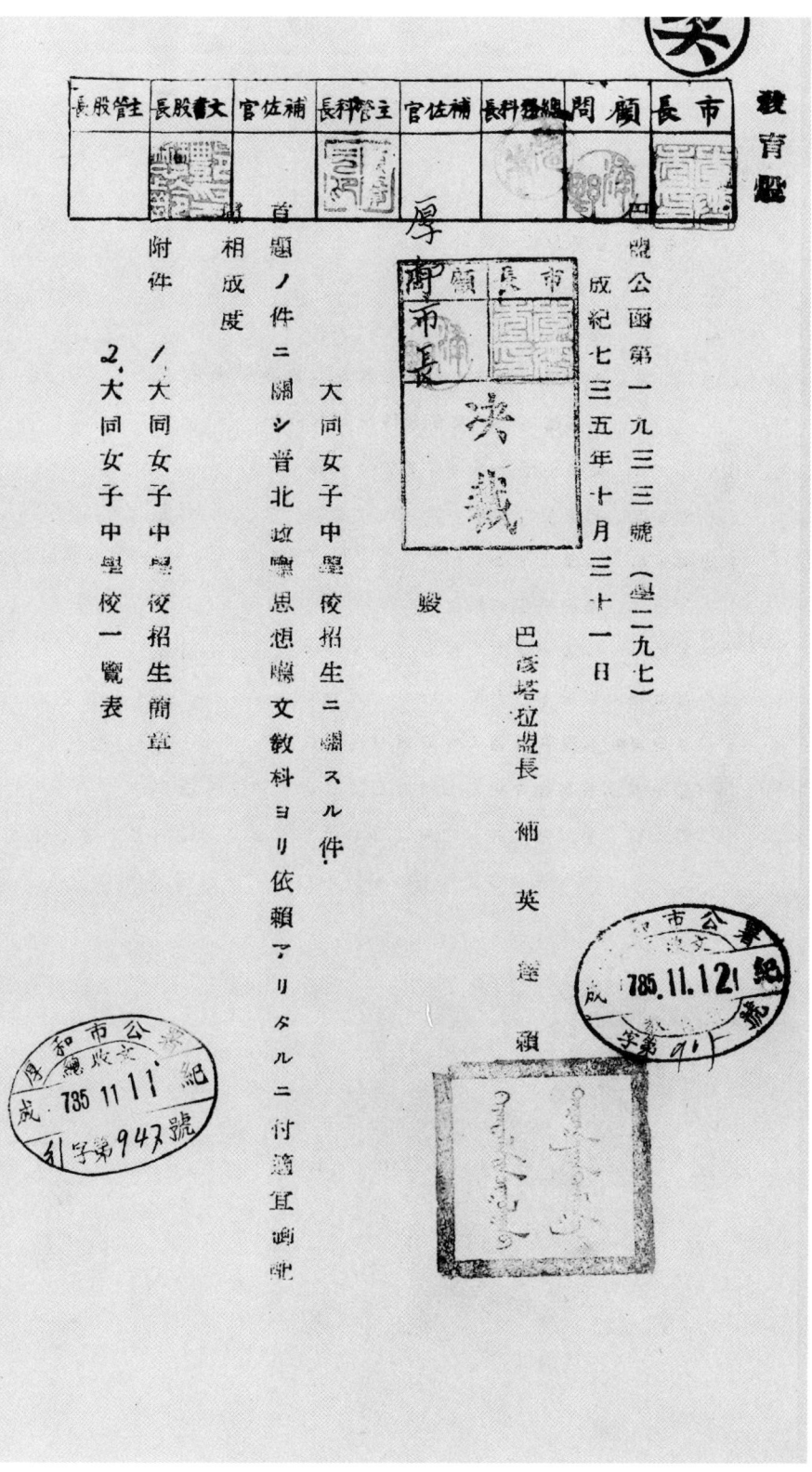

图 3-附录-7 "巴彦塔拉盟公署"关于"大同女子中学校"招生的公函(附招生简章和学校一览表)(1940年10月31日)(一)

大同女子中学校招生简章

一、年级　　中学第一年级
二、名额　　四十名
三、区域　　晋北政务所辖各旗县市区等以及其他
四、年龄　　十三岁以上十八岁以下未婚之女子
五、程度　　高级小学毕业或具有同等学力者
六、报名日期　成纪七三六年　月　日起至　月　日止
七、报名手续　志愿书一份（外项由本校查照领发另纸叙明）二寸半身像片一张毕业证书或证明书向本校缴纳
八、考试科目　日语　华语　数学　常识　口试　体验检查
九、考试日期　成纪七三六年　月　日（时间另定考试前一日公告）
十、考试地址　大同東北隅西来寺街十三號本校
十一、入学手续　通知许可入学後三日内缴纳书籍费具结书
十二、在学待遇　每月每人由本校支给学用品等约五圆及月伙食费之半宿舍饭食在内无额外费用　宿者须納每月初缴纳额费十二圆
十三、修业年限　四年

图 3-附录 -7　"巴彦塔拉盟公署"关于"大同女子中学校"招生的公函（附招生简章和学校一览表）（1940 年 10 月 31 日）（二）

图 3-附录-7 "巴彦塔拉盟公署"关于"大同女子中学校"招生的公函(附招生简章和学校一览表)(1940 年 10 月 31 日)(三)

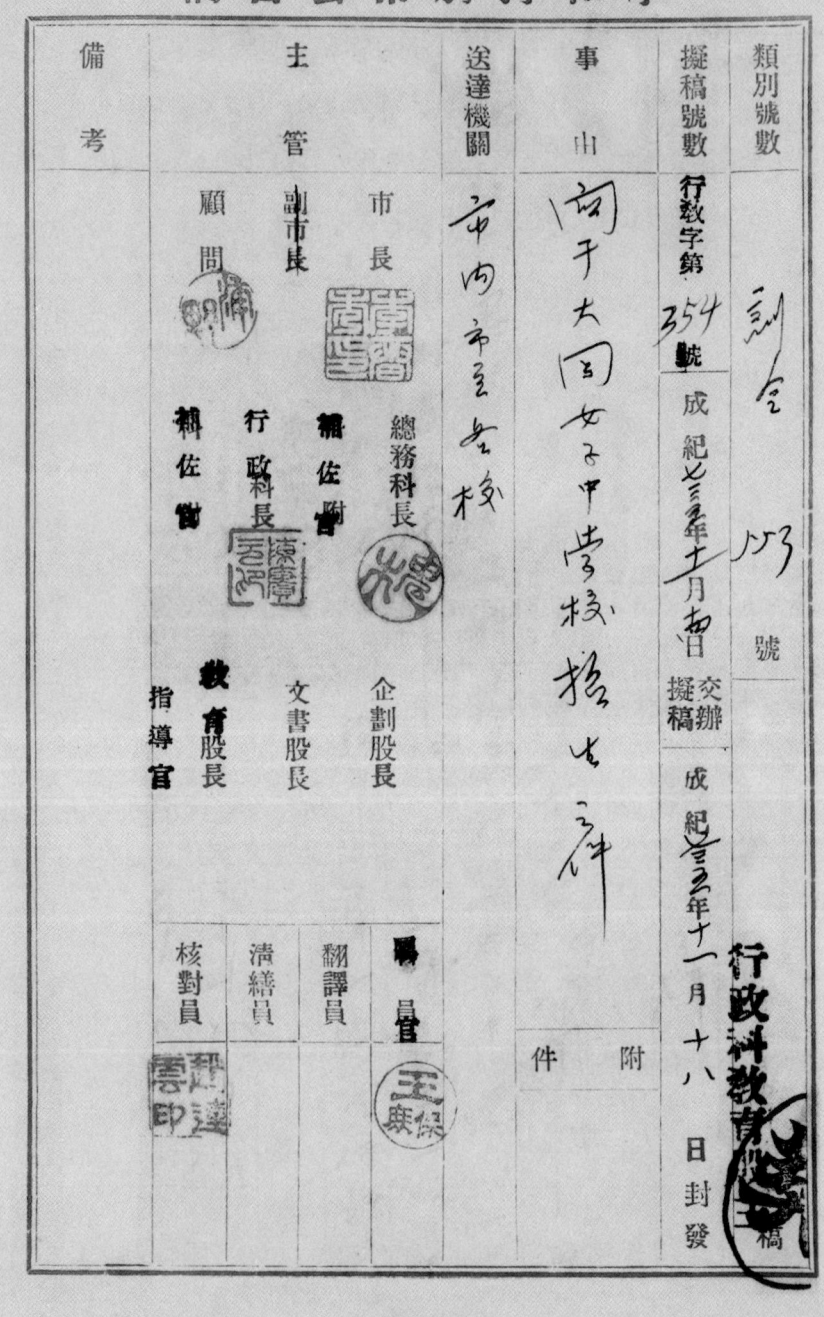

图 3-附录-8 "厚和特别市公署"关于"大同女子中学校"招生的训令（1940年11月18日）（一）

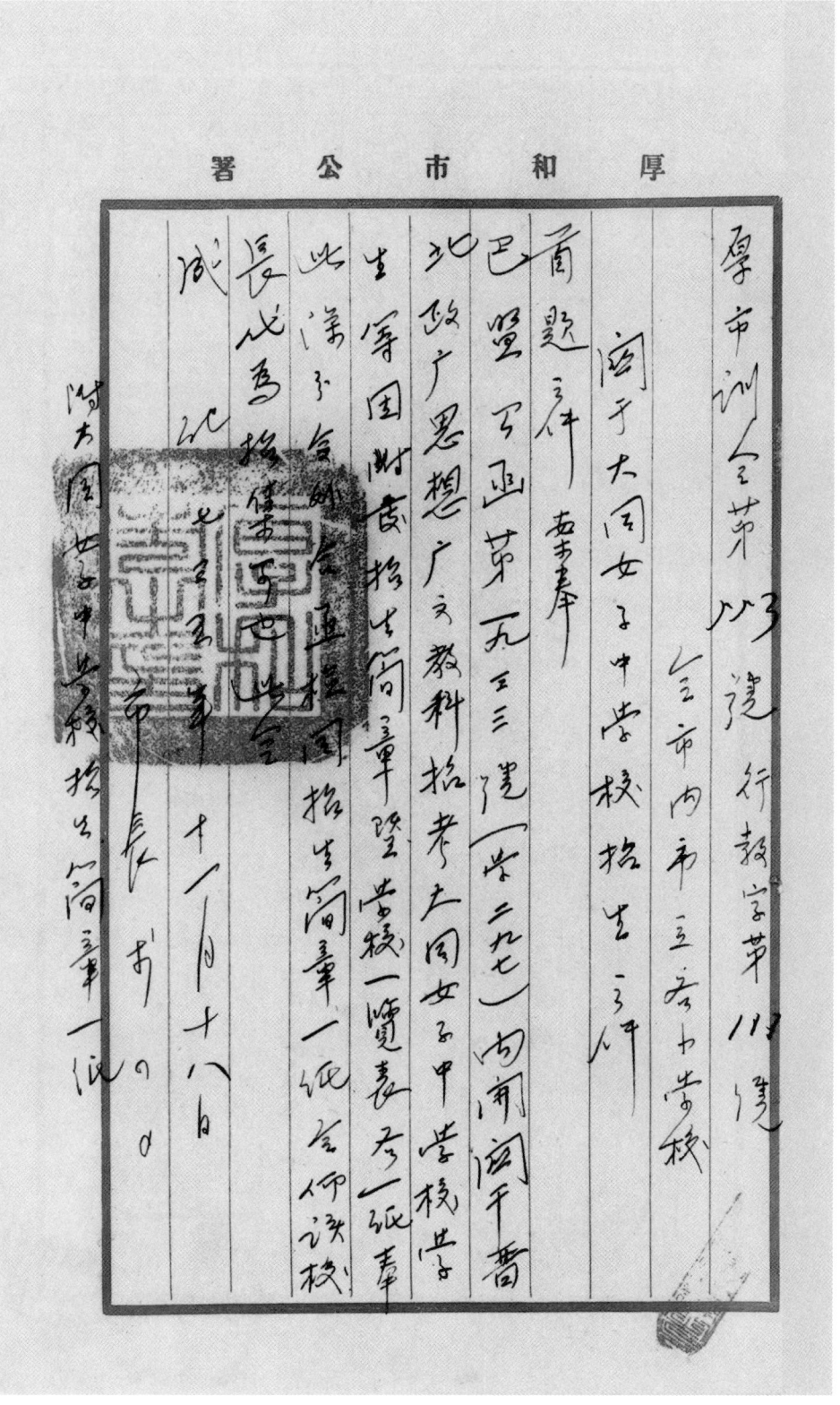

图 3-附录-8 "厚和特别市公署"关于"大同女子中学校"招生的训令(1940年11月18日)(二)

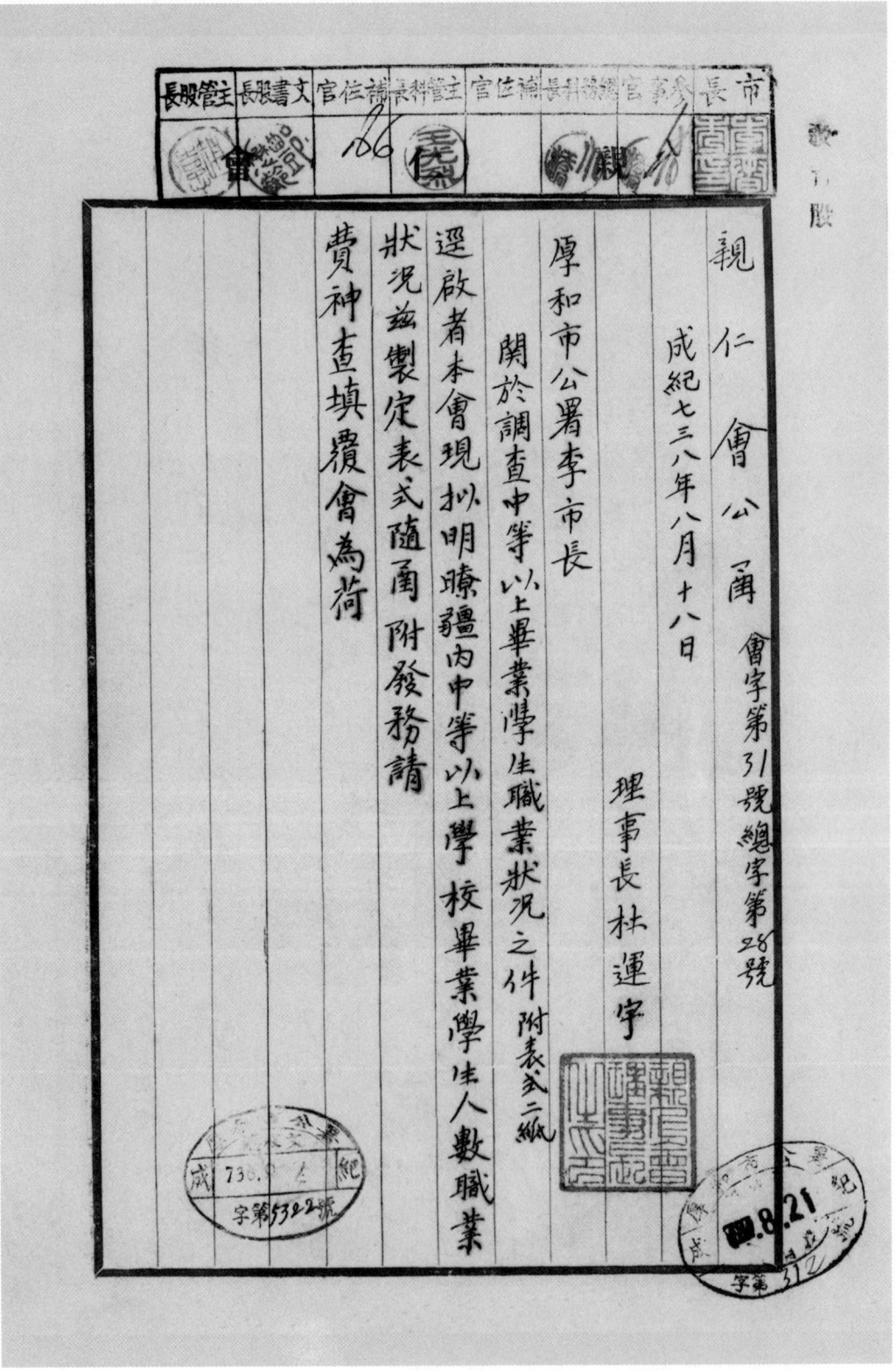

图 3-附录-9 "亲仁会"关于调查中等以上学校毕业学生职业状况致"厚和市公署"公函（1943 年 8 月 18 日）

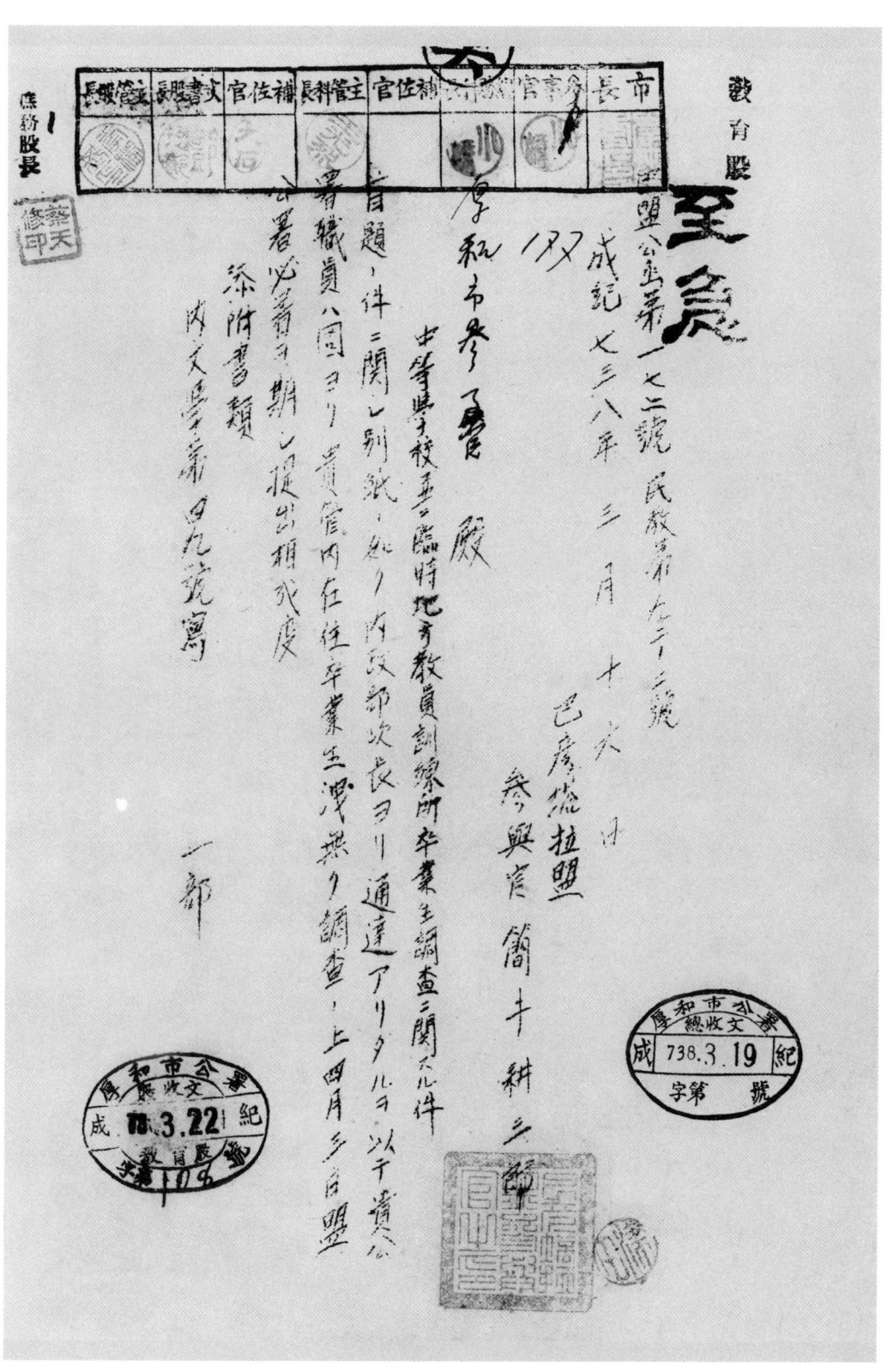

图 3-附录-10 "巴彦塔拉盟公署"关于"中等学校并临时地方教员训练所"卒业生调查致"厚和市参事官"公函(附调查表)(1943年3月16日)(一)

図3-附録-10 "巴彦塔拉盟公署"关于"中等学校并临时地方教员训练所"卒业生调查致"厚和市参事官"公函（附调查表）（1943年3月16日）（二）

図3-附録-10 "巴彦塔拉盟公署"关于"中等学校并临时地方教员训练所"卒业生调查致"厚和市参事官"公函（附调查表）（1943年3月16日）（三）

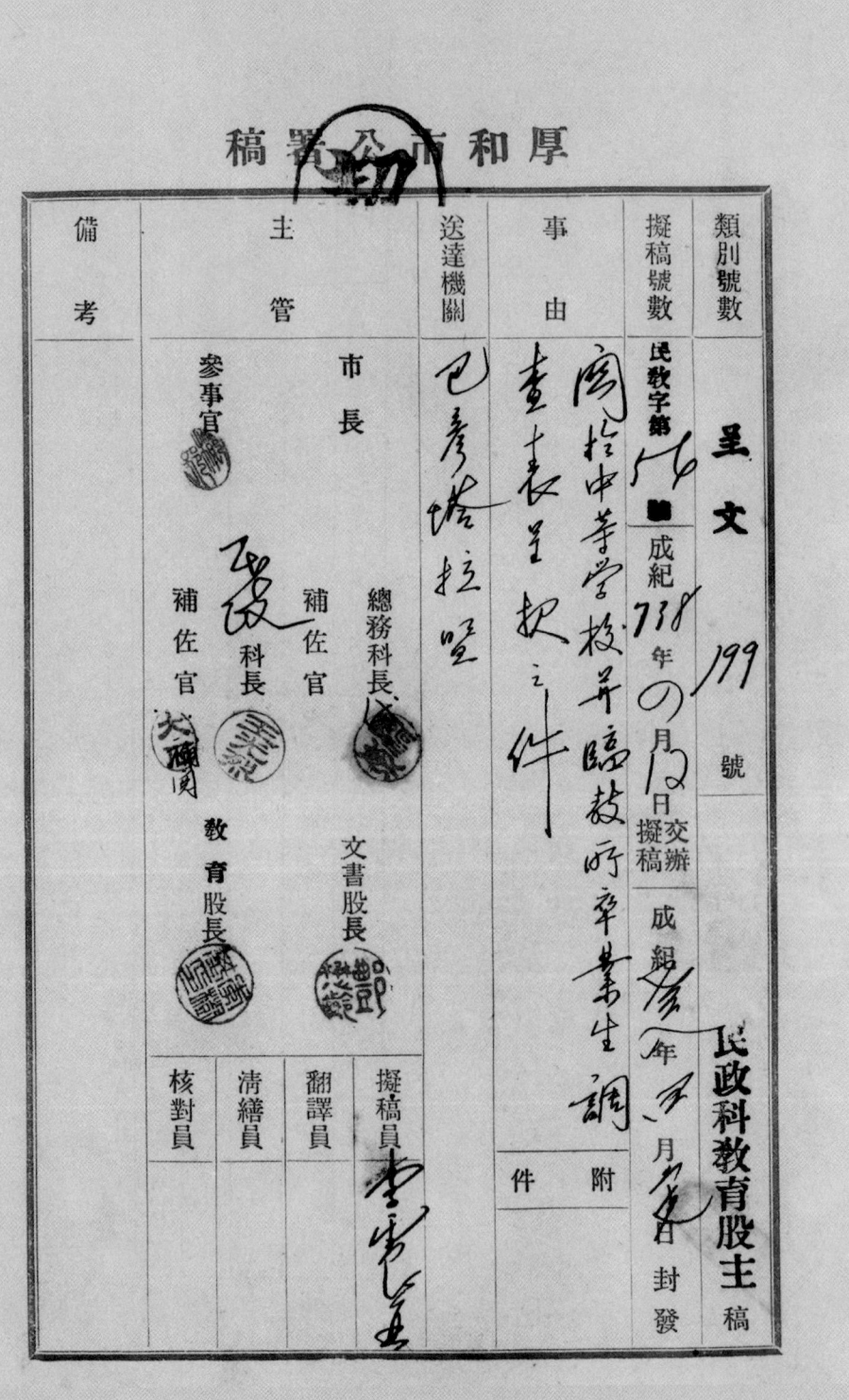

图 3-附录-11 "厚和市公署"为呈报"中等学校并临时教员训练所"卒业生调查表致"巴彦塔拉盟公署"呈文（附中等学校并临教卒业者调查表）（1943年4月27日）（一）

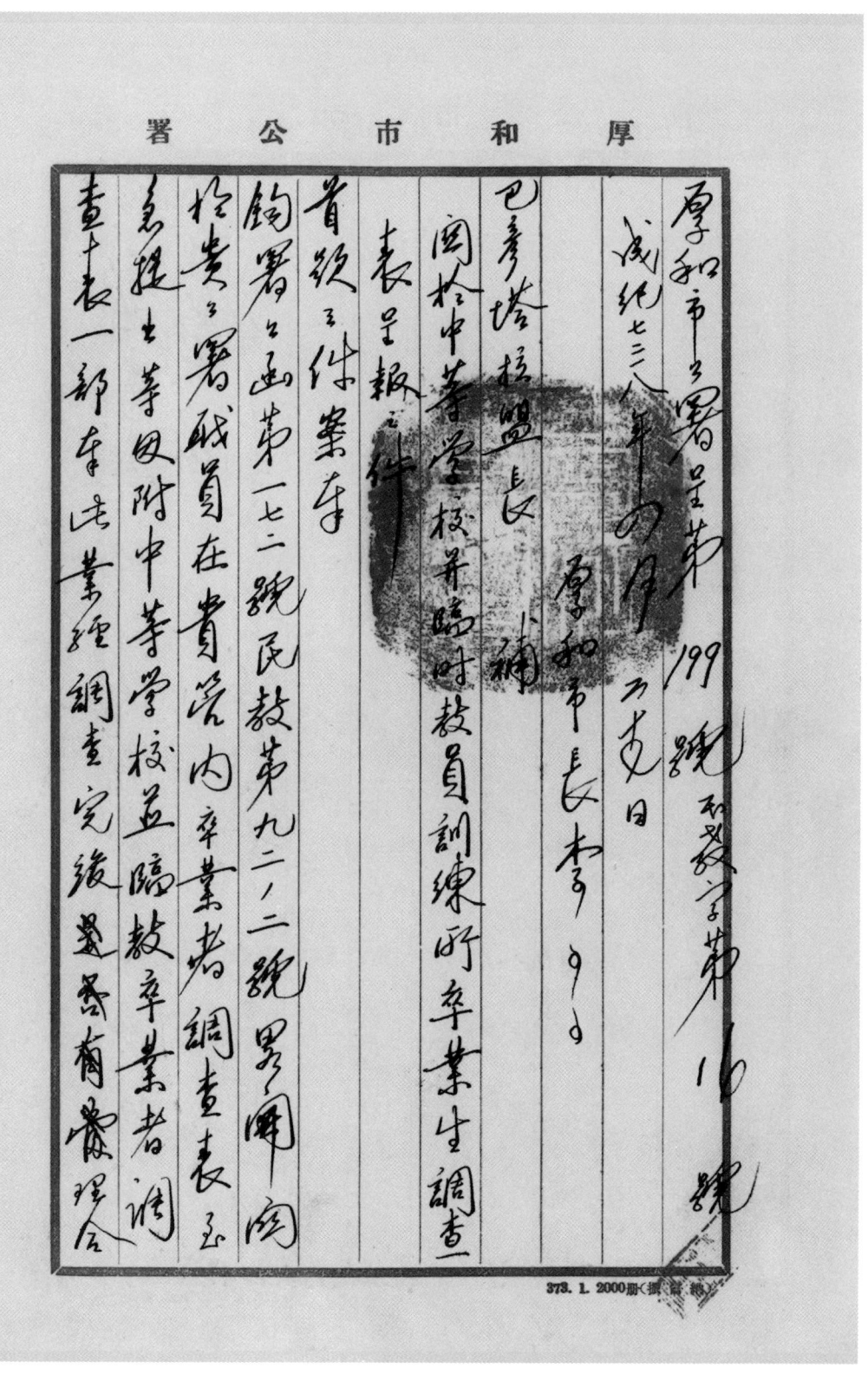

图 3-附录-11 "厚和市公署"为呈报"中等学校并临时教员训练所"卒业生调查表致"巴彦塔拉盟公署"呈文（附中等学校并临教卒业者调查表）（1943年4月27日）（二）

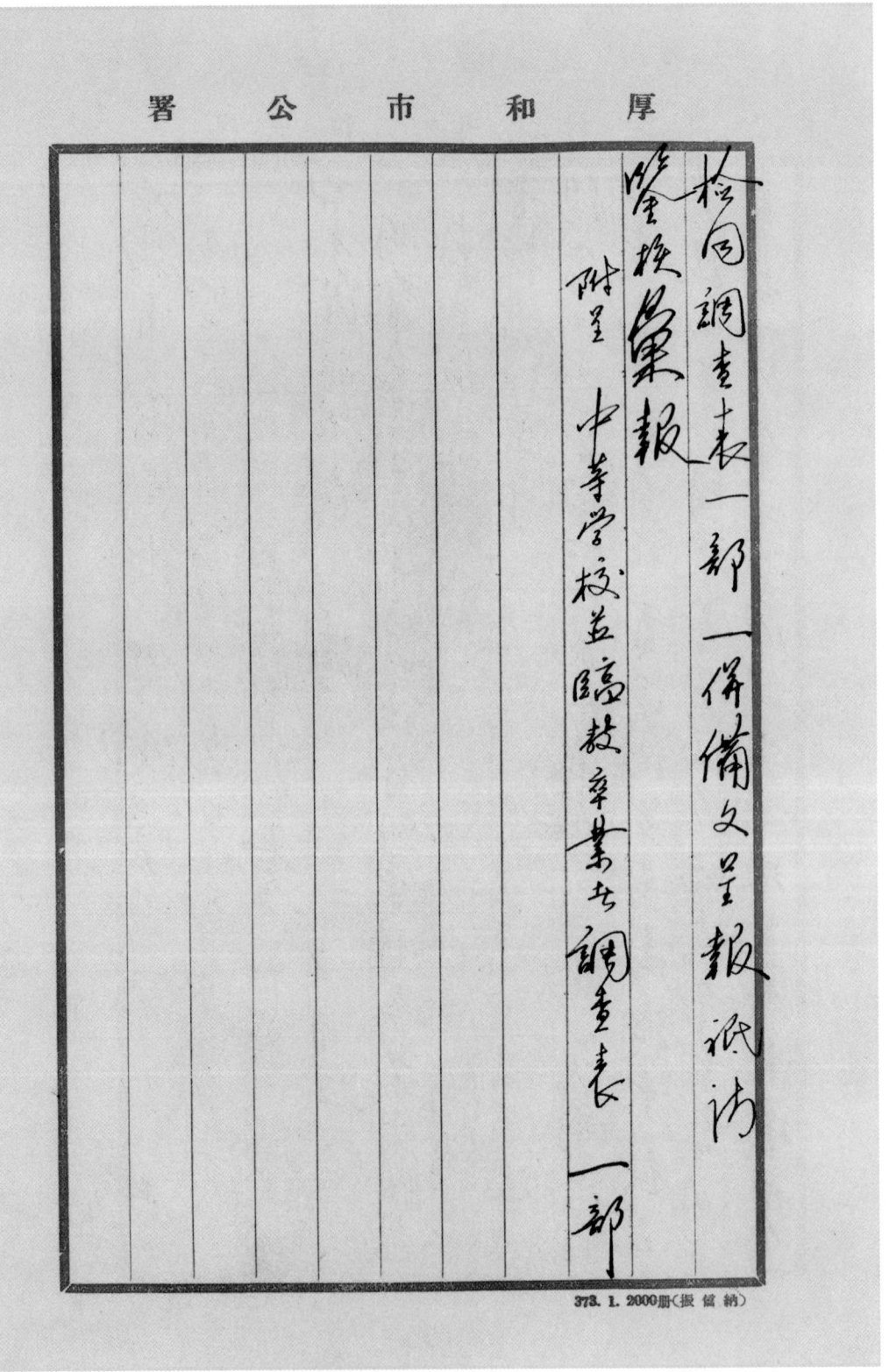

图 3-附录-11 "厚和市公署"为呈报"中等学校并临时教员训练所"卒业生调查表致"巴彦塔拉盟公署"呈文（附中等学校并临教卒业者调查表）（1943年4月27日）（三）

厚和市公署

中等学校並臨教卒業者調查表　康德八年三月 日現在

氏名	卒業学校年度	性別年齢未婚	本籍	現在時所属機関	待遇	生活状況
亢 怡	巴盟師範 七三七	二三	厚和	厚和市立師範	四〇	丙
富壽濤	巴盟師範 七三六	二二	厚和 市立署	厚和市立師範	四四	丙
祁廷璧	〃	二二	〃	二摸師範	四二	稍裕
賈寄恩	〃 ○	二〇 ○	〃	〃	吾〇	貧困
温佩英	厚和臨教 七三四	二六 ○	凉城	厚和 小学	四八	稍困
閻國鼎	〃	二四	厚和	厚市第一小学	四八	〃
謝振業	〃 七三六	二二	〃	厚市第二小学	四八	丙丁
程義忠	〃	二〇	山西代縣	厚市四部小学	吾〇	丙賞
孫寶山	巴盟師範	二三	山西澤潞	〃	四八	丙

737. 1. 2000册（振信 納）

图 3-附录-11　"厚和市公署"为呈报"中等学校并临时教员训练所"卒业生调查表致"巴彦塔拉盟公署"呈文（附中等学校并临教卒业者调查表）（1943年4月27日）（四）

图 3-附录-11 "厚和市公署"为呈报"中等学校并临时教员训练所"毕业生调查表致"巴彦塔拉盟公署"呈文（附中等学校并临教毕业者调查表）（1943年4月27日）（五）

厚 和 市 公 署

王正魁	杨景韩	王汤	李雨田	白珍明	李东铎	余和生	李秀叶	王船林	吴均民	黄英斌
厚和兼实	〃	〃	巴盟师范	〃	〃	〃	〃	厚和除教	巴盟师范	〃
七三六			七三七				七三六		七三六	七三七
二一	一九	一九	二〇	一九	一九〇	五〇〇	三三	三三〇	三〇	六〇
厚和	天津	〃	绥和	〃	〃	〃	〃	由包头市转本市厚和	厚和	〃
市署崔岚					师第一学	师第二学	师第一范模	师第一范模	师第二范觉	师第一范觉
四三	四	四一	四一	四	四	四	四	四	四二	四
丙	丙	丁	丙	丙	丙	丁	丙	丙	丁	丙

737.1.2000册（振信纳）

图 3-附录-11 "厚和市公署"为呈报"中等学校并临时教员训练所"毕业生调查表致"巴彦塔拉盟公署"呈文（附中等学校并临教毕业者调查表）（1943 年 4 月 27 日）（六）

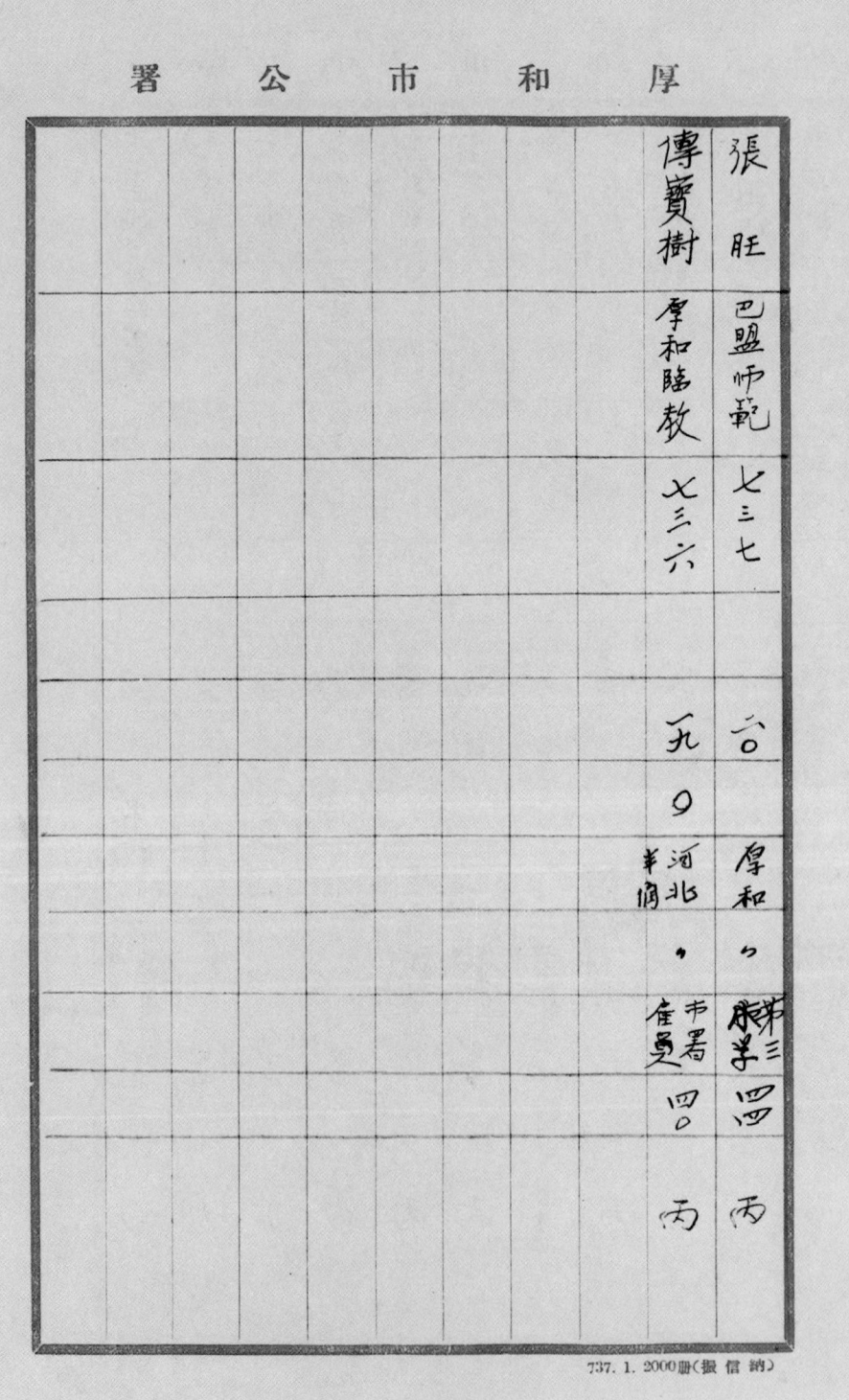

图 3-附录 -11 "厚和市公署"为呈报"中等学校并临时教员训练所"卒业生调查表致"巴彦塔拉盟公署"呈文（附中等学校并临教卒业者调查表）（1943 年 4 月 27 日）（七）

后 记

　　2019年7月,为更好地开展"国家重点档案保护与开发"项目选题及申报工作,呼和浩特市档案馆成立了由馆党支部书记、馆长朱璧任组长,各科室业务骨干组成的项目申报工作领导小组。承担项目申报工作的同志对馆藏档案进行了细致梳理,并对馆藏档案开发利用情况做了社会调查和成果评估。经过项目申报工作领导小组的多次讨论,最终确定将馆藏数量、质量有保证,并对呼和浩特地区教育史研究具有重要价值的民国时期教育档案汇编作为选题申报项目。2020年3月,项目通过国家档案局评审。7月,按照国家档案局要求调整的专项资金任务预算和相关绩效目标获得批复。11月,完成政府采购工作。随即档案汇编工作进入实施阶段。历时两年,《呼和浩特市档案馆藏民国时期教育档案汇编》(以下简称《汇编》)终于交付刊印。

　　呼和浩特档案馆所藏民国时期档案内容杂芜,形制各异,有关教育内容的档案庞杂无序,且相互参杂。据此编撰专题文献汇编,有一定的困难。为此,我们与长期从事文献研究和整理工作的曹惠民先生,以及内蒙古师范大学教育科学学院周娟、李栋、成欣欣、阿木古楞等专家,剥茧抽丝,精心筛选,依据档案内容,制定了编纂大纲和分类体系,并对入选资料要件进行了反复查证与审核,进而为《汇编》的专业性、学术性提供了坚实的保障。

　　书稿经过牛敬忠、于永、全荣三位专家评审,内蒙古自治区档案馆审验。

项目工作组按照各方面意见对书稿进行了精心修改,最终形成定稿。

尤为令人感动的是,在项目实施时间大为缩短的情况下,项目工作组成员以极大的工作热情、忘我的奋斗精神和严谨的治学态度保证了《汇编》的质量。在此,向项目工作组所有成员表示衷心的感谢!

感谢广西师范大学出版社,始终以打造文化精品的标准,为本项目配备了较好的编辑、出版、印刷力量,保障了项目在任务重、要求高、时间紧的情况下得以顺利完成。

感谢内蒙古自治区档案馆的悉心指导、鼎力支持。

对馆内各位同仁的支持和帮助,在此一并致以衷心的感谢!

祈愿《呼和浩特市档案馆藏民国时期教育档案汇编》对地方文化的研究能有所贡献,并希望未来能将更多的成果呈现给大家,开发出更多具有地方特色、影响力强的档案文化产品。

由于经验不足,加之时间仓促,疏漏和错误之处在所难免,恳请专家和读者批评指正。

本书编委会